Research on
Modern Cultural Market System

本书为国家社科基金文化类重大项目“健全现代文化市场体系的理论与实践研究”（批准号：12&ZD025）的终期成果

现代文化市场体系建设研究

方卿等 著

WUHAN UNIVERSITY PRESS
武汉大学出版社

图书在版编目(CIP)数据

现代文化市场体系建设研究/方卿等著 .—武汉:武汉大学出版社,2021.11

ISBN 978-7-307-22333-2

Ⅰ.现… Ⅱ.方… Ⅲ. 文化市场—市场体系建设—研究—中国 Ⅳ.G124

中国版本图书馆 CIP 数据核字(2021)第 087916 号

责任编辑:詹　蜜　黄河清　　责任校对:汪欣怡　　版式设计:韩闻锦

出版发行:**武汉大学出版社**　(430072　武昌　珞珈山)

(电子邮箱:cbs22@ whu.edu.cn 网址:www.wdp.com.cn)

印刷:武汉市金港彩印有限公司

开本:787×1092　1/16　印张:47.5　字数:904 千字　插页:2

版次:2021 年 11 月第 1 版　2021 年 11 月第 1 次印刷

ISBN 978-7-307-22333-2　定价:142.00 元

前　言

文化市场体系是由相互联系的各类文化子市场组成的有机统一体，是市场机制作用于文化产业发展的重要保障与支撑体系。缺乏健全的文化市场体系的保障与支撑，市场机制就难以在文化产业发展中发挥效用，文化产业的发展就是一句空话。健全现代文化市场体系，对于合理配置文化资源、科学调节文化生产、大力促进文化消费及广泛参与国际文化合作，进而促进文化产业发展有着重大而深远的意义与价值。

改革开放以来，特别党的十六大以来，党中央、国务院高度重视现代文化市场体系建设，各地区、各部门在现代文化市场体系建设中做了许多积极探索。文化产业多元化投资格局开始形成，现代文化产品的创作、生产与流通发展迅猛，条块分割、地区封锁、城乡分离的传统市场格局初步打破，资本、产权、信息、人才、技术等文化生产要素市场加快发展，现代文化市场体系初步形成。但是，与文化大发展大繁荣的要求相比，我国现代文化市场体系建设水平整体不够高，文化市场体系结构尚不够健全，功能也欠完善，还不能完全适应文化产业大发展大繁荣的要求。

本著作是国家社科基金文化类重大项目“健全现代文化市场体系的理论与实践研究”（批准号：12&ZD025）的终期成果。全书分成五篇，共 19 章。其中，“总论篇”，就现代文化市场体系的概念、特征、结构与功能等开展规范研究，以建构现代文化市场体系建设的理论框架。“分论篇”，分别就文化产品市场、要素市场、中介市场和监管市场等文化子市场进行专题研究，分析各子市场存在的突出问题及其建设的制度与政策需求。“行业篇”，对出版、电影、电视与演艺等文化行业市场进行专题研究，分析不同行业文化市场建设的现状，探讨其建设的制度与政策需求。“域外篇”，选取美国电影市场、法国文学市场、日本动漫市场和韩国游戏市场等四个具有典型意义的域外文化市场样本，逐一分析其各自市场建设的思路与举措，总结其市场建设的得失，归纳可供借鉴的主要经验。“对策篇”，在分析总结我国现代文化市场体系建设成就与不足的基础上，提出建立健全我国现代文化市场体系的方向以及相关建设目标、建设内容和建设的路径选择，形成具有可操作性的现代文化市场体系建设解决方案，并围绕该方案针对我国现代文化市场体系建设的制度设计与政策安排提出相关意见与建议。

书稿由项目负责人提出大纲并统稿，项目组成员共同完成。其中，第一~三章由罗紫初及其研究生撰写，第四~六章由方卿撰写，第七章由王涵撰写，第八章由黄先蓉及其研究生撰写，第九~十二章由朱静雯及其研究生撰写，第十三、十四章由许洁撰写，第十五、十六章由王一鸣撰写，第十七~十九章由黄先蓉及其研究生撰写。由于水平与能力所限，加之书稿由多人合作完成，不足甚至错误之处在所难免，敬请批评指正。

方　卿

目　录

第一章 现代文化市场体系概述

在社会主义市场经济体制深入发展且日益完善的条件下，我国文化产业的发展，关键是要让市场机制在资源配置中起到基础性作用。而这一作用的充分发挥，必须以健全完善的现代市场体系为平台。因此，现代文化市场体系的建立和完善，在我国文化产业发展中具有十分重要的作用。为此，有必要首先对现代文化市场体系建设中的一些基本理论问题，如现代市场体系的概念、结构、功能、特征，以及现代文化市场体系的结构、功能、基本特征、特殊属性等，进行深入探讨。

第一节 现代市场体系

现代市场体系，是在要素市场、市场和市场体系的基础上逐步发展而来的。从市场要素、市场、市场体系到现代市场体系是市场机制发挥资源配置作用的一个历史发展过程。其中，市场是现代市场体系的基础。因此，本节的研究，从对市场的概念及其内涵的探讨开始。

一、市场

市场是社会分工和商品生产的产物，哪里有社会分工和商品交换，哪里就有市场。

1. 市场的概念

市场的概念，可从不同的角度来认识。从商品交换地点的角度讲，市场是指商品交换的具体场所，是一个地理位置概念。从经济学角度讲，市场是指商品和劳务从生产领域向消费领域转移过程中所发生的一切交换和职能的总和，是各种错综复杂交换关系的总体。它包括供给和需求两个相互联系、相互制约的方面，是两者的统一体。从市场营销角度讲，市场是指某种商品的现实购买者和潜在购买者需求的总和，市场专指买方，即不包括卖方，专指需求而不包括供给。

关于市场概念的具体描述非常多，种种市场概念描述大体可分为两大类型：一是狭义的市场概念，是指交换的场所、区域，其外延涵盖各种类别和各地区、各国的交易场所和区域；二是广义的市场概念，是指一切商品交换关系的总和及机制，其外延涵盖一切交换主体、客体、交换行为及其机制。广义的市场概念涵盖了市场的一切领域。

本书研究中所采用的概念是后者，也即广义的市场概念。

2. 市场的构成要素

市场联结着社会各个经济产业领域发展过程中产、供、销各方，为产、供、销各方提供交换场所、交换时间和其他交换条件，以此实现商品生产者、经营者和消费者各自的经济利益。考察市场的构成要素，也必须从宏观与微观两个角度来进行分析。

一方面，从宏观经济角度，也即从社会整体的总供求角度考察，市场由以下三个要素构成。

(1)可供交换的商品。这里的商品既包括有形的物质产品，也包括无形的服务产品，还有物质产品与服务产品相结合的综合产品，如旅游产品等，以及各种商品化了的资源要素，如资金、技术、信息、土地、劳动力等。市场的基本活动是商品交换，所发生的经济联系也是以商品的购买或售卖为内容的。因此，具备一定数量的可供交换的商品，是市场存在的物质基础，也是市场的基本构成要素。倘若没有可供交换的商品，市场也就不存在了。

(2)作为商品提供者的卖方。一切商品都不能自己跑到市场中去与其他商品交换，而必须由它的所有者——出卖商品的当事人，也即卖方，将其有目的地组织到市场上去进行交换。在市场中，商品所有者把他们的意志——自身的经济利益和经济需要，通过具体的商品交换反映出来。因此，卖方或商品所有者就成为向市场提供一定数量商品的代表者，并作为市场供求中的供应方面，成为基本的市场构成要素。

(3)作为商品消费者的买方。卖方向市场提供一定量的商品后，还须寻找到既有需求又具备支付能力的购买者，否则，商品交换仍无法进行，市场也就不复存在。因此，以买方为代表的市场需求是决定商品交换能否实现的基本要素。

商品、供给、需求作为宏观市场构成的一般或基本要素，通过其代表者——买方和卖方的相互联系，现实地推动着市场的总体运动。

另一方面，从微观经济角度，也即从企业角度考察，企业作为某种或某类商品的生产者或经营者，总是具体地面对该商品具有购买需求的买方市场。深入了解企业所面临的现实的市场状况，从中选择目标市场并确定进入目标市场的市场营销策略，以及进一步寻求潜在市场，是企业开展市场营销活动的前提。因此，就企业而言，更具有直接意义的是微观市场的研究，也即宏观经济角度考察的市场构成要素中的第三个要素：作为商品消费者的买方的研究。形成商品消费者的买方需要具备的基本条件，即微观市场的构成要素。其具体构成要素包括如下三个方面。

(1)人口。需求是人的本能，对物质生活资料及精神产品的需求是人类维持生命的基本条件。因此，哪里有人，哪里就有需求，就会形成市场。人口的多少决定着市场容量的大小；人口的状况，影响着市场需求的内容和结构。构成市场的人口因素包括总人口、性别和年龄结构、家庭户数和家庭人口数、民族与宗教信仰、职业和文化程度、地理分布等多种具体因素。

(2)购买力。购买力是人们支付货币购买商品或劳务服务的能力。人们的消费需求是通过利用手中的货币购买商品实现的。因此，在人口状况既定的条件下，购买力就成为决定市场容量的重要因素之一。市场的大小，直接取决于购买力的高低。一般情况下，购买力受到人均国民收入、个人收入、社会集团购买力、平均消费水平、消费结构等因素的影响。

(3)购买欲望。购买欲望指消费者购买商品的愿望、要求和动机。它是把消费者的潜在购买力变为现实购买力的重要条件。倘若仅具备了一定的人口和购买力，而消费者缺乏强烈的购买欲望或动机，商品买卖仍然不能发生，市场也就不复存在。因此，购买欲望也是市场不可缺少的构成因素。

综上所述，无论是从宏观还是从微观角度考察，市场都是由各种基本要素组成的有机结构体，正是这些要素之间的相互联系和相互作用，决定了市场的形成，推动着市场的现实运动。

3. 市场的基本类型

市场的类型，是按照不同的标准划分出来的。划分标准复杂多样，其中以对社会经济发展具有一定实用价值的标准划分出来的市场类型，即为市场的基本类型。

(1)按照市场主体身份划分，有消费者市场、生产商市场、中间商市场、政府市场等。

消费者市场，即为满足个人消费而购买产品与服务的个人和家庭所构成的市场。

生产商市场，也称为工业使用者市场或工业市场。即为满足产品生产需要而购买产品生产所需原材料或其他生产资源的企业或个体生产者所构成的市场。

中间商市场，也称为转卖者市场。即为满足销售需要而从商品生产者处购买产品的批发商、代理商、零售商所构成的市场。

政府市场，也称为政府采购市场。此类市场实质上仍属消费者市场。不过政府采购与一般消费相比，在购买的方式、方法、程序上都较为特殊。政府采购即各级政府为了开展日常政务活动或为公众提供服务，在财政的监督下，以法定的方式、方法和程序，通过公开招标、公平竞争，由财政部门直接向供应商付款的方式，从国内市场为政府部门购买货物、工程、劳务的行为。政府采购市场是专指这类由政府采购行为构成的市场。

(2)按市场商品供求状态划分，有买方市场、卖方市场等。

买方市场是指市场供求关系中出现的市场需求疲软，商品供过于求的市场态势。在买方市场态势下，商品供应者之间竞争激烈，导致商品价格下跌，买方居于有利地位。

卖方市场是指市场供求关系中出现的市场需求旺盛、商品供不应求的市场态势。在卖方市场态势下，商品购买者之间竞争激烈，导致商品价格上升，使卖方居于有利地位。

(3)按产品或服务供给方的构成状况(即市场上的竞争状况)划分，有完全竞争市场、完全垄断市场、垄断竞争市场、寡头垄断市场等。

完全竞争市场，又称作纯粹竞争市场，是指竞争充分而不受任何阻碍和干扰的一种市场结构。在这种市场类型市场，完全由“看不见的手”进行调节，政府对市场不作任何干预。完全竞争市场必须具备一定的条件：一是市场上有众多的生产者和消费者，任何一个生产者或消费者都不能影响市场价格；二是企业生产的产品具有同质性，不存在差别；三是生产者进出市场，不受社会力量的限制；四是市场交易活动自由、公开，没有人为的限制；五是市场信息畅通准确，市场参与者充分了解各种情况；六是各种资源都能够充分地流动。事实上，要同时满足这些条件几乎不可能，所以这只不过是一种理论假设。

完全垄断市场，是指在市场上只存在一个供给者和众多需求者的市场结构。完全垄断市场的假设条件有三个点：第一，市场上只有唯一一个厂商生产和销售商品；第二，该厂商生产的商品没有任何接近的替代品；第三，其他厂商进入该行业都极为困难或不可能，所以垄断厂商可以控制和操纵市场价格。完全垄断市场和完全竞争市场一样，都只是一种理论假定，是对实际中某些产品的一种抽象，现实中绝大多数产品都具有不同程度的替代性。

垄断竞争市场，是指一种既有垄断又有竞争，既不是完全竞争又不是完全垄断的市场，是处于完全竞争和完全垄断之间的，而较为接近完全竞争一种市场。在这种市场中，既存在着激烈的竞争，又具有垄断的因素。此类市场在大城市的零售业、手工业、印刷业中普遍存在。

寡头垄断市场，这是介于垄断竞争与完全垄断之间的一种比较现实的混合市场，是指少数几个企业控制整个市场的生产和销售的市场结构。寡头垄断市场结构有一点与垄断竞争相类似，它既包含垄断因素，也包含竞争因素。但相对而言，它更接近于垄断的市场结构，因为少数几个企业在市场中占有很大的份额，使这些企业具有相当强的垄断势力。

(4)按交易对象性质来划分，有生产资料市场、生活资料市场、其他生产要素市场等。

生产资料市场，是指以生产资料作为交易对象的市场。生产资料就其本来含义而言，是指人们在生产过程中所使用的劳动资料和劳动对象的总和。它包括未经人类劳动加工的自然资源，如土地、森林、河流、矿藏等；也包括经过人类劳动加工的劳动对象和劳动设施，如原材料、能源、机器、厂房等。然而，作为市场交换对象的生产资料，则主要指进入流通领域进行交换的、用于生产建设的物质资料的总称，通常表现为由工业部门生产加工的、提供于社会再生产使用的原料、材料、燃料、机器、设备、仪器、仪表、工具、量具等。生产资料是构成生产力的物的要素，生产资料市场是实现社会再生产的前提条件，因此，开拓生产资料市场对促进整个国民经济的发展具有重要意义。

生活资料市场，是指以满足人们日常工作生活需要的生活日用品作为交易对象的市场，又称最终消费者市场。生活日用品花色多样、品种复杂，产品的生命周期短；商品的专业技术性不强，替代品较多，因而商品的价格需求弹性较大；市场购买者众多，成交次数频繁，购买行为具有可诱导性。

其他生产要素市场，是指以除生产资料之外的其他生产要素作为交易对象的市场。随着社会经济与科技的发展及生产力水平的提高，影响生产过程的要素也越来越多，生产要素市场的发展也越来越快。目前我国要素市场中，房地产市场、劳动力市场、人才市场、科技市场、金融和证券市场、信息市场、外汇调剂市场等，其运行都颇为活跃。

(5)按交易对象形态来划分，有有形产品市场、无形产品市场等。

有形产品市场，是指以具有实物形态的产品作为交换对象的市场。产品中凝结着其生产制作者耗费的劳动，即价值，同时又具有能够满足需要的功用，即使用价值。所以能通过市场交换，转让其实物，实现其价值，并获取一定的经济收益。

无形产品市场，是指以无形产品作为交换对象的市场。无形产品是相对于有形商品来说的，是指以非物质形式呈现的劳动产品以及有偿言行等。无形产品要成为市场交换对象亦即商品，必须具备相应的条件：一是其形成过程耗费了有形的资源，也即具有一定的价值，成了非物质的劳动产品，如一项发明专利的研制，要耗费大量的人力与物资，所以一旦申请成功，转让时就必须收取一定的费用；二是能够满足人们的某种有形或无形的需求，也即具有使用价值；三是具有一定的收益性，如律师辩护中的言行，如果是公益性的无偿辩护，就不能成其为无形商品。

(6)按消费者个体特征划分，可按性别、年龄、职业等，划分出多种类型市场。

按性别划分，有妇女市场、男性市场等。

按年龄划分，有少儿市场、中青年市场、老年人市场等。

按职业划分，有学生市场、工人市场、农民市场、干部市场等。

(7)按市场商品流通范围划分，有农村市场、城市市场、国内市场、国际市场等。

国内市场，是指商品流通范围在国内的市场。国内市场还可按不同标准细分：按行政区划划分的市场，如海南省市场、宜昌市市场、云梦县市场；有按区域划分的市场，如北方市场、南方市场、东南沿海市场等。

国际市场，是指商品流通范围在海外的市场。国际市场也可按不同标准细分：按国别划分的市场，如美国市场、日本市场；按区域划分的市场，如港、澳、台市场，东南亚市场，东欧市场，北美市场等。

(8)按市场商品交易时间划分，有现货市场、期货市场、借贷交易市场等。

现货市场，是指对与期货、期权和互换等衍生工具市场相对的市场的一个统称。现货市场交易的货币、债券或股票是衍生工具的标的资产。在外汇和债券市场，现货市场指期限为 12 个月左右的债务工具(如票据、债券、银行承兑汇票)的交易。现货市场上市的交易品种，在现货市场交易中具有较大的价格波动幅度、完善的交易机制，有利于投机者灵活买卖、风险控制，充分博取价格波动中的差价，从而获得巨额的投资回报。

期货市场。期货的英文为 Futures，是由“未来”一词演化而来，其含义是：交易双方不必在买卖发生的初期就交收实货，而是共同约定在未来的某一时期交收实货，因此中国人就称其为“期货”。期货市场是进行期货交易的场所，是多种期货交易关系的总和。它是按照“公开、公平、公正”原则，在现货市场基础上发展起来的高度组织化和高度规范化的市场形式。既是现货市场的延伸，又是市场的一个高级发展阶段。从组织结构上看，广义上的期货市场包括期货交易所、结算所或结算公司、经纪公司和期货交易员；狭义上的期货市场仅指期货交易所。

借贷交易市场，是银行之间通过贷款的转让、参与、更新等形式进行债权债务变更交易的市场。银行贷款交易从形式上可分为贷款转让、贷款参与和贷款更新三种。其中，贷款转让是指在不改变贷款协议内容的情况下，贷款银行将其享有的贷款债权转让与第三方享有的法律行为，其在不改变债权内容的情况下，由受让行取代原贷款银行的地位。贷款更新是指借款人与受让行之间重新签订贷款协议取代原有的贷款协议，从而由受让行承受出让行的贷款人地位，享有权利并负担义务。贷款参与是指在一项贷款交易中，原贷款协议不变，只是出让行与受让行签署参贷协议，出让行同意将未来收到的本息按照约定的参贷比例转付给受让行(或称为“参贷行”)，同时参贷行向出让行提供对应的资金并承担相应的信用风险。在具体的贷款交易中，可以根据需要灵活采用多种形式。

二、市场体系

市场体系是市场进化和不断发展的产物。在探讨了市场的概念及其构成要素与基本类型之后，我们再来讨论市场是如何发展成为市场体系的。

1. 市场体系的概念及其内涵

众所周知，体系是指若干有关事物或某些意识相互联系而构成的一个有特定功能的有机整体，如工业体系、思想体系、作战体系等。市场体系即是一个由市场构成的体系，是一个由相互联系的各类市场按照一定的秩序组合而成的有机统一体。对市场体系的这一概念，我们可以从以下几个方面来理解。

第一，市场体系是由众多的各类市场构成的系统。从系统论角度考察，系统是多个相互联系的任何种类的要素所构成的集合。系统是全部元素的集合，是具有某种属性的事物的全体。市场体系就是这样一个由各种类型的市场共同组成的系统，是一个比市场更大的概念。如果我们将每一个市场都看成一个由多种要素组成的系统，那么，市场体系就是一个由众多市场系统所构成的市场大系统。单个的市场、单类的市场，以及由多类市场构成的某方面市场，都不能称为市场体系。市场体系是所有市场的全体。前面提到的市场种类，只是构成市场体系的基本类型，实际上市场体系包括了所有的市场，其所含市场种类与数量难以数计。

第二，市场体系并非众多市场的简单拼凑，而是一个按照一定的秩序组合而成的有机整体。在市场体系内，通过一系列的运行规则，使单个市场之间产生联系，相互作用，由此而形成有别于单个市场机能的市场体系整体的特有机能。单个的市场或单一的某类市场，主要机能是实现某个或某类商品的市场交换。然而，消费者对商品的需求是多样性的，其消费行为往往涉及众多的市场，由此而使许多表面看起来毫不相干的市场产生千丝万缕的经济联系。如随着地铁站点周边的房地产市场的发达，居住人口增多，配套满足居民日常生活要求的超市、餐馆、银行也就随之发展起来。媒体上曾多次报道过的一些地方的房地产商在筹划大片小区建设时，留出相当数量的经营用房免费邀请书店入驻，以吸引文化人买房。这就是这些房地产商清楚地认识到各类市场之间存在着千丝万缕的联系而采取的明智的市场开发之举。

第三，市场体系作为全部市场的整体系统，可以分解为一系列子系统，并存在一定的层次结构。市场体系内的层次结构表明了不同层次子系统之间的从属关系或相互作用关系。以前面提到的按消费生理特征划分出的几种市场类型为例，其例举式列出的妇女市场、儿童市场、老年市场，实际上每种类型又可以划分为几个层次。

由图 1-1 可以清楚地看出，市场体系内部，其层次结构十分明显。根据这一特征，市场经营者可以对市场进行细分。细分市场的过程，就是一个对市场体系的高层次构成向低层次构成不断分解认知的过程，其目的是寻找到适合自己经营的市场。

总之，市场体系是一个多层次、复合式的有机整体。它实际上是众多市场主体在频繁的市场活动中所结成的复杂经济关系的概略表述。

2. 市场体系的构成

在市场经济条件下，要使市场机制对经济运行和资源配置起基础性作用，较为完备的市场体系是一个基本前提。与市场经济发展早期相对简单的以商品市场为主的市场构成不同，市场体系不仅涵盖了各种更为专业化的商品市场，还拓展了众多专业化的服务市场，并形成了极为复杂的专业化生产要素市场。并且，正如前面所述，市场体系并不是各类市场的简单相加，而是各类市场及其内部子市场之间和市场中的各要素之间所形成的相互联系、相互制约的有机整体。其内部构成与单一的市场构成相比也更为复杂。

从构成市场的基本要素角度考察，市场体系的构成可从市场主体结构、市场客体结构、市场空间结构和市场时间结构等四个方面进行分析。

市场主体结构，是指作为市场交易主体的企业、居民、政府及其他机构在参与市场交易活动中相互之间所形成的经济关系。按照市场主体身份划分，市场体系由消费者市场、生产商市场、中间商(转卖者)市场、政府市场等组成。

市场客体结构，按交易对象的不同可分为商品市场(包括交换货物的市场和提供服务的市场)和生产要素市场(主要包括资本市场、劳动力市场、土地市场以及技术和信息市场等)两大类。

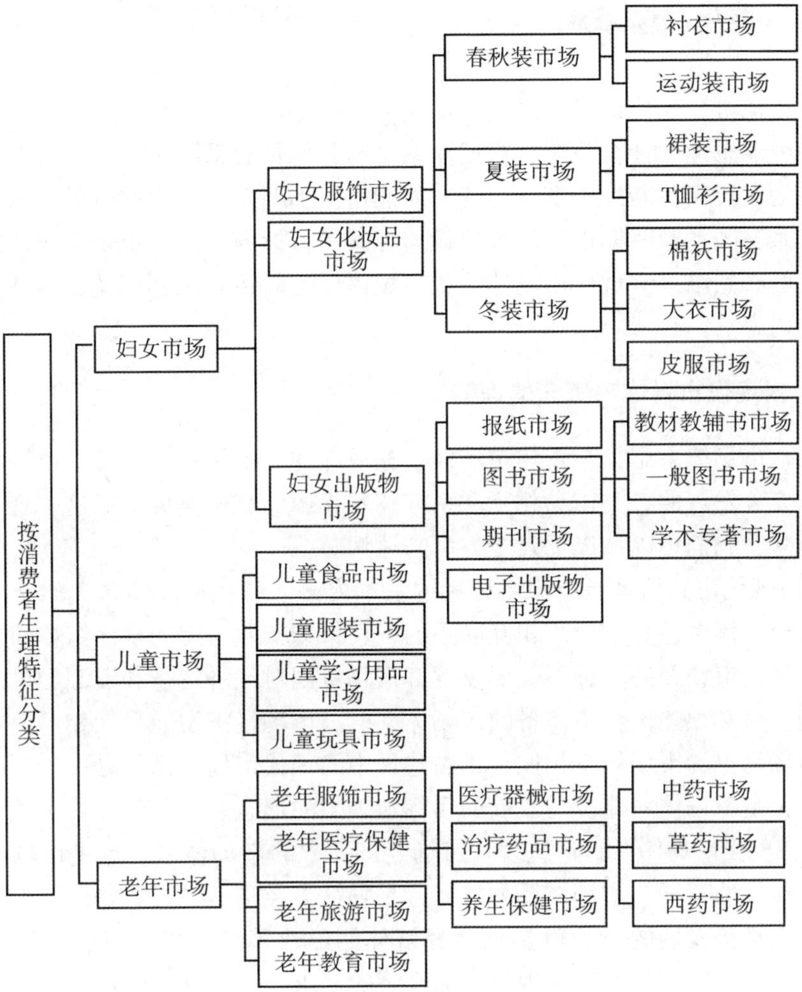

图 1-1　按消费者特征分类的例举式各类市场层级构成

市场空间结构，是指市场要素在不同交换范围即不同空间的分布和关联状况。从一般意义上讲，市场的空间结构包括区域市场、全国市场和世界市场等。

市场时间结构，是指由于市场主体间的权利让渡与交换客体位置移动的时间不同，从而形成交换形式不同的分类市场，在市场体系构成中表现为由于时间差而形成的不同结构状态。从市场体系的时间构成来看，主要包括现货交易市场、期货交易市场和借贷交易市场。

三、现代市场体系

通俗地讲，现代市场体系就是适应当今所处时代(现代)要求的市场体系。作为一个动态性的社会系统，市场体系也与其他社会系统一样，要根据社会经济形势的发展而不断地丰富与完善，才能适应不断发展进步的时代要求。现代市场体系，既是新时期市场体系建设与完善的目标与方向，也是市场体系丰富和发展的必然结果。现代市场体系与市场体系的联系与区别，就是本节要重点探讨的内容。

1. 对现代市场体系概念的理解

现代市场体系是指与现代市场经济相适应的、市场功能完备、市场机制能够得以充分发挥的各类市场相互联系和相互作用的有机整体。对这一现代市场体系概念，我们可以从以下几个方面来认识。

(1)现代市场体系具有市场体系的基本内涵。现代市场体系仍然是一个由市场构成的体系，是一个由相互联系的各类市场按照一定的秩序组合而成的有机统一体。市场经济条件下，要发挥好市场机制对经济运行和资源配置的基础性作用，就必须建设较为完备的市场体系。与市场经济发展早期相对简单的以商品市场为主的市场体系相比，正在建设中的现代市场体系，是一个不断发展的概念，是市场体系建设与发展的目标与理想的形态。

(2)现代市场体系是适应现代市场经济要求的市场体系。这是市场体系现代化的时代性特征。市场体系的发展，是随社会经济发展的需要而发展的，而促进社会经济发展的动力就是社会经济体制的改革。所以，市场体系的现代化，其基本目标就是要适应现代市场经济的要求。我国现代市场经济体制的建设，经过艰难的探索与实践总结，其方向与思路不断明晰。经济学界将其基本特征概括为五个方面，即：独立的企业制度，有效的市场竞争，规范的政府职能，良好的社会信用，健全的法制基础。这五个方面的要求，都必须在市场体系的现代化建设中充分体现出来。

(3)现代市场体系就构成而言，是更为完整、规范的市场体系。现代市场体系的完整性，就是构成体系的市场类型更为完整。随着社会经济与科技的发展，市场交易活动也更发达：交易次数更为频繁，交易内容更为丰富，交易方式更为先进，许多新兴市场也随之兴起，使得不少的市场类型空白不断地被消除，如一些服务类新市场的出现、要素市场的涌现、网购类市场的火爆等，市场体系中的市场类型由此变得更为完整。现代市场体系的规范性，就是市场运行的规则、制度不断完善。以文化市场体系中的出版市场为例，近几年推出的一系列加强市场管理的文件，如2014年发布的《图书出版管理条例》《期刊出版管理条例》，以及2016年3月1日开始实行的《网络出版服务管理规定》等，对出版物市场的规范运行就起到了极为重要的推动作用。

(4)现代市场体系就运行效率而言，是更为高效的市场体系。市场体系的运行效率，在很大程度上取决于其运行的经济环境，尤其是经济体制。从目前世界各国的经济体制现状来看，许多国家虽然长期实行市场经济，但至今仍然在低效的市场经济中苦苦挣扎。我国的经济体制改革尽管离现代市场经济还存在一定距离，但经过30多年的努力，出现了很多标志性的趋势和特点。一是市场总量迅速扩大，产品的商品化率明显提高，标志着我国经济进入了较成熟的商品经济阶段；二是各类要素加快发展，要素市场初具规模，标志着我国市场配置资源的基础性作用大大加强；三是供求关系决定价格的价格形成机制已经确立；四是市场壁垒不断被拆解，市场开放程度大大提高；五是市场主体再造已基本完成，多元化市场主体空前活跃；六是与市场相关的法律法规体系、现代社会信用体系、信息服务体系等，都已初步建立并不断完善。这些成果的积累，不断地推动经济体制朝现代市场经济的方向迈进，这就为市场体系的高效化运行创造了极为良好的条件。

2. 现代市场体系的比较特征

如果说上面关于现代市场体系概念的叙述主要是揭示现代市场体系与市场体系联系的话，那么，关于现代市场体系比较特征的描述，则意在揭示现代市场体系与市场体系的区别。与我国由计划经济向市场经济转轨初期的市场体系相比，我国正在努力建设与不断完善中的现代市场体系，已显示出了以下特征。

(1)结构的整体性。从市场体系的构成与其功能的有效发挥来看，现代市场体系的首要特征应是其整体性。随着生产的社会化、分工专业化的发展以及相应商品和要素交易活动的发展，由此产生的各种类型和功能的市场应形成一个有机互补的完整市场体系结构。现代市场体系的整体性主要表现在以下几个方面：一是构成的完整性，这是指构成现代市场体系的市场类型齐全，较为完整地涵盖了社会经济生活的现有领域；二是功能的集合性，这主要表现为现代市场体系的整体功能，是各单元要素功能的集合，不是简单的1+1=2，而是整体的功能要大于所有单元要素功能的总和，即1+1>2，因此，现代市场体系表现出的整体功能是一个新质，是体系内所有单元要素相互作用和协同一致的结果；三是规则的统一性，这是指按照统一的规则、制度，保障商品和生产要素在不同行业、部门、地区市场之间有序流动，体系内各类市场都能规范运行；四是范围的开放性，是指在全国统一的市场范围内，打破条块分割和地区封锁，实行市场开放，使商品及其他要素跨地区、跨国界自由流动，在更大范围内去实现资源的优化配置。

(2)运行的互补性。现代市场体系的互补性特征，主要表现为商品市场与生产要素市场，尤其是生产要素市场中的资本市场，具有紧密的依存关系和强烈的互补要求。首先，商品市场是生产要素市场产生和发展的基础，生产要素市场是商品市场派生的结果，商品市场是现代市场体系的基础，要素市场的培育、发展和扩大，是现代市场体系成熟和完善的重要标志；同时，商品市场的完善离不开生产要素市场的发展，生产要素市场是商品市场的补充；其次，商品市场的价格信号是整个生产要素市场价格信号形成的基础，制约着其他要素价格的形成与变动。但当今世界经济资本、劳动力、技术、产权等要素的作用愈来愈重要，生产要素的稀缺性发生了变化，带动起生产要素流动性的变化和市场组织形式的相应变化，生产要素市场上价格的变动反过来又极大地刺激了消费品和生产资料市场的价格变动。现代市场体系，就是这种由两个既需要相互独立，又必须相互结合；即各有独自的经济要素需求，又亟须结合各自的经济要素来加以经济互补的"二元性"的市场体系。

(3)竞争的充分性。现代市场体系下的充分竞争，是市场经济高效运行的根本保证。市场机制正是通过优胜劣汰的竞争，迫使企业降低成本、提高质量、改善管理、积极创新，从而达到提高效率、优化资源配置的结果。竞争的充分性表现在三个方面：一是竞争必须公平，二是竞争必须相对自由，三是竞争必须有序。在现代市场体系中，有统一的法规、制度规范市场主体的行为，还有相应的法律体系、信用体系为竞争营造良好的环境，为市场主体的公平竞争创造了条件。随着现代市场经济体制的推行，政府职能转变，由行政权力造成的各种行业垄断和地方保护不断地消除，市场主体进入与退出市场的自由度不断增强，这就使市场主体真正享受到了竞争的自由，也就能有效地调动市场主体参与竞争的积极性。除此之外，充分的竞争还必须建立在有序的基础上。而随着现代市场体系的不断完善，各类符合市场经济要求的"游戏规则"也不断完善，这种规则既包括正式的法律、法规，也包括非正式的行业规范、国际惯例等。市场主体在严格遵守这样的规则前提下开展竞争，也就有利于市场竞争有序、充分地开展。

(4)机制的有效性。完善的市场机制，是市场这只"看不见的"手调控经济运行的法宝。市场在资源配置中所起的基础性作用，就是通过市场机制来完成的。现代市场体系的核心是以市场为基础的价格机制。在现代市场体系中，商品市场和其他各生产要素市场的发育程度直接决定着其现代化程度。从一定意义上讲，市场发育程度指的就是价格形成的市场化程度。就我国而言，长期以来，我们偏重于国家定价和国家指导价，政府对经济的行政干预太多，近几年虽有所好转，但与西方市场经济发达国家相比，我国价格市场化程度仍有一段距离。市场机制的不断完善，尤其是其中价格机制市场化程度的逐步提高，是现代市场体系建设与完善的重点方向与主要内容。随着价格机制市场化程度的提高，市场供求的调节也将更为科学，市场竞争也将更为充分，总之，整个市场机制对社会经济运行的调控都将更为有效。可见，机制的有效性，也是现代市场体系的重要比较特征。

第二节　现代文化市场体系

现代文化市场体系是现代市场体系的重要组成部分，是现代市场经济在文化领域的实际运用和具体体现，它和现代市场体系的建设具有广泛的共性。但因为文化产品的价值取向性等特征，它也展现出一些特殊性。建设现代文化市场体系是一个渐进的过程，我国由于文化市场的建设起步较晚，文化市场体系的发展不完善，所以现代文化市场体系的建设任重而道远。本节将重点阐述文化市场、文化市场体系、现代文化市场体系这三个基本概念及其相互关系。

一、文化市场

文化市场，是构成现代文化市场体系的基础。加强文化市场建设，不仅能直接推动文化产业的发展，而且对促进国家文化事业的整体发展也有着非常重要的意义。

1. 文化市场的概念及其构成要素

正如上节对市场概念的描述一样，对文化市场的概念，也可从不同的角度来认识。狭义的文化市场概念，是指文化商品交换的场所、区域，其外延涵盖各种类别和各地区、各国的文化交易场所和区域；广义的文化市场概念，是指一切文化商品交换关系的总和及机制，其外延涵盖一切交换主体、客体、交换行为及其机制。广义的文化市场概念涵盖文化市场的一切领域。本书研究中所采用的概念是后者，也即广义的文化市场概念。

作为市场的类型之一，文化市场的构成，也与一般市场的构成一样，可以从宏观与微观两个角度来进行考察。

一方面，从宏观角度，也即从社会文化商品总供求角度考察，文化市场由以下三个要素构成。

(1)可供交换的文化商品。这里所指的文化商品，既包括有形的文化产品，如：图书、报纸、期刊等印刷出版物，磁盘、光盘等电子出版物，电子书、数据库等数字出版物，笔、纸、砚、墨等文化用具，等等；也包括无形的文化服务产品，如：剧场演出服务，影视节目播放服务，文展、会展服务，等等；还有有形产品与无形服务相结合的综合产品，如旅游产品、文物拍卖等，以及各种商品化了的文化资源及要素，如资金、技术、信息、土地、劳动力等。文化市场的基本活动是文化商品交换，所发生的经济联系也是以文化商品的购买、售卖或消费为主要内容的。因此，具备一定数量的可供交换的文化商品，是文化市场存在的物质基础，也是构成文化市场的基本要素。文化市场的繁荣与否，也与是否拥有丰富多彩的、可供交换的文化商品密切相关。

(2)作为文化商品提供者的供应方。一切商品都不能自己到市场中去与其他商品交换，而必须由它的所有者——出卖商品的当事人，也即卖方，将其有目的地组织到市场上去进行交换。文化商品也是如此。将文化产品与文化服务组织到市场上的文化企业或个人，就构成了文化市场供应方的主体，如向市场提供出版物的出版企业、向剧场观众提供演出服务的文艺团体、向电影院提供影片的电影制作公司等。正是这些文化市场主体的积极活动，才使文化市场拥有了大量可供交换的文化商品。

(3)作为文化商品消费者的购买方。有了供应方向市场提供大量丰富多彩的文化商品后，还须要有对这些文化商品既有需求又具备一定支付能力的购买者。因为这些进入市场的文化商品，凝结了文化产品生产者和服务提供者所耗费的劳动，这些劳动耗费只有在文化商品进入市场并交换成功后才能得到补偿。拥有了强大的由文化商品购买者组成的购买方，进入市场的文化商品才会被交换走，实现其价值。因此，以买方为代表的市场需求也是决定商品交换能否实现的基本要素。商品、供给、需求作为宏观市场构成的一般或基本要素，通过其代表者——买方和卖方的相互联系，现实地推动着文化市场的总体运动。

另一方面，从微观也即文化企业角度考察，由于企业作为市场经营的实体，其市场活动中供方与商品这两个要素相对可控，企业主要关注的是市场购买方的情况。所以，从企业角度看，文化市场主要由如下三个方面要素构成。

(1)人口。需求是人的本能，对物质生活资料及精神产品的需求是人类维持生命的基本条件。因此，哪里有人，哪里就有需求，哪里就会形成市场。人口的多少，尤其是受过教育的人口多少，决定着文化市场容量的大小；人口的状况，影响着文化市场需求的内容和结构。构成市场的人口因素包括总人口、性别和年龄结构、家庭户数和家庭人口数、民族与宗教信仰、职业和文化程度、地理分布等多种具体因素。

(2)购买力。购买力是人们支付货币购买商品或劳务的能力。人们的文化消费需求是通过利用手中的货币购买文化商品而得以实现的。因此，在人口状况既定的条件下，购买力就成为决定市场容量的重要因素之一。文化市场的大小，直接取决于购买力的高低。一般情况下，购买力受到人均国民收入、个人收入、社会集团购买力、平均消费水平、消费结构等因素的影响。

(3)购买欲望(动机)。购买欲望指消费者购买文化商品、享受文化服务的愿望、要求和动机。它是把文化消费者的潜在购买力变为现实购买力的重要条件。如到书店去买一本书，到电影院去看一场电影，总是有一定动因的。这种驱使人们到文化市场去消费的动因、理由，就是购买动机。对于某一特定文化市场而言，倘若仅具备了一定的人口和购买力，而消费者缺乏强烈的购买欲望或动机。比如，在“读书无用论”泛滥的时代，即使不缺人口与购买力，图书市场依然冷淡，图书销售不可能活跃。因为缺少购买动机，图书商品交易难以发生，图书市场也就不复存在。因此，购买欲望(动机)也是文化市场不可缺少的构成因素。

综上所述，无论是从宏观还是从微观角度考察，文化市场都是由各种基本要素组成的有机结构体，正是这些要素之间的相互联系和相互作用，决定了文化市场的形成与性质，推动着文化市场的现实运动。

2. 文化市场的基本类型

文化市场作为市场的一种类型，其分类也与一般市场的分类一样，可按多种标准进行划分，一般市场按不同标准划分出的类型，文化市场也同样适用。除此之外，文化市场还可根据行业发展需要，按本行业的个性化标准划分出如下基本类型。

(1)按政府文化行政系统管理范围划分。可分为：文化娱乐市场、文艺演出市场、电影市场、音像市场、图书报刊市场、文物市场、艺术品市场、文化旅游市场、网络文化市场、对外演出市场等。

(2)按文化市场交换对象划分。可分为文化产品市场、文化服务市场和文化要素市场三大类。因为按此标准分类，每类下面还可以多层细分，实际上就形成了一种市场体系类型，成了文化市场体系的组成部分。由这三类市场构成的文化市场体系，我们后面还有专门论述，所以，为避免内容重复，我们在这里只简单地对这三类市场进行罗列式介绍。

文化产品市场是指直接买卖文化产品的市场。文化产品市场包括：图书、报纸、期刊、音像与电子出版物、数字出版物、美术、文物、集邮、文化艺术品、花卉、宠物、娱乐用品市场等。

文化服务市场是指直接提供文化服务消费的市场。文化服务市场包括文艺演出、文化娱乐、展览、旅游、影像、电影、广播、电视、网络、广告、设计市场等。

文化要素市场是指为各类文化市场运行提供必要条件的市场。文化要素市场包括：自然资源、人文资源、文化物资、文化科技、知识产权、文化人才、文化信息、文化资本市场等。

(3)按国家文化产业统计分类标准划分。国家统计局2012年修订公布的《文化及相关产业分类》，将我国文化及相关产业分为10类。我们认为，其中前8类文化产业分类，除少数明显属公益性文化事业性质的行业，如新闻服务，图书馆、档案馆服务，文化遗产保护服务，群众文化服务等，其他行业都可作为文化市场类型划分的基本标准。下面将按文化产业中的这8类文化行业划分出的相关市场开列于下。

①出版发行市场，包括：图书、期刊、报纸、音像制品、电子出版物、数字出版物的出版、批发、零售市场等。

②广播电视市场，包括：广播、电视、电影、录音节目制作与播映市场等。

③文艺表演市场，包括：文艺创作、文艺演出、文艺培训辅导市场等。

④文化信息市场，包括：互联网信息服务、电信文化服务、有线信息传输服务、卫星信息传输服务市场等。

⑤文化创意和设计市场，包括：广告服务、文化软件服务、数字动漫服务、房屋建筑设计服务、室内装饰设计服务市场等。

⑥文化休闲娱乐服务市场，包括：景区游览服务、歌舞厅、网吧、游乐园服务、摄影服务市场等。

⑦工艺美术品市场，包括：工艺品、园林、花卉、陶瓷制品市场等。

⑧文化产品的辅助生产市场，包括：出版物印制、知识产权服务、文化经纪代理服务、文化艺术品拍卖市场等。

3. 文化市场的性质

文化市场的性质是由作为其交换对象的文化商品的性质决定的。文化商品，包括各类文化产品与文化服务，除了具有一般商品的基本性质之外，还具有一般商品所不具有的一些特殊性。由此所决定的文化市场的性质，我们可以从以下三个方面解读。

(1)文化市场具有一般商品市场的共性。作为市场的一种类型，文化市场和其他专业市场一样，具有商品市场的一般属性。这种共性主要表现在以下几个方面：一是文化商品和其他商品一样具有价值、使用价值和交换价值；二是文化市场必须遵循市场经济规律的基本要求运行；三是文化市场是有与其他专业市场一样的基本功能，即：交换商品，配置资源，调节供求，交流信息等；

四是文化市场能够发挥与其他专业市场一样的作用，即：合理配置资源，提高系统运行效率等。

文化市场除了具有商品市场的一般属性之外，由其交换对象性质与一般商品不同的特质决定，还具有不同于一般商品的特性。下面的第(2)(3)(4)部分，我们将分别阐述文化市场的三个特性。

(2)文化市场具有思想意识阵地性质。这是由文化商品使用价值的精神性特征所决定的。作为市场交换对象的商品，其使用价值是具有能够满足人们某种需要的属性。与一般商品所具有的能够满足人们物质上的需要不同，文化商品的使用价值则大多表现为能够满足人们精神上的需要。阅读出版物能够获取知识信息，观看剧场演出能愉悦心情，参观画展能接受艺术的熏陶，等等。文化商品的使用价值的精神性特征，决定了文化商品对消费者的影响，具有精神性、隐蔽性、持久性的特点。它影响的是人们的精神世界，而且是一种潜移默化的作用，且影响深远。由这一特点决定，文化市场既要充分发挥市场机制的作用，有效提高文化系统的运行效率；又要积极引导健康消费，努力承担把好思想意识关口的社会责任。这就使得文化市场具有了思想意识阵地的属性。

(3)文化市场价格机制作用的有限性。就一般市场而言，对市场的调控主要是通过价格、供求、竞争三大机制的相互作用来实现的，即：价格机制→供求机制→竞争机制→价格机制。而在文化市场上，由于交换对象生产或形成过程中的一些特点，使其不具有完整的商品全质，由此而使价格机制的调控难以确保其合理性。文化商品生产或形成过程中的特点，可概括为以下三点。一是生产目的的非商业性，文化市场主体组织或参与文化产品的生产，其目的大多不是为了交换。二是生产过程的艰难探索性，文化生产是知识产品的生产，新知识的形成，是人类对客观世界认知不断累积的过程，需要进行艰难的探索，其投入产出都是一个未知数。三是商品价值的低可比性，文化商品生产过程所耗费的劳动，具有复杂的、创造性的脑力劳动或脑力与体力劳动相结合(如雕塑、摄影、刺绣等)的性质，难以像一般商品那样可以用一个可比单因子——社会必要劳动时间来衡量其价值。正如马克思所说："在一定的生产条件下，人们能准确的知道，做一张桌子，需要多少个工人，制作某种产品，需要某种劳动量应多大。许多'非物质产品'的情况却不是这样。这里，达到某种结果所需要的某种劳动量多大，和结果本身一样，要靠猜测。"①比如，影视剧实拍一场日出背景的戏，可能一次拍摄成功，也可能经过多次拍摄才能达到创作的目的。由于知识生产、艺术创作的复杂性，所以同类文化产品所耗费的劳动时间各不相同，甚至相差很大。四是交换价格与价值的背离性，文化商品的市场

① 马克思恩格斯全集(第26卷第一册)[M]. 北京：人民出版社，1972：149.

交换价值反映劳动耗费的不完整性，使其市场价格不像一般商品价格那样总是随着价值的变化上下波动，而总是与价值相背离。这些特点决定了文化商品的生产从本质上讲不可能是商品生产。由此决定，文化市场价格机制的调控力度必然会受到限制。

(4)文化市场具有文化知识传播平台性质。这是由文化消费的非消耗性特征决定的。就一般商品市场消费而言，对一件商品或一项服务的消费，就是消耗其使用价值。面包可以满足人们充饥的需求，饥饿者购买面包并将其吃掉，面包的使用价值就被消耗掉了；药品可以满足人们疾病治疗的需求，但患病者购药治病，必须将药"用"掉才能痊愈，药的使用价值也在治病过程中被消耗掉了。文化产品的使用价值，是文化产品中所蕴含的文化知识能够满足文化消费者追求文化价值的精神需求。在文化市场的消费中，消费者获得了精神需求的满足，却并没有将文化产品的这种使用价值消耗掉，这就是文化市场产品消费中所具有的非消耗性特征。正是文化市场消费所具有的这种非消耗性特征，使文化市场在频繁的文化商品交易活动中不仅承担起了文化商品价值实现的重任，还成为一个文化知识传播的重要平台。文化市场通过频繁的商品交易活动，使文化商品通过价值交换转移到难以数计的消费者手中，这些文化商品中所蕴含的文化知识，也就凭借文化市场这个平台传播到了各行各业、千家万户。而更为重要的是，文化商品购买者不仅能自己享用文化商品的使用价值，而且还能传交给其他人使用，由于文化商品的使用价值不会因使用人多而被消耗掉，所以使得其被使用的范围可无限扩大成为可能。一些价值连城的名画名曲的原件，如齐白石的虾画，知之者了了，但一旦进入市场，就成为商品而被大量复制，并通过市场进行广泛流通，这些名画名作的文化内涵也就家喻户晓、妇孺皆知了。由此可见，文化市场就是一个文化知识传播的重要平台。

二、文化市场体系

探讨了文化市场的构成及性质之后，我们再来研究什么是文化市场体系，以及这些文化市场是如何构成体系的。

1. 文化市场体系的概念

文化市场体系是一个由多种类型的文化市场相互联系、相互影响，共同构成的系统。要理解这一概念，必须明确以下两点。

(1)文化市场体系是可以细分的。文化市场体系是由各种类型的文化市场构成的系统。各个文化市场因交换内容的不同，其构成市场的基本要素也会有所不同，由此决定了文化市场的类型繁多且构成复杂。从总体上看，文化市场可大体分为三大类，即：文化产品市场、文化服务市场和文化要素市场。每一大类又由许多的文化市场小类组成，如属于文化产品市场类型之一的出版物市场，就可根据出版物性质再分为图书、报纸、期刊等市场。这就是说，各种文化市场是可以细分的，所以说，由文化市场构成的文化市场体系也是可以细分的。随着我国文化产业逐渐壮大、繁荣，文化市场的整体规模会越来越大。在这样的大背景下，作为文化市场经营者的文化企业，通过细分市场来选准自己的目标市场，来制定科学的发展战略，有着非常重要的意义。文化市场体系的具体类型划分，将在后面专门进行探讨，在此不赘述。

(2)构成文化市场体系的文化市场相互联系、互相影响。文化市场体系并不是由一个个孤立的文化市场拼凑而成的，而是由各类、各个文化市场相互联系、互相影响而形成的一个有机整体。如果说上面陈述的文化市场体系可以细分，是基于对各类文化市场个性的认知；那么，此处所说的文化市场相互联系、互相影响，则是基于对各类文化市场共性的认知。也就是说，各类文化市场所具有的共性，是使其能够相互联系、互相影响的特质。各类文化市场的共性，具体表现在以下几个方面。首先，各类文化市场的基本社会功能是相同的。无论是向消费者提供文化产品的文化产品市场，还是向消费者提供文化服务的文化服务市场，其基本功能都是满足广大社会民众的文化消费需求。文化消费需求与一般生活物质消费需求的最大区别在于其精神性。人们需要从出版物市场上购买图书，目的是通过阅读，从书中获得知识信息；需要到杂技厅去看杂技表演，目的是从娱乐消遣中放松心情，调整情绪。这些文化消费，都是满足消费者的精神需求。其次，各类文化市场的消费者也大体相同。文化市场所提供的交换产品所具有的文化内涵，决定了其消费者都是具有一定文化消费能力的“文化人”。只不过是由于消费爱好的不同，以及消费动机、层次的差异，对文化市场的消费会有所偏好罢了，如：有人喜欢买书，有人喜欢看电影，有人喜欢健身，等等，但都具有为追求精神满足而消费的共同特征，都属于“文化人”。此外，各类形成文化市场交换产品的资源性质是相同的。资源是形成交换产品的原材料，各类文化市场交换产品的形成也都需要资源。形成文化市场交换产品的各类资源，无论是作为旅游资源存在的各个景点，还是作为出版资源存在的各类知识信息产品，或是作为影视戏剧作品资源的鲜活的社会生活实践，都具有相同的性质，即都具有一定的文化价值。即使是一些以具体的物质形态存在的资源，如各类作为旅游资源存在的景点，对于文化市场交换产品的形成而言，重点开发的也是其文化价值，即满足游客游玩消遣享受需求的功能。

2. 文化市场体系的构成

文化市场体系是由各类文化市场构成的。对文化市场体系构成的研究，就是对各类文化市场进行科学分类的探讨。这是研究和完善文化市场体系的基础性工作。我们在正式研究文化市场体系的构成类型之前，先要明确分类的基本要求。

(1)探讨文化市场体系构成的基本思路。研究文化市场体系的构成，就是对构成文化市场体系的文化市场进行分类。分类的目的、依据、范畴等问题，都要首先思考清楚。其中，明确以下三点极为重要。

其一，公益性文化事业不应归属为文化市场体系范畴。文化市场作为文化产业发展的基础，是专门针对那些进入市场、以商品交换方式运作的文化活动与文化要素而言的。那些不以商品交换方式运作的文化活动与文化要素，不应包括在经营性的文化产业范畴内，也就不应纳入文化市场体系之中，如国家统计局颁布的《文化及相关产业分类(2012)》中所列的图书馆与档案馆服务，文化遗产保护服务(下含博物馆、烈士陵园、纪念馆)、群众文化活动等，应属于公益性文化事业范畴，不在本课题研究的内容之列。

其二，按照文化市场交换对象的属性来划分文化市场类型，是最具实践意义的基本思路。对文化市场的分类，可以从不同的角度及其相应的标准进行，如在《文化及相关产业分类(2012)》标准中，国家统计局就是从统计的角度对文化及相关产业类型进行划分的。此种分类虽然利于统计管理，但不利于文化产业经营者有效地识别市场的内容与性质。因此，我们主张，对构成文化市场体系的分类，较科学的标准，是从市场经营的角度、按照市场交换对象的属性来划分。这样有利于准确把握各类文化市场的运行规律，发展文化产业。为此，应将交换对象相同的文化市场整合成一种类型来进行研究。组成文化市场基本活动的产、供、销都是围绕交换对象进行的，不同环节以不同方式参与市场运作的市场主体，都是围绕相同的交换对象而运作的。因此，具有共同交换对象的市场主体，应放在同一个市场中进行探讨，不必要也不应该将其割裂成几个不同的市场来区别对待。

其三，从功能价值上判断各类文化市场的类型，也应成为我们探讨文化市场体系结构的一条重要思路。研究文化市场体系构成的根本目的，是要弄清楚各类文化市场在社会文化传播中的具体功能价值，以判断其在我国文化产业发展中的地位，为制定扶持文化产业发展的各项政策提供理论依据。作为文化市场，功能价值不同，其运作的目的、行为方式、对社会的作用等也大不相同，政府对其管理的方式与政策也会有所区别。因此，为利于政府对文化市场实施分类管理，我们除了要按交换对象性质标准来进行文化市场基本类型的划分之外，还应从功能价值上判断各类文化市场的类型。基于以上认识，我们主张：探讨文化市场体系构成，可以从市场交换对象的属性与市场的具体功能价值两个维度进行分析。

下面两部分，即分别从这两个维度对文化市场体系的构成进行具体分析。

(2)从市场交换对象属性角度看文化市场体系的基本构成。文化市场的交换对象，包括文化商品与文化要素。其中文化商品又包括文化产品和文化服务两大类型。因此文化市场体系也由文化产品市场、文化服务市场和文化要素市场三大基本市场类型构成。现将这三类市场的主要特征列表如下(见表1-1)。

表1-1　　三类文化市场基本特征

文化市场类型	文化产品市场	文化服务市场	文化要素市场
交换对象	有形的文化产品	无形的文化服务	有形或无形的市场要素
购买、消费者及消费方式	个体分散	个体集中	企业单独
交易量	大	较小	大
交易方式	交易次数多、频繁，复杂多变	交易次数较少，门类繁多	交易次数少、稳定，专业性强
商品阶段	最终消费	生产和消费过程同时进行	连接生产和生产性消费

由上表可以看出：文化市场体系，由文化产品市场、文化服务市场和文化要素市场三大基本类型的市场共同构成。

①文化产品市场。这是以文化物质实体产品为交易对象的所有场所、过程、关系等的集合。其特征是：市场交换对象是有形的文化产品；以个体分散购买消费为主；交易频繁、次数多、量大；就商品阶段性质而言，是最终满足消费者消费的阶段。凡具有上述特征的文化市场，都可称为文化产品市场。如各类出版物市场、文化用品市场、工艺美术品市场等，即是典型的文化产品市场。

②文化服务市场。这是文化商品市场的特殊形态，是以无形文化服务为交易内容的所有场所、过程和关系等的集合。其特征是：市场交换对象是无形的文化服务；交易次数少，但门类繁多；以个体集中消费为主；生产过程与消费过程具有同一性，一旦生产终止，它所提供的文化价值、消费者的文化享受也就结束了。除此之外，享受文化服务的费用比一般服务费用高，文化服务具有

奢侈品的性质。凡具有上述特征的文化市场，都可称为文化服务市场。如文艺演出市场、艺术品拍卖市场、景区游览市场等，即是典型的文化服务市场。

③文化要素市场。这是指为文化产品和服务的生产与经营活动提供所需的各种基本要素的市场。文化要素市场通过提供生产经营文化商品必不可少的有形或无形的生产要素，担负着为文化市场体系配置资源、促进文化市场体系顺利运行的重任。其特征：首先，文化要素市场中交易的商品既有有形的也有无形的，并且是以无形要素为主；其次，市场购买者主要是各类文化企业，交易次数少但交易对象相对固定；再次，就商品阶段而言，文化要素市场是连接生产和生产性消费的市场，是在文化市场体系内部运行的市场。凡具有上述特征的文化市场，都可称为文化要素市场。如知识产权市场，即是典型的文化要素市场。

这三种基本类型的文化市场互相联系、相互作用，共同构成了功能比单类文化市场更为强大的文化市场体系。

下面将文化产品市场、文化服务市场和文化要素市场三类市场的具体构成列为下表(见表 1-2)。

表 1-2 **文化市场系统结构**

文化产品市场	文化服务市场	文化要素市场
印刷型出版物(书报刊)市场	演出市场	文化生产资料市场
音像、电子出版物市场	会展市场	知识产权市场
数字出版产品市场	文化艺术及创意设计服务	文化人才市场
文物艺术品市场	广播、电视、电影、影像市场	文化资本市场
文化用品市场	网络市场	文化地产市场
文化专用设备市场	文化产品生产的服务市场	文化信息市场
	休闲娱乐服务市场	文化技术市场

(3)从市场功能价值角度看文化市场体系的构成。功能是一个事物(或某项活动)所具有的功用与机能。文化市场的基本功能是满足社会成员的精神文化需求，但各类文化市场由于交换对象所决定的交换内容的不同而满足的是不同的精神文化需求，也就是说，各类文化市场具有不同的功能价值。如看一场文艺演出，能满足观众的娱乐休闲的要求；读一本学术专著，能满足读者的专业知识的要求，等等。因此，从市场功能价值角度考察文化市场体系的构成，

更能适应文化产业宏观管理改革发展的需要。此外，这里所说的功能价值，是指文化市场对消费者而言所具有的功用与机能，不是对文化市场体系内部来说的，所以，从市场功能价值角度考察，就排除了仅对文化市场体系内部发挥作用的要素市场，只对文化产品市场和文化服务市场按功能价值标准进行分类。我们认为，从市场功能价值角度考察，文化市场体系由文化价值型文化市场和休闲娱乐型文化市场两大基本类型市场构成。

①文化价值型文化市场。文化价值型文化市场是围绕以传播文化知识、提高人们的文化艺术造诣为主要价值取向的文化经营活动所形成的市场。此类文化市场的主要功能是满足人们追求文化价值的精神需求。消费者购买这类文化消费时，主要目的是获取文化价值。文化价值是一个外延十分宽泛的概念，至少包括认知价值(获取认识客观世界的知识)、审美价值(获得愉悦等美感)、传承价值(保存文化)、教化价值(净化心灵)、传播价值(获取信息，以提高决策的适用性)等内容。但是作为经营项目，文化商品的价值应该是其文化含量。即便某些文化艺术产品有使消费者放松或娱乐的作用，但也并非其作为文化价值型文化市场产品的主要价值所在。目前属于文化价值型的文化市场主要有：音乐市场、舞蹈及戏剧等表演市场、影视剧及艺术片制作播映市场、艺术品拍卖及展览市场、文化艺术科学类出版物市场、文化艺术培训市场等。在这些市场中，尽管也存在经营娱乐性产品，如广播电视业中的娱乐性频道与娱乐型节目，电影、影视剧市场中的娱乐片，出版物市场中的娱乐性图书、期刊，等等，但就其市场整体而言，文化价值仍是其主流导向。文化价值型文化市场的存在，是文化市场体系不同于一般商品领域市场体系的重要特征之一。

②休闲娱乐型文化市场。休闲娱乐型文化市场是围绕以娱乐消遣为主要价值依据的文化经营活动所形成的市场。此类文化市场的主要功能是满足人们娱乐休闲的文化消费需求。消费者进行这种类型的文化消费，其主要目的是休闲、娱乐和放松身心。娱乐型文化市场主要由文化服务市场中的一些娱乐业项目组成，如卡拉OK厅、室内高尔夫球场、水族馆、溜冰场等。娱乐型文化市场的范围很广，如卡拉OK厅、歌舞厅是与文化艺术相关的，但由于这种类型的文化活动中表演的功能弱化了，甚至是消失了，娱乐自身才是主要目的，因此属于娱乐和放松身心的文化活动。还有与体育相关的，如室内高尔夫球场，是与体育项目相关，但由于其作为体育的基本要素，竞技性消失了，消费这些项目的主要目的就是为了玩，为了休闲和放松，而非比赛。此外，文化产品市场中以一些娱乐性产品为交换对象的市场，也应归于娱乐型文化市场的范围，如娱乐节目，图书期刊中的娱乐性读物，以及数字出版物中游戏类产品等，以及文化服务市场中一些以提供休闲娱乐为目的服务行业市场，如旅游服务、网吧服务等，也属于休闲娱乐型文化市场。

之所以要打破前述按市场交换对象属性划分文化市场类型的基本格局，而按市场功能价值再将文化市场划分为娱乐型及文化价值型两大类型，主要是从文化产业的宏观管理及发展需要出发的。我们对文化市场构成进行严格区分，厘清两种性质不同的文化市场的特点、功能，有助于进行更加有效的针对性管理，使两类市场都能朝着符合各自内在规律的方向获得较好的发展。目前我国实行的分开公益性文化事业和经营性文化产业来管理文化活动的思路，就大体说明政府文化行政管理机构已对功能价值不同的文化市场类型有了初步的认知。

三、现代文化市场体系

构建现代文化市场体系，既是深化文化体制改革的必然要求，也是我国文化事业与文化产业健康、繁荣发展的根本保证。

1. 现代文化市场体系的概念及内涵

现代文化市场体系是适应现代市场经济要求的，更为完整、规范、高效的文化市场体系，是由各类相互联系和相互作用的文化商品市场与文化要素市场构成的有机整体。对这一现代文化市场体系概念，我们可以从以下几个方面来理解。

(1)现代文化市场体系具有现代市场体系的基本内涵。首先，与现代市场体系一样，现代文化市场体系仍然是一个由市场构成的体系，也是一个正处于努力建设之中的市场体系，是文化市场体系建设与发展的目标与理想的形态。其次，现代文化市场体系也具有市场体系现代化的时代特征，即适应现代市场经济要求，在文化市场体系的现代化建设中充分体现独立的企业制度、有效的市场竞争、规范的政府职能、良好的社会信用、健全的法制基础等现代市场经济的基本特色。此外，现代文化市场体系就构成而言，也更为完整、规范。一方面，随着文化事业与文化产业的日益繁荣与兴旺，新的文化市场类型不断出现，尤其是文化要素类市场的不断增多，使得文化市场体系中的市场类型由此变得更为完整；另一方面，随着文化市场运行的规则、制度不断完善，现代文化市场体系的运行也更为规范、有序。最后，现代文化市场体系就运行效率而言，是更为高效的市场体系。我国现代市场经济体制的深入推行，为文化市场体系的高效运行提供了良好的环境；改革成果的积累，现代社会与市场相关的法律法规体系、社会信用体系、信息服务体系等的初步建立与完善，为我国文化市场体系的高校运行提供了良好的条件。

(2)现代文化市场体系由众多的文化商品市场与文化要素市场构成。与一般现代市场体系相比，现代文化市场体系在构成要素上具有两个特点：一是文化商品市场由文化产品市场与文化服务市场两大市场类型组成，而其中的文化服务市场具有特别突出的主体地位，这也就是说，现代文化市场体系是以文化服务市场为主体构成的市场体系；二是文化要素市场的发展成为现代文化市场体系建设的重点。

先说第一个特点。现代文化市场体系中文化服务市场的主体性，主要是由于文化商品使用价值的精神性特点所决定的。文化市场上的消费者消费，无论是通过购买文化产品如书报刊、工艺品等来间接汲取其所蕴含的文化价值，还是通过购买文化服务来直接享用其文化价值，其目的都是满足自己的精神需求。各类文化服务能够向消费者直接提供无形的精神内核，所以较有形的文化产品而言，更受文化市场消费者青睐。国家统计局2012年公布的《文化及相关产业目录》，将文化产业分为两大部分10个大类，以第一部分文化产品的生产为例，7个大类的名称分别为：第一类，新闻出版发行服务；第二类，广播电视电影服务；第三类，文化艺术服务；第四类，文化信息传输服务；第五类，文化创意与设计服务；第六类，文化休闲娱乐服务；第七类，工艺美术品的生产。7个大类中，冠名“服务”的就有6类。由此可见，服务类市场在现代文化市场体系中的主体地位毋庸置疑。

至于第二个特点，也即文化要素市场发展对于现代文化市场体系建设的意义，我们可以从两个方面来理解。第一，从要素市场对现代市场体系建设的重要性来看。现代市场体系由商品市场和要素市场共同构成，其中，商品市场是国民经济发展过程中物质资源交易和配置的基本场所和主要形式，是现代市场体系发展的基础；而要素市场从一定意义上是为商品市场服务的，其发育程度和水平对商品市场的发展具有明显的制约作用，特别是要素市场中的资本市场，对于其他要素市场以及商品市场的发展都有着重要的影响，是现代市场体系的核心。没有要素市场的发展，不仅商品市场不可能真正发展起来，整个国民经济运行也将失去活力。中共十八届三中全会强调，进一步深化体制改革的目标，就是要让市场在资源配置中起决定性作用。目前，我国在商品市场方面已基本达到市场起到决定性作用的标准，但在要素市场方面，市场还未起到决定性作用。我国主要的生产要素市场，计划与市场并存的“双轨制”仍十分严重，要素价格不但无法灵活反映供求关系和资源稀缺程度，而且出现普遍上涨趋势，造成资源配置效率降低，寻租活动猖獗，抑制了生产要素的活力，在很大程度上降低了中国经济的国际竞争力。第二，从现代文化市场体系中要素市场的特殊构成来看。文化市场交易的文化商品，其使用价值是商品所蕴含的文化知识能够满足消费者的精神需求。文化商品中所蕴含的文化内涵是否有价值，是否适合消费者的需要，交换价格是否合理，也就成了其在市场上能否交换的关键。由这一特点决定，文化市场体系中，知识产权这一要素市场具有非常重要的意义。知识产权的市场化程度越高，就意味着其流动性越强，其价格随市场消费需求的变动也更为合理，这对于现代文化体系内的文化商品市场的繁荣与发展，将产生直接的推动作用。

(3)现代文化市场体系是由各类文化市场构成的有机整体。现代文化市场体系的有机整体性，主要表现在以下几个方面。一是现代文化市场体系内的各类文化市场并不是孤立地存在的，而是相互联系、互相影响，具有整体性特征。以产权市场为例，如果著作权转让价格提高，那么文化商品市场供给侧的产品生产成本就必须相应提高；生产成本的提高必然会影响商品交换价格的提升；而商品涨价对消费的影响也是不言而喻的。由此可见，仅仅是要素市场某一个要素的变动，就能使整个文化市场体系的供求结构产生变化。二是各类市场能通过一系列运行规则、规律在系统内有序运转，各展其能，使现代文化市场体系充满活力。现代文化市场体系之所以能成为一个充满活力的有机体，是因为有一系列的规则、规律等“软件”指挥各类市场的行为，因此能使各种市场要素都能有条不紊地充分发挥作用。三是现代文化市场体系能融入现代市场经济体系之中，与其他社会经济领域的市场体系紧密相连，随着社会经济的发展实现动态性更新。现代文化市场体系的有机性，不仅体现在现代文化市场体系内部的生机与活力上，还体现在与外部的融合发展上。现代文化市场体系能与整个社会系统，尤其是与现代市场经济体系融为一体，紧随时代发展的步伐而不断发展。

2. 现代文化市场体系建设的目标及重点内容

党的十八届三中全会决定中明确了现代市场体系建设目标和重点内容，《决定》指出：“加快形成企业自主经营、公平竞争，消费者自由选择、自主消费，商品和要素自由流动、平等交换的现代市场体系，着力清除市场壁垒，提高资源配置效率和公平性。”(《中国共产党十八届三中全会公报》)与推行社会主义市场经济体制初期开始建设的文化市场体系相比较，作为中共十八届三中全会提出建设的现代市场体系重要组成部分的现代文化市场体系，其具体建设目标，应该包括以下重点内容。

(1)文化市场主体多元、活跃。本书所指文化产业的市场主体，是指从事文化商品生产、经营，面向市场、自主经营、自负盈亏、独立承担民事责任和民事义务的公司、非公司企业、外商投资企业、私营企业，也包括个体工商户，即私人文化企业或企业主。在市场经济的运行中，市场经济要求其微观组织——市场主体应具备三个条件：一是以赢利为目的，二是具有独立明晰的产权，三是能够独立决策，自主经营、自负盈亏、自我约束、自行发展。对作为文化市场主体的文化企业的要求也是如此。文化企业作为文化市场体系的细胞和主体，其发展直接影响和决定了文化市场体系的整体水平和档次。

现代文化市场体系要求主体多元化，即要求参与文化市场经营活动的市场主体多种多样，包括主体类型多样，主体数量众多。要实现这一目标，一是要进一步深化文化体制改革，将我国阵容极其庞大的各种文化事业单位，如各种文艺院团、各种宣传机构等，改组成符合上述文化市场主体三个条件的文化企业；二是进一步开放文化市场，降低一些文化市场的准入门槛，扶持民营等非国有资本进入文化领域发展，吸引外资投向我国的文化产业。这样，就能在文化产业领域真正实现以国有经济为主体，多种经济成分共同发展的文化市场主体结构模式。

现代文化市场体系要求主体活跃，即要求各类文化市场主体都能灵活自主经营，积极参与市场竞争，在文化体系内充满活力。尤其是作为主要主体的国有文化企业，如广电、传媒、出版集团，有一些本质上还是所谓的“事业编制、企业管理”模式；计划经济时代国有企业的种种弊端依然存在，还没有真正转型为市场竞争主体，因此运营效率低下，其市场表现就是僵化而缺少活力。因此，还需进一步深化国有文化企业的经营管理体制改革，充分调动企业管理层与员工的积极性，激活国有文化企业积极参与文化市场的竞争。

(2)文化市场类型丰富、完整。现代文化市场体系，是涵盖的文化市场类型最丰富也最完整的文化市场体系。文化市场体系现代化的过程，就是一个文化市场类型不断发展、丰富的过程。随着现代市场经济体制的深入推行，市场化的进程也在不断加快。中共十八届三中全会将市场在资源配置上的基础性作用修改为决定性作用，更使国民经济运行中的市场化程度提到了前所未有的高度。接着推出的一系列的实施方案，促使不少的经济要素走上了市场调节的通路，催生出了众多的市场类型。其中尤其是众多的要素市场的出现，如资本、劳动力、土地、技术、信息市场，等等，使现代市场体系的构成内涵更为丰富，市场体系结构更为完整。

我们正努力建设的现代文化市场体系，从本质上说就是现代市场体系，“文化”只不过表明其所属行业而已，虽然它有特性，但仍应具有和一般市场体系相同的基本性质。所以，上述现代市场体系建设中所取得的要素市场培育与发展方面的成果，同样可以作为现代文化市场体系建设的内容予以分享、汲取。除此之外，就我国现代文化市场的整体建设而言，现代文化市场体系中体现“文化”特征的要素市场的培育与成长，如版权、著作权、专利权等知识产权市场，文化创意人才市场，文化资源市场等新型文化要素市场的培育；文化商品市场中电影放映、文艺表演、网络服务等市场的完善；区域文化市场中农村文化市场的开拓与扶持等，更应成为文化市场类型丰富、完整的重要努力方向和重点建设内容。

(3)文化市场竞争公平、开放。十八届三中全会提出，要建立公平开放透明的市场规则。李克强总理2016年6月27日在第十届“夏季达沃斯论坛”上也强调：我们还要进一步推进简政放权、放管结合、优化服务改革，转变政府职能，来营造公平竞市的市场。这些加快完善市场体系的重要举措，都为文化市场的开放与公平竞争创造了良好条件。

公平竞争是现代市场经济最基本的规则。在现代市场经济条件下，实现市场公平竞争的目的在于：使市场竞争中各竞争主体之间的竞争权利和竞争义务达到相对均衡的状态。因为，只有在这种状态下，各竞争主体参与市场竞争的积极性和创造性才能最大限度地得以释放，市场竞争也才能够成为一种最大限度的充分竞争。开放是实现公平竞争的有效手段。开放具有两方面的内涵，一是对内开放，即企业可以依法进入任何它认为有盈利前景的行业和地区，而不受行政及其他手段的阻碍；二是对外开放，即外资企业可以享受国民待遇，这样才能实现国际国内两个市场的对接，促进资源的国际间流动，提升企业参与国际竞争的能力。

文化市场体系的现代化，也必须充分利用市场开放这种手段，在其建设过程中要努力坚持公平竞争的原则。现代文化市场体系中的公平竞争，是指各类文化市场主体都能够平等地利用资源，公平享有参与竞争的权利，同样均等地受到法律保护。在现代文化市场体系的建设过程中，贯彻好公平竞争原则的具体要求，可归纳为以下几方面。

首先，应实行开放式竞争。正如前面所说，开放是实现公平竞争的有效手段，实行开放式竞争，就是要维护好全国文化市场的统一性和完整性，要打破地方保护和利用行政手段设置的种种市场壁垒，确保各类文化商品与文化要素都能在全国统一的大市场自由流通，确保现代文化市场的各类市场主体都能平等地在全国统一的大市场上自由经营。不仅国内各省市的文化市场要相互开放，还要积极吸引外商投资，勇于在与国外同行的同场竞争中提升国内文化市场主体的竞争力。

其次，要实行自由平等竞争。坚持市场竞争中的自由平等，需排除各种影响自由平等竞争的因素的干扰，在众多的干扰因素中，最主要的是文化市场普遍存在的非法垄断行为。国务院颁布的《反垄断法》第三条规定，垄断行为包括三类：一是经营者达成垄断协议；二是经营者滥用市场支配地位；三是具有或者可能具有排除、限制竞争效果的经营者集中。在文化产业领域，除了存在这三类经济性垄断行为之外，更为普遍存在的是各种行政性垄断。我国由于受长期的计划经济体制的影响，实践中不仅存在着经济垄断，还存在着严重的行政垄断。这两种垄断形式交织在一起，严重地制约了文化市场的公平竞争，禁锢了文化产业经济的运行，使文化产业领域难以实现“来自竞争的繁荣”。因此，在现代文化市场体系建设中，要与各种各样的非法垄断行为作斗争。

最后，还要实现透明竞争。透明是实现公平竞争的重要保障，形形色色的“潜规则”成为文化市场主体参与市场竞争的重要障碍，容易诱发“劣币驱逐良币”效应。大量资源不进入生产环节而热衷于对潜规则的追逐，对全社会来说是一种巨大的浪费。只有将所有的权力在阳光下运行，打造公开透明的环境，才能从根本上减少“寻租”行为，保障市场的公平竞争。建设现代文市场体系，就要努力破除各种形形色色的“潜规则”，保证竞争的透明化。政府文化行政部门，要努力为文化市场创造透明竞争的环境。政府除了在具体行政中，如制定政策、发布法令、分配资源等，坚持公开、透明的做法之外，更为重要的是组织好文化市场信息的收集、整理与传播，以保证市场供求情况的透明。

(4)文化市场运行规范、有序。现代文化市场体系运行的规范性与有序性，都主要表现为体系内的各类文化市场能按照统一的市场规则运行。市场规则是市场经济正常运行的保障。良好的市场秩序依赖市场规则来维护，资源的合理配置要依赖规则来实现。文化市场的运行也是如此。市场规则是依据市场运行规律，以法律法规、行业规范、道德规范等形式，对市场运行的方方面面做出的具体的规定。完整的市场规则由市场准入规则、市场竞争规则和市场交易规则等组成。其中，市场准入规则规定符合什么条件的企业、商品可以进入市场；市场竞争规则用于维护市场的公平竞争；市场交易规则主要是对交易方式和行为做出规定。市场交易规则是市场规则中的核心。

在现代文化市场体系的建设中，要实现文化市场运行规范、有序的目标，需从以下几个方面努力。

首先，要修补、完善文化市场运行的各项规则。从目前我国文化市场运行的现实情况来看，主要存在以下问题：一是不少文化市场的规则还没有制订，以市场准入规则为例，一些新媒体出版市场，如手机出版市场、微信出版市场，以及一些要素市场，如版权贸易市场、出版人才市场等，就缺少相应的市场准入规则来规范；此外，专门针对各类文化市场的具有文化产业特性的文化市场竞争规则也没有出台。二是以前制定的一些市场运行规则内容陈旧，急需修订，还以市场准入规则为例，关于图书市场一级批发市场、二级批发市场主体资格的条件，其规定就明显不合时宜。三是一些已有的市场运行规则中，内容不完整，难以反映现实市场的发展需要，需补充完整。以市场交易规则为例，已有的出版物发行规则中，就缺少网上数字化出版物发行的内容。总之，这种种市场规则的不完善之处，都会使文化市场体系无章可循，有章难循，最终都会导致现代文化市场体系的运行效率大打折扣。

其次，要加强文化市场监管，督促各类市场主体认真执行市场规则。打造规范有序、公平竞争的市场环境，是政府义不容辞的责任。现代市场经济在全球的实践证明，市场化程度越高，越需要监管服务，越需要对各类市场不断调控和规范发展秩序。因此，在市场规则不断完善的同时，政府还要通过市场监管督促各类市场主体认真执行好市场规则。从我国文化市场运行的目前状况来看，无视法纪、有章不循的行为还普遍存在，2015 年我国开展扫黄打非的情况就足以说明这些行为的严重性。据 2016 年 1 月 15 日《中国新闻出版广电报》载，2015 年，全国“扫黄打非”战线以“净网 2015”“护苗 2015”“秋风 2015”“清源 2015”“固边 2015”五大专项行动和“护城河工程”“南岭工程”“珠峰工程”“天山工程”“长白山工程”五个联防协作工程为平台，针对各类非法出版物、淫秽色情文化垃圾，“三假”敲诈等违法犯罪活动，坚决打、坚持打，特别是将重点打击领域锁定在互联网主战场，不仅打出了声威也打出了效果。2015 年，全国共收缴各类非法出版物1 500余万件，查处各类案件7 200多起，关闭非法和传播有害信息网站 2. 8 万个。从所查处的多期大案要案来看，如“优衣库试衣间”等系列涉不雅视频案、内蒙古鄂尔多斯“鄂市激情”QQ 群传播淫秽物品案、广东广州“11・27”销售淫秽光盘案、陕西西安《大众创业》非法期刊诈骗案、湖南衡阳“3・10”发行非法小学教辅案、黑龙江哈尔滨“10・8”制售非法出版物案等，文化市场违法乱纪、有章不循的情况还非常严重。由此更可看出政府加强文化市场监管的必要性与迫切性。

此外，还要加强信用体系建设，引导文化市场主体自觉遵守市场规则。市场经济的基本运作形式是契约和合同，契约和合同的核心就是保证信用、诚实守信。为此，政府要采取积极有效措施加强信用体系建设，尤其要加快建立信用监督和失信惩戒制度，且要结合必要的制度约束，积极开展宣传引导、信用规则教育，形成诚实守信者获利、失信忘义者失势的环境；文化市场活动的参与者都必须学法、懂法、守法、用法，都应该树立诚信观念，遵守市场道德。这样，就不仅能在文化产业领域，而且能逐步在全社会形成以诚信为本、操守为重的良好风尚。因此可以说，加强信用体系建设，引导文化市场主体自觉遵守市场规则，在文化产业领域形成以道德为支撑，以法律为保障的社会信用制度，更是文化市场规范、有序运行的治本之策。

(5)文化市场消费自由、普遍。文化市场的消费自由，是指文化市场消费者能以充足的消费能力作支撑，根据自己的意愿自由选择消费商品类型与品种、自主决定消费数量与方式的消费模式。中央十八届三中全会的决议中将“消费者自由选择、自主消费”列入现代市场体系建设的重要内容之一，足以说明文化市场消费自由的重要性。文化市场消费的普遍性，是指文化市场消费力有了较大提升，文化消费已不再是文化人及经济收入可观人群的专利，而成为社会公众的普遍行为。由此促成的文化市场的拓展与繁荣，无疑为现代文化市场体系的建设与完善创造了良好的条件。

文化市场消费的自由与普遍性，与下列因素紧密相关，因此，在现代文化市场体系的建设中，要实现文化市场消费的自由与普遍性，必须从这几个方面努力。

首先，就文化市场供给侧主体而言，应努力提升文化商品的数量与质量。消费者的自由选择，是以丰富多彩可供挑选的文化商品为前提的，只有文化市场上商品类型多样、品种充足，内容适应消费要求、质量有保障，就为文化消费者自由选择奠定了良好的物质基础。回顾一下我国“文革”时期的戏剧市场，十亿人同看 8 个样板戏，对消费者而言，根本无法谈选择。

其次，就文化消费者而言，要努力提升自身的消费能力。公民文化消费力的提升，包括两方面的内容：一是消费者文化享用水平的提高，如出版物购买者对出版物中所含知识内容接受能力的提高，戏曲观看者对剧情和演员表演欣赏水平的提高，字画等文化艺术品购买者对书法艺术价值的认知能力的提高，等等，都能促进其文化消费欲望的增长；二是消费者支付能力的增长，对于文化消费这类精神性消费而言，消费者的支付能力的高低，取决于其可任意支配收入的多少，只有消费者可任意支配收入的有效增长，才能使其对文化消费的实际投入有了增加的可能性。

此外，就文化市场价格水平而言，要努力维持文化市场商品交换价格的合理性。文化市场作为具有意识形态属性的特殊市场，在按市场机制运行的过程中，除了遵循价格机制的基本要求之外，还需要政府加强宏观调控，政府要通过财政补贴、税费减免、政策优惠等多种方式，努力降低文化市场供给侧市场主体的生产成本。只有这样，才能有效降低文化市场的价格水平，促进文化市场消费量的直接增长。

最后，就文化消费环境而言，要努力营造自由消费的良好环境。营造我国文化市场的良好消费环境，可从以下几个方面努力。一是严厉打击假冒伪劣的文化商品。文化市场的假冒伪劣产品，祸害的是人们的精神世界，因此为消费者所深恶痛疾。通过有效的市场监管，及时发现和彻底清除劣质文化商品，净化文化市场，就为文化市场良好消费环境的创造打好了基础。二是要坚决杜绝文化服务中一些影响自由消费的不公平、不合理的规定。和餐饮行业禁止消费者自带酒水、包间设置最低消费、收取开瓶费、消费不给发票一样，文化市场消费中此类不公平、不合理的规定，依然存在，如卡拉 OK 歌厅不准自带食品、饮料，书店用塑料封面封死的新书不准读者拆除翻阅，等等。取消这些不合理的规定，才能还文化消费者真正的自由。三是要积极引导文化消费者正确消费。人的消费，使消费向着有利于人的全面发展的方向发展，就要积极宣传，引导文化消费者在价值观和消费观上实现革命，树立适度消费和可持续消费的观念。适度消费要求在满足人类生存发展需要的基础上，人们的消费不超出自然的承载能力，并杜绝过度消费和避免超前消费。可持续消费观要求实现消费的均衡发展和人的生活质量的全面提升。

第二章　现代文化市场体系的结构与功能

现代文化市场体系的运行状况如何，在很大程度上取决于其功能的发挥；而其功能发挥的程度，则取决于其结构的状况。因此，本章重点探讨与现代文化市场的运行效率紧密相关的现代文化市场体系的结构与功能问题。

第一节　现代文化市场体系的结构

现代文化市场体系的结构，即各类文化市场的构成状况，可以从许多不同的角度来进行分析。其中，直接决定现代文化体系性质与功能的主要类型，就是主体结构、客体结构、时序结构和地域结构。本节对这四类主要的结构进行分析、介绍。

一、主体结构

现代文化市场体系的主体结构，是指参与文化市场活动的各个独立当事人的社会经济身份及其构成。在我国社会主义市场经济条件下，文化市场主体包括国有企业、集体企业、乡镇企业、中外合资合作企业、外商(含港、澳、台商)投资企业、个体经营者、消费者等。当然，这是从整个文化市场交易活动的角度分析的结果，参与市场交易活动的双方都是市场主体，消费者也就自然被列入了文化市场主体之中。但应当说明的是，本节所分析的主体结构，主要是指文化市场体系中供给侧的主体结构，是排除了文化市场消费者而仅由文化市场经营者构成的主体结构。

1. 我国文化市场体系的主体结构现状分析

我国文化市场体系的主体结构现实状况，可以从以下几个方面来进行分析。

(1)我国文化市场体系的主体基本结构(见表2-1)。

表2-1　**我国文化市场体系的主体基本结构**

年份	文化制造业		文化批发与零售业		文化服务业		文化企业数合计(万)
	企业数(万)	占比例(%)	企业数(万)	占比例(%)	企业数(万)	占比例(%)	
2004	6.89	21.67	5.11	16.07	19.79	62.25	31.79
2008	8.88	19.27	5.53	12.00	31.66	68.71	46.08
2012	13.30	20.06	11.34	17.10	41，66	62.84	66.30
2014	17.26	17.33	15.28	15.34	67.08	67.33	99.62

分析上表数据内容，我们可以得出两点结论：一是文化企业发展迅猛，从2004年到2012年期间，文化企业数量基本上是每4年增加50%，而从2012年到2014年的两年里，文化企业数量就增加了50%，文化企业数量的增加预示着我国文化产业的发展已开始步入快车道；二是文化服务企业数量最多，达67.08万家，占文化产业领域企业总数的67.33%，这就进一步印证了前面提到的文化服务市场是现代文化市场体系构成主体的结论。

(2)我国文化市场体系的主体分类结构。文化市场体系的建设，与文化产业的发展紧密相关。按照国家统计局2012年公布的《文化及相关产业分类》，文化产业包含了10个大类，50个中类，120个小类，以及小类下面的若干个延伸层。目前，我国文化市场体系内的文化市场类型划分，也只能大体按文化产业的分类标准操作。如表2-2所列，就是参照《2015中国文化及相关产业统计年鉴》(中国统计出版社，2015年11月出版)的有关数据编制而成的我国文化市场体系的主体分类构成情况表。

表2-2所列数据表明，在整个文化产业体系中，在文化市场体系中所占比重最大的是文化创意和设计服务，而此类中包含内容较杂，包括了广告、建筑设计等；辅助性的文化生产类市场占据了近30%的份额；最有文化含量的表列前三类文化市场，企业数仅占17.7%。改善我国文化市场体系的主体分类结构，应从加强表列前三类文化市场的主体建设开始。

表 2-2　　我国文化市场体系的主体分类结构

文化产业体系市场类型	文化企业法人单位数(个)	在文化市场体系中所占比重(%)
1. 新闻出版发行服务	24 262	2. 4
2. 广播电视电影服务	20 264	2. 0
3. 文化艺术服务	1 322 619	13. 3
4. 文化信息传输服务	26 007	2. 6
5. 文化创意和设计服务	268 576	27. 0
6. 文化休闲娱乐服务	143 697	14. 4
7. 工艺美术品的生产	97 261	9. 8
8. 文化产品生产的辅助生产	147 023	14. 8
9. 文化用品的生产	122 959	12. 3
10. 文化专用设备的生产	13 540	1. 4
合计	996 208	100. 0

注：资料来源于《2015 中国文化及相关产业统计年鉴》，中国统计出版社 2015 年版，第 33 页。

(3)我国文化市场体系的主体资产性质结构。据《2015 中国文化及相关产业统计年鉴》统计，截至 2014 年年底，我国共有文化企业单位40 193个。按企业资产构成情况统计，其文化企业主体的资产性质构成如表 2-3、表 2-4 所示。

表 2-3　　我国文化市场体系的主体资产性质结构

企业资产构成类型	文化制造业企业数(个)	文化批发和零售业企业数(个)	文化服务业企业数(个)	合计数(个)	在文化市场体系中所占比重(%)
国有企业	109	594	1 470	2 173	5. 41
集体企业	171	69	120	360	0. 9
股份合作企业	64	18	37	119	0. 3
联营企业	8	3	8	19	0. 05
有限责任公司	3 724	2 749	6 706	13 179	32. 79
股份有限公司	354	47	682	1 083	2. 69
私营公司	10 619	4 464	7 839	22 922	57. 03

续表

企业资产构成类型	文化制造业企业数(个)	文化批发和零售业企业数(个)	文化服务业企业数(个)	合计数(个)	在文化市场体系中所占比重(%)
其他企业	130	47	161	338	0. 84
各资产性质类	15 179	7 991	17 023	40 193	100
内资企业总计	15 179	8 183	17 023	33 085	86. 34
港澳台商投资	2 148	178	539	2 685	7. 01
外商投资企业	1 721	159	669	2 549	6. 65
各资产来源类型企业合计	19 048	8 520	18 231	38 319	100

表 2-4 **我国文化企业控股情况**

企业控股类型	文化制造业企业数(个)	文化批发和零售业企业数(个)	文化服务业企业数(个)	合计数(个)	在文化市场体系中所占比重(%)
国有控股	508	1 593	4 277	6 378	14
集体控股	349	175	519	1 043	2. 29
私人控股	14 161	5 682	10 958	30 801	67. 6
港澳台商控股	1 883	167	501	2 551	5. 6
外商控股	1 381	157	582	2 120	4. 65
其他	766	566	1 339	2 671	5. 86
合计	19 048	8 340	18 176	45 564	100

从上面两个表数据可以得出如下结论。第一，就文化企业的资产构成而言，我国文化市场主体已形成多元化格局。第二，私营文化企业发展迅猛，业已成为我国文化市场的主力军，截至 2014 年年底，我国拥有私营公司22 922家，占各类资本企业总数的 57. 03%；私人控股企业30 801家，占全部控股文化企业的 67. 6%。第三，国有文化企业的公司制改造已取得成效，从表 2-3 中看出，由国有企业改造而成的有限责任公司和股份有限公司数量，已达到文化企业总数 35. 48%，表 2-4 中所列国有控股企业数也已达到6 378家。第四，海外投资文化企业比重偏低，表 2-3 中所列内资企业与外资企业数量之比为 86. 34 : 13. 66，这说明我国文化市场的对外开放还做得不够。

(4)我国文化市场体系的主体规模结构。《2015 中国文化及相关产业统计年鉴》中对文化企业基本情况的统计分析，是按三大类型，即：文化制造业企业、文化批发和零售业企业、文化服务业企业来具体布局与操作的。十分遗憾的是，只有在"文化制造业企业"大类里对文化企业的规模进行了分类统计，其他两大类里没有此项数据。因此，我们在这里引用的文化企业规模数据，都是文化制造业企业的情况，难免有以偏概全之嫌。好在这三类企业联系密切，如由编、印、发一体构成的出版业，在这部年鉴里分属三大类统计：编辑出版企业属文化服务业企业，印刷企业属文化制造业企业，发行企业属批发与零售业企业，而在运行实践中，目前已是你中有我、我中有你，难以区分了，所以，即使是仅按文化制造业企业数据所进行的分析，也是能大体反映我国文化市场体系的主体规模结构的。

2014 年我国文化制造业共有文化企业单位19 046个。按其企业规模统计，其文化企业构成如表 2-5 所示。

表 2-5　**我国文化制造业企业规模结构**

企业规模类型	文化制造业企业单位数(个)	在文化市场体系中所占比重(%)
大型	462	2. 43
中型	3 445	18. 09
小型	14 659	76. 97
微型	482	2. 53
全行业合计	19 046	100

从上表可以看出，我国文化企业的规模结构，具有以中小型企业为主体的特征，中小型企业在文化市场体系中所占比重达到了 95. 06%；微型文化企业发展不足，数量太少，全国仅有 482 家，在文化市场体系中所占比重仅占 2. 53%，而文化消费的分散性、普遍性等特征又要求加强微型文化企业发展。由此可以预见，政府出台相关政策措施引导、扶持微型文化企业发展已是势所必然。

2. 改善我国文化市场主体结构的思路

改善我国文化市场主体结构，要从积极培育各种类型的文化市场主体入手。通过着力重塑文化市场主体，提高国有文化企业竞争力，形成以公有制为主体、多种所有制共同发展的文化产业格局。

(1)推进经营性文化事业单位转制。一般艺术院团和除少数承担政治性、公益性出版任务的出版单位及文化、艺术、生活、科普类等报刊社，新华书店、电影制片厂、影剧院、电视剧制作单位和文化经营中介机构，党政部门、人民团体、行业组织所属事业编制的影视制作和销售单位以外，新闻媒体中的广告、印刷、复制、发行、传输网络部分及影视剧等节目制作与销售部门，分期分批完成转制为企业的任务。规范国有文化事业单位的转制，加强对文化事业单位剥离企业的监管，合理确定产权归属，明确出资人权利，建立资产经营责任制，努力形成一批坚持社会主义先进文化前进方向、有较强自主创新能力和市场竞争能力的文化企业与企业集团。

(2)加快国有文化企业公司制改造。以创新体制、转换机制、面向市场、壮大实力为重点，按照现代企业制度的要求，加快国有文化企业的公司制改造，完善法人治理结构。推进产权制度改革，实行投资主体多元化，使国有和国有控股的文化企业真正成为自主经营、自我约束、自我发展的市场主体。加快国有文化企业的股份制改造，国有独资文化企业要尽快完成规范的公司制改造，推出一批主业突出、核心竞争力强的上市文化公司。

(3)培育文化产业战略投资者。推动国有文化资本向市场前景好、综合实力强、社会效益高的领域集中，充分发挥国有文化资本的控制力、影响力和带动力。运用市场机制，以资本为纽带，重点培育和发展一批实力雄厚的国有或国有控股大型文化企业和企业集团，使之成为文化市场的主导力量和文化产业的战略投资者。鼓励和支持国有文化企业开发市场占有率高的原创性产品，打造具有核心竞争力的知名文化品牌。

(4)鼓励非公有资本进入文化产业。认真落实《国务院关于非公有资本进入文化产业的若干决定》，创造良好的政策环境和平等竞争机会，加强和改进服务，鼓励支持非公有资本进入政策许可的文化产业领域，支持非公有制文化企业的发展。

二、客体结构

现代文化市场的客体结构，是指加入文化市场交换活动的各种交易对象所形成的各种市场的总和。这些交易对象的范围十分广泛，主要包括：文化商品市场(含文化产品市场与文化服务市场)与文化要素市场，如资金市场、技术市场、信息市场、产权市场、劳动力市场，等等。下面对其中主要类型进行简要介绍。

文化市场体系内的文化商品市场，主要由文化产品市场与文化服务市场两大部分组成。两者的主要区别是作为交易对象的市场客体性质不同：文化产品市场作为交易对象的市场客体是有形的文化产品，文化产品市场用来作为价值交换的商品是具有一定物质形态的、作为其生产者劳动凝结物的文化产品；而文化服务市场作为交易对象的市场客体是无形的文化服务，文化服务市场用来作为价值交换的商品是市场供给侧主体直接提供服务时所付出的劳动，尽管在文化服务中大多数服务方也要凭借或利用一定的物质产品条件来开展服务，如旅游服务要以景点及旅游线路的建设为依托，影视服务要以播放影片为手段，文艺演出服务要以事先排练好的剧目为基础，但这些服务过程涉及的物质产品，并非文化服务市场的供给侧主体的劳动凝结物，因此也不是文化服务市场用来作为交换的商品，不能成为文化服务市场的市场客体。有基于此，我们对文化体系客体结构的分析，也必须按两个部分分别进行。

1. 我国文化产品市场的客体结构分析

在《2015 中国文化及相关产业统计年鉴》一书中，反映我国文化产品市场的客体情况的数据，分别统计在文化制造业企业情况和文化批发与零售业企业情况，以及第四部分主要文化行业这三大部分里。在这三大部分所统计的有关数据中，企业营业收入也即产品销售收入，能够大体反映文化产品市场的交易情况，因此，通过其比重的计算，就能分析出文化产品的客体结构。依照这一思路，我们将在《2015 中国文化及相关产业统计年鉴》一书中收集到的相关数据进行了梳理。

在梳理过程中，我们发现反映文化产品市场客体情况的有价值的数据非常少。由于上述年鉴编制体例沿用的是国家统计局《文化及相关产业分类》的体系，其内容涵盖“相关文化产业”的数据所占比重很大，因此只能选择具有直接文化传播价值的主要文化行业的产品市场进行分析。在《2015 中国文化及相关产业统计年鉴》的第四部分：主要文化行业的发展情况中，我们筛选出了 11 类文化行业的市场客体，包括：出版物、广播电视、工艺美术品、网络、电影、文艺表演、旅游、文化娱乐、网吧、艺术品拍卖、动漫等。这 11 类市场客体中，符合前述文化产品市场客体标准的只有三类：出版物、工艺美术品、动漫。

再对这三类拟选分析对象进行认真审核，发现工艺美术品和动漫的统计数据都难以成为名副其实的文化产品市场真正意义上的市场客体。其中工艺美术品 2013 年销售额为1 582. 85亿元(据《2015—2020 年中国艺术品市场需求预测及战略咨询报告》2013 年数据)但其中包含了珠宝、首饰的销售数据，当然不能说珠宝首饰完全没有文化含量，但真正有文化价值的美术工艺品到底销售了多少却不得而知；动漫企业营业收入 2014 年为 80. 12 亿元，但这些收入中有很大部分也并非动漫产品销售收入，因为网络游戏的火爆肯定为动漫企业增银不少。

有鉴于此，我们对我国文化产品市场客体结构的分析，就只好以出版物为代表了。出版物作为文化产品市场一种拥有消费者最多、消费行为最为普遍，也最受广大消费者欢迎的文化消费对象，又由图书、期刊、报纸、音像制品、电子出版物、数字出版物等主要类型组成。下面据《中国出版年鉴(2015)》所提供的数据，制成表2-6。

表2-6 **2014年我国出版物市场分类销售情况**

出版物类型	销售数量	销售金额(亿元)	销售金额所占比重(%)
图书	63.93亿册	684.48	95.35
期刊	0.18亿册	10.07	1.40
报纸	0.21亿份	2.15	0.30
音像制品	0.55亿盒(张)	9.15	1.27
电子出版物	0.11亿张	8.36	1.16
数字出版物		3.67	0.51
总计		711.88	100

表2-6内容是出版物市场的商品销售构成情况，也能基本反映我国文化产品市场的客体结构情况。在我国居民的文化市场消费中、以购买文化产品的方式消费的主要消费对象就是图书，图书的消费量要占全部出版物市场消费总量的95%以上；其次是期刊，期刊消费量按销售金额计仅占1.40%；占比最少的是报纸，占比额仅为0.3%。不过，印刷出版物的销售总量还是达到了97.05%。这种传统的印刷出版物在出版物市场客体结构中仍占绝对主体地位的状况，充分说明了我国文化市场体系中客体结构的不合理。在数字化信息时代，数字出版物消费将成为未来出版物市场最为重要的消费对象，对此，出版界应该做好充分的准备。

2. 我国文化服务市场的客体结构分析

在《2015中国文化及相关产业统计年鉴》一书中，反映我国文化服务市场的客体情况的数据，主要分布在文化服务业企业情况类里，以及第四部分：主要文化行业发展情况部分里。该书的这两部分统计数据，涉及数十项文化服务市场的客体情况。我们从数十项文化服务市场的客体中精心挑选出八类文化服务市场客体的相关数据，制成表2-7。

表 2-7　　我国文化服务市场的客体构成情况

市场服务客体类型	销售金额（万元）	所占比重（%）	备　注
广播电视	25 676 667	47. 69	广播电视企业营业收入。含：收费有线、数字电视收入，广告收入等
电影	2 963 900	5. 50	电影票房收入
文艺表演	757 028	1. 41	演出团体演出收入
旅游	4 561 667	8. 47	景区游览服务收入
文化娱乐	11 023 662	20. 47	歌舞厅等娱乐场所的营业收入
网吧	4 479 929	8. 32	网吧营业收入
文化艺术品拍卖	4 380 700	8. 14	据《2015—2020 年中国艺术品市场需求预测及战略咨询报告》2013年数据
合计	53 843 553	100	

分析表 2-7 所提供的数据，我们可以得出如下几点认识：其一，在我们精心删选的八类主要文化服务市场客体中，全国文化消费者消费最多的是广播电视，其次是文化娱乐服务，再往下依次为：旅游、网吧、艺术品拍卖、电影播映、文艺表演等服务；其二，文艺表演服务排在最后位，这与近几年来文艺表演市场不景气的现状高度吻合，与文化娱乐相比，其市场消费量为 1∶13，前者属于较为高雅的文化服务，后者属于大众化的文化服务，由此说明，目前我国文化服务消费中，大众化的低层次消费仍然是主流，文化服务市场高层次服务客体的培育值得引起重视；其三，随着社会的发展及人们生活水平的提高，民众对旅游的兴趣越来越高，也越来越普遍，而旅游文化服务目前在文化服务客体中所占比重仅为 8. 47%，竟与文化艺术品拍卖大体相同，这种不正常的状况该改变，旅游业的发展已时不我待。

三、时序结构

现代市场体系的时序结构，通常有两种含义，一种是指该体系中各种交易活动的时间形态及其构成。通俗地讲，是完成市场交易时间的不同安排方式。在实际市场交易活动中，市场主体商品所有权的让渡与商品客体的位置移动，可以有不同的时序组合方式，从而形成了不同的市场商品交易方式。市场交易的基本方式，经历了从现货交易、远期合约交易到期货交易的三个阶段的转变。新的交易方式的出现，并不能全部取代原有的方式，由此而形成了目前这种现货市场、远期合约交易市场和期货市场并存的格局，形成一个具有多重运行轨迹的市场时序结构。现代市场体系的时序结构的另一种含义，是指市场体系本身在发展、完善过程中，各子市场成长发育的先后顺序或市场发育的时序状况。这是市场体系本身发育成长的时序轨迹。

就现代文化市场体系的时序结构而言，按时序结构的第一种含义进行分析没有太大意义。这是因为：其一，在整个文化市场体系中，文化服务类市场占了绝大部分，前面表 2-1 中所列三类基本市场主体统计数据表明，文化服务类市场主体占市场体系内全部市场主体的近 70%，而文化服务类市场的交换对象是非产品形态的服务，因此不存在市场商品权利让渡和实物交割之间的时序安排问题；其二，文化市场体系内的各类文化产品市场，除掉那些如文具、办公用品、珠宝首饰、复印机、照相器材等按现货市场运行的"相关文化产业"的市场之外，最主要的就是出版物市场，而出版物市场中的各类子市场，就时态类型而言，都属于远期合约交易市场，因此，就整个市场体系而言，也就不存在时序结构问题了。

基于上述思考，我们根据现代市场体系的第二层含义，重点对现代文化市场体系中各子市场的发育成长的时序轨迹进行分析。我们选择了几个最具"文化"特征的主要文化行业，将它们近 10 年来的业务发展情况列为表 2-8。所选的六个行业其专业业务各不相同，难以相互比较；唯一具有可比性的业务发展指标就是经营收入，尽管对此也有不同的叫法，或称销售额，或称票房收入，或称营业收入等，但都是各类市场主体在各自的市场活动中所获取的收入，因此该指标能较客观地反映各行业市场的成长情况。

表 2-8　**我国六类主要文化市场近十年发展情况(经营额)**　(单位：万元)

分类 / 年份	出版发行	广播电视	电影	文艺表演	文化娱乐	网吧	总体合计
2005	4 932 215	8 185 441	200 000	114 381	1 882 946	1 464 218	16 779 201
2006	5 043 320	9 599 354	262 000	134 253	2 101 890	2 016 913	19 157 730
2007	5 126 213	11 294 081	332 700	203 757	3 546 201	3 434 114	23 937 066
2008	5 396 638	13 506 431	434 100	204 842	3 709 413	3 645 153	26 896 577
2009	5 809 916	15 820 227	620 600	288 214	4 130 085	3 785 362	30 454 404
2010	5 998 777	20 028 538	1 017 200	342 696	4 772 099	3 626 809	35 786 119
2011	6 535 864	23 711 781	1 311 500	526 745	5 661 798	3 754 922	41 302 610
2012	7 125 801	28 033 517	1 707 300	641 480	6 048 764	3 539 807	47 096 669

续表

分类 年份	出版发行	广播电视	电影	文艺表演	文化娱乐	网吧	总体合计
2013	7 356 363	32 427 688	2 176 900	735 332	8 842 052	3 879 399	55 417 734
2014	7 779 914	36 355 079	2 963 900	757 028	1 102 662	4 479 929	53 438 512
增长情况（倍）	1. 58	4. 44	14. 82	6. 62	0. 59	3. 06	3. 18

注：数据来源于《2015 中国文化及相关产业统计年鉴》。

表 2-8 情况表明，我国六类主要文化市场近十年发育成长的时序轨迹具有以下特征。第一，从六类主要文化市场的总体情况看，我国文化市场除个别行业个别年份之外，整体呈逐年稳步上升状态，2014 年较 2005 年增长 3. 18 倍。第二，这六大主要文化行业中，发展最快的是电影市场，2014 年较 2005 年增长 14. 82 倍，其他依次为文艺表演(增长 6. 62 倍)、广播电视(增长 4. 44 倍)、网吧(增长 3. 06 倍)、出版发行(增长 1. 58 倍)。第三，六类主要文化行业中，唯一没增长的是文化娱乐，其 2014 年经营额较 2005 年减少了 41%。第四，对六类主要文化市场的发育成长轨迹进行逐类分析，出版发行、广播电视、电影、文艺表演等四类市场呈逐年稳步增长态势，且每年增长幅度也大体一致；而文化娱乐、网吧两行业的发展则出现过挫折，其中文化娱乐 2013 年较 2012 年增长 46. 2%，2014 年的经营额不到 2013 年的 1/8，网吧市场从 2007 年到 2012 年的 6 年里，也基本处于徘徊不前的状态。第五，文化娱乐、网吧市场发展受挫，各有其特殊原因：文化娱乐业的不景气，与以习近平同志为首的党中央从严治党，公费消费大幅减少密切相关；网吧市场发展长期在不规范的环境中运行，历经数次整顿，从 2014 年开始才有了起色。

四、地域结构

市场体系的地域结构，又称空间结构，是指各种交易活动在不同地域范围的同时并存和相互联系所构成的空间分布状态。其内容主要包括：农村市场与城市市场；区域市场与统一市场；国内市场与国际市场等。

现代文化市场体系由众多的文化行业市场体系共同构成，各个文化行业实际上又要涉及许多的国民经济行业与部门，构成非常复杂。国家统计局 2012 颁布的《文化及相关产业分类》中，从其类目后所附的国民经济行业代码就可看出，以 4 位数构成的文化产业所属的国民经济小类中，就涉及以

2.3.4.6.7.8.9 等数字开头的众多国民经济大类。由此特征决定，对现代文化市场体系地域结构的分析也无法按统一的方式一起来列表操作。因此，我们从主要文化行业里挑选了出版发行、产播电视、电影、文艺演出、网吧服务等行业，根据这些行业的特点一个一个单独地从不同的侧重点具体进行地域结构分析。

1. 出版发行业的地域结构分析

对出版发行业的地域结构，我们拟从城乡市场、区域市场、国内外市场三个方面进行简要分析。

(1)城乡市场构成分析。我们从历年的《中国出版年鉴》上摘取了 2012—2014 年图书零售额数据，从历年《中国人口统计年鉴》上摘取了 2012—2014 年的城乡人口比例数据，合制成表 2-9。

表 2-9 资料说明，在我国城乡人口大体相当的情况下，城乡图书消费量却接近 5∶1 的水平，农村图书消费偏少已是不争的事实；尽管党和政府采取了一系列举措，如开展农家书屋建设等，加强对农村的图书供应工作，但农村图书消费量却不增反减，也使城乡图书消费结构不合理的状况更为严重。

表 2-9　**2012—2014 年我国城乡图书消费结构**

年份	城镇图书消费量	乡村图书消费量	城乡消费比例	城乡人口比例
2012	519.55 亿元	107.05 亿元	4.85∶1	52.57∶47.43
2013	565.04 亿元	122.89 亿元	4.60∶1	52.6∶47.4
2014	595.87 亿元	122.01 亿元	4.88∶1	54.77∶45.23

(2)区域市场构成分析。我们从《中国出版年鉴(2005)》中摘取了 2014 年各省市图书零售额数据，按行政大区综合分类编制成表 2-10。

表 2-10　**2014 年我国区域图书消费结构**

消费区域	消费金额(万元)	各行政大区消费合计额(万元)	各行政大区所占市场份额(%)	备注
中央直属	328 384	328 384	4.58	商务、中华、新华书店总店等局直属单位销售额

续表

消费区域	消费金额（万元）	各行政大区消费合计额（万元）	各行政大区所占市场份额（%）	备注
华北	131 650，44 917，286 646，276 820，52 026	792 059	11. 03	含北京、天津、河北、山西、内蒙古
华东	186 995，553 417，581 028，403 855，161 036，329 618，482 567	2 698 516	37. 59	含上海、江苏、浙江、安徽、福建、江西、山东
中南	410 420，172 866，624 698，226 488，108 728，6 544	1 549 744	21. 59	含河南、湖北、湖南、广东、广西、海南
西南	162 212，460 447，115 042，215 360，8 533	961 594	13. 40	含重庆、四川、贵州、云南、西藏
东北	97 941，90 803，91 607	273 351	3. 81	含辽宁、吉林、黑龙江
西北	216 461，136 766，10 617，2 592，201 586	568 022	7. 91	含陕西、甘肃、青海、宁夏、新疆
总计	7 178 775	6 850 388（地方合计）	100	注：各省市图书消费额分别与消费金额栏内各组数字一一对应

从表 2-10 内容可以看出，我国六大区域市场中，图书消费量最大的是华东市场，其图书消费量占全国图书消费总量的 37. 59%，其次是中南市场，其图书消费量占全国图书消费总量的 21. 59%，其他依次为西南、华北、西北、东北市场等；年图书消费超 40 亿元的省市，是各区域市场的支撑力量，这样的省市华东区域市场有 4 个，中南区域市场有 2 个，西南区域市场有 1 个；年图书消费超 40 亿元的省市排名，分别为湖南(624 698万元)、浙江(581 028万元)、江苏(553 417万元)、山东(482 567万元)、四川(460 447万元)、河南(410 420万元)。

(3)国内外市场构成分析。本节拟通过近十年来国内出版物销售与出版物对外销售的数据比较，来分析我国出版物的国内外市场结构情况，请看表 2-11。

表 2-11　**2005—2014 年我国出版物国内外销售情况**

年份	出版物国内销售		出版物国外销售			国外市场销售占比	
	数量（万册）	金额（万元）	数量（万册）	金额（万美元）	换算金额（万元）	数量比（%）	金额比（%）
2005	1 579 753	12 298 056	732. 41	3 287. 19	26 630. 51	0. 046	0. 22
2006	1 563 333	12 909 439	1 007. 78	3 631. 44	28 356. 83	0. 064	0. 22
2007	1 611 944	13 666 742	1 027. 83	3 787. 46	27 978. 72	0. 064	0. 20
2008	1 664 305	14 563 927	801. 82	3 487. 25	23 887. 66	0. 048	0. 16
2009	1 594 152	15 569 553	885. 16	3 437. 72	23 410. 87	0. 056	0. 15
2010	1 697 036	17 541 569	945. 64	3 711. 00	24 574. 24	0. 056	0. 14
2011	1 781 734	19 534 916	1 144. 18	3 905. 51	25 815. 42	0. 064	0. 13
2012	1 900 761	21 598 845	1 639. 27	4 863. 15	30 394. 69	0. 086	0. 14
2013	1 993 343	23 461 488	1 992. 86	6 012. 40	36 495. 27	0. 10	0. 16
2014	1 990 456	24 155 210	1 689. 4	5 949. 66	37 156. 82	0. 085	0. 15
总计	17 376 817	175 299 745	11 866. 35		284 701. 03	0. 068	0. 16

注：1. 资料来源：《2015 中国文化及相关产业统计年鉴》；2. 此表中出版物包括书、报、刊、音像制品、电子出版物、数字出版物等；3. 其中国外出版物销售金额原材料中的货币单位是美元，为方便比较，我们根据查阅的各年 12 月份美元兑人民币汇率将表中美元换算成人民币。

对表 2-11 数据进行对比分析，我们可以得出如下结论：从近十年来我国出版物在国内外市场销售的整体情况看，国外市场销售比例太低，出版物的国外市场销售册数仅占国内销售册数的 0. 068%，销售金额占 0. 16%；我国出版物国外销售册数与销售金额占比不一致的重要原因是销售价格不同，国内销售价格册均 10. 09 元，国外价格册均 23. 99 元；我国出版物在国内外市场的销售，不仅整体情况很差，而且近十年来几乎没什么进展，其册数占比长期在 0. 06%左右、金额占比长期在 0. 16%左右徘徊，我国出版物如何更好地走出国门，更多地占领国外出版物市场，值得我们深思。

2. 广播电视业的地域结构分析

广播电视业作为党和国家重要的宣传舆论阵地，长期实行双轨制运行，其行业总收入也分为两大部分：一是广电行政事业单位创收，二是广电企业营业收入。2014 年广电行政事业单位创收10 751 910万元，广电企业营业收入25 603 170万元。因为是从文化产业角度来分析广播电视业市场体系的地域结构，所以我们采用的是广电企业营业收入的数据。此外，我国广播电视业企业大都分布在地市级以上的城市里，县以下广播电视一般都是广电行政事业单位管理，所以分析广播电视业区域结构，不用分析其城乡结构，也不用分析其国内外市场结构，因为外销的广电产品极少。因此，这里仅对广播电视业市场的区域结构进行分析，具体情况请看表 2-12。

表 2-12 **2014 年广播电视业市场区域结构情况**

消费区域	广电企业营业金额(万元)	各行政大区营业合计额(万元)	各行政大区所占市场份额(%)	备注
中央直属	2 776 018	2 776 018	10. 84	中央电视台等局直属单位销售额
华北	3 716 587，237 917，294 553，86 940，146 250	4 350 617	16. 99	含北京、天津、河北、山西、内蒙古
华东	3 585 552，2 037 973，3 245 718，357 096，568 039，398 364，924 401	11 117 143	43. 42	含上海、江苏、浙江、安徽、福建、江西、山东
中南	227 268，634 820，1 017 131，1 445 864，242 862，40 694	3 608 639	14. 10	含河南、湖北、湖南、广东、广西、海南
西南	396 935，764 092，581 749，244 164	1 986 940	7. 76	含重庆、四川、贵州、云南、(缺西藏数据)
东北	358 775，224 170，245 764	828 709	3. 24	含辽宁、吉林、黑龙江
西北	517 276，119 217，33 302，53 864，79 824	803 483	3. 14	含陕西、甘肃、青海、宁夏、新疆
总计	25 603 170	22 827 152(地方合计)	100	

从表 2-12 的内容可以看出，我国的华东地区广播电视市场的市场占有率

最高，占全国广播电视市场份额的43.42%，几乎为除中央电视台等局直属广电企业之外其他各地区广电业市场份额的总和；除中央电视台等局直属广电企业外，2014年广播电视市场年经营收入超过100亿元的省市有6个，分别是：北京(3 716 587万元)，上海(3 585 552万元)，浙江(3 245 718万元)，江苏(2 037 973万元)，广东(1 445 864万元)，湖南(1 017 131万元)，近几年这几个省市广电节目广受全国广大观众青睐，就有力地佐证了上列数据的准确性。

3. 文艺演出市场地域结构分析

根据我国文艺演出行业基本没有海外商业性演出而又特别重视文化下乡的特点，我们对我国文艺演出业市场的地域结构分析，分城乡市场结构和区域市场结构两个方面进行。

(1)我国文艺演出业城乡市场结构分析。《中国文化报》2016年5月27日发布的《2015中国演出市场年度报告》统计数据显示，2015年中国演出市场总体经济规模为446.59亿元，其中：演出票房收入(含分账)161.72亿元，农村演出收入22.32亿元，娱乐演出收入69.64亿元，演出衍生品及赞助收入29.24亿元，经营主体配套及其他服务收入55.23亿元，政府补贴收入(不含农村惠民)108.44亿元。对比分析文艺演出的城乡结构，农村演出市场数据很明确，城市演出市场数据则包括演出票房，也即剧场演出收入和其他娱乐场所演出收入两类。下面照此思路将2014和2015两年的相关数据列表如表2-13。

表2-13　　**2014—2015年我国文艺演出业城乡市场结构**

年份 项目	2014	2015	农村演出占比(%)		备注
			2014	2015	
农村演出收入(亿元)	20.54	22.32	9.285	9.647	包括惠民演出补贴收入和商演收入
城市演出收入(亿元)	221.22	231.36	90.175	90.353	包括票房收入和娱乐演出收入
城乡人口比	53.73∶46.27	55.88∶44.12			

注：上表资料来源于2014—2015年中国演出行业协会发布的《中国演出市场年度报告》。

从表2-13的内容可以看出，2014年我国农村人口是城市人口的86.041%，而文艺演出市场的总消费却只占城市的9.285%；2015年的情况也大体如此，农村人口是城市人口的 78.955%，而文艺演出市场的总消费却只占城市的 9.647%。由此而充分说明了农村文艺演出消费的严重不足，加强农村文艺演出市场的开发，改善文化演出市场的城乡结构，是广大文艺演出团体和全国文艺演职人员光荣而又义不容辞的责任。

(2)文艺演出行业区域市场结构分析。文艺演出行业区域市场结构分析，还是以各省市的文艺演出的收入为依据，按各大行政区内省市数据进行合并计算。同时将各省市数据也按顺序列出，可对照参看。各区域市场的具体构成情况如表 2-14。

表 2-14 **2014 年我国文艺演出业区域市场结构情况**

消费区域	文艺演出业收入（万元）	各行政大区收入合计（万元）	各行政大区所占市场份额(%)	备注
中央直属	24 957	24 957	3. 296 7	中央直属演出单位收入
华北	50 780，3 541，27 357，21 468，5 930	109 076	14. 408 4	含北京、天津、河北、山西、内蒙古
华东	37 136，41 511，112 186，64 283，37 403，19 957，25 619	338 095	44. 660 8	含上海、江苏、浙江、安徽、福建、江西、山东
中南	49 629，17 259，32 225，31 783，5 497，8 946	145 339	19. 198 6	含河南、湖北、湖南、广东、广西、海南
西南	23 058，47 181，4 481，23 488	98 218	12. 974 1	含重庆、四川、贵州、云南
东北	11 245，4 311，1 902	17 458	2. 306 1	含辽宁、吉林、黑龙江
西北	11 233，7 784，1 705，1 516，1 554	23 792	3. 142 8	含陕西、甘肃、青海、宁夏、新疆
全国总计	757 028	732 071（地方合计）	100	总计收入中不包括财政补贴收入：1 195 914

表 2-14 中所列数据表明：华东地区六省一市仍然是文艺演出市场最为发达的区域，其市场占有率达44. 660 8%，几乎占了全国文艺演出市场的半壁江山；中南地区以接近 20%的市场占有率位列第二位，其次是占据14. 408 4%市场的华北地区和占市场12. 974 1%份额的西南地区，这三个地区属于我国文化演出行业的“第二集团军”；所占市场份额最小的是西北地区和东北地区，前

者占3. 142 8%的市场，后者仅占2. 301 6 %的市场。如果我们将各省市文艺演出市场的数据单独排列，那么前 10 名则为：浙江(112 186)、安徽(64 283)、北京（50 780）、河南（49 629）、四川（47 181）、江苏（41 511）、福建(37 403)、上海(37 136)、湖南(32 225)、广东(31 783)；进入前 10 名的省市，华东地区 5 家，中南地区 3 家，华北与西南地区各 1 家。

4. 网吧服务行业市场区域结构分析

我国网吧业几年前还一直处于“散、乱、小”状态，分布于全国大街小巷的 20 多万家网吧，各自为政，其中绝大部分是证照不齐全的黑网吧。我国有关网吧新管理规定的出台和 10 张经营全国性连锁网吧牌照的发出，标志着中国网吧业开始经营模式转型，为网吧业发展连锁经营带来了新的机遇。连锁网吧逐渐取代了传统渠道商，确立了其在网络游戏产业链中的重要地位，并逐步显示出其在网络游戏推广中的强大优势。通过连锁经营的扩大发展、网吧的营利能力不断增强，逐渐形成了真正的网吧产业。

就市场区域结构而言，网吧服务行业也像广播电视行业一样，没有农村市场，也不存在国际市场，因为网吧难以开到海外去。所以只能从区域市场的角度，来分析网吧业的市场区域结构。为利于分析，我们特将从《2015 中国文化及相关产业统计年鉴》上摘取的有关数据编制成表 2-15。

表 2-15　**2014 年我国文艺演出业区域市场结构情况**

消费区域	网吧营业收入(万元)	各行政大区营业收入合计(万元)	各行政大区所占市场份额(%)	备注
华北	76 851. 5，29 939，84 735. 5，105 652. 7，84 042. 9	381 221. 6	8. 510	含北京、天津、河北、山西、内蒙古
华东	62 769. 3，335 229. 4，258 817. 3，138 219. 2，416 766. 6，131 364. 9，184 929. 6	1 528 096. 3	34. 110	含上海、江苏、浙江、安徽、福建、江西、山东
中南	208 660. 5，341 932. 8，358 578. 7，244 931. 2，85 251. 4，36 674. 2	1 276 028. 8	28. 483	含河南、湖北、湖南、广东、广西、海南
西南	117 941. 1，339 858，113 776. 9，158 290. 4，11 151. 9	741 018. 3	16. 541	含重庆、四川、贵州、云南、西藏

续表

消费区域	网吧营业收入(万元)	各行政大区营业收入合计(万元)	各行政大区所占市场份额(%)	备注
东北	149 829. 2，57 185，79 967. 2	286 981. 4	6. 406	含辽宁、吉林、黑龙江
西北	11 424. 8，43 999，17 098. 2，22 196. 8，69 064. 3	163 783. 1	3. 656	含陕西、甘肃、青海、宁夏、新疆
全国总计	4 479 929		100	总计收入中不包括财政补贴收入：1 195 914

从表 2-15 的内容可以看出我国网吧服务业地区市场的基本构成情况，华东地区六省一市仍然是网吧服务市场最为发达的区域，其市场占有率达 34. 11%，超过了全国网吧服务市场的 1/3；中南地区以接近 28. 483%的市场占有率位列第二位，中南与华东地区一起构成网吧服务业的第一阵营；属于第二阵营的是占据 16. 541%市场的西南地区；所占市场份额最小的是占市场 8. 51%份额的华北地区和占市场 6. 406%份额的东北地区，占市场 3. 656%份额的西北地区。如果我们将各省市网吧服务市场的数据单独排列，网吧服务市场营业收入超 20 亿元的省市分别为：福建(416 766. 6 万元)，湖南(358 578. 7 万元)，湖北(341 932. 8 万元)，四川(339 858万元)，江苏(335 229. 4 万元)，浙江(258 817. 3 万元)，广东(244 931. 2 万元)，河南(208 660. 5 万元)。令人费解的是，北京、上海等大城市，在其他文化行业市场占有率都名列前茅，而在网吧服务业的市场占有率却相对较低。这或许与大城市网络发达、家庭上网方便不无关系。

第二节　现代文化市场体系的功能

所谓现代文化市场体系的功能，是指现代文化市场体系作为一个系统整体，自身所具有的功用与机能。现代文化市场体系由各类文化市场构成，每个文化市场都有着自己的特定的功能。现代文化市场体系的功能，并不是各个市场及其构成要素功能的简单相加，而是作为一个系统整体所赋予的新的机能。正在努力建设中的现代文化市场体系，我们认为至少应具备以下四种主要功能。

一、资源配置功能

资源是文化商品生产的基础。没有资源，无论文化产品生产，还是文化服务的组织，都成了无源之水、无本之木。资源的稀缺性使其在各项用途的开发利用中必然会出现供求矛盾，资源配置的合理与否，是这类矛盾能否得到妥善解决的关键。

1. 资源配置功能的概念及其内涵

现代文化市场体系的资源配置功能，是指现代文化市场体系所具有的在文化产业经济运行过程中能通过市场机制的作用，对各类文化产业经济资源进行合理分配的机能。要深刻理解这一概念的内涵，我们必须明确以下几点。

(1)现代文化市场体系，是实施文化产业资源配置的基本条件。文化市场只有形成现代文化市场体系，才能有效地进行资源配置。商品经济发展早期的市场，是以产品的消费为特征的消费品市场，它不是一个包括要素市场在内的完整的市场体系，也没有形成以市场机制运行为中心的市场经济制度，因此无力决定资源配置方式。我国文化领域开始实施文化产业化发展时出现的市场，也就是这种典型的单纯消费品市场。由于要素市场建设滞后，许多的市场要素难以发挥作用，因此难以形成市场运行的有效机制。所以，文化领域在其实施产业化发展多年后，仍被人们称为“计划经济的最后堡垒”。而现代文化市场体系是各类文化商品市场与要素市场包括生产资料市场、劳动力市场、资本市场、土地市场、知识产权市场、文化信息市场、文化技术市场等，所构成的完整、庞大与统一的市场体系。这一体系内各类市场和各种市场要素互相联系、相互作用，形成了资源配置的有效机制。因此我们也可以说，所谓资源的市场配置，更准确地说，应该是资源的市场体系配置。

(2)现代文化市场体系资源配置的对象是各类文化产业资源。通俗地讲，资源，即资财之源，就是财富的来源。它是经济学意义上的专用名词。资源的经济价值只有在其得到开发与利用时才能体现出来。资源开发与利用的最普遍的形式就是被作为人类劳动的对象，经过生产加工而成为人们所需要的某种产品。因此，文化产业资源也可以说是人们从事文化产品生产和开展文化服务的基本条件，包括形成文化产品商品的各种原材料及促使文化商品形成的其他生产要素。文化商品使用价值的特殊性，使得文化产业资源也有与众不同的特点：文化资源具有精神性，可再生性、非消耗性、无限性等特点。各种各样的文化产业经济资源，依其与文商品形成相关的性质划分，可分为两大基本类型：一是核心资源，即直接构成文化商品使用价值的文化价值的内容来源，出版行业通常称其为选题资源，影视行业称为剧本内容资源，工艺美术行业称为创作原型，等等；二是其他生产要素资源，这是除内容之外形成文化商品的其他直接生产要素的资源，如拍影视剧的演员，印刷出版物的纸张，剧场演出的排练经费，等等。其中核心资源对文化商品的内容质量高低有着决定性的作用，因此，现代文化市场体系必须围绕这个核心来配置资源。但除了选题之外，一项文化生产活动的成功运作，还离不开其他生产要素的配合作用，所以还必须配套规划、统筹安排各类生产要素资源的配置。

(3)现代文化市场体系配置资源的基本手段是发挥市场机制的作用。从总体上讲，文化产业资源的配置，有两种基本手段：一是市场配置，二是政府配置。正如前面所强调的，市场配置实际上是现代文化市场体系的资源配置，是指通过市场机制的作用使文化资源在各类文化生产活动之间自由流动，来实现资源的合理分配。市场配置的核心是市场机制的作用。市场机制的核心部分由价格机制、供求机制、竞争机制构成。在这三大机制的相互制约、相互影响的过程中，价格的高低触及文化市场主体的经济利益，引起市场主体之间的竞争；竞争支配文化市场主体把资源从利润低的项目转移到利润高的项目，资源的流动带动其他生产要素的流动；随着生产要素的流动，各类文化商品的供求会发生变化。某类产品供不应求，价格就会高于价值，在市场上就销得多、卖得快，就会吸引许多生产商去生产此种产品；产品供过于求，交换价值就会低于价值，一些生产者就要退出此类市场。就这样，价格、供求、竞争三大机制共同作用，形成资源的自由流动，由此而实现资源合理分配的目标。文化资源的市场配置，需要具备一定的社会条件。其中最基本的条件包括以下四个方面：一是产权的独立性与分散性，要求文化市场的各类市场都必须拥有独立的产权，且产权不过分集中，这样才能使资本更具活动性，更易于接受市场价格指令的诱导；二是资源的流动性，要使资源能在各种文化活动中自由流动，包括在地区之间、企业之间、行业之间、项目之间的自由流动；三是信息的及时性，文化市场的供求状况能及时地通过信息反映出来，文化活动参与者能根据市场信息来组织经营活动，在及时的信息引导下，文资源的自由流动才不至于“盲动”；四是竞争的充分性，要求一种文化资源有多个需求者，一种资源需求有多个供应者，文化市场资源的垄断以及产品需求的垄断都已破除，这样，围绕每种资源都能展开竞争。随着现代文化市场体系的不断建设与完善，上述条件将会逐步满足，现代文化市场体系的资源配置功能也将更为强化。

2. 现代市场体系配置资源的局限性

中共十八届三中全会决议中，将市场对资源配置的“基础性作用”改为“决定性作用”，其现实意义在于：我国的经济发展方式需要由投入型转向效率型，经济发展需要提高资源的配置效率，以尽可能少的资源投入生产尽可能多的产品、获得尽可能大的效益。文化产业的发展更应如此。现代文化市场体系配置资源，能够及时、灵活地反映市场供求的变化，强化资源配置的针对性与准确性，提高文化资源配置的效率；能有效调动市场主体普遍地广泛参与市场经营的积极性，有利于市场主体经营水平的提高；市场机制的作用使文化资源向具有竞争优势的市场主体倾斜，导致优胜劣汰，使资源向效益好的企业集中，实现资源优化配置。

然而，现代文化市场体系配置资源的局限性也不可忽视。现代文化市场体系配置资源的局限性，是由市场机制与生俱来的缺陷决定的，其具体表现主要有三个方面。

(1)自发性。利用市场机制配置资源，缺乏统一指挥、协调，完全靠"看不见的手"来调节，市场主体自发地根据市场信息做出反应，尤其是对关系到切身利益的价格，很容易引起市场主体的过度反应，形成文化资源配置的"盲动"，造成文化市场的混乱与无序化，影响文化产业的稳步发展。

(2)滞后性。现代文化市场体系配置资源，从文化产品价格的变化到文化市场供求的变化，都是文化市场主体自发接受信息到自主配置资源、安排生产，再将产品提供给市场的结果，而这一变化的过程却非常复杂。也就是说，从市场发出明显的某种信号到市场主体对此做出有效反应的时间，具有明显滞后性。这种滞后性容易造成市场信号的失真，由此而影响到资源配置的时效，制约文化资源的优化配置。

(3)唯利性。现代文化市场体系配置资源，是以文化市场上的各个经营主体能够自主经营，并且追求自身的经济利益为前提的。为了自身的经济利益，部分文化市场主体会发生急功近利甚至不惜损害社会整体和长远利益的问题。比如，有的市场主体会生产销售假冒伪劣产品，危害广大文化消费者的利益，普遍出现在出版行业的盗版书现象，即属于此类情况；有的市场主体会进行污染生态环境的生产经营活动，如出版黄色淫秽书刊、游戏软件等，危及子孙后代；有的市场主体会对文化资源盲目开发，竭泽而渔；还有的市场主体热衷于跟风炒作，"捞浮油"劫取暴利。除此之外，唯利性容易使文化市场主体滋生短期行为，如不愿意投资回收期较长的基础产业，不愿意技术开发和创新，对公益性的文化资源投入缺乏热情，等等。

3. 现代文化市场体系资源配置功能的完善

完善现代文化市场体系的资源配置功能，就是要为现代文化市场体系配置资源创造良好的环境与条件，以充分发挥其优势，尽力弥补其缺陷，从而实现文化资源优化配置的目标。其完善的具体举措主要包括以下三个方面。

(1)加速文化产业化发展进程，为现代文化市场体系资源配功能的发挥营造良好的经营环境。我国文化领域的发展，长期以来由政府扶持，即使是在国家推行社会主义市场经济体制之后的很长一段时间内，文化领域仍继续沿计划经济轨道运行。直到2003年，中宣部会同国家统计局等有关部门组织开展文化产业统计课题调研，才第一次明确提出了文化产业的定义。经过10多年的努力，我国的文化产业的发展虽然取得了不小的成绩，但依然存在着不少亟待解决的问题。其中，如思想观念落后，大多数人仍然将文化看作单纯的社会公益事业，对文化的多种功能和经济属性缺乏全面了解；文化体制改革没到位，计划经济色彩依然浓重，政府转变职能步履艰难，国有文化企业改革进展缓慢，民营文化企业进入缓慢；产业规模小，市场主体发育不良，核心竞争力低下；文化要素市场建设不足，资本、产权、人才、信息、管理等文化要素市场发育相对滞后；文化产业人才队伍建设严重滞后，人才队伍层次偏低、结构老化，缺少优秀的文化创新创意人才，等等。这些问题的存在，严重地延缓了文化产业化进程的发展，也使现代文化市场体系资源配置功能的发挥大打折扣。因此，加快文化产业化发展进程，将文化作为国家战略支柱性产业予以重视、扶持，作为现代市场经济中一个重要组成部分进行发展、壮大，彻底转变政府职能，积极培养市场主体，努力在全社会营造一个重视文化产业化发展的氛围，应该成为完善现代文化市场体系资源配置功能的首要举措。

(2)深化文化体制改革，为现代文化市场体系资源配置功能的发挥创造良好的运行条件。深化文化体制改革，要围绕如何发挥文化资源市场配置的优势进行，要通过深化改革，为现代文化市场体系配置资源创造良好的运行条件。文化资源的市场配置，至少需具备四个基本条件：一是市场主体的多元性，二是文化资源的自由流动性，三是文化信息的及时性，四是竞争的充分性。首先，要通过深化文化体制改革，加快培育文化市场主体，在加快国有文化企业转型升级的同时，扶持特色小微文化企业及民营文化企业的发展，形成市场主体多元化结构；其次，要通过深化文化体制改革，转变政府职能，破除地方保护和市场封锁，创造文化资源自由流动的条件；再次，要通过深化文化体制改革，加快文化信息市场的培育，为文化资源的市场配置创造信息及时传播的条件；最后，还要通过深化文化体制改革，强化文化资源市场建设，打破文化资源垄断，使文化市场主体围绕每种文化资源都能展开竞争。

(3)重视文化资源配置中政府手段的规范运用，努力弥补现代文化市场体系资源配置的缺陷。在现代市场经济条件下发展文化产业，除了要充分发挥市场在文化资源配置中的决定性作用之外，还要高度重视政府手段的规范运用。在文化资源配置中，政府不能缺位。其主要理由：一是现代文化市场体系还处于建设之中，一些要素市场如文化人才、文化信息、文化资本市场等尚未形成，一些行业产品市场仍处于不完全竞争状态，文化市场主体的改造、培育还在进行之中，也就是说，文化市场机制运行的条件还不完全具备；二是现代文化市场体系配置资源的滞后性，使得文化市场由价格变动到供求平衡不能瞬间完成，由此必然要付出文化资源浪费的巨大成本代价，不符合我国国情；三是市场机制本身不具备实现诸多社会目标的功能，单纯依赖市场机制配置资源难以实现文化产业发展的社会目标。因此，必须重视政府手段的规范运用。政府要全方位转变职能，科学进行宏观调控和引导；制定和维护好保证市场正常运转、公平竞争的制度和规则，加强文化市场的监管；做好市场不能做的事情，例如，牵头建设好文化要素市场，积极扶持特色小微文化企业发展，积极组织农村文化市场建设，加强公益性文化活动的组织，等等。通过政府手段弥补现代文化市场体系资源配置的缺陷，实质上就是为现代文化市场体系资源配置功能的发挥解除了后顾之忧。

二、平衡供求功能

供给与需求既是市场经济运行的两个重要变量，又是市场经济运行的一对矛盾。在社会再生产过程中，供给与需求是不断变化的，供给要适应需求，又会创造出新的需求。当社会总供求保持基本平衡时，社会最终产品和劳务一方面都能卖掉，另一方面又都能买到，社会再生产就能顺利进行，国民经济就能持续、稳定、协调、保持一定的增长速度，顺利地向前发展。

1. 平衡供求功能的概念及其内涵

现代文化市场体系的平衡供求功能，是指现代文化市场体系所具有的在文化产业经济运行过程中能通过市场机制的作用消除文化市场供求差异，实现供求均衡的机能。要深刻理解这一概念的内涵，我们必须明确以下几点。

(1)现代文化市场体系实现供求平衡的基本手段是发挥市场机制的作用。在现代市场经济条件下，文化市场供求的平衡协调主要靠价格制度和有效竞争的市场机制来完成。因为，在文化市场上，由于价值规律的作用，文化商品价格的变动，会引导文化生产要素充分流动，通过市场信息横向融通，经过多次反馈协调，使文化商品生产与文化消费之间相互沟通、彼此适应，完成供求之间的动态平衡。一般情况下，文化市场的需求可以通过收购、运输、储存和销售等环节保证供给，在文化产业内部，这些不同的工作环节都有一定数量的相关企业参与运营。以这些营运主体构成的各类市场，都是现代文化市场体系中不可或缺的构成要素，且它们相互联系、互相影响，再加上市场体系中要素市场的作用，由此而使文化市场上所出现的种种供求矛盾，都能在较为完善的现代文化市场体系运行中得到有效的解决。

(2)现代文化市场体系供求平衡作用的对象是文化市场体系内的各类供求矛盾。在文化市场体系内，需要调控平衡的供求矛盾主要有以下几类。一是文化市场的总供求矛盾。因文化市场所交换商品使用价值的文化共性，使得各类文化市场之间具有比其他商品市场更强的相通、相融性。通过市场信息的引导，消费需求能在各类文化市场之间比较容易地转移，如：原先准备到书店购买某部小说的读者，因见到了同名电影即将在某家影院上映的信息，就改而成为观赏某部电影的消费者。正是这种消费需求的可替代性，使得各类文化市场的商品供求能够通过相互取代、互相促进、彼此抵消等方式进行调整、影响，而实现平衡。二是文化市场宏观供求结构矛盾。因现代文化市场体系是各类文化市场组成的有机体，各类市场相互联系，互相影响，所以通过价格、竞争机制的作用，使文化资源及其他市场要素能在各类文化市场之间自由流动，而使各类市场供求发生动态性变化，由此推动文化市场的供求结构不断朝平衡→不平衡→平衡的方向发展。三是就文化市场的微观供求结构矛盾。由于现代文化市场体系的运行受多种因素的制约和许多条件的限制，文化商品的供与求在时间上和空间上不可能总是一致的。如教材、年画、挂历等出版物市场体系中几类重要的产品、消费者到市场上去购买的时间很集中，而印制生产的时间却很长。以年画挂历为例，书店集中销售挂历的时间是每年的国庆节之后到春节之前，但各出版社陆续生产出自己的挂历并将其送到书店仓库的时间大多在每年的4—6月份，教材也是如此，春秋两季教材都是在每学期开学前一周内集中发送到各大中小学的，到印刷厂印制教材的时间却很长；其他印刷出版物则正好相反，即产品集中生产的时间很短，分散到各地市场销售以供读者购买消费的时间却很长。还有些文化商品在甲地生产，而消费却在乙地，一些服务类的文化商品，如文化艺术服务类与文化信息传输类的服务，就都普遍存在者这种生产消费异地化的情况，等等。这些供求矛盾的解决，也要靠现代文化市场体系功能的发挥。

(3)现代文化市场体系平衡供求的目的是消除文化市场供求差异，实现供求均衡。文化市场供求平衡的内容十分广泛。按地区划分，有全国文化市场的供求平衡和地区文化市场的供求平衡；按文化商品划分，有文化产业商品供求总量的平衡，有分类文化商品的供求平衡和文化商品结构的平衡，等等。现代文化市场体系供求平衡的目的是：既要求实现文化产业文化商品供给总量和文化商品消费购买力总额之间的平衡，又要实现文化商品供求结构之间的平衡，其中文化供求总量平衡是前提，文化供求结构平衡是基础；既要在全国性文化市场实现供求平衡，又要在各地区文化市场实现供求平衡。现代文化市场体系将各类文化市场和各地区文化市场连接成了一个整体，各类市场要素能各在文化市场之间自由流动，这为现代文化市场体系供求平衡上述目的的实现创造了良好条件。

2. 现代文化市场体系平衡供求功能的局限性

前面已经提到，现代文化市场体系平衡供求功能的发挥，是通过市场机制的作用来实现的。市场机制作用的优势在于，能够使经济活动遵循价值规律的要求，适应供求关系的变化；能够给企业以压力和动力，实现优胜劣汰，促进技术和管理的进步；能对各种经济信号做出灵敏的反应，促进文化市场供、求之间的及时协调。然而，现代文化市场体系平衡供求的局限性也不可忽视。现代文化市场体系平衡供求的局限性，也与资源配置的局限性一样，是由市场机制与生俱来的缺陷决定的。其具体表现主要有以下三个方面。

(1)现代文化市场体系供求平衡调节范围受局限。现代文化市场体系是依靠市场机制的作用来调整文化市场供求矛盾的。其调节范围的局限性主要表现在两个方面。一是文化市场体系中市场机制无法调控的范围。文化产业具有的意识形态属性使得产业系统内某些文化行业或某些文化专业市场的供求，要以保证社会目标实现为前提，不能完全受市场价格信息的引导，如出版行业市场中一些重大政治文献类的出版物市场的供求，就属于此种情况。对于此类性质的文化市场的供求，市场机制无法调控。二是文化市场体系中不能让市场机制调控的范围。一些文化行业领域提供的文化产品具有准公共物品性质，市场机制在此类市场的供求平衡中就难以发挥作用，如新闻传播行业的广播电视市场，出版行业的中小学课本、大中专教材市场，等等，即属于此种提供准公共物品性质文化产品的市场。

(2)在市场能够调节的领域里，市场调节存在着自发性、盲目性、滞后性等固有的弊端。通俗地讲，这属于市场机制能干但干不好的局限性。自发性，即文化市场经营者的市场活动都是根据价格的涨落决定自己的生产和经营行为，都是在价值规律的自发调节下追求自身利益的过程。这种自发性容易诱发唯利是图行为的出现。盲目性，即分散在各自的领域从事独立经营的单个经营者，在没有充分掌握完整信息的情况下，仅凭观察到的市场价格就盲目决策。这种盲目性往往会使文化市场经常出现供给过热或冷的情况，出版物市场反复出现的“跟风出书”现象，就是文化市场这种盲目性的典型表现。滞后性，即文化市场经营者是在某种商品供求不平衡导致价格涨跌的趋势较为明显才做出扩大或减少这种商品供应决定的。这样，从供求不平衡—价格变化—做出决定—到实现供求平衡，必然需要一个长短不同的过程，有一定的时间差。这种滞后性容易引起文化市场供应与实际需求脱节，出版物市场商品脱销与积压并存的现象，就主要是这种滞后性造成的。

(3)现代文化市场体系平衡供求功能难以与文化产业发展的多重目标相匹配。文化产业的发展目标，既有社会目标，又有经济目标；既有全国性目标，又有区域性目标；既有长远期目标，又有近期目标；既有产业整体目标，又有行业专业目标，等等。依靠市场机制调整供求关系，由于市场机制与生俱来的缺陷，文化市场主体关注的是经济目标，容易忽略社会目标；重视的是自身利益，容易忽略文化产业的整体利益；看到的是近期目标与眼前效益，容易忽视长远目标，缺少战略眼光。基于此种情况，文化产业发展中，在充分发挥现代文化市场体系平衡供求功能的优势的同时，更要加强政府对文化市场供求平衡的调控力度，以弥补市场调控之不足。

3. 现代文化市场体系平衡供求功能的完善

完善现代文化市场体系的平衡供求功能，就是要为现代文化市场体系平衡供求创造良好的环境与条件，以充分发挥其优势，尽力弥补其缺陷，从而实现文化市场供求均衡发展的目标。其完善的具体举措主要包括以下三个方面。

(1)营造充分发挥现代文化市场体系平衡供求功能的环境。在现代市场经济体制下，文化市场的供求平衡主要依靠市场机制来实现。为此，就要创造条件让现代文化市场体系平衡供求功能够充分发挥。包括：尽量扩大现代文化市场体系平衡供求功能的作用范围，如将出版行业的教辅图书市场、非义务制教育的课本教材市场的供求纳入市场调控的范围；打破行政保护下的区域市场垄断，加强地区间的联系、合作，以更好地实现全国文化市场的整体供求平衡；加大对文化事业和文化产业的整体投入，重视文化设施，如影剧院、文化活动中心等的建设，加强文化产业园区建设，加强文化要素市场建设，等等。

(2)充分发挥政府在文化市场供求平衡中的作用。在文化市场的供求平衡中，政府的作用非常重要。首先，政府要彻底转变职能，由办文化向管文化转变，由管文化企业向管市场转变，由指挥向服务转变。为此要积极培育文化市场主体，文化市场的经营业务放手让文化企业去干。其次，政府要推行一系列优惠政策对文化市场的供求进行引导，对于被扶持的文化产业方向而言，无疑为该方向文化市场有效供给量的增长创造了很好的条件，如政府对出版业一些出版项目的资助，对特、专、精的微小文化企业扶持，等等，就属于此种情况。此外，政府还要对在文化市场活动做出贡献的优秀文化企业、优秀文化工作者、优秀文化项目实施奖励，如戏剧界的文华奖，出版界的优秀出版(出版人、出版物、出版单位)奖，影视界的中国广播影视大奖，等等，这对文化市场供应质量的提升有着极为重要的激励作用。由此也可以说，政府在文化市场供求平衡担负起了质量把关的重任，这也正是现代文化市场体系平衡市场时无法实现的目标。

(3)优化产业结构，增加文化市场的有效供给量。正如前面所强调的，文化产业发展的最终目标，是充分满足广大社会成员日益增长的文化消费需求。随着社会经济的发展、科技的进步，以及生活水平的提高，广大人民群众精神文化的需求也越来越迫切，越来越丰富。这对作为文化市场供给侧主体的各类文化企业和广大文化工作者提出了挑战。在新形势下要充分满足广大人民群众提出的更高的要求，唯一的办法就是要千方百计地增加文化市场的有效供给量。为此，需要从宏观和微观两个层面采取对策：从宏观上讲，政府要加大对文化产业整体的投入，并要根据民众需求对文化产业进行结构性调整，突出重点，对符合时代潮流、深受消费者青睐的文化领域与文化项目，如数字出版、数字影院等，加以重点扶持；从微观上讲，文化市场体系供给侧主体应加强对文化市场消费需求情况的调查研究，切实掌握文化市场消费者的真实需求，然后有针对性地生产出让消费者满意的文化产品，并通过畅通的交易渠道上市交易，以不断增长的文化商品成交额来见证文化市场有效供给量的不断增长。

三、利益调整功能

经济利益是一切社会经济生活的重要准则。也是人们经济行为的内在动力，在现代文化市场体系中，各个文化经济行业、各类文化市场，以及各个文化企业之间，在经济利益上是有差异的，要使文化产业经济运行能够持续不断地发展，就必须保证各类文化活动参与者的切身利益，为此需要通过一定的方式协调文化活动参与者之间的利益关系，尽量缩小相互之间的利益差距，以刺激文化产业的发展。所以说，利益关系的调整，也是现代文化市场体系不可缺失的功能。

1. 利益调整功能的概念及其内涵

现代文化市场体系的利益调整功能，是指现代文化市场体系所具有的在文化产业经济运行过程中通过以价格机制为主的市场机制的作用，在各个文化行业领域之间、各类文化市场之间，以及各个文化市场主体之间协调利益关系、调节收入分配的功用与机能。

要深刻理解这一概念的内涵，我们必须明确以下几点。

(1)现代文化市场体系，为文化市场利益关系的自动调整创造了良好条件。市场是商品交换关系的总和，因而也是商品生产者、经营者和消费者实现各自经济利益的集合点和实现地。文化市场活动参与者之间的利益分配与调整，可通过多种机制来实施。除市场机制之外，还有法制机制，即依靠法律手段调整利益关系；社会机制，即通过发挥社会组织如工会等在利益博弈中的表达、仲裁、协商、互助、保护等作用来调整利益关系；行政机制，即依靠政府行政手段进行利益调整。市场机制与后三类调节机制的主要差别在于，前者为自动调节，后者为强制性调节。随着我国现代市场经济体制的深入推行，通过市场机制的作用，促使文化市场活动参与者根据市场信息自主行动，不断调整利益关系，形成新的利益格局，应成为我国文化市场利益关系调整的主要手段。文化市场利益关系的自动调整，需市场具备相应条件，包括多元化的文化市场主体，发达的文化要素市场，完善的价格机制，等等。这些条件的具备，只有在现代文化市场体系日趋完善的情况下才有可能，正是从这种意义上说，现代文化市场体系，为文化市场利益关系的自动调整创造了良好条件。

(2)现代文化市场体系利益调整的对象是文化市场体系内的各种利益关系。利益关系是指围绕着物质利益的占有所发生的人与人之间的经济关系，群体一旦形成，就成为独特的利益主体，该群体的利益就是自我利益，若一群体与另一群体产生经济联系时，相互之间就形成了利益关系。现代文化市场体系利益调整的对象，就是这种围绕文化市场活动而产生经济联系的利益群体，包括各种文化行业领域、各类文化市场、各个文化市场主体等。由于许多非常复杂的原因，再加上文化领域特有的原因，如产业化发展起步较晚，计划体制的影响较深，社会效益优先的经营原则，等等，我国各种文化行业、文化市场、文化企业之间，分配不公、收益悬殊的情况普遍存在。以出版行业为例，整个出版产业链由编、印、发三大环节构成，出版社担负编辑出版任务，印刷厂担负产品印制任务，书店担负出版物发行任务。前几年业内非常流行的说法："出版社是躺着赚钱，书店是站着赚钱，印刷厂是跪着赚钱"，就是对三大环节利益分配不公现象的真实写照。正是文化产业领域普遍存在的这种利益分配不公的现象，强化了现代文化市场体系的利益调整功能。

(3)现代文化市场体系调整利益关系的基本手段是发挥价格机制的作用。所谓价格机制，是指在文化市场竞争过程中，与文化商品供求相互联系、互相制约的文化市场价格的形成和运行机制。价格机制包括价格形成机制和价格调节机制。现代市场体系通过价格机制的作用对市场体系内的各种利益主体的利益进行调节，表现在以下三个方面。一是直接调节，这是在直接的市场交易活动中通过价格涨落对买卖双方的经济利益进行调节。如调整出版物批发折扣，立即使出版物批发商与零售商的既得利益格局发生了改变；电影院影票涨价，直接增加影院收入，却使观影者利益受损，等等，这都是对文化市场活动参与者之间利益关系的直接调整。二是文化体系内间接调节，这是价格机制配合供求机制与竞争机制共同作用，调节资源的合理配置，引导文化生产与消费的调节。随着文化生产与消费量和消费结构变化，不同行业、不同市场的文化生产者与消费者的收益也会产生变化，如网上书店打折售书，就会造成实体书店的读者流失，这不仅打破了图书流通市场既有利益格局，也改变了供应者与消费者的既定利益关系。三是社会间接调节。这是通过市场价格及与价格相关的税收、利率、工资、税率等经济杠杆来对整个社会经济生活进行调节，这种间接调节，是通过价格与价值的背离等方式，影响生产者、经营者与消费者的收入和支出，其本质在于经济利益在全社会进行重新分配。如各类明星“走穴”税收比例的提高与严格执行，虽未使观看演出的观众带来直接的经济利益，但观众依然是受益者，因为能从其上缴税收中获得社会重新分配的间接利益。

2. 现代文化市场体系利益调整功能的局限性

对于长期按文化事业对待、按计划经济体制运行的文化行业而言，现代文化市场体系利益调整功能的发挥，无疑是对政府利益调控机制的一大突破。在计划经济体制下，政府的收入分配职能主要是依靠法律手段和行政手段、利用国家政权的力量来调节收入分配。社会各阶层之间、地区之间、产业之间、企业内部各经济主体之间的收入差别不大，利益矛盾比较缓和。在经济体制转轨过程中，计划经济体制下的政府收入分配职能已经瓦解，而与市场经济相适应的政府收入分配职能却没有建立起来。所以，发挥现代文化市场体系的利益调整功能有着非常重要的意义。然而，在发挥现代文化市场体系利益调整功能的积极作用的同时，我们也要清醒地认识现代文化市场体系利益调整功能的局限性。

(1)现代文化市场体系利益调整功能容易形成垄断利润，制约文化市场主体的多元化发展。微观经济学中著名的“马歇尔冲突”告诉我们，在规模收益递增的情况下，完全竞争厂商会不断扩大生产规模直至变成垄断厂商。垄断的存在将使垄断厂商获得正常利润之外的经济利润，从而使不同规模的厂商之间产生利润率和工资率的差异，这就必然表现为利益矛盾。对于文化产业而言，利益的巨大差异必然使文化资源向垄断企业倾斜，其结果势必使中小微文化企业难以生存，当大量非垄断文化企业纷纷倒闭之时，文化的多样性也就不复存在了。

(2)现代文化市场体系利益调整功能容易产生按要素分配所形成的诸多利益矛盾。正如前面所说，现代文化市场体系利益调整功能，是通过以价格机制为主的市场机制的作用来实现的。市场机制将生产要素纳入了分配依据之一，要求按照每个要素的边际生产力来决定其报酬。这样就必然导致某些拥有优质生产要素的经济主体获得较高的收入，而由此造成的收入差距就有可能达到相当惊人的程度。因为在几乎所有市场经济国家中，资本要素和高技术要素的报酬都要大大高于劳动要素的报酬，由此不仅导致文化系统各行业之间、企业之间所得报酬差异悬殊，而且会影响社会各阶层、各企业、各地区之间的利益再分配。

(3)现代文化市场体系利益调整功能容易引起发展过热问题。根据宏观经济学中经典的索洛-斯旺经济增长模型，地区、部门之间的人均收入增长之所以不同，是由于资本与劳动力比率的不同。资本-劳动比率高的地区和部门收入将会更高。我国文化产业涵盖种类繁多，地域宽广，资本投入自由，市场广阔。在市场机制的作用下，文化资本会迅速向收入高的文化门类和区域转移，短期内就会形成一般投资和发展热潮。市场调控的自发性与滞后性，必然会使这样的热潮反复出现，这就势必对文化产业的发展产生不利影响。

3. 现代文化市场利益调整功能的完善

完善现代文化市场体系的利益调整功能，就是要为现代文化市场体系利益调整功能的发挥创造良好的环境与条件，尤其是要针对现代文化市场利益调整功能的局限性提出一些具体措施，以充分发挥现代文化市场体系在利益调整中的作用。其完善的具体举措主要包括以下三个方面。

(1)积极打造文化市场主体的多元化格局。为克服现代文化市场体系发挥利益调整功能时出现垄断性利润而形成利益分配不公，就要积极培育壮大各种类型的文化市场主体，形成文化市场主体的多元化结构。目前，我国文化产业既缺国际性的大型文化企业，也缺少专、精、特、新的中小型文化企业。因此，一方面，我们要加快推动文化企业跨地区、跨行业兼并重组，促进规模化、集约化经营，集中力量打造一批有实力、有竞争力、有影响力的国有或国有控股文化企业和现代企业集团；另一方面，要充分发挥各种文化产业集聚区、园区的作用，积极培育、孵化中小型文化企业，努力形成以大带小、以小促大、大中小协调发展的良好企业生态。为此，政府要针对各个文化行业、各种规模类型、各种资产性质的文化市场主体的发展专门出台相应的政策，规范其经营行为及发展要求，为其生存与发展把关定向，并要采取不同的措施，如对微少文化企业提供资助，为私营文化企业提供贷款担保，对担负公益性项目的文化企业提供补贴等，对其进行保护和扶持，以维系文化企业的良好生态。

(2)建立、完善多种利益调整机制，配合现代文化市场体系更好地发挥利益调整功能。鉴于我国现代文化市场体系尚处于建设之中，尤其是与利益调整紧密相关的文化要素市场建设还可以说是刚刚起步，所以市场机制“失灵”的情况还大量存在，加上现代文化市场本身所固有的利益调整功能的局限性，使得单一的市场机制难以胜任社会经济转轨时期文化产业发展中利益合理调整的重任。为此需要在充分发挥现代文化市场利益调整功能的同时，配合运用其他利益调整机制。包括：法制机制，就是制订并执行相应法规如反垄断法、私营文化企业发展条例等，依靠法律手段调整利益关系；社会机制，就是通过推进社会组织发展，健全社会组织功能，发挥社会组织在利益调整中的协商、互助、保护等辅助作用，如通过行业组织协商文化商品交易价格，通过工会组织协调劳资利益关系等；行政机制，就是依靠政府行政手段进行利益调整。

(3)充分发挥政府的利益调控作用，克服市场机制调整利益关系的局限性。实际上，上述两个方面的举措中，都已包括了一些政府在利益调控中应发挥作用的内容。此处所强调的是，在充分发挥现代文化市场利益调整功能的同时，政府应如何针对市场调控的局限性，采取一些非行政措施直接干扰利益分配，以引导文化产业沿着正确的方向健康发展。此类具体举措可包括：税赋优惠，财政补贴，贴息贷款，设项目基金资助，专款扶持，对优秀文化企业、文化工作者、文化作品实施物质奖励，资源配置倾斜，优惠政策扶持，等等。值得高兴的是，党的十七届六中全会做出了《中共中央关于深化文化体制改革推动社会主义文化大发展大繁荣若干重大问题的决定》之后，政府对文化产业高度重视，上述一系列举措大多在实施。仅举三例。

例一：政府扶持农家书屋工程建设。2007 年由原国家新闻出版总署等 7 个单位联合发文，启动农家书屋工程建设，解决农村出版物发行网点严重不足的问题。为此政府专门成立了农家书屋工程发展基金，以扶持农家书屋建设。截至 2013 年年底，中央财政和各级政府累计投入资金 300 多亿元，建成规定标准的农家书屋 100 多万家，基本实现“农家书屋村村有”的目标。

例二：政府通过多种方式如税收减免、项目资助、商演补贴、惠民义演等对文艺演出市场进行利益倾斜。2014 年国家艺术基金对 394 个艺术项目给予了资助，资助总金额 4. 3 亿元；2014 年，2015 年度政府对文艺商演财政补贴达 218. 38 亿元(见表 2-16)；2013 年，2014 年度政府出资 6. 25 亿元组织了 12. 22 万场次农村惠民演出(见表 2-17)。

表 2-16 **2014 年、2015 年政府对文艺演出市场财政补贴情况** (单位：亿元)

年份	演出票房收入	农村演出收入	合计演出收入	财政补贴(不含惠民演出补贴收入)	补贴占演出总收入比例(%)
2014	148. 32	20. 54	168. 86	109. 94	65. 11
2015	161. 72	22. 32	184. 04	108. 44	58. 9
合计	310. 04	42. 86	352. 9	218. 38	61，88

表 2-17　　2013 年、2014 年农村惠民演出财政专项补贴情况

年份	演出场次(万场)	财政补贴(亿元)	场均补贴(元)
2013	5.34	2.96	5 543.07
2014	6.88	3.29	4 781.98
合计	12.22	6.25	5 114.57

例三：自 2009 年初华人文化产业投资基金成立以来，到 2013 年年底，已有超过 100 家文化产业基金成立，总规模达1 408亿元。从资本构成来看，文化产业基金主要有国资和民营两类。目前最大的一只基金是 200 亿元的中国文化产业投资基金，由财政部出资，中银国际管理。该基金首批募资 60 亿元，是文化产业基金中的“国家队”，投资项目包括新华网、中国出版集团等国有文化企业。

四、信息传递功能

市场是市场经济的主要信息来源。市场上形成、传递和反馈的经济信息，成为微观主体和宏观调控部门决策的重要依据。在市场上，生产者、经营者和消费者可以通过各种经济信息的传递反馈，了解行情，合理安排生产和消费。作为宏观调节的国家及其各级经济部门，也能通过市场了解到供求信息和消费者的行为表现，掌握市场动向，为制订经济计划和调节市场提供可靠的依据。同时，国家在进行宏观经济管理中的发出的各项政策、计划和调节信息，也需要通过市场向生产者、经营者和消费者传递。由此可见，由各类能够传递信息的文化市场组构而成的现代文化市场体系，具有传递信息功能。

1. 信息传递功能的概念及其内涵

现代文化市场体系的信息传递功能，是指现代文化市场体系所具有的通过市场机制的作用，及时、分散、自动地为文化市场的经营者和消费者提供与文化市场交易相关信息的机能。要深刻理解这一概念的内涵，我们必须明确以下几点。

(1)现代文化市场体系的信息传递功能，是通过市场机制的作用来实现的。在现代文化市场体系运行中，一切与文化市场交易有关的信息，都可通过文化商品的供求变化反映出来。由于供求的变化，引起商品价格的涨落，市场价格信息由于其分散性而可以保证文化市场主体(包括经营者和消费者)可同时直接收到自己所需要的信息。在现代市场经济条件下，有效的竞争机制使价

格的涨跌取决于市场交易活动参与者共同的意志，价格信息较为客观地反映了市场的真实情况，从而可以保证市场活动参与者获取文化市场信息的真实性与准确性。

(2)现代文化市场体系传递的是与文化市场交易活动相关信息。文化市场的交易活动，并非简单的买卖行为，而是一项复杂的社会活动。与文化市场交易活动相关信息，也要涉及与交易双方的构成要素及影响因素、成交条件及影响因素、交易对象及相关要素、交易环境及影响因素等多方面的难以数计的信息。犹如美国经济学家劳埃德·雷诺兹所认为的那样，来自各个经济角落的市场海量信息数据难以收集与计算，加上诸如产品质量和技术革新的应用等一些基本问题无法计量和编程，因而计算机也无法取代市场。所以，我们这里仅从文化市场经营者需求角度，简要介绍现代文化市场体系传递的与文化市场交易活动相关的几类主要的信息。一是文化商品信息，这是描述交易对象基本特征及交易条件的信息。在文化产品市场，就包括产品品名、产品内容特征，产品形状、包装、规格、价格等特点，未来发展趋势等；在文化服务市场，就包括服务内容、方式、时间地点、价格等；在文化要素市场，就包括要素名称、基本内容、文化价值、产权归属、交易条件、价格等。二是交易渠道信息，这是描述文化商品交易途径和方式的信息。渠道信息具体包括：文化行业的渠道构成，渠道成员的特点，利益如何分配，如何避免渠道冲突等。三是文化消费者信息，这是描述消费者及其交易需求基本情况的信息，包括各区域文化市场的消费者数量及其结构，消费类型及需求特点，消费心理及消费行为，消费者对交易产品和交易条件的要求，等等。四是竞争策略信息，这是描述竞争对手情况及市场竞争态势的信息，包括竞争对手的规模与实力，竞争策略与竞争优势，经营方式与有利条件，等等。

(3)现代文化市场体系的信息传递具有分散性、及时性、直接性、客观性等特点。描述文化市场基本状态的信息，是由众多市场活动参与者在共同参与市场活动的过程中陆续地产生出来的，信息接收者也是各自根据自身的需要去自发、自主地感受市场信息，这一过程都是分散进行的，但都始终离不开文化市场活动参与者的直接参与。由于现代文化市场体系的信息传递是直接向经营者和消费者进行的，所传递的都是原生态的信息，没有过滤、扭曲，所以能客观地反映文化市场的真实情况。

2. 现代文化市场体系的信息传递功能的局限性

(1)现代文化市场体系的信息传递功能，容易造成市场信息失真。现代文化市场体系的信息传递的过程，无论是信息的形成，还是信息的接收，都是在文化市场主体各自单独地、自发地参与中实现的。文化市场主体所接收到的市场信息，都是从主观上对客观市场状态的进行体认(感受)的结果，受信息收受者个人的态度、经验、期待等不同，对文化市场信息的感知、理解，也会不同。这种信息感受过程的选择性和倾向性，不仅直接造成接收信息的失真，而且信息感受者还要根据自己的理解继续往下传递，由此而加剧了信息的失真。

(2)现代文化市场体系的信息传递中存在信息不对称现象。文化市场交易活动的参与者，包括经营者和消费者，在参与文化市场交易活动时所具有的独立性和分散性，使之不能在任何时候、任何情况下都获得充分和全面的信息，这将导致市场上信息不对称现象的出现。信息不对称理论告诉我们，在市场经济活动中，各类人员对有关信息的了解是有差异的；掌握信息比较充分的人员，往往处于比较有利的地位，而信息贫乏的人员，则处于比较不利的地位。文化市场上常见的信息不对称表现是：文化市场交易主体的一方(往往是卖方)掌握更多的信息，从而使交易的另一方陷入不确定的环境中。

(3)现代文化市场体系的信息传递存在滞后性。现代文化市场体系传递信息，是通过市场机制的作用来实现的。除了市场机制本身所固有的对市场调控的滞后性，也即市场信息形成的滞后性之外，现代文化市场体系传递信息，还要经历感受、传递、汇总、披露等过程，每一个环节都需要时间，因此往往信息传递到最终使用部门时很难达到及时性的要求。特别是在落后信息技术条件下，信息加工、传递与使用的时间差更长，从而为信息加工者逆向选择提供了便利。即使到了发达的信息社会，信息技术解决的也只是信息生成和传递的速度问题，信息传递滞后性依然不可避免。

3. 现代文化市场体系的信息传递功能的完善

完善现代文化市场体系的信息传递功能，就是要为现代文化市场体系的信息传递创造良好的环境与条件，并且，政府和文化市场主体也要积极配合，充分发挥各自优势，尽力克服现代文化市场体系信息传递的局限性，从而实现信息传递高效化的目标。其完善的具体举措主要包括以下三个方面。

(1)政府要在文化市场信息传递中积极发挥作用。首先，政府要重视信息资源的开发、利用，要采用多种举措向公众提供信息，如完善各类文化行业组织信息传递机制，积极扶持信息服务业的发展，激励第三方向公众提供信息等。以此为文化信息的传递创造良好的信息氛围。其次，政府要加强社会信息系统的建设，加强公共信息的传播，由此而及时充分地向文化市场主体提供如文化产品质量、价格等与文化交易活动有关的公共信息。此外，政府要采取切实可行的措施加强文化产业及行业信息系统的建设。以出版业为例，原国家新闻出版总署曾几次规划“全国出版信息高速公路”的建设，但因多方面原因最后都不了了之。随着市场经济的深入发展，政府加强文化产业及行业信息系统建设的要求更为迫切。通过完善的文化产业及行业信息系统广泛、系统地传递文化市场活动信息，较之市场主体自主地感受分散的文化市场信息有效得多。总之，在充分发挥现代文化市场体系的信息传递功能中，政府不能缺位，政府在市场信息传递方面的作为，能有效弥补现代文化市场体系信息传递功能的缺陷。

(2)文化市场供给侧主体要重视市场信息调研和收集、利用。文化企业要在激烈的市场竞争中立于不败之地，必须紧紧把握文化市场脉搏，而把握市场脉搏的唯一途径，就是对市场信息的充分占有和科学分析。因此必须高度重视市场信息收集利用。首先，要对与企业有关的信息进行系统的调查，并在此基础上进行广泛的收集；其次，要对收集到的市场信息进行认真的研究，去伪存真、去旧存新；再次，在认真研究的基础上对所选择的信息进行分类整理；最后，再通过适当方式在企业内部广泛传递，供管理层和各业务部门在进行决策和日常经营中利用。具有一定规模的文化企业，要设置专门的机构专职市场信息的收集与反馈，还要建立自己的信息系统，要在企业内部形成一种收集广泛、选择准确、传递畅通、反应快速的市场信息有效传递机制。这样，就能有效地克服现代文化市场体系传递信息时的信息失真和信息滞后等局限性。

(3)加强信息传递技术的现代化建设。市场信息传递的全过程，由获取、传递、加工、存储、使用等环节组成，各个环节的工作效率，都直接影响信息传播的速度。而要提高各个环节的工作效率，就必须加强信息传递技术的现代化建设。现代信息传递技术的基本特征，是以光和电为技术手段，以数字技术为基础，以计算机及软件为核心，以互联网为渠道。为此，文化市场的经营者必须重点做好两件事：一是以信息资源数据库的建设为中心带动文化市场信息的全面收集和系统存贮；二是以信息管理系统的建设为中心带动文化市场信息的传递与使用。以此为目标来加强信息传递技术的现代化建设，将会极大地拓展文化市场有效信息获取量，加快文化市场信息的传递速度，提高文化市场信息利用的效率。

第三章　现代文化市场体系的特征

要科学构建现代文化市场体系，促进文化产业健康繁荣发展，就必须准确把握文化市场体系的基本特征。探讨现代文化市场体系的特征，须重点关注“现代”与“文化”这两个关键词。一方面要明确，现代文化市场体系是现代市场体系的组成部分，具有现代市场体系的基本特征；另一方面则要明确，现代文化市场体系具有由其“文化”决定的特殊属性，文化市场体系建设不能一味照搬一般社会商品市场体系建设的做法，而要充分关注自身的文化价值取向。下面就从这两个方面进行具体阐述。

第一节　现代市场体系的基本特征

现代市场体系的基本特征，是现代文化市场体系与其他商品的现代市场体系所具有的共性。这些共性是各类商品市场体系在各自的现代化进程中所呈现出来的共同特征。这些基本特征可概括成以下四个方面。

一、统一性

现代市场体系是由各类市场组构而的有机整体，各个构成要素之间相互联系，相互作用，形成了一个统一的系统。这一系统按照统一的规则开放运行，地区之间、行业之间的市场垄断打破，政府与市场分工明确，效率目标和公平目标相协调，市场主体的局部利益和社会的整体利益相协调。由此而使现代市场体系具有了统一性的特征。

1. 现代市场体系统一性的内涵

现代市场体系的统一性，具有两方面的内涵，即：市场空间的统一性和市场规则的统一性。

从市场的空间统一性而言，统一的市场要求市场体系空间构成各类市场的有效衔接。第一，要禁止各地方、各系统和各部门搞各种形式的条块分割和区域封锁，促进商品和生产要素在不同行业、部门、地区之间自由流动。第二，要加快区域市场建设的步伐，通过区域市场的层层扩张，相互贯通、相互辐射，逐步形成覆盖全国、城乡统筹协调发展的市场体系。第三，要大力发展跨地区、跨部门、跨行业和跨所有制的横向经济联合，培育一大批高层次、全方位、规范化的市场流通组织。第四，要加强全国交通运输、信息通信和物流服务设施的建设力度，以利于形成全国市场高效的商品和要素流通以及信息交换网络。

从市场规则的统一性而言，统一的市场，要求全国商品或要素流通领域内的市场，必须完善统一的制度组织和依照统一的规则运作。各地方区域市场监管机构，要严格按照已有的全国性市场法规或条例进行市场监管，克服不同部门、区域或经济主体之间由于利益不一致而给资源自由流动设置的人为障碍，将局部利益与国家、社会的整体利益协调统一起来。形成全国统一市场的目的，就是为了让一切创造财富的源泉充分自由地涌流。

2. 现代文化市场体系统一性的表现

现代文化市场体系的统一性，是指不同类型的文化市场、文化产品、文化要素彼此协调，形成一个有机统一的整体。现代文化市场体系的统一性，具体表现在以下几个方面。

(1)各类文化市场功能目标的同一性。无论是文化产品类市场，还是文化服务类市场或文化要素类市场，其运行目标都是向社会提供丰富多彩的文化产品与服务，都具有满足消费者文化精神需求的功能。并且，各地区文化市场的功能目标，也只是全国文化市场的具体化，与全国文化市场具有高度的一致性。这种功能目标的一致性，加上民族文化的相通、相融性，使得文化商品能在全国范围内畅行无阻。

(2)文化市场商品交换价格的均衡性。这是维系文化市场统一性的基础，虽然文化产品在内容价值方面难以找到合适的判断标准，但可以依据其内容所依附的物质形态产品的质量状况计价。光盘的材料优劣、清晰度，图书、报纸、期刊的纸张优劣及印刷质量、装帧质量，影视剧的制作工期与成本，演出剧目的排练及服装、道具等费用，等等。即使是一些难以用价格衡量的要素，如出版物作者、演员、画家的劳动报酬，也可依其名气尽量量化。如在一定时期，出版物作者的稿酬依其知名度及其所在专业领域的影响力以版税制的方式浮动支付，演员、歌手的出场费及画家的作品拍卖也可依照其当时的知名度确定一个建议性的价格范围或价格标准。总之，由于文化产业的经营者们对文化活动中一切可能的因素都采用了尽量使其计量化的做法，并且，市场体系内的不同文化市场之间价格具有关联性，就使得文化市场体系商品交换价格能相互影响，在协调中实现均衡。

(3)文化市场规则的一致性。现代文化市场体系，是全国性的大市场体系，文化商品在体系内能够自由流通，是其重要的标志。要确保文化商品能够在市场体系内自由流通，就必须制订统一规则来规范市场体系的运行。规则是活动的规范，是行动的指南，是监管的依据。现代文化市场体系内市场规则的一致性，主要表现在以下几个方面：一是中央政府制定的全国文化市场通用的规则，各地区市场都必须统一执行，各地方政府所制定的一些实施细则，必须与中央制定的规则保持一致；二是中央政府推出的全国文化产业整体发展的举措、规定，如一些强化诚信经营、社会效益优先的规则等，各类文化行业都必须统一执行；三是各地区、各类文化行业根据自身的具体情况制订的文化市场规则，也必须在总体精神上与中央政府制订的通用、整体的规则保持一致。

(4)市场空间的统一性。按行政区划普遍建立的文化市场壁垒必须破除，各区域内的文化市场、各种类型的文化市场都能按统一的规则运行；各类文化商品，包括文化产品和文化服务，都能在全国各地区的市场上自由流通；各类文化消费者都能在全国各地区文化市场上自由消费，等等。这些使现代文化市场体系也与国民经济其他领域的市场体系一样，具有了统一性的特征。

现代文化市场体系的统一性特征的形成，是一个不断完善的过程。既是一个逐步将各种专门的、独立的文化市场下门类“由部分联结成整体”的过程，也是一个逐步将各种矛盾的、分散的、扭曲的管理规则同一化、规范化的过程；既是一个不断纠正政府对文化产业所进行的不当干预、充分发挥市场作为文化资源配置的决定性作用的过程，也是一个运用法律法规不断纠正各种市场势力垄断市场、实行不正当竞争的过程。因此，加强文化市场体系的统一性建设，应坚持公益性文化事业与经营性文化产业两手抓的原则，始终把社会效益放在首位，做到经济效益与社会效益相统一；要充分发挥市场的基础性作用，合理配置生产要素，正确引导文化产品流向；充分发挥政府的管理监督作用，建立健全相关法规制度，促进文化市场运营规范健康发展。

二、开放性

现代市场体系，应当是一个跨行业、跨部门、跨地区、跨国界的商品和要素自由流动的开放性体系。开放性也是我国要构建的现代市场体系的又一重要特征。

1. 现代市场体系开放性的内涵

现代市场体系的开放性，是指现代市场体系所具有的，构成其体系的各种类型市场与各个地区市场都相互开放，各类市场要素都能自由流动，这样一种属性。现代市场体系的开放性，包括以下主要内容。

首先，现代市场体系应能突破我国传统体制下按部门、按行业、按地区进行分工的格局，因而可在区域比较利益基础上形成合理的分工。这是才能打破行业性垄断，确保行业市场的开放性。

其次，各省市、各地区之间应开放市场，不能搞地方保护，全国统一大市场的建立，必须以打破对区域性市场的行政性垄断为前提。这是破地区行政垄断，坚持区域性市场的开放性。

此外，还要通过与国际市场的广泛联系，积极参与国际分工和国际竞争，并按国际市场不断变化的最新信息来决定国内资源配置的方向，使我国可以充分利用国际和国内两个市场、两种资源，加快社会主义市场经济建设的步伐。这是对国外开放市场，强化全国市场整体的开放性。

2. 现代文化市场体系开放性的表现

现代文化市场体系的开放性，主要表现在以下几个方面：

一是文化市场主体可以自由进入、退出各种类型、各个区域的文化市场。

二是符合条件的国内外经营者可以合法、自由地在各种类型、各个区域的文化市场上自主经营。

三是文化市场消费者可以按自己意愿自由消费、自主消费。

四是各种类型的文化市场协调发展，开放式经营。

五是文化市场的各种要素，如资金、人才、信息等，都可以自由流动。

文化产品自身特征也要求现代文化市场体系发展必须具有开放性的市场环境，在一个封闭式的市场空间中出文化精品，是难以想象的事。毛泽东同志提出的“百花齐放，百家争鸣”发展我国文化艺术事业的方针，就是对文化市场所具有的开放性特征的最佳诠释。在网络化与数字化时代，人与人之间，不同领域、行业之间，不同地域、国别之间，联系交流已变得十分便捷，多媒体互动、全媒体交流，使整个世界成为一个开放式的大家庭。文化作为维系人类大家庭和谐的重要力量，其市场的开放性特征也就显得特别重要了。

加强现代文化市场体系开放性建设，首先，要求现代文化市场体系中各种市场对内对外开放，各种市场之间沟通联系、相互渗透；其次，各省市、各地区之间应取消设置行政壁垒、排斥外地产品和服务的各种分割市场的规定，打破行政性垄断和地区封锁，相互开放文化市场，并进而发展成整个国内文化市场与国外文化市场紧密衔接；再次，要求文化自身的发展也要与时俱进、兼收并蓄、不断创新，为市场提供丰富多彩的新颖的文化产品、文化服务，并推进现代流通进程，积极发展电子商务、连锁经营、物流配送等现代流通方式，促进商品和各种要素在全国范围自由流动，以保持和增强文化市场的生机和活力。

当前，一些地方政府从本地利益出发搞地区封锁，限制其他地区到本地从事生产经营和提供服务，阻挠公平竞争。一些带有资源垄断性的行业和市场集中度高的行业，抵制引入市场机制，限制竞争，其结果是保护了局部和本行业利益，却阻碍了统一开放市场的形成。因而，抑制行政权力滥用，是形成全国统一开放的市场体系的关键之一。

三、竞争性

在现代市场体系中，商品流通和要素流动必须在一个充分竞争的环境下进行。只有在充分竞争的环境下，才能形成合理的价格信号，包括商品价格和要素价格信号，这些信号才能有效地引导资源的合理流动和配置，才能有效地提高资源配置的效率。

1. 现代市场体系竞争性的内涵

现代市场体系的竞争性，是指现代市场体系所具有的，构成市场体系的各类市场及其构成要素之间围绕经济利益分配而必然进行相互争斗的属性。市场竞争的内容，主要包括四个方面：一是价格竞争，在产品和其他条件相同情况下，商品的价格就成为市场竞争的决定因素，价格较低的产品，市场销售量相对较大；二是品种竞争，先上市的新产品往往能吸引大量的消费需求，占有较大的市场份额，尤其是那些更新换代迅速的产品市场，其品种竞争更为突出；三是质量竞争，产品质量的优劣成为消费者选择的重要标准，品质优良、性能良好的商品，市场销售量相对较大；四是服务竞争，交易服务的水平成为企业市场竞争力的重要组成部分，谁能为用户提供优质服务，谁就能取得用户的信任，其市场竞争能力就能大大增强。

从中国的现实情况看，要强化现代市场体系的竞争性，必须消除影响市场竞争的各种障碍。现阶段，对平等竞争市场的威胁主要来自两个方面：第一，国有经济对一些重要产业的垄断；第二，政府对市场的过度干预。改革也要从这两个方面着手进行。

2. 现代文化市场体系竞争性的表现

既然进入市场的文化产品具有商品性的一面，那么文化市场的经营者就必然会围绕获取更多的利益而相互展开争斗，由此而使文化市场也与其他国民经济领域的市场体系一样，具有竞争性的特征。

现代文化市场体系的竞争性，主要表现在以下几个方面：

一是所有的文化市场经营者都必须围绕自己的产品与服务的市场成功交换而展开争斗。

二是同一文化市场的各类经营者为了各自的生存必然会展开竞争。

三是文化市场中为产品经营者服务的中介、咨询等机构及其他要素市场经营者也必然会参与到竞争中来。

四是文化市场消费者与经营者之间围绕商品交换价格也在进行着争斗。

与现代市场体系的竞争性相比，现代文化市场体系的竞争性更具有以下特点：参与竞争的市场主体众多，参与竞争的产品、服务和要素丰富，参与竞争的中介、咨询、服务等市场活动活跃等。

为增强文化市场的竞争性，应支持文化市场主体的多元化发展，加快文化企业兼并重组，扶持国有大型文化企业盘活存量资产，鼓励各类资产的融合发展；要减少文化产业发展的相关准入限制，形成政府主导下的多元化投资格局，打破部门、行业壁垒，鼓励民营资本与行业外资本参与文化市场竞争；对文化市场以指导性监督为主，鼓励生产者积极开发适销对路的文化产品；改革文化企业的用人机制，提高文化企业的核心竞争力，等等。

四、有序性

在现代市场体系中，商品流通、资源流动以及公平竞争，必须有序地进行。有序性意味着市场要有统一的规则，这种规则维系市场活动的秩序，保证资源、商品流动和公平竞争。因此，有序性也是现代市场体系的基本特征之一。

1. 现代市场体系有序性的内涵

现代文化市场体系的有序性，是指现代文化市场体系所具有的，各类文化市场的经营竞争都能在统一的市场竞争规则的规制下有序地进行的属性。

在现代市场经济环境下，政府角色转换和市场竞争的加剧，要求为经济运行过程创造和保持长期有效的竞争秩序，由此而使现代市场体系的有序性要求进一步强化。

维护现代市场体系的有序性，其主要的手段是运用市场竞争规则对市场体系内各类市场主体的行为进行规制。市场竞争规则，是指国家根据市场经济的内在规定和要求，依法确立的市场竞争行为规范。它要求各市场主体都有均等的机会从市场选购生产要素，进出市场，在平等竞争中由市场形成价格，税负公平等。市场竞争规则的基本宗旨和核心内容，是为相互竞争的各市场主体提供公平交易、机会均等、公平竞争的市场环境。通过这样的规则来约束市场主体的经营行为，就为强化现代市场体系的有序性奠定了良好基础。

市场竞争有序化是一个不断完善市场竞争秩序的过程。市场竞争是众多企业竞争的综合，它总是在一定的竞争秩序下进行的，要充分发挥市场竞争在优化配置和有效使用社会资源方面的基础性功能，就要求政府在积极促进市场竞争有序化方面必须有所作为。一是要完善法律法规体系和执法体系，结合严格执法，逐步形成反商业欺诈长效机制；二是要完善行政管理、行业自律、舆论监督、群众参与相结合的市场监管体系；三是政府要倡导和组织社会信用体系的建设，逐步形成以道德为支撑、产权为基础、法律为保障的社会信用制度；四是加大知识产权保护力度，对侵犯知识产权的不正当竞争行为实施坚决打击。

2. 现代文化市场体系有序性的表现

现代文化市场体系的有序性，主要表现在以下几个方面。

(1)各类文化市场运行规则的一致性。现行文化市场体系内各行业的各种类型的文化市场，都要按照统一的规则来运行。由于文化产业的意识形态属性等特征决定，市场经营活动要遵循社会效益优先的原则，要遵纪守法经营。政府文化管理部门要围绕这些发展文化产业的基本要求，制定出一系列文件、制度、规定，对市场主体的行为加以规范。

(2)市场交换价格的透明性。无论是文化产品市场，还是文化服务市场，其商品交换都按公开透明的价格进行，图书有统一定价，报刊有统一的定价，剧场、影院提供的演出与播映服务也有统一的票价。并且，文化市场按统一标准形成的交换价格一旦确定之后，一般都能严格执行，不可能出现价格随市场行情上涨的情况。

(3)文化市场交易活动的规范性。文化市场交易活动能依法有序地进行。包括文化市场主体的合法性，如出版行业对经营者如总发行人、批发商、零售商、代理商、连锁经营商都有不同条件的规定，只有经审批符合条件者才能颁发相应市场的准销证，才能成为相应市场的合法经营者；市场交换商品的合法性，凡入市销售的文化商品，都有政府行政机构进行质量把关，尤其是内容质量的把关，不符合质量要求的产品不允许销售；市场交易程序的规范性，等等。

(4)良好的经营竞争环境。良好的经营竞争环境包括健全的文化市场信用体系、强有力的财产和知识产权保护措施、灵活多样的文化产品生产制作方式和流通渠道等。营造良好的竞争环境，有利于市场主体有序地参与竞争，这样才能保证和维护文化市场主体的契约关系，保持文化市场交易活动的生机和活力；也才能保证文化市场竞争的公平、公正，实现文化资源的有效配置。

培育有序的现代文化市场体系，市场监管必不可少。为此，应进一步健全和完善相关法律法规，强化文化市场各行业组织的作用，健全文化市场规则，加强对知识产权的保护，建立完善的文化市场管理的信息化网络，充分发挥好现代科学技术在现代文化市场监管中的作用。

第二节 现代文化市场体系的特殊属性

现代文化市场体系是推动社会主义文化大发展大繁荣，建设社会主义文化强国的重要支撑体系，是发挥市场配置文化资源决定性作用的重要机制。建立健全现代文化市场体系，必须清醒认识和准确把握现代文化市场体系的基本属性。现代文化市场体系与其他商品的市场体系相比，除了具有上面所述的四点共性之外，还具有以下特殊的属性，即由价值取向决定的意识形态属性和受时代环境影响的技术属性。本节即对此进行专门阐述。

一、现代文化市场体系具有意识形态属性

意识形态，是指一个社会阶级、阶层或者集团在一定的社会经济基础上形成的系统的思想观念，包括社会规则认知、政治理念、共同信仰、价值观等。一个社会的不同阶级、阶层或者集团，因经济状况、社会地位等不同，其意识形态会有差异。因此，意识形态有主流和非主流之分。每个社会的统治阶级的意识形态，都是占社会统治地位的意识形态。它集中反映该社会的经济基础，表现出该社会的思想特征，属主流意识形态。我国现阶段的主流意识形态是以公有制为基础的无产阶级的意识形态，是以社会主义核心价值理念为指导，以现实的经济基础和政治制度为依据，体现广大人民群众根本利益的思想观念体系。市场经济意识、公平公正意识、和谐发展意识和全球化意识是我国现阶段主流意识形态的显著特征。现代文化市场体系的意识形态属性，主要表现在以下几个方面。

1. 交换对象（文化产品）的意识形态属性

现代文化市场体系是围绕文化商品交易而形成的一个系统，其交易对象性质决定了系统的性质。作为文化市场交易对象的文化产品，其生产、流通和消

费等活动不仅仅是一个价值实现的经济过程，伴随其中的更有对社会思想观念、价值取向的潜移默化。文化产品的意识形态属性具体表现在其市场运动过程的各个阶段。

(1)文化产品生产目的的非盈利性。从文化产品的生产过程考察，其本质属于知识生产的范畴。知识生产是一种目的崇高的劳动。正如马克思所说："弥尔顿创作《失乐园》得到5磅，出于同春蚕吐丝一样的必要而创作《失乐园》，那是他的'天性'的能动表现。"①马克思在这里所指的"天性"，是指为人类献身的精神，正是这种精神的驱使，才使弥尔顿创作出了《失乐园》这部不朽的名著。此外，作为一种知识产品，其生产过程要进行无数知识单元的排列组合，在浩瀚的可能组成的知识结构中获取知识产品是一个艰难的探索过程。这一过程中，生产者的投入产出都是一个未知数。此一特点及知识生产的其他特点，如：知识产品的无形性、低可比性、知识生产的非重复性、继承性等，决定着文化产品的生产就目的而言，具有非营利性，不能完全按商品生产的方式来组织。虽然在现代市场经济条件下，文化产品进入市场已成为必然。然而，就文化生产的本质而言，是人类对客观存在进行不断探索、认知的过程，其所形成的知识，是意识形态反映社会存在的思想观念的重要组成部分。

(2)文化产品使用价值的精神性。商品的使用价值，是其具有的能够满足消费者某种需求的属性。就文化产品而言，其使用价值是各种文化产品中内化了的文化价值。正如前面所提到的，文化价值是一个概念外延十分广泛的概念，至少包括了认知价值(获取认识客观世界的知识)、审美价值(获得愉悦等美感)、传承价值(保存文化)、教化价值(净化心灵)、传播价值(获取信息，消除行为决策的不确定性)等内容。人们之所以购买消费文化产品，是因为文化产品所具有的使用价值能够满足自己的追求文化价值的需求。读书可以学习知识，看电影可以受思想熏陶，欣赏艺术表演可以陶冶情操，参加职能培训可以掌握技能，等等，这种种对于文化价值的追求，都属于非物质性的精神需求。

(3)文化产品交换价格的背离性。作为文化市场的交换对象，文化产品的市场交换价格并未反映其真实价值。一般的物质商品的价值作为社会必要劳动的凝聚，是有形的，可计量的。其市场交换价格也遵循价值规律，能大体反映市场流通商品真正价值。而文化产品是精神产品的物化形式，它的交换价格，如出版物的定价、电影票房价、剧院演出的门票价等，只反映了精神产品在物化过程中能计量的那部分劳动耗费，如所花费的工时费，所消耗的物质材料

① 马克思，恩格斯．马克思恩格斯选集(第26卷)[M]．北京：人民出版社，1974：432.

费，所使用的设备损耗费，等等，没有或很少包含凝结在精神产品价值形成过程中的全部劳动耗费。事实上，正如前面所说，知识产品的生产是一个艰难的探索过程，其劳动价值量无法用社会必要劳动时间来衡量。因此可以说，文化市场交换价格与价值相背离具有必然性、普遍性。文化产品的这一市场特点，决定着文化市场的经营者不能像一般商品的经营者那样以主要受商品价格制约的货币利润作为经营取舍的价值尺度，而必须考虑产品文化价值和内容质量，要以市场交换价格所无法反映的产品的内在文化价值作为经营取舍的依据。

（4）文化产品消费的非消耗性。就一般商品市场消费而言，对一件商品或一项服务的消费，就是消耗其使用价值。面包可以满足人们充饥的需求，饥饿者购买面包并将其吃掉，面包的使用价值就被消耗掉了。文化产品的使用价值，是由于文化产品所蕴含的文化知识能够满足文化消费者追求文化价值的精神需求这样一种属性。在文化市场的消费中，消费者获得了精神需求的满足，却并没有将文化产品的这种使用价值消耗掉，这就是文化市场产品消费中所具有的非消耗性特征。文化市场的消费过程，实际上由取得文化产品与享有文化产品使用价值两个环节构成。取得文化产品的过程，是一个文化选择与接受过程。消费者总是选择那些符合自己的价值追求，且与自己的消化领悟能力相一致的文化产品，而回避那些不符合自己精神需要，与自己的消化领悟能力不一致的文化产品。享用文化产品使用价值的过程，是消费者对文化产品所含价值内容进行体认、领悟与吸收的过程，与一般物质产品消费的享用过程不同的是，这一过程是一个满足精神需求的过程，是一个文化价值的认知过程。在这一消费过程中，作为文化产品使用价值的文化知识不会被消耗掉。一幅画、一本书或一支曲子，即使被难以数计的人们所品赏或传唱，其艺术韵味或优美旋律也并不会被损耗掉，甚至当有些画作的外在形态在辗转流传的过程中被毁后，后人还会对关于此画的影印复制品或临摹品津津乐道。这就诚如俄国著名作家萧伯纳所言，一个苹果，如果分一半给别人，自己就只剩半个苹果了；而一种思想与人分享，就变成了两种思想。文化产品消费所具有的非消耗性特征，就具有萧伯纳所言的思想分享的性质。

综上所述，文化产品在其市场运动过程的各个阶段，都具有意识形态属性。就文化生产而言，文化属于上层建筑的观念领域，是由经济基础所决定的。因此，文化的内容是受特定的经济关系决定的，而经济关系的核心是利益关系、阶级关系，在一定的社会条件下，作为文化主体的人总是处于特定的意识形态氛围中，人们的创作和想象不能脱离开特定的社会生活背景，人们的思维方式受到意识形态潜移默化的影响。所以，文化生产不是自由的创造，它在客观上总是受到一定阶级或集团利益的制约，从根本上与阶级或集团的利益相关，作为文化组成部分的哲学、道德、法律、政治学说，只能是具有意识形态性的文化生产。就文化消费而言，文化消费过程不仅是一个商品交易过程，消费者购买文化商品的过程，还是一个文化选择与接受与享用文化产品使用价值的过程，是消费者对文化产品所含价值内容进行体认、领悟与吸收的过程，也是个体观念被影响和教化的过程。正是这一个过程所具有的文化价值认知的特征，才使整个文化消费具有了意识形态属性。

2. 作用领域(文化产业)的意识形态属性

现代文化市场体系的作用领域是文化产业，文化产业是文化领域中由市场化手段调节的部分，因此可以说，现代文化市场作用领域的意识形态属性，也即文化的意识形态属性。

文化是相对于经济、政治而言的人类全部精神活动及其产品。其中包括世界观、人生观、价值观等具有意识形态性质的部分，又包括自然科学和技术、语言和文字等非意识形态的部分。文化与意识形态的紧密联系，我们可以用以下几个关系来描述。

(1)文化与意识形态是同心圆的关系。意识形态作为较高层次的社会意识，是文化的重要组成部分，是一种带有强烈阶级意识的特殊文化，是文化的核心和灵魂，制约、引导、规范着文化的表现形式。虽然一定社会的政治、法律、哲学、宗教、道德、艺术等都具有意识形态的性质，但文化的外延要比意识形态宽阔。从结构上讲，文化一般分为物质文化、制度文化、观念文化和行为文化四大类型，意识形态既是其中观念文化的核心内容，又是其他四类文化建设的指导思想和重要依据。文化诸形式的经验表达，不是纯粹的符号行为，而是与观念和思想体系的价值规定相关的社会行为。文化反映了社会生活，意识形态制约规范着文化的表现形式的内容。意识形态与文化之间有很多重叠部分，意识形态的合理性最重要的体现是价值合理，而文化的主体部分即精神文化的核心和本质同样是价值观念，① 可见，在价值取向方面，它们也存在着重叠。

(2)文化和意识形态是一般与特殊的关系。作为人类经验生活的总结，文化符号、文化信息、文化类型、文化模式和文化交流等文化形式，都是对它的一般反映，与人类社会共存亡。而意识形态符号系统则是人类经验生活的特殊表现形式，意识形态作为阶级社会的思想体系，则是一个有始有终的历史范畴，具有强烈的集团意识、集团价值和集团模式成分。文化的出现和发展先于意识形态，是意识形态历史生成的重要前提。“文化是一个比意识形态具有更大包容性的概念，其所指范围远远大于意识形态的所指，意识形态实质上是人

① 王元骧．文化与意识形态刍议[J]．高校理论战线，1997(7)：36-40.

类文化发展的特定历史时期内的一个特殊样态”①，是一种阶级意识的文化。所以，文化是概括人类社会生活的一般形态，意识形态则是概括人类社会生活的特殊形态，文化和意识形态是一般与特殊的关系。

(3)文化和意识形态是现象和本质的关系。在文化体系内，文化和意识形态先有因果关系。文化是先于意识形态的人类经验的符号表征。一定历史阶段内，符号表征图示发生了质的变化，一种理性的经验抽象符号图示成为社会生活中占统治地位的阶级的观念形态，在文化体系中居核心地位，多元结构的文化客体受制于一元结构的意识形态主体，二者的因果关系转换为现象和本质的关系。文化作为观念形态的原因，反映着观念形态制约的生活现象；意识形态作为文化理性抽象的结果，表现了文化生活和社会观念生活的本质。意识形态神圣化过程取代文化经验的世俗化过程。观念形态的文化历史，一般文化成为世界的经验性表象观念，意识形态则成为世界的文化性本质观念。

综上所述，我们可得出如下结论：文化是某种意识形态形成和发展的前提、基础和结果；意识形态是文化的核心内容并指导着其他各种文化形式的不断发展。从上述文化与意识形态的关系中我们不难看出，以文化为其作用领域的现代文化市场体系，具有意识形态属性。

3. 现代文化市场体系是主流意识形态发挥作用的重要条件

作为统治阶级政治活动和经济实践自觉的系统的思想体系，主流意识形态发挥着价值导向、社会整合、教化认同等重要功能。文化作为意识形态的具体外显和实现形式，为意识形态的功能实现创造场域，提供平台。在市场经济体制下，现代文化市场体系为充分发挥文化对意识形态功能实现的作用创造了重要条件。

(1)现代文化市场体系利用市场竞争机制对文化产品实现优胜劣汰，为发挥主流意识形态的价值导向功能创造了条件。通过市场竞争机制的作用，对入市文化产品实现优胜劣汰，能够促进优质文化产品的生产。当然，现代文化市场体系对文化产品这种“把关”的作用，需要政府调控相配合，然而，在政府为文化产业发展创造了良好的市场环境之后，利用市场机制能够促使优质文化产品大量出现，也应是不争的事实。在政府的宏观价值导向下，市场机制会促使优秀文化资源向一流的文化企业集中，这就为优质文化产品的生产创造了良好的条件。主流意识形态价值导向功能的发挥，取决于文化产品的内容质量。正是从这种意义上讲，现代文化市场体系为主流意识形态价值导向功能的发挥创造了条件。目前，对文化产品内容的要求，就是既要立足现实，体现时代精

① 杨文华．意识形态的文化诠释[J]．上海大学学报·社会科学版，2008(2)：156.

神、反映时代要求，又要具有提升现实生活的理想价值，提供一种超越现实且具有鼓舞人心力量的理想。只有这样的内容质量优秀的文化产品，才能将千差万别的价值取向加以协调与整合，形成共同的价值导向。

(2)现代文化市场体系强化了文化的普遍性，为发挥主流意识形态的社会整合功能创造了条件。主流意识形态的社会整合功能，就是发挥其对社会关系和思想文化的聚合作用和统领作用，使马克思主义主流意识形态处于主导地位、发挥主导作用，不是将越来越多的非主流意识形态排斥在外，而是将它们凝聚在自己周围，选择并吸纳非主流意识形态有益部分，引导并规范非主流意识形态，形成一主多样、和谐不悖的意识形态格局，从而促进主流意识形态的发展。

社会整合主要表现为从文化、观念等方面对不同的社会主体进行整合，以达成一种行动上的协调优化，促进社会的和谐发展。社会整合有多种方法可以利用，按照伊格尔顿的说法，至少有 6 种战略：宣传一种价值和信仰；对于这种价值和信仰做出自我理解；把它普遍化与中立化；批判反对它的，并与之相竞争的信仰；排斥反对它的，并与之相竞争的思想原则；掩饰社会现实(神秘化)。① 我们认为宣传、解释、批判、排斥都是常见的手法，而我们这里强调的是发挥文化的普遍性特质使人们认识、了解、接纳主流意识形态。

体现在文化内涵中对自然、社会规律性认识的观念或思想，是一种真理性认识，这种真理包含符合人类需要和目的的价值理性。在这里我们需要去探询文化与主流意识形态中相重叠的价值合理性，将意识形态所体现的阶级内涵与价值诉求转化为全社会普遍认同的观念和意识，因为较政治而言，文化属于公共领域，以知识形态出现的文化具有相对的普遍性，一种赤裸裸地用政治权力来为自己辩护的意识形态是没有“公共性”的，也无法表现自己的普遍性，“为了展示思想上的普遍性，各个阶级必须在公共领域中，必须在文化交流和传播中，必须在思想的斗争中展示自己思想的普遍性”②。只有这样，才能拓展自己的统合力和影响力，既为政权提供合法性基础，也为提高政党的政治动员能力提供可靠的保证。

文化作为人类精神生产的积极成果，是人类共同的精神财富，不仅科学理论具有普遍性，哲学、道德、法律思想具有普遍性，文学艺术作品通过艺术形象再现实际生活中的一般的、典型的东西，所以也具有普遍性。毛泽东说：

---

① 塞巴斯蒂安·赫尔科默，张世鹏. 后意识形态时代的意识形态[J]. 当代世界与社会主义，2001：3.

② 王晓升. 文化：意识形态抑或商品？——兼与《科学发展观与新文化观》一文商榷[J]. 哲学动态，2007(11)：3-11.

“文艺作品中反映出来的生活却可以而且应该比普通的实际生活更高，更强烈，更有集中性、更典型，更理想，因此就更带有普遍性”①。

现代文化市场体系之所以能够强化文化的普遍性，主要是因为现代文化市场体系的运行，能使文化产品在民众中普及，使产品中所蕴含的文化知识得到普遍性传播。余秋雨先生曾经在一篇文章中对此进行了最好的诠释。他说：“在新文化运动的进程中，北京曾发生了著名的白话文与文言文的激烈论争。然而，所谓‘白话语言战胜文言文’的最终标志是什么？仅仅是白话在论战中居于上风吗？情形远非如此，胡适等在北京提出白话文学原则后，上海的商务印书馆等产业机构投入运作，以白话文印刷的教科书通过商业渠道进入中国的穷乡僻壤。中国的各个中小学开始采用白话文的教科书，新的一代文化人以商务印书馆印制的课本接受启蒙。从这个意义上说，白话文乃至整个新文化运动才真正在中国社会确立了根基。这个事实无疑揭示出现代文化取得实质性胜利的基本途径，即文化上的理论思辨成果必须通过一定的商业手段转化为商品，强有力地渗透到社会整体的各个细胞中。”②余秋雨先生所举实例充分说明，通过市场化运作，能使文化产品得以大量流通传播，无疑也就强化了文化的普遍性。

(3)现代文化市场体系强化了文化的传播渗透性，为发挥主流意识形态的教化认同功能创造了条件。主流意识形态的教化认同功能，是指意识形态所具有的对广大人民群众输出主流价值规范行为导向，使其接受核心价值体系，并进而达成共识的机能。这一功能的有效发挥，有赖于文化的广泛传播与渗透。传播渗透性本是文化的固有特性，梁启超先生对此曾有过相关论述。他把文艺作品的作用概括为“熏”与“浸”，“熏也者，如入云烟而为其所烘，如近朱墨而为其所染”，“浸也者，入而与之俱化者也”③。这种“熏”与“浸”，就非常形象地概括出了文艺作品影响社会、影响读者的基本特点——渗透性传播。随着各类新兴文化传播媒介的不断涌现，文化传播的空间进一步扩大，其渗透力也越来越强。现代文化市场体系将各类文化传媒市场连为一个有机整体，有效地提升了文化的整体传播力；运用市场机制配置文化资源，使文化市场的资源配置具有了更大的流动性和更高的配置效率；文化要素市场进一步完善，能有效地促进各类文化传播媒体的融合发展。由此而使文化的传播渗透性特征得以强化。

西方文化如美国的电影、韩国的偶像剧、日本的游戏软件等，通过各种文

① 毛泽东选集[M]. 北京：人民出版社，1991：861.

② 余秋雨. 当代都市文化略论[M]. 上海：学林出版社，1997：13.

③ 罗紫初. 出版学基础[M]. 太原：山西人民出版社，2005：8.

化市场对我国社会的意识形态渗透，使我们看到了现代文化市场在意识形态传播中所起的巨大作用。文化市场传播文化产品的过程，也是社会价值观不断被建构、传送、强化和人们接受教化的过程，因为文化产品中所含的精神内核，是其创作者根据自己的价值判断对现实存在所作的报道和反映，代表了一定阶级或社会集团的利益，随着其载体的市场流通，这些精神内核会潜移默化影响着消费者的价值观念和行为。由此可见，现代文化市场体系深刻地影响了人们的价值判断和选择，不断使意识形态贴近大众，在主流意识形态实现其教化认同功能的过程中发挥了重要作用。

综上所述，现代文化市场体系不同于一般社会商品和服务的现代市场体系，具有鲜明的意识形态属性。现代文化市场体系的意识形态属性源于文化产品和文化产业的意识形态特征。因为文化产品的生产、流通和消费等活动不仅仅是一个价值实现的经济过程，伴随其中的更有对社会思想观念、价值取向的潜移默化。除了经济功能之外，现代文化市场体系还承载着满足广大社会成员精神文化需求的重任，在实现主流意识形态的价值导向、社会整合、教化认同等功能时发挥着重要作用。因此，现代文化市场体系建设不能一味照搬一般社会商品市场体系建设的做法，而要充分关注现代文化市场体系自身的意识形态特性。

二、现代文化市场体系具有技术属性

现代文化市场体系之所以冠以“现代”的前缀，正是要表明它与传统文化市场体系的不同，而鲜明的技术属性正是现代文化市场体系有别于传统文化市场体系的显著特征。传统文化市场体系虽不排斥技术要素的作用，但技术在传统文化市场体系中只是其生产要素市场中的单一要素。技术对文化市场和文化产业的影响只是局部的，而非全局性的。进入 21 世纪后，技术在文化发展中的作用日益加重，现代文化市场体系的技术属性也越来越突出。

中共十七届六中全会报告明确指出，要发展健康向上的网络文化，实施网络内容建设工程，推动优秀传统文化瑰宝和当代文化精品网络传播；要发展网络新技术新业态，占领网络信息传播制高点。十八大报告强调，要促进文化和科技融合，发展新型文化业态，提高文化产业规模化、集约化、专业化水平；要构建和发展现代传播体系，提高传播能力。上述两个重要文件从文化业态、文化产品和文化传播三个方面深刻揭示了现代技术的进步对文化发展的影响，明确了现代技术属性对建立健全现代文化市场体系的作用和要求。

现代文化市场体系具有技术属性，主要通过文化产品市场和文化服务市场的技术特性表现出来。除此之外，现代科技的发展，尤其是数字化和网络化技术的发展，及其与文化的融合，催生了许多文化新业态，也进一步强化了文化产业的技术属性。下面分别从文化产品、文化服务、文化业态三个方面对现代文化市场体系的技术属性进行论证。

1. 文化产品的技术属性

文化产品是形成文化市场的基本要素，而文化市场又是现代文化市场体系的重要组成部分。正是从这种意义上讲，文化产品的技术属性使现代文化市场体系具有了技术属性。

文化产品是技术手段和精神价值的统一体，其构成有着技术的根源，它作为一种物质、能量、信息的交换媒质，其形质受到技术发展规律的影响和制约；技术作为一种介于主客体之间的物质实践方式，构成某一时期文化产品的核心内容。文化产品的技术属性，具体表现在如下几个方面。

(1)文化产品的形质由技术基础决定。文化产品是一定的历史和技术环境下技术水平与人类精神文化的结晶。人类的精神文化内涵对文化产品的建构与发展有着重大影响，技术对文化产品的形态起着决定性的作用，是文化产品形质发展的决定性因素。

文化产品不能凭空构造和实现，其表现形式是以物质作为载体，以自然资源作为依托。其产生和发展都离不开自然资源的支持。技术作为改造自然的手段，直接对象是自然物。不同的技术形态下，不同的自然物被加工制作成各种不同载体的文化产品。

不同的历史时期，因科学技术发展水平不同，文化产品的形质也有着显著的差异。以画作类文化产品为例，我国早期画作类文化品的载体多是自然物，如岩画，是原始先民利用自然矿物颜料在岩石上刻画的简单的人物或飞禽走兽图形，传播内容仅限于单一的图画传播，尽管可以表现原始狩猎场面或是原始生殖崇拜的情感，但因受当时工艺技术条件的限制，无法表达更多的有关原始先民生活场景的丰富信息。

春秋战国后毛笔和墨的出现，东汉纸的发明，工具技术的跃进使书画成为记录人们生活情况的有效载体，它把人与人之间的表情、手势、语气和生活场景变成文化符号。笔墨书画较之史前岩画，所包含的丰富信息使古今的人们近距离的交流成为可能。

北宋风俗画借助当时的科技——墨和毛笔，将写实类画作的发展推向了高潮。其代表作品《清明上河图》，用写实手法画有大量人物、房屋、牲畜、车轿，画中人物、景象、细节安排得合情合理，对人物、景物的临摹极为细致，为后世呈现了北宋京城的商业、手工业、民俗、建筑、交通工具等丰富的形象资料，使今人能够看到一千多年前人们的生活情状，具有丰富的历史文献价值，是在当时技术环境下人们对世界的描绘所达到的较高水平。

近代照相技术的出现，是对传统书画作为再现技术的一种颠覆。19世纪照相术的发明，以真实、具体的形象改变了用文字和绘画记录描绘客观世界的历史。著名画家张大千20世纪20年代运用照相机摄影技术作为写生、创作的辅助手段，创作出一批著名的画作。照相技术的出现和普及，改变了因为画作类文化产品的独一无二性而导致世人很难欣赏的状况，而使普通百姓欣赏名画名作成为可能。照相技术极大地改变了当时文化市场的面貌。

由此可见，文化产品的形质由技术基础决定，而形质与内容同为文化产品的组成部分。由此决定，文化和技术很难分离。技术很难脱离文化而单向发展，一定历史时期的技术受制于文化环境；文化也很难脱离技术而单向发展，文化产品的不断更新要依赖于技术。在特定时期或场域的技术环境下，一项基于新技术基础的文化产品或商品的升级换代也表明了社会文化的不断发展。

(2)技术构成文化产品的核心内容。在一定的社会环境下，技术以超乎人们想象的速度发展。现代技术已变成一种“独立的力量”，并具备自身的逻辑和发展目的。技术不仅是文化产品更新换代的主要工具，其自身也构成了文化产品的核心内容。

文化产品体现了不同时期的工艺水平，蕴含了当时科学技术发展水平的丰富信息。技术构成了文化产品的核心组成部分。以出版物的生产制作技术的发展为例。随着出版物载体由甲骨—金石—简读—纸—磁盘—光盘的变化，一系列与之相关联的出版物的生产制作技术也不断发展进步。生产工具的制作技术，文字及音频视频的书写录制技术，产品合成技术，成品复制技术等一系列技术的配套运用，构成了不同历史阶段出版物的基本特征。出版物文化内容的表达依技术而定，技术成了出版物不可分割的重要组成部分。

手抄本的大量出现，是造纸术和笔墨制作技术发展的结果。雕版印刷技术的出现，不仅使雕版印刷品风靡全国，而且连雕版本身也成了重要的出口文化产品，苏东坡在当杭州地方官时就曾下令禁止一些重要雕版的出口。宋代毕昇发明的活字印刷术，以及以此为理论基础的一系列机械印制技术的出现，更使出版印刷文明延续了一千多年。随着网络化及数字化技术的发展，出版技术与文化内容融为一体的趋势更为突出。不少电子出版和数字出版产品，尤其是一些双向交流类产品，内容由消费者自己选择确定，出版者提供的技术，也就理所当然地成为此类出版产品的核心价值。

由出版物的生产制作技术的发展可以看出，文化产品的生产制作以一定历史时期的技术发展水平为依托，工艺技术水平作为历史文化信息内容融会于文化产品之中，内化为文化产品的历史和审美价值。因此，文化产品的技术性不仅具有文化产品的工具性效能，还具备内容性和价值性特征。

2. 现代文化服务市场是精神内容与技术手段的完美结合

技术发展是服务类文化市场中服务类文化产品形态不断演进的内在原因。技术与文化产品的关系表现为某一类或某项技术的应合关系，更表现为文化产品作为一种整体概念与科学技术进步中存在着的逻辑上的契合。文化内容是技术服务的目标和对象，是技术发展的源泉和母体。文化产品不仅具有一般物质产品蕴涵的技术规定，还蕴含了不同时期的科学技术水平，它始终是物质技术与精神文化内容的联姻。技术的发展使得技术本身也成为文化服务产品的核心内容。下面以杂技表演市场和影视服务市场的产品为例来予以说明。

杂技表演是借助道具来表现演员超凡技巧和力量的表演艺术。传统的杂技表演市场，以演员个人超乎常人的能力展示为核心，而现代的杂技表演，机械、光电、电子技术的广泛应用，以及道具器械的改进，使得演员仅凭个人能力无法完成的表演成为可能，这就极大地提高了杂技节目的表现力和观赏性。由此可见，技术已成为杂技表演艺术产品的核心组成部分。

影视服务市场的产品同样如此。电影《阿凡达》可以说是现代科技与精神文化内容有机结合的最成功产品的典型范例。请看电影《阿凡达》摄制过程技术运用的一组数据：60%的镜头采用 CG 画面(利用计算机技术进行视觉设计和生产的领域)；140 个数字摄像机，搭建出一套表演捕捉技术平台，创造了“旋转摄像”“表演捕捉”“数字特写”等技术；使用超级计算机，通过40 000个电子计算机微处理器处理数据。由此可见，正是《阿凡达》这类的影视产品，把影视服务市场的科技属性带入了一个新的阶段。

3. 现代技术催生了许多文化新业态

随着科学技术的发展，科技已渗透到文化产品创作、生产、传播、消费的各个层面和关键环节，成为文化产业发展的核心支撑和重要引擎。20 世纪 80 年代以来，数字技术和网络信息技术迅猛发展，为“文化+技术”的产业发展模式实施创造了良好环境。数字和网络技术的发展及其与文化的高度融合，正在迅速改变文化的产品形态、传播方式和产业格局。例如，基于 3D 影像技术、MPR 技术开发的影视和出版产品，促进了文化产品或服务创新；以互联网为代表的信息传播技术的发展，手机、平板电脑等阅读终端以及与之关联的影音流媒体内容传播技术的进步，拓展了文化传播路径；数字技术与文化的融合，催生出诸如网络动漫、网络游戏、数字娱乐业、网络出版、文化主题公园等新兴文化业态。以网络游戏为例，深圳市连续四年获评“文化企业 30 强”的游戏企业完美世界，运用自主研发的引擎技术，改编传统中华文化故事，打造融合传统文化和现代科技的游戏产品。深圳华侨城在文博会上展示的文化智慧主题游乐项目，是在文化旅游基础上融合互联网技术、动漫游戏开发技术等科技手段打造的全新智慧旅游系统，为旅游注入了全新的文化体验和互动体验。这些新的优秀游戏业态的打造，自然离不开技术的支撑。事实证明，现代技术正在全方位、全局性地影响着文化业态的发展，促使传统的文化产业结构发生深刻变化。

纵观上述三个方面内容，我们有理由相信，现代文化市场体系的确具有重要的技术属性。建立健全现代文化市场体系，必须高度重视其现代技术属性。第一，在文化产品和服务市场中，不仅要提升文化产品和服务的现代技术含量，增强文化产品与服务的吸引力和感染力，而且要运用现代技术培育文化新业态，为文化市场提供更多更好的数字文化产品。第二，在文化生产要素市场中，应进一步加强文化技术市场、文化信息市场和文化人才市场建设，借此提升文化生产的技术含量。第三，在文化流通和传播市场中，应加强全国性数字文化传播平台建设，同时利用数字交互技术提供个性化的数字内容分销服务，利用数字推送技术提供针对性的数字内容推送服务，以扩大文化的传播力和辐射力。

第四章　现代文化市场体系建设概述

现代文化市场体系的形成，既是市场机制发挥效用的一个自然过程，也是经济文化管理体制改革不断深化的一个社会过程。其中，前者揭示的是市场机制对现代文化市场体系建设的内在作用，现代文化市场体系建设是市场机制不断发展的内在动因和必然要求。从简单文化市场、到文化市场体系，再到现代文化市场体系的大发展，正是市场机制在文化发展中不断发挥其效用的一个自然过程。后者强调的则是现代文化市场体系发展过程中社会因素或曰环境因素的作用，现代文化市场体系建设离不开文化管理体制改革这一社会因素。从计划经济体制下政府主导文化发展、到"双轨制"时期政府和市场共同推动文化发展、再到"市场在资源配置中起决定性作用"背景下的文化大发展大繁荣，正是文化管理体制改革不断深化的一个社会过程。基于以上认知，我们认为，现代文化市场体系建设，既是一个充分释放市场机制、促进文化发展效用的自然过程，也是一个不断深化文化管理体制改革、更好发挥政府作用的社会过程。

第一节　现代文化市场体系建设的概念、背景与意义

从2000年十五届五中全会首次使用"文化产业"的概念，到2002年十六大报告提出"改革文化体制、发展中国文化产业"战略，到2007年十七大提出"大力发展文化产业"战略，再到2011年十七届六中全会明确提出"构建统一开放、竞争有序的现代文化市场体系"的战略部署，现代文化市场体系建设一步步从幕后走到台前，成为党和国家文化发展战略的基本举措和核心抓手。现代文化市场体系建设，既是当代文化产业发展和文化管理体制改革中必须严格把握的一个重要实践命题，也是文化管理学研究的一个重要理论范畴。理解和掌握现代文化市场体系建设的含义、背景与意义，是实现"构建统一开放、竞

争有序的现代文化市场体系”战略部署的现实需要。

一、现代文化市场体系建设的概念

无论从理论上还是实践上，现代文化市场体系建设仍然是一个内涵和外延均不十分清晰的概念。在我们党和国家的重要文件中，与文化市场体系连用的动词各不相同，大致有“培育”“完善”“健全”“构建”和“建立健全”等。2005年年底出台的《中共中央、国务院关于深化文化体制改革的若干意见》使用的是“现代文化市场体系培育”。2006年3月，全国文化体制改革工作会议使用了“完善市场体系”；2011年3月出台的《“十二五”规划纲要》延续了这一用法，使用的是“完善现代文化市场体系”。2003年10月召开的十六届三中全会，使用的则是“健全文化市场体系”；2011年十七届六中全会使用的也是“健全现代文化市场体系”，但同时提出“构建统一开放竞争有序的现代文化市场体系”。2013年11月十八届三中全会通过的《关于全面深化改革若干重大问题的决定》使用的是“建立健全现代文化市场体系”。不仅党和国家的重要文件在用语上存在差异，相关理论研究成果的用语同样各不相同。如顾钰民将专著命名为《健全现代市场体系》(重庆出版社，2009年)；王蕾将专著命名为《市场体系培育研究》(中国人民大学出版社，2012年)；房汉廷、张磊将专著命名为《加快完善现代市场体系》(广东经济出版社，2015年)；张晓明、惠鸣将专著命名为《全面构建现代文化市场体系》(社会科学文献出版社，2014年)；冀福俊将专著命名为《我国现代文化市场体系的建设》(经济日报出版社，2016年)。通过文本分析可以发现，这些动词的使用语境和含义虽然不尽相同，但是，它们基本从属于一个更为宏观的概念——“建设”。事实上，当前国内主要报刊使用“文化市场体系建设”一词的频率非常高。基于这一认知和现实，我们的研究中选用了现代文化市场体系建设这一概念。

那么，什么是现代文化市场体系建设呢？我们认为，现代文化市场体系建设是指为有效发挥市场的资源配置功能，由市场管理者、市场主体以及相关市场服务组织所开展的现代文化市场体系的要素建设、结构优化和功能提升等活动。这一概念大致包括现代文化市场体系建设的目的、建设的主体、建设的内容等三个基本要件。

1. 现代文化市场体系建设的目的

马克思主义中国化的理论表明：中国特色社会主义文化建设同样应该坚持社会主义市场经济体制，应该充分发挥市场手段促进文化产业发展。要加快发展文化产业，实现社会主义文化大发展大繁荣，推动文化产业成为国民经济支柱性产业，必须充分发挥市场的资源配置功能，发挥市场手段促进文化发展的作用，这也正是现代文化市场体系建设的目的之所在。

发挥市场的配置资源功能之所以成为现代文化市场体系建设的目的，是与中华人民共和国成立以来所走过的文化发展历程直接相关的。改革开放之前，我国实行计划经济体制，经济建设、文化建设等都是由政府主导按计划进行的，市场的作用完全被忽视。十一届三中全会后，党的工作中心转移到经济建设上来。随之而来的是计划和市场两种资源配置方式在经济发展中角色和地位的不断调整。从1982年十二大的“计划经济为主，市场调节为辅”，到1987年十三大的“国家调节市场，市场引导企业”，再到1992年十四大的“建立社会主义市场经济体制”，市场逐步成为主导我国经济发展的主要手段。

然而，与经济领域相比，文化建设中的情形并不相同。由于考虑到文化的意识形态属性，文化建设中市场手段的作用长期被低估，文化体制改革的进程也大大滞后于经济体制改革。在市场成为经济发展的主要手段并极大促进了生产力发展的背景下，2002年党的十六大才开始部署文化体制改革和文化产业发展问题，2003年文化体制改革试点工作才得以启动。十多年来，随着文化体制改革的不断深化，计划体制的逐步松动，市场手段的渐进引入，我国文化建设尤其是文化产业发展取得了长足的进步。

市场资源配置功能的发挥是要建立在健全完备的现代文化市场体系基础之上的。文化市场体系的要素缺失、结构失衡和功能低下等问题都会严重影响市场配置资源的效率和效益，阻碍文化产业的发展。也就是说，没有健全完备的文化市场体系作为保障，所谓市场配置资源也只能是一句空话。因此，我们应该将文化市场体系建设看作推动文化大发展大繁荣的一项基础性工程。

我国党和政府高度重视文化市场体系建设。2009年国务院审议通过的《文化产业振兴规划》明确指出“市场在文化资源配置中的基础性作用得到更好的发挥，文化产品和生产要素合理流动，城乡文化市场进一步发展，现代流通组织和流通形式逐步成为文化流通领域的主要力量，文化消费领域不断拓展，在城乡居民消费结构中的比重明显增加”。进而将“现代文化市场体系进一步完善”作为振兴我国文化产业的五大规划目标之一。2011年十七届六中全会通过的《中共中央关于深化文化体制改革推动社会主义文化大发展大繁荣若干重大问题的决定》明确提出要“构建统一开放竞争有序的现代文化市场体系”，将“健全现代文化市场体系”作为“进一步深化改革开放，加快构建有利于文化繁荣发展的体制机制”的基本内容。由此可见，现代文化市场体系建设业已成为服务于文化资源配置的重要战略内容。

2. 现代文化市场体系建设的主体

现代文化市场体系建设虽然是一个充分释放市场机制效用促进文化发展的自然过程，但更是一个不断深化文化管理体制改革以更好发挥政府作用的社会过程。在这一社会过程中，文化市场管理者、文化市场主体以及相关市场服务组织等则是现代文化市场体系建设的主体。这三类主体在现代文化市场体系建设中扮演着不同的角色，起着极其重要的作用。

文化市场管理者，是现代文化市场体系建设的组织者，其负责文化市场管理体制的制度设计和政策安排，直接影响着现代文化市场体系建设的总体格局。一个国家或地区文化市场体系建设的总体状况主要是由文化市场管理者决定的。从全球范围来看，大致存在两种文化市场体系建设管理模式。一种是政府设立专门的政府文化管理机构，专司包括文化市场体系建设在内的文化建设，我国和法国是这种模式的代表。另一种是政府不设置专门的文化管理部门，其文化市场体系建设与其他物质商品市场体系建设实行无差别的管理方式，美国和英国是这种模式的代表。表面上看，这两种管理模式存在较大差别，但实际上，无论是哪一种模式，政府均是文化市场体系建设的终极管理者。从这个意义上讲，这两种模式并没有本质的区别。

政府，作为现代文化市场体系建设的组织者，主要通过文化市场管理体制的制度设计和政策安排参与现代文化市场体系的建设。众所周知，政府是“看得见的手”，市场则是“看不见的手”，两者都是基本的资源配置方式，共同作用于社会经济活动，缺一不可。市场机制是市场体系的基石，在资源配置上起着决定性作用；政府是市场体系的调节器，在资源配置上发挥着不可或缺的作用。单纯依靠市场手段配置资源，容易造成效率低下甚至“市场失灵”的问题，一味凭借政府调控配置资源，则容易导致市场僵化的后果。只有将二者结合起来，以政府调控纠正市场失灵，用市场机制激发经济活力，才能维持现代市场体系的健康稳定。就文化市场而言，不外乎“大市场小政府”和“小市场大政府”两种模式，但无论是哪一种，文化市场的意识形态属性决定了政府意志在文化市场建设中必须得到强有力的体现，如何既尊重市场机制在现代文化市场体系建设中的基础性地位，又保证遵循正确的发展导向，即如何处理好政府与市场的关系问题，是考验我国文化市场管理者的重大命题。

文化市场主体，是现代文化市场体系建设的主力军，是指从事文化生产、流通、消费等经济活动的各类文化单位、企业、组织和个人，它通过自身市场行为和经营活动直接影响着现代文化市场体系建设的规模和结构。党和政府多次提出要“加快培育现代文化市场主体”，文化市场主体的发育程度直接决定了整个文化市场体系的健康与否及其繁荣程度，市场上有着什么样的文化企业，就决定了市场上流通着什么样的文化产品，进而作用于文化消费者的习惯、需求和偏好。

培育现代文化市场主体，发挥其主力军作用，首先要明确其市场主体地位。文化市场主体，之所以作为文化生产的直接参与者而与政府等文化管理者相区分，就在于其拥有独立的市场主体地位，即在法律政策规范框架下，文化市场主体有权依照市场规律自主决定其生产规模、产品形态、运营模式等市场行为和经营活动。这与现代产权制度的建立是分不开的，通过明确的产权归属关系将文化市场主体与文化管理者区分开，避免“既当裁判又当运动员”的现象，调动文化企业作为独立行为主体自主参与市场行为的积极性，才能激发其建设现代文化市场体系的主力军功能。其次要加强文化市场主体自身建设。这与建立现代企业制度密不可分，承认文化企业、单位、组织等的市场主体地位，必须以其具备规范行使市场权利的能力为前提。我国当前文化市场主体发育尚不够健全，现代企业制度尚未完全建立，因而市场的主体地位也难以得到充分保障。因此，必须将现代化管理思维、组织架构、企业愿景纳入文化市场主体自身的制度建设中去，规范市场行为，进而发挥其建设现代文化市场体系的主力军作用。

相关市场服务组织，是现代文化市场体系建设不可或缺的重要力量，包括各类文化中介组织，其通过为文化市场主体提供信息咨询等服务参与现代文化市场体系建设。现代文化市场体系是一个涉及文化管理、文化生产、流通、消费和文化保障的庞大系统。如果说文化市场管理者是系统的控制中心，文化市场主体是躯干和功能区，那么相关市场服务组织就是这一系统内的润滑剂。现代市场的典型特征之一就是分工合作，在成熟的文化市场内，不可能所有的市场行为全部由文化企业等市场主体来完成，必然会涉及代理、评估、信息咨询等其他业务，而市场服务组织就是此类服务的提供者，协调企业间或行业间的关系，以保证文化企业将主要精力投入文化生产等经济活动中来。可见，门类齐全、服务优质的相关市场服务组织可以极大提高文化市场主体的生产效率，从而促进整个文化市场体系高效稳定地运转，因此其在现代文化市场体系建设中扮演着不可或缺的重要角色。

3. 现代文化市场体系建设的内容

现代文化市场体系建设是一个主体多元、涉及面广的系统工程，包括要素建设、结构优化和功能提升三个方面的建设内容。

现代文化市场体系要素建设是指对文化生产、流通与消费过程中所必需的产权、版权、资本、技术、信息、人才等要素进行建设的活动。众所周知，文化市场体系的基本构成包括文化产品市场和文化要素市场。其中，文化要素为文化产品生产提供基本的人力和物力资源，如资金、原材料等，没有高度发达的文化要素市场就不可能有丰富多元的文化产品供应；同时，文化要素为文化产品流通提供必要的市场信息和人才支持，没有高度发达的文化要素市场就不可能有高效顺畅的产品流通；另外，文化要素还为文化产品消费提供重要的版权和技术保障，没有高度发达的文化要素市场就不可能有健康稳定的文化产品消费。可见，要素建设在现代文化市场体系建设中起着基础性支撑作用，是现代文化市场体系建设的重要内容。

现代文化市场体系结构优化是指对文化市场主体结构、文化产品结构等进行调整升级以提高市场运行效能的过程。文化市场主体结构是从事文化市场经济活动的文化单位、企业、组织和个人的构成情况。本书第二章第一节对我国文化市场主体的分类结构、资产结构和规模结构进行了详细分析，可以看出当前我国文化市场的主体结构尚不够完善，主要表现在企业类别方面不同类别文化企业比例失衡、资产结构方面海外投资文化企业比重偏低、规模结构方面微型文化企业数量偏少。现代文化市场体系结构优化就是要针对上述问题，大力培育现代文化市场主体，从相关政策调整、制度保障、资金扶持等方面进一步优化主体结构，促进多元竞争、激发市场活力。文化市场产品结构是文化市场上流通的各类文化产品的种类、质量等构成情况。当前我国文化市场产品结构存在较严重的重数量、轻质量现象，以出版市场为例，每年出版新书种类达四十余万种，但真正为读者所喜闻乐见的精品力作相对较少，“有高原无高峰”的现象十分突出。2015 年 11 月 10 日，习近平总书记在中央财经领导小组第十一次会议上提出要进行“供给侧改革”，着力优化产品供给结构，提高产品质量。文化市场同样如此，要从文化供给侧入手，增加有效供给，减少无效供给，改变当前文化市场庸品盛行的局面，鼓励文化企业多出无愧于时代的精品，从而改善我国文化市场的产品结构，助力现代文化市场体系建设。

现代文化市场体系功能提升是指统筹各类文化子市场，发挥各自效能并统合到整体系统中，从而实现文化市场体系各项功用和机能最大化的过程。我们认为，现代文化市场体系具备资源配置、平衡供求、利益调整、信息传递四大主要功能。其中优化资源配置是现代文化市场体系的本质功能，市场机制的精髓就在于促进市场资源在不同市场部门、不同功能用途之间的自由流动，确保文化生产活动的顺利开展；平衡供求功能是市场通过“价格杠杆”自发调节文化产品生产者的供给量和文化消费者的需求量而实现的，供求匹配的文化市场能够让文化生产者的物质消耗得到补偿又不至于因供给过剩造成滞销和产能浪费；利益调整功能是市场基于“多劳多得”的原则根据市场主体在经济活动中的市场绩效来进行利益分配而实现的，不同文化市场主体因资源禀赋、经营能力、外部环境等存在差异，必然会在市场盈利能力方面表现出明显分化，现代文化市场体系自发地将收入分配到市场表现良好的部门和主体，以保证公平性和积极性；信息传递功能是贯穿于其他三大功能乃至市场全过程的基础功能，无论是资源的配置、产品供求双方的适配还是经济利益的自发调整，都必然涉及信息的流动，现代文化市场体系就是通过促进市场信息的自由流动来发挥其各项机能和功用的。尽管现代文化市场体系具备上述四大功能，但并不意味着任何一个市场都能在资源配置、供求平衡、利益分配、信息传递上达到最优效能，实际上由于市场天然具备的自发性、盲目性、滞后性等弊端，很容易造成公共部门资源短缺、供给无效、利益过分集中和信息失真等严重问题，因此有必要提升现代文化市场体系的各项功能，这也成为现代文化市场体系建设至关重要的内容。

二、现代文化市场体系建设的背景

党和国家历来高度重视文化建设工作，早在延安时期，毛泽东同志在著名的《新民主主义论》中就曾指出，“建立中华民族的新文化，这就是我们在文化领域中的目的”，毛泽东将“新文化”与新政治、新经济并列，把文化建设作为“新社会、新国家”建设的重要内容，强调了文化的重要地位。中华人民共和国成立后，坚持文化建设的政治性、公益性，亦即将文化建设当做事业来做一直是我党的主导方针；改革开放后，随着市场经济逐步确立，从 2000 年十五届五中全会首次提出“文化产业”的概念，再到 2011 年十七届六中全会明确提出“构建统一开放竞争有序的现代文化市场体系”的战略部署，现代文化市场体系建设经历了漫长的探索过程，成为党和国家在新时期进行文化建设的基本思路和重要方向。纵览我国文化建设的历史进程和现实状况，我们认为，现代文化市场体系建设的背景可以从宏观经济背景、政策背景和现实背景三方面加以论述。

1. 现代文化市场体系建设的宏观经济背景

社会主义市场经济体制是现代文化市场体系建设的宏观经济背景。在过去的计划经济体制背景下，我国文化建设与发展实行的是事业体制，各类文化组织均为事业单位，依靠政府主导发展文化事业是我国文化建设与发展的基本思路。政府是文化建设与发展的主导力量，市场仅处于从属地位。在这种背景下，文化建设与发展并不依赖于文化市场体系建设。

党的十一届三中全会的召开，中国人民得以从“左”的路线和思想束缚下逐步解放出来，开始了以经济建设为中心的伟大探索。由 1982 年十二大的“计划经济为主，市场调节为辅”，到 1987 年十三大的“国家调节市场，市场引导企业”，到1992年十四大明确提出“建立社会主义市场经济体制”，到2003年十六届三中全会明确提出“建立一个统一、开放、竞争、有序的市场体系”，社会主义市场经济体制在我国得以逐步确立。经过改革开放40多年以来的实践与探索，到目前，除少数垄断性行业和重要领域外，市场机制在我国经济运行中基本取得主导地位。无论是国民经济的总体市场化程度，还是产品与服务等部分要素的市场化程度，都有了相当程度的提高。市场在国民经济各主要领域的资源配置中发挥着基础作用。这是我国文化产业发展的宏观经济背景。

改革开放以来，特别党的十六大以来，随着社会主义市场经济体制的确立，我国文化建设与发展逐步走上了产业化发展道路。2000年10月，党的十五届五中全会首次提出“文化产业”概念，指出要完善文化产业政策，加强文化市场建设和管理，推动有关文化产业发展。2002年11月，党的十六大报告则明确提出了改革文化体制、发展中国文化产业的战略构想，指出“发展文化事业和文化产业是社会主义文化建设的重要组成部分”。2003年8月，中共中央专门组织政治局第七次集体学习，学习讨论世界文化产业发展状况与我国文化产业发展战略。胡锦涛总书记在学习会上明确要求解放思想，与时俱进，提出“根据新形势下社会主义文化建设的特点和规律，按照文化事业和文化产业的发展要求，不断推进文化体制和机制创新，支持和保障文化公益事业，增强文化产业的整体实力和竞争力”。2007年10月，党的十七大明确提出要“大力发展文化产业，激发全民族文化创造活力，更加自觉、更加主动地推动文化大发展大繁荣”。2009年7月，我国第一部文化产业专项规划——《文化产业振兴规划》由国务院常务会议审议通过。2010年7月，中共中央政治局专门就深化文化体制改革专题进行第二十二次集体学习，胡锦涛总书记在重要讲话中明确将加快发展文化产业作为“三加快一加强”文化改革发展总体布局的重要内容。2010年10月，国家“十二五”时期国民经济和社会发展规划纲要从夺取全面建设小康社会新胜利、推进中国特色社会主义伟大事业的高度，明确提出未来五年要推动文化产业成为国民经济支柱性产业。2011年10月，十七届六中全会审议通过了《中共中央关于深化文化体制改革、推动社会主义文化大发展大繁荣若干重大问题的决定》。

党中央、国务院的一系列重大决策，使得文化产业上升为国家的战略性产业，成为推动社会主义文化大发展大繁荣的基本载体与重要战略选择。文化产业的发展离不开市场，市场机制是文化产业繁荣发展的有效保障。作为市场机制核心要素和重要载体的市场体系，是文化产业大发展大繁荣的前提条件。可见，社会主义市场经济体制是发展我国文化产业与健全现代文化市场体系的体制保障，是现代文化市场体系建设的宏观经济背景。

2. 现代文化市场体系建设的政策背景

《文化产业振兴规划》与《中共中央关于深化文化体制改革推动社会主义文化大发展大繁荣若干重大问题的决定》提出的“现代文化市场体系进一步完善”与“健全现代文化市场体系”是现代文化市场体系建设的政策背景。中共中央和国务院高度重视文化市场体系建设，国务院审议通过的《文化产业振兴规划》将“现代文化市场体系进一步完善”作为振兴我国文化产业的五大规划目标之一；党的第十七届六中全会通过的《中共中央关于深化文化体制改革推动社会主义文化大发展大繁荣若干重大问题的决定》明确提出要“构建统一开放竞争有序的现代文化市场体系”，将“健全现代文化市场体系”作为“进一步深化改革开放，加快构建有利于文化繁荣发展的体制机制”的基本内容。

2009 年 7 月，国务院常务会议审议通过的《文化产业振兴规划》明确指出“市场在文化资源配置中的基础性作用得到更好的发挥，文化产品和生产要素合理流动，城乡文化市场进一步发展，现代流通组织和流通形式逐步成为文化流通领域的主要力量，文化消费领域不断拓展，在城乡居民消费结构中的比重明显增加”。进而将“现代文化市场体系进一步完善”作为振兴我国文化产业的五大规划目标之一。

2011 年 10 月，在党的第十七届六中全会上的报告中，胡锦涛总书记将“健全现代文化市场体系”作为“进一步深化改革开放，加快构建有利于文化繁荣发展的体制机制”的基本内容。《中共中央关于深化文化体制改革推动社会主义文化大发展大繁荣若干重大问题的决定》指出：“促进文化产品和要素在全国范围内合理流动，必须构建统一开放竞争有序的现代文化市场体系。”该文件进一步强调，健全现代文化市场体系，要重点发展图书报刊、电子音像制品、演出娱乐、影视剧、动漫游戏等产品市场，发展现代流通组织和流通形式，加快培育要素市场，办好重点文化产权交易所。

3. 现代文化市场体系建设的现实背景

当前我国文化发展中存在的问题与不足是现代文化市场体系建设的现实背景。我国文化领域的市场改革起步较晚，从 2000 年党的十五届五中全会首次提出“文化产业”的概念，到 2007 年党的十七大明确提出“大力发展文化产业”，再到 2011 年党的十七届六中全会全面部署“推动社会主义文化大发展大繁荣”，前后不过十余年的时间。经过十余年的努力与探索，虽然在文化单位转企改制、文化产品生产与流通、文化要素市场建设等方面业已取得一些成就，但是，其与健全的现代文化市场体系的要求相距甚远。我国当前文化市场体系结构仍欠完善，文化要素市场中的产权、版权市场欠发达，文化科技市场创新力低下；文化市场体系功能尚不健全，文化信息市场欠发达，市场机制反应不够灵敏，市场配置文化资源的功能发挥依然有限；文化产品生产与流通脱节，供求失衡矛盾突出；文化行业组织职能错位，文化服务中介机构严重缺失；文化市场监管体系不完备，市场法律体系尚不健全，文化企业诚信度低，文化经营活动失范严重等。当前文化市场体系建设中的这些问题与不足严重阻碍了我国文化产业的科学发展，健全现代文化市场体系业已成为深化文化体制改革、建立有利于文化繁荣发展体制机制的当务之急。正是因为当前我国文化市场体系存在的上述问题与不足，我们党和政府及时提出了健全现代文化市场体系的重要决策。

三、现代文化市场体系建设的意义

现代文化市场体系是市场机制作用于文化产业发展的基本载体。正如中国市场学会理事长高铁生所指出的，“没有完整的市场体系，就不可能存在完善的市场机制”。现代文化市场体系建设，对合理配置文化资源、科学调节文化生产、大力促进文化消费以及广泛参与国际文化合作有着重大而深远的意义。

1. 现代文化市场体系建设有利于合理配置文化资源

文化资源是文化产业发展所需的各类要素资源的集合，文化资源的合理配置是文化产业科学发展的基本前提与重要保障。尽管出于“文化安全”的考虑，一些国家或地区在文化产业发展中遵循“文化例外”原则，政府在文化资源配置中发挥着适度的调节作用，但是，从全球范围看，市场机制仍然是文化资源配置的基础性力量，市场在文化资源配置中发挥着关键作用。

健全的文化市场体系，是市场机制在文化资源配置中发挥基础性作用的根本保障。没有健全的文化市场体系，市场机制配置文化资源的基础性作用也难以发挥。现代市场体系是一种市场机制反应灵敏的市场体系，特别是能够在资源配置中起到基础性作用，也即价格机制、供求机制、竞争机制、利益机制能够支配文化资源配置的方向、资源配置的数量和资源流动的速度。各类文化资源将以最快的速度配置到最需要的文化单位或行业。因此，构建与完善现代文化市场体系，将成为发挥市场机制配置文化资源基础性作用的关键所在。

我们在系统研究产权、版权、人才、技术、信息等各类文化要素资源的市场特征的基础上，分析了各类文化资源与文化市场、文化产业之间的关联性，引导不同文化市场主体充分获取发展所需的各类文化资源，有效降低文化生产成本，增强文化产品和服务的市场竞争力；在综合评估不同文化市场的资源需求特征与规律的基础上，确定重点发展的文化产业门类和文化市场领域，引导各类文化资源主体有针对性地向文化市场投入文化资源，提升文化资源投放的有效性，充分发挥各类文化资源的作用，提升文化资源的利用效率。

2. 现代文化市场体系建设有利于科学调节文化生产

社会化生产活动的科学发展需要健全的协调或调节机制的支撑。市场经济条件下，社会化生产活动的自我协调与调节功能正是通过市场机制作用的发挥得以实现的。其中，健全的市场体系正是这一调节机制的核心所在。文化产业的科学发展，同样需要健全的文化市场体系的协调与调节功能。文化市场体系对文化生产的调节作用突出体现在以下两个方面：第一，调节文化产品的市场供求。供求矛盾是文化生产活动中的基本矛盾，供求失衡是这一矛盾的基本表现形式。文化市场体系结构的不完整、功能的缺失等都是导致这一矛盾激化的根源。健全的文化市场体系则可以有效引导文化企业按照文化市场需求量与需求结构组织文化生产活动，有效缓解该矛盾。第二，调节文化产品的生产结构。产品供给与需求的错位是文化生产需要妥善解决的重大现实问题。包括完善的市场体系在内的市场机制的建立是促进文化产品结构与文化需求结构契合的根本保障。其中，市场体系主要是通过资源配置、行业中介与流通制度等来调节文化生产活动的。

我们一方面通过对文化产品市场需求与供给关系的研究，建立科学的文化生产市场体系，引导文化企业按照文化市场需求量与需求结构组织文化生产活动。另一方面通过实证分析，深入了解图书报刊、电子音像制品、演出娱乐、影视剧、动漫游戏等文化产品的市场需求特征与发展演进规律，引导文化企业合理组织相关文化产品生产，以提升文化产品结构与文化需求结构的契合度，解决文化产品供给与需求错位的矛盾。可见，现代文化市场体系建设将有利于科学调节文化生产。

3. 现代文化市场体系建设有利于大力促进文化消费

文化消费是指对精神文化产品及精神文化服务的占有、欣赏、享受和使用等，其内容十分广泛，既包括对文化产品如电影电视节目、电子游戏软件、书籍、杂志等的直接消费，也包括对各种各样的文化服务设施如图书馆、展览馆、影剧院等的需求。大力促进文化消费，有效满足人民群众的精神文化需求是我国文化建设与文化产业发展的基本目的。

文化市场体系是影响文化消费的重要市场机制。文化市场体系对促进文化消费的作用集中体现在两个方面：第一，高效的文化产品生产市场可以为文化消费提供丰富多彩的精神文化产品，文化产品的极大丰富、文化产品质量的不断提升，是促进文化消费的基础条件；第二，畅通的文化产品流通市场，发达的文化产品连锁经营、物流配送、线上交付等现代流通组织和流通形式，大型文化流通企业和文化产品物流基地，贯通城乡的文化产品流通网络，是激发文化需求、促进文化消费的重要保障。可见，现代文化市场体系建设中关于文化产品生产市场与文化产品流通市场建设的部分，有利于大力促进文化消费。

4. 现代文化市场体系建设有利于提升国家文化竞争力

从地域维度看，文化市场体系由国内市场与国际市场两个部分构成。在经济文化全球化的新形势下，一个地方、一个区域的发展，一个行业、一个部门的发展，都将融入全国、甚至全球的总体市场格局中，不可能在孤立、封闭的条件下谋求发展。利用好国内、国际两个市场、两种资源也是当前我国文化市场体系建设的重要思路。

当今世界，不同文化的交流交融交锋越来越多地表现在文化市场上，表现在文化产品、文化服务、文化资本的竞争中。近年来，美国一直控制着世界60%~80%的电视和广播节目，占有世界2/3的电影市场总票房。相形之下，我国文化产业发展的差距则非常明显，文化产品和服务出口总体上还处在探索起步阶段，规模总量偏小、结构不尽合理、营销手段落后，特别是缺乏在国际上有较大影响力的文化企业和文化品牌。这就迫切要求我们创新推动中华文化走出去的思路和模式，不断提高国际文化市场所占份额，有效扩大中华文化国际传播力、竞争力和影响力，在激烈的国际文化竞争中赢得主动。

第二节 现代文化市场体系的发展历程

现代文化市场体系建设是中国特色社会主义事业的重要组成部分，涉及“五位一体”总体布局中的文化建设和经济建设两大方面。一方面现代文化市场体系本质上具有文化属性，是社会主义文化体制改革不断深化的必然结果；另一方面现代文化市场体系又具有显著的市场属性，是社会主义经济体制改革在文化领域的拓展和延伸。正是由于其涉及面广、影响深远、建设难度大，这一概念在我国的正式确立经历了从改革开放前以事业体制为导向到2000年十五届五中全会第一次在中央文件中将“文化”与“产业”并称，再到2006年《关于深化文化体制改革的若干意见》明确提出“现代文化市场体系”的漫长而艰难的探索过程。本节将对我国现代文化市场体系的发展历程进行回顾，以关键性政策为时间节点，从市场在经济发展中的作用和文化体制改革两个维度，探明现代文化市场体系这一当代性概念的演进路径和发展逻辑。

一、文化市场酝酿时期(1978—2000年)

从中华人民共和国成立到改革开放之前，我国长期实行计划经济体制，“市场”被看作资本主义的代名词，其在经济发展中的作用一直被忽视乃至压制。文化领域则实行文化事业体制，作为社会主义建设的一部分，由国家统一组织生产，正如毛泽东1940年在《新民主主义论》中强调的，“一定的文化(当作观念形态的文化)是一定社会的政治和经济的反映”，“至于新文化，则是在观念形态上反映新政治和新经济的东西，是替新政治新经济服务的”①。文化为政治服务、为经济服务的论断使得独立的文化生产活动根本没有生存空间，文化的政治性、非营利性从源头上阻断了文化市场的产生。只有随着我国经济体制改革的不断深入，市场机制才逐渐引入文化领域。

1978年12月，十一届三中全会胜利召开，中国从此拉开了经济体制改革的序幕。1982年9月，党的十二大会议提出了“计划经济为主，市场调节为辅”的原则，从这一阶段开始，我国市场主体开始形成，市场机制逐渐发挥作用，市场开始成为资源配置的补充手段。1984年10月，党的十二届三中全会通过《中共中央关于经济体制改革的决定》，第一次明确提出社会主义“有计划商品经济”理论，即“就总体说，我国实行的是计划经济，即有计划的商品经济，而不是那种完全由市场调节的市场经济”。1987年10月，党的十三大报告在有计划商品经济理论的基础上对社会主义市场机制问题进行了新的理论概括，明确提出计划与市场内在统一的新体制，即运用计划调节和市场调节两种手段，逐步建立“国家调节市场，市场引导企业”的机制。从这一阶段开始，市场在国民经济中占有重要地位，在某些领域甚至发挥着主导作用。1992年年初，邓小平视察南方谈话时更加明确地指出“计划经济不等于社会主义，资本主义也有计划；市场经济不等于资本主义，社会主义也有市场。计划和市场都是经济手段。计划多一点还是市场多一点，不是社会主义与资本主义的本质区别”。这从理论上冲破了多年来市场经济的束缚，为中国建立社会主义市场经济体制创造了理论基础。随之在同年10月的中共十四大报告中，“社会主义市场经济体制”作为我国经济改革的总体目标得以正式确立。1997年9月，中共十五大报告进一步提出“加快国民经济市场化进程，要充分发挥市场机制作用，健全宏观调控体系，继续发展各类市场，进一步发挥市场对资源配置的基础性作用”。这有力地推进了我国经济的市场化进程。

随着经济领域市场化进程不断加快，文化领域的市场化也逐渐拉开帷幕。

① 毛泽东选集[M]. 第2卷. 北京：人民出版社，1991：695.

虽然“文化市场”的提法在中央政策中出现较晚，但在社会上文化与市场相结合的尝试早已开始进行。1979年年底，广州东方宾馆开设的国内第一家音乐茶座，被认为是我国文化市场兴起的标志，① 此后，各种大型营业性娱乐场所也相继出现，音像业、电影业、图书出版业等迎来了复苏。1988年2月，文化部、工商行政管理局联合发布《关于加强文化市场管理工作的通知》，首次明确了文化市场的管理范围、任务、原则和方针，文化市场得以合法化。从此时起，虽然文化市场化(产业化)的提法尚未在中央政策中出现，但文化领域的市场活动已经如火如荼地开展起来，一大批经营者纷纷进入文化市场。应该指出，此时的文化市场还处于十分初级的发展阶段，以娱乐场所提供的文化服务为主，真正的文化产品和服务市场还没有形成，要素市场等市场形态还在萌芽之中，大量的优质文化资源仍然控制在国有文化单位手中。总体而言，这一时期的社会主义文化建设仍然以文化事业体制为主导，真正意义上的现代文化市场尚处于酝酿阶段。

二、文化市场时期(2000—2006年)

21世纪初，我国经济领域的市场化改革已初见成效，文化领域的市场化进程却相对落后。现代文化市场的里程碑式政策出现在2000年10月十五届五中全会通过的《中共中央关于制定国民经济和社会发展第十个五年计划的建议》中，中央首次明确提出“文化产业”的概念，该文件指出，要“推动信息产业与有关文化产业结合”，要“完善文化产业政策，加强文化市场建设和管理，推动有关文化产业发展”，标志着文化产业作为文化与市场相结合的重要推手得到国家最高权力机关的正式认可。

2002年11月，十六大报告中将“文化产业”与“文化事业”区分开，并把文化产业定性为“繁荣社会主义文化、满足人民群众精神文化需求的重要途径”。2003年10月，中共十六届三中全会通过《关于完善社会主义市场经济体制若干问题的决定》，分别提出了文化事业和文化产业的改革方向和目标，将文化单位区分为公益性文化事业单位与经营性文化产业单位，采取不同政策措施区别对待。这意味着我国对长期以来以事业体制建设社会主义文化的主导方针作出了重大战略调整，文化产业作为市场经济在文化领域延伸的新形态开始在国家文化建设中扮演重要角色。

2003年，中宣部等有关部门组织开展文化产业统计课题调研，第一次明

① 人民网.1979年开设首家音乐茶座文化体制改革显活力[EB/OL].(2010-03-03)[2017-03-07]. http://culture.people.com.cn/GB/87423/11060929.html.

确将文化产业定义为“为社会公众提供文化、娱乐产品和服务的活动，以及与这些有关联的活动的集合”，并于2004年正式编制出台了《文化及相关产业分类》和《文化及相关产业统计指标体系框架》，确定了文化产业的“核心层”“外围层”和“相关层”范围①。至此，中国文化产业终于有了统一的分类统计口径，文化市场的规模状况第一次以数据的形式呈现在公众面前。据统计，2004年，全国文化产业法人单位为31.8万户，从业人员为873万人，资产总额为1.8万亿元，主营收入为1.6万亿元，增加值达3 440亿元，占GDP的比重为2.15%，2005年、2006年增加值分别为4 253亿元、5 123亿元②。

在2000年至2006年的现代文化市场时期，全国文化产业增长速度在17%以上，比同期GDP增速高出6到8个百分点，其中文化产品的生产活动、文化产品生产的辅助生产活动、文化用品的生产活动和文化专用设备的生产活动等版块均增幅明显，显示出文化市场已经成为我国国民经济中不可忽视的重要组成部分，我国社会主义文化建设已进入真正意义上的文化市场时期。尽管如此，这一时期的文化市场发育程度仍然不高，主要表现在各类文化产品市场虽然发展迅猛，但缺乏整体性和关联性，文化服务市场特别是文化要素市场还处在十分原始的阶段，市场手段在文化建设中的作用尚未得到充分发挥。

三、现代文化市场体系时期(2006年至今)

2006年1月，中共中央、国务院发布《关于深化文化体制改革的若干意见》，历史性地指出，“培育现代文化市场体系，要加强文化产品和要素市场建设，打破条块分割、地区封锁、城乡分离的市场格局，形成统一、开放、竞争、有序的现代文化市场体系，重点培育书报刊、电子音像制品、演出娱乐、影视剧等文化产品市场。加强资本、产权、人才、信息、技术等文化生产要素市场建设，培育和规范以网络为载体的新兴文化市场”。这标志着我国文化建设进入现代文化市场体系时期。

现代文化市场体系是适应现代市场经济要求的，由各类相互联系和相互作用的文化产品市场、文化服务市场与文化要素市场构成的有机整体，是现代文化市场发展到一定阶段的高级形态。党和国家从战略高度指明了现代文化市场

① 光明日报．关于加快我国文化产业发展的思考[EB/N]．(2012-08-30)[2017-03-07]．http：//epaper.gmw.cn/gmrb/html/2012-08/30/nw.D110000gmrb_20120830_1-05.htm?div=-1.

② 光明日报．我国文化产业10年发展对比分析报告[EB/N]．(2015-02-12)[2017-03-07]．http：//cpc.people.com.cn/n/2015/0212/c83083-26554435.html.

体系的发展方向，昭示着以产业化的市场观念发展社会主义文化已得到普遍认同。为此，2009 年 7 月，国务院常务会议审议通过《文化产业振兴规划》，对现代文化市场体系建设提出了明确要求，“市场在文化资源配置中的基础性作用得到更好的发挥，文化产品和生产要素合理流动，城乡文化市场进一步发展，现代流通组织和流通形式逐步成为文化流通领域的主要力量，文化消费领域不断拓宽”。《文化产业振兴规划》的出台象征着文化产业已上升为国家战略产业，同时也体现出我国文化体制改革取得了重大突破。2012 年 11 月，十八大再次将文化产业提上新的高度，将“文化产业成为国民经济支柱性产业”作为全面建成小康社会和全面深化改革开放的重要目标之一，并提出，“加快完善文化管理体制和文化生产经营机制，基本建立现代文化市场体系，健全国有文化资产管理体制，形成有利于创新创造的文化发展环境”。

2013 年 11 月，中共十八届三中全会在《关于全面深化改革若干重大问题的决定》中明确指出“建立健全现代文化市场体系。完善文化市场准入和退出机制，鼓励各类市场主体公平竞争、优胜劣汰，促进文化资源在全国范围内流动”。为现代文化市场体系的建设进一步指明了方向。2014 年 3 月，《深化文化体制改革实施方案》正式出台，这是中央全面深化改革领导小组审议通过的第一个专项小组改革方案。该方案提出要加快构建“五个体系”，现代文化市场体系就是其中之一。可见，现代文化市场体系建设已经成为深化文化体制改革的重要推手。

2016 年 3 月，十二届全国人大四次会议审查通过了《中华人民共和国国民经济和社会发展第十三个五年规划纲要》，该文件在“加强社会主义精神文明建设”篇指出，要“深化文化体制改革，健全现代文化市场体系，落实完善文化经济政策”。为贯彻落实国家“十三五”规划，2017 年 2 月，文化部出台《“十三五”时期文化发展改革规划》，系统阐明了“十三五”时期文化建设的总体要求、目标方向、主要任务、重要举措等，指出要“建立统一开放、竞争有序、诚信守法、监管有力的现代文化市场体系”，并围绕这一战略目标从四大方面进行了具体部署，分别是完善多层次的文化产品市场、建立完备高效的文化要素市场、构建以信用管理为核心的监管体系和提升文化市场综合执法能力。这一系列政策和举措体现出我国在现代文化市场体系建设上内容更加细化、水平不断提高，现代文化市场体系日臻完善。

通过以上对我国现代文化市场体系发展历程的回顾，可以清晰地看到现代文化市场体系的发展轨迹，从改革开放到 20 世纪末的文化市场酝酿时期，到 2000 年首次提出“文化产业”概念至 2006 年的文化市场时期，再到 2006 年明确提出建立“统一、开放、竞争、有序的现代文化市场体系”战略目标的现代文化市场体系时期，我国文化市场从无到有、从小到大，发展到现在初步形成了包括文化产品市场、文化要素市场和文化服务市场在内的综合性市场体系；初步形成了以公有制为主体、多种所有制资本共同参与的多元化经营格局；初步形成了包括中央、省、市(地)、县四级文化市场管理稽查机构在内的立体管理网络；初步形成了以法治手段为主，综合运用行政、经济、舆论等多种监管手段的全方位管理模式。① 同时我们也可以十分清楚地认识到，加强与完善现代文化市场体系建设，是深入推行市场经济体制的必然要求，是切实落实文化体制改革的必然举措，是今后相当长一段时期内我国文化产业发展的重点方向和必然趋势。

第三节　现代文化市场体系建设范式

改革开放的总设计师邓小平同志曾经说过，“现在我们搞经济改革，仍然要坚持社会主义道路，坚持共产主义的远大理想，年轻一代尤其要懂得这一点。但问题是什么是社会主义，如何建设社会主义。我们的经验教训有许多条，最重要的一条，就是要搞清楚这个问题”②。由此，“什么是社会主义，如何建设社会主义”成为我国改革开放三十多年来着力解决的首要命题。在社会主义建设中，文化建设是其中重要一环，而现代文化市场体系建设则是现阶段进行文化建设的重要抓手和着力点。因此，本章第一节论述了“什么是现代文化市场体系建设”，接下来就要尝试回答“如何建设现代文化市场体系”，即现代文化市场体系的建设范式问题。

一、政府与市场

如前所述，现代文化市场体系建设，既是一个充分发挥市场机制促进文化发展效用的自然过程，又是一个不断深化文化管理体制改革、更好发挥政府作用的社会过程。可见，政府与市场是现代文化市场体系建设的两种基本范式。所谓范式，即科学研究的基本方式，本质上是一种理论体系。在现代市场体系建设和经济学经典理论中，政府建设与市场建设本就是十分成熟的两套理论体系，现代文化市场体系建设也不例外，其中便包含政府与市场两大基本范式。

党的十八届三中全会在《关于全面深化改革若干重大问题的决定》中，对

① 马多. 现代文化市场体系建设中若干问题的探讨[D]. 长春：吉林财经大学，2014.

② 《邓小平文选》第三卷[M]. 北京：人民出版社，1993：116.

我国现代市场体系和现代文化市场体系建设分别作出了重要论述，旗帜鲜明地指出“使市场在资源配置中起决定性作用和更好发挥政府作用”，这为我国现代文化市场体系建设指明了方向。

1. 使市场在资源配置中起决定性作用是现代文化市场体系建设的主线

市场经济的核心在于使市场成为整个社会经济联系的纽带，成为对资源在社会经济的各个方面进行分配，从而使经济行为达到最优和最适度状态的主要方式。对于市场在经济建设和文化建设中的重要地位，我党通过长期的理论探索和实践检验，取得了越来越深刻的认识。党的十四大首次提出要使市场在国家宏观调控下对资源配置起“基础性作用”，十八届三中全会战略性地将这一内容调整为使市场在资源配置中起“决定性作用”，体现了我党在市场规律认识和市场经济建设方面的理论智慧。现代文化市场体系作为一般市场体系的组成部分，也要遵循市场经济的基本规律，也要发挥市场在文化资源配置中的决定性作用。

资源的稀缺性是市场的基本特点，正是由于资源的稀缺才引发了资源配置问题。文化资源同样具有稀缺性，加之文化生产、传播活动对国家文化安全及意识形态传播的重要影响，文化资源的稀缺性更为明显。市场机制通过引导文化市场主体的经济行为，调节文化资源在不同市场主体、不同区域市场的分配，以达到有限资源的最优化配置。资源配置包括三个相关问题：第一，生产什么、生产多少；第二，如何生产，即用什么方法来生产、如何对各种生产要素进行组合；第三，为谁生产，即生产出来的产品如何分配。① 在计划经济时代，上述三个问题全部由政府包揽，政府统一安排生产、统一调度产品销售、统一规定产品价格、统一核算经营、统一分配管理，虽然在一定时期内体现了社会主义集中力量办大事的优越性，但长远来看极大地扼杀了市场活力、阻碍了生产力的发展。改革开放以后，随着社会主义市场经济体制的确立和文化体制改革的不断深化，包含文化市场在内的现代市场体系逐渐建立，市场在文化资源配置中的重要作用才随之显现出来。资源配置的三个相关问题也出现了新的变化。第一，生产什么、生产多少的问题，市场机制天然具有的信息传递功能让文化企业能够准确感知消费者对文化产品的喜好和需求，从而解决“生产什么”，即什么样的文化产品更能满足广大人民群众的精神需求的问题；同时，市场机制具有平衡供求的功能，信息充分条件下文化企业能够自发根据市场供求状况调整其文化产品生产量，从而解决“生产多少”的问题。第二，如

① 江西日报．发挥市场在资源配置中的决定性作用[EB/N]．(2013-12-02)[2017-03-10]．http：//www.jxnews.com.cn/jxrb/system/2013/12/02/012825755.shtml.

何生产或者说各种生产要素如何组合的问题，促进文化要素在不同用途、不同部门之间的流动，确保有限的文化资源流向最为紧缺的文化用途和文化部门，是市场天然具有的本质特性。市场竞争机制促使文化企业发挥各自资源优势，自发地按照市场规律组织生产结构和生产方式，从而解决“如何生产”的问题。第三，为谁生产或者说“如何分配”的问题，市场通过价格机制将文化产品分配到掌握货币投票权的消费群体手中，保证了企业的合理利润和再生产，同时也保证了消费者依据购买力水平公平获得文化产品的权利，从而解决了“如何分配”的问题。

通过以上分析可以看到，市场机制是现代文化市场体系的基石，是调节文化市场各参与主体的经济关系，维系整个文化生产、经营和消费系统高效运行的内在动力，因而充分发挥市场在资源配置中的决定性作用是现代文化市场体系建设的主线。只有坚持这个主线不动摇，才能落实社会主义经济体制改革，不断推进我国文化体制改革取得更大进展；只有坚持这个主线不动摇，才能激发产业活力，促进社会主义文化大发展、大繁荣，才能以丰富多元的文化产品满足人民群众日益增长的精神文化需求。

然而市场并非万能，文化市场也并不同于一般物质产品市场。一方面，市场具有自发性、盲目性、滞后性的固有缺陷，早已得到经济学理论和实践的反复证明；另一方面，文化市场具有突出的意识形态属性，不同于一般市场单纯追求经济效益，其价值导向还必须凸显主流价值、彰显社会效益，文化产品本质上也不同于其他物质产品，其本身具有一定程度的公共品属性，单纯依靠市场机制来调节生产和分配，无法实现文化市场的价值导向和社会公共利益。因此，市场作为现代文化市场体系建设的基本范式之一，虽然是文化资源配置的决定性力量，但并非唯一力量。保证现代文化市场体系的正确发展方向，弥补市场作用之不足，还必须切实发挥好政府在市场体系建设中的重要作用。

2. 更好发挥政府作用是现代文化市场体系建设的重要保障

在西方经济学界，长期存在着两种对峙的理论传统，一种以亚当·斯密、马歇尔为代表，奉行经济自由主义；一种以凯恩斯为代表，奉行有限度的政府干预。不论是哪一种经济学理论传统，都难以回避一个基本事实，那就是市场经济会出现周期性的经济危机。危机的根源就在于市场具有自发性、盲目性、滞后性的固有缺陷，从长时段来看，尽管市场机制在微观角度调节企业间的经济关系是有效率的，但是在全社会层面的宏观角度往往是低效率的，而且极易导致供求失衡进而引发周期性的经济危机。正是由于市场经济的这种天然缺陷，无论是美国的自由主义市场经济模式，还是德国、法国的社会市场经济模式，都将政府宏观调控视为弥补市场缺陷最重要的手段。文化市场同样如此，同样具有自发性、盲目性、滞后性的固有缺陷，单纯依靠市场手段配置文化资源也会导致文化产品供求失衡的状况，近年来国家大力提倡“供给侧改革”，很大程度上就是因为这一状况。与此同时，除了一般市场的共性问题，文化市场还具有显著的意识形态属性，如本书第三章第二节所述，这更加为政府调控提供了学理支撑。因此在坚持以使市场在资源配置中起决定性作用为主线的同时，还要更好发挥政府在现代文化市场体系建设中的宏观调控作用。

对此，十八届三中全会《关于全面深化改革若干重大问题的决定》提出了明确要求，“政府的职责和作用主要是保持宏观经济稳定，加强和优化公共服务，保障公平竞争，加强市场监管，维护市场秩序，推动可持续发展，促进共同富裕，弥补市场失灵”。具体来说，政府在现代文化市场体系建设中可以发挥以下三个方面的作用：

一是弥补市场作用之不足。由于外部效应、信息不充分、文化产品的公共品特性等因素，市场机制本身并不是一个完备的系统，普遍存在着“市场失灵”的风险，突出表现在收入分配不公、负外部性效应、供给结构失衡等方面。市场能解决效率问题，但无法解决公平问题，文化企业并非以经济效益为唯一追求，部分社会效益良好的市场主体可能由于经济效益欠佳导致收入分配不均，进而影响其市场积极性甚至导致退出生产行为，久而久之就会出现“文化庸品驱逐文化精品”的现象，政府的作用就在于利用财政、税收手段对社会效益良好的文化市场主体进行收入再分配；负外部性效应是指存在不体现在正常市场经济活动中而对其他市场主体造成损害的现象，如企业排污问题是经济学中经典的负外部性案例，文化市场中同样有着“制造垃圾”的不正当行为，部分文化企业一味追求经济利润肆意制造文化垃圾，就会对其他文化企业的正常经济活动和整个市场环境造成严重影响，此时政府的作用就是利用行政处罚纠正不正之风，净化文化市场生态；供给结构失衡也是市场失灵的重要表现，如前所述，文化产品具有一定的公共品性质，完全由市场自发组织生产很容易出现供给不足的局面，在部分公共性明显的行业和部门，政府应采取扶持或直接由政府买单进行供给的措施。

二是引导文化价值取向。如果说弥补市场失灵是政府在任何一般市场中都具有的基本作用，那么引导文化价值取向就是政府在现代文化市场体系建设中的特有作用。文化产品是对一定时期内社会上层建筑的反映，凝结着作为观念的社会主流意识形态，在文化产品流通过程中，同时也伴随着主流价值的塑造和传播活动。当今世界，任何政府都不会容许文化市场中充斥着与国家意志相悖的文化产品或观念，都必然会通过显性或隐性、直接或间接的手段参与到文化产品的价值取向构建中来。在当代中国，社会主义核心价值观是主流意识形态，现代文化市场体系因而理所必然地要具备传递这种主流价值取向的功能，但是市场的盲目性和市场主体的逐利性很容易导致其主流价值塑造和传播功能的弱化，单纯依靠市场机制配置文化资源根本无法实现现代文化市场体系的价值诉求，因此，政府作为主流价值的倡导者，必然要积极引导文化市场行为，引导文化产品体现正确的文化价值取向。具体而言，政府的引导作用主要是通过行业政策法规、中长期产业规划、市场准入标准、组织文化评奖等措施，引导文化资源流向某些能体现正确价值取向的企业和部门，从而实现对文化市场发展方向的调控。

三是加强文化市场监管。从2006年首次提出“建设统一开放竞争有序的现代文化市场体系”以来，我国现代文化市场体系建设经历了十多年的探索，取得了一系列突出成就，与此同时，也产生了一些不容忽视的市场乱象。文化市场的不正当竞争行为和“庸俗、低俗、媚俗”现象时有出现，为此国家专门成立了“扫黄打非”工作组，定期对文化市场违规行为进行集中整治，起到了净化文化市场环境的重要作用。市场的自发性极易滋生此类扰乱市场秩序的行为，作为文化市场的管理者，政府必须为市场提供规则、营造环境，实施市场监管、维护市场秩序、保障公平竞争、保护消费者权益，进而提高资源配置效率和公平性。具体来说，政府在文化资源配置中可以发挥规制性作用，即通过制定规则对市场进行管理和制约，其内容主要包括保护各种所有制经济的产权和合法利益，破除各种形式的垄断，反对地区保护主义和不正当竞争，坚决打击各类扰乱市场秩序、污染市场环境的违法违规行为。

总而言之，政府与市场都是现代文化市场体系建设的基本范式，二者共同发挥作用，相互配合、缺一不可，市场在文化资源配置中起决定性作用，自发调节供求关系、促进信息传递、分配各方利益、防止政府越位；政府在文化资源配置中起引导作用，通过税收、补贴等政策消除外部性，防治市场失灵，保证市场发展方向、促进社会公平、实现机会均等。虽然政府与市场在功能上是互补的，但是我们依然面对着这么一个关键问题，那就是在现代文化市场体系中，何时应当发挥市场的功能，何时应当发挥政府的职能，归结为一点即政府在何种情况下应该介入市场。我们认为，以下两条“红线”是政府介入市场的主要依据：

文化市场经济活动的外部效应是否会导致“市场失灵”，这是政府介入市场的红线之一。文化市场所具有的意识形态属性，决定其经济活动的外部效应十分突出。外部性的存在极易造成私人收益与社会收益的严重不均衡，进而影响到资源的配置效率，具体表现为“市场失灵”。此时，就应该发挥政府的调控作用；反之，政府则不宜插手市场的资源调配。当前，国家新闻出版管理机构对市场上的“盗版”“搭便车”等具有经济外部效应的行为的整顿，国家广播电视管理机构的“音乐选秀调控令”、雷人抗日剧清理等，都是对这种“市场失灵”的救偏补弊。

当前文化市场的运行状况是否危及国家文化安全，这是政府介入市场的红线之二。文化产品是承载与传播社会文化的重要载体，文化活动对国家文化安全具有重要影响。一方面，在全球化背景下，欧美发达国家凭借其科技优势和文化产业实力，通过文化输出推行“文化霸权”政策，对我国文化安全造成了严重危害；另一方面，我国正处在物质文明建设日益繁荣、精神文明建设相对滞后的社会转型期，极易滋生一些危及文化市场健康运行乃至整个社会正常发展的消极因素。由此，当文化市场的运行状况危及文化安全时，政府的强制引导作用就应当显现出来；反之，政府则应放手让市场自发调节。当前，我国文化管理机构对国外影视剧的进口审查、对新闻出版业实行重大选题备案，都是基于文化安全方面的考量。

一定时期内整个社会的文化资源在总量上是相对固定的，一方面，市场作为资源配置的基本方式，会自发地根据市场状况调配资源；另一方面，为发挥文化的社会效益，政府又必须按照整个社会需求和公众利益干预资源配置。如此，市场与政府就在资源配置权上形成了一种不可避免的竞争关系，这正是市场与政府两种资源配置手段或两种基本建设范式之间矛盾的根源所在。但是，市场与政府的矛盾并非不可调和，只要正确处理好上述二者的关系，各司其职发挥好其应有的作用，现代文化市场体系建设终将朝着“统一、开放、竞争、有序”的方向稳步推进。

二、文化例外与市场一般

文化产业是否具有区别于其他一般行业的特殊性？或者说文化市场与其他诸如汽车市场、服装市场、餐饮市场等一般市场在建设逻辑上是否有着明显不同？本节前半部分集中讨论了政府与市场作为两种文化资源配置手段在现代文化市场体系建设中的作用与功能问题，从市场发挥决定性作用、政府发挥引导作用的角度指出二者都是现代文化市场体系建设的基本范式。下面将围绕文化市场是否具有特殊性这一核心问题展开论述。我们认为，这一问题关乎现代文化市场体系的建设逻辑，不仅从全局层面决定了现代文化市场体系的顶层设计和建设范式，如建设宗旨、方针政策等，而且从局部层面影响着现代文化市场体系的建设过程、方式和效果。

纵观世界上文化市场发达的国家，针对这一问题主要形成了两大阵营，一方以美国为代表，秉持自由主义理念，认为文化行业与其他行业没有任何区别，应当同等对待遵循一般市场的建设范式；另一方以法国、加拿大为典型，认可文化行业的“独特性”，并在政策制定和发展方式上与其他行业区别对待，遵循“文化例外”的建设范式。所谓文化例外，是在20世纪90年代世界贸易协定谈判中法国人提出的口号，即认为文化行业是本国民族文化的代表，具有鲜明的独特地位，不应与其他行业一起纳入一般性服务贸易内容中。加拿大和其他欧洲国家也是法国文化例外原则的坚实拥趸，在发展文化市场的同时十分重视对本国文化的保护。

法国政府历来有着文化先行的传统，早在17世纪的路易十四时期，政府就为文化从业者提供了良好的保障条件，国家资助艺术家和作家进行创作已是常态。1958年法兰西第五共和国成立，戴高乐总统随即组建了文化事业部，基于文化例外原则赋予法国文化事业部极大的权力，如代表国家发挥立法与限制的职能、直接管理文化机构的职能、收入再分配的职能以及活跃文化氛围的职能。在立法方面，文化部负责确立促进文化领域发展的法律法规和规章制度并监督实施；在管理方面，文化部监督管理国立文化机构，如国家档案馆、国家图书馆以及各类国家博物馆；在资金分配方面，文化部充当了国家“投资者”的角色。国立或者政府直接管理的文化事业部门可以得到政府较多的财政支持，一般可占全部资金的60%以上。法国政府的财政支持有三种方式：一是中央政府直接提供赞助、补助和奖金。法国政府在文化领域的财政预算高达国内生产总值的1%，在全世界属于最高水平。二是地方政府财政支持。法国的大区、省、市、镇等各级政府都有支持文化行业发展的财政预算。三是企业支持。政府通过制定减税等政策鼓励企业为文化发展提供各类帮助，从事文化相关业务的企业可享受3%左右的税收优惠。①

2013年，在欧美自贸协定谈判中法国与美国产生严重分歧之后，法国文化部部长奥雷利·菲利佩蒂撰文详细阐述了其“文化例外”的立场，“文化例外是法国深深怀有的政治信念和思想原则信念。我们认为，文化产品非一般商品，文化产品因其特殊价值不能屈从于市场。一个国家具备在世界上展现自身特色的能力是十分重要的，我们不能在盲目的市场法则中抛弃文化、迷失自己”②。这一论述与2014年习近平总书记在文艺工作座谈会上的讲话——“文艺不能在市场经济大潮中迷失方向”不谋而合。由此可见，法国虽然作为老牌资本主义国家，在市场经济体制建设方面十分成熟，但在文化市场建设方面仍然始终坚持“文化”本位，这一点值得中国借鉴。

① 红旗文稿．笔谈：谈谈“文化例外”[EB/J]．(2014-10-13)[2017-03-12]．http://theory.people.com.cn/n/2014/1013/c143844-25819533.html.

② 中国文化报．法国誓将“文化例外”进行到底抗欧美自贸协定[EB/N]．(2013-06-20)[2017-03-12]．http://www.ce.cn/culture/gd/201306/20/t20130620_24495492.shtml.

反观美国的文化市场建设逻辑，可以说是彻底的自由主义“市场”本位。美国政府认为，文化产业在经济领域不具有特殊地位，文化产品与钢铁、汽车等其他产品没有什么不同，文化不需要特殊的规划和保护，政府所应做的，是为文化企业的经济活动以及个人的文化创造提供一个公平合理、充分竞争的舞台。因此，美国在国际舞台上多次打着“反对贸易保护主义、维护世界文化多样性”的旗号，抨击法国、加拿大和欧洲国家的文化例外主张。然而，美国果真如其所宣扬的那样，始终秉持文化自由开放理念、奉行政府不干预政策吗？事实上，美国的文化市场建设政策也经历了一个转变的过程。冷战时期，为了与苏联进行意识形态领域的对抗，美国政府对电影、电视、报刊、广播等国内文化产业部门进行了相当大的影响和干预；冷战结束后，美国政府才逐渐放宽对文化市场的管制，更加强调市场调节和贸易自由；而“9·11”事件发生后，美国政府又开始强化在文化领域的国家意志，通过大规模的文化产品输出来持续扩大美国价值观在世界范围内的影响力。同时我们也应注意到，在国际文化贸易领域，美国正是文化例外的首倡者。在1950年的《佛罗伦萨协议》中，美国坚持协议应有“保留条款”，允许各国不进口那些“可能对本国文化产业发展构成损害的文化商品”，然而美国随着全球文化霸权地位的确立，其反而越来越坚持全球文化市场的自由开放，坚决反对法、加等国通过贸易壁垒、政府补贴、配额制等形式对国外文化产业活动的限制。①

由此可以清楚地看到，美国所谓的文化市场自由主义不过是打着“文化自由”旗号推行“文化霸权”的幌子，其不断调整的文化政策表面上是尊崇市场规律，实质上却仍然是以本国文化安全、文化竞争力为核心诉求，其宣称的“世界文化多样性”实际上正在其日益扩张的文化霸权下面临着单一化的境地。正如前述法国文化部长所指出的，“文化的多样性显示了文化自身的价值。如同生态系统的繁盛体现在物种的多样性上，文化繁荣也有赖于文化多样性的发展。市场逻辑却背道而驰：大众文化对娱乐的追逐使得文化产品千篇一律、简单平庸。正如我们在互联网上见到的那样，网络巨头无视各国法律、占据网络垄断地位，将文化置于单一化的危险境地”。美国学者詹姆斯·彼得拉斯在《20世纪末的文化帝国主义》中说道，美国的文化产业有两个目标：一个是经济的，一个是政治的。经济上是要为其文化商品攫取市场，政治上则是要通过改造大众意识来建立霸权。据统计，全世界75%的电视节目、60%的广告节目

① 求是理论网．“自由市场”还是“文化例外”——美国与法—加文化产业政策比较及其对中国的启示［EB/OL］．（2010-08-23）［2017-03-12］．http：//www.qstheory.cn/tbzt/whtzgg/llsy/201008/t20100823_44039.htm.

由美国生产，发展中国家75%以上的文化产品来自美国，而美国市场上的外来文化产品只占1%~2%。① 美国正是通过这种大规模的文化产品倾销来塑造其全球文化霸主地位的，也正是因为其处在文化输出的优势地位，才热衷于建立全球化开放自由的文化市场。

结合对上述两种不同文化市场建设范式的分析，我国究竟适宜采取何种建设范式呢？我们认为，在综合考虑国际文化市场环境和国内文化市场发展阶段之后，我国现代文化市场体系建设应当在尊重市场一般规律的同时，充分认识文化市场的独特性，高度重视现代文化市场体系在维护我国文化安全、提升我国文化软实力方面的重要意义，在着力繁荣国内文化市场的基础上，有计划、有选择地逐步放开国内市场，积极参与到国际文化市场的竞争中去。具体来说，文化市场的经济属性决定了“市场一般”是现代文化市场体系建设的基调和主线，而文化市场的意识形态属性又决定了“文化例外”必须在现代文化市场体系建设中得到体现，意识形态属性意味着文化产品的生产、流通、消费等活动不同于一般的社会产品，它不仅仅是一个价值实现的经济过程，更伴随着对社会群体思想观念、价值取向的潜移默化。意识形态属性的这种影响主要体现在文化市场体系建设与一般市场体系建设的不同价值追求上，一般市场体系的建设以市场资源优化配置为根本价值追求，而对文化市场体系建设而言，除了资源配置的目标导向外，文化市场体系建设的目标定位还要上升至国家文化软实力发展战略层面，负载起增强国家文化软实力、提升国家综合竞争力的功能和作用。因此，在现代文化市场体系的建设过程中，要正确看待文化例外与市场一般的辩证关系，要始终与国家文化发展战略目标相一致，唯有如此，才能健全和完善我国统一、开放、竞争、有序的现代文化市场体系。

① 王永贵. 经济全球化与社会主义意识形态建设研究[M]. 北京：人民出版社，2005：251.

第五章　文化产品市场建设

2000年，十五届五中全会首次提出“文化产业”的概念，发展文化产业进入国家视野；2003年，国家开始试点文化体制改革；2007年，十七大明确提出“大力发展文化产业”战略；而2009年《文化产业振兴规划》的颁布，则进一步凸显了文化产业作为国家战略产业的地位，文化产业从一纸概念逐步上升为我们党和国家的重要发展战略。2011年《中共中央关于深化文化体制改革、推动社会主义文化大发展大繁荣若干重大问题的决定》和《国家“十二五”时期文化改革发展规划纲要》提出了要推动社会主义文化大发展大繁荣的要求。社会主义文化的大发展大繁荣，有赖于文化产品市场建设的繁荣发展，有赖于通过强化文化产品市场建设以为人民群众提供更多、更优质的精神文化产品，进而丰富人民群众的精神文化需求和社会文化生活。

然而，当前我国文化产品市场建设却存在着“三俗”产品大量充斥市场、人们的精神文化需求得不到满足等突出问题。对此，有人认为，上述问题的存在是文化产品市场化发展的必然结果，并否定文化行业的市场化改革。“低俗病”并非文化市场化发展的必然结果，相反，通过市场手段，强化文化产品市场建设，才能够治理文化产品市场的低俗病①。这也是现代文化市场体系建设的重要要求和内容。

第一节　文化产品市场概述

上海市文化广播影视管理局穆端正、张哲在《培育文化生产要素市场，促进文化资源的市场化配置》的研究报告中强调，“文化产品市场是消费者选择和购买文化产品的重要窗口和平台，是扩大文化消费的关键环节。只有大力发

① 方卿．通过多管齐下治理文化市场“低俗病”[N]．人民日报，2016-02-22（007）．

展文化产品市场，才能把群众喜闻乐见的文化产品快速、通畅送达消费者”。产品作为市场存在的前提和基础，也是市场体系得以发展的基础前提。从这个意义上讲，建设现代文化市场体系，文化产品市场及其建设应摆在突出的位置。原黑龙江省文化厅厅长白亚光也指出，“加快培育现代文化市场体系，充分发挥市场机制的积极作用，首先要加快以文化产品为重点的市场体系建设”①。加快文化产品市场建设，首先需要明确文化产品市场的内涵、特征等基本问题。

一、文化产品市场的内涵

1. 文化产品的定义

理解文化产品市场的内涵，首先需要对什么是文化产品、文化产品包括哪些内容等问题有清晰的认识和了解。

文化产品(cultural products)，根据联合国教科文组织的定义，包括文化商品(cultural goods)和文化服务(cultural services)，其中，文化商品指能够表达观念、符号和生活方式的消费品，包括书籍、杂志、多媒体产品、软件、唱片、影片、录像、视听节目、工艺和时尚设计等；文化服务是指旨在满足文化兴趣和需求的文化活动，主要包括著作权许可活动和其他与著作权相关的服务、音像分销活动、艺术表演和文化活动的宣传，以及提供和保存图书、唱片和文物等文化信息的活动(包括图书馆、档案馆和博物馆等机构的活动)②。我国国家统计局2012年制定的《文化及相关产业分类》中，也对文化产品生产的范围做了界定，分为文化产品的生产(包括新闻出版发行服务、广播电视电影服务、文化艺术服务、文化信息传播服务、文化创意和设计服务、文化休闲娱乐服务、工艺美术品的生产)和文化相关产品的生产(包括文化产品生产的辅助生产、文化用品的生产、文化专用设备的生产)③。欧盟对于文化产品的定义则包括了各种媒介上所传播的印刷品内容产品(报纸、书籍、杂志等)，音像电子出版物内容产品(联机数据库、音像制品服务、电子游戏等)，音像

① 白亚光．加强文化产业发展领导，加快培育现代市场体系[EB/OL]．[2016-07-03]．http：//culture. people. com. cn/GB/22226/186341/186377/11336688. html.

② United Nations. International flows of selected cultural goods and services，1994—2003：Defining and capturing the flows of global cultural trade[R]．UNESCO Institute for Statistics，UNESCO Sector for Culture：Montreal，2005：14.

③ 国家统计局．文化及相关产业分类(2012)[EB/OL]．[2016-07-03]．http：//www. stats. gov. cn/tjsj/tjbz/201207/t20120731_8672. html.

传播内容产品(电视、录像、广播和影院)以及用做消费的各种数字化软件产品等。① 由此也可以看出文化产品概念的外延。

纵观联合国教科文组织、国家统计局，以及国内外相关学者对文化产品的定义，可以大致看出，文化产品包含文化商品与文化服务，李东华②、王志标③等国内学者也对此持赞同态度。同时，文化产品作为一个包含产品及其服务的庞杂集合体，根据其在文化产业中的地位及其产品与文化艺术创意生产活动的相关程度，可以分为不同的层次，也即文化产业的层次。就此，联合国教科文组织将文化产品的组成分为核心层和相关层；国家统计局《文化及相关产业分类》(2004)则将文化产业的外延具体划分为"核心层""外围层""相关层"。国外学者大卫·索斯比也用同心圆来界定文化产业及文化产品的范畴，将其分为内核层和外围层两部分，处于同心圆内核层并向外辐射的包括音乐、舞蹈、戏剧、文学、视觉艺术、工艺等创造性艺术，处于这一核心的文化行业包括电影、广播、报刊和书籍等；而处于这一同心圆外围层的则是那些在某些方面有文化内容的行业，如建筑、广告、观光等。④ 综上可知，文化产品可分为核心层、外围层、相关层等层次。而基于当前文化新业态不断涌现，导致文化核心产业与文化外围产业界限趋于模糊的现实考虑，本书将文化产品范畴的构成分为核心层和相关层两个层次，界定如图 5-1 所示。

2. 文化产品市场的基本内涵

经济学意义上的市场，有狭义和广义之分，狭义的市场指的是商品交换的场所，广义的市场则指各种商品交换关系的总和。作为市场经济重要组成部分的文化产品市场，也有狭义和广义之分，狭义的文化产品市场是进行文化产品交换的场所，如文化艺术品展出拍卖场所、各类出版物发行场所、版权交易场所等。广义的文化产品市场则是围绕文化产品生产交换而产生的各种经济关系的总和。

文化产品市场包括实现文化产品价值的交换场所及其交换过程中发生的经济关系。一方面，文化产品市场是服务于文化产品交易而存在的，文化产品交易双方，也即文化产品生产者与消费者，其进行文化产品交换，既可以是在实

① 刘吉发，陈怀平．文化产业学导论[M]．北京：首都经济贸易大学出版社，2010：4.

② 李东华．文化产品价值分析[J]．科技广场，2006(6)：123-124.

③ 王志标．影响文化产品价格的因素分析[J]．中南财经政法大学学报，2008(5)：114-118.

④ Throsby，Cavid D. Economics and Culture [M]. New York：Cambridge University Press，2001.

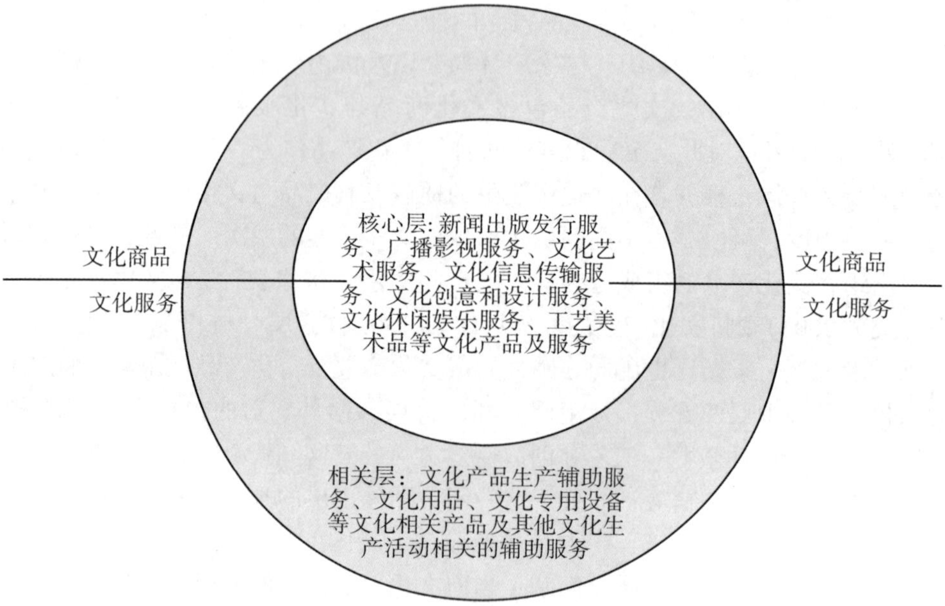

图 5-1 文化产品的构成

注：图中同心圆的大小不代表相关文化产品产业范畴的大小。

际的物理场所，如出版物卖场、全国书市、文化拍卖行等特定的地理空间中，也可以是在随着电子商务的发展而兴起的虚拟的网上交易平台上，发生文化产品的交换。另一方面，文化产品交易双方，其所发生的交换活动，实质上反映的是相互交换社会劳动以实现各自的经济利益的关系，在此过程中也实现了文化产品的价值。因此，从更广泛的意义上讲，文化产品市场的另一种表现则是文化产品交易双方的经济关系，其最终目的是为了实现文化产品的价值。

文化产品市场是文化产品生产和交换专业化分工的产物，是随着市场经济的发展和人们精神文化需求的增强而产生的。市场是随着社会分工和商品交换而产生和发展起来的，文化作为一种工业生产产品、一种社会劳动产业受到世人关注，主要始于法兰克福学派代表人物霍克海默和阿多诺共著的《文化产业：欺骗公共的启蒙精神》(*The culture industry*: *Enlightenment as mass deception*)一文。虽然在此之前，尤其是近代以前，文化产品的交易早就存在，如贩卖图书、字画、古玩等的集市，也即我们说的狭义的文化产品的交易场所，但更多的是小范围、私下的交易，并没有固定场所。现代经济学意义上的文化产品市场，是在现代工业技术介入文化生产、复制、传播、消费过程之后逐渐发展起来的。从我国的情况来看，中华人民共和国成立后，虽然文化产品的生产经营活动一直存在，但长期的产品配额供给，导致人们很少有市场的概念。改革开放以后，随着社会主义市场经济的发展，人们的文化需求日益增强，加之文化行业生产中专业化分工的细化，文化产品市场也逐渐发展起来。如20世纪80年代我国进行的“一主三多一少”“三放一联”等出版物发行体制改革，推动了出版物发行的专业化分工，促进了出版物市场的发育完善。

文化产品市场是实现文化产品聚集与扩散的场所，同时文化产品市场建设能够带动文化传播。市场具有产品聚集与扩散的功能，文化产品市场除了具有聚集文化产品并进行扩散的功能外，其产品扩散的过程，其实也是其物质产品形态所承载的人类文明和文化的传播过程。而市场具有的聚集和扩散功能又是与市场规模和发达程度成正比的，市场的规模越大，其聚集和扩散功能就越强。① 从这个意义上讲，培育和建设文化产品市场对于促进文化传播具有积极意义。文化产品市场对于文化产品的聚集与扩散，是通过市场机制进行调节的，重点是调节文化产品的供求，以加速其聚集和扩散。因此，文化产品市场也是一种调节文化产品供需的机制。

此外，文化产品市场是不同子市场的集合体，体现了文化产品类型的多样性。如前所述，文化产品包括了多种类型，不同类型文化产品子市场的组合构成了文化产品市场的整体概念。但是，从推动文化产品市场建设出发，我们通常意义上讲的文化产品市场，更多地指核心文化产品的市场，我们所要重点培育和建设的文化产品市场，首要的也是这类市场。因而，穆端正、张哲在研究报告《培育文化生产要素市场，促进文化资源的市场化配置》中就强调，文化产品市场建设，要大力建设发展书报刊、电子音像制品、演出娱乐、影视剧、动漫游戏等传统文化和网络文化产品市场。

二、文化产品市场的特征

文化产品市场既具有一般市场的自发性、滞后性、盲目性等基本特征和信息传递、平衡供求矛盾等基本功能，也因为文化产品的精神产品与意识形态属性，表现出了与一般工业产品市场不同的特殊性。

文化产品市场的双重效益属性。由于文化产品的双重属性，文化产品市场应坚持社会效益与经济效益的统一，这对于整个文化产业均是如此。习近平总书记在文艺工作座谈会上的讲话指出，“文艺不能在市场经济大潮中迷失方向”“在发展社会主义市场经济条件下，还要处理好义利关系，认真严肃地考虑作品的社会效果”，正是强调了文化市场建设的双效益原则。当前文化产品市场存在的诸多问题的根源，也主要是过于强调其市场的逐利性，而忽略了文

① 顾钰民．健全现代市场体系[M]．重庆：重庆出版社，2009：21.

化市场在传承人类文明、传播正确价值观念方面所应具有的社会效益。

文化产品市场活动的双重性。文化产品市场是进行文化产品交换的场所，其主要的市场活动就是文化产品的交换活动。但同时，伴随着文化产品的交换活动，也发生着精神文化传播活动。如，读者在购买一本图书产品的同时，无形中也是在购买其中所包含的知识，读者对图书的消费过程也是该书中蕴含的知识内化为读者个人的知识的过程，这与一般产品市场的交换活动和产品消费过程具有很大的不同。

文化产品市场价值与使用价值的不易衡量性。文化产品，属于智力劳动成果，是无形劳动产品，因而其价值表现出了非市场性，不能单纯参照一般产品生产付出的社会劳动衡量其价值。同时，文化产品的使用价值，不在于文化产品物质载体的使用价值及使用寿命，而在于文化产品所承载的精神知识对于其购买者的有用性。文化产品作为一种典型的外部性产品，其正外部性特征尤为明显，优质的文化产品对于人们知识的增长、审美品位的提高、价值观的引导具有无可估量的积极作用，因而不能用其市场价格衡量其使用价值。基于此，也就决定了文化产品市场所交易产品的价值与使用价值的不易衡量性，这也导致了文化产品市场价格形成机制的复杂性。

文化产品市场所有权关系的特殊性。一般的产品市场，随着交易双方交易的完成，同时也完成了产品物权，也是其所有权的转移，如一般的生活用品、工业产品等，从某种意义上讲，这种所有权的转移也意味着市场供求双方经济关系的结束。然而，与之有很大不同的是，由于文化产品物权与知识产权分离的特性，如书报刊等，虽然经大量复制后消费者拥有了产品物权，但是其著作权依然归作者或者出版者所有；再如艺术品，买家拥有该艺术作品的实物标的，但是署名权等权利仍归创作人所有。因而，文化产品交换活动结束后，虽然交换双方就产品物权发生的经济关系已经结束，但是文化产品本身的知识产权并未发生转移，实际上双方仍存在一定的所有权关系。

三、文化产品市场的类型及其发展现状

文化产品市场是一个庞大的复杂系统，按照流通的区域，可以划分为国内文化产品市场和国际文化产品市场；按照文化产业的性质，可以划分为有形产品市场、文化服务市场和文化要素市场；按照产权形态，可以划分为上游市场和下游市场①。此外，按照文化产品的类型，则可以划分为新闻出版市场、影

① 韩顺平，陈文长，项志明．文化产品市场体系改革研究[J]．文化产业研究，2008：78.

视广播市场、音像制品市场、文艺演出市场等。我们认为，不同的文化产品，其产品生产、市场运作存在较大差异，按照文化产品类型划分文化产品市场类型能够反映出其市场内部的差异性，也与国家对文化产业的划分一致，相关统计数据较易获得，能够呈现文化产品市场的发展现状。

基于此，下面将对新闻出版、广播影视、演艺、艺术品、网络文化等不同类型的文化产品市场，从市场规模(市场交易额)视角对文化产品市场的发展现状进行描述分析。由于是市场分析，对于图书馆、博物馆、档案馆等公共文化服务行业及其他文化事业领域不作分析。

1. 新闻出版发行服务市场

新闻出版业是文化产业的核心门类，新闻出版产品及服务也属于文化产品的核心产品，可以说，新闻出版服务市场，是文化产品市场的支柱市场。根据国家新闻出版广电总局的数据(详见表 5-1)①，新闻出版市场近五年来整体发展态势良好，但是，不同类型产品的市场部门发展状况不尽相同。其中，纸质图书市场依然保持较好的发展势头，市场交易稳步、小幅增长，这也得益于全民阅读活动的推进，助推了纸质阅读和深度阅读的回归；报刊出版在数字化、网络化的冲击下深度下滑，经营困难加剧；音像制品方面，随着用户在线阅读、手机阅读等数字化阅读趋势的进一步凸显，人们对音乐、影视作品的消费也逐渐转向线上，音像制品市场持续下滑；电子出版物方面，虽然光盘读取等数字化阅读接触率持续回落，但是电子出版物市场营收依然保持小幅增长，然而其产品生产数量却在下滑，这从一定程度反映了电子出版物市场化运作能力的增强，如《显示器驱动光盘》《Lenovo 驱动程序》《牛津高阶英汉双解词典(第 8 版)配套写作软件 iWriter》等 6 种一般电子出版物在 2014 年累计出版数量就超过了 100 万张。②

表 5-1 **2010—2015 年我国新闻出版市场营收状况统计**

项目	2015		2014		2013	
产品类型	市场交易额(亿元)	增速(%)	市场交易额(亿元)	增速(%)	市场交易额(亿元)	增速(%)
图书	822.55	3.96	791.2	2.65	770.78	6.53

① 国家新闻出版广电总局．新闻出版产业分析报告[EB/OL]．[2016-07-30]．http：//www.gapp.gov.cn/govpublic/60.shtml.

② 国家新闻出版广电总局．2014 年新闻出版产业分析报告[EB/OL]．[2016-07-30]．http：//www.gapp.gov.cn/upload/files/2015/7/15164851185.pdf.

续表

项目	2015		2014		2013	
报纸	626.15	-10.27	697.81	-10.15	776.65	-8.88
期刊	200.99	-5.21	212.03	-4.49	221.99	0.51
音像制品	26.25	-10.13	29.21	18.16	24.72	-12.79
电子出版物	12.41	13.96	10.89	6.45	10.23	10.80
项目	2012		2011		2010	
产品类型	市场交易额（亿元）	增速（%）	市场交易额（亿元）	增速（%）	市场交易额（亿元）	增速（%）
图书	723.50	12.28	664.40	19.80	537.90	16.20
报纸	852.32	4.09	818.90	12.30	729.40	16.20
期刊	220.86	35.82	162.60	8.00	150.60	3.10
音像制品	28.34	8.76	26.10	29.10	20.20	4.00
电子出版物	9.23	48.58	6.20	-15.50	7.40	16.70

2. 广播电视电影服务市场

广播电视市场，虽然在近年来一直遭受网络视频网站的强烈冲击，但从市场总收入看，近年来仍然保持较大的增幅（如图5-2所示）。然而，视频网站的冲击在2014年还是得到了显现，全国广播电视总收入在2014年出现了小幅下滑，随着传统广播电台的持续萎靡，视频网站自制剧，尤其是视频网站综艺节目兴起而对电视综艺节目带来较大冲击，预计未来一段时间，广播电视市场仍将持续下滑。电影市场方面，得益于3D电影对市场需求的拉动、国产电影票房收入的飙升，全国电影票房收入也在大幅增长，2014年总票房收入跃居全球第二，2015年全国总票房更是达到440亿元。① 近年来，国内电影票房屡传佳绩，票房纪录屡创新高。2012年，徐峥、王宝强、黄渤主演的《泰囧》以黑马姿态创下的华语电影票房纪录为12.67亿元；到了2015年，《捉妖记》就以24.39亿元打破华语电影票房纪录；之后不到一年时间，《美人鱼》就又以破30亿元的成绩刷新了这一纪录。然而，与美国等电影市场发达国家相比，仍

① 人民网.2015中国电影票房收入440亿，回顾年度四大关键词[EB/OL].[2016-07-30]. http://media.people.com.cn/n1/2016/0102/c40606-28003687.html.

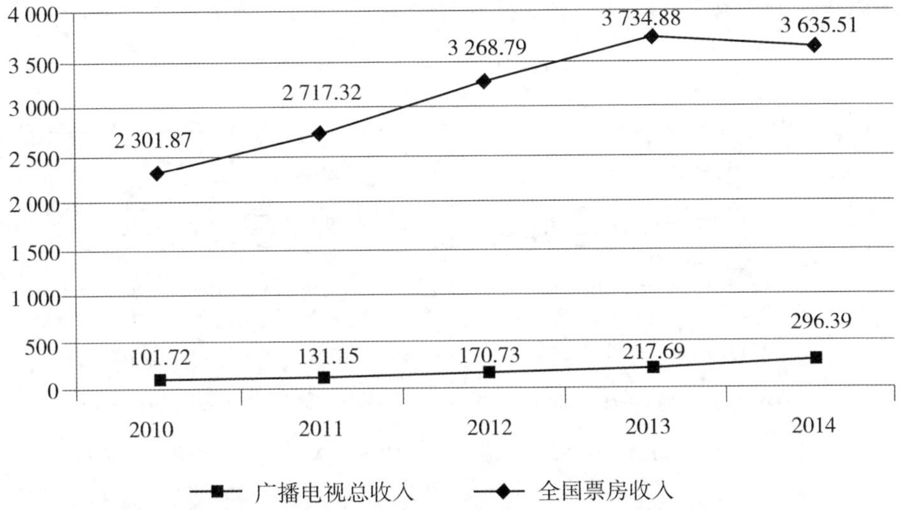

图 5-2　2010—2014 年我国广播电影电视市场收入状况(单位：亿元)①

存在一定差距，如美国好莱坞电影虽然经历了惨淡的 2014 年，但北美(美国和加拿大)票房收入总额仍然达到了 103 亿美元。② 此外，在市场火爆的光彩背后，则是市场主体原创能力不足、电影题材同质化重复化的隐忧，票房造假、热炒 IP、盗版猖獗、版权撕扯、文艺艰难、粉丝烂片、三观嘴仗等一系列市场问题日益严重。③

3. 文化艺术服务市场(文艺演出市场)

文化艺术服务市场，主要以演出市场为主，其中，演出市场主要分为专业剧场演出、演唱会音乐会演出、旅游演出、演艺场馆演出等几大演出市场。近年来，随着人们文化消费水平及消费层次的提升，文化演出市场持续走红。据中国演出协会的数据④(如图 5-3 所示)，专业剧场作为演出市场的主要门类，一直保持稳定增长；演唱会、音乐节虽然市场份额占比不高，但也保持着较好的发展态势；旅游演出市场虽占有较大市场规模，但发展极不稳定。

① 中华人民共和国统计局．中国统计年鉴[M]．北京：中国统计出版社，2011—2015.

② 新华网．2014 中国电影总票房 296 亿，成世界第二大电影市场[EB/OL]．[2016-07-30]．http：//ent. news. cn/2015-02/04/c_127457615. htm.

③ 时光网．2015 中国电影市场八大悲剧现象[EB/OL]．[2016-07-30]．http：//news. mtime. com/2016/01/26/1551912. html.

④ 中国演出协会．中国演出市场年度报告[R]．2011—2015.

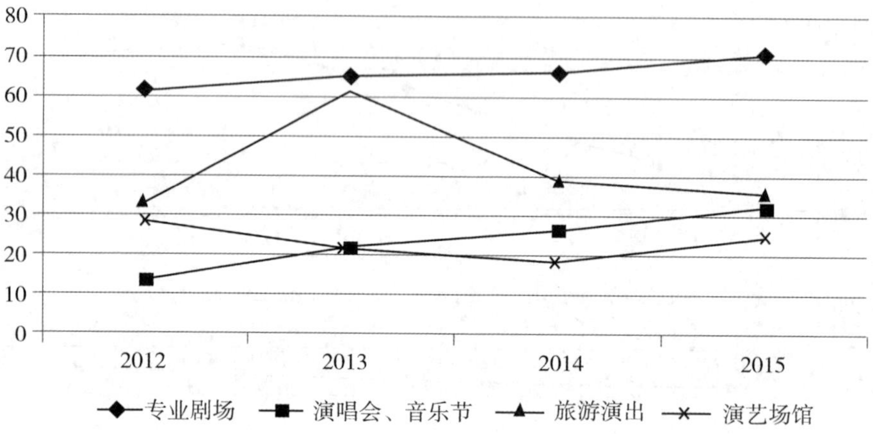

图 5-3　2012—2015 年我国文艺演出市场票房收入状况①(单位：亿元)

4. 艺术品市场

近些年来，中国经济的快速增长、人们收入水平的大幅度提升，也助推了艺术品收藏消费需求的增强，艺术品市场一路高歌猛进，艺术品拍卖成交量、成交额都有较大提高。据中央美术学院艺术市场研究中心发布的《中国艺术品市场年度报告》数据②，我国艺术品市场主要包括：画廊、艺术经纪、艺术博览会、艺术品拍卖、艺术品出口、艺术品网上交易、现当代原创工艺美术品，以及艺术授权品、艺术复制品、艺术衍生品等。其中现当代原创工艺美术品、艺术品拍卖以及画廊、艺术经纪、艺术博览会为我国艺术品市场的主要门类。如图 5-4 所示，从其市场交易额增长情况看，由于艺术品市场属于高端艺术消费领域，其需求与生活品、工业品的持续性有很大不同，反映在各艺术品子市场的交易额增长趋缓上，也表现出了一定的波动性。

此外，艺术品市场在繁兴之后，一方面存在着艺术家价格指数泡沫化、虚抬艺术品价格的问题；另一方面则是在宏观经济结构调整、流动性普遍紧缩、国家大力反腐的背景下，艺术品市场呈现出“冷淡”乃至“惨淡”的状态。③

---

① 注：因 2011 年的统计口径与 2012 年之后的统计有一定差异，故从 2012 年进行统计。

② 中央美术学院艺术市场研究中心．中国艺术品市场年度报告[M]．北京：人民美术出版社，2012—2015.

③ 艺术品鉴．艺术品市场：惨淡的调整［EB/OL］．［2016-07-31］．http：//art.china.cn/market/2015-11/02/content_8344246.htm.

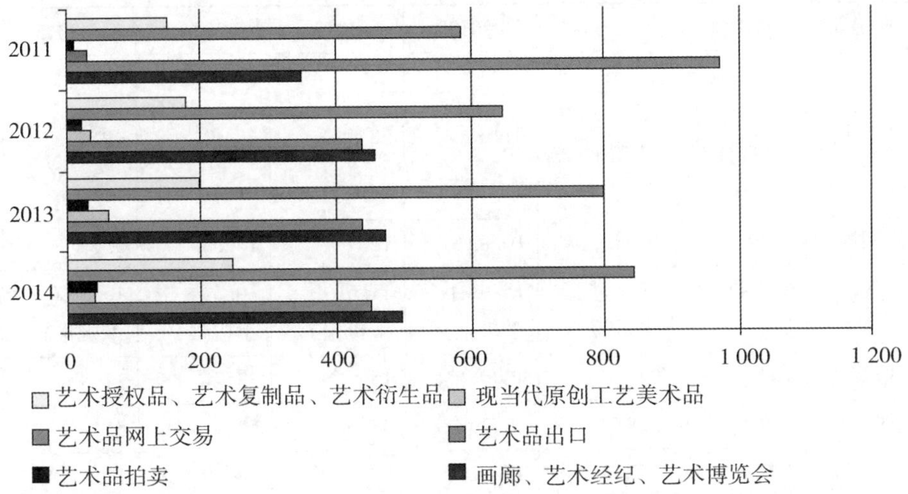

图 5-4　2011—2014 年我国艺术品市场构成及其市场交易额(单位：亿元)

5. 网络文化市场(数字出版市场)

互联网的兴起与普及，成为文化产品市场繁荣发展的新引擎。党的十七届六中全会通过的《中共中央关于深化文化体制改革、推动社会主义文化大发展大繁荣若干重大问题的决定》就将科技创新定义为“文化发展的重要引擎”，强调要发挥文化和科技相互促进的作用，深入实施科技带动战略。互联网能够对文化产品传播速度的提高、传播路径的丰富、传播范围的拓展、文化市场辐射力的增强起到积极作用。网络文化市场可以说是文化市场在互联网上的延伸和扩展，文化产品在互联网上交易传播、文化与互联网结合，就是一种网络文化市场的形态。网络文化市场十分庞杂，除传统文化市场的类型外，网络文化市场还包含由新兴网络文化形态形成的市场，比如网络文学市场。在网络文化市场中，数字出版市场是最重要的组成部分，包含网络文学、互联网期刊、网络游戏、网络动漫、互联网广告等典型的网络文化产品类型。

据中国新闻出版研究院发布的《中国数字出版产业年度报告》数据显示(如表 5-2 所示)，数字出版市场规模持续上升、增长势头强劲，其中，互联网广告、移动出版、网络游戏是数字出版产业的三大助推器，2015 年，在线教育表现抢眼，首度单独纳入统计。

表 5-2　　2010—2015 年中国数字出版产业收入情况　（单位：亿元）①

产业分类	2010	2011	2012	2013	2014	2015
电子书	24.8(电子图书 5+电子阅读器 19.8)	16.5(电子图书 7+电子阅读器 9.5)	31	38	45	49
互联网期刊	7.49	9.34	10.83	12.15	14.3	9.6
数字报纸	6（网络版）	12（不含手机报）	15.9(不含手机报)	11.6(不含手机报)	10.5(不含手机报)	15.85（不含手机报）
博客	10	24	40	15	33.2	11.8
在线音乐	2.8	3.8	18.2	43.6	52.4	55
移动出版	349.8（未包括手机动漫）	367.34(未包括手机动漫）	472.21(未包括手机动漫）	579.6（未包括手机动漫）	784.9（未包括手机动漫）	1 055.9(未包括手机动漫）
网络游戏	323.7	428.5	569.6	718.4	869.4	888.8
网络动漫	6	3.5	5	22	38	44.2
互联网广告	321.2	512.9	753.1	1 100	1 540	2 093.7
在线教育	—	—	—	—	—	180
合计	1 051.79	1 377.88	1 935.49	2 540.35	3 387.7	4 403.85

第二节　文化产品市场主体建设

作为一个经济学概念，市场主体是市场上从事交换活动和服务活动的组织和个人，可以是企业法人、个体劳动者、政府或其他中介组织，甚至可以是消费者。但是，从市场建设的角度，市场主体通常是指能够自主经营、自负盈亏的经济法人，也即企业(包括个体从业者)。而“只有具备了充分数量的高质量主体才能称得上是完善的市场，才能达到真正意义上的市场规模”②，因此，如何培育数量充足的市场主体是市场建设的关键。文化产品市场主体，除具有

① 张立．2014—2015 中国数字出版产业年度报告[M]．北京：中国书籍出版社，2015：11-14.

② 沙海林．社会主义市场体系建设概论[M]．上海：上海人民出版社，2012：6.

一般市场主体的基本特征外，由于其所从事的是精神文化产品的生产和传播活动，还具有能够对人们的思想道德、价值观、世界观产生积极影响的特征。因而，文化产品市场主体建设，在培育数量的同时，更要注重内容质量的建设，使之服务于社会主义文化建设、服务于人民群众精神文化的消费与满足。

一、文化产品市场主体的构成

加强市场主体建设，培育一定规模数量的市场主体，首先需要明确培育哪些市场主体，以及培育怎样的市场主体，也即市场主体的构成，也就是应该培育具有怎样的市场功能作用的市场主体类型。从参与市场交换活动和服务活动的主体视角看，通常情况下，市场主体包括企业、政府和其他中介机构以及消费者。其中，国家既是市场活动的当事人，同时又是市场活动的协调者和管理者，负责建立、维护市场秩序，对市场主体及其市场行为活动实施管理，以协调各市场主体的关系，防止市场失灵。消费者是市场交换活动的需求方，没有消费者的存在，市场的价值就无从实现；没有一定规模的消费者存在，市场就无法发展壮大。中介机构，是服务于市场交换活动、为供需双方提供市场信息的服务性组织，是市场不可或缺的重要主体。而企业(包括个体从业者)则是最主要的市场主体，也是市场主体建设的重点。有鉴于此，本研究对文化产品市场主体构成的讨论，主要是对文化产品生产经营企业，也即文化企业的探讨，其中包括了以营利为目的的商业性中介服务组织。

从社会再生产过程看，市场主体组织既包括生产企业，也包括流通企业。而从文化产品的社会再生产过程看，由于文化产品创作生产的特殊性以及文化产品所有权、占有权、经营权的分离，文化产品市场主体具体分为了创作演出主体、投资主体、制作生产主体、流通传播主体以及代理商主体等。这些主体也是文化产品市场主体培育的重点。

1. 文化产品创作演出主体

文化产品属于智力劳动成果，与工业品生产不同，往往先由著作权人创作出来，再进行生产传播，也即文化产品的知识产权所有权和其经营权往往是分离的，这也是市场分工的一种体现。美国学者理查德·E. 凯夫斯也指出，文化产业的特殊性在于会裂化为创意性生产和普通性生产两个部分①，由此将其生产者分割为创意生产者和普通生产者。文化产品的生产高度依赖作品的原创

① [美]理查德·E. 凯夫斯. 创意产业经济学：艺术的商业之道[M]. 孙绯，等，译. 北京：新华出版社，2004：5.

性，因而，培育文化产品市场主体，不可忽略作品的原创者，文化产品市场的丰富、人们精神文化需求的满足，都需要这些创意生产者创作出更多、更优质的原创作品，虽然其创作活动往往表现为个人的文化追求，而非商业目的。

文化产品创作演出主体，一类是作品创作主体，另一类是对创作的作品进行演绎的主体，也就是我们通常所说的著作权人和邻接权人。著作权人自不必说，邻接权人，尤其是文化艺术演出者，也是文化产品创意性生产者的重要组成。如表 5-3 所示，全国艺术表演团体的快速增长，对于文化艺术表演的丰富、人们文化艺术表演需求的满足、文化艺术演出市场的繁荣，均起到了积极的促进作用。

表 5-3 **2007—2015 年全国艺术表演团体基本情况①**

年份	机构数（个）	从业人员数（人）	演出场次（万场）	国内演出观众人次（万人次）	总收入（万元）	
						演出收入
2007	4 512	220 653	92.7	75 895.6	829 045	203 757
2008	5 114	208 174	90.5	63 186.8	933 685	204 842
2009	6 139	184 678	120.2	81 715.9	1 121 559	288 214
2010	6 864	185 413	137.1	88 455.8	1 239 255	342 696
2011	7 055	226 599	154.7	74 585.1	1 540 263	526 745
2012	7 321	242 047	135.0	82 805.1	1 968 802	641 480
2013	8 180	260 865	165.1	90 064.3	2 800 266	820 738
2014	8 769	262 887	173.9	91 019.7	2 264 046	757 028
2015	10 787	301 840	210.8	95 799.0	2 576 483	939 313

文化产品创意生产主体，既可以是个人，如图书、音乐、字画艺术品等作品通常以个人的创作为主；也可以是团体组织，如音乐剧、舞台剧、影视剧等通常都需要多人完成创作演出，一部电影的制作完成，是导演、编剧、演员、摄像师、音响师、道具师、化妆师、灯光师、剪辑师等通力付出的成果。随着文化市场商业化运作的日益成熟、专业化分工的日趋完善，文化产品的创作活动日益表现为团队创作，如在美国的好莱坞，一部电影的编剧数量在几个到十几个不等；日本的漫画驰名全球，主要得益于其工作室运作制度，在漫画工作室下，一部漫画的署名作者即工作室的所有者，负责故事梗概的构思、主要人

① 文化部．中华人民共和国文化部 2015 年文化发展统计公报［EB/OL］．［2016-07-10］．http：//zwgk. mcprc. gov. cn/auto255/201604/W020160425378313054632. pdf.

物形象的设计，而大部分的绘画工作则由工作室下的学徒、画手完成。在我国文化产品市场创作主体的培育建设过程中，建立起这种专业化、商业化的文化创作团队，是我国文化市场走向成熟完善的必经之路和重要体现。

2. 文化产品投资主体

文化产业不仅是一个智力密集型产业，同时也是一个资本密集型产业，文化产品的生产传播除了需要大量的创意投入外，也需要充足的资金保证。一部商业大片的制作发行成本动辄过亿。以周星驰2016年制作的打破多项华语电影票房纪录的《美人鱼》为例，据传制作成本就达4亿元，而同时据传周星驰代表的出品方与投资发行方签订了18亿元票房的保底协议，为达到保底协议要求，市场推广发行投入也不会少。由此可见，文化产品生产需要巨大的资金投入。

文化产品投资主体的存在，反映了文化产品的所有权和其收益的实际占有权的分离，其实质反映出的是文化产品生产的特殊性，即往往文化产品的投资者先行支付创作者（著作权人）报酬，从而将市场风险转移至投资者身上，这也是一种市场化运作的体现。文化产品投资主体与生产制作主体分离的典型体现是在影视剧生产领域。通常新闻出版市场的产品生产，生产者和投资者是统一的。而影视剧制作的前期投入较高，市场收益的不确定性也较大，引入独立的投资者，不仅解决了资金投入问题，也能够分化风险，典型代表就是制片人（也称出品人）的存在。而影视剧制片人的职责除了融资外，还承担组建剧组、后勤保障、推广发行等职能。

当前，文化市场投资已经成为一个热点领域，360、百度、阿里巴巴、腾讯等互联网巨擘布局文化娱乐市场，TCL联手京东等互联网企业进军电视游戏市场，京东、淘宝等电子商务平台涉足电子书市场等。行业外资本纷纷涌入，不仅推动着文化领域市场化改革和运作程度的日益加深，也带动了文化产品的创作生产。

随着众筹理念的兴起和实践应用的推进，众筹的融资模式也推广到文化产品生产领域，成为了文化融资的新兴方式，参与文化众筹的广大网友也成了新型文化产品投资的主体。如2013年“有妖气”原创漫画梦工厂，采用众筹模式筹拍电影版《十万个冷笑话》，成为中国电影史上第一部众筹成功的电影。类似的例子在出版市场也存在，如《周鸿祎自述：我的互联网方法论》一个月内就筹资160万元，《社交红利》在短短两周内也筹资了10万元。

3. 文化产品制作生产主体

文化产品制作生产主体即我们通常意义上所说的市场交换活动的供方，肩负着将著作权人的原创文化作品生产包装成供消费者消费的文化产品的重任。具体包括运用工业化的生产技术工艺对文化产品进行大量复制生产，如书报刊的出版，以及将不同的文化创意投入包装，进而打造成一个完整的文化产品供消费者消费，如一部影视剧的制作、一部音乐剧舞台剧的呈现。正是基于上述文化产品不同的生产方式，文化产品普通性生产者分化为生产主体和制作主体。

随着文化市场化改革进程的推进，当下文化产品市场的生产主体呈现出多元化格局。目前，我国文化产业的生产者既包括出版社、报刊社、演出公司、电影制作发行公司、影视公司等，又包括各类民营的文化工作室、文化传播公司以及各类演出经纪人、个体书商等，还包括各类外资文化企业(包括中外联合成立的文化企业)。

文化产品生产制作主体方面，截至 2014 年，全国共有新闻出版单位 32. 5 万家，较 2013 年降低 6. 1%。其中，法人单位 15. 2 万家，降低 5. 5%，约占单位总数的 46. 7%，提高 0. 3 个百分点；非法人单位 0. 9 万家，基本持平，约占单位总数的 2. 6%，提高 0. 2 个百分点；个体经营户 16. 5 万家，降低 7. 0%，约占 50. 7%，减少 0. 5 个百分点(详见图 5-5)。① 2015 年，获得电视剧制作许可证(甲种)单位 133 家、广播电视经营许可证单位8 563家。② 同时，2014 年，全国有国有电影制片厂 38 个、电影故事制片厂 31 个；全国拥有艺术表演场馆1 338个，其中国有1 222家；以及规模以上文化制造企业单位19 048家。③

4. 文化产品流通传播主体

在文化产品的社会再生产过程中，流通传播是非常重要的一环，决定着文化产品是否能够顺利传递至消费者手中。从文化产品流通传播主体对文化产品所有权(主要是版权经营权)的占有情况看，其有两种类型：一类是占有文化产品实际经营权的传播主体，这意味着文化产品所有权与经营权分离，经营者直接买断文化产品的经营开发权，其对文化产品经营产生的收益与版权人无关，如在电视节目制播分离制度下，播出方播出电视节目的广告等收入通常与

① 国家新闻出版广电总局 . 2014 年新闻出版产业分析报告[EB/OL]. [2016-07-10]. http：//www. gapp. gov. cn/upload/files/2015/7/15164851185. pdf.

② 国家新闻出版广电总局 . 关于 2015 年度全国《电视剧制作许可证(甲种)》《广播电视节目制作经营许可证》机构情况的通告[EB/OL]. [2016-07-10]. http：//jg. china-sarft. gov. cn/eap/GDZJReport. do? cmd = open&listformid = gd _ content _ pub _ list&formid = gd _ content_nr&ID = 5497585013527#.

③ 国家统计局 . 2015 中国统计年鉴[EB/OL]. [2016-07-10]. http：//www. stats. gov. cn/tjsj/ndsj/2015/indexch. htm.

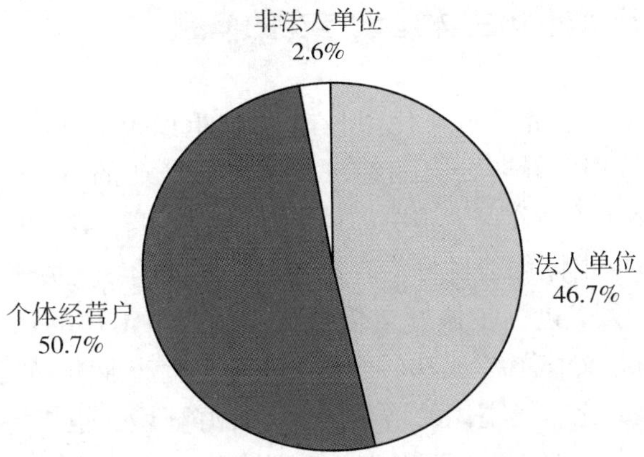

图 5-5　2014 年全国新闻出版单位类型构成

制作方无关；另一类是代理销售商，以代销合同的形式销售文化产品，按合同规定提取相应比例的销售提成，如艺术品拍卖商、出版物发行商等均是此种类型。

至于应该选择、发展何种类型文化产品流通传播主体，一方面需要结合不同类型文化产品的生产特点，另一方面则需要考虑何种传播形式能够产生更低的滞留成本、带来更高的利润收益。

现代信息技术的发展改变了文化产品的传播方式，亟须培育适应信息化时代发展要求的文化产品传播主体，发展电子商务技术、现代物流组织等现代流通技术与组织形式。正如方卿所指出的，技术属性是现代文化市场体系的基本属性之一，反映在文化产品流通和传播领域，应加强全国性数字文化传播平台建设，同时利用数字交互技术提供个性化的数字内容分销服务，利用数字推送技术提供针对性的数字内容推送服务，以扩大文化的传播力和辐射力。①

5. 文化产品代理商

文化产品代理商属于文化中介服务机构，包括版权代理商、图书馆配商、演出经纪人等，是完善文化产品市场、培育结构完整的文化产品市场主体的重要部分。有关文化中介机构的内容将在第七章“文化中介市场建设”中进行系统论述，在此不再赘述。

① 方卿．准确把握现代文化市场体系的基本属性［N］．中国社会科学报，2014-05-21（B03）．

二、文化产品市场主体建设存在的问题

2003年，我国开始实施文化单位转企改革试点；2004年，文化部发布《关于鼓励、支持和引导非公有制经济发展文化产业的意见》，提出要为不同所有制企业营造公平、公正、透明的体制和政策环境，这为培育多层次、多元化的文化产品市场主体创造良好的政策环境；2006年，《关于深化文化体制改革的若干意见》《关于进一步做好文化系统体制改革工作的意见》的相继颁布，推动了一大批国有文化单位成功转企改制。《文化产业振兴规划》等政策文件的颁布实施，为文化市场主体的培育创造了良好环境，也有力地促进了文化市场主体的建设培育。但不可否认的是，当前仍存在诸多突出问题，主要表现在以下几个方面。

1. 市场主体数量不足，部分文化领域市场化主体尚缺位

文化产品类型众多，从文化产品的创作到生产制作再到流通传播的全过程中，众多不同类型的市场主体均介入其中部分市场环节，因而，从其结构看，文化产品市场主体是一个庞大的体系。要保证人民群众多元文化需求的满足，要呈现文化产品的生产传播覆盖所有的文化产品领域，就需要文化产品市场主体也覆盖文化产品市场的所有领域，覆盖文化产品生产的全过程。

从目前文化市场的发展情况看，虽然文化体制改革极大地推动了文化市场主体的大量涌现，但是从其数量上看仍显不足。具体表现在：

一是文艺创作队伍建设仍有待提高。影视剧编剧队伍就是典型代表，其尚未形成专业化编剧队伍运作模式，以散兵作战为主，同时队伍还良莠不齐。中国电影文学学会名誉副会长赵葆华就曾指出，传统影视行业规模的逐年扩张，以及网络剧、网络大电影等新兴网络文艺样式的迅速成长，增加了市场对编剧的需求，然而专业编剧的数量却难以在短期内实现飞跃式增长，再加上编剧行业的准入门槛较低，致使大量外行涌入，导致了今天编剧队伍良莠不齐的格局。① 此外，文艺评论作为文艺创作的重要内容，是引导文化消费、提高审美、引领风尚的重要力量，但是由于从业者生存待遇堪忧，限制了文艺评论队伍的壮大，也影响了文艺评论作用的发挥。如据《中国图书商报》关于“书评人收入”的调研反映，② 72%的调查对象通过写书评得到的月收入在1 000元以下，仅25%的人月收入在1 000~2 000元，无人选择“2 000元以上”这个选项，

① 鲁博林，李蕾．影视编剧队伍现状堪忧[N]．光明日报，2016-09-14(05)．
② 韩晗．中国书评人生存状况独家调查[N]．中国图书商报，2011-04-12．

收入之低令人咋舌，物质资源的匮乏难以维持书评创作主体的积极性，也就限制了书评人规模的扩大。

二是长期的事业单位体制造成部分文化领域市场化主体缺位，支撑发展仍主要依靠政府投入，这反映了文化体制改革尚需深化。如在文艺表演团体单位方面，与发达国家文艺院团多为市场化主体不同，据《2015中国统计年鉴》的数据显示，我国国有和集体制的艺术表演团体仍占相当数量，全国艺术表演团体收入有一半以上仍来自于财政拨款，演出收入仅占全部收入的三成。①

三是出于对文化意识形态安全的考虑，部分文化领域仍实行较为严格的市场主体准入制度，制约了文化市场主体数量的增长。由此使得民营文化企业进入市场存在制度性障碍，在一定程度上也造成了文化市场竞争不足、文化产品市场主体效益低下。这一问题在新闻出版和广播影视市场领域表现明显。如图书出版市场，虽然全国580多家出版社每年图书出版数量达40多万种，但每年产业营收只有八九百亿，国外单个大型出版传媒集团一年的营收几乎就可达到如此规模的一半。据全球多家书业媒体联合发布的“2015全球出版企业排行榜”数据显示，排名居首的培生集团2014年的营收就达58.09亿欧元，合400多亿元人民币，专注于大众图书出版领域的企鹅兰登书屋也有33.24亿欧元之多。② 同样的，在影视剧市场，“一剧两星”政策的推出，一定程度上反映了影视剧市场主体数量、制作能力不足的问题，由此才导致了市场同质化现象严重。

四是中介服务机构数量不足。文化中介组织在市场中的作用已毋庸置疑，但这却一直是我国文化市场建设的薄弱环节。③ 如文学代理、演出经纪、版权代理等的数量严重不足，无法满足市场发展要求。正如国内文学代理的代表性人物、青橙文化的创始人王二若雅在2016北京国际书展上所言，“文学代理人、文学经纪在中国还不是很普及”④。

2. 产权关系尚待进一步明晰，市场主体地位仍有待明确

文化体制改革的重要任务之一就是明确文化企业的市场主体地位，理顺产

① 国家统计局．2015中国统计年鉴［EB/OL］．［2016-07-10］．http：//www.stats.gov.cn/tjsj/ndsj/2015/indexch.htm.

② 百道网．2015全球出版50强排名报告分析报告［EB/OL］．［2016-07-18］．http：//www.bookdao.com/article/94254/.

③ 刘玉珠．国家文化部市场司司长刘玉珠：积极培育现代文化市场体系［EB/OL］．［2016-07-18］．http：//theory.people.com.cn/GB/49169/49170/4115210.html.

④ 做书．我们需要“文学代理人”吗？［EB/OL］．［2016-07-18］．http：//cul.qq.com/a/20160918/006896.htm.

权关系。党的十七届六中全会通过的《中共中央关于深化文化体制改革推动社会主义文化大发展大繁荣若干重大问题的决定》就明确提出，推进一般国有文艺院团、非时政类报刊社、新闻网站转企改制，确立其市场主体地位。文化市场主体地位的确立，首先需要明晰其产权关系，由此才能明确市场主体的责、权、利，调动起市场积极性。

虽然我国的文化体制改革已全面展开，文化市场主体的重塑和培育取得了显著进展，多样化文化市场主体大量涌现，释放了文化市场活力。但是，我们也不得不承认，由于长期以来文化事业思维的影响、现行文化产权制度与文化市场发展规则的不相适应等因素的存在，当前我国文化产业与文化市场的主体责任还不是很清晰，文化企业作为市场主体按照市场规则开展市场活动的独立性地位还不够明确，突出表现在文化市场主体的跨地区、跨行业、跨所有制的兼并重组仍存在一定的制度性障碍，制约了其集团化、规模化发展。这也是造成我国文化企业整体国际竞争力不强的重要原因。

3. 现代企业制度尚未完全建立，文化市场主体经营管理水平有待提升

党的十七届六中全会通过的《中共中央关于深化文化体制改革推动社会主义文化大发展大繁荣若干重大问题的决定》提出文化体制改革的重点任务——以建立现代企业制度为重点，加快推进经营性文化单位改革，形成符合现代企业制度要求、体现文化企业特点的资产组织形式和经营管理模式。建立现代企业制度，是提升文化市场主体经营管理水平的主要路径。

然而，我国文化企业现代企业制度尚未完全建立起来，具体表现在：一方面，文化企业法人治理结构仍有待完善，虽然文化企业在转企改制后均按照现代企业制度建立起了以董事长、总经理为核心的“二元”法人治理结构，但是正如方卿等在分析文化发展乱象的成因时所指出的，文化企业的这一管理制度设计脱离了文化企业内容导向的本质属性，缺失负责内容导向的“编委会”，这种文化企业管理制度设计，正是导致不良文化现象泛滥的制度根源。① 另一方面，现代企业管理的配套机制和制度有待健全和落实，现代企业制度的建立并非只是冠以“企业”之名如此简单，需要相应的与现代企业管理相配套的管理机制和制度，包括薪酬制度、绩效制度、用人制度、财务制度等，文化企业管理层依然存在着由行政主管部门任命、薪酬待遇比照事业单位级别发放而非依循市场行情及企业绩效核发等问题，这些均是现代企业管理配套机制和制度尚未健全和落实的具体表现。

① 方卿，徐丽芳．积极治理文化发展中的乱象[J]．中国编辑，2014(6)：7.

三、文化产品市场主体的培育方向

我国文化产品市场需要重塑什么样的市场主体？从市场经济视角看，市场经济中的主体必须具备三个要件：一是以盈利为目的，二是必须有独立的产权主体，三是能够独立决策、自主经营、自负盈亏。文化产品市场培育的主体，从要件看，首先应该具备上述三个条件，这是根本性的。正如有学者指出："我们认为，我国要培育的文化市场主体从本质上说就是市场主体，'文化'只不过表明其所属行业而已，虽然它有特性，但仍应具有和一般市场主体相同的基本性质。"①为此，文化体制改革的政策，也应围绕文化市场主体的培育方向展开。具体来说，就是要培育产权明晰的现代文化企业、法人治理结构健全的文化市场主体。同时，从建设成熟完善的市场体系看，是否具有足够数量且高质量的市场主体是其重要标志之一，因而，文化产品市场主体的培育，还要培育数量充足、类型多样的市场主体，以保证市场的竞争和活力。

1. 培育多元化的文化产品市场主体

正如理查德·E. 凯夫斯所说，文化产业首先裂化为创意性生产和普通性生产两个部分，并在生产过程中形成阶段性的间歇，与作为现代经济基本特征的连续性生产形成鲜明对照。② 正是基于文化产业这样的生产特性，陈庆德认为，需要构建文化产业组织形式的多样性。③ 对于文化产品市场主体建设而言，其导向就是要培育多元化的市场主体，不仅要培育一批具备一定国际竞争力的大型文化企业集团，也要支持有活力的中小型文化企业的发展；既要发展一批核心竞争力强的国有或国有控股的文化企业，也要引导和鼓励民营文化企业(包括工作室)的发展，由此才能形成多层次、多类型的文化产品市场主体结构体系，形成真正意义上的市场规模。

就市场主体的规模而言，文化产品市场主体建设要坚持规模化、集团化与小型化并重。通过跨行业、跨地域重组打造一批旗舰级别的、能够参与国际竞争的文化企业集团，这也是打破行业壁垒、部门壁垒、地域壁垒，通过增量改

① 方林，徐祯．关于重塑文化市场主体几个理论问题的思考[J]．东南传播，2008(8)：11.

② [美]理查德·E. 凯夫斯．创意产业经济学[M]．孙绯，等，译．北京：新华出版社，2004：5.

③ 陈庆德．论文化产业的生产特征与组织多样性[J]．思想战线，2006(4)：79-87.

革做大做强文化市场主体的重要形式。① 同时，也要重点支持、培育一大批小规模的文化工作室、文化企业，发挥其弹性、灵活性特点，充分释放市场活力，促进市场竞争。就美国出版业的情况看，其既有类似于企鹅兰登书屋、麦格劳·希尔这样的超大型出版集团，同时也有众多仅有3~5人规模的出版工作室，加上近千家的版权代理机构，才形成了当下美国出版市场竞争充分的发展格局。

就市场主体的类型而言，文化产品市场主体建设既要发展国有文化企业，以保证文化行业的意识形态属性，也要通过吸收社会资本，积极发展各类股份制文化企业，吸引各种资本参与文化产业发展，鼓励投资主体多元化布局，从而促进文化市场的大发展大繁荣。同时，也要鼓励、支持民营文化企业，尤其是专业化的、具有文化原创力的文化工作室的发展，并设立一批文化产业实验特区、示范园区，将这些小型的民营文化企业集聚起来，形成文化产业集群，打造文化产业发展的新引擎。此外，还要有中外合资的文化企业，引入外来资本，学习、借鉴发达国家的文化管理经验，提升我国文化企业的经营管理水平。不同所有制形式的文化市场主体，也正是文化部于2004年发布的《关于鼓励、支持和引导非公有制经济发展文化产业的意见》提出的为不同所有制企业营造公平、公正、透明的体制和政策环境的精神要求。

2. 培育产权明晰的现代文化企业

现代企业制度的核心内容之一就是现代企业产权制度，现代企业产权制度构建的目标要求则是产权明晰。产权明晰，是指要以法律形式明确企业出资者与企业资产所有权的关系，即企业在产权关系方面的资产所有权及相关权利责任的归属应该明确、清晰，这是现代企业制度在产权关系方面的基本特征要求。所谓产权清晰，既包含法律意义上的产权清晰，即企业产权受法律保障，这是产权清晰的首要条件；同时还包括经济意义上的产权清晰，即产权在经济运行过程中相关权利主体的权、责、利相统一。

培育产权明晰的现代文化企业，是明确文化企业的资产所有权、厘清政府与文化企业职责、推动文化单位市场化改革的方向。只有培育产权清晰的文化市场主体，文化企业才能够按照市场化的运作方式进行文化产品的经营处置；更重要的是，只有实现产权清晰，文化企业的跨地区、跨行业兼并重组才能成为可能，从而通过规模增量来做大做强文化产业。

文化市场主体的产权清晰，并非要将文化市场主体从现行的文化管理体制

① 崔成泉．SMG总裁黎瑞刚：通过增量改革做强做大文化市场主体[N]．中国文化报，2007-07-06(001)．

中脱离出来以排斥国家对文化企业的应有监管，而是要明确文化市场主体的出资方，谁出资谁就拥有对企业资产的占有、使用、收益和处分权，进而将国有或国有控股的文化企业资产的所有权与经营权分离，即资产的所有权与行政权力分开。按照现代企业产权制度要求，现代企业产权制度的构造，在企业方面是建立企业法人制度，在出资者方面是形成有限责任制度，其实质是建立出资者所有权和企业法人财产权相分离的产权配置格局。① 现代企业最显著的特征就是实现了股东所有权与企业法人经营权的分离，两者之间形成了委托—代理关系。由此可见，构建产权清晰的文化市场主体，目的在于界定所有权主体和经营权主体，赋予文化企业自主经营权，尽量减少行政干预，让文化企业真正成为能在市场经济中独立运作的企业。而这与国家对文化企业必要的监管是不冲突的，在赋予文化机构合法的企业身份的同时，国家可以通过科学合理地设立准入制度、设置内容审查制度、制定文化产业发展政策来提高对文化市场进入门槛和文化企业产品质量、服务质量的规制水平，② 引导文化产品创作生产导向，保证文化产业的意识形态属性。因此，培育文化市场主体不可不进行文化产权制度改革，对文化产权制度改革的相关内容详见后文“文化产权市场建设”一节。

3. 培育法人治理结构健全的文化市场主体

20 世纪 90 年代，法人治理问题开始在国际上引起关注，如何健全企业法人治理结构也成了学术界、企业界、法律界关注的重要问题和领域。法人治理结构是现代企业制度在组织架构方面最重要的内容，反映的是企业内部股东、董事、监事及经理层之间的关系。现代企业法人治理结构，主要指由股东大会、董事会、监事会、经营管理层组成的各司其职进行企业治理的结构。这种结构主要体现为以董事会、经理层为核心的二元结构，即由股东大会推选出来的董事会作为企业的决策机构，董事会聘任经理层负责企业具体的经营管理活动，而监事会则对董事会和经理层发挥监督职能。这四个层级缺一不可，共同构成了现代企业健全的法人治理结构。

健全的法人治理结构，能够使得企业各利益相关者职责分工明确而又有效制衡，充分保证企业的协调运转，确保投资人的利润回报，提高企业治理效率，进而提升企业的竞争力。

---

① 李景平．我国文化市场主体培育的几个关键问题[J]．中国文化产业评论，2008(2)：137.

② 方林，徐祯．关于重塑文化市场主体几个理论问题的思考[J]．东南传播，2008(8)：12.

当前，在进行了文化体制改革后，虽然我国的文化企业基本依照现代企业制度建立起了企业法人治理结构，然而，我国文化企业法人治理结构尚不健全，具体表现在：一方面，由于国有独资文化企业占据相当比重，或一股独大，股东会、董事会、监事会、经理层并未真正建立三权鼎立、相互制衡的结构。① 在此情况下，法人治理结构不仅没有起到应有的制衡作用，相反，股东会与董事会的界限不清，或者政企不分，严重影响了企业的治理经营效率。另一方面，则是文化企业的法人治理结构构建脱离了文化企业的本质属性——文化内容属性。正如方卿等所分析到的，文化企业有股东会、董事会、经理层和监事会，却没有负责内容导向的"编委会"，这种完全无视文化企业本质属性的文化企业管理制度设计，正是导致不良文化现象泛滥的制度根源。②

正是基于此，培育文化市场主体，必须构建起内部健全的法人治理结构。一是扬弃董事长、总经理"二元"法人治理结构，吸收传统事业体制中"总编辑"负责文化导向职能的合理成分，提升"总编辑"的岗位层级，建立董事长、总经理、总编辑"三位一体"的文化企业法人治理结构。二是以"总编辑"为中心组建文化企业"编委会"，履行文化产品的内容导向职能。"编委会"与股东会、董事会、经理层和监事会共同组成文化企业组织架构。三是规范公司股东会、董事会、监事会和经营管理者的权责，完善企业领导人员的聘任制度。这种制度创新，可以为文化企业履行文化责任与文化使命提供有效的组织制度保障。③

第三节　文化产品市场客体建设

市场客体是市场交换的客观对象，包括有形的产品、无形的服务和产品要素资源。市场客体与市场主体之间的关系，犹如戏剧演出和演员的关系，一台好戏能够成就一名演员，反之，戏剧需要演员去演绎呈现，二者相互联系、相互影响。加强市场建设，市场主体建设与市场客体建设二者不可偏颇，主体的建设能够带动客体的建设，丰富、优化产品的供给；而市场客体建设反过来也能够推动市场主体的发展。

① 李景平．我国文化市场主体培育的几个关键问题[J]．中国文化产业评论，2008(2)：142.

② 方卿，徐丽芳．积极治理文化发展中的乱象[J]．中国编辑，2014(6)：7.

③ 方卿，徐丽芳．积极治理文化发展中的乱象[J]．中国编辑，2014(6)：7.

就文化市场客体而言，罗紫初等认为，其是在文化市场上用于交换的文化商品。① 基于此，我们认为，文化产品市场客体就是在文化产品市场上用于交换的对象，也即文化产品，具体而言包括有形的文化产品和无形的文化服务。文化产品市场客体建设，重点在于加强文化产品及其服务的供给，引导文化消费，培育健康的文化消费需求。

一、文化产品市场客体建设现状

文化产品市场客体建设状况，可以从文化产品供给与文化产品消费两方面考察。

1. 文化产品供给现状

文化产品供给决定了市场上能够有多少产品用于交易，是文化消费的前提，文化产品供给能力是文化产品市场建设的重要内容。要推动文化消费的发展，满足人民群众日益增强的精神文化需求，丰富人们的精神生活，首先应该从文化产品入手，加大文化产品创新，优化文化产品供给。

基于文化产品的类型，下文将分别从出版物、广播影视节目、文化艺术演出、艺术品等方面分别梳理我国文化产品供给现状。

(1)出版物供给。如表 5-4 所示，2010—2015 年，我国传统书报刊及音像制品、电子出版物的生产供给数量有升有降，从整体趋势看，供给是在下滑的。如，虽然图书的出版数量在 2015 年仍保持 6.11%的增速，但是从 2013 年开始我国图书出版品种增速已经开始回落，2014 年最为明显，可以说，在我国图书出版品种数量早已位居世界首位后，当前亟待转方向、调结构、优品质。这也是在数字阅读渐成趋势背景下，整个出版物供给改革的迫切要求。

(2)广播电视电影供给。如表 5-5 所示，近年来，我国广播电视节目制作播出套数/时长基本保持稳定。另据最新数据显示，我国广播电视基本覆盖了全国人民群众。截至 2015 年年底，全国广播综合人口覆盖率为 98.17%，电视综合人口覆盖率为 98.77%；2015 年全年生产电视剧 395 部，共计16 560集；生产电视动画片134 011分钟；生产故事影片 686 部，科教影片 96 部，纪录影片 38 部，动画影片 51 部，特种影片 17 部。②

① 罗紫初，秦洁雯．论文化市场体系的内涵、结构与特征[J]．出版科学，2014(1)：19.

② 国家新闻出版广电总局．2015 年统计公报(广播影视部分)[EB/OL]．[2016-08-11]．http：//gdtj. chinasarft. gov. cn/showtiaomu. aspx？ id = 4dc0183c-e3e3-4715-81ef-6851fd2e844e.

表 5-4 **2010—2015 年我国出版物生产数量情况**

（单位：万种/亿份/亿册/亿盒/亿张）①

产品类型	2015		2014		2013	
	产品数量	增速(%)	产品数量	增速(%)	产品数量	增速(%)
图书	47.58	6.11	44.8	0.9	44.44	7.35
报纸	430.09	-7.29	463.9	-3.84	482.41	0.03
期刊	28.78	-6.99	31	-5.40	32.72	-2.26
音像制品	2.9	-10.42	3.3	-19.21	3.43	-1.72
电子出版物	2.1	-38.83	3.5	-0.57	3.52	33.69
	2012		2011		2010	
产品类型	产品数量	增速(%)	产品数量	增速(%)	产品数量	增速(%)
图书	41.4	12.04	36.95	12.5	32.84	8.8
报纸	482.26	3.17	467.4	3.4	452.1	3.0
期刊	33.48	1.91	32.9	2.2	32.2	2.0
音像制品	3.94	-15.09	4.6	9.6	4.2	7.9
电子出版物	2.63	23.47	2.1	-17.7	2.6	13.1

表 5-5 **2010—2014 年我国广播电视生产数量情况②**

项目		2010	2011	2012	2013	2014
广播	公共广播节目套数(套)	2 549	2 587	2 634	2 637	2 686
	公共广播节目播出时间(万小时)	1 266.0	1 305.8	1 338.4	1 379.5	1 405.8
电视	公共电视节目套数(套)	3 272	3 274	3 353	3 250	3 329
	公共电视节目播出时间(万小时)	1 635.50	1 675.30	1 698.53	1 705.72	1 747.61
	电视剧播出数(万部)	24.92	24.71	24.32	24.10	23.28
电影	电影院线(条)	37	39	40	42	45
	银幕(块)	6 256	9 286	13 118	18 195	23 600

① 国家新闻出版广电总局．新闻出版产业分析报告[EB/OL]．[2016-07-30]．http：//www.gapp.gov.cn/govpublic/60.shtml.

② 中华人民共和国统计局．中国统计年鉴[M]．北京：中国统计出版社，2011—2015.

电影供给方面，现今我国电影制作数量、电影银幕数量大幅增加，电影排片能力显著增强，有效满足了观众的电影观看需求（详见表5-5、表5-6）。在此助推下，国产电影也在中国电影市场上占据主导地位。2015年国产片产量为686部，国产影片票房为271.36亿元，占总票房的61.58%，全年票房过亿影片共计81部，其中国产片占47部。① 然而，从表5-6也可以看出，不同类型的电影制作数量有待平衡，尤其是动画电影制作数量仍显不足，尚难以满足当前巨大的市场需求。

表5-6　**2010—2014年我国电影制作情况②**

年份	生产故事电影（部）	生产动画电影（部）	生产科教电影（部）	生产记录电影（部）	生产特种电影（部）	总计（部）
2010	526	16	54	16	9	621
2011	558	24	76	26	5	689
2012	745	33	74	15	26	893
2013	638	29	121	18	18	824
2014	618	40	52	25	23	758

（3）文艺演出供给。近年来，随着人们消费水平的提高，对文艺演出的需求也日渐升温，演绎场馆演出、旅游演出、专业剧场演出等文艺演出形式逐渐成为社会精神文化需求的一部分，各类歌舞剧、音乐类电视节目、刘老根大剧场、德云社的相声剧场等的走红正是文艺演出市场走向繁荣的一种体现。但是，从图5-6也可看出，近几年，各类文艺演出市场的演出场次均有所减少。究其原因，一方面由于前些年市场存在一定的虚假繁荣，③ 2016年节俭令触发的“蝴蝶效应”冷却了前几年市场的火爆热情，④ 市场趋向冷静。另一方面，则是在“互联网+”时代，人们日常生活方式开始向网络迁移，文艺演出消费领域也同样如此，需求的变化也影响了供给的内容与形式。

① 人民网．2015中国电影票房收入440亿，回顾年度四大关键词[EB/OL]．[2016-07-30]．http：//media. people. com. cn/n1/2016/0102/c40606-28003687. html.

② 中华人民共和国统计局．中国统计年鉴[M]．北京：中国统计出版社，2011—2015.

③ 光明网．演出企业倒闭停业再暴虚假繁荣之弊[EB/OL]．[2016-08-11]．http：//guancha. gmw. cn/2014-06/16/content_11623388. htm.

④ 光明网．节俭令引发演出市场洗牌，政策带来行业寒冬[EB/OL]．[2016-08-11]．http：//finance. gmw. cn/2014-06/16/content_11618980. htm.

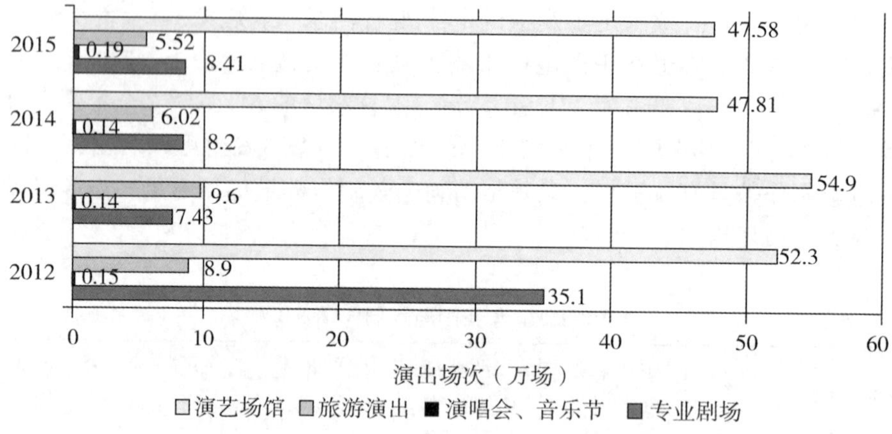

图 5-6　2012—2015 年我国文艺演出场次情况①

(4)艺术品供给。艺术品属于稀缺品，也属于非必需品；同时，艺术品的创作生产更多的是一种个人化的智力劳动，不需要且很难像出版物、影视剧这类文化产品实行批量化生产。因而，我们很难以艺术品的生产量去分析考察艺术品供给情况，在艺术品进入市场前，也无法确切地知晓艺术家们到底创作了多少艺术品。由此，本研究通过艺术品拍卖件数与成交率来衡量艺术品的供给数量。根据中央美术学院艺术市场研究中心的数据，2014 年全国总计拍卖艺术品521 538件，成交253 230件，成交率 48. 55%。② 2013 年的拍卖数量则为 51 万件，成交 24 万件，成交率 47%。③

总体而言，艺术品属于稀缺性文化产品，尤其是艺术精品更是一价难求，其需求价格弹性几乎为零。然而，当前的艺术品供给与消费市场出现了一种不好的现象，即将艺术品当作普通作品过度拍卖、过度供给，导致艺术品由一种稀缺品转变为了非稀缺性普通文化作品，艺术品市场也满目赝品与劣品。正如艺术市场专家西沐所提及的，中国画市场浮躁之气弥漫，中低端从业人数激增、精品鲜见、行活及涂鸦之作充斥市场，大量在拍卖、展览、展销、画廊、网络中叫卖的，正是这种非稀缺性的普通作品。④

① 中国演出协会．中国演出市场年度报告[R]．2011—2015.

② 中央美术学院艺术市场研究中心．2014 中国艺术品市场年度报告[M]．北京：人民美术出版社，2015：7-8.

③ 中央美术学院艺术市场分析研究中心．2013 中国艺术品市场年度报告[M]．北京：人民美术出版社，2014：6-8.

④ 刘晓丹．艺术品供给弹性有多大[EB/OL]．[2016-08-11]．http：//news. artxun. com/zhongguohua-1705-8522353. shtml.

(5)网络文化产品供给。据《2014—2015 中国数字出版产业年度报告》数据显示，2014 年，我国共计提供 2. 5 万种互联网期刊、1000 多种多媒体互动期刊、160 万种电子图书、201 万种互联网原创作品、900 种数字报纸和 500 多款网络游戏。2009—2014 年，我国数字出版物产品供给规模显著增加，其中以网络原创作品增加最为明显，多媒体期刊则锐减。其原因主要是多媒体互动期刊这种产品形态没有很好地与市场需求吻合，不符合消费者的消费习惯与使用特点。①

表 5-7　**2009—2014 年我国数字出版物品种数**　(单位：种/家/户/款)②

年份	互联网期刊产品种数	多媒体互动期刊种数	电子图书出版种数	电子书原创平台出版种数	数字报纸家数	网络游戏款数
2009	16 000	20 000	600 000	1 186 766	500	321
2011	25 000	12 600	>900 000	≈1 757 000	900	353
2012	25 000	3 420	>1 000 000	≈2 144 300	900	580
2013	25 000	2 899	>1 000 000	≈1 757 800	900	549
2014	25 000	1 009	>1 600 000	≈2 010 000	900	515

注：2013 年之前的数据每年的查询截止时间均为当年 5 月，2014 年为当年 6 月查询所得；2010 年数据缺失。

(6)文化产品供给现存问题分析。综上所述，当前我国文化产品供给市场还存在着诸如内容低俗、供求失衡、供给低效等问题。不少研究者对此有过深入分析，如原文化部部长蔡武、西南财经大学名誉校长刘诗白教授、中国传媒大学罗贵权教授等对当前一些地方和单位在文化产品生产中一味追求经济效益，使得平庸、低劣、粗糙的产品充斥市场的现象进行过专门分析。具体而言，主要存在以下几方面突出问题。

一是文化产品供给相对过剩和相对短缺并存。我国的文化产品供给在某些市场领域相对过剩，如出版物市场；但是在某些领域又相对短缺，如部分文艺演出门类，即使在相对过剩领域也同时存在相对短缺现象。我国每年出版图书

① 张立. 2014—2015 中国数字出版产业年度报告[M]. 北京：中国书籍出版社，2015：12.

② 张立. 2014—2015 中国数字出版产业年度报告[M]. 北京：中国书籍出版社，2015：14；郝振省. 2012—2013 中国数字出版产业年度报告[M]. 北京：中国书籍出版社，2013：13.

品种数量将近40多万种，按理如此规模总量足以满足读者的阅读需求，但是，每年约50亿册的图书总印数，按人均值计，平均每人不足5册，数量又显得相对不足。

二是缺少文化精品，现有的文化产品无法满足市场高端需求。这是当前文化产品供给存在的最为突出的问题，缺少文化精品导致了文化市场“劣币驱逐良币”问题的出现，这也是“三俗”文化产品泛滥的重要根源。由于缺少文化精品，现有的高端文化需求也无法得到满足，如当前艺术品市场非稀缺性普通作品充斥市场。也正是如此，习总书记在文艺座谈会上，提出“要多出精品，形成不断出精品、出人才的生动局面”。文化部部长雒树刚在谈及文化产业“十三五”规划方向时，也提到“十三五”时期加快文化强国建设，要实施文化精品创作工程。①

三是文化产品供给低质低效，普遍存在同质化现象，文化创新力不足。文化产品供给低质突出表现在“三俗”文化产品方面，而文化产品供给低效则体现为文化产品有效供给不足，也即文化产品供给相对短缺，原创性文化产品供应不足，产品同质化现象严重。针对原创文艺作品缺少问题，2015年文化产业业界在北京召开了一次主题为“原创的焦虑——当前文艺的困局”的青年文艺论坛讨论会，会上业内人士均指出原创力不足广泛存在于文艺创作的各个领域。②

2. 文化产品需求现状

文化产品需求是文化产品市场的重要基础，是消费者愿意且能够购买的文化产品数量，一般通过文化产品消费衡量其需求程度。文化产品消费也即我们通常所说的文化消费，③ 是衡量文化产品市场发展空间的重要指标，文化消费水平也是衡量小康社会建设水平的重要方面。

当前，我国文化消费需求主要呈现以下几方面特点。

(1)文化消费需求稳步增长。近年来，随着居民可支配收入的增加，以文化产品及其服务消费为主的文化消费需求快速增长，文化消费成为当下经济增长的新亮点，文化消费水平不断提高，新的文化消费形态不断涌现，文化消费

① 张贺．雒树刚：实施文化精品创作工程，加快文化强国建设步伐[EB/OL]．[2016-08-13]．http：//www.wenming.cn/whtzgg_pd/yw_whtzgg/201604/t20160415_3292498.shtml.

② 赵凤兰．原创文艺作品为何缺少[EB/OL]．[2016-08-13]．http：//www.ccdy.cn/xinwen/wenhua/xinwen/201511/t20151113_1162013.htm.

③ 张晓明，等．中国文化产业发展报告(2015—2016)[M]．北京：社会科学文献出版社，2016：92.

结构渐趋多元化。主要表现在以下几方面：

一是文化消费需求总量保持高速增长。文化消费需求总量是文化产业生产总量实际进入居民日常生活消费的具体表现，也是文化建设和文化生产的发展成果实际转化为人民群众文化消费需求的具体体现。① 根据中国文化消费需求景气评价中心发布的《中国文化消费需求景气评价报告》，1991—2012 年，全国城乡文化消费总量由 1991 年的 668.21 亿元增加至 2012 年的11 405.97 亿元，21 年间总增长1 606.94%，年均增长 14.47%(详见图 5-7)。

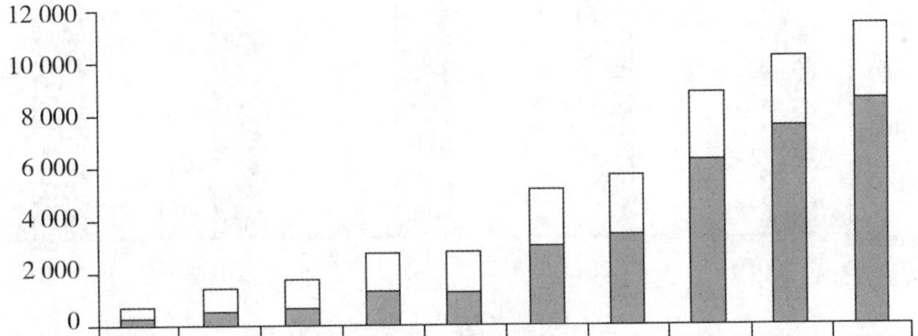

	1991	1995	1996	2000	2001	2005	2006	2010	2011	2012
乡村总量	410.2	878.6	1132.	1520.	1544.	2219.	2262.	2537.	2631.	2892.
城镇总量	257.9	509.7	619.5	1183.	1229.	2906.	3366.	6240.	7494.	8513.

□城镇总量　■乡村总量

图 5-7　全国城乡文化消费总量增长态势(单位：亿元)②

同时，据该课题组对全国各省文化消费总量的测评数据，2012 年，全国城乡文化消费需求继续保持高增长，21 个省域城乡文化消费需求总量增长率超过 10%，个别超过 20%，正是绝大部分省域城乡文化消费需求的高增长，带来了全国城乡文化消费需求的高增长。③

二是人均文化消费支出增长迅速。如图 5-8、图 5-9 所示，根据《中国文化及相关产业统计年鉴》2010—2014 年的数据，除了 2013 年因统计口径和方法的变化导致数据出现下滑外，全国居民人均文化消费支出，无论在消费数量还是消费增速上均保持着较好的增长态势。对比国家统计局的居民人均消费支出

① 王亚南．中国文化消费需求景气评价报告(2014)[M]．北京：社会科学文献出版社，2014：2-3.

② 王亚南．中国文化消费需求景气评价报告(2014)[M]．北京：社会科学文献出版社，2014：3.

③ 王亚南．中国文化消费需求景气评价报告(2014)[M]．北京：社会科学文献出版社，2014：摘要.

统计数据也可发现，整体而言，全国城乡居民在文化娱乐方面的消费支出增速要略高于其整体的消费支出增速。以 2014 年为例，城镇居民人均消费支出增长 8.0%，扣除价格因素，实际增长 5.8%；农村居民人均消费支出增长 12.0%，扣除价格因素，实际增长 10.0%，均低于其文化消费支出增长率。

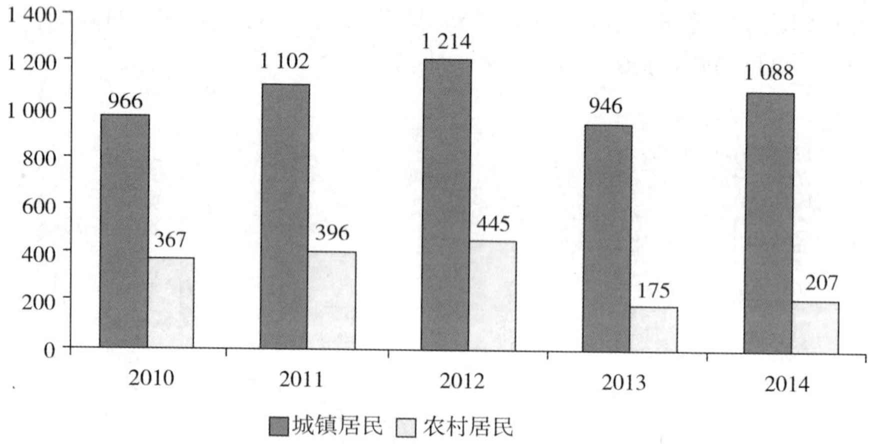

图 5-8　2010—2014 年我国居民人均文化娱乐消费支出(单位：元)①

注：2012 年及以前年份，中国的住户调查一直分城乡分别开展，从 2013 年起，国家统计局开展了城乡一体化住户收支与生活状况调查，城镇与农村居民收入、支出等指标的统计口径有所不同，因而 2012 年之前和之后的数据不完全可比。

(2)文化消费需求仍显不足，增长乏力。虽然我国居民文化消费需求保持稳步增长，然而，与居民消费需求及其消费能力相比，仍显不足。以人均值衡量，中国文化消费需求景气评价中心发布的《中国文化消费需求景气评价报告》指出，城乡文化消费需求增长明显高于产值需求，明显低于城乡居民收入增长，略低于总消费增长，显著低于积蓄增长。②

首先，文化消费支出占其现金消费支出的比重仍较低。如图 5-10 所示，2010—2014 年，城乡居民人均文化消费支出不足其现金消费支出的 10%，在国家统计局所统计的食品、住房、交通等八大类消费支出中处于中下游水平。

① 国家统计局社会科技和文化产业统计司，中宣部文化体制改革和发展办公室．中国文化及相关产业统计年鉴(2013)[M]．北京：中国统计出版社，2013；国家统计局社会科技和文化产业统计司，中宣部文化体制改革和发展办公室．中国文化及相关产业统计年鉴(2015)[M]．北京：中国统计出版社，2015.

② 王亚南．中国文化消费需求景气评价报告(2014)[M]．北京：社会科学文献出版社，2014：摘要.

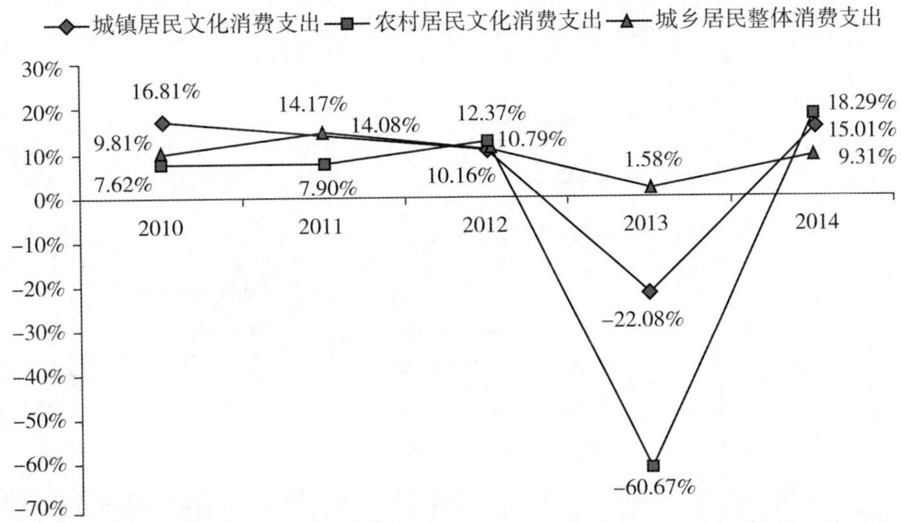

图 5-9　2010—2014 年我国居民人均整体消费支出与文化娱乐消费支出增长对比

注：文化娱乐消费支出数据根据图 5-8 数据整理而得，整体消费支出数据据《中国统计年鉴》整理而得。

从文化消费支出占总消费支出比重上看，欧美发达国家文化消费支出占总消费支出比重长期保持在 10%以上，韩国、新加坡、英国、美国、日本等国家文化消费支出占总消费支出比重甚至接近 15%。① 与国外发达国家相比，我国仍存在一定差距。

其次，在全国居民收入与消费支出持续增长的情况下，居民的文化消费支出占其收入与消费支出的比重整体呈不断下降趋势，且有加速下滑的态势。如图 5-9、图 5-10 所示，在人均收入及消费支出保持较高增长的态势下，居民人均文化消费支出占人均收入的比重和总消费的比重却持续下降。虽然其中有部分原因是由统计口径问题所致，但是仍在一定程度上暴露出了我国文化消费需求增长乏力的窘境。

此外，城乡居民文化消费极不平衡，差距明显。城镇文化消费总量增长是乡村的 5. 29 倍，城镇人均文化消费年均增速高出乡村年均增速 2. 44 个百分点。②

① 彭翊，李丽．海外经验：推动文化消费的三个路径[N]．中国文化报，2015-03-07(04).

② 王亚南．中国文化产业供需协调增长测评报告(2014)[M]．北京：社会科学文献出版社，2014：5.

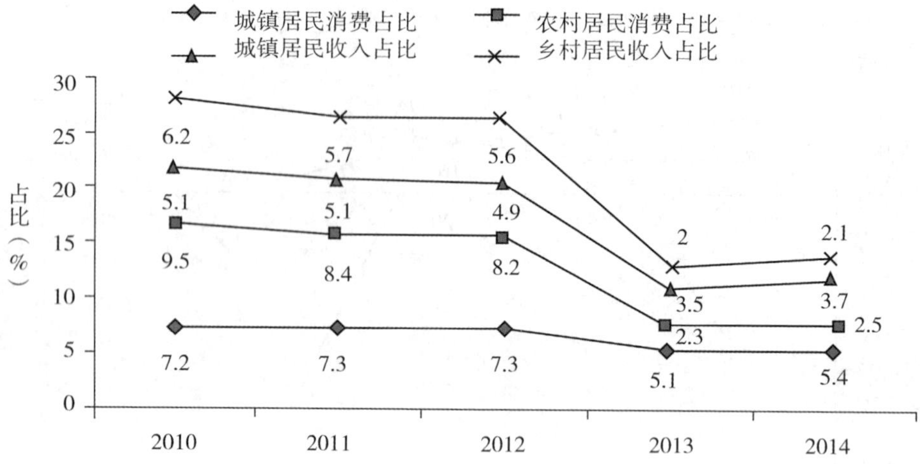

图 5-10　2010—2014 年我国居民人均文化娱乐消费支出占其收入、现金消费支出比重①

（3）多重因素制约文化消费需求。文化消费过低、需求增长乏力，严重影响了文化生产供给，制约了文化产品市场的健全发展。造成这种现象的原因是多方面的，具体表现在以下几方面：

一是居民人均收入水平增长对文化消费形成的约束。蔡旺春在研究文化消费的约束因素时指出，根据国际经验，当人均 GDP 超过3 000美元时，文化消费会快速增长；当人均 GDP 接近或超过5 000美元时，文化消费则会进入"井喷时代"。作者在文中通过测算 1997—2008 年我国城乡居民收入与文化消费支出相关数据，得出二者是正相关关系，即随着居民收入水平的提高，文化消费支出也在同步增长。② 然而，2014 年我国人均 GDP 已超过了7 000美元，但我国的文化消费不仅未出现"井喷"现象，反而在下滑。对此，有报道指出，最主要的原因之一是城镇居民收入增幅长期以来低于 GDP 增长速度。③ 据全国城镇居民抽样调查资料显示，2001—2013 年城镇居民人均可支配收入年均增长 9.4%，农村人均纯收入年均增长 7.8%，而 GDP 年均增长 10%，比城镇居民人均可支配收入和农村人均纯收入增幅高 0.6 和 2.2 个百分点。加之当前社会生活压力的与日俱增，种种原因抑制了居民文化消费需求，导致其增长

① 国家统计局社会科技和文化产业统计司，中宣部文化体制改革和发展办公室．中国文化及相关产业统计年鉴(2013)[M]．北京：中国统计出版社，2013；国家统计局社会科技和文化产业统计司，中宣部文化体制改革和发展办公室．中国文化及相关产业统计年鉴(2015)[M]．北京：中国统计出版社，2015.

② 蔡旺春．文化消费的约束因素研究[J]．经济论坛，2013(7)：81.

③ 梁达．文化消费稳步增长成为经济新亮点[N]．上海证券报，2015-07-03(011).

乏力。

二是当今社会医疗、养老、住房等支出大增，衣食住行等生活成本增大，挤压了居民文化消费需求空间。国家统计局的数据显示，虽然我们国家城乡居民的恩格尔系数近十年有了较大的下降，且目前在28.2%（2019年）相对富裕的水平上。但是不可否认的是，房价的疯涨、看病贵看病难问题的日益突出以及中国加速步入老年社会等多种因素，不断提高住房、医疗、养老的社会生活成本，这三项支出的与食品支出的体量相当，且表现出继续增长的趋势，这无形中大大挤压了文化消费的空间。

三是文化产品供给的市场机制不健全。我国的文化产品市场的发育水平与发达国家相比，市场化程度仍较低，还处于成长阶段，各种市场机制尚不完善，制约了文化产品的供给，进而影响了文化消费需求。如文化产品定价机制，许多文化产品，如电影、文艺演出等票价的定价偏高，超出了普通消费者的承受能力，制约了消费者对其的消费。

二、文化产品市场客体建设的举措

文化产品市场客体建设，目的在于调节文化产品供给与需求，以培育一个健康成熟的文化产品市场。互为因果关系的文化产品供给与文化产品需求，是文化产品市场客体建设的两大方面。具体来说，基于文化产品市场的发展现状，就是要健全文化产品供求机制，优化文化产品的供求结构，形成文化产品供求均衡的良性发展局面；完善文化产品市场运行的价格机制，通过价格机制的资源配置功能来调节文化产品的生产与消费；创新文化产品市场流通渠道，推动文化科技融合，创新文化产品供给方式，加快文化产品流转，提高供给效率并降低消费价格；培育引导文化消费，形成扩大文化消费的长效机制，促进文化产品市场的持续健康发展。

1. 健全文化产品供求机制

供求机制是市场运行机制的基本机制之一，也是市场机制的保证机制，供求机制通过调节市场供给与需求矛盾，从而保证市场供求均衡。供求机制联结产品生产、交换、消费等环节，受市场价格与竞争关系影响并相互作用，可以通过调节供求关系缓解作为市场主要矛盾的供求矛盾。健全的市场供求机制能够有效调节产品生产与消费的方向，优化产品生产与消费的结构，形成供求均衡的市场良性发展局面。

当前，我国文化产品市场的主要问题突出体现为供求问题，一方面，文化产品供给低俗、低效，供给结构存在文化产品相对过剩与相对短缺并存的问题，无法有效满足市场需求。另一方面，文化消费需求增长乏力，消费需求结构与地区消费水平不平衡，文化消费中以居民文化消费为主，政府文化消费所占比重较小，① 反映出我国公共文化服务体系建设仍有待加强。同时，根据《中国统计年鉴》和《中国文化及相关产业统计年鉴》的数据，我国居民文教娱乐消费中，大部分为教育及相关有形产品的支出，用于文化休闲娱乐的服务产品消费支出较少。此外，城乡居民文化消费水平与能力差距进一步拉大，乡村文化市场需求有待刺激。

健全文化产品供求机制，调节文化产品供求关系，可着力从以下方面入手。

一是调方向。调节文化产品生产和消费的方向，把控文化产品供给和需求的导向。从调节文化产品供给方向而言，当前过于迎合市场需求，也就是习总书记在文艺工作座谈会上提到的文艺“在市场经济大潮中迷失方向”，由此导致了“三俗”文化的泛滥；同时，同质化现象严重，文化创新力不足。调节文化产品供给方向，就是要创新文化产品供给、推动文化创新，不是单纯被市场“牵着鼻子”走，而是通过文化产品供给创新来引导市场需求、引领文化发展方向。从调节文化产品需求方向而言，就是要推动文化消费从注重量的有形文化产品的需求转向注重质的文化服务的需求，加速文化消费的升级。正如《中国文化产业发展报告(2015—2016)》所指出的，基本文化需求得到满足，多样性文化需求将大幅提升，这必然会伴随着文化消费的升级。②

二是调结构。如前所述，当前，无论是文化产品供给还是需求均存在着结构性问题，即文化产品相对过剩与相对短缺并存，文化消费以居民消费为主，群众基本的公共文化服务尚未得到很好的满足。调节文化产品供给结构，除了需要从注重供给量中跳出来外，更重要的是放开市场竞争，鼓励和引导社会资本投入文化产品生产中，扶持中小型文化企业。一方面通过引入市场竞争调节文化产品供给，另一方面基于小微文化企业经营方向灵活的特性，发挥其在小众市场、特色市场有效供给的作用，提高供给效率。调节文化消费结构，需要加强政府文化投入，这也是公共文化服务体系建设的基本要求。在经济增速放缓、居民生活消费支出压力增大、相应的文化消费支出增幅下降的当下，强化政府对公共文化产品的供给和投入，不失为一种有效提振文化消费、扩大文化

① 张晓明，等．中国文化产业发展报告(2015—2016)[M]．北京：社会科学文献出版社，2016：110.

② 张晓明，等．中国文化产业发展报告(2015—2016)[M]．北京：社会科学文献出版社，2016：111.

需求的逆市场经济周期的政府宏观调控行为。

三是调区域平衡。当前，我国城乡文化消费增长差距在进一步扩大，从需求总量来看，城镇文化消费总量增长速度是乡村的5.29倍；而从人均消费值来看，如图5-8、图5-9所示，城镇居民人均文化消费，无论在数量上还是年均增速上，均高出乡村居民。产生这种现象的原因是多方面的，包括广大乡村地区经济实力差，限制了文化消费需求和能力；同时商业化文化产品在边远农村地区存在着价格成本高、接受程度低，物流成本较高、难以到达群众手中等明显制约性问题，也是其中很重要的原因。由此，调节城乡区域文化消费差距是当前和未来一段时间文化产品市场建设的重要工作。为解决这一问题，一方面需要国家加大对农村地区文化产品的供给，尤其是公共文化产品供给，通过文化产品的自我供给和政府的合理补贴，提高农村地区文化产品的供给效率，促进农村地区文化消费。另一方面，需要发展现代物流技术与手段，构建公共文化产品的网络平台，加快农村地区文化产品的供给速度，降低文化产品的流通成本。

2. 完善文化产品价格机制

价格机制是市场运行机制的基本机制，对供求、竞争、利益、风险等其他市场运行机制作用的发挥起着推动作用，在市场机制中处于核心地位。所谓价格机制，即在市场竞争环境下及竞争过程中，市场价格的形成和运行与市场供求相互联系、相互制约而发挥作用的机制，包括价格形成机制和价格调节机制。价格是市场的“晴雨表”，价格机制能够影响和调节市场供求关系，是重要的宏观调控手段。

当前，我国的文化产品市场化程度仍较低，还处于成长阶段，各种市场机制尚不完善，价格机制的不完善就是其突出问题之一。具体表现在：一是价格虚高，许多文化产品，如电影、文艺演出等票价的定价偏高，超出了普通消费者的承受能力，制约了消费。以电影票价为例，国内3D IMAX影片在部分影院的挂牌价格在150元左右，普通影片的票价则在60~90元。与此相比，美国普通电影票7.5美元一张(约49元人民币)，3D IMAX影片则在8.5美元(约55元人民币)~14.5美元(约91元人民币)；香港3D电影票最低票价仅为55港元(约44元人民币)。由此可见，国内电影票价确实存在虚高的现象。也正是因为此，才有了2012年电影票限价令的出台。二是以市场供求为基准的价格形成机制尚未建立起来，文化产品价格定价或凭经验或以政府指导价为基准。如图书产品定价，就存在需求价格弹性错位现象，该高的低了、该低的又高了。① 三是价格调节机制不完善，政府指导定价或干预定价现象和色彩仍较为严重。

对此，完善我国文化产品价格机制，需做到以下几个方面。

一是明确文化产品价格形成的主体，也即定价主体。对于市场化的文化产品，其定价的主体毋庸置疑是企业，要尊重并发挥市场主体的定价自主权，只有存在价格战、乱涨价等不当竞争行为时，政府才应以反暴利、反倾销的宏观管控行为，出台所谓的市场指导价。这就需要明确文化企业的市场主体地位，健全文化产权制度，完善各类市场管理法规，给予市场主体充分的市场自主权，并通过完善的制度规定规范其市场行为。而对于属于群众基本文化需求但又是由市场进行供给的半公共文化产品，比如教材教辅等，定价主导权的主体依然是企业，然而由于其关乎公众的基本文化需求，政府可以出台一个指导价。对于完全由政府供给和买单的纯公共文化产品，则应由政府定价。

二是实现主要由市场供求关系形成文化产品价格的价格形成机制，发挥市场对资源配置的决定性作用。价格作为消费者最关心、最敏感的市场要素之一，其定价的影响因素很多，从价格机制的形成和运行来讲，主要受供求关系的影响。文化产品由于其意识形态属性，在过去很长一段时间主要都是由政府供给、政府定价，虽然文化体制改革已经基本放开市场价格，并基本形成了由市场供求形成的价格机制。但是，政府指导定价仍有一定比重，因而，健全文化产品价格机制，仍需进一步放开市场价格，实现主要由市场供求关系形成文化产品价格的价格形成机制。

三是完善文化产品市场价格的调节机制。价格调节机制是通过价格的升降来调节产品的供给和需求，进而引导生产和消费的市场运行机制。价格调节，主要通过国家的各项价格管理制度来实现，当价格偏离市场价格时，或者产品供给与需求出现问题时，就需要通过价格调节来纠正市场的失灵。因而，完善文化产品价格机制，必须建立健全价格调节机制。

3. 创新文化产品市场流通机制

文化产品供给低效，很大程度上是由产品流转速度不快造成的；而文化消费需求受限，尤其是乡村地区文化消费有限，除了收入水平与社会生活成本的限制外，就文化产品市场本身的影响因素而言，主要是由于当前文化产品价格过高，而造成此的重要原因则在于流通成本过高。为此，为降低文化产品供给成本，加快文化产品流转，刺激文化产品需求，亟须创新文化产品市场流通机

① 曾元祥，冯明，殷梦玲．从需求价格弹性看我国图书定价的错位现象[J]．出版科学，2016(1)：72-76.

制，从而降低文化产品的流通成本，加快文化产品的流通速度。

创新文化产品流通机制，从当前来看，主要就是发展、采用新的流通技术手段，推动文化科技融合，创新文化产品的供给方式与消费方式。2012年《国家文化科技创新工程纲要》和《文化部“十二五”文化科技发展规划》，早已将“文化科技融合”纳入文化产业发展的核心战略之中，并就此作出战略部署和安排。现代数字技术的发展和普及，正在迅速改变着文化的产品形态、传播方式和产业格局，科技已交融渗透到文化产品创作、生产、传播、消费的各个层面和关键环节，成为文化产业发展的核心支撑和重要引擎。利用信息化、网络化、数字化带来的“方便快捷、覆盖广泛、成本低廉”的传播优势，着力开拓文化产品的新型流通渠道，变得越来越重要。具体可从以下几方面入手：

一是大力发展文化产品电子商务。发展电子商务等现代流通组织和流通形式，是健全现代文化市场体系的必然要求。十七届六中全会通过的《中共中央关于深化文化体制改革推动社会主义文化大发展大繁荣若干重大问题的决定》(下文简称《决定》)，就明确指出健全现代文化市场体系，要“发展连锁经营、物流配送、电子商务等现代流通组织和流通形式”。为此，应大力发展文化电子商务，探索面向消费者的文化电子商务模式，鼓励传统文化产业、文化产品市场、文化企业连锁经营、现代文化物流与电子商务相结合，从而加快文化产品的流转。

二是构建面向全国的文化产品网络传播公共平台。这是实现文化科技融合、创新文化产品供给方式的重要途径。一方面，借助网络传播平台的辐射力与传播速度，加快网络文化产品的分发，同时利用数字交互技术提供个性化的数字内容分销服务，利用数字推送技术提供针对性的数字内容推送服务，以扩大文化的传播和辐射。另一方面，通过发挥公共文化服务平台的示范作用，尤其是全国性数字文化传播平台的建设，惠及全国，将助力满足农村地区的文化需求，如《中共中央关于深化文化体制改革推动社会主义文化大发展大繁荣若干重大问题的决定》提及的国家数字图书馆建设。

三是重点发展文化产品流通的连锁经营制，构建文化产品流通网络。这也是十七届六中全会《决定》的重要内容，是构建全国文化产品流通网络的重要举措。需要建立书报、影视产品、音像制品、电子出版物、艺术品、演出剧目的现代市场营销系统，建立以大城市为中心、中小城市相配套、贯通城乡的图书发行网络，发展跨区域、数字化电影院线，以此加快文化产品的流通，提升服务农村地区文化消费需求的能力。①

① 新华网．为什么要发展电子商务等现代流通组织和流通形式[EB/OL]．[2016-08-20]．http：//news. xinhuanet. com/politics/2012-01/11/c_111410421. htm.

4. 形成扩大文化消费需求的长效机制

党的十七届五中全会提出，要建立扩大消费需求的长效机制，这也是“十二五”时期扩大内需的重要工作。建立扩大消费需求的长效机制，能够进一步释放城乡居民消费潜力，消除长期以来制约消费增长的长期性、制度性、政策性因素，形成可持续性的消费增长，补足我们国家经济发展长期以来消费不足的短板，使消费真正成为拉动经济增长的“三驾马车”之一。增强居民消费能力、培育消费习惯、引导消费结构升级，是形成扩大消费需求长效机制的重要着力点。

近年来文化消费增长乏力，迫切要求形成扩大文化消费需求的长效机制。从扩大文化消费需求的着力点看，居民消费能力与经济发展走势密切相关。文化产品市场建设能够做而且需要做的，主要是培育居民文化消费习惯、引导文化消费需求。居民消费能力的增强不意味着文化消费的增长，相反，“十一五”以来居民文化消费的发展情况恰恰反映出了居民文化消费需求增长与其收入增高的协调性持续下降①，这更加凸显了培育、引导文化需求对于形成扩大文化消费需求长效机制的重要性。从当前文化需求存在的突出问题看，居民文化消费习惯尤其是对无形文化内涵服务需求的消费习惯尚需培育，居民的文化需求结构需要引导，以营造健康的文化消费氛围，促进文化消费升级。

培育居民文化消费习惯、引导居民文化消费行为，具体而言，可重点从以下方面着手②。

一是充分调动大众传播媒体的文化消费导向功能。信息时代，媒介对消费有着重大而深远的影响。对文化消费而言，大众传媒具有聚焦消费热点、引导消费潮流、影响消费取向等多方面作用。善用大众媒体的影响力，对于培育健康文化消费需求十分重要。具体而言，可通过对频道、栏目、选题、时长与版面等的管理，强化报刊广播电视等传统大众媒体正确的宣传导向；培育荷载社会主义核心价值观的网络媒体，充分发挥其在虚拟世界中的社会影响力；以网络舆情分析为基础，加强对网络媒体的监管和引导，降低其负面效应。

二是发挥公共文化服务平台的示范作用。公共图书馆、文化馆、农家书屋等公共文化服务体系是大众文化消费的基础平台，应将其建设成为健康文化消费的示范基地。公共文化服务平台需慎选文化产品和服务项目，力戒低俗文化

---

① 王亚南．中国文化消费需求景气评价报告(2014)[M]．北京：社会科学文献出版社，2014：11.

② 方卿．加强文化产品创作的生产引导[N/OL]．中国社会科学报，2014-08-06[2016-08-20]．http：//www.qstheory.cn/freely/2014-08/06/c_1111965369.htm.

的进入；利用推荐书目、图书评论等形式积极宣传推介健康文化产品；配合重大政策需求，定期开展形式多样的群众文化活动。

三是积极开展文化评论工作，发挥文化评论作为引导文化产品创作、生产和消费重要工具的功能作用。一方面，积极推行文化产品“独立评论人”制度。当前，由于过度的商业操控，文化产品评论的独立性受到了严重挑战。在文艺、出版、影视等领域推行“独立评论人”制度，引导文化领域的知名专家学者、资深媒体人成为“独立评论人”，鼓励相关科研院所、高等院校等文化教育与研究机构将评论成果纳入考核体系，有利于维护市场经济条件下文化产品评论的独立性。另一方面，则是大力加强文化产品评论阵地建设。文化产品评论的影响力与其传播平台建设息息相关。目前，我国文化产品评论发表和传播平台建设严重滞后，专业性报刊、影视常设栏目或频道均不能满足文艺评论、书评和影评发表的需求。因此，应该重点建设一批专业的文艺评论、图书评论、影视评论期刊，鼓励文化类报刊、广播、电视与网络媒体开设固定的文化产品评论专栏或频道。

第六章　文化要素市场建设

《中共中央关于全面深化改革若干重大问题的决定》(以下简称《决定》)明确提出了，建立健全现代文化市场体系，要建立多层次文化要素市场。文化要素市场是文化生产、流通与消费所必需的产权、版权、资本、技术、信息、人才等要素进行交易的场所，是文化市场体系的基础板块，是文化产业大发展的必要基础条件。正是由于在文化市场体系中的基础地位，文化要素市场在现代文化市场体系建设中也是受关注度较高的重要部分。原国家新闻出版广电总局党组书记蒋建国在解读《决定》时就指出，建立健全现代文化市场体系，要加强文化生产要素市场建设，这是文化市场发展的基础性条件：要有序发展文化产权、版权、人才、技术、信息等要素市场，建立健全文化资产评估体系和文化产权交易体系，发展以版权交易为核心的各类文化资产交易市场；推进文化资本市场建设，促进金融资本、社会资本与文化资源有效对接；推进文化产权市场建设，加快制定完善著作权、企业品牌等无形资产管理办法，鼓励和支持文化企业依法进行股权、版权、商标、品牌等方面的交易。① 基于此，本章内容在对文化要素市场的基本概念内涵进行概述的基础上，分别就文化资本市场、文化劳动力市场、文化技术市场、文化信息市场、文化产权市场等各文化要素市场板块的建设问题做深入探讨。

第一节　文化要素市场概述

现代市场经济的一个很重要的特征就是它有一个完善的市场体系，而且这一市场体系是以生产要素市场为主体的市场结构。② 西方古典经济学的观点认

① 蒋建国．建立健全现代文化市场体系[EB/OL]．[2016-08-25]．http：//www.qstheory.cn/zxdk/2013/201324/201312/t20131212_301522.htm.

② 顾钰民．健全现代市场体系[M]．重庆：重庆出版社，2009：10.

为生产要素对经济增长有积极贡献，因而，现代市场体系必须建立在高度发达的生产要素市场基础上。当前党和国家提出的供给侧结构性改革的主要领域也是在要素市场，通过全面改革土地、劳动力、技术、资本、信息等要素的供给，实现要素资源的优化配置与有效供给，从而提升经济增长的数量与质量。

一、文化要素市场的内涵

文化要素，即文化生产要素。生产要素是经济活动中进行产品生产所必需的经济资源的统称，劳动力、土地、资本是最常见的三大生产要素，随着时代的发展，产权、技术、信息等也逐渐被纳入生产要素体系中。文化要素，是文化生产经营活动中所需的各种以商品形式进行市场交换和配置的经济资源的统称。作为商品形式的文化要素资源主要包括产权、人才、资本、信息、技术等基本方面，这些要素是进行文化生产的必要前提，产权明晰，文化产品才有了明确的市场交换双方；人才充足，文化作品创作活动才有了智力保证；资本充裕，文化市场各类经济活动才有了资金保障；信息、技术也是文化市场经济活动所必需的要素。

文化要素市场，是文化生产、流通与消费所必需的产权、版权、资本、技术、信息、人才等要素进行交易的场所及其交换关系的总和。其具有以下两方面特点，一是文化要素市场与一般的生产要素市场有所不同，虽然其市场交换对象也有土地、文化生产资源(如纸张)等有形要素，但是其更多也更依赖的是人才、版权、信息、资本等无形要素的交换，以无形要素为主的市场交换活动是文化要素市场的主要特征之一。二是文化要素市场的市场购买者主要是各类文化企业，除了纸张、油墨、光磁盘等用于文化产品批量复制的生产资源要素的交易具有持续性外，大部分文化要素市场的交易次数相对较少。如，具体版权的购买，一定时期内具有排他性，不会出现多次交易行为；但是，其交易对象相对固定，通常主要卖给从事出版或者影视剧改编的文化企业。

文化要素市场提供生产经营文化商品必不可少的有形或无形的生产要素，担负着为文化市场体系配置资源、促进文化市场体系顺利运行的重任。① 生产要素市场是否发达，是衡量市场体系是否发达的主要标志。② 所以，从这个意义上说，建立健全现代文化市场体系，首先要培育和发展文化要素市场，文化要素市场建设，具有多方面的积极意义。

---

① 罗紫初，秦洁雯．论文化市场体系的内涵、结构与特征[J]．出版科学，2014(1)：22.

② 顾钰民．健全现代市场体系[M]．重庆：重庆出版社，2009：42-43.

文化生产要素市场建设是建立健全现代文化市场体系的重要内容。如前所述，生产要素市场是否发达，是衡量市场体系是否发达的主要标志。文化要素市场承担着为文化产品及其服务的生产经营活动提供所需的各种基本要素的责任。文化市场的发展与成熟，文化市场体系的建立和完善，都离不开文化要素市场的培育和发展。文化要素市场对于现代文化市场体系的重要性，已经得到了国家、各地政府及学术组织、研究人员的肯定与重视。2012 年，国务院通过的《国家“十二五”文化改革发展规划纲要》就明确指出，“健全现代文化市场体系，要加快培育产权、技术、信息等要素市场”。北京市也重视文化要素市场建设，通过积极推动文化金融合作、搭建以文化产权交易中心为核心的要素市场体系、加强文化与科技等相关产业融合发展、建设文化经济政策平台等政策举措，加速资本、信息、技术等关键要素的集聚与流通，为文化产业发展注入新的动力。① 河南省社会科学院文学研究所卫绍生也指出，在健全的文化产业体系中，文化产业应是文化生产要素、文化产品生产和文化产品销售三者形成的科学合理的内在结构。②

文化要素市场是实现文化要素资源合理配置的市场机制保障。市场从本质上来说是一种调节机制，是价格竞争、供求等市场机制对各经济活动主体的行为进行调节的场所，市场对经济活动的调节机制是来自于市场活动本身的。文化要素市场通过文化生产经营企业提供必不可少的有形或无形的文化生产要素，担负着调节文化要素资源合理配置的重任。只有逐步完善文化要素市场，才能充分发挥市场对于文化要素资源配置的决定性作用，有效促进文化生产和市场交换，为社会提供更多更丰富的文化产品与服务。③④

文化要素市场的建设程度决定了文化体制改革的进程与成效。市场机制配置生产要素的程度，既是衡量市场经济体制建设状况的标识，也是市场经济体制本身建设进程的决定因素。⑤ 党的十七届六中全会正式通过了《中共中央关于深化文化体制改革、推动社会主义文化大发展大繁荣若干重大问题的决

① 中央文化体制改革和发展工作领导小组办公室．北京：推进文化要素市场建设[EB/OL]．[2016-08-27]．http：//wzb.mof.gov.cn/pdlb/dfdt/201508/t20150814_1419439.html.

② 卫绍生．文化产业供给侧结构性改革[EB/OL]．[2016-08-27]．http：//theory.gmw.cn/2016-08/04/content_21301631.htm.

③ 顾钰民．健全现代市场体系[M]．重庆：重庆出版社，2009：2-3.

④ 向志强．文化产业市场体系及其竞争力研究[M]．长沙：湖南大学出版社，2014：33.

⑤ 瞭望新闻周刊．要素市场建设：重点是资本市场和劳动力市场[J]．瞭望新闻周刊，2001(10)：4.

定》，文化体制改革进程在持续、稳步、深化推进中。建立健全现代文化市场体系是进一步深化文化体制改革的重要任务之一，而建立健全现代文化市场体系迫切需要建立多层次的文化产品和要素市场。然而，当前我国文化市场发展过程中，文化要素流动不顺畅问题仍然十分突出，严重制约了现代文化市场体系的建立健全，进而阻碍了文化体制改革的推进。由此，迫切需要培育和发展文化要素市场，建立多层次的文化要素市场。

二、文化要素市场的构成

当前，文化建设、文化体制改革的重要任务之一是建立多层次的文化要素市场。多层次文化要素市场的构成，包括了文化资本市场、文化劳动力市场、文化技术市场、文化信息市场、文化产权市场等多方面内容。正如文化部部长雒树刚所指出的，建立多层次文化要素市场，就是要加快培育产权、版权、技术、信息等要素市场。①

1. 文化资本市场

资本市场，也称长期金融市场，是指期限在一年以上的金融资产交易的市场，主要指的是债券市场和股票市场，包括银行中长期贷款市场和有价证券市场。基于此，文化资本市场指的是期限在一年以上的文化金融资产交易的市场，是文化资本商品交易的场所及其交换关系的总和。其中，文化资本指的是投入到文化产业领域，以货币、实物、人力、智力等形态表现的，能够带来价值增值的价值。② 胡惠林等则认为，文化资本市场是指以货币为主要内容的，用以发展文化产业的金融资本和融资流通系统。③

文化产业不仅是一个智力密集型产业，而且还是一个资本密集型产业，由于文化资源的分配首先表现为资金的分配，因而，没有健全的文化资本市场的支持，就不可能有文化产业的大发展大繁荣。文化资本市场及其发育程度在整个文化市场体系中占有极其重要的地位，其发育程度是文化产业市场体系成熟程度的重要标志。④ 正因为如此，党和政府非常重视文化资本市场建设问题，继国务院《关于非公有资本进入文化产业的若干决定》、财政部等五部委《关于

① 雒树刚 . 人民日报：进一步深化文化体制改革[EB/OL].[2016-08-27]. http://opinion.people.com.cn/n/2013/1203/c1003-23721676.html.

② 赵玉忠 . 文化市场学[M]. 北京：中国时代经济出版社，2010：133.

③ 胡惠林，单世联 . 文化产业学概论[M]. 太原：山西人民出版社，2006：309.

④ 向志强 . 文化产业市场体系及其竞争力研究[M]. 长沙：湖南大学出版社，2014：35.

文化领域引进外资的若干意见》和文化部《关于鼓励、支持和引导非公有经济发展文化产业的意见》，2010 年 3 月中宣部等九部委又联合发布了《关于金融支持文化产业振兴和发展繁荣的指导意见》。相关政策的出台，正是为了培育和完善文化资本市场，突破文化产业发展的资金瓶颈，合理配置文化资本资源，推动文化企业上市与资本运营。

从文化资本作用于文化市场发展方式看，通常有文化资本投资，即货币资本直接投资于文化市场经济活动中；以及文化资本融资，即通过债券或股票发行的方式进行的文化投资，这里的文化融资形成的市场也即我们通常所说的狭义上的文化资本市场。文化资本市场，从其商品交易的形式看，主要有文化债券交易和文化企业股票交易之分。相较于直接的货币投资，文化资本市场融资周期长，因而流动性也较差，但是融资期限内价格变动幅度也大，风险高的同时收益也相对较高。同时与一般的市场交易活动相比，资本市场交易活动结束后，交易双方的经济关系并未结束，其信用或投融资关系仍然存在。

文化资本市场经营主体众多，大体上分为三类：一是投资或融资主体，包括各级财政部门、国有资产管理公司、政策性银行和商业性银行、信托投资公司、融资租赁公司、保险公司、证券公司、企业集团财务公司、典当行、工商企业、居民个人等；二是中介经营机构，包括各类金融机构营业部等；三是文化企业，包括出版企业、影视制作公司、软件开发公司、网络服务公司以及影院、剧场、娱乐场所和体育场馆的经营者等。①

文化资本市场建设的目标就是要建立多层次的文化资本市场，“多层次资本市场”是对现代资本市场复杂形态的一种表述，具有丰富的内涵，具体包括交易方式与形式的多层次性、经营主体的多层次性以及同一类型文化资本市场内部的多层次性。

2. 文化劳动力市场

任何产业发展均需要人，人才对于文化产业发展的重要性更甚，作为严重依赖人的内容原则、创意创新内容产业，文化产业的持续发展更离不开人才的有力支撑。基于此，培育和发展劳动力市场，通过市场的调节作用，合理调节人才这种活劳动资源的配置，能够有效实现劳动力与其他文化要素资源的结合。

经济学意义的劳动力市场，又称人才市场、人力资源市场等，包含三个层面的含义：一是劳动力作为一种商品进行交换的场所和空间；二是劳动力交换

① 赵玉忠．文化市场学[M]．北京：中国时代经济出版社，2010：136.

关系的总和；三是按照市场运行机制对劳动力资源进行配置和调节的一种机制。① 文化劳动力市场，就是从事文化产业活动的劳动者进行交换的场所，是文化劳动力交换关系的总和，是通过市场机制调节文化劳动力的供求、实现文化人力资源合理配置的系统机制。

文化劳动力市场是产品所有者(劳动者)与产品(活劳动)统一的市场，劳动力市场从本质上讲是劳动力这种活劳动的资源配置方式，② 因而交换的是人的活劳动，而劳动力(产品所有者)的活劳动是依附于劳动者本身才得以存在的，故而二者是统一的。劳动力市场是使用价值具有价值创造功能的市场，就文化产业这种智力密集型产业而言，对其劳动者的价值创造能力要求更高，文化劳动力市场对劳动力的需求也主要体现在其文化创造力上。因此，由于文化劳动者卖出的是抽象的、难以把握的文化创造能力，这也使得文化劳动力市场的交易价格难以估量，可能出现物非所值的现象。文化劳动力市场的商品交换，价格并不起唯一决定性作用，企业的文化氛围、劳动者个人的文化追求等均具有决定性影响，如很多的文艺艺术家整体的收入水平与其艺术贡献和社会地位是不相匹配的，但他们仍孜孜不倦地从事艺术创造工作，正是其对艺术的追求使然。

文化劳动力市场，与我国当下的劳动力市场相似，也深受户籍制度的影响，由此阻碍了劳动力的合理配置和自由流动，一定程度上造成文化劳动力市场的供应不足。当前，北京、上海是我国的两大文化重镇，但是在北京、上海落户仍然受到严格的限制，而且文化行业整体的薪资水平在所有行业中处于中等偏下水平。如新浪教育发布的一份“2015 年本科毕业生薪酬最高的 100 个专业排行榜”显示，与文化行业相关的专业排名最高的是网络与新媒体(第 34 名)，其次就是戏剧学(37 名)，仅这两个专业排在了前 50 名。③ 户籍制度与薪资水平的影响，严重阻碍了一大批有着文化追求的毕业生投入到北上广这些文化行业发展程度较高的城市中，人才供给的不足也影响了文化市场的进一步发展繁荣。文化劳动力市场有效供给的不足还表现在需求存在很大缺口，尤其是适应网络、数字化发展的新型人才紧缺，这也是当前数字出版发展的一大制约因素。

① 徐长玉．中国劳动力市场培育研究[M]．西安：西北大学，2008：14.

② 王晓东．论市场体系建设：资源配置的制度思考[M]．北京：中国财政经济出版社，2004：112-113.

③ 新浪教育．2015 年本科毕业生薪酬最高的 100 个专业[EB/OL]．[2016-08-27]. http://edu.sina.com.cn/gaokao/2016-02-06/doc-ifxpfhzq2517564.shtml.

3. 文化技术市场

技术作为一种重要的文化要素，是推动文化创新以及文化产业发展的持续动力。在科学技术日新月异的今天，如何认识科技的潜力和边界，如何主动利用科技创新来推动文化产品、服务和业态的创新以及产业的升级，是文化产业面临的新一轮挑战和机遇。这对文化技术市场建设提出了更高的要求。

技术市场，广义来讲是技术成果流通的领域，是技术成果交换关系的总和。狭义的技术市场，则是作为商品的技术成果进行交换的场所。技术是连接科技与经济的桥梁，科技成果的转换对于推动经济的发展具有积极意义，早在1978年召开的全国科技大会上，我国就开启了技术市场建设步伐，1985年中共中央发布的《关于科技体制改革的决定》更是明确提出了“开放技术市场，实行科技成果商品化”。

文化技术市场，既是技术市场的一个细分市场，同时又是文化要素市场之一，是文化技术成果交换关系的总和。文化技术成果交换关系的总和，包含技术产品从开发到应用的全过程，涉及与技术开发、技术转让、技术咨询、技术服务相关的技术交易活动及各相关主体之间的关系。① 文化技术市场的交换关系，主要是技术提供商与文化企业之间的关系，即文化企业通过技术转让、技术咨询、技术服务等方式与技术开发商之间产生交换关系。

技术市场从其交易方式看，主要有技术转让与引进、技术咨询与服务、技术许可证贸易三种基本方式。文化技术市场交换的产品，有时以知识形态出现，如技术咨询与技术服务的交易，有时则以技术成品交换形态存在，如软硬件的转让。前者的技术转移周期较长，后者的技术转移则通常在交易完成后即完成。在当前文化技术市场发展还不是很成熟的阶段，软硬件的交易是文化企业通常的交易形式，即直接购买业已成熟的技术应用于文化产品的生产经营等活动中。

文化技术市场对推动文化科技创新、提升文化产业生产力、促进文化产业持续发展具有积极作用。一是推动文化科技创新。面对日益激烈的市场竞争和日新月异的科技发展，技术市场已成为科技创新和产业投入的重要渠道。文化企业通过技术市场，获取外部技术知识从而吸收创新，既能够规避技术研发与创新的高投入和高风险，同时也能够提高研发效率，加快科技创新。二是提升文化产业生产力。技术市场以推动技术成果的商品化、市场化和产业化为核心，通过技术转让、技术咨询、技术服务、技术产权等手段，能够不断提高技

① 姜毓锋．基于技术市场的知识转移研究[D]．长春：吉林大学，2010：6.

术交易效率，降低技术交易成本，加速技术成果向现实生产力转化。① 这对于提升文化生产力具有积极意义。三是促进文化产业持续发展。技术市场的建立，架起了经济发展与科学技术之间的桥梁，通过科技创新促进科技成果的持续转化与社会经济的持续发展。文化科技创新是推动文化产业发展的根本动力，其通过催生文化新业态，拓展文化产业边界；通过促进文化产品或服务创新，提升文化吸引力；通过拓展传播路径，增强文化辐射力，从而推动文化产业的发展。②

4. 文化信息市场

文化信息市场中的信息指的是市场信息，是反映文化市场供需情况、竞争状况、市场运行状态等各种信息的总称。市场信息是现代市场的基本构成要素，随着商品经济的日益发达，市场竞争日趋激烈，市场结构日趋复杂化，企业也更难以把握市场供需动态、竞争格局与运行状况。在此背景下市场信息的沟通功能开始得到显现，市场信息作为市场基本构成要素的地位也得以确立。③ 随着文化产业市场化进程的推进、市场化程度的提升，文化市场供需之间的矛盾也越发凸显，文化产品供给相对过剩和相对不足问题严重，文化市场信息的重要性也越来越突出。文化市场信息功能作用的发挥，建立在成熟的文化信息市场建设基础上。

文化信息市场是以提供各种信息来满足用户需要的信息交换场所，以及在信息交换过程中产生的各种关系的总和。文化信息市场表现出了以下基本特性：首先，文化信息市场的信息需求及其交易具有持续性，文化企业为了保持其持续竞争力，需要实时关注市场竞争与运行动态，对信息的需求是持续的，因而信息市场双方的交易也是持续性的。其次，文化信息市场的信息交换具有间接性，通常是通过文化中介服务组织提供的信息咨询服务，或者新闻媒体提供的新闻信息内容等获取所需的市场信息，而不是直接从信息源处交换而来。文化信息市场大致可以分为以下几种类型：

一是供需对应型文化信息市场，即信息的需求方与信息的提供方不通过信息中介而直接进行信息交换的市场，这类市场通常是沟通产品供求信息的。如出版物订货会、书展等，出版商直接将其出版物信息展出，以供他人了解，实际上就构成了这类信息市场，只不过信息不直接产生价值，而是通过产品交换产出价值。因而，展会市场也是文化市场的重要部分，这也是我们较为忽视的

① 姜毓锋．基于技术市场的知识转移研究[D]．长春：吉林大学，2010：摘要．

② 方卿．加快文化科技创新推动文化产业发展[J]．出版科学，2012(4)：9-12．

③ 方卿，姚永春．图书营销学教程[M]．长沙：湖南大学出版社，2008：5-6．

市场。这类信息市场也可称之为产品型信息市场。

二是信息咨询服务型信息市场，即由为文化产品生产经营机构提供的各类信息业务代理、信息咨询、市场信息调查分析等信息服务所构成的市场。这类信息市场是最常见的信息市场，通常是由信息中介构成市场的主体。国外学者Bommel等就认为，信息市场就是需求者与发布者进行信息资源交易的市场，这种交易很多时候是通过中介进行的。① 这类文化信息中介组织有的是商业性的企业组织，如图书市场上的北京开卷信息技术公司就是一家提供专业图书行业咨询、研究与调查服务的商业机构；也有的是非营利性的行业协会组织，如中国文化信息协会就是这样一家组织文化艺术交流和信息传播活动、举办信息发布会、进行文化科技艺术成果展览展示活动、开展文化咨询与服务方面的行业协会。

三是媒介型信息市场，即以大众传播手段传播的信息市场。这在文化产业中也较为常见，如《中国图书商报》《中国出版传媒商报》等文化类专业报刊，都会定期跟踪并发布行业信息，这也是文化企业了解市场发展动向的重要信息渠道。

四是网络型信息市场，这是伴随着互联网的产生和普及而出现的一种新型信息市场，也是未来文化信息市场发展的重点方向。网络型信息市场信息发布和传播速度更快，更有利于文化企业及时掌握市场动态；而且，网络型文化信息市场的信息网络平台越来越往信息共享平台方向发展，这对于企业而言也是一大利好，如中国文化产业信息网、中国出版网、百道网的大部分市场信息都是共享的。

5. 文化产权市场

产权(property rights)，在西方产权理论中，诺斯(1981)认为产权本质上是一种排他性权利，阿尔钦(1991)则认为产权是一个社会所强制实施的选择一种经济品的使用的权力，平乔维克(1999)也指出产权不是物品，而是人与人之间由于稀缺物品的存在而引起的与其使用相关的关系。② 德姆塞茨在《关于产权的理论》中对产权的定义是："所谓产权，意指使自己或他人受益或受损的权利。"③由此可见，产权是一种权利，是产权主体关于某项事物所拥有的

① P van Bommel, B van Gils, H A Proper, et al. Value and the Information Market[J]. Data & Knowledge Engineering, 2007(61): 153-175.

② 郭国庆，吴剑峰. 论产权市场的功能、管理与法制化建设[J]. 当代经济管理, 2005, 27(2): 4-13.

③ [美]哈罗德·德姆塞茨. 关于产权的理论：财产权利与制度变迁[M]. 刘守英，等，译. 上海：上海三联书店、上海人民出版社，1994.

各项权利的总称。如果把产权和资源配置联系起来，市场化配置意味着要通过市场交易来实现各种生产要素的配置，交易必然涉及双方的权利。这里的“权利”是产权意义上的，既可以是所有权，也可以是经营权、使用权、占有权、支配权等，是一组权利，是一个“权利束”。① 因而，完整的产权包括财产的所有权、占有权、支配权、使用权、收益权、转让权等。

产权市场，就是围绕产权这一特殊商品的交易而形成的经济关系。产权市场的产生，是以产权主体的明晰化和法定化为前提的，产权市场交换的实质是产权的让渡和延续，产权要实现让渡就要明晰产权的主体是谁，同时保障产权主体的法律权利。产权市场交易的内容既包括企业单项要素的产权交易，如企业闲置资产、单项资产的出售，部分房屋、土地的出租、出售，技术商标等知识产权交易等；企业部分产权交易，如企业股权买卖或是企业整体产权的部分出售(如分厂、车间的出租、出售、联营等)；也包括企业整体产权交易，如企业产权的买卖、兼并和租赁等。②

文化产权市场，就是围绕文化产权交易而形成的市场。所谓文化产权，指的是文化资源、文化产品、文化服务及相关领域的产权，产权所有者有决定如何使用、控制、处置、交易这种文化资源的权利，并能够取得一定的经济收入。具体包括三个方面，一是符合国家相关规定，二是产权清晰，三是能成为文化产权标的物，如影视剧、舞台剧及其衍生品的版权、著作权、文化专利等都可以进行交易③。市场经济体制下，市场主体的所有权、占有权、经营权在一定程度上的分离，使得文化资源能够以产权的形式进行配置与流通，由此也就产生了文化产权市场。文化产权市场的形成，有助于解决文化企业发展过程中资金短缺、融资困难的难题，扩大文化产业规模结构，促进文化创意成果转化。

在互联网时代，文化产权交易市场有实体与网络之分，实体的文化产权市场包括证券交易所、产权交易所等，如北京文化产权交易所、深圳文化产权交易所、上海文化产权交易所等。随着互联网、电子商务的兴起，网络文化产权市场的地位和作用日益凸显，随之也出现了一批网络化的文化产权交易平台，如国家版权交易网、中国文化产权交易网。同时，文化产权交易市场既有综合性的产权交易市场，如上海联合产权交易所近年来也积极开展文

① 王晓东．论市场体系建设：资源配置的制度思考[M]．北京：中国财政经济出版社，2004：79.

② 董亥宁．我国产权市场的发展与创新[M]．天津：天津商业大学，2008：14.

③ 王顺育，韩冰，王旭超．文化产权市场发展问题研究[J]．产权导刊，2012(11)：30-31.

化产权交易活动；也有专门性的文化产权交易市场，如中国文化艺术品产权交易所就是服务于各类文化艺术品权益拆分和证券化运作而存在的专业性文化产权交易市场。

文化产权市场的基本功能包括以下两个方面：一方面，可以使文化产权交易信息集聚化、公开化，建立交易双方的沟通渠道，增加交易公平性和透明度，发现并显化文化产权的隐形价值，使得文化资源实现产业化运作；另一方面，文化产权交易平台的存在，将使文化领域的偶然性交易变为一种常态化的市场交易，规范市场价格机制，从而减少交易摩擦成本，形成规模集约效应。①

第二节　文化资本市场建设

文化产业不仅是一个智力密集型产业，而且还是一个资本密集型产业，没有健全的文化资本市场的支持，就不可能有文化产业大发展大繁荣。我们党和政府十分重视文化资本市场建设问题，继国务院颁布《关于非公有资本进入文化产业的若干决定》、财政部等五部委下发《关于文化领域引进外资的若干意见》和文化部颁布《关于鼓励、支持和引导非公有经济发展文化产业的意见》，2010 年 3 月中宣部等九部委又联合发布了《关于金融支持文化产业振兴和发展繁荣的指导意见》。政策的密集出台迅速活跃了文化资本市场，相关政策在促进我国文化资本市场建设方面发挥了积极作用。但是，文化企业的上市融资仍然较为困难，文化资本市场尚不完善。2011 年年底，《第一财经日报》发表了题为《融资难成文化产业发展瓶颈》的文章，《金融时报》发表了题为《文化产业融资难问题亟待解决》的文章，均直指我国文化资本市场存在的突出问题，也表明了我国文化资本市场尚不健全。从资本市场建设的趋势看，构建多层次资本市场成为必然。周小川就此撰文指出，“十三五”时期，应着力加强多层次资本市场投资功能，形成包括场外、场内市场的分层有序、品种齐全、功能互补、规则统一的多层次资本市场体系。② 加强文化资本市场建设的目标是建立多层次的文化资本市场。

① 王顺育，韩冰，王旭超．文化产权市场发展问题研究[J]．产权导刊，2012(11)：31.

② 中国证券网．周小川解读十三五金融改革：加强多层次资本市场功能[EB/OL]．[2016-09-13]．http：//www. cs. com. cn/xwzx/jr/201511/t20151110_4837021. html.

一、我国文化资本市场建设现状

据国家发改委的通报，目前，我国已初步形成由主板、中小板、创业板、新三板和区域性股权市场构成的多层次资本市场。2015 年，有 308 家中国企业完成海内外上市，其中有 219 家企业选择在国内创业板、中小板、主板上市。① 可以说，我国已经初步建立起了多层次的资本市场体系，这为推动我国文化资本市场建设与发展创造了良好条件，一批优质文化企业积极利用多层次资本市场融资，实现了资本运营，并将企业做大做强。

1. 我国文化资本市场建设的成就

一是文化企业上市融资初具规模，上市融资也成为文化企业涉足资本市场的重要途径。据《中国文化产业发展报告（2015—2016）》的数据，截至 2012 年，我国共有 100 家文化企业成功上市，我国 IPO 上市文化企业融资规模达到 1 057. 85亿元，其中有 17 家文化企业成功登陆资本市场，11 家 IPO 上市企业的上市融资规模达到 103. 44 亿元。② 此外，目前创业板文化类上市公司已有 14 家，形成了良好的集聚效应、示范效应，创业板已成为国内文化企业上市的首选板块。③ 这也得益于我国对创业板市场建设的重视和国家对中小企业上市融资的政策扶持。一批文化企业充分利用我国多层次资本市场，通过上市融资实现了做大做强。

二是文化企业信托融资高速增长。信托融资是一种通过金融机构的媒介，由最后信托公司向企业贷款融资的间接融资方式，与银行、保险、证券一起构成了现代金融体系。据不完全统计，截至 2013 年，文化企业通过发行信托产品进行融资约有 124 次，融资金额达 198. 56 亿元，2008—2013 年年均增长 191. 32%，保持了较高的增长速度。我国文化企业信托融资金额及其增长情况详见图 6-1。

2009 年上市的华谊兄弟，其信贷融资可以说是文化产业与金融业成功结合的典型案例。2005 年，华谊兄弟为电影《夜宴》成功筹集到深圳发展银行的贷款5 000 万元人民币；2007 年，华谊兄弟从招商银行成功批贷5 000万元人

① 国家发改委．我国已初步形成多层次资本市场体系，创业投资退出渠道不断拓宽[EB/OL]．[2016-09-23]．http：//www. gov. cn/zhuanti/2016-09/21/content_5110329. htm.

② 张晓明，等．中国文化产业发展报告（2015—2016）[M]．北京：社会科学文献出版社，2016：131.

③ 朱静雯，刘颖．我国现代文化资本市场体系建设存在的问题及其成因研究[J]．中州大学学报，2015，32(2)：15-18.

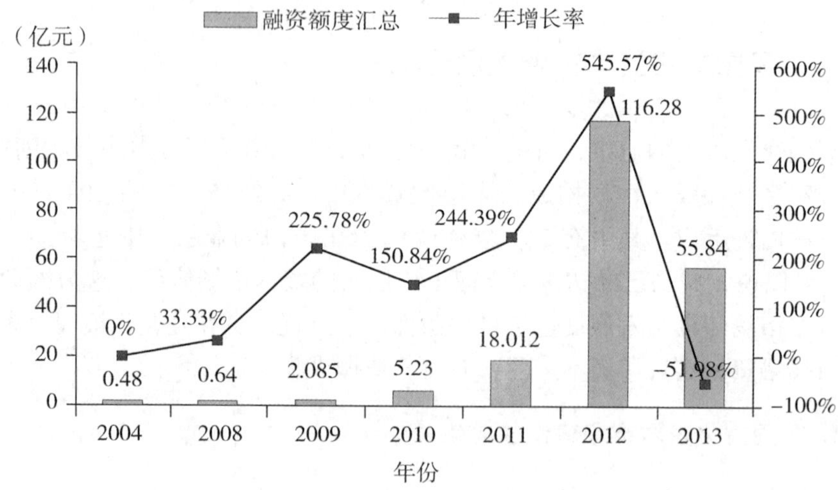

图 6-1　我国文化企业信托融资金额及其增长情况①

民币制作影片《集结号》，不再需要第三方担保授信；2008 年，北京银行以版权质押的方式向华谊兄弟提供 1 亿元人民币的多个电视剧项目打包贷款，开创了版权质押打包的先河；2009 年，中国工商银行北京分行以综合授信方式为华谊兄弟发放两年期的项目贷款 1.2 亿元人民币。用贷款拍摄的《夜宴》《集结号》《功夫之王》《非诚勿扰》等电影的成功也为华谊兄弟带来了可观的投资回报。

三是金融机构成为文化企业融资的主要渠道，金融信贷、金融债券市场发展红火。一方面，得益于国家金融政策对文化领域的扶持以及文化部等相关行政主管部门的政策协调推动，各金融机构纷纷推出针对文化企业的信贷产品并开辟"绿色通道"。如工商银行为中小文化企业开通"融慧通"，北京银行针对十项文化创意类项目推出"创意贷"，交通银行推出版权质押贷款等。随着新型信贷产品的不断推出，文化产业的信贷融资增速已高于全国各行业平均水平。② 据中国人民银行统计，截至 2013 年年底，全国文化产业本外币中长期贷款余额累计达到 1574 亿元，同比增长 36.28%，高于全行业平均增速 26.98 个百分点。③

① 张晓明，等．中国文化产业发展报告(2015—2016)[M]．北京：社会科学文献出版社，2016：131.

② 朱静雯，刘颖．我国现代文化资本市场体系建设存在的问题及其成因研究[J]．中州大学学报，2015，32(2)：15-18.

③ 李慧，张志国．"文化"与"资本"：深度融合难在哪[N]．光明日报，2014-03-20(14).

另一方面，金融债券市场也成为了近年来文化企业债券融资的核心市场。截至2013年7月，有80多家文化企业在银行间市场进行了180多次各类债券融资，融资规模累计1820亿余元，约占文化企业债务融资总量的95%（详见图6-2）。

四是文化企业私募融资成为新趋向。文化企业私募融资包括私募债券融资和私募股权融资两种主要方式。文化企业私募债券融资方面，《中国文化产业发展报告（2015—2016）》的调查数据显示，2004年至2013年1—7月，约有21家文化企业在上海证券交易所和深圳证券交易所进行债券融资，融资总金额达96.2亿元，约占文化企业总债务融资额的5%。① 文化企业私募股权融资方面（如图6-3所示），近年来，在私募股权事件数和公布金额事件数上，虽然有所起伏，但是整体呈增长态势。

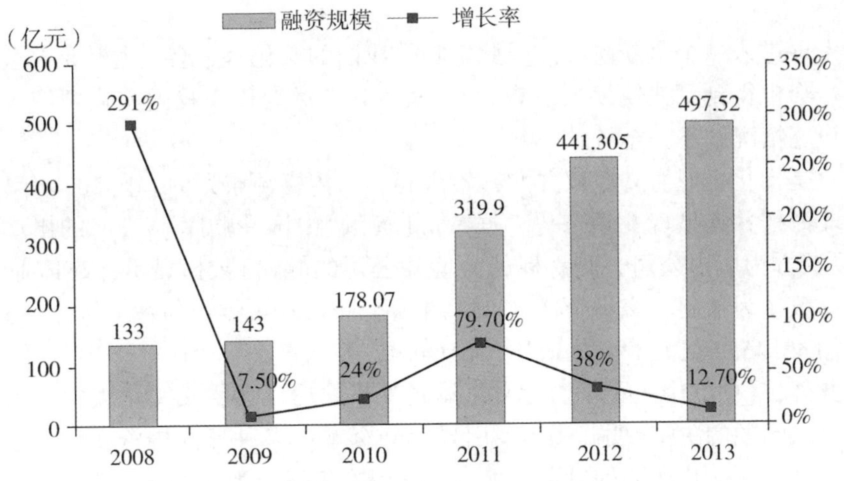

图6-2 我国文化企业金融债券融资规模及年增长率②

五是文化基金设立掀起新高潮，文化资本市场主体日益多元化。文化基金是推动文化产业发展的重要工具，世界各国均十分重视并不断加强文化基金会的建设。2004年6月1日起正式施行的《基金会管理条例》（以下简称《条例》），将基金会分为面向公众募捐的“公募基金会”和不面向公众募捐的“非公募基金会”，从而确立了非公募基金会在我国的合法地位，也标志着我国基金

① 张晓明，等．中国文化产业发展报告（2015—2016）[M]．北京：社会科学文献出版社，2016：129.

② 张晓明，等．中国文化产业发展报告（2015—2016）[M]．北京：社会科学文献出版社，2016：130.

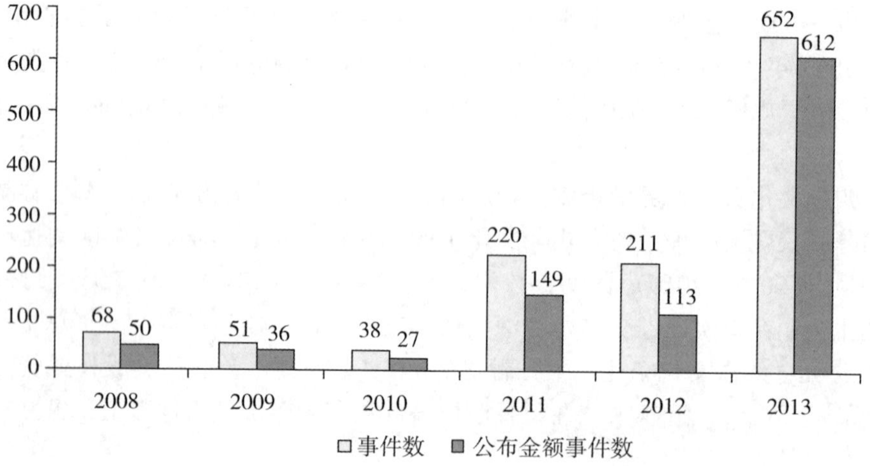

图 6-3 2008—2013 年我国文化企业私募股权投融资事件数(单位：件)①

会的发展进入一个全新阶段。受此影响，我国的文化基金会，尤其是非公募文化基金会也得到了快速发展。表 6-1、表 6-2 是对近年来我国文化领域各类基金会设立情况的不完全统计。②

六是文化企业海外股权并购开始兴起。以传媒领域为例，自 2014 年以来，媒体业海外并购呈现井喷态势。据 Wind 资讯“中国并购库(MA)”的出境并购(交易买方为境内公司、交易标的为境外公司的并购)数据显示，媒体业 2013 年交易数量为 4 起，交易金额 8.7496 亿元，而 2014 年交易数量为 18 起，交易金额 43.4537 亿元，同比增长 396.64%。

此外，《中共中央关于深化文化体制改革推动社会主义文化大发展大繁荣若干重大问题的决定》明确提出要引导社会资本以多种形式投资文化产业，助推社会资本对文化产业的投资，助力文化资本市场成为新的发展热点。

2. 我国文化资本市场建设存在的问题

虽然我国文化资本市场在全国多层次资本市场建设春风的带动下，取得了积极成效，发展成就也较为喜人。但不可否认的是，正如前述《第一财经日报》《金融时报》等文章所指出的那样，我国文化资本市场尚存在一些突出问题，制约了文化资本市场的进一步发展壮大。具体表现在以下几个方面。

① 张晓明，等．中国文化产业发展报告(2015—2016)[M]．北京：社会科学文献出版社，2016：131.

② 数据引自：方卿，白雪，曾元祥．加强文化基金会建设，引导文化产品创作生产[J]．中州大学学报，2015(4)：13-17.

表 6-1　　**全国性文化基金会信息统计表**

项目		数量	类型		成立时间		评估等级				平均原始基金额（万元）	官方网站	
			公募	非公募	1980—2004 年 5 月	2004 年 6 月至今	3A	2A	1A	无		有	无
新闻出版发行		1	0	1	1	0	1	0	0	0	2 000	1	0
广播电视电影		1	1	0	1	0	—	1	—	0	800	1	0
文化艺术	文艺创作与表演	7	4	3	7	0	1	3	3	0	745	6	1
	图书馆与档案馆	0	0	0	0	0	0	0	0	0	0	0	0
	文化遗产保护	3	3	0	2	1	2	1	0	0	1 128	1	2
	综合性文化与文化研究	8	6	2	6	2	3	0	3	2	1 026	6	2
	其他文化艺术	2	2	0	2	0	1	0	0	1	800	2	0
合计		22	16	6	19	3	8	5	6	3	总平均额	17	5
比例（%）			72. 7	27. 3	86. 4	13. 6	36. 4	22. 7	27. 3	13. 6	964	77. 3	22. 7

表 6-2　　**地方性文化基金会信息统计表**

项目		数量	类型		成立时间		平均原始基金额（万元）	官方网站	
			公募	非公募	1980—2004 年 5 月	2004 年 6 月至今		有	无
新闻出版发行		6	2	4	1	5	519	2	4
广播电视电影		2	0	2	0	2	208	0	2
文化艺术	文艺创作与表演	41	12	29	21	20	354	6	35
	图书馆与档案馆	1	1	0	1	0	400	0	1
	文化遗产保护	26	14	12	4	22	417	7	19
	综合性文化与文化研究	58	26	32	17	41	465	17	41
	其他文化艺术	16	5	11	1	15	289	8	8
合计		150	60	90	45	105	总平均额	40	110
比例（%）			40. 0	60. 0	30. 0	70. 0	406	26. 7	73. 3

注：由于大多数地方民政机关未对社会组织进行等级评估，因此地方性基金会的横向统计指标中没有评估等级这一项。

首先，文化产业的政府性投入资金不足，文化财政资金投入方式单一。这主要反映在文化基金的建设上，一是数量还较少，据民政部等网站的不完全统计，我国现有文化基金会的数量仅占全国所有基金会总数的6.8%，其中，全国性文化基金会仅占全国性基金会总数的12.6%，地方性文化基金会仅占全国地方性基金会总数的6.4%。二是发展不均衡，文化基金投资领域主要为文化遗产保护、文化设施建设与文化活动资助等。三是基金资本规模较少。

其次，文化资本市场结构尚不够合理，市场层次体系较为单一。当前，文化资本市场结构以金融机构(主要是银行)为主，其他资本市场类型，如股票、基金、私募等市场尚未完全发展起来。从图6-1、图6-2、图6-3中可以看出，银行间债券占据了文化企业融资的主要部分，由于文化产权评估机构、文化中介服务机构尚未发展成熟，版权、文化资源、股权等产权融资方式发展还显滞后，并未真正在资本市场中发挥其应有的融资作用。这就需要我们创新融资模式，以丰富和完善文化资本市场结构体系。

再次，文化企业投融资渠道不畅通，文化融资难问题依然较为突出。由于文化企业融资信息沟通渠道不够畅通、信用担保机制尚不完善、专业服务机构发展滞后等因素的制约，文化融资难问题依然是困扰文化资本市场建设的一大难题。① 文化企业投融资渠道的不畅通，容易导致一大批优质的文化创意项目和筹备项目由于缺乏资金的有效支持而“夭折”，而同时很多中小型文化企业融资需求强烈却难以得到满足。

最后，文化企业上市融资、参与资本运营的程度仍有待提升。上市是文化企业融资的重要方式，也是文化产业吸收社会资本来发展产业的重要途径。通过前文的分析可以看出，虽然我国文化企业上市融资初具规模，但是从整体情况看，无论是IPO上市的数量还是融资的规模，仍然有待拓展和加强，尤其是文化传媒类企业，作为文化产业的核心经营主体，在转企改制完成后，下一步的发展重心就应该放在提升资本运营能力方面，善于灵活运用多元化的金融工具使资本市场做大做强。

二、多层次文化资本市场的建设

早在2003年，党中央就提出了建立多层次资本市场体系。党的十八届三中全会《决定》提出的健全多层次资本市场体系，是完善现代市场体系的重要内容，也是促进我国经济转型升级的一项战略任务。李克强总理在十二届全国

① 金融时报．借鉴国际经验破解文化产业融资难[EB/OL]．[2016-09-23]．http://culture.people.com.cn/n/2014/0103/c172318-24014241.html.

人大四次会议的答记者问中，也提出要坚定不移发展多层次资本市场。

多层次资本市场是对现代资本市场复杂形态的一种表述，是资本市场结构体系的基本特征要求，多层次资本市场在交易场所、债券股票发行、资金募集方式和市场交易品种等方面，均包含多种不同形式的市场层次，同时同一种形式的市场内部也包含不同的层次。多层次资本市场体系可为处于不同发展阶段的文化企业提供融资渠道，① 建立多层次文化资本市场既是当前资本市场发展和金融市场国际化趋势的必然要求，同时也是文化企业与资本市场对接共赢的良策。《中共中央关于深化文化体制改革、推动社会主义文化大发展大繁荣若干重大问题的决定》就明确提出，支持国有文化企业面向资本市场融资，鼓励文化与资本对接。

1. 健全财政资金投入机制

广义上讲，政府也是文化市场的投资者，是文化资本市场的投融资主体之一。从国外的文化产业发展实践看，政府在文化产业投融资方面发挥了积极作用，政府投资很大程度上解决了文化企业、文化项目的融资难题。美国、英国、韩国、日本等文化产业发达国家，均重视文化产业的政府投资，或设立专项基金、或为企业提供担保、或牵头成立专门的投融资机构等，积极投资文化产业。②

文化财政资金投入力度不足、投入机制尚不健全是当前我国文化产业投融资市场存在的一大问题。解决这一问题，不能单纯依靠增加财政投入这类非市场化的方式，更重要的是理顺财政投入的机制，更大程度发挥财政扶持资金的效用，形成一种长效机制，增强投资效果。从国外政府投资文化产业的经验看，设立各类专门性的文化基金，为优质文化项目和文化企业提供专门性的融资渠道，是有效做法。如美国文化产业的发展，不是经由类似文化部等政府职能部门，而主要是通过国家艺术基金会、国家人文基金会等非营利机构对文化项目进行资助来推动的。③ 以美国的国家艺术基金会为例，其由国会成立于1965 年，迄今为止已经资助了超过 40 亿美元的文化项目，为推动美国文化发展作出了重要贡献。④ 法国、德国、日本、加拿大、澳大利亚等国家的文化基

① 何卫兵．用市场的办法挖掘文化产业发展的潜力［EB/OL］．［2016-09-25］．http：//theory. people. com. cn/GB/40537/16085439. html.

② 金融时报．借鉴国际经验破解文化产业融资难［EB/OL］．［2016-09-23］．http：//culture. people. com. cn/n/2014/0103/c172318-24014241. html.

③ 高燕．中美文化基金会运作研究［D］．武汉：华中师范大学，2009：15-16.

④ National Endowment for the Arts，2012 Annual Report［EB/OL］．［2013-11-27］．http：//arts. gov/sites/default/files/2012-NEA-Annual-Report. pdf.

金会也在本国文化产业的发展中发挥了重要作用。

我国也十分重视文化投资基金的建设。国务院于2009年下发的《文化产业振兴规划》明确要求，由中央财政注资引导，吸收国有骨干文化企业，大型国有企业和金融机构认购，设立中国文化产业投资基金。2011年7月，由财政部牵头，中银国际、中国国际电视总公司等四家机构共同发起设立了国内首个国家级文化产业投资基金——中国文化产业投资基金。据了解，该基金总规模为200亿元，拟以股权投资方式投向新闻出版发行、广播电影电视、文化艺术等领域。目前，绝大多数省市自治区都在地方政府投资引导下设立了文化产业基金。

除了引导国有文化企业参与设立文化产业投资基金，鼓励社会资本注资文化产业基金外，也需要继续强化政府财政投入补贴，尤其是对一些公共文化项目的财政补贴。当前我国已经形成了持续的文化项目补贴资金投入机制，如图6-4所示，中央对地方文化项目的资金投入保持稳定增长，保证了财政投资文化产业的稳定性、持续性。

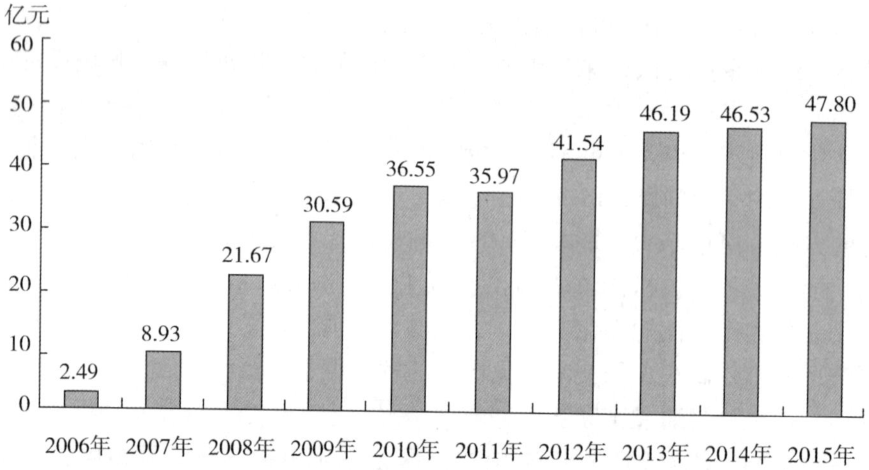

图6-4　2006—2015年中央对地方文化项目补贴资金情况①

2. 拓宽社会资本投融资渠道

民间社会资本也是文化资本市场重要的经营主体和融资渠道，而且文化产业规模的扩大，必须吸引和吸收社会资本参与投资。社会资本灵活快速、体量

① 文化部．中华人民共和国文化部2015年文化发展统计公报［EB/OL］．［2016-07-10］．http：//zwgk. mcprc. gov. cn/auto255/201604/W020160425378313054632. pdf.

大的优势，也有利于文化企业的融资。正因如此，国务院、财政部、文化部等相继出台了《关于非公有资本进入文化产业的若干决定》《关于文化领域引进外资的若干意见》《关于鼓励、支持和引导非公有经济发展文化产业的意见》等。2012 年 6 月，文化部出台的《关于鼓励和引导民间资本进入文化领域的实施意见》，明确将文化部管理的文化领域全面向社会资本放开，鼓励社会资本积极参与国有文艺院团转企改制、公共文化服务体系建设、文化产业发展、非物质文化遗产传承保护、对外文化交流和文化贸易等。各地方也为了拓宽文化融资渠道，鼓励民营资本以独资、合资、合作、联营、参股等方式进入艺术品经营、出版物市场分销、大众娱乐项目经营等领域。

鼓励社会资本参与文化资本融资，拓宽社会资本投融资渠道，主要可以从以下几点着手。

一是政府授权社会资本直接参与文化项目建设。社会资本参与文化投融资的模式主要有 BOT、TOT、ABS、PPP 等几种。其中，PPP 模式指的是政府与私营商(也即社会资本)签订长期协议，授权经营公共文化基础设施的投融资模式，也是政府和社会资本合作的重要方式。这种投融资模式有利于与社会资本建立利益共享、风险共担机制，增强公共文化产品和服务的供给能力、提高供给效率。①

二是政府联合社会资本建立文化类信托投资机构，吸引社会资本，创新文化产业融资模式。通过建立文化类信托投资公司，发起文化产业专项信托计划，所发行的信托产品由政府政策资金、专项引导基金、社会资本等共同认购，募集的信托基金投向由评审专家筛选、能够体现政府扶持意愿的优秀中小文化企业。② 这种方式既能通过政府政策资金的信用为文化企业提供融资担保，又能够充分利用闲置、分散的社会资本，同时成立专门的信托投资机构还能够进行专业化的资本运作，确保投资的安全与回收。如韩国政府就通过提供运作“文化产业专门投资组合”、为文化企业提供融资担保等方式引导社会各界向文化产业投融资，采取社会资金为主、官民共同投融资的运作方式，多渠道筹措文化产业发展资金，取得了很好的效果。韩国文化娱乐业的发达，“韩流”横扫亚洲，与其有很大关系。

3. 强化金融机构融资支持

金融机构的融资支持是文化资本市场最为直接、最为主要的融资手段，通

① 张晓明，等. 中国文化产业发展报告(2015—2016)[M]. 北京：社会科学文献出版社，2016：115-116，141.

② 中国文化报. 如何破解文化产业融资难？[EB/OL]. [2016-09-20]. http://news.xinhuanet.com/politics/2014-01/10/c_125984314.htm.

过向金融机构贷款，能够获得实施具体文化项目所需的资金。2014 年 3 月 17 日，文化部、中国人民银行、财政部联合下发了《关于深入推进文化金融合作的意见》，提出了创新文化金融服务组织形式，鼓励金融机构建立专门服务文化产业的专营机构、特色支行和文化金融专业服务团队，并在财务资源、人力资源等方面给予适当倾斜，搭建文化金融中介服务平台，建立完善文化金融中介服务体系；支持有条件的地区建设文化金融服务中心，通过政策引导、项目对接、信息服务、业务培训、信用增进、资金支持等方式，服务于文化企业和金融机构，促进文化与金融对接，扶持骨干文化企业和小微文化企业。

2009 年 1 月 16 日，中国人民银行金融市场司和中国银行间市场交易商协会联合举办“金融支持文化产业”研讨会，与会专家表示，做好促进文化大发展的金融支持工作，可重点从三个方面推进：一是推动建立金融机构和文化企业的双向沟通机制；二是推动建立金融管理部门、市场自律组织与宣传文化管理部门的工作沟通机制，搭建为文化产业融资的服务平台；三是组织金融市场参与机构和文化企业建立创新工作组，研究探索适合文化企业融资的创新产品。

强化金融机构融资支持，主要可从以下几方面着手。

一是要完善文化信贷融资的相关制度。金融机构信贷融资，需要一定的标的物抵押以防范资金贷出的风险，标的物或者是信用担保、或者是债券、或者是资产质押融资。而对于文化企业而言，其最重要的资产就是其知识产权等无形资产，但是无形资产难以评估，尤其是当前对于文化企业无形资产评估及交易的相关市场机制尚未建立起来。因而，在强调银行业金融机构进行信贷融资制度创新、文化金融产品创新的同时，首先要解决好文化企业无形资产评估与交易的相关市场机制和制度。

二是鼓励金融机构对中小型文化企业在小额贷款、私募股权融资、信贷融资等方面提供支持。中小型企业融资需求更为强烈，因为其规模小、资金需求量小等特点，一般很难获得商业贷款。因而，就需要鼓励银行业金融机构专门为中小型文化企业提供小额贷款、私募股权融资贷款等信贷服务。《关于深入推进文化金融合作的意见》也明确提出，支持发展文化类小额贷款公司，充分发挥小额贷款公司在经营决策和内部管理方面的优势，探索支持小微文化企业发展和文化创意人才创业的金融服务新模式。

三是有机串联金融网络，鼓励文化产业基金、商业银行、证券公司、保险机构、担保公司、信托公司、创投企业等构建服务文化产业的金融链条。① 这

① 中国文化报．如何破解文化产业融资难？［EB/OL］．［2016-09-20］．http：//news. xinhuanet. com/politics/2014-01/10/c_125984314. htm.

更能体现和发挥多层次文化资本市场体系的功能作用。

4. 推动文化企业上市融资

上市是文化企业融资的重要方式，有利于文化企业登陆资本市场，利用社会资本做大做强。2015 年 8 家文化企业首次公开发行股票并上市，首发融资额共计 80. 62 亿元；19 家上市文化企业实现再融资，共募集资金 506. 30 亿元，很好地解决了其项目实施、转型升级、企业发展等所需的资金问题。① 由此可见，政府应该引导、支持文化企业加快上市步伐。十七届六中全会通过的《中共中央关于构建社会主义和谐社会若干问题的决定》就明确提出了“加快文化企业上市步伐”。国家发改委也发文指出，将继续支持有条件的文化企业上市融资或发行债券。

表 6-3 **2011—2015 年 10 月我国文化传媒企业上市情况**

年份	上证所	深交所 中小板	深交所 创业板	新三板	海外上市	合计
2011	1	3	8	3	4	19
2012	1		10	11	3	25
2013				19	4	23
2014	16	4	10	64	7	101
2015	4	1	2	136	6	149
合计	22	8	30	233	24	317

注：数据来源于清科集团上市企业数据库，转引自：李然忠．资本市场的深化拓展与文化传媒企业的变革转型[J]．山东社会科学，2015(12)：122.

山东社会科学院文化研究所研究员李然忠在研究我国文化传媒企业上市融资情况时，总结出了当前我国文化传媒企业上市重组的几大特点：一是多层次资本市场的拓展，推动文化传媒企业上市数量激增；二是在结构分布上，互联网类公司占据文化传媒上市公司较大份额；三是在上市运作方式上，文化传媒类公司 IPO 与并购重组并重；四是上市文化传媒企业继续呈现出快速发展的态势；五是上市文化传媒企业通过资本市场做大做强的步伐加快。② 伴随着资

① 中国证券报．发改委：支持有条件文化企业上市融资[EB/OL]．[2016-09-22]. http：//news. xinhuanet. com/fortune/2016-03/10/c_128788772. htm.

② 李然忠．资本市场的深化拓展与文化传媒企业的变革转型[J]．山东社会科学，2015(12)：122-123.

本市场的不断拓展深化，中国的文化传媒上市企业也呈现出全新的发展态势，文化传媒企业的上市路径大大扩展，文化传媒企业融资渠道更为多元，融资资金规模大为增加。可见，上市融资是文化企业融资的重要方式。

第三节　文化劳动力市场建设

对于文化产业而言，文化创意的重要性，决定了文化创意产出的人的重要性，人才资本的蓄积培育和市场配置是文化产业要素市场的关键要素和文化企业的核心竞争力。① 文化劳动力市场建设的目标，是实现以市场为主导配置文化人才资源，使其优先向最有效的文化行业及产品流动；通过发挥政府的引导和监管作用，建立健全人才劳动保障、创新激励、人才培养等各项制度，实现文化劳动力市场供需平衡与健康高效运行。

一、我国文化劳动力市场建设现状

1. 我国文化劳动力市场规模

从文化行业从业人员总量情况看，近年来，得益于文化法人单位的文化产业产值的快速增加，文化劳动力市场需求也大为增加，从业人员数量保持增长趋势。据《中国文化及相关产业统计年鉴》的数据，2004—2014 年，我国文化产业及相关产业法人单位数量由 2004 年的 31.79 万个增加至 2014 年的 99.62 万个，产业产值从 2004 年的3 440亿元增加至 2014 年的 23940 亿元。产业产值及企业数量的增加意味着行业的人才需求的增强，由表 6-4 可见，2013—2014 年，从业人员数量就增加了将近 200 万人，增长率为 9.35%；占第三产业从业人员的比重也有所提升，2014 年文化产业就业人员占第三产业从业人员的比重为 6.14%，超过 2013 年的 5.94%。虽然我国文化产业从业人员在全国占比已由 2004 年的 1.18%上升到 2014 年的 2.49%，然而，从总量看，我国文化产业在解决就业问题方面贡献率仍然不高。2013 年，全球文化产业的从业人员占全社会从业人员总数的比重为 5.49%，全球约 3/4 的经济体在 4.0%~7.0%，韩国早在 2011 年文化产业从业人员占从业总人员数的比重就达到6.2%，美国 2013 年文化产业从业人员占从业总人员数的比重

① 欧阳友权．文化产业人才建设：问题与思路[J]．福建论坛(人文社会科学版)，2012(2)：114.

为 8. 35%。①

表 6-4 按行业类别统计文化产业从业人员总量(万人)

行　　业	2014 年	2013 年
文化制造业	853. 95	805. 5
文化批发和零售业	160. 29	146. 1
文化服务业	910. 35	808. 4
总计	1 924. 59	1 760. 0
占第三产业从业人员的比重	6. 14%	5. 94%

注：数据来源于《中国经济普查年鉴》。

从行业类型来看，文化服务业就业人员最多，2014 年从业人员数量达到 910. 35 万人，比 2013 年增长 12. 6%，占整个文化产业从业人数的 47. 3%。其次是文化制造业，占整个文化产业从业人数的 44. 37%。从文化产业各类别从业人员数量发展趋势看，2004—2013 年整体也是有较为明显的增长，其中，从事文化内容生产和文化生产服务的人员占主体地位，如图 6-5 所示。

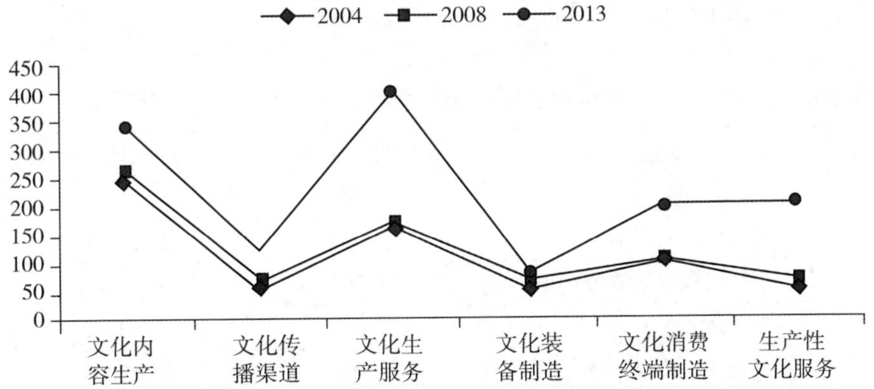

图 6-5 文化产业各类别从业人员数量发展趋势(单位：万人)

注：数据来源于《中国文化及相关产业统计年鉴 2013》，转引自：张晓明，等．中国文化产业发展报告(2015—2016)[M]．北京：社会科学文献出版社，2016：115-116，141。

① 国家统计局科研所．世界主要经济体文化产业发展状况及特点[EB/OL]．[2016-10-22]．http：//www. stats. gov. cn/tjzs/tjsj/tjcb/dysj/201412/t20141209_649990. html.

2. 我国文化劳动力市场结构

我国文化劳动力市场结构可从以下几个方面展开分析。

一是文化劳动力市场需求方面。

从文化劳动力市场需求方数量结构看，如表 6-5 所示，与 2013 年相比，2014 年文化服务企业占比增加，文化制造企业中占比减少，而文化服务业中占比最高的是文化创意和设计服务业（如表 6-6 所示）。从行业类别来看，服务类行业单位数量占比 61.7%，体现出知识与服务密集型现代产业市场需求的增加，而劳动密集型单位面临挑战。这对文化产业人才提出更高要求，即不仅要求业务熟练，而且要求具备相应的科技知识结构。

表 6-5　**按行业类别统计文化产业就业总量**

行业	法人单位绝对数（万个）		构成（%）	
	2013 年	2014 年	2013 年	2014 年
文化制造业	16.25	17.26	17.69	17.33
文化批发和零售业	13.99	15.28	15.23	15.34
文化服务业	61.61	67.08	67.08	67.33
总计	99.62	99.62	100	100

注：数据来源于《中国文化及相关产业统计年鉴（2015）》。

表 6-6　**2014 年文化及相关产业法人单位数**

类　别	法人单位数（个）	构成（%）
合计	996 208	100.0
一、新闻出版发行服务	24 262	2.4
二、广播电视电影服务	20 264	2.0
三、文化艺术服务	132 619	13.3
四、文化信息传输服务	26 007	2.6
五、文化创意和设计服务	268 576	27.0
六、文化休闲娱乐服务	143 697	14.4
七、工艺美术品的生产	97 261	9.8
八、文化产品生产的辅助生产	147 023	14.8
九、文化用品的生产	122 959	12.3
十、文化专用设备的生产	13 540	1.4

注：数据来源于《中国文化及相关产业统计年鉴（2015）》。

就文化产业法人单位的地区差异而言，从表6-7可以看出，东西部地区文化产业企业数量差距较大，特别是文化制造业和文化批零业，东部地区优势明显，这与其制造业资源禀赋有关。而一些西部地区虽然经济发展水平不具优势，但由于文化资源禀赋较好，因此文化服务业也较为发达。

表6-7 **2014年地区文化及相关产业法人单位数**

行业	总数	东部省份		中部省份		西部省份	
		绝对数	占比(%)	绝对数	占比(%)	绝对数	占比(%)
文化制造业	172 619	129 763	75.17	27 740	16.07	15 116	8.76
文化批发和零售业	152 836	109 999	71.98	24 898	16.29	17 939	11.73
文化服务业	670 753	400 208	59.66	154 863	23.09	115 682	17.25
总计	996 208	639 970	64.24	207 501	20.83	148 737	14.93

注：数据根据《中国文化及相关产业统计年鉴(2015)》整理，东部/中部/西部省份依据国家发改委规划区分。

二是文化劳动力市场供给方面。

从人才供给情况看，高校文化产业相关专业是为文化行业输送人才的重要渠道，表6-8反映了2016年全国开设文化产业相关专业的本科院校的基本情况。从专业类型看，文化产业包含40多个专业，其中与新兴技术或者创意相结合的专业，如广告、动画、视觉传达设计、产品设计等专业开设院校最多，与市场需求基本一致。

表6-8 **2016年全国本科院校开设文化产业的学科和数目情况(所)**

专业名称	本科院校数目	985院校数目	211院校数目
会展经济与管理	5	4	5
图书馆学	27	5	12
档案学	34	7	15
文化产业管理	137	4	15
国际文化交流	4		
国际文化贸易	4		1
博物馆学	20	12	18
文物保护技术	7	2	3

续表

专业名称	本科院校数目	985 院校数目	211 院校数目
考古学	20	8	12
数字出版	1		
数字媒体技术	152	7	18
影视艺术技术	2		1
传播学	122	22	38
编辑出版学	70	10	18
广告学	345	17	49
广播电视新闻学	155	17	40
新闻学	305	19	51
广播电视学	175	5	23
影视学	17	1	2
艺术学	4		1
广播电视编导	182	8	19
播音与主持艺术	182	3	17
动画	319	4	17
录音艺术	21		1
摄影	84	1	5
戏剧影视美术设计	21		1
戏剧影视文学	80	6	20
导演	16	1	5
表演	16	1	5
戏剧学	2		
舞蹈编导	62	2	4
舞蹈学	172	5	16
艺术设计，艺术设计学	340	23	48
美术学	306	10	29
雕塑	53	3	9
绘画	136	8	26

续表

专业名称	本科院校数目	985 院校数目	211 院校数目
音乐表演	206	7	26
音乐学	336	9	33
作曲与作曲技术理论	24	1	5
视觉传达设计	627	10	38
媒体创意	2		1

注：数据根据中国教育在线高校数据统计整理。

此外，职业技能培训市场(学校)也是劳动力培养的重要渠道。根据《中国劳动统计年鉴 2015》，2014 年年末，全国共有职业技能鉴定机构9 521个，职业技能鉴定考评人员 21. 58 万人。全年共有1 854万人参加了职业技能鉴定(比上年增长 0. 84%)，1 554. 28万人取得不同等级职业资格证书，其中取得技师、高级技师职业资格的有 62. 33 万人；全国共有技工院校2 818所，在校学生 339 万人，全年技工院校面向社会开展培训 508. 5 万人次；年末全国共有就业训练中心2 453所，民办培训机构18 891所，全年共组织各类职业培训1 935万人次，其中就业技能培训1 108万人次，岗位技能提升培训 574 万人次，创业培训 217 万人次，其他培训 36 万人次。

三是供给与需求的匹配方面。

根据麦可思研究院发布的《2016 年大学生就业报告》，2015 届大学生毕业半年后的就业率为为 91. 7%。2015 届就业率最高的本科专业中，与文化产业直接相关的有数字媒体技术，就业率为 95. 1%；数字媒体艺术，就业率为 94. 9%；广告学，就业率为 93. 3%。2015 届就业率最低的本科专业中，与文化产业直接相关的有绘画，就业率为 84. 3%，音乐表演，就业率为 84. 5%；编辑出版学，就业率为 87. 1%。艺术类专业就业率为 90. 60%，位居本科专业就业率第八位；毕业半年后月收入均为3 885元，位居本科专业第六位；毕业三年后月收入均为6 452元，位居本科专业第三位。广告学被列入本科就业需求增长型专业，视觉传达被列入高职就业需求增长型专业。同时，美术学、音乐表演专业连续两年被列入就业红牌专业。

由上述数据可发现，文化产业专业人才存在“短缺”与“过剩”并存的状况。由于缺乏清晰定位，部分高校专业设置盲从、师资队伍缺乏实践支持、人才培养目标盲目、课程设置混乱、教学方法落后、实践教学条件不足，导致我国高校文化产业毕业生还无法满足当下文化产业人才需要。

二、文化劳动力市场建设思路

加强我国劳动力市场培育与建设，首先要改革劳动力资源的计划配置体制，由市场进行劳动力资源配置，也即劳动力市场化改革，这是培育劳动力市场的起点。劳动力资源计划配置体制具有一些突出的特征：首先，劳动力并不被视为商品，人事是由主管部门任命的，而非市场公开选聘，因此也就不能遵循市场淘汰规律，没有劳动力解聘（公开的下岗失业），这也就是我们常说的一旦就业就是“铁饭碗”。其次，工资分配结果平均化、工资变动僵化、分配方式单调，工资起不到薪酬应有的激励作用，人才的潜能与积极性也得不到发挥。

由此可见，劳动力市场化改革，关键是破除人事制度与薪酬制度的枷锁，进行相应的人事制度改革，变任命制为选聘制，进行薪酬制度改革，强调薪酬分配与劳动贡献的正比关系。归根结底，劳动力市场化建设的过程，其实也是劳动力市场制度改革建设的过程。

1. 人事制度建设

从中华人民共和国成立到改革开放前，我国完全实行计划就业体制，企业没有用人自主权。改革开放以来，随着经济体制改革的逐步展开，我国也逐渐开始探索人事制度的改革，以扩大企业人事自主权。1983 年，劳动人事部发布了《关于积极试行劳动合同制的通知》，之后，1986 年 7 月国务院颁布了《国营企业实行劳动合同制的暂行规定》，正式在国有企业全面推行劳动合同制，打破了国有企业职工“铁饭碗”制度，开始实施企业—职工双向选择的劳动制度。随后，1993 年中共中央颁布的《关于建立社会主义市场经济体制的决定》，宣告了国有企业进入改制阶段，国有企业人才的市场化配置也由此基本实现。2003 年，十六届三中全会通过的《中共中央关于完善社会主义市场经济体制若干问题的决定》，进一步深化了劳动就业体制改革。

与上述改革相适应的，以 1979 年年初财政部批准人民日报社等 8 家在京新闻单位试行“事业单位，企业化管理”，以及 1979 年财政部出台《关于报社、期刊社、出版社开展有偿服务和经营活动的暂行办法》，文化事业单位开始逐步强化市场职能，在此过程中人事自主权也得到相应强化。而真正开始实现文化单位人事自主权，是在党的十四大之后，文化事业单位实现双重身份和双重职能的体制改革。2002 年召开的十六大明确提出积极发展文化事业和文化产业，继续深化文化体制改革，2003 年，十六届三中全会通过的《中共中央关于建立社会主义市场经济体制若干问题的决定》，明确指出要“建立和完善人才市场体系，进一步促进人才流动”，这标志着我国全面启动文化体制改革，在就业创业、人事制度、劳动关系等方面全面深入展开。

文化体制改革的推进，也为文化市场人事制度改革建设、文化人才市场建设奠定了坚实的政策基础。2003年文化部发布《关于支持和促进文化产业发展的若干意见》，其中就明确要求抓好文化产业人才的培养工作；完善人才激励机制，拓宽人才选拔途径，创造优秀人才脱颖而出的环境；大力培养和引进经营人才、文化经济人才和科技创新人才等各类文化产业急需人才，吸引和聘用海外高级人才，实施引得进、留得住、用得活的人才战略；鼓励支持文化产业创新与发展研究基地以及有条件的综合性大学参与文化产业人才培养、培训工作，为文化产业可持续发展积累人力资本。2010年8月，文化部制定并颁布实施了《全国文化系统人才发展规划(2010—2020)》，更是为文化人才市场建设和蓬勃发展提供了有力保障。

虽然我国文化体制改革已取得巨大成效，基本建立起了市场配置劳动力资源的人事制度，且近年来不断加大公开选拔、竞争上岗的力度，也强化了绩效薪酬奖励的激励作用。然而，文化领域的人事制度仍存在主管部门任命等行政色彩，文化企业老总对上负责而非对企业负责，计划体制形成的弊端在很多地方的国有文化企业中依然存在，难以真正实现人才的优胜劣汰；人才考核评价机制的科学化程度不高，难以做到人才的科学选拔任用；公开选拔、竞争上岗的人才任用机制尚不够完善，公平竞争的环境在很多地区的文化企业中尚未真正形成；文化产业的快速发展和人才市场供给不足的矛盾仍然比较突出，人才供给总量偏少、高层次人才欠缺，职业经理人市场有待开发。为此，迫切需要政府、行业、企业共同努力，推进我国文化劳动力市场人事制度的建设完善。

对于政府而言，一方面需要加快推动人事制度改革，改变计划体制下人才难以流动的陈旧模式，完善文化劳动力自由配置、考核评价等政策保障体系，充分发挥市场机制在劳动力资源配置中的作用。① 包括建立健全人才准入准出、人才充分自由流动的机制，完善人才流通制度，打破地区间有形和无形的限制与市场割据，鼓励人才有序流动；加强信息建设，搭建全国性的文化人才市场交易信息平台，等等。另一方面，加强人才制度顶层设计，强化人才导向。针对目前文化产业人才培养结构不清晰、同质化突出的现象，必须从国家文化产业发展战略高度，结合我国文化产业发展实际、从业人员现状、产业未来发展目标与领域，科学预测文化产业人才需求总规模、总需求、总体结构，以及分类分层需求，增强文化产业人才培养有效性，避免盲目性，以人才培育

① 赫鹏飞，宇小兵．文化产业人才建设的路径思考[J]．人民论坛，2013(26)：82-84.

支撑文化产业发展。

对于行业中介组织而言，重要的是为文化企业建立科学的文化产业人才评价标准和考核体系，为企业的人才聘用、晋升和奖励提供依据。健全有效的人才评价体系，公开公正的人才评价机制，公平合理的人才评价结果，才能激发人才创造潜力，释放人才市场的活力。由文化部文化艺术人才中心（亦称"文化部职业技能鉴定指导中心"）成立的中国文化人才网，是全国性的文化艺术人才中介机构，也是全国文化行业特有职业鉴定机构，开展文化行业内的人事代理、人才咨询、人力资源开发及培训、人才评价及职业技能鉴定等人才市场中介服务。① 中国文化人才网建立的人才评价及职业技能鉴定考核体系，为全国的文化企业选拔、任用、评价人才提供了重要参考。

对于文化企业而言，一方面，要完善用人制度。在人才选用上，推行公开招聘、竞聘上岗的方式，实现人才的市场化选聘与配置；在人才考核评价上，健全公正、透明、规范的内部绩效考核淘汰机制，完善考核程序、方式和指标，增强考核的科学性和实效性，真正让能者上、庸者下。② 另一方面，积极引入职业猎头、职业经理人，充分发挥猎头公司的专业能力，为企业从市场觅得高层次人才开辟渠道。当前我国文化人才市场存在着高层次人才欠缺等突出问题，这与职业经理人制度尚未形成有很大关系。

2. 薪酬分配制度建设

薪酬分配制度，是一种关于如何激励员工、分配企业价值产出的制度，科学有效的激励机制能够激发员工潜能，为企业创造更大的价值，而企业合理的价值产出分配方式，也能够调动员工积极性，提升企业效率。从激励机制看，薪酬激励是最直接有效的机制，也是企业吸引选聘人才的手段。从分配方式看，按劳分配是主要形式（以工资的形式体现），但是允许资本、技术、版权、管理等其他生产要素参与分配，既是生产要素市场改革的重要方面，也是形成生动、有活力的文化人才市场的重要举措。

计划体制内，任何行业的工资收入分配制度均强调平均性，而不考虑贡献与收益的关系。1984 年，国务院发布了《关于进一步扩大国营工业企业自主权的暂行规定》，赋予企业包括工资分配在内的十项自主权，从而恢复了"文化大革命"期间终止的奖金、加班工资等激励手段，开始了薪酬分配制度的改

① 中国文化人才网．中心简介［EB/OL］．［2016-10-14］．http：//www.ccatmc.com.cn/whb/cms/zzjg/zxjj_20151223.html.

② 赫鹏飞，宇小兵．文化产业人才建设的路径思考［J］．人民论坛，2013(26)：82-84.

革。1993年中共中央颁布《关于建立社会主义市场经济体制的决定》，之后国有企业进入改制阶段，国有企业职工的身份在改制中发生根本转变，股份也成了分配的重要部分。1997年，国务院又发布了《关于建立城市居民最低生活保障制度的通知》，形成了城镇社会保障体系的基本框架，完成了国有企业职工的退休养老、医疗保险等保障。

文化行业薪酬分配制度改革方面，伴随着文化事业单位市场化改革，其分配制度改革也随之开始。如，20世纪80年代末实行的“三放一联”的出版物发行体制改革，国营书店有权按国家规定，自主支配税后留利；以及小型门市部、书亭和乡镇书店，可以实行集体经营、租赁经营或试行股份经营，这也是一种事实上的产权分配制度。文化行业薪酬分配制度改革，最具突破性的是股份制改革，文化企业改革的核心问题是产权制度改革问题，国有文化企业的股份制改革既改革了所有制的生产方式，同时也意味着产权作为重要的生产要素参与分配。党的十六届六中全会在《中共中央关于深化文化体制改革、推动社会主义文化大发展大繁荣若干重大问题的决定》中明确提出了，以建立现代企业制度为重点，加快推进经营性文化单位改革，支持国有文化企业面向资本市场融资，支持其吸引社会资本进行股份制改造。2014年，国务院印发《关于推进文化创意和设计服务与相关产业融合发展的若干意见》，突出强调了发挥市场作用，鼓励国有文化企业引进战略资本，实行股份制改造，积极引导民间资本投资文化创意和设计服务领域。这些政策文件，有力地推动了文化行业的分配制度改革建设，使文化行业分配方式更加多元化，人才吸引力更加强化。

然而，总体而言，我国文化行业薪酬分配制度改革较为滞后，版权、产权、经营管理等多种生产要素尚未充分参与分配。分配制度不完善，很多高层次文化人才的贡献和收益往往不成比例，大多数文化工作者的劳动十分廉价，限制了文化劳动力市场的发展壮大。如出版社编辑，编校费极低，与其为出版物出版所付出的心血与智力严重不符。

加强文化人才队伍建设，培育和发展文化劳动力市场，亟须加强薪酬分配制度建设，才能吸引、激励更多的优秀创意人才，为促进文化产业的大发展大繁荣贡献力量。

首先，要强化人才使用和激励制度。各文化单位必须高度重视人才，完善用人制度，积极打造支持人才脱颖而出的良好环境。要尊重人才，建立人才价值市场导向机制，建立责权利、贡献与报酬匹配机制，改革人才选拔任用方式，为优秀人才的晋升广开通路。

其次，要完善分配制度，在按劳分配的基础上，推动资本、产权、技术、管理等多种要素参与分配。在市场经济环境下，分配方式体现出了多元化的特性，劳动、资本、技术、管理、产权等要素均可按照市场化的方式参与收入分配，尤其对于文化产业而言，文化创意的重要性决定了应该采取更灵活的分配方式对高层次的文化创意人才进行激励，以文化创意成果投资、作价入股的项目收益分成等方式，促进更多原创作品的产出。

最后，要建立健全薪酬激励机制，将人才收入与岗位职责、工作业绩和实际贡献直接挂钩，保证创造一流效益的一流人才获得一流待遇。① 吸引优秀的文化人才，除了创造良好的发展平台与环境，更需要提供切实的物质生活保障，让其不仅工作有成就感，同时生活得有尊严。这就需要在提高待遇、增加福利、奖金激励等方面下功夫，对业绩卓著、贡献突出的优秀人才进行奖励。

第四节　文化技术市场建设

意大利文艺复兴三杰之一的列奥纳多·达·芬奇曾经说过："艺术借助科技的翅膀才能高飞。"应该说，不仅艺术如此，整个文化产业均需借助科技的翅膀才能翱翔。因此，有人称科技与文化是一对如影随形的孪生兄弟，科学技术的每一次重大进步，都会给文化的表现形式、传播方式和发展模式带来革命性的变化。② 为此，我们党和国家历来重视科技进步对文化建设的重要作用，通过科技创新推动文化产业发展是我们党和国家文化产业发展战略的重要内涵。十七届六中全会通过的《中共中央关于深化文化体制改革、推动社会主义文化大发展大繁荣若干问题的决定》将科技创新定义为"文化发展的重要引擎"，强调要发挥文化和科技相互促进的作用，深入实施科技带动战略。近年来，国家先后出台的《国家"十一五"时期文化发展规划纲要》《文化产业振兴规划》等政策文件，均对利用科技进步推动文化产业发展作出了具体部署。其中《国家文化科技创新工程纲要》《文化部"十二五"文化科技发展规划》的出台，标志着科技带动文化产业发展战略正式成为国家的重要发展战略。

在科学技术日新月异的今天，如何认识科技的潜力和边界，如何主动利用科技创新来推动文化产品、服务和业态的创新以及产业的升级，是文化产业面临的新一轮的挑战和机遇。发挥科技对文化建设的积极作用，有赖于加强文化技术市场的建设。

---

① 赫鹏飞，宇小兵．文化产业人才建设的路径思考[J]．人民论坛，2013(26)：82-84.

② 方卿．加快文化科技创新，推动文化产业发展[J]．出版科学，2012(4)：9-12.

一、文化技术市场主体建设

文化技术市场是技术市场的一个细分市场，同时也是文化要素市场的重要组成部分。① 在如今的信息时代，技术不仅仅是文化生产过程中的重要生产要素，更是文化产业发展的重要动力。虽然技术只是生产文化产品的手段，并不直接参与生产过程，却起着重要的辅助和推动作用。文化技术市场主体是文化技术市场的核心，因此有必要明晰文化技术市场主体的构成，探寻当前文化技术市场主体存在的问题，厘清文化技术市场主体培育的思路，以进一步服务文化技术市场的全面建设。

1. 文化技术市场的主体构成

文化技术市场主体是围绕着科技创新与成果转化而形成的一个主体集群，与文化产品的生产、开发、应用密切相关。根据市场上存在的文化市场主体，可大致归纳为文化企业、文化科研机构与高等院校、技术企业、文化技术中介组织四类。

(1)文化企业。文化企业是从事文化产业生产活动的法人或者社会经济组织。根据生产产品的不同，可将文化企业划分为生产型文化企业、服务型文化企业。生产型文化企业以生产文化产品为主营业务，从事电影、电视、出版物、音像等文化产品的生产经济活动；服务型文化企业则以提供文化服务为主营业务，从事文艺演出、策划、经纪、体育、娱乐等方面的服务业务。

文化企业的技术需求逐渐提升主要体现在两个方面：

一是文化产品的生产。随着人们精神需求的提升，以及科技的发展，文化产品生产的技术要求也越来越高，技术逐渐成为文化产品生产、创新的重要构成，产品的技术含量也成为消费者购买的重要考量因素。二是文化产品的流通传播。随着多媒体技术的应用和无线网络的普及，文化产品的呈现不再局限于传统的媒介，各种新兴媒介不断涌现，文化产品流通传播呈现多样化趋势。在科技日新月异的今天，技术的开发和应用对拓展文化产品流通传播渠道有着至关重要的作用。

(2)文化科研机构与高等院校。文化科研机构与设立文化产业相关专业的高等院校对于推动文化产业的发展，培养文化产业相关人才具有重要作用，是文化技术市场探索科技前沿、研发生产技术的重要平台，可有效促进文化科技

① 朱静雯，李靓．我国文化技术市场体系建设存在的问题、成因及对策[J]．出版科学，2014，22(6)：5-11.

创新。此外，文化科研机构和高等院校通过培育相关技术人才，能够为文化技术创新提供力量；与文化企业展开良好合作，通过产学研的良性互动，为文化产品的生产传播活动提供技术支持。

(3)技术企业。当前BAT(百度、阿里巴巴、腾讯)等大型IT企业都逐渐开发或投资文化产业，甚至成立独立公司开展相关技术研发及经营活动，这也是文化技术市场的重要构成。例如，小米公司就收购了多看阅读，作为其介入文化产业运营的第一步。技术企业涉足文化技术市场有两种方式，一是直接通过投资文化领域，推动文化科技创新，将原有的技术应用到文化产业领域，如出版、影视剧、互联网视频等；另一种，则是只为文化企业提供技术支撑服务，而不直接参与文化市场。

(4)文化技术中介组织。技术中介是技术市场的一种经营方式，是技术成果商品化、产业化的桥梁和纽带。技术中介能够利用自身在技术市场上的资源优势，推动技术的转化、转移和扩散，尤其在文化产业的产业化进程中，推动企业的技术创新和产业的技术升级。文化技术中介组织在原有的技术中介机构的基础上，为文化企业或者相关机构提供技术支持，如技术评估、交易中介等服务。技术中介机构的服务包括四种形态：技术扩散型、交易平台型、技术孵化器型、转移代理型。经过不断的发展，文化技术中介组织从最初的偶尔与文化生产、服务机构进行合作，到现在已形成了为文化机构提供技术咨询、技术评估、技术支出、交易中介等全方位中介服务的产业链。

2. 文化技术市场主体建设存在的问题

我国文化技术市场的主体建设目前仍在系列问题，主要表现在以下几方面：

(1)文化企业尚未成为文化技术创新的主体。当前，我国文化企业技术研发投入、技术创新水平仍然落后于发达国家。我国很多文化企业往往注重短期效益，青睐能在短期内获取利润的成熟技术，导致文化企业在技术获取方面表现出长期科技创新投入不足的弊端。一些文化企业，尤其是中小型文化企业缺乏必要的技术更新改造能力，导致所引进的技术运用效果不佳，同时也造成了技术交易市场的逆向选择问题。技术合作存在短期化趋势，不能同技术开发商保持长期稳定的合作关系，后期开发不能有效跟进，不利于企业创新能力的培育。①

(2)文化科研机构与高等院校的技术创新能力仍有待提升。我国高等院校、科研院所是重要的技术提供方，然而，首先，高等院校、科研院所更注重理论上的探析和研究，追求学术价值，往往忽视实践应用，导致科研成果不能

① 姜毓锋．基于技术市场的知识转移研究[D]．长春：吉林大学，2011：57-58.

真正满足企业的需求，造成了导向冲突。其次，高等院校和科研院所研究成果大多仅涉及核心技术，技术链条的相关环节不能有效衔接，加之缺少辅助性服务，致使无法有效地转化应用于实际生产，而仅停留在著述和论文层面，即无法形成科技成果的市场转化。最后，仍存在文化科技创新的制度性障碍，制约了其文化科技创新能力。如，高等院校和科研院所的技术研发利益分配制度不尽合理，导致相关科研人员的动力不足，降低了研发人员的积极性和创造性。①

(3)技术企业的技术有效供给不足。技术企业存在技术有效供给不足的问题，突出表现在：一是专门性、适用性的技术支持服务不够；二是技术企业参与积极性有待提高。如电子书牌照准入制度过分限制技术企业，显示出政策层面存在的不足，也导致了技术企业参与积极性不高的问题。此外，还存在技术中介作用没有充分发挥、技术中介组织缺位等问题。

3. 文化技术市场主体建设的思路

文化技术市场主体建设，其目标导向应该是提升文化科技创新能力，推动文化技术市场体系的成熟、完善，使技术作为一种要素发挥其在现代文化市场体系中的资源配置作用，为文化科技创新助力。

对于文化企业而言，应注重提升文化企业的科技创新能力，努力成为推动实现文化科技创新的主体。首先，文化企业可建立形成科技研发投入的长效机制，走在技术开发的前沿。其次，文化企业应加强与科技企业建立战略合作，形成文化与科技融合的良好局面。最后，文化企业可加强基础技术研发设施建设，包括产业技术园区、产业技术孵化器建设等。

对于科研院所、高等院校而言，应加强与文化企业、技术企业的产学研互动合作，推动学界理论与产业应用的结合，促进技术成果的市场转化。科研院所、高等院校应发挥其科研优势，积极与文化企业、中介组织和其他技术市场主体合作，形成产学研一体化良性发展、共荣发展的新局面。

对于文化技术中介组织而言，应强化其中介服务能力，通过整合技术市场中介服务资源，提升技术服务水平，以更好地服务于其他市场主体。

二、文化技术市场功能建设

文化技术市场要发挥推动文化科技创新融合的功能，需要一定的制度与机制支撑。针对文化技术市场功能建设的问题，以下从文化技术市场制度建设和

① 姜毓锋．基于技术市场的知识转移研究[D]．长春：吉林大学，2011：58-59.

文化技术市场机制建设两方面展开论述。

1. 文化技术市场制度建设

文化技术市场规模的拓展和产业的运营有赖于完善的市场制度，完善的制度可为文化技术市场提供较为良好的外部环境，培育生成更多的市场主体。文化技术市场制度，包括国家法律体系层面、政府管理政策层面、行业技术标准层面以及文化技术市场主体管理制度层面。

从国家法律体系层面上看，我国相继出台了《中华人民共和国科学进步法》《中华人民共和国促进科技成果转化法》《中华人民共和国著作权法》《中华人民共和国商标法》《中华人民共和国专利法》《技术合同认定登记管理办法》《高新技术企业认定管理办法》等法律法规。总的来看，我国关于技术市场的法律法规体系已初步形成，并逐步得到完善。

然而，从目前文化技术市场发展需要来看还存在着两大问题，一是现有的法律体系还不能对技术市场经济的规范运行起到强有力的保证作用，法律法规的制定和实施仍落后于产业的发展，缺失规范文化技术市场发展的专门政策法规性文件。二是现有的法律法规的效用没有得到充分发挥，在整个执法过程中普遍存在着执法不严、违法不究等现象，以至于无法从根本上杜绝各种市场恶性竞争与随机行为。① 技术市场监管执法不严突出表现在，虽然存在国家层面上的技术市场管理办公室，但各地技术市场管理部门多被精简或合并，导致技术市场监管不到位，交易行为不规范，致使技术市场监督管理缺乏有效的宏观指导与规范。②

由此，应进一步健全专利法、知识产权法、版权法等法律体系，建立较为完整、完善的法律制度，明确权利、义务、利益分配及技术规范等重要问题。③ 同时，要强化对文化技术市场的执法力度，规范市场主体行为，为市场的健康发展营造良好环境。

从管理政策层面上看，政策引导能够推动科技创新，为文化技术市场的发展提供相应的支持。当前，我国文化技术市场的政策制度具体包括减免税政策、鼓励技术转移激励政策、建设科技企业孵化中心或产业园区等技术市场基础配套设施的扶持政策以及文化科技投融资政策，等等。

---

① 朱静雯，李靓．我国文化技术市场体系建设存在的问题、成因及对策[J]．出版科学，2014(6)：5-11.

② 姜毓锋．基于技术市场的知识转移研究[D]．长春：吉林大学，2011.

③ 朱静雯，李靓．我国文化技术市场体系建设存在的问题、成因及对策[J]．出版科学，2014(6)：5-11.

近年来，虽然我国加大了对文化技术市场的政策支持力度，然而，从整个文化市场来看，文化技术市场起步较晚，相关的配套政策尚不够完善。如，文化科技投融资方面，文化科技创新的贷款融资优惠政策力度仍显不足，亟须建立多层次、多元化的科技投融资市场体系。

为此，需要政府相关管理部门，一方面在强化资金扶持、税收减免等财政手段的支撑作用的基础上，还要推动政策发挥的协同作用，加快建立政策资源整合、协同机制，发挥政策合力。另一方面，加强对文化技术市场基础配套设施建设的政策扶持，围绕技术交易、科技成果产业化、产学研协同创新、技术中介服务机构培育、技术经纪人队伍建设等，进行政策引导和带动。此外，政府应进一步开放科技投融资政策，努力创建多层次、多元化的科技投融资市场体系，为文化企业科技创新创设融资平台与条件。

从行业技术标准层面看，统一的技术标准能够有效减少通用技术重复研发的浪费，也能够实现技术产品的兼容互通。然而，当前文化领域的相关技术标准尚未统一，因而存在开发产品不兼容、缺乏权威检测机构、技术实施质量无法保障等问题。

由此，需要政府和行业协会发挥其在技术标准建设方面的引领作用，通过深入调查研究，制定一套具有前瞻性、专有性、普适性的行业规范。通过统一的专利和标准化制度，有效保障专利成果的权利及技术产品的质量，并严格规制技术企业市场行为，维护文化技术市场的有序运行。

从文化技术市场主体管理制度层面看，科研机构作为技术研发的重要市场主体，长期以来，其管理体制侧重科研成果(主要为科研论文成果)，缺乏对科研成果经济转化效应的关注，在科技转化的利益分配机制上也不尽合理。这些管理制度在很大程度上也降低了科研人员科技研发的积极性与热情，制约了我国科技创新能力与科技转化程度的提升。为此，改革原有的科技转化管理体制十分重要。政府应制定发展规划等措施指导科研管理、事业单位的基础研究和应用研发，让科研事业单位决定科技成果转化的途径和利益分配方式，制定不同的管理体制，将财政性资金形成的科研成果赋予单位完全的自动转化权。①

2. 文化技术市场机制建设

市场机制也称市场运行机制，是指市场的主客体、市场的中介以及价格、供求、信息、竞争、风险等要素相互联系、相互制约，并形成特定的资源配置

---

① 张胜，郭英远．破解国有科研事业单位科技成果转化体制机制障碍[J]．中国科技论坛，2014(08)：36-41.

条件、资源配置功能和资源配置方式。① 市场机制是市场体系的重要组成部分，是实现市场资源配置作用的主要力量。当前，我国文化技术市场存在的主体培育不充分、市场运作不规范、制度建设不完善等突出问题，均与其市场机制建设滞后有较大关系。市场机制主要包括价格机制、供求机制、竞争机制、利益机制等内容，其中，价格机制是核心。

对于文化技术市场建设而言，价格机制建设也是其市场建设的核心问题。正如国家发展和改革委员会(以下简称国家发改委)高技术产业司在《关于技术要素市场发展与价格问题研究》中所指出的，培育和发展技术要素市场，完善技术要素价格的形成机制，是加快我国产业技术进步和促进我国科技体制改革的重要内容；我国技术市场存在的市场化程度低、市场价格形成机制不健全等突出问题均与其价格机制的不完善有很大关系。② 价格(形成)机制之于技术市场发展的重要性，也引起了国家发改委的高度关注，其成立了专门的课题组研究技术要素价格的形成机制问题。

价格决定技术产品的市场供求关系，是技术产品交易的核心，技术产品的复杂性与专业性给其定价带来了一定的困难。对于文化技术产品而言，在文化技术交易的过程中，因为其非物质性特点决定其技术价格的形成有着特殊性和复杂性，再加上文化产品的社会属性，让文化技术产品的定价变得更加困难，普遍存在着“估值难”的问题。③ 这就使得如何建设与完善文化技术产品价格形成机制变得尤为重要。

当前，包括文化技术产品在内的我国技术产品的价格形成机制尚不健全，定价不规范问题十分突出。具体表现在：技术产品交易价格偏低，如国家发改委价格司课题组关于技术要素价格形成机制的一项研究指出，涉外技术合同成交价格为国内技术合同的八倍，国内技术产品价值普遍被低估。④ 技术价格评估中介服务机构发展滞后，技术价值不能得到合理的、专业的评估，这在一定程度上导致市场上的技术产品定价带有较大随意性和主观性，文化技术市场的交易也难以顺利进行。市场定价机制不规范，主要表现在：一方面技术产品的价格管理还缺乏有效的调控手段，技术产品的知识产权管理和价格评估隶属于不同的部门，造成市场分割；另一方面，我国技术市场基础设施建设滞后，技

① 沙海林．社会主义市场体系建设概论[M]．上海：上海人民出版社，2012：5.

② 国家发展改革委高技术产业司．关于技术要素市场发展与价格问题研究[J]．宏观经济研究，2005(7)：42-45.

③ 朱静雯，李靓．我国文化技术市场体系建设存在的问题、成因及对策[J]．出版科学，2014(6)：8.

④ 国家发改委价格司课题组．技术要素价格形成机制研究[J]．价格理论与实践，2006(11)：10.

术中介机构的功能与服务水平较差，加大了技术交易信息获取的难度与成本，造成了价格信号失灵，使得技术市场效率低下。①

针对上述问题，我们认为，应建立完备的文化技术市场评价体系，完善相关市场价格监管机制，才能够更好地建设文化技术市场价格形成机制，理顺相关的实践性问题。

三、文化技术市场交易平台建设

文化技术市场交易平台，是文化技术产品交易的主要场所，是文化技术市场的子市场——文化技术交易市场建设的主要内容。技术、信息等要素交易市场，是文化产业大发展的必要基础条件。② 中宣部副部长孙志军在《加快推动文化产业成为支柱性产业》中也指出，积极培育文化要素市场，要有序发展文化人才、信息、技术等交易市场。③ 基于此，我们认为，发展文化技术交易市场，需要强化文化技术市场交易平台建设。

1. 我国文化技术市场交易平台建设现状

1988 年，湖北武汉和四川乐山两个产权交易所相继成立，随着我国技术市场的发展和科技产业的进步，以及科技体制改革的不断深入，以科学技术的开发、转让、咨询为主要服务内容的技术交易平台逐步在全国各地兴起，沈阳、深圳、上海、北京、山东等地纷纷成立技术产权交易场所。当前，全国产权交易所达 200 多家，并形成了以地区为划分的长江共同体和黄河共同体等区域性同盟。④

通过调查，我们选取了 15 家表现较为突出的技术产权交易机构作为研究对象，针对其成交合同数量、成交金额、交易活动次数、从业人员数等方面进行调查，其建设基本情况如表 6-9 所示。

由表 6-9 可知，我国重点常设机构具有以下几方面特点。其一，交易量大的技术产权交易所大多集中在北京、深圳等一线城市，少数几家技术产权交易所承担了大多数的交易业务，地区发展不均衡。其二，部分技术产权交易所由于成立时间较短等原因，年交易量较少，这反映了我国文化技术市场主体在功

① 姜毓锋．基于技术市场的知识转移研究[D]．长春：吉林大学，2011：59-62.

② 苗圩．健全现代文化市场体系，扩大文化消费[N]．经济日报，2011-11-20(05).

③ 孙志军．加快推动文化产业成为支柱性产业[EB/OL]．[2016-10-23]．http：//news. xinhuanet. com/politics/2011-10/12/c_122145711. htm.

④ 姜毓锋．基于技术市场的知识转移研究[D]．长春：吉林大学，2011：38.

能上还未健全，需要进一步推动建设。其三，专门的文化技术交易所建设尚处于起步阶段，仍未完全建立起来，亟须推动专业化的文化技术交易平台的培育与建设。

表 6-9 **2014 年全国重点常设技术(产权交易)机构情况①**

常设技术交易机构	成交技术合同项目(项)	成交金额(万元)					开展技术推广和交易活动(次)	组织培训人次	从业人员数
		合计	其中，促成战略性新兴产业技术成交金额	其中，促成公共财政投入计划项目成交金额	其中，促成国际技术转移项目成交金额	其中，促成重大技术转移项目成交金额			
北京技术交易促进中心	33	95 000	95 000	0	2 680	0	144	5 000	58
北方技术交易市场	85	84 713	9 460	227	1 600	0	18	100	33
沈阳技术交易所	40	1 560	42	0	0	0	2	390	25
上海技术交易所	56	3 710	0	0	3 000	0	68	7	36
深圳市南国际技术交易市场	2 244	8 228	1 087	935	1 075	0	16	721	62
广西技术市场	68	7 091	0	3 425	3 000	3 000	86	35	56
西安技术市场	2	20	20	0	0	0	4	922	32
福州技术市场	108	2 983	0	0	0	0	8	1 720	17
湖北技术交易所	31	22 476	21 130	1 230	0	20 000	5	800	23
柳州市技术交易中心	42	12 660	7 400	0	0	5 259	9	5	27
中国技术交易所	2 397	1 261 094	4 267	0	1 100	2 600	30	710	63
济宁市技术市场	41	7 200	4 500	1 200	0	1 500	21	720	25
北海技术市场	3	1 425	1 425	0	0	0	4	2	4

① 科技部创新发展司．2015 全国技术市场统计年度报告[EB/OL].[2016-10-23]. http://wenku.baidu.com/link? url = JKIOdH8rVb2rhr6irMzsssEZMWcwJVfogOoktIhlzOHYqfwYnho1Y_d1cDC3-lU262R-iz6-WaFl6YZFtNRJlK7zCmEQYyMV-AqVd1wSHui.

续表

常设技术交易机构	成交技术合同项目（项）	成交金额(万元)					开展技术推广和交易活动（次）	组织培训人次	从业人员数
		合计	其中，促成战略性新兴产业技术成交金额	其中，促成公共财政投入计划项目成交金额	其中，促成国际技术转移项目成交金额	其中，促成重大技术转移项目成交金额			
西安科技大市场有限公司	14 307	3 315 903	2 471 286	858 919	0	1 693 004	417	14 169	80
咸阳市技术市场	430	255 460	10 446	87 101	0	8 928	8	725	19
小计	19 887	5 079 523	2 626 063	953 037	12 455	1 734 291	840	26 026	560
北京产权交易所有限公司	138	1 111 138	619 908	0	19 000	1 096 194	27	1 648	169
上海联合产权交易所	147	946 312	0	0	13 000	834 997	20	200	109
长春技术产权交易中心	4	1 360	1 310	50	0	0	3	130	10
武汉光谷联合产权交易所	357	253 081	6 764	0	0	0	5	12	98
深圳联合产权交易所	4 541	1 608 000	884 400	0	79 983	0	2	0	130
哈尔滨国际技术产权交易中心	54	10 529	0	0	478	6 000	11	450	14
湖南省技术产权交易所	18	5 725	4 452	1 272	0	0	8	400	22
西安技术产权交易有限公司	429	367 455	12 000	355 455	0	0	60	300	20
福建省高新技术产权交易所	16	1 476	116	1 034	0	0	8	350	28
小计	5 704	4 305 076	1 528 950	357 811	112 461	1 937 191	144	3 490	600
合计	25 591	9 384 599	4 155 013	1 310 848	124 916	3 671 482	984	20 516	1 160

2. 文化技术市场交易平台建设思路

我国文化技术市场交易平台的建设，可从以下几点着眼。一是要推进文化技术市场交易平台信息化、网络化建设，搭建文化技术市场信息服务平台，加强技术市场信息网络服务体系的建设，为文化技术产品交易提供信息参考与决策支持。一方面，以政府为主导搭建全国性的文化技术市场信息公共服务平台；另一方面，引导技术交易各方形成战略联盟，共同建设互动、共享的网上技术服务平台。由此，才能实现文化技术市场信息互通共享，解决市场信息不对称问题，实现资源的优化配置与充分利用，降低市场交易的信息获取成本。

二是文化技术交易市场建设，应注重建设与技术、资本、人才、产权等要素市场有机结合的运行机制，推进技术市场与资本、人才、产权等市场的相互结合与渗透，推动文化技术市场与其他文化要素市场的良性互动。正如原科技部副部长马颂德在2005年全国技术市场工作会议上所指出的，技术市场与其他要素市场的融合与互动，能促进科技创新要素和其他社会生产要素的有机结合，形成科技不断促进经济社会发展、社会不断增加科技投入的良好机制。①对此，要引入社会资本，努力创建多层次、多元化的科技投融资市场体系，通过市场运作的方式，引导社会资源参与技术创新与技术交易；要加强文化技术交易人才队伍建设，推动文化技术交易人才与文化人才流动配置的结合；要改革创新文化产权制度，鼓励文化企业以产权参股、股权置换等方式开展技术交易活动，推动文化产权与文化技术交易的结合。

三是探索建立常设技术交易所和网上技术交易平台的线上线下相结合的技术交易平台体系，丰富文化技术市场交易渠道与平台。网上交易平台，因其成本低、信息沟通便利、实时性等优势，已经成为当前交易平台发展的趋势，对此，文化技术市场交易平台建设也应大力发展网上交易平台，形成线上线下结合的交易体系，促进技术的转移、科技成果的转化。

第五节　文化信息市场建设

信息作为重要的生产要素之一，已经成为经济活动中不可缺少的要素。市场主体在生产经营活动中必然会形成对市场信息的需求，而且这种需求正日益强化。在任何产品流通领域中，积压与脱销是常态，反映的是供求矛盾运动的规律。对于文化产业而言，作为一种智力密集型和资金密集型产业，

① 马颂德．发展技术市场，建设国家创新体系[J]．科技成果纵横，2006(1)：21.

对资源消耗和能源消耗较少，反而对信息资源需求更高、依赖性更大。因而，供求矛盾运动规律在文化市场流通领域也存在，而且文化市场产品积压现象十分突出，比如我国每年的出版物库存一直居高不下。因为文化市场所面对的需求是人们的精神文化需求，是满足物质需求基础上的更高层次需求，更具不确定性，因此反映市场供求状况的信息对于文化市场也就显得尤为重要。早在2001年九届人大四次会议通过的第十个五年规划就指出“推动信息产业与有关文化产业结合”，这正是基于信息市场对于文化产业发展重要性的考量。可以说，技术、信息等要素进行交易的场所，是文化产业大发展的必要基础条件。①

一、文化信息市场建设现状

按照信息提供的主体和方式，文化信息市场大致分为供需对应型、信息资讯服务型、媒介型及网络型四大类，以下将分别从这四类市场对文化信息市场建设现状作一梳理。

1. 供需对应型文化信息市场

如前文所述，供需对应型文化信息市场的主要表现形式是会展。会展是现代服务业的重要组成部分，是供需双方信息沟通、贸易洽谈的重要方式与平台。文化会展是提供文化产品与服务市场信息的重要渠道，会展服务也是文化市场的重要产品类型。据《中国文化及相关产业统计年鉴》②统计，截至2014年，我国提供文化会展服务的企业数量超过3.5万家，从业人员10万余人，会展服务收入900多亿元；非企业法人单位740家，从业人员1万余人(详见表6-10)。

表6-10　　我国会展服务市场发展情况统计　（单位：家/人/亿元）

类型	规模以上企业		规模以下企业		事业单位		其他单位	
时间	2014年	2013年	2014年	2013年	2014年	2013年	2014年	2013年
企业数量	807	813	27 429	25 064	320	326	420	482

① 苗圩．健全现代文化市场体系，扩大文化消费[N]．经济日报，2011-11-20(05)．

② 国家统计局社会科技和文化产业统计司，中宣部文化体制改革和发展办公室．中国文化及相关产业统计年鉴［M］．北京：中国统计出版社，2013，2014．

续表

类型	规模以上企业		规模以下企业		事业单位		其他单位	
从业人员	55 373	45 102	190 031	162 251	7 963	8 288	3 027	3 480
营业收入	450.9	412.5	483.7	384.8	—	—	—	—
主营业收入	445.2	406.7	461.2	377.2	—	—	—	—

注：因2012年及之前统计指标与2013年之后不同，故本文仅统计2013—2014年情况，《中国文化及相关产业统计年鉴》中的规模以上企业指年主营业务收入在2 000万元及以上的工业企业法人。

据中国展会网①等的不完全调查统计，不同文化市场领域的展会举办情况如表6-11所示。从具体的文化市场领域分布情况看，如图6-6所示，综合性的文化产业、文化艺术博览会(即文博会)数量最多，文化子市场领域则以图书市场领域举办的展会最多；而近年来，随着网络游戏动漫的兴起，游戏动漫领域的会展、博览会等也日渐增多，并占有相当比例。此外，从不同城市举办文化展会数量看，如图6-7所示，北京、上海举办相关会展数量最多，这也基本反映出了两大城市在我国文化、经济发展中的地位；而各地轮流主办的展会数量也占有一定的比例，对全国各地区文化交流起到了积极作用。

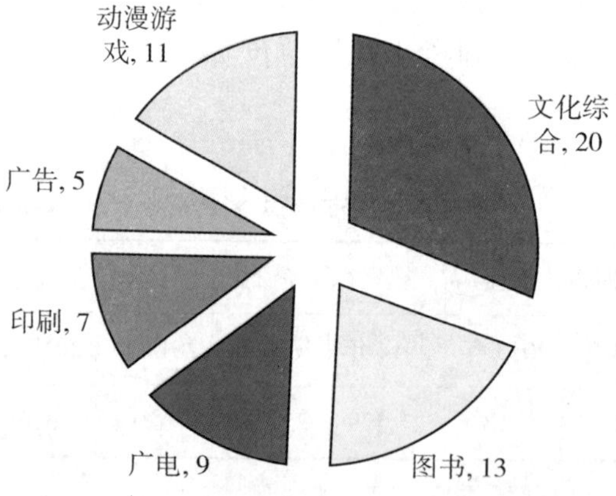

图6-6　不同文化市场领域的展会举办分布情况(%)

① http：//www.china-show.net/exhibit/list-43.html.

表 6-11　　不同文化市场领域的展会举办情况

领域	会展名称	主办、承办单位	举办地点
文化（艺术）产业	海南文化产业博览会	海南省文化广电出版体育厅、海南省文学艺术界联合会、海南省人民政府	海口
	北京国际文化创意产业博览会（北京文博会）	中华人民共和国文化部、中华人民共和国新闻出版广电总局、北京市人民政府	北京
	北京国际艺术博览会	北京国际艺术博览会会组委会	北京
	上海文化产业博览会	上海雅辉展览有限公司	上海
	上海文化产业展览会	上海雅辉展览有限公司	上海
	天津国际工艺品艺术收藏品及红木家具展览会	天津商务委员会	天津
	上海工艺品、艺术品及收藏品展览会	上海雅辉展览有限公司	上海
	深圳文博会	文化部、商务部、国家新闻出版广播电影电视总局、中国国际贸易促进委员会、广东省人民政府、深圳市人民政府	深圳
	中国（合肥）国际文化博览会	中国工艺美术学会、中华文化促进会	合肥
	青岛文博会	中国礼品产业协会、中国家居产业联合会、山东省工艺美术协会、山东省旅游饭店协会	青岛
	青岛艺博会	中国国际商业促进会、中国家居产业联合会、香港国际珠宝玉石协会、国际珠宝玉石联盟	青岛
	香港国际文化创意产业博览会	香港中华文化总会、中国文学艺术界联合会香港总会	香港

续表

领域	会展名称	主办、承办单位	举办地点
文化(艺术)产业	中国(杭州)工艺美术精品展	中国轻工业联合会、杭州市人民政府	杭州
	中国(义乌)文化产品交易会	中华人民共和国文化部、浙江省人民政府、中国国际贸易促进委员会	义乌
	中国文物国际博览会文物展	北京市文物局、中国国际贸易促进委员会、北京市分会	北京
	重庆国际艺术博览会	重庆晨报、雅融文化机构	重庆
	云南文化产业博览会	云南省文化产业发展领导小组办公室、云南省文化厅、云南省广播电视局、云南省新闻出版局、昆明市人民政府、云南世博旅游控股集团有限公司	昆明
	中韩文化创意产业交流会	威海市人民政府	威海
	中国文化用品商品交易会	中百文华展览(北京)有限公司	上海
	中国国际网络文化博览会	文化部、科技部、国家新闻出版广电总局、国务院新闻办公室、共青团中央、北京市人民政府	北京
图书	北京国际图书博览会	新闻出版总署、教育部、中国图书进出口(集团)总公司、环球新闻出版发展有限公司	北京
	北京图书订货会(1985年创办的首都社科书市前身)	新闻出版总署、中国出版协会、中国书刊发行业协会	北京
	香港书展	香港贸易发展局	香港

续表

领域	会展名称	主办、承办单位	举办地点
图书	上海书展图书交易会	上海市新闻出版局、上海出版社经营管理协会	上海
	上海书展	上海市新闻出版局	上海
	台北国际书展	台湾“行政院”新闻局	台北
	海峡两岸图书交易会	厦门市人民政府、福建省新闻出版局、中国出版工作者协会、台湾图书出版事业协会、台湾图书发行协进会	不定
	全国少儿图书订货会(2007年更名为全国少儿图书交易会)	中国出版协会少年儿童读物工作委员会	不定
	地方科技出版社订货会	中国出版协会科技出版工作委员会	不定
	农村巡回书市	新华书店	不定
	全国大学出版社图书订货会	中国大学出版社协会	不定
	全国书市	新华书店总店、北京市新华书店	不定
	上海书市	上海市新闻出版局	上海
广播电视电影	中国国际广播电视信息网络展览会	国家广播电影电视总局、广播科学研究院联合中国有线电视网络有限公司、全国各省市自治区广播电影电视局	北京
	广州国际广播影视设备展览会	广东省影视节目行业制作协会、广州市南博湾展览服务有限公司	广州
	上海国际广播电视信息网络展览会	上海市广电局中国广播电视设备工业学会上海广播电视协会上海市通信行业协会	上海

续表

领域	会展名称	主办、承办单位	举办地点
广播电视电影	北京国际广播电影电视展览会	中国中央电视台	北京
	中国(深圳)国际广播电视与信息网络博览会	广州巨典展览服务有限公司	深圳
	中国(武汉)国际广电产业博览会	湖北省新闻出版广电局、湖北广播电视台、湖北省广播电视网络股份有限公司	武汉
	(武汉)广电产业博览会	中国音视频协会、中国录音师协会、湖北省新闻出版广电局科学技术委员会、湖北广播电视台	武汉
	海峡影视季台湾电影展	国家新闻出版广电总局、福建省人民政府	不定
	深圳国际电影展	广东省新闻出版广电局、深圳广电集团等	深圳
印刷	中国(广东)国际印刷技术展览会	中国印刷及设备器材工业协会、广东省印刷复制业协会、中国国际展览中心集团公司	广东
	香港印刷包装展	香港贸发局	香港
	华南国际印刷展	广东省新闻出版广电局、广东省出版集团有限公司等	广州
	香港印刷包装展	香港贸发局	香港
	中国 3D 技术与创意博览会	北京文博会	北京
	中国数码印刷展	中国印刷技术协会、中国网印及制像协会、亚太网印及制像协会、欧洲网印数码联合会	上海

续表

领域	会展名称	主办、承办单位	举办地点
印刷	中国国际数码互动娱乐展览会	中国出版工作者协会游戏出版物工作委员会、中华人民共和国商务部外贸发展局、上海市新闻出版局、上海汉威信恒展览有限公司	上海
广告媒体	西安广告/印刷/LED/光电照明展览会	西安曲江国际会展中心	西安
	北京国际广告“四新”展	中国对外贸易经济合作企业协会	北京
	上海国际广告展	上海现代国际展览有限公司	上海
	武汉国际广告传媒技术与应用展览会	中国广告协会、中国印刷协会、湖北省广告协会	武汉
	中国西部国际广告节	重庆西部展览策划有限公司	重庆
动漫游戏	山东国际游乐设备展览会	济南市动漫游戏行业协会、亚洲经贸发展促进中心、中国国际贸易促进联合会	济南
	中国主题公园游乐设施博览会	亚洲经贸发展促进中心、中国国际贸易促进联合会	不定
	国际动漫游戏产业博览会	中华人民共和国商务部外贸发展局、通用国际广告展览有限公司、北京电影学院	北京
	中国娱乐游戏产业博览会暨电玩、游艺设施展览会	济南市动漫游戏行业协会、亚洲经贸发展促进中心、中国国际贸易促进联合会、山东智展会展有限公司	济南
	中国北京国际动漫产业展览会	中国动漫产业促进协会、中国文化产业交流协会	北京

续表

领域	会展名称	主办、承办单位	举办地点
动漫游戏	北京国际游戏创新产业博览会	中国国际游戏促进商会、天一健国际会展集团等	北京
	长沙国际动漫游戏展	金鹰卡通卫视、湖南省动漫游戏协会、湖南省展览馆、长沙市和展文化传播有限公司	长沙
	亚洲动漫游戏展	文化部、中国对外文化集团	广州
	亚洲(北京)国际网络游戏及动漫产业展览会	中国国际电子商务协会、深圳市电子行业协会	北京
	宁波国际电竞互动娱乐博览会	宁波市甲子文化体育发展有限责任公司	宁波
	中国国际影视动漫版权保护和贸易博览会	国家广播电影电视总局、广东省人民政府、国家版权局等	东莞

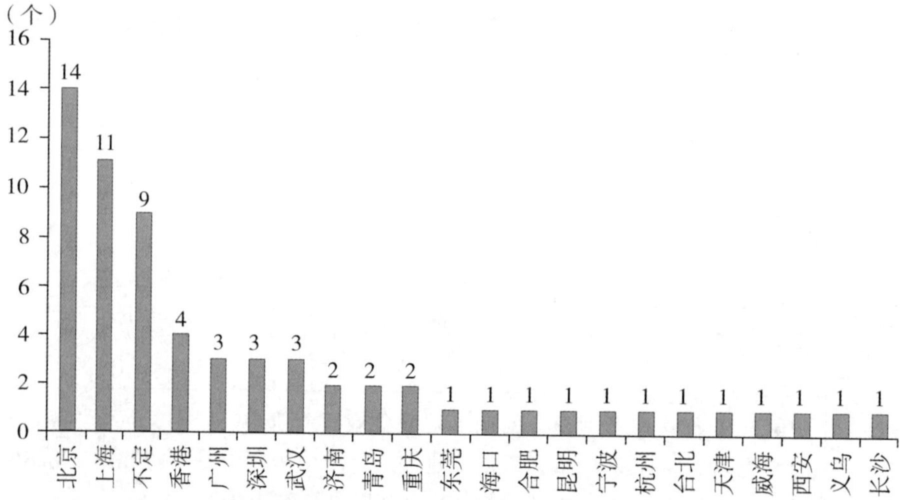

图 6-7　不同城市的展会举办情况

从当前文化会展的发展情况看，主要存在两个方面的问题：一是政府主办的文化会展占主导，行业协会在会展举办中相当缺位，而国外的展会、博览会更多是由起行业沟通联系作用的行业协会主办。二是缺乏具有国际影响力的文化会展品牌，相关展会分散而缺乏影响力，在会展市场竞争激烈、相关展会日益增多的情况下，亟须打造类似于法兰克福国际书展等具有国际影响力和中国特色的品牌文化会展。

2. 信息咨询服务型文化信息市场

这类文化信息市场主体通常为文化中介服务机构，其发展现状详见本书“文化中介市场建设”一章。

3. 媒介型文化信息服务市场

大众传播媒介作为信息生产传播者，也是文化市场主体了解、掌握市场发展动态、获取文化市场信息的重要来源。通过在国家新闻出版广电总局报刊查询系统进行关键词(如“文化”“出版”“图书”“艺术”等)检索，并排除部分非行业信息资讯类报刊后，得到如表6-12所示的“我国文化行业信息资讯类报刊一览表”。

表6-12 **我国文化行业信息资讯类报刊一览**

服务市场类型	媒介名称	媒介类型	主办单位	创刊时间(年)
文化市场	中华读书报	周报	光明日报报业集团	1994
	中国文化报	日报	中国文化报社	1986
	广东文化参考报	周报	广东省文学艺术界联合会	1994
	读书	月刊	中国出版集团	1979
出版市场	中国图书商报(中国出版传媒商报)	周报	中国出版集团	1995
	新华书目报	周报	新华书店总店	1964
	图书馆报	周报	新华书店总店	2003
	科技新书目	周报	新华互联电子商务有限公司	1964
	国际出版周刊	周报	新华书店总店	不详
	发行界		新华互联电子商务有限公司	不详
	出版商务周报	周报	新华文轩出版传媒股份有限公司	2006
	出版参考	旬刊	新闻出版研究院、中国版协国际合作出版促进会	1988

续表

服务市场类型	媒介名称	媒介类型	主办单位	创刊时间(年)
新闻出版市场	中国新闻出版报(中国新闻出版广电报)	周报	中国新闻出版传媒集团	1988
电影市场	中国电影市场	月刊	中国电影集团公司	1951
	中国电影报产业周刊	周报	中国电影艺术研究中心	1989
	中国电影报	周报	中国电影艺术研究中心	1989
影视出版市场	影视图书周报	周报	长春报业集团	
文艺市场	中国艺术报	周报	中国文学艺术界联合会	1995
	文化艺术报	周报	陕西省文化厅	1958
	文艺报	周报	中国作家协会	1949
音乐市场	音乐周报	周报	北京日报报业集团	1979
	音乐生活报	周报	中国文化艺术有限公司、中国大众音乐协会	1993
阅读市场	文学报	周报	文汇新民联合报业集团、上海市文联	1981
	读者报	日报	四川出版集团	1994
文物市场	中国文物报	周报	中国文物报社	1985
摄影市场	中国摄影报	周报	中国摄影协会	1987
档案行业	中国档案报	周报	中国档案报社	1995

从表 6-12 可以看出，首先，当前我国文化行业信息资讯报刊主要集中在新闻出版广电这一文化产业核心领域，综合性行业报刊较少，且主要以读书类资讯居多，反映出整个文化市场的信息资讯、交流、发布刊物较少。其次，周报占据绝大多数，日报只有一种。最后，受国家对报刊号总量控制的影响，相关报刊多为 20 世纪八九十年代创办的，近年来新创办的刊物较少，因此，尚没有专门反映、发布网络文化相关市场信息动态的报刊。

4. 网络型文化信息市场

随着互联网的普及、文化产业信息化程度的提高，在“互联网+”环境下，文化企业的信息咨询、市场信息获取也越来越多地通过网络进行，这是整个社会信息交流与传播的大趋势，也是企业利用互联网低成本、方便快捷的优势以降低企业信息交易成本的必要手段。据不完全统计，当前我国现有的文化信息发布网络平台的性质类型、服务定位等情况如表6-13所示。当前我国已经初步建立起了覆盖文化产业核心领域、不同产业类型的不同层次的网络型文化信息市场主体结构，较好地满足了我国文化产业发展的信息需求。但同时也应该看到，目前尚缺乏一个统一的、全国性的、有影响力的文化信息共享平台，这是当前我国文化信息市场存在的突出问题。

二、文化信息市场建设的主要思路

信息市场是满足供需双方信息交换需求的场所，加强对信息市场的建设，能够为企业的社会化生产经营活动提供必要的市场信息，为产、供、销的沟通牵桥搭线。从文化信息市场的特性及其当前存在的问题看，文化信息市场建设需要在健全市场监管体系、构建多层次的文化信息市场体系等方面着重发力。

1. 健全文化市场监管体系

加强对文化信息市场的监管，主要是为解决因为信息市场的外部性、公共产品属性等特性导致的市场失灵问题。

一方面，信息市场具有显著的外部性特性。正如查先进所指出的，信息商品在生产和传播的过程中普遍存在着正的和负的外部效应。① 不论是正外部性，还是负外部性，都会导致信息产品分配的不公，导致信息产品生产流通的社会效率水平偏离市场均衡状态，使价格机制被扭曲进而引发信息市场失灵。

另一方面，信息市场具有公共产品属性。“公共产品”是相对于私人产品而言的，是在消费与使用上具有非竞争性、在受益上具有非排他性的产品，如公共场所、公共设施等，公共产品问题也是引发市场失灵的重要原因。正如马费成等所指出的，信息商品在很多情况下均表现出了公共产品的特征，其在消费和使用时表现为载体转换，这种转换不会引起信息商品的损耗和丧失，交换的结果不是转手而是共享。② 既然作为公共品，信息产品的供给就应该是非排

① 查先进．论信息市场失灵与政府干预[J]．中国图书馆学报，2000(4)：27-28.

② 马费成，等．信息经济学[M]．武汉：武汉大学出版社，1997：185.

表 6-13 **我国文化行业信息资讯类网站一览**

文化市场领域	市场主体	运营企业	业务定位	类型	网址
文化市场	中国文化传媒网	中国文化传媒集团	大型综合类文化资讯网站	企业型	http：//www. ccdy. cn/
	国家公共文化网	中国文化传媒集团国家公共文化发展中心	开展公共文化规划、政策的研究、咨询服务	政府型	www. cpcss. org
	中国文化产业网	深圳报业集团、深圳国际文化产业博览交易会有限公司	文化产业信息发布与交流、资源和项目展示、政策咨询与服务、产品和服务发布与交易、文化产业项目投融资、文化产业内容资讯服务等于一体的综合性行业门户网站	企业型	www. cnci. net. cn
	中国文化产业信息网	深圳市长城盛世文化传播有限公司	中国文化产业品牌展示平台最大最权威的大型门户网站	企业型	www. ci-360. com
文化艺术市场	文创网	重庆嘉禾实业有限公司	文化产业的信息发布平台；文化产业政策、数据权威发布平台；重庆文化信息交流平台	企业型	http：//www. fzci. cn/
	北京文化创意产业综合信息服务平台	北京市文化创意产业促进中心	北京市文化创意产业信息平台	政府型	http：//www. bjci. gov. cn
	中国文化艺术网	博艺信息科技有限公司	大型文化艺术类综合门户网站	企业型	www. orgcc. com

续表

文化市场领域	市场主体	运营企业	业务定位	类型	网址
文化艺术市场	上海城市文化艺术信息服务平台	东方网	集演出，展览，影视，文娱咨询等于一体，多重角度展现上海文化艺术气息的一个展台	企业型	http：//mego. eastday. com/
	中国文化艺术品产权交易所	广东汇昌国际投资有限公司	各类文化艺术品权益拆分和类证券化运作	企业型	http：//www. zgcae. net/index. asp
新闻出版市场	全国新闻出版统计网	国家新闻出版广电总局规划发展司	新闻出版行业统计数据的采集、审核、汇总平台	政府型	http：//www. ppsc. gov. cn/
出版市场	全国出版物发行信息网	新华互联电子商务有限公司	出版物发行电商平台	企业型	http：//www. cpin. com. cn/
	openbook 开卷	北京开卷信息技术有限公司	图书产业数据与信息服务第一提供商	企业型	http：//www. openbook. com. cn/
	中国出版网	中国新闻出版研究院	出版行业信息门户网站	政府型	http：//www. chuban. cc/
广播电视市场	中国有线电视信息网	陕西有线电视杂志社	广电行业技术信息门户网站	企业型	www. ccatv. com
数字出版市场	百道网	北京百道世纪网络信息技术有限公司	为出版业数字转型提供信息服务与知识服务的专业机构	企业型	http：//www. bookdao. com/
	国家数字文化网	文化部全国公共文化发展中心	综合性公共数字文化新媒体服务平台	政府型	http：//www. ndcnc. gov. cn/
新闻出版广电市场	中国新闻出版广电网	中国新闻出版传媒集团	新闻出版行业覆盖面最广的专业新闻资讯门户网站	企业型	http：//www. chinaxwcb. com/

他的，然而，作为公共产品的信息产品则可以是排他的。信息如同其他经济物品一样，也是一种稀缺的、有价值的资源，要想获得足够的信息，就必须支付足够的费用。① 信息产品市场交易成本的存在使得信息也可以是排他性的，由此极易导致信息产品供给与流通的市场失灵。

信息市场的外部性、公共产品属性等市场缺陷，同样存在于文化信息市场，同样会使文化信息市场失灵。信息市场缺陷的客观存在，必然要求政府加强对市场的干预和监管。如郑传锋所提到的，信息市场的缺陷导致信息市场的功能无法发挥，市场缺陷导致了对外部力量——政府干预的需求。②

为此，一方面应加强对文化市场信息产出过程的监管，重点打击虚假信息传播行为，强化对不正当竞争行为的市场监管，规范市场运作，保证信息生产流通的社会效率水平与市场生产力水平处于均衡状态。另一方面，充分利用多种政府宏观调控手段，如信息市场发展扶持等政策手段，信息市场的法律调整、强化执法等法律手段，税收、贷款调整等经济手段，以及构建全国性的文化信息共享平台等市场手段，形成“组合拳”，加强对公共信息产品的供给，提高信息产品的供给效率，调节作为公共产品的文化市场信息的供给与管理。

2. 构建多层次的文化信息市场体系

市场体系是各种相对独立的子市场所构成的有机综合体，广义的市场体系是包括市场结构、市场主体、市场机制、市场组织、市场规则、市场关系在内的完整系统。信息市场建设的目标是形成多层次、多渠道的信息市场体系，然而，当前我国文化信息市场仍然存在着信息市场结构不完善、信息市场发育不平衡、有品牌影响力的文化信息平台缺乏等问题。文化信息市场体系不健全，制约了文化信息市场的健康发展，严重影响了文化企业的信息需求，也影响到了文化产业的大发展大繁荣。以下对各问题进行详细分析。

一是文化信息市场结构不完善。完善的信息市场结构要素包括信息产品的供给方、需求方、中介方、管理方等。合理、完整的信息市场结构是保证信息市场正常运行的重要前提。一般来说，合理的信息市场结构应具有稳定性和平衡性，不同类型信息市场组织不存在严重缺位或“一家独大”的现象。

当前，我国文化信息市场在市场结构上的不完善具体表现在：一方面，整个文化产业普遍存在的信息服务中介机构仍处在发育、成长的过程中，信息产品供给方数量不足，信息产品供给尚不能很好地满足市场需要。通过对表 6-9

① ［美］乔治·斯蒂格勒．产业组织和政府管制［M］．上海：上海三联书店，1996：74.

② 郑传锋．信息市场缺陷及政府规范调控［J］．湖北社会科学，2003(2)：63.

数据的进一步分析发现，2014 年，我国规模以上会展服务企业(年主营业务收入在2 000万元及以上的工业企业法人)数量仅占规模以上文化服务企业的4.4%，营业收入仅占总企业营收的2.7%。另一方面，则是行业协会较为缺位，尤其在文化会展方面，没有发挥好其作为信息沟通联系纽带的作用。这就需要着力引导、培育文化信息服务企业，同时积极发挥文化行业协会组织的应有效用。

二是文化信息市场发育不平衡。信息市场体系是由多个子市场组成的有机整体，包括供需对应型市场、信息咨询服务型市场、媒介型市场与网络型市场，也是国外市场、全国市场和地方市场的统一。信息市场发育平衡，才有助于构建一个多层次、多渠道的文化信息市场体系。

文化信息市场发育不平衡具体表现在以下三方面：首先，是信息市场主体发育的不平衡，通过前文对我国文化信息市场建设现状的分析可以看出，当前我国文化信息市场在四类市场主体发育程度以及具体类型文化信息市场组织发展程度上，均存在一定的不平衡。如网络型市场主体发展较滞后，又如媒介型市场中新闻出版方面的报刊媒介较其他市场领域多，等等。其次，是区域发展的不平衡，文化会展的举办主要集中在北京、上海，其他地区很少。最后，是市场领域发育的不平衡，明显的，文化会展市场发展较好、较为成熟，近年来各类文化展览、博览会层出不穷；而相反，文化信息行业报刊近年来发展停滞，网络型信息市场也才刚起步。

由于我国是一个大国，各地经济社会文化发展十分不平衡，这就决定了文化信息市场发育状况不平衡是必然的。同时，这也意味着我们只能通过分层次、分区域的途径，以大中小城市为依托来建立全国统一信息市场，逐步实现文化信息市场发展的整体平衡。

三是缺乏有品牌影响力的文化信息传播共享平台。一方面，虽然我国的文化会展基本涵盖了文化市场的各个领域，但是真正具有国际品牌影响力的并不多，各地竞相举办各类文化会展，名目繁多，却缺少重要的、具有全国甚至全球影响力的文化会展(详见表 6-10)。为此，需要对各类文化展览进行整合，着力打造若干个具有品牌影响力与国际吸引力的文化会展。另一方面，则是缺乏全国性的文化信息共享网络平台。从表 6-12 可知，目前尚缺乏一个统一的、全国性的、有影响力的文化信息共享网络平台，这是当前我国文化信息市场存在的突出问题。在网络化趋势下，这势必会对文化信息市场建设产生消极影响。在这方面，一些地方政府主管部门通过政府力量推动建立区域内统一的信息共享平台的做法值得肯定和借鉴。如浙江省文化厅自 1998 年始，投入近 300 万元资金着手建立全省的文化市场信息管理平台，建立起全省文化市场信息处理交换中心，综合运用计算机、网络、通信技术，形成覆盖省、市、县三级文化市场管理部门的信息网络①。

基于此，从全国层面看，国家应着力打造、构建全国性的公共信息平台；从地方层面，地方政府也可以建立能够整合地方资源促进信息流转的区域性文化信息共享网络平台。由此，才能建立起一个多层次的文化信息市场体系。

第六节　文化产权市场建设

明晰的企业产权关系，是建立现代企业制度的重要前提。党的十四届三中全会以来，产权市场作为要素市场的重要组成部分，在我国经济体制改革过程中，在推动国有资源有效配置、规范国企重组整合以及从制度上防止国有资产流失等方面都发挥了重要作用。文化产业的核心是由知识产权形成的版权资产，培育文化生产要素市场，促进文化资源的市场化配置，必须形成合理的、优化配置的产权市场。健全的文化产权市场更成为文化市场体系建设的核心要素市场之一。

近年来，国家高度重视文化产权市场建设。中宣部等九部委共同制订的《关于金融支持文化产业振兴和发展繁荣的指导意见》中就明确提出要“积极培育流转市场，充分发挥上海文化产权交易所、深圳文化产权交易所等交易平台的作用，为文化企业的著作权交易、商标权交易和专利技术交易等文化产权交易提供专业化服务”。在此基础上，各地也相继出台了相关扶持政策，大力推动了文化产权市场的发展。然而，不可否认的是，当前文化产权市场仍然存在产权交易体系建设滞后、法律法规不够完善、市场运作不够规范、缺少专业化的文化产权评估和交易平台等突出问题，严重阻碍了注册商标、艺术创意等知识产权要素进入市场配置，制约了文化产权市场的培育建设。基于此，我们认为，文化产业市场建设应遵循三个基本思路，一是完善包括知识产权法律体系、文化产权制度等在内的文化产权市场制度；二是培育多元化文化产权市场主体、创新产权市场业务交易方式；三是培育文化产权交易市场、丰富产权交易内容与渠道。

一、文化产权市场制度建设

当前，我国文化产权市场制度建设仍然明显落后，需要尽快完善产权交易

① 中国文化报．浙江省文化市场信息管理系统建设初见成效[N]．中国文化报，2004-12-09.

制度，健全相应的产权交易规则。① 文化产权市场制度建设的重要意义在于，可以通过改革文化产权制度以重塑产权主体，完善产权交易规则、规范产权市场交易活动。

1. 改革文化产权制度

产权制度改革，就是要改革产权组织结构和产权管理形式，实行原始产权和法人产权分立而又相互制约的产权形式，并使法人产权相对独立化。产权制度改革是保证企业生产经营独立自主权，规范股份制经营，建立现代企业制度的有效途径。

当前，我国文化产权运营还处于一个相对初级的阶段，没有形成成熟的市场规模。这主要源于当前仍然存在产权市场的职能与定位尚不明确、缺乏统一的产权市场体系、产权交易运作的制度规范不健全等问题。由此，加强文化产权制度改革势在必行，也是破局之道。

改革文化产权制度，是重塑文化市场主体的需要。重塑文化市场主体的基本目的是要彻底实现转企改制，建立现代企业制度，实现文化企业经营管理上的独立自主权。② 当前我国文化体制改革的重要任务就是推动文化企业建立有文化特色的现代企业制度，实现经营管理上的独立自主权。而其首要前提就是要成为一个独立的产权主体，也即需要有明确的出资人、有独立的完全可自行支配的经营财产，实现所有权与经营权的分离，这就需要建立与之相配套的文化产权制度。对于我国文化市场而言，建立文化市场产权制度，赋予文化机构合法的、独立的企业身份以及自主经营权，其核心是建立国有文化企业所有权、占有权、经营权分离的制度，尽量减少对文化市场的行政干预，使得文化市场要素资源能够在产权结构上进行合理配置，让文化企业真正成为一个能在市场经济中独立运作的企业。

改革文化产权制度，也是文化要素市场改革的需要。当前，我国的要素市场存在着严重的扭曲现象，这些扭曲对中国经济发展方式产生了重大影响，最终在各种因素的作用下导致中国经济的外部失衡。③ 文化要素市场扭曲，主要表现在文化要素供给总量与结构失衡，造成文化要素需求相对不足和供给相对过剩并存。扭转文化要素市场扭曲现状，需要推进文化要素市场改革，实现文

① 刘培峰．文化产权市场制度建设滞后[N/OL]．[2016-09-12]．中国房地产报，2012-05-10(B03)．http：//finance. ifeng. com/roll/20120510/6440996. shtml.

② 方林，徐祯．关于重塑文化市场主体几个理论问题的思考[J]．东南传播，2008(8)：11-13.

③ 王必锋．要素市场扭曲对中国经济外部失衡的影响研究[M]．北京：经济科学出版社，2015：序.

化领域经济发展方式的结构性转变。推进经济结构战略性调整必须以完善产权制度为基础，加快要素市场化改革，形成产权清晰、功能完善、流动顺畅的现代要素市场体系，努力提高各类资源的市场配置效率。① 由此可见，改革文化产权制度，也是当前改革文化要素市场、解决文化要素市场扭曲的需要。

我们认为，文化产权制度改革的核心内容主要包括以下三个方面：

一是所有制改革，重塑所有权与经营权分离的产权主体。文化产业领域正在推行的股份制改革，其目的就是改革当前文化领域单一的所有制形式，重塑所有权与经营权分离的文化产权主体，为文化企业跨地区、跨行业、跨所有制兼并重组奠定基础。党的十八届三中全会就明确提出了，要推动文化企业跨地区、跨行业、跨所有制兼并重组，提高文化产业规模化、集约化、专业化水平；财政部也发布了《关于做好中央文化企业国有资本经营预算支出管理工作的通知》，明确提出今后将重点支持中央文化企业兼并重组。

二是形成多元产权结构，即文化市场主体的多元化。具体而言，就是要积极引入社会资本，以扩大文化产品供给，增强市场活力。在这方面，国家相继推出的《国务院关于鼓励和引导民间投资健康发展的若干意见》《国务院关于非公有资本进入文化产业的若干决定》《关于鼓励、支持和引导非公有制经济发展文化产业的意见》(文化部)、《关于印发<新闻出版总署关于支持民间资本参与出版经营活动的实施细则>的通知》《广电总局关于鼓励和引导民间资本投资广播应是产业的实施意见》等一系列政策措施，进一步调动了社会资本投资文化市场的积极性。

三是完善产权交易市场，即提升文化企业产权的流动性，将产权作为一种重要的文化要素进行交易。2003 年 12 月，出于国企改革、经济结构调整的需要，产权交易迎来了新的发展机遇，国务院国资委、财政部令第 3 号《企业国有产权转让管理暂行办法》正式实施，明确要求企业国有产权交易必须进行阳光操作，使产权市场成为国有资产转让的必经通道。2009 年颁布的《中华人民共和国企业国有资产法》更是为产权市场交易提供了法律保障。

2. 完善文化产权交易规则

市场经济运行过程中，在市场自发组织或者政府介入调控下会形成相应的市场运行规律。对于文化产权市场而言，交易规则是市场运行规律的一个部分，只有形成统一、规范、合理的交易规则，文化产权市场才能有序运行。

文化产权交易规则，可从两个层面进行建设，包括法律层面和市场层面。

① 郭春丽．加快完善要素市场，推动经济结构战略性调整［J］．经济与管理研究，2015，36(3)：28.

法律层面，涉及文化产权交易相关的法律法规体系包括产权及产权交易相关法律法规、知识产权相关法律法规等。

产权交易相关法律法规方面，2004 年 2 月 1 日起正式实施的《企业国有产权转让管理暂行办法》以及 2008 年通过的《中华人民共和国企业国有资产法》一定程度上缓解了我国产权市场交易法律法规方面的不足，但是我国依然缺乏产权交易相关的法律。正如任玉琴所指出的：产权交易市场经过多年发展，已经形成了稳定的规模和体系，但与快速发展的市场相比，相应的法制建设未能实现同步，使得产权交易中众多新业务、新领域的服务没有充足的法律法规作为依据；造成如此情况的原因是多方面的，包括产权交易市场多头归属、相对复杂，增大了制定和出台统一的体系化法规的难度，加之产权交易市场作为新型市场尚处摸索中，针对其新业务、新发展的法律研究也正在积极进行中，尚未能形成统一的管理规则和意见。① 这也在一定程度上限制和影响了产权交易市场的发展壮大。为此，需要加快《产权交易法》制订的推进进程，厘清相关的产权主体、产权制度以及与国有资产的关系，统一市场管理规则和意见，强化市场监管，减少交易纠纷。

知识产权法律法规方面，知识产权作为调整知识创造、生产、传播过程中所形成的社会关系的普遍准则，随着社会对知识、对创意需求的增加与重视，知识产权法律体系建设也显得尤为重要。目前，我们国家已经初步建立起了由著作权法、专利法、商标法、反不正当竞争法等构成的，与国际接轨的知识产权法律体系。文化企业的资产中，尤以各类文化版权、商标权为代表的文化知识产权最具价值，知识产权法律体系的完善，也为文化产权交易和文化产权市场建设提供了坚实的法律保障。

市场层面，主要包括市场交易规则的制定与产权交易价格形成机制的完善问题。

一方面，政府要积极制定文化产权交易市场的统一规则，减少产权市场交易过程中的各类纠纷，切实维护具有知识产权的产品生产者、消费者以及中介组织的利益，通过对知识产权的保护，特别是对原创性文化作品的保护，鼓励文化创作、繁荣文化市场供给。这就需要建立一个统一、开放的文化产权信息平台，包括产权主体信息查询、产权交易信息披露等，实现产权交易过程与规则的清晰、透明、统一和规范，便于市场监管。

另一方面，清晰、合理的产权交易价格是产权交易活动得以顺利进行的必要前提，这就需要围绕产权交易的价格形成过程，强化相关市场机构与市场运

① 任玉琴．希望尽快推出《产权交易法》[EB/OL]．[2016-11-09]．http：//www.jinmajia.com/article/newreport/200809/20080900000294.shtml.

行机制的建设。当前，我国产权市场体系价格形成机制存在较多突出的问题，具体体现在中介机构在评估企业待交易产品时评估方法不适宜、评估价格缺乏弹性、价格形成机制不健全等。① 究其原因，主要是受到企业产权主体地位不明确、产权中介机构不成熟、市场交易非公开的制约。建立健全文化产权交易的价格形成机制，需要明确产权定价主体，完善产权定价机制和产权交易机制，培育运作、成熟规范的产权评估服务机构，同时实现产权交易价格的公开化。建立一个规范、健全的文化产权市场，要求众多文化产权与投资者通过高效率的网络化交易信息服务平台，对同一交易标的开展谈判和竞价。②

二、文化产权市场主体建设

2009年6月，我国首家文化产权交易所在上海诞生，并以星火燎原之势迅速在全国蔓延开来。此后，相继有60家文化产权交易机构(以下简称“文交所”)陆续开业，还有更多的地方政府、投资公司、文化公司、传媒集团在不断加入筹建文交所的行列，各大产权交易所也在尝试推出文化艺术品产权交易业务。

文化产权市场主体是文化产权市场的参与者，其建设的核心是培养产权意识，优化企业治理与运营，培育多元文化产权市场主体。文化产权市场主体建设的目标就是要建设多元化文化产权主体。文化产权市场主体由三部分构成，包括文化产权供给者、文化产权购买者、文化产权交易中介服务者。

1. 文化产权供给者

文化产权供给者就是指拥有文化产权商品的文化企业，也即文化市场主体。有关文化市场主体的内容，在第五章已展开专门论述，在此仅对如何培育文化产权供给者进行分析。

在文化产权供给者培育、建设过程中，需注意以下两方面问题。

一方面，明确供给者的产权地位，主要是赋予文化企业经营层独立开展经营管理活动的地位，实现文化产权所有权、经营权的分离。完善产权市场建设的前提是产权的清晰界定，产权清晰包含两层含义：一是财产的归属关系是清楚的，即财产归谁所有；二是在所有权主体明确的前提下，产权实现过程中不

① 宋才发，吴雅杰．中国产权交易市场体系建设研究[J]．湖北经济学院学报，2007，5(2)：80.

② 王顺育，韩冰，王旭超．文化产权市场发展问题研究[J]．产权导刊，2012(11)：32.

同权利主体之间权、责、利关系清楚。具体而言，就是文化产权所有权、经营权关系明确。文化行业的意识形态属性，决定了国家对部分关键领域与关键部门的控制，如出版市场实行严格的准入制。但是对内容的把关控制，与对内容的经营并不矛盾，之间有前后顺序关系，文化企业的控制权掌握在国家手上（国有文化企业），以保证对内容的把关控制，在此基础上，应该赋予企业对这些内容以及企业其他资产开展独立经营的权利。

另一方面，培养文化企业的产权意识，强化产权经营理念。产权经营，也即产权资本运营，是对企业的法人财产权资产通过产权交易等方式实现资产增值的活动。强化产权经营理念，企业首先要有产权意识，即将企业的法人财产权视作资本，既然是资本就当有资本运营。受长期以来文化体制的影响，刚刚实现转企改制的文化企业，对企业产权的意识仍不高，产权经营无论是在理念还是方式或是能力方面仍显不足，制约了文化企业的产权交易与产权的价值增值。为此，中宣部于2011年颁布了《关于贯彻落实国务院决定加强文化产权交易和艺术品交易管理的意见》，明确了文化产权交易的对象、范围，对于提升文化企业产权意识，强化产权经营与交易具有积极作用。

2. 文化产权购买者

文化产权购买者是指产权交易过程中作为产权购买方的市场主体。狭义的文化产权购买者，即产权的经营者，也即通过购买文化企业的某种产权产品开展经营管理活动的企业，如买入版权后进行影视剧改编的影视剧文化公司。广义的文化产权购买者，则包括了各种文化企业以及投资文化领域的行业外企业。

文化产权购买者的产权交易方式通常有三种。

一是通过企业兼并实现对文化企业产权的控制。企业产权交易中，股权交易是十分重要的方面。企业兼并，就是通过购买、持有其他企业股权的形式，直接改变企业的法人，获得对企业财产的控制权。对于文化行业而言，虽然鼓励国有文化企业实行股份制改革，但是，由于意识形态的关系，很多文化行业领域外的资本只能持股，却不能控股。因而，在文化行业的诸多领域，文化企业之间的兼并行为主要发生在国有文化企业，尤其是行业内企业之间，如出版单位之间的兼并重组。

二是版权交易。作为内容产业，版权是文化产权中十分重要的组成部分，文化产品的版权也是文化企业最具价值的资产形式，谁拥有了文化作品的版权开发使用权，谁就掌握了文化市场最核心的资源要素，占据了市场的主动权。这也是各大出版社、影视制作公司、卫视等文化企业纷纷争夺热门IP的重要原因。因而，对版权的交易是文化产权交易的重要形式，购买版权也是文化产权购买者购买内容的重要类别。如果说股权的交易是对文化企业整体产权的购买，那么版权交易则是对文化企业部分产品产权的购买。

三是通过投资文化产业，获得财产权收益的分配权。这通常是行业外企业参与文化产权交易的重要方式。由于文化行业属于意识形态领域范畴，部分文化行业领域实行较为严格的市场准入制，如成立书报刊出版单位、广播电视台等。然而，单纯依靠行业内资本无法实现市场规模的进一步扩大，也无法满足市场对资本的需求，因此，需要积极引入社会资本，以带动扩大市场规模。社会资本通过投资文化产业，获得具体文化项目财产权收益的分配权，是一种切实可行的重要途径和手段，也是当前党和国家在政策上予以鼓励和支持的。如越来越多的民营出版工作室与出版社合作，开展具体的出版选题项目，也进一步增强了出版市场活力。

3. 文化产权交易中介服务者

产权交易中介服务者是为供给者和购买者的交易提供中间性服务的市场组织，是实现产权交易的必要机构。产权交易中介机构的主要职责是：为产权交易提供合法的场所；接受产权交易双方的委托，促成交易的双方成交；对产权交易的合法性、规范性和真实性进行审查；为产权交易双方提供产权转让信息，进行价格评估、交易结算等。

产权交易中介服务者包含以下两大核心中介服务组织。

一是产权评估服务组织。作为第三方，其是与服务对象没有直接利益关系的“旁观者”，也是保障公共决策客观、公正的必要组成部分。在产权交易过程中，为保证产权确定的公正性和独立性，通常会委托第三方进行评估。目前，这一市场尚未形成，一方面是由于产权价格难以评估，真正了解其价值的定价主体(买卖双方)缺位；另一方面，也没有一个权威的资质鉴定机构。故而，国家或者行业协会加强第三方评估组织的资质鉴定必不可少。

二是产权交易服务组织。产权交易服务组织的职能是提供产权信息、审查产权等，具体包括产权市场经济活动中的各种产权交易所等。设立文化产权交易所需要具备一定的条件，中宣部在《关于贯彻落实国务院决定加强文化产权交易和艺术品交易管理的意见》中明确提出，文化产权交易所要按照“总量控制、合理布局、依法规范、健康有序”的原则进行宏观调控和分类管理。设立文化产权交易所的基本条件包括：申请设立文化产权交易所的省份，须基本完成文化体制改革重点任务，文化企业数量达到一定规模；文化资源资产化程度较高，文化企业间的联合、重组、并购活跃。设立文化产权交易所，须有法定注册资本、固定交易场所、完整交易规则、专业交易人才，须提供权威专业的投资咨询、评估鉴定、金融服务等中介服务。

三、文化产权交易市场建设

1. 文化产权交易市场概述

文化产权市场是以文化产权交易为前提存在的，因而，加强文化产权市场建设，首先需要培育和建设文化产权交易市场。

产权交易，从广义上看是指在市场经济中，经济主体之间发生的生产要素(包括无形资产)以及附着在生产要素上的各种权利关系的有偿转让行为，是财产所有者以产权为商品而进行的一种市场经营活动。① 文化产权交易，是“文化产权”的交易行为，实质是文化市场中以文化相关物的物权、债权、股权、知识产权等权利为交易对象的交易经济活动的集合。②

文化产权交易市场，就是基于文化产权交易行为活动而构成的市场，是文化产权供给者、文化产权购买者与文化产权中介机构基于文化产权的交易活动而形成的经济关系的总和。文化产权交易市场建设的重要性在于，产权交易的前提是产权的明晰界定，而由于交易费用的存在，使产权交易有可能进入“锁定状态”，从而影响经济资源配置和使用效率的提高。产权交易市场则可担负起节省交易费用的重任，从而为经济发展和制度创新作出贡献。③ 此外，产权交易市场对于调整存量资产、促进产权资源要素的合理配置、优化产业结构也具有重要意义。④

文化产权交易市场，交易的内容主要包括：文化企业物权的交易，主要是有形文化产品物权的交易，如纸质图书、期刊、报纸的发行行为；文化企业股权、债权的交易，通常是为了取得文化企业一定权重的控制权而产生的交易行为；产权清晰的文化产权标的物的交易，如影视剧、舞台剧及其衍生品的著作权、专利权等。

2. 文化产权交易市场的建设模式

中国市场学会文化创意产业专业委员会秘书长、北京师范大学公共治理研究中心常务副主任刘洋总结出了现阶段我国文化产权交易市场的三种模式：一

① 沙海林．社会主义市场体系建设概论[M]．上海：上海人民出版社，2012：228.

② 王顺育，韩冰，王旭超．文化产权市场发展问题研究[J]．产权导刊，2012(11)：31.

③ 曾小春，田清旺，邓晓兰．产权交易中心的经济学分析[J]．中国软科学，2001(8)：22-26.

④ 董亥宁．我国产权市场的发展与创新[D]．天津：天津商业大学，2008：11.

是北交所模式，在综合性产权交易市场中开展专门的文化产权及相关业务；二是中关村雍和园模式，基于文化产业园区设立的专门性版权交易市场；三是上海模式，建立综合性文化产权交易市场。① 上述三类，基本涵盖了当前我国文化产权交易市场建设模式的探索，以下分别对这三种建设模式进行分析。

(1)综合性产权交易市场建设模式。所谓综合性产权交易市场建设模式，就是在综合性产权交易市场中培育、发展文化产权交易市场的一种发展模式。相较于文化产权交易市场的发展而言，综合性产权交易市场发展起步早，经营运作经验丰富，产权交易服务专业性更强，资本吸引力也更大。正如《中国产权市场发展报告(2014)》所指出的，2004—2014 年，中国的产权市场发展取得巨大成就，实现了超常规发展。② 借助综合性产权交易市场，开展专门的文化产权交易及相关业务，将文化产权交易置于综合性的产权交易市场中，能够充分利用其专业化优势，吸引更多的业外资本参与产权交易和文化产业建设。同时，文化产权进入产权交易市场也能够助力产权市场发展，中商情报网发布的《2014—2018 年中国产权交易市场调查与发展前景分析研究报告》就指出，近年来，随着文化产权等业务逐步进场，产权市场的交易额继续高奏凯歌，在文化产权等方面不断取得进展。③ 另据中国产权网的数据，2015 年，中国企业国有产权交易机构协会旗下会员文化产权交易宗数占其全部产权交易总宗数的86.9%，文化产权交易交易金额达1 523亿元，仅次于金融资产交易与股权交易，居第三位。④

基于文化产权与综合性产权交易市场相互促进的作用关系，综合性产权交易市场的建设模式，可以沿两条路径发展文化产权交易业务与文化产权交易市场，一是文化产权积极走进产权交易市场，二是综合性产权交易市场积极引入文化产权业务，即走进去与引进来。

一是文化产权积极走进综合性产权交易市场。文化产权要善于利用综合性产权市场的专业优势与资本优势，积极走入产权市场，构建多元化的文化产权交易渠道与交易市场。在当前我国文化产权交易所刚刚成立，软硬件系统尚在建设，平台搭建、规则制定、市场培育尚不完善的情况下，文化产权积极走进

① 刘培峰. 文化产权市场制度建设滞后[N]. 中国房地产报，2012-05-10(B03).

② 曹和平等主编. 中国产权市场发展报告(2014)[M]. 北京：社会科学文献出版社，2015：1.

③ 中商情报网.2014—2018 年中国产权交易市场调查与发展前景分析研究报告[EB/OL]. [2016-11-12]. http://www.askci.com/reports/2014/04/098583294548.shtml.

④ 中国产权网.2015 年度全国产权交易行业统计数据[EB/OL]. [2016-11-12]. http://www.cspea.org.cn/article/sjtjfb/201608/20160800005229.shtml.

产权市场，是促进产权交易事半功倍之举。

二是综合性产权交易市场积极引入文化产权业务。近年来，在国际金融危机与国家经济转型阵痛的双重背景下，文化行业成为国民经济发展不可多见的亮点和新的发展增长点，并受到了资本市场的热捧。这体现在产权市场中，就是文化产权交易成为了产权市场交易业务创新与拓展的新方向，并取得了积极效果。如，上海联合产权交易所就积极尝试推动文化产权交易。2009年，上海联交所携手慈善机构举行义拍，借助产权市场的平台发布信息，通过公正、公开的竞价途径使各类文化产权融入资本市场，对促进多元化文化产权交易进行了有益尝试。上海联合产权交易所项目融资部总经理金爱珠对此称："文化产权是产权市场不可分割的业务。上海联交所未来将以各种形式积极推动文化产权交易。"①

(2)综合性文化产权交易市场建设模式。综合性文化产权交易市场建设模式，即打造综合性的文化产权交易市场。完善文化产权市场，必须要打造专属于文化产业的文化产权交易市场。对于文化产权市场建设来讲，综合性文化产权交易市场具有非常重要的意义，这是扩大文化产权交易范围、促进多元化文化产权交易的重要手段，也是推动不同文化产权融合、实现不同文化产业部门互动发展的重要平台。

国家十分重视文化产权交易所的发展，早在2010年，国家九部委就联合签发了《关于金融支持文化产业的振兴和发展繁荣的指导意见》，提出要积极培育流转市场，充分发挥上海文化产权交易所、深圳文化产权交易所等交易平台的作用，为文化企业的著作权、商标权和专利技术等文化产权交易提供专业化服务。中宣部下发的《关于贯彻落实国务院决定加强文化产权交易和艺术品交易管理的意见》，则对设立文化产权交易所的基本条件、审批设立程序等作出了规定。发展文化产权交易所，是十七届六中全会确立的文化产业大发展大繁荣基本方针的具体举措之一，这也直接增加了文化产权交易所成立的密度和频率。

自2009年6月，全国首家冠以文化产权交易所——上海文化产权交易所在上海成立以来，文化产权交易所就以星火燎原之势迅速在全国蔓延开来。据中国文化产权交易网的调查统计结果，当前我国经批准设立的文交所有23家，详见表6-14。

① 郭艺珺．多元文化产权走进产权市场．[N/OL]．[2016-09-12]．解放日报，2009-01-17(15)．http：//www.exgoo.net/weekly/Page/2009-1/3396022009120113920.shtml.

表 6-14　　我国文化产权交易所一览表

文化产权交易所名称	文化产权交易所名称
上海文化产权交易所	香港艺控艺术品交易所
中国文化艺术品产权交易所	福建海峡文化产权交易所
深圳文化产权交易所	天津文化产权交易所
天津文化艺术品交易所	内蒙古科尔沁文化产权交易所
郑州文化艺术品交易所	陕西书画艺术品交易中心
广东省南方文化产权交易所	中国工艺艺术品交易所
成都文化产权交易所	南京文化产权交易所
昆明元盛文化产权交易所	浙江文化艺术品交易所
山东文化产权交易所	潍坊文化产权交易所
湖北华中文化产权交易所	湖南文化艺术品产权交易所
福建海峡文化艺术品交易所	安徽省文化产权交易所
江苏紫金文化产权交易所	

其中，上海文化产权交易所作为全国文化产权交易制度的创立者与先行者，对我国文化产权交易所建设实践作出了重要贡献，其经验具有积极借鉴意义。上海文化产权交易所于 2009 年 6 月 15 日正式揭牌，是国内成立的首家文化产权交易所，由上海联合产权交易所、解放日报报业集团、上海精文投资公司联合投资创立。首先，上海文化产权交易所在运营上，依照一般产权交易“合法、公开、公平、公正”的普遍原则，积极探索文化金融的新途径，为各类文化企业的资产重组、融资并购等开展政策咨询、信息发布、项目推介等中介服务活动。其次，确立了清晰明确的交易对象与范围，文化产权交易的标的物类型多样，国家对此的规定较为模糊，为此，上海文化产权交易所对其具体的交易范围作出了明确规定。最后，上海文化产权交易所还拟订了文化产权交易的流程，严格规范其交易运作，也摸索出了一套适应我国国情的文化产权交易流程。基于此，上海文化产权交易所揭牌当年即实现成交额 10 亿元，成立三年后，完成交易项目 300 余宗，交易金额超过 152 亿元。①

(3)版权交易市场建设模式。版权交易市场建设模式，即建设以版权交易为重心的专门性的文化产权交易市场。版权是文化产权中最具价值增长能力的产权要素，也是文化产权交易的主要内容，各大文化产权交易所的交易内容虽

① 吴锋，孟磊．长三角文化产业发展研究[M]．上海：上海三联书店，2014：59-61.

不尽相同，但绝大多数以版权交易为重点，这正体现了版权交易在文化产权交易中的重要地位。

我国版权交易市场建设以版权交易平台的兴起为重要标志，2002 年 5 月，北京国际版权交易中心经中国国家版权局批准，工商局正式注册成立，定位于文化创意产业核心领域的专业版权交流和贸易机构，致力于搭建“版权公共服务平台”“版权电子商务平台”“版权产业聚集平台”。当前，版权交易平台建设已经得到全行业重视，2011 年 11 月 26 日，来自全国的八家版权交易中心和文化产权交易所就文化要素市场的发展达成了共识——以版权交易为核心，开创文化要素市场新局面。中国版权保护中心主任、全国版权交易共同市场理事长段桂鉴代表八家文化要素市场机构发表了“以版权交易为核心，开创文化要素市场新局面”的《共同发展宣言》，强调要“以版权交易为核心构建文化要素市场”。

从目前来看，我国产权交易平台有以下几种主要类型：版权公共服务平台，其职能包括国际交流、商务咨询、推广展示、作品登记、权利代理、法律维权、人才培训、产业调研，如中国国际版权博览会等；版权电子商务平台，主要体现为版权交易网，提供在线资讯、在线作品权利展示、在线挂牌、拍卖、竞价等交易、权利数据库查询、数字版权保护技术等服务；版权产业聚集平台，主要整合提供商标、专利等相关服务资源，如中国知识产权交易中心等。

对于我国产权交易市场未来建设的重点方向，我们认为，是数字版权交易平台的搭建。2011 年，受英国首相卡梅伦委托、由数字经济学教授伊恩哈格里夫斯带领的课题组发布了名为《数字化机遇——关于知识产权的审查报告》(又称《哈格里夫斯报告》)，其中提到了“数字版权交易平台”战略计划，这一计划很快得到了全球的高度关注。在我国的“十三五规划”中，政府也将数字版权交易平台建设列为重点建设的项目。数字版权交易平台最大的特点与功能就是一个涵盖所有数字版权作品的在线集成性“大平台”，哈格里夫斯教授在其报告中说，“这是一个可互相操作的数据库网络，旨在为交易许可提供一个公共平台”。该平台的建立不仅需要大量的资金投入、还需要政府和版权行业的支持，目前国际上没有任何一个国家已经建立起这样一个跨部门、跨地域的数字版权交易平台。无疑，以降低数字内容许可的管理成本，方便企业和用户获取版权作品为目的的数字版权交易平台是一个伟大的想法，日后建立起来的数字版权交易平台也必将会给版权业未来的发展带来翻天覆地的变化。

第七章　文化中介市场建设

文化中介市场是我国社会主义文化建设领域的新生事物，各类文化中介组织是其重要组织形式。文化中介市场涉及文化信息、文化产品、文化生产传播资料、设备、技术和人才等系列文化市场要素，包括文化策划、居间、评鉴、经纪、代理、咨询、出租等文化中介活动。文化中介组织作为文化产品和服务生产、流通和消费过程的中间环节，为交易双方提供相关信息和服务，对文化产品的价值认定具有重要作用。文化中介市场既是我国文化市场体系的重要组成部分，又是推动文化市场产业化发展的重要力量。随着我国社会主义文化市场经济体制的日益深化，我国文化中介市场的建设与发展更为党和社会所关注。本章从文化中介市场的概念、特征、功能入手，重点介绍文化经纪类、评鉴类、代理类以及包括行会、协会、群众文化机构等在内的社会团体类中介组织的规模现状，分析其在建设过程中存在的问题，并提出解决对策。

第一节　文化中介概述

从我国文化中介发展现状来看，文化中介无论在数量上还是规模上都得到了迅速发展，但仍处于相对初级的阶段，诸多问题亟待解决。这些问题严重制约了文化产业的健康发展及我国文化市场体系的建设。解决现存问题的前提是，要明确文化中介市场的基本理论问题。因此，本节将对文化中介的基础理论、基本概念、特征、功能和定位等基本理论问题进行分析，为后续问题的解决打下基础。

一、文化中介的概念

1. 市场中介组织概念的起源

在经济学研究中，市场中介组织的概念和相关研究源于“中间性组织”概念的提出和发展。经济学家科斯开创了“现代企业理论”的比较分析框架，他将资源配置机制划分为“企业和市场”两重结构。这种简单的划分在其后受到了许多学者的质疑，科斯也在回应的过程中坦诚，“企业和市场”并不能涵盖资源配置过程中的全部情况，除去这两个要素以外还存在一种混合型组织，也就是后人提出的“中间性组织”。① 最早提出“中间性组织”概念的是经济学家威廉姆森，他阐述了影响交易行为的三个因素，即资产专用性、交易的不确定性与交易频率，② 当这三者运作的程度较高时，市场在交易过程中起主导作用，反之，企业则在交易过程中起到主导作用。而现实经济活动中，这两种极端情况较少出现，更多处于二者之间的状态，于是随之出现了在市场与企业之间运作的双边的、多边的或交叉的混合型组织。③ 张展认为“威廉姆森所指的中间性体制组织既包括从企业间的横向联系角度观察的垄断性市场组织、从企业间纵向联系角度观察的与资产专用性交易相联系的以及与大量生产和分配相联系的中间性体制组织，也包括在现实经济生活中基于不同背景、起着某种特定作用的中间性体制组织”④。丹尼尔·F. 斯普尔伯继承了威廉姆森的观点，从厂商的角度解读了客户与供应商之间的中间层经济角色。⑤ 威廉姆森所指的中间性体制组织的概念中虽然涵盖了我国通常所说的市场中介组织的概念，但其中间性体制组织概念更宽泛。学者对中介组织解读的角度不同，对其定义亦有所不同。虽然中间性组织与中介组织在界定上存在一定区别，但为市场中介组织的相关研究奠定了基础。综上所述，国外并无与中国相对应的市场中介组织或中介机构的概念，但西方学者对具有中介功能的企业、专门职业和非营利组织的研究，及后期中国学者开展市场中介组织的相关研究打下良好的基础。

我国学者在西方经济学家对中介等相关市场主体的研究基础上，进一步探索了中介组织的深层内涵和概念拓展。我国在探索市场经济健康发展道路的过程中，逐渐意识到市场中介组织在资源配置、市场主体协调等过程中所能发挥的重要作用，因而产生了相关的研究。较早提出市场中介组织概念的宋光华认为，市场中介组织是指介于政府与市场主体企业之间、商品的生产者与经营者相互之间以及个人与单位之间那些从事服务、协调、评价等活动的机构和个

① 陈红儿，刘斯敖．中间性组织理论评析[J]．经济学动态，2003(7)：80-82.

② 王国顺，周勇，汤捷．交易、治理与经济效率[M]．北京：中国经济出版社，2005：29-30.

③ 齐东平．中间性组织的必要性及其组织功能[J]．中国工业经济，2005(3)：22-28.

④ 张展．中国市场中介组织的发展研究[M]．北京：中国经济出版社，2007：1-1.

⑤ [美]丹尼尔·F. 斯普尔伯．市场的微观结构——中间层组织与厂商理论[M]．张军，译．北京：中国人民大学出版社，2002：8.

人。① 陈兴祖等人则采用列举法确定了市场中介组织的内涵。李恒光等人在前人的基础上，较为系统地总结了市场中介组织的定义，认为“所谓市场中介，是指那些不直接从事市场客体(商品或劳务等)的交易活动，而是以第三者(居间)身份在市场交易主体之间、市场主体与政府之间、市场主体与其他社会组织之间起沟通、协调作用，并为市场交易主体(主要是企业法人)在进入市场、参与市场竞争、维护市场秩序、解决市场交易中的纠纷等方面提供代理、咨询、公证、验证、评估、场所、仲裁、调解等中介服务的法人或自然人”②这一概念的提出，昭示着我国市场中介组织的内涵研究逐步走向成熟。

市场中介组织的研究推动了市场体系的研究进程，使人们广泛地认识到中介这一市场主体的重要性。本书则将其延伸到文化领域，以市场中介组织的相关研究为基础，进一步探讨文化中介的具体内涵。

2. 文化中介的内涵

作为文化管理理论的新兴领域，文化中介理论体系仍处于探索与形成阶段。要理解文化中介，首先应明确文化中介的概念，才能进一步研究文化中介的其他相关理论问题。在探索文化中介其他理论问题之前，笔者先就文化中介的定义进行分析，对文化中介的内涵做出阐释。

首先，文化中介的本质在于其中介的特性。通过整合字面释义，可以归纳出，文化市场中介组织是介于其他文化市场主体之间，并独立于其他文化市场主体，具有沟通、协同等功能的文化相关机构或集体。从理论角度理解，“中介”代表了中间性市场主体，在市场交易中各方市场主体独立自主运营，交易技术结构层次的分离促使市场体制内部效率的提升，从而生成了企业、政府、中间性市场主体分布的市场体系。③ 从政治角度理解，我国政府于 1993 年中国共产党十四届三中全会通过的《中共中央关于建立社会主义市场经济体制若干问题的决定》中第一次提出了市场中介的说法，并明确指出：“发展市场中介组织，发挥其服务、沟通、公证、监督作用，当前要着重发展会计师、审计师和律师事务所，公证和仲裁机构，计量和质量检验认证机构，信息咨询机构，资产和资信评估机构等。”十六届三中全会则指出：“积极发展独立公证、规范运作的专业化市场中介服务机构，按照市场原则规范和发展各类行业协会、商会等自律性组织。”由此可见，我国政府对于市场中介的理解伴随市场

① 宋光华．市场中介组织研究[M]．北京：经济管理出版社，1997：28.

② 李恒光，王雁，等．成功中介必读——制度创新与中介组织培育[M]．北京：石油工业出版社，2002：200-201.

③ 陈红儿，刘斯敖．中间性组织理论评析[J]．经济学动态，2003(7)：80-82.

规模的发展而变化，从全面发展市场中介机构建设，到科学建设中介组织，逐渐认识到了市场中介的整体性和系统性。①

其次，文化中介离不开市场中介组织的研究范畴，是市场中介组织的延伸。具体而言，在文化市场经济活动中，其是为市场主体提供鉴证、评估、代理、咨询、监督等服务机构的总称，例如各类事务所、质检机构、投资公司、版权代理公司、文化行业协会等。它们在文化市场经济活动中，具有独立性，是在市场经济运行中必不可少的重要环节。文化市场中介组织也不同于其他市场主体，它不直接生产出版产品，也不直接经营文化产品，而是接受其他市场主体的委托以一定的专业知识和技术参与到市场经济活动中，从事相关中介服务工作。②

再次，文化中介是围绕文化生产活动展开的，是文化产业分工细化的体现，也是联结文化市场各主体经济活动的网络组织。文化中介的经济活动包括文化生产活动的技术外包、内容处理上的创意外包、市场交易活动代理、企业管理活动代理等，还包括文化经济活动中涉及的很多非核心业务，如融资活动、财务审核活动、行业内部自律活动、信息咨询活动等。总而言之，这些琐碎的细分文化经济活动是由文化市场中介组织来承担，文化中介也是文化经济活动细分到一定程度的产物。从文化中介的实体看，主体范围涉及各类事务所、行业协会、人事代理、版权代理、技术提供商、信息咨询等，包含的主体十分庞杂，执业行为也千差万别，结构十分松散。但是从文化市场整体来看，政府、文化企业在出版市场生产过程中都是各自独立的主体，文化市场中介组织在政府和文化企业之间形成网络，将各个文化市场主体交织在一起，形成完整的文化市场体系。

综上所述，笔者认为广义的文化中介是指在文化市场经济活动中，介于政府与文化企业之间、文化产品生产者与经营者之间、个人与单位之间，以独立的第三方接受委托，从事服务、沟通、公证、监督等活动的市场经济组织。我国市场中介组织研究中通常不包括中间层理论中的中间层内涵里的第一部分采购并转卖产品的零售商、批发商、旧车交易商和能源交易商等，但第二部分并不买卖产品，只提供协调服务的经纪商（包括旅行社、房产商、保险代理商和券商）是我国中介组织的重要组成部分。因此，笔者认为文化中介也不包括专卖文化产品的零售商、批发商、交易商、电子商务平台等交易类中间性组织。

① 许德明. 经济全球化视野下的市场中介服务业[M]. 上海：上海人民出版社，2008：18.

② 许德明. 经济全球化视野下的市场中介服务业[M]. 上海：上海人民出版社，2008：18.

二、文化中介的特征

1. 独立性

在实际经济活动运行中，各种内外生变量都会影响中介的有效运行，因此独立性是文化中介运作的一个重要影响因素。文化中介的独立性包括两种形式，一个是实质上的独立性(不存在特殊的利益关系)和形式上的独立性(不受到任何外界的压力)。实质上的独立性是指文化中介大多不隶属于委托业务行业的相关官方机构，不受到、不依赖、不屈从外界压力和影响，具有独立自主的行动和生产能力。为了确保文化中介的独立性原则不受侵害，美国独立准则委员会发布的独立概念框架可以做出比较全面的说明。① 笔者认为文化中介建设的独立性包括三个方面，即产权独立、管理体制独立和执行独立。

产权独立是要让文化中介在经济所有制上不受到其他利益主体的牵制。文化中介要成为独立的市场主体，必须与政府的行政部门脱钩，实现最终所有权和法人所有权的转移。国有文化中介要实现法人所有权移交给企业，私人中介则要掌握最终所有权和法人所有权。文化中介的产权独立化，可通过法律、法规予以界定的形式来实现，合理界定政府干预中介行为的权限，将实际的占有权、使用权和处置权都移交给中介主管。②

管理体制独立是文化中介在行政上与其他市场主体脱钩。改革开放前，文化中介几乎都是“各级政府主管部门设立的，直接隶属政府部门，或挂靠有关政府部门。这种关系容易造成政企不分，造成行业垄断、行政干预、滋长不正之风等问题，影响市场竞争的公平性和公正性。同时也让一些中介成为主管部门的附属物、创收工具，市场主体地位和竞争意识不强”③。因此，在文化中介建设过程中，坚持管理体制上的独立自主原则非常重要。保障中介管理体制上的独立自主，需保证人事管理、财务管理、业务管理方面的独立性和自主性。首先，人事管理要从行政部门中剥离开来，中介应自行招聘执业人员，避免与行政部门的人员相重合。其次，财务管理要财政独立，尤其是营利性文化中介，要自负盈亏，遵循市场竞争规律。最后，业务管理方面也要实现独立自主，业务来源不依赖行政部门，独立寻找客户，实现盈利。

---

① 陈汉文．安达信：事件与反思[M]．深圳：暨南大学出版社，2003：83.

② 产权独立化——国有企业成为市场主体的基础[J]．中国市场，1994(Z1)：16-17.

③ 安瑞娟，屈巍．我国市场中介组织现状及发展对策研究[J]．商业研究，2004(14)：155-157.

执行独立就是要文化中介在实际运作中决策自主。文化中介在执业行为过程中，应坚持独立自主的原则。尤其是一些具有权威性的文化中介，例如评鉴类文化中介组织，如果执业行为独立性不足，执业过程中很容易根据客户需求目标考虑“超常规”的方法。① 因此，文化中介的执业行为要独立于其他文化市场主体，不受到其他市场主体的影响，也不依存于任何市场主体，在执业过程中做到公平、公正、公开，体现文化中介执业的客观、独立、权威的本质属性。

2. 公共性

文化中介是文化公共领域的主要组织形式，也是文化市场经济发展的产物，它直接接触多方文化市场主体，并参与公共利益的表达和诉求，同时也为文化市场的政府和企业提供公共服务，及时便利地满足多方需求，履行其公共服务的职能。② 其以服务交易双方，为交易双方创造利益为行为导向，发掘和运用分散的社会资源。在此过程中，除专门服务于文化产业的中介外，其他涉及专业业务的相关中介都会参与其中，不会产生排他性，因此笔者认为文化中介具有广泛参与的特征，即公共性。③

另外，从公共产品理论的角度解析文化中介，也可论证其公共性这一特征。公共产品理论的非排他性和非竞争性是论证公共产品的两大特性和依据。④ 一方面，文化中介的公共性体现在面对的客户群体较为广泛，文化中介的服务对象并非有特定的客户群体或者范围，而是面向全行业的市场主体，不会因为一个或者一些企业的合作而影响服务其他机构，因而文化中介具有非排他性。另一方面，文化中介的生产成本往往不会随着产量的增加而增加，即使成本增加也不会有过大的增幅，因此文化中介也具有一定程度的非竞争性。基于上述两种特征，文化中介具有公共产品的基本属性，具有公共性特征。

3. 专业性

文化中介组织由具有专业技能的人员组成，承担部分文化生产活动中调研、分析、策划、包装、咨询等业务。随着文化产业生产个性化、专业化、小

① Suber P. Open Access in 2007[EB/OL]. [2015-11-07]. http://www.e521.com/news/xyxw/395648.shtml.

② 朱虹．论社会中介组织的公共性[J]. 齐齐哈尔大学学报(哲学社会科学版)，2010(5)：9-12.

③ 张云德．社会中介组织的理论与运作[M]. 上海：上海人民出版社，2003：64.

④ [美]保罗．萨缪尔森，威廉．诺德豪斯．经济学[M]. 北京：人民邮电出版社，2008：32-33.

众化趋势明显，确切把握文化市场的整体趋势及消费者消费行为，创造更独特、更具个性的文化产品成为盈利关键。因此，专业化的各类中介服务变得越来越重要。

首先，文化市场中介组织对从业人员的专业程度要求较高，并非普适性的工作类型。从事文化中介方面的工作人员，通常需要较强的专业背景，才能够更为精准地把握文化产品生产、交易、包装等细节，或为文化企业提供更具权威性的相应报告。其次，中介服务活动要求专业化。例如财务代理公司，其在日常经济活动中受国家及行业严格规制，并在国家财务相关规定和行业监督的前提下，按照既定的审计规则进行工作，并提供具备法律效力的审计报告。

4. 多样性

随着文化市场业务的拓展，中介能够参与的生产领域随之扩大，文化市场对中介组织的需求也日益丰富，客观上造就了文化市场中介组织的多样化发展趋势。同时，互联网和信息技术的不断发展，为文化产业的拓展提供了更加广阔的平台，成为文化中介服务涉猎范围广泛的重要动因之一。可以说，不仅文化中介本身呈多样性特征，随着技术和市场的进步，文化中介还呈现出更加多样的发展趋势。

一方面，文化中介的内部组成呈多样性。文化中介本身包含的机构和组织非常广泛，涉及文化产业的方方面面。但是，文化中介并不负责一整块区域或者同一类型的业务，地域性和业务类型比较分散，因此内部构成比较复杂，呈多样性的特征。另一方面，文化中介可提供的服务呈多样性。文化中介涉及的业务很多，并不局限于版权代理、审计、法律代理、信息咨询等常见中介服务，公证、鉴证、经纪、技术支持等都属于文化中介的服务范围。随着文化市场的拓展，中介服务的范围和业务越来越多，呈现更加繁杂的多样性特征。如文化版权代理公司，最初大多只是从事版权交易的机构，但现今很多大型版权代理公司已经形成集版权交易、保护、资产管理等多方面于一身的版权代理机构，开展以著作权为核心的全方位版权代理服务。

三、文化中介的功能

1. 服务功能

服务功能是文化中介最为重要的功能。服务的经济学含义被菲利普·科特勒定义为一方提供给另一方的不可感知且不导致任何所有权转移的活动或利益，它在本质上是无形的，它的生产可能与实际产品有关，也可能无关，强调了服务不直接生产产品的属性。文化中介大多数提供的就是一种智力型劳动产品，并为另外的市场主体提供它所需的某种服务，文化产品的最终产权并未发生转移，仅仅作为辅助者出现在出版生产活动中。①

在实际的文化产品生产活动和文化市场经济活动中，文化企业或者相关从业机构的资金、人力、资源无法面面俱到，尤其是对于众多的中小型文化企业。所以，与中介采取合作方式已成为大势所趋。在合作的过程当中，中介提供的是后台的支撑服务，不直接参与文化产品的创作和生产，通过提供服务来获取利益，维持经营。

2. 沟通功能

文化中介的服务对象是政府和文化企业，通过沟通政府、企业、个体之间的信息资源，整合成自身的资源或产品，为交易双方搭建平台。另外，文化中介也可接受多方委托，办理相关的沟通业务，如技术鉴定、项目论证、版权代理等，代表委托方与其他的出版市场主体进行交流，以达成合作共赢的协议。②

在市场经济条件下，由于利益主体的多元化和利益关系的强化，交易双方之间的矛盾和利益冲突更加凸显。在这种情况下，维护不同主体的合法权益，协调不同主体之间的利益关系，就成为文化中介的重要职责，因此文化中介具有沟通功能。③

3. 监督功能

文化中介在文化市场运行中起到规制企业行为和制定从业标准的作用，因此具有一定的监督功能。任何市场主体都离不开政府、行业的规制，需遵循一定的规则。然而政府能够直接管理文化市场的范围有限，无法面面俱到，这时就需要承担这些任务的中介。文化中介更贴合行业，有针对性地提出相关规定和规则，更有利于行业的管理。

质量检验认证机构、法律鉴证机构、财务审计机构、行业协会等中介在文化市场经济活动中，都具有一定的权利性质。其中，尤以行业协会对文化中介的监督功能体现得最为显著。行业协会确立自律性运行机制，并辅助政府主管

① 梁亚民，范文正．论市场中介组织的特征、类型和职能[J]．兰州商学院学报，1998(2)：54-57.

② 梁亚民，范文正．论市场中介组织的特征、类型和职能[J]．兰州商学院学报，1998(2)：54-57.

③ 梁亚民，范文正．论市场中介组织的特征、类型和职能[J]．兰州商学院学报，1998(2)：54-57.

部门组织好相应的管理和监督。可见，发展文化中介是“规范市场、扶优治劣、指导消费、服务企业”这一职责的具体化，是政府部门做好相应服务、发挥调控作用的重点之一，也是构成社会主义文化市场经济体制基本框架的重要组成环节。①

4. 引导功能

文化中介可以对文化市场实施引导。随着文化产业的版图越来越大，业务拓展的范围也越来越广，政府已不能全部承担监督和引导职能，于是将部分职能转移到文化中介上。文化中介通过对文化市场主体进行监督，实时加强对文化生产活动的约束，保障了文化企业生产活动的规范性、合法性和合理性，引导文化企业向正确的文化传播方向发展，并切实维护文化企业的经济效益，实现自我健康发展的目标。

此外，文化企业在生产过程中往往会花费更多精力追求经济效益，从而忽略了文化产品的核心价值，即社会效益。此时，文化市场中就会出现一些“三俗化”精神垃圾，污染整体人文精神环境，严重破坏社会主义精神文明建设。文化中介可通过行政规制、培训、奖励等手段，有效引导文化企业的生产活动向更健康、更有序、更积极的方向发展。

第二节　我国文化中介市场建设的现状

文化中介市场是现代文化市场可持续发展的基本动力和中间力量，各类文化中介组织是文化中介市场经营主体，支撑和推动着文化市场和文化产业蒸蒸日上。本节将回溯我国文化中介市场的发展脉络及生成途径，通过实证研究，重点探析我国文化经纪类、评鉴类、代理类和包括行会、协会、群众文化机构在内的社会团体类中介组织的规模和绩效，展现我国文化中介组织的发展现状。

一、我国文化中介市场的发展历程

我国文化中介市场起始于21世纪初，伴随着社会主义文化市场改革的整个进程。国家“十一五”文化基本建设目标，要求我国进入构建文化市场体系、推动产业发展的新阶段。文化中介是维系文化上下游产业关系的重要环节，伴

① 刘英年．发展市场中介组织 强化技术监督功能[J]．城市技术监督，1995(2)：3.

随着文化体制改革和文化产业空前发展机遇的到来，将得到全新发展。2002年，中国共产党第十六次全国代表大会指出，许多国家的经验表明，社会中介组织是宏观调控与市场调节相结合中不可缺少的环节，具有政府行政管理不可替代的作用。中介组织大多属于民间性机构，有的还具有官方色彩。它们都要通过专门的资格认定依法设立、对其行为后果要承担相应的法律责任和经济责任，并接受政府有关部门的管理和监督。2005年，《中共中央关于制定国民经济和社会发展第十一个五年规划的建议》对加强中介服务、规范发展各类中介组织、推进政府与市场中介组织分开等问题做出了全面部署：坚决把不该管的事交给企业、中介组织和市场，同时把该管的事切实管好，并要适应新的情况，更多地运用经济手段和法律手段加强管理。2006年1月，中共中央、国务院发布《关于深化文化体制改革的若干意见》，将建立健全市场中介组织作为培育现代文化市场体系的重要任务之一，并明确指出"要建立健全市场中介机构和行业组织，提高文化产品和服务的市场化程度。推行知识产权代理、市场开发、市场调查、信息提供、法律咨询等专业化、社会化服务"。国家文化部在推进文化体制改革中同样指出："行业组织和中介组织是联系市场主体和政府的桥梁，它具有自律性、公正性，能充分反映市场主体的利益和要求。自律管理成本比较低，效率比较高，在转变政府职能的同时，要加强对文化行业组织的指导，充分发挥各类文化艺术社会团体、行业协会在团结、联系、教育从业人员方面的作用"。由此，文化中介组织成为打造文化产业链的关键所在，是创新文化宏观管理体制，深化文化体制改革，构建文化市场体系的一项重要内容。

历经改革洗礼，我国文化中介市场日趋活跃。但其组织生成途径大多是由政府职能转变、政府机构改革而引起，政府于无形中承担了文化中介的很多功能。起初由政府行业主管部门组建行业协会，再由行业协会培育和扶持文化中介组织。文化中介组织在成立之初，理所当然地和政府文化行业服务部门的服务范围保持一致，并在政府的授权或委托下，承担该文化行业服务部门原有部分职能。随着文化体制改革地深入及文化中介组织自身的发展，由文化企业或市场提出的文化中介组织职能定位的问题，便浮出水面。这是因为在文化体制转轨变形地过程中，文化中介组织在传统文化体制内生长的缘故。①

与国外发达国家相比，我国文化中介组织则起步较晚，发展活力不足。西方社会中介组织地产生和发展是西方社会市场经济和政治发展交互作用的产物。早在18世纪，英国著名的古典经济学代表人物亚当·斯密首先提出了市

① 关于我国培育和发展文化中介组织的思考[J]. 江汉大学学报(人文科学版)，2012(2)：41.

场经济的有关理论。认为经济的运行完全可以由市场规律进行调节，政府在社会经济生活中只能扮演“守夜人”的角色。西方发达国家(或地区)社会中介组织是独立于政府之外的社会组织，通过沟通协调政府、社会、个人三者的关系，起着保护市场主体的作用，并可以独立代表各市场主体的利益，与政府沟通、谈判，从而影响政府的决策。① 以英国文化中介组织为例，表 7-1 为英国主要文化中介机构的目标与职能。可以看出，英国中介机构代替政府具体管理文化，政府不干涉文化艺术。这一方面保证了文化艺术与党派政治脱离，防止政府不正常审查，维护文化政策的连续性。另一方面，也使得文化经费的具体分配与使用做到客观公正。②

表 7-1　**英国主要文化中介机构**

机构名称	政策目标	职能
英格兰艺术委员会	政府通过文化、新闻和体育部向该委员会统一划拨文化事业经费	分配文化事业经费。
工艺美术委员会	提高并鼓励优良工艺作品的创造；鼓励公众欣赏工艺美术并增加公众接触的机会	通过分配经费使从业人员能够建立自身业务；保留有声望的工艺美术家的资料；组织工艺贸易博览会并代表英国参加有关博览会等。
英国电影学会	最早代表政府向所管领域分配文化经费的中介机构，董事会由文化大臣直接任命，属半官方性质	参与管理电影事业，在中央政府制定电影政策时施加很大影响。
博物馆和美术馆委员会	代表中央政府管理文化遗产和视觉艺术	管理地区博物馆委员会；由政府直接拨款资助的国家级博物馆和美术馆；因“伦敦大区委员会”的撤销而应该继续资助的款项的管理。
英国文化委员会	代表政府管理对外文化交流事务	通过英国在国外的艺术活动促进国际交流，资助国外演出、艺术展览及参加国际电影节；管理教育资助项目。

① 陈朝宗．中西社会中介组织比较研究——兼论我国社会中介组织的发展思路[J]．福建行政学院福建经济管理干部学院学报，2006(2)：67.

② 文化产业司．英国文化管理体制解读[EB/OL]．[2016-07-07]．http：//www.mcprc.gov.cn/whzx/bnsjdt/whcys/201208/t20120813_349554.html.

二、我国文化中介组织的规模现状

我国文化中介组织从无到有，现在已经初具规模，很多发展较好的中介组织能够很好地发挥其本职功能，为文化市场主体提供优质的中介服务。笔者主要介绍经纪类文化中介组织、评鉴类文化中介组织、代理类文化中介组织、社会团体类文化中介组织(包含行业协会学会、基金会、群众机构等)四种类型，并通过实证分析展现其数量和规模现状。

1. 经纪类文化中介组织

经纪类文化中介是由经纪人出面，在文化项目的接洽、融资投资、文化演出等文化市场供求双方之间，充当媒介，并为其提供服务的组织。文化经纪人是指在演出、艺术品展览、文物展览、影视、出版、娱乐等活动中，以收取佣金为目的，从事居间、行纪、代理等中介业务的人员或机构。凡从事文化经纪业务的人员均需参加经纪从业资格考试，取得《经纪资格证书》，并经工商行政管理机关登记注册，方可开展经纪业务。文化经纪人往往具有一定的市场敏感度、文化专业素养、出色的公关能力以及独有的供销渠道，能够成功地将文化产品推向市场。因此，经纪类文化中介组织是发展和繁荣文化产业的重要组成部分，其既是构建文化市场体系的客观需要，又是提高公共文化管理和服务水平、创新文化宏观管理体制的一项重要内容。

目前，我国文化经纪机构还处于起步摸索阶段，至今未形成成熟的文化经纪公司运作模式。2002 年 10 月 1 日，文化部颁布《营业性演出管理条例实施细则》，第一次对经纪人有了明确定位，并第一次允许在公司名称中使用“经纪”一词。至此，中信文化投资的世纪英雄、时代华纳与九州文化合资的九州亚华公司纷纷在 2002 年以经纪公司的身份现身娱乐圈。笔者主要从演艺经纪和图书经纪两种中介组织来介绍其发展现状。

(1)演出经纪机构。演艺经纪在文化经纪这一朝阳产业中，是年轻并富有生命力的中介机构。2009 年，中共中央宣传部、文化部在《关于深化国有文艺演出院团体制改革的若干意见》中提出，鼓励转制院团整合优质资源，与演出中介机构、演出场所等组建综合性演艺集团公司，延伸和完善产业链。2011 年，党的十七届六中全会明确提出要重点发展演出、娱乐等市场，加强行业组织建设，健全中介机构，培育文化产业领域战略投资者。演出经纪机构是演出中介服务的提供者，演出市场的繁荣发展必然会引起演出经纪机构数量的增加。笔者根据历年中国演出市场年度报告，整理出 2011—2015 年中国演出经纪机构数量，如图 7-1 所示，可以看出中国演出经纪机构数量增长较快，从

2011 年2 725个增至 2015 年的4 899个，增长率达到 80%。

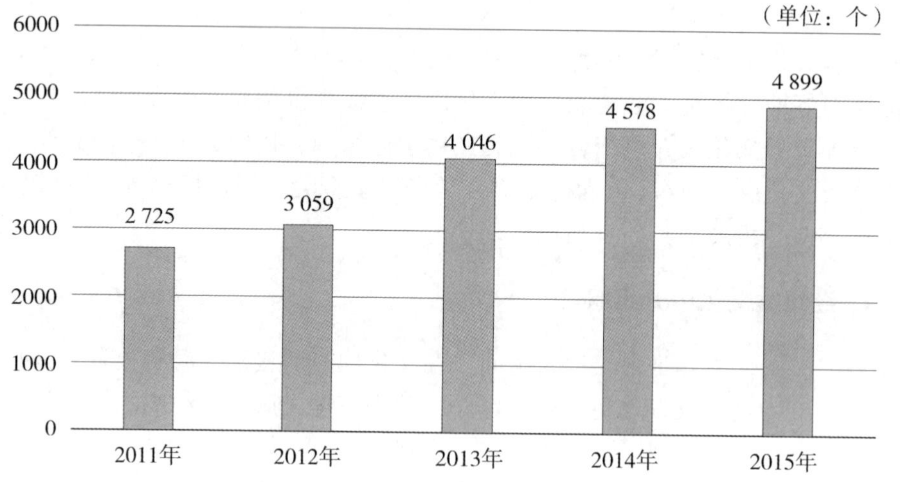

图 7-1　近五年演出经纪机构数量

从 2011 年开始，中国演出经纪机构经营范围更加明确，经纪业务趋向专业化，以提高自身在细分演出类型的市场竞争力。同时，演出经纪机构品牌化发展初见端倪，一些细分演出市场已经形成了区域范围内的品牌经纪机构。2012 年全国经文化主管部门登记注册的演出经纪机构共3 059 个，经中国演出行业协会核发《演出经纪人资格证》的演出经纪人约34 270 人，演出经纪机构各项收入总计 79. 1 亿元。其中，单一的中介服务只占总收入的不到 5%。提供中介服务已不是演出经纪机构的主营业务，演出经纪机构呈现出灵活多样的经营方式，如艺人代言、跨界表演和企业年会等。2013 年全国演出经纪机构总数仍保持增长态势，机构总数为4 046个，其中国有演出机构 591 个，民营演出机构3 455个。民营演出经纪机构在市场转型中开始显现出充分活力。其突出特点之一为中介机构及个体中介减少，这是由于 2013 年演出市场转型调整以及微博、微信等新媒体的兴起，加之政府晚会缩水使得中介机构生存空间压缩，微博、微信等新媒体打造的演员经纪信息公共平台使得市场透明度逐步增加，因此一批个体中介从市场中消失，单一中介经营模式的经纪机构开始转型。

2014 年演出经纪机构总数为4 578个，其中国营演出经纪机构 591 个，民营演出机构3 987个。与 2013 年相比机构总数与持证从业人数持续上涨，标志着市场经过 2013 年的调整洗牌，逐步趋于平稳上升态势。2014 年全国演出经纪机构总收入为 123. 64 亿元，比 2013 年上升 8. 94%，其中中介收入为 53. 49

亿元。其特点主要表现为民营演出经纪机构在推动市场发展方面起到积极作用，如表 7-2 所示。2014 年民营演出经纪机构总收入 104. 53 亿元，占演出经纪机构收入的 84%。然而与 2013 年相比，政府补贴重国营轻民营的现状仍然没有改善，占演出经纪机构总数 87. 09% 。民营演出经纪机构共获得 0. 52 亿元政府补贴，仅占总补贴金额的 19. 48%①(详见图 7-2)。值得一提的是，福建省文化厅在 2014 年 5 月下发通知，首次奖励扶持演艺中介机构。福建省文化厅对福建大剧院有限责任公司、福建省中视传播有限公司等 9 家演艺中介机构给予表彰奖励，奖励金额为福建大剧院有限责任公司 20 万元，其他 8 家各 15 万元。

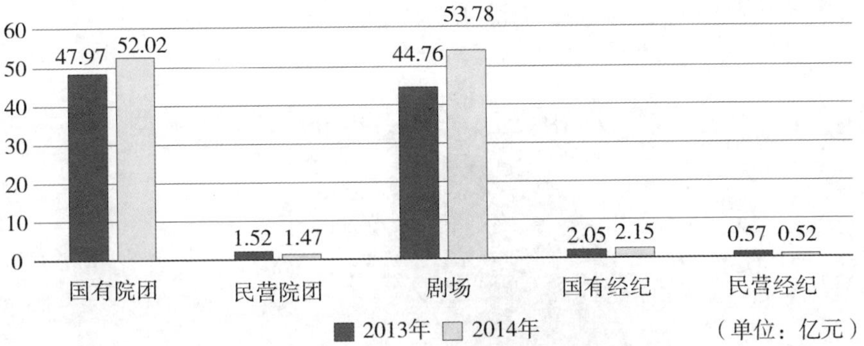

图 7-2 政府补贴收入分类对比

表 7-2 **2014 民营演出经纪机构与国营演出经纪机构收入对比**

经纪机构	国营	民营	合计
中介收入	7. 77	45. 72	53. 49
版权收入	1. 92	8. 74	10. 66
其他自营	7. 2	46. 97	54. 17
政府补贴	2. 15	0. 52	2. 67
衍生品	0. 07	2. 58	2. 65
总收入	19. 11	104. 53	123. 64

演出经纪机构在市场中不断扩展发展方向，随着演出市场的继续回暖，演出经纪机构在 2015 年从资本运作、战略布局到内容供应都发生了一系列具有

① 中国演出行业协会 . 2014 年中国演出市场年度报告 [EB/OL]. [2016-06-16]. http: //www. capa. com. cn/news/showDetail/76150.

突破性的变化，对尚处于拓展阶段的中国演出市场将起到积极的作用与影响。2015 年演出经纪机构总数4 899个，持有演出经纪人资格证的从业人员数28 548人，与2014 年相比机构数上涨 7. 01%，持证从业人数上涨 5. 98%，机构总数与持证从业人数连续多年持续上涨，标志着演出市场正逐步趋于稳定发展态势，其中民营演出经纪机构的蓬勃发展对整个市场的持续升温具有重要影响。

2015 年演出经纪机构总收入 133. 07 亿，比 2014 年上升 7. 63%。如图 7-3 所示，占比最大的中介类收入达 59. 10 亿，上升 10. 49%。在中介类演出收入中，企业包场及赞助收入 13. 60 亿，下降 13. 21%。其次自营收入为 56. 15 亿，上涨 3. 66%，版权收入为 12. 49 亿元，上涨 17. 17%，政府补贴 2. 56 亿，下降 4. 12%，衍生品收入 2. 77 亿，上涨 4. 53%。

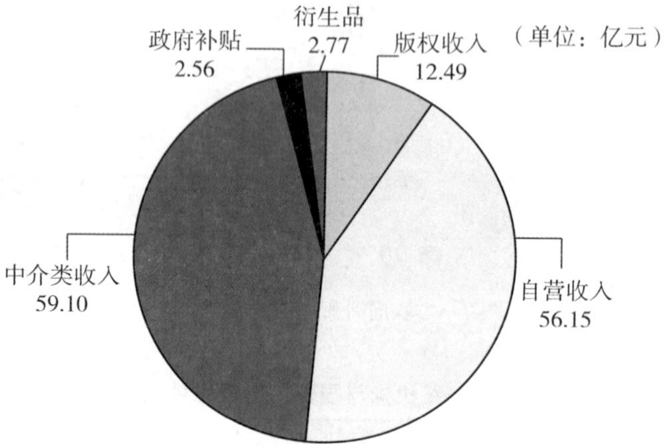

图 7-3　2015 年演出经纪机构收入构成

与 2014 年相比，2015 年演出经纪机构中介收入上升 10. 49%，在企业包场赞助收入下降时保持较大幅度上涨的趋势，这表明在政府加大对文化产业的关注、市场环境逐步成熟等有利因素引导下，演出经纪机构主动开拓发展空间，创新创建运营模式，加大与互联网等其他产业的融合互动，为市场的稳定增长起到积极作用。表 7-3 为中国当前主要演艺大型经纪公司列举。在中介类收入上升的同时，版权收入也大幅上涨，达到 12. 49 亿元，比 2014 年上涨 17. 17%，IP 带动演出市场新格局。具有品牌效应、粉丝基础的“IP”商业价值在演出行业内同样水涨船高，包括开心麻花、至乐汇等一批拥有优质原创作品、成熟品牌的一系列演出经纪机构，其通过作品的演出权、改编权等版权合作方式也成为市场佼佼者。此外，演唱会与互联网的直播合作被广泛应用，也加大了演出经纪机构在版权方面的收入。① 除此之外，其他演艺大型经纪公司如表 7-3 所示。

表 7-3　　中国当前主要演艺大型经纪公司

名　称	创办地区
华谊兄弟传媒集团	中国(内地)
金牌大风娱乐事业有限公司	中国(内地)
美亚娱乐资讯集团有限公司	中国(香港)
映艺娱乐有限公司	中国(香港)
乔杰立娱乐	中国(台湾)
北京海润影视集团	中国(内地)
天娱传媒	中国(内地)
台湾华研国际音乐股份有限公司	中国(台湾)
新索音乐娱乐公司	美国
上海唐人电影制作有限公司	中国(内地)
世纪冠雄文化有限公司	中国(内地)
AEG 新亚洲娱乐联盟集团	中国(内地)
北京春秋鸿文化投资公司	中国(内地)
北京荣信达影视艺术中心	中国(内地)
滚石国际音乐股份有限公司	中国(台湾)
橙天娱乐集团	中国(内地)
台湾天熹娱乐事业股份有限公司	中国(台湾)
北京宜和星光文化经纪有限公司	中国(内地)
海碟集团	中国(内地)
百代唱片	英国
香港电视广播有限公司	中国(香港)
英皇娱乐集团有限公司	中国(香港)
中国星娱乐有限公司	中国(香港)
杰尼斯事务所	日本

① 中国演出行业协会．2014 年中国演出市场年度报告［EB/OL］.［2016-06-16］. http：//www. capa. com. cn/news/showDetail/81366.

续表

名　称	创办地区
环球唱片公司	美国
东亚唱片(集团)有限公司	中国(香港)
凯渥模特儿经纪公司	中国(台湾)
威廉-莫瑞斯经纪人公司	美国
新视线多媒体有限公司	中国(内地)
杰威尔音乐有限公司	中国(台湾)

(2)出版经纪人。在国外，出版经纪人是书业当中一个十分重要的职业，在欧美等出版业发达国家约80%的大众图书是通过出版经纪人推出的。国外有一种出版经纪人性质的工作叫做书探(Book Scout)，主要工作是向客户提供全球图书资讯，帮助客户促进图书的国际版权交易。其与版权代理的区别是，书探的关注重点是图书信息，只是信息的提供者，并不参与版权交易的过程，也不会代表客户与代理方进行谈判。中国许多出版社都是通过书探的途径接触到美国的畅销图书，例如由中信出版社推出的《史蒂夫·乔布斯传》《从0到1》等。①

欧美对经纪人和经纪公司的管理多由行业协会承担，行业协会不仅有对经纪人行为进行约束的行规，而且有维护经纪人合法权益的规定，如不准交易双方在成交后踢开经纪人、不准压低佣金标准等。在美国，超过90%的图书由出版经纪人包装推出，知名作者一般由特定代理公司，代理作品出版或影视改编等商务事宜，作者只需专注于写作；一些无名作者同样先把稿件投寄给代理公司，由代理公司审定后再推荐给出版社。代理公司往往比作者更了解各出版社的特点，大部分作者不会与出版商直接接触。1991年，美国两大出版经纪组织——“作家代表人学会”(Society of Authors' Representatives，简称SAR)和“独立出版经纪人协会”(Independent Literal Agents' Association，简称LIAA)联合组成了全国性的文学经纪人行业协会，即“作家代表人协会”(Association of Authors' Representatives，简称AAR)。出版经纪人必须从事文学作品版权代理工作满两年，才有资格申请入会。

1974年，英国“作家经纪人协会”(Association of Authors' Agents，简称AAA)成立，这是英国作家协会(Society of Authors)为保护作家权益成立的经纪人行业组织。同样，澳洲出版业也有类似的经纪人组织，澳大利亚文学经纪人

① 刘亚，书探．版权交易后的推手[N]．中国出版传媒商报，2016-07-19.

协会(Australian Literary Agents' Association，简称ALAA)成立于2003年，是一个自发成立的行业协会组织。其宗旨与英美国家同类组织有所不同，澳大利亚文学经纪人协会希望通过文学经纪人的工作来提高作家的收入；通过文学经纪人在版权运作方面的专业知识，更多地促进澳洲文学版权出口。其佣金比率大概在作者版税收入的10%至20%之间，但当图书的海外版权被售出后，佣金比率可能会提升至20%~25%，因为文学经纪人在海外附属分支代理机构将会获得部分佣金。①

而在中国国内，出版经纪人是市场格局的新兴产物，并未形成成熟的产业链。国内并没有专业的作家经纪人，经纪人的职能分别被作家本人、出版社、版权代理机构或二级渠道商分解。活跃的出版经纪人主要是由书商、个人组建的文化工作室组成，且这些出版经纪人都是出版行业出身。早在1992年，著名作家王朔就正式对外宣布“我想有个经纪人”，随后，他的作品全部都委托给中华版权公司全权代理出版。虽然版权代理公司与出版经纪公司是有不同的，但此事被称为中国出版经纪人历史上的一件典型事件。因此，目前国内的纯粹出版经纪人还并不多，主要以文化工作室或文化公司以及具有经纪功能的文学网站的方式存在。从严格意义上来说，很多并不算是真正意义上的出版经纪人，他们只是具有一定的中介性质和经纪属性。

① 文化工作室或文化公司。在专业化的过程中，一些民营文化公司的一部分策划人逐渐转向出版经纪人或经纪公司，提供各种文化中介服务。目标是成为知名作家与创作人的重要媒介，解决出版社找书难和作者出书难的问题，收取作者佣金，为有潜力的作者提供代理服务。以“中国作家榜”为参考，每一年的前十位畅销作家几乎都是由出版经纪人或文化工作室打造。知名出版人路金波曾依托文学网站“榕树下”，先后签约打造了韩寒、王朔、海岩、安妮宝贝、毕淑敏、蔡骏、饶雪漫等一批知名作家，并以畅销作品和“天价版税”轰动业界。比如2008年，饶雪漫获版税800万元，韩寒获版税300万元，王朔的《我的千岁寒》版税更是高达每字3美元。其目标是成立国内首家作家经纪人公司“富豪作家俱乐部”②。

然而，在展望未来时，路金波却显十分悲观，“展望作家经纪人的前景，我目前还看不到出路，经纪人是出版业的一个小部分”。相比之下，国外出版经纪人工作是国内出版社或出版人几乎无法做到的。对于一本即将推出的作品，国外出版经纪人会为出版社做最新受众调查，计算出最合理的版税，提供最详细、最全面的营销计划，并找到最有能力的翻译家。一旦签下合同，出版

① 胡文娅．欧美文学经纪人研究[D]．武汉：华中师范大学，2011.

② 钟瑾．出版经纪人：从助力图书出版到推动文化走出去[J]．出版广角，2015(12)：28-30.

经纪人会对作者的所有作品拥有优先出版权，并与全世界出版经纪人之间有一个成熟的网络，对在全球推广作品具有很大帮助。

② 具有出版经纪功能的文学网站。自 1998 年诞生起，网络文学如雨后春笋，发展强劲。经过近 20 年的发展，网络文学已成为国内影视界争夺的优质资源，商业模式日渐成熟。越来越多的网文被“天价”授权，如《择天记》以 5 000万元的价格授权动漫开发，《不败王座》《我欲封天》分别以 810 万元、655 万元的价格授权手游改编。① 与此同时，文学网站正在从在线收费阅读模式转向以网络文学作品版权为核心，形成游戏、动漫、影视、舞台剧、音频改编，以及线下活动、简繁体图书出版、版权输出等全生态产业链。可以说，中国的文学网站早已开始了文学经纪业务的先行先试。

例如，国内影响力最大、原创网络文学作品数量最多的网络文学平台——阅文集团，其统一管理和运营原盛大文学和腾讯文学旗下的起点中文网、创世中文网、小说阅读网、潇湘书院、红袖添香、云起书院、QQ 阅读、中智博文、华文天下等内容品牌，将版权产业链上中下游的参与方紧密连接在一起，再基于网络文学作品进行全版权开发。② 作为国内 IP 改编作品最大市场份额的文学母体，2015 年 10 月，阅文集团宣布要构建全新的 IP 生态圈，提出新的 IP 授权规范和行业规则。有了《花千骨》《琅琊榜》的成功范例，阅文列举的重点推介项目，玄幻小说《择天记》也是这一模式展开全产业开发，除了电影、电视剧、游戏开发外，此次还独特的进行了动画开发。以此达到“以文学作品作为先头军，带动其向多个衍生领域发展”的 IP 全网生态圈。③ 并且从版权售卖到版权运营，开始了真正国际主流化的运作。改编后的新作品同样能创造可观的经济效益。比如，公开数据显示，电影《致青春》《九层妖塔》《匆匆那年》等票房均超过 5 亿元；由网络小说改编成的页游《莽荒纪》月流水破3 000万，手游《花千骨》月流水近 2 亿，手游《苍穹变》月流水突破 1 亿等。

2. 评鉴类文化中介组织

评鉴类文化中介组织，即评估鉴证类文化中介组织，其主要是为文化市场主体按照既定的程序和标准，对其资产价值、资信程度和运行情况进行评估和估算，或者为其提供具有鉴定性质的证明、结论或企业财务年度报表等。评鉴类的服务对象主要是文化部门或文化企业，通过评鉴类中介组织出具的报告、

① 周志军．网络文学：文化产业的“新金矿”[N]．中国文化报，2015-03-24.

② 中华人民共和国国家版权局．网络文学版权开发待补三大短板[EB/OL]．[2016-06-16]．http：//www. ncac. gov. cn/chinacopyright/contents/4509/273754. html.

③ 科学中国．版权越来越贵？IP 大户“阅文集团”有话说[EB/OL]．[2016-06-18]．http：//science. china. com. cn/2015-11/03/content_8345750. htm.

证明等来完备政府部门或者金融部门所需的权威性资料。这类中介组织在文化市场中的具体存在形式有资产评估、土地评估、资信评估、会计师鉴定、法律鉴定、印刷质量检验认证等。① 我国评鉴类文化中介组织大多与其他产业的中介组织相同，在财务、金融、资本等事务处理方面通常不会存在很大差异，这是我国各个产业评鉴类市场中介组织的共性。

近年来，随着财政对文化投入的不断增长，监督和管理要求不断提高，需依托中介机构开展审计和工程结算审核的事项越来越多。《文化部直属单位建设项目管理办法(试行)》第十条规定，项目的评估、审计等咨询服务业务，应面向市场，择优选择有相应资质的中介机构。其中审计单位的确定应事先征得计划财务司的认可，或由计划财务司委派。② 根据国务院关于推进政府向社会力量购买服务有关要求，为进一步规范中介机构的选取，2013 年文化部财务司采用社会公开招标的形式选取了 10 家中介机构，详见表 7-4 和表 7-5。此次取得入围资格的中介机构服务期限为 3 年，即从 2014 年 1 月 1 日起至 2016 年 12 月 31 日止。其中，审计业务类入围 5 家，主要业务内容包括财务审计、报表审签、竣工决算审计、经济责任审计和其他专项审计等；结算审核业务入围 5 家，主要业务内容为基建工程结算审核。③

表 7-4　　**文化部财务司 2014—2016 年审计服务采购中介机构名单**

序号	入围机构	参考优惠率	联系人	职务
1	北京国嘉瑞联合会计师事务所	35%	张玉泉	董事
2	中审国际会计师事务所有限公司	45%	袁健	总经理
3	北京恒介会计师事务所	30%	张进宁	总经理
4	中建华会计师事务所有限责任公司	40%	王文杰	经理
5	中天恒信(北京)国际会计师事务所有限公司	35%	刘颖丽	总经理

① 许德明．经济全球化视野下的市场中介服务业[M]．上海：上海人民出版社，2008：22-25.

② 文化部直属单位建设项目管理办法(试行)[EB/OL]．[2016-07-08]．http：//www.mcprc.gov.cn/whzx/bnsjdt/cws/201111/t20111128_390532.html.

③ 文化部财务司关于发布审计和工程结算审核服务入围中介机构名单的通知[EB/OL]．[2016-07-08]．http：//www.mcprc.gov.cn/sjzz/sjzz_cws/zcfg_whbcws/jdjc/201401/t20140113_425468.htm.

表 7-5　**文化部财务司 2014—2016 年工程结算审核服务采购中介机构名单**

序号	入围机构	参考优惠率
1	中大信(北京)工程造价咨询有限公司	即协议价格，为公司投标时约定的费率，附后
2	北京中和惠源工程造价咨询有限责任公司	
3	中联造价咨询有限公司	
4	北京国嘉同诚工程管理咨询有限公司	
5	北京敬业瑞之工程咨询有限公司	

咨询项目名称		收费基数	协议价格			
			≤500（万元）	500~3 000（万元）	3 000~10 000（万元）	10 000~50 000（万元）
工程结算审查	(1)基本收费	建筑安装工程造价	4‰	3.5‰	3‰	2.5‰
	(2)效益收费	核减额+核增额	8%	7.5%	7%	6%

此外，建立专业化的评鉴类文化中介组织是促进文化与金融合作重要的一环。2014 年 3 月 17 日，文化部、中国人民银行、财政部联合印发了《关于深入推进文化金融合作的意见》，鼓励创新文化金融服务组织形式，建立完善文化金融中介服务体系。推动文化产业知识产权评估与交易，加强著作权、专利权、商标权等文化类无形资产的评估、登记、托管、流转服务。鼓励法律、会计、审计、资产评估、信用评级等中介机构为文化金融合作提供专业服务。文化产业融资担保中介机构正是完善金融、支持文化产业的信贷机制。能够有效解决文化企业难以从银行获得信贷资金等问题，积极鼓励文化企业扩大直接融资规模。①

除专营的文化银行和中介机构外，行业协会等组织形式也为促进文化与金融对接做了不少工作。行业协会是架在文化企业与金融机构之间的桥梁，但它并不完全充当中介机构的角色。它类似于文化金融服务中心，通过政策引导、信息服务、业务培训、信用增进、资金支持等方式，服务于文化企业和金融机构。例如，2012 年，浙江省温州市文化传媒协会发起成立温州商道小微企业

① 中华人民共和国文化部．金融助力文化产业发展的几点建议[EB/OL]．[2016-06-18]．http：//www.mcprc.gov.cn/whzx/bnsjdt/whcys/201210/t20121030_348946.html.

(文化产业)金融服务合作社，为文化企业提供了低门槛、低利率的小额资金信贷服务。据了解，该合作社代表会员企业对接银行，统一申请小微企业信用贷款，从而增加贷款申请成功的机会。为帮助会员企业成功申请贷款，该合作社从创新融资模式入手，采取多种信用卡、小额贷款、互助基金等形式与银行合作，无需任何抵(质)押，会员企业承担有限的责任，便可获得贷款，有效避免企业互保链存在的风险。据统计，该合作社2013年帮助七八十家企业获得了8 000多万元银行无抵(质)押贷款。①

3. 代理类文化中介组织

代理类文化中介组织主要是接受文化市场主体的委托，办理各类承办、代办、委托等业务，代理关系是交易双方成立的一种契约关系，代理中介根据委托人利益从事某些经济相关活动，并相应地授予代理人一些决策权。在文化市场中的具体存在形式有版权代理、文化贸易代理、文化出租、法务代理、税务代理等。其生成是文化市场经济发展的客观需求，在文化经济活动中，代理类文化中介组织发挥了重要功能，分别是规避责任风险功能和缓解矛盾功能。这一方面减轻了市场主体的繁杂，在一定程度上使市场主体避免责任风险；另一方面也可以减轻政府机关直接处理具体事物的压力，缓解企业与政府部门之间的矛盾。笔者从《2015中国文化及相关产业统计年鉴》中的文化及相关产业法人单位发展情况，整理得出部分代理类文化企业基本情况。如表7-6所示，可以看出，文化贸易代理与拍卖服务的企业数最多，其次是文化经纪代理服务和文化出租服务。代理类文化市场中介组织服务的对象主要是面向需要专业化外包服务的文化企业。

表7-6 **规模以上部分代理类文化企业基本情况**

规模以上企业基本情况(单位：万元)				
类　别	企业单位数(个)	年末从业人员(人)	资产总计	利润总额
文化贸易代理与拍卖服务	107	5 286	2 069 449	184 727
文化出租服务	22	1 214	101 096	3 910
其他文化辅助服务	393	38 555	6 855 281	191 995

① 中华人民共和国文化部．文化与金融对接出现新气象[EB/OL]．[2016-06-18]．http：//www.mcprc.gov.cn/whzx/bnsjdt/whcys/201406/t20140630_434126.html.

续表

规模以上企业主要财务指标(单位：万元)				
类别	主营业务税金及附加	营业利润	应付职工薪酬	应交增值税
文化贸易代理与拍卖服务	11 307	185 935	97 386	20 073
文化出租服务	1 916	4 439	9 323	445
其他文化辅助服务	30 655	156 512	320 505	50 071

表 7-7 **规模以下部分代理类文化企业主要指标** (单位：万元)

类　别	企业单位数(个)	年末从业人员(人)	营业收入	资产总计	实收资本
版权服务	2 093	17 026	355 778	1 730 906	1 278 394
文化贸易代理与拍卖服务	6 620	61 973	5 648 726	4 069 659	1 785 067
文化出租服务	5 032	33 083	844 370	1 354 539	623 355
其他文化辅助服务	28 768	192 678	3 850 137	15 015 606	5 801 330

就版权代理机构而言，自 1988 年中国内地成立第一家版权代理公司——中华版权代理公司以来，据《2015 中国版权年鉴》收录，现有版权代理公司 11 家，国家级版权交易机构 8 家，如表 7-8 和表 7-9 所示。由于我国版权代理市场发展不完善，目前较活跃和具有代表性的版权代理公司主要有中华版权代理总公司、广西万达版权代理公司、上海版权代理公司、北京版权代理公司和中国图书进出口总公司。

表 7-8 **2015 版权代理公司**

名　称	地　址	电　话
中华版权代理总公司	北京市西城区天桥南大街 1 号天桥艺术大厦 A 座 3 层	010-68003908
中国图书进出口(集团)总公司版权部	北京市朝阳区工体东路 16 号	010-65086949
中国出版对外贸易总公司版权事务部	北京市安定门外安华里 504 号	010-64210403

续表

名　称	地　址	电　话
中国国际电视总公司	北京市海淀区羊坊店路9号京门大厦	010-63950016
九州音像出版公司版权贸易部	北京市朝阳区外馆斜街甲1号泰利明	010-85285399
北京版权代理公司	北京市海淀区知春路23号量子银座1403	010-82357056
山西省版权事务所	太原市建设南路21号C区1804	0351-4922148
上海版权代理公司	上海市张江路69号6楼	021-50278100
湖南省版权代理公司	长沙市营盘东路3号	0731-82231655
广西万达版权代理中心	南宁市七星路123号	0771-5516044
重庆市版权代理有限公司	重庆市江北区洋河一村78号国际商会大厦10楼	023-67708231

表7-9　**国家级版权交易机构**

名　称	地　址	电　话
中国人民大学国家版权贸易基地	北京市海淀区中关村大街甲59号文化大厦2104	010-625143
北京国际版权交易中心	北京市朝阳区京广中心商务楼501	010-65974890
国际版权交易中心	北京市东城区安定门东大街28号雍和大厦E座208	010-64097700
华中国家版权交易中心	武汉市武昌区公正路9号	027-68892430
成都国际版权交易中心	成都高新区世纪城南路599号2栋1层103.104	18982238506
国家版权贸易基地(上海)	中国(上海)自由贸易试验区马吉路	fenglan@ soict. com. cn(邮箱)
国家版权贸易基地(越秀)	广州市越秀区文德路66号	020-87621142
台儿庄国家版权贸易基地	枣庄市台儿庄区文化路258号	0632-6611762

据《2015中国文化及相关产业统计年鉴》中的文化及相关产业法人单位发展情况，可得版权服务类规模以上企业91个，规模以下企业2093个，详见表7-

10。按照国际惯例，版权代理公司每成功代理一种图书收取版税的10%~15%作为代理费。对于国内版权代理市场来说，我国作家版权代理意识薄弱，在进行版权输出时，外国代理商和出版社给我国作品开出的版税普遍较低，因此版权代理并不是其主要经营来源，版权代理人的收入主要分散在出版前后的各个环节中。针对目前我国图书版权代理盈利不容乐观的情况，许多版权代理公司则通过市场运作或行政手段，如事业性质的版权代理公司挂靠在当地版权局下，工作人员除进行版权代理业务外，还进行著作权登记、著作权使用报酬收转、著作权法律服务、著作权鉴定等众多服务，以此来补贴版权代理收入的不足。①

在文化会展方面，会展的代理业务在文化市场活动中比较常见。表7-11和表7-12为全国文化会展服务企业基本情况。各大文化会展活动时间覆盖全年，举办地点覆盖范围较广，极大地满足了文化市场主体的交易需求，推动了文化产品的合理流通。

表7-10 **版权服务类企业基本情况** （单位：万元）

规模以上企业基本情况			
企业单位数(个)	年末从业人员(人)	资产总计	利润总额
91	10 148	786 279	132 027
规模以上企业主要财务指标			
主营业务税金及附加	营业利润	应付职工薪酬	应交增值税
1 244	120 658	163 143	12 990
规模以下企业主要指标			
企业单位数(个)	年末从业人员(人)	营业收入	资产总计
2 093	17 026	355 778	1 730 906

表7-11 **规模以上文化会展服务企业基本情况** **（单位：万元）**

规模以上企业基本情况			
企业单位数(个)	年末从业人员(人)	资产总计	利润总额
807	55 373	12 091 787	735 116
规模以上企业主要财务指标			
主营业务税金及附加	营业利润	应付职工薪酬	应交增值税
64 406	681 850	454 124	98 706

① 李昂．我国版权代理现状及发展对策研究[D]．开封：河南大学，2013.

表 7-12　　规模以下文化会展服务企业主要指标　　（单位：万元）

企业单位数(个)	年末从业人员(人)	营业收入	资产总计	实收资本
27 429	190 031	4 836 665	12 171 694	6 424 296

2012 年，文化部关于印发《文化部“十二五”时期文化产业倍增计划》通知，举出重点发展的文化产业展会节庆，如表 7-13 所示，并明确要求科学布局、合理分工、提升内容、突出特色，发展综合性、专业化等不同类型的文化会展。为转变文化会展业运作模式，需要切实提升文化会展的交易功能和作用，促进文化会展与旅游、城市建设、商贸合作的融合，提高办会效益。此外，还要建立健全会展评估机制，完善会展评估和反馈体系，加强对文化节庆活动的规范引导，发掘传统节庆文化内涵，提升新兴节庆文化品质。

表 7-13　　重点发展的文化产业展会节庆

展会名称	发展目标	举办地
中国国际文化产业博览交易会	打造享有较高国际知名度和较大国际影响力的综合性、国际化文化产业博览交易会。	深圳
中国北京国际文化创意产业博览会	发挥首都全国文化中心示范作用，打造集聚文化创意资源、反映产业动向和趋势、促进产业合作和产品交易的国际文化经贸交流盛会。	北京
中国演艺产业博览会	为国内外演艺界搭建集“展示、合作、交易、发展”于一体的综合性服务平台，繁荣发展演艺产业。	天津
中国国际动漫游戏博览会	支持成为国内一流、亚洲知名的动漫游戏会展活动。	上海
中国国际网络文化博览会	引导网络文化产业发展方向，引领数字内容产业创新趋势。	北京
中国(北京)艺术品产业博览会	打造全国性、专业化、品牌化的艺术品产业交易交流平台。	北京
中国西部文化产业博览会	搭建展示中西部地区优秀文化资源、助推东中西部文化交流、推动西部文化产业走向国际的重要平台。	西安
中国义乌文化产品交易博览会	成为国际化特色明显、市场化运作模式相对成熟的文化产业投资、贸易和技术合作的平台。	义乌

续表

展会名称	发展目标	举办地
中国东北文化产业博览交易会	构建主题突出、内容丰富、形式新颖、特色鲜明、功能完善、参与广泛的国家级文化产业交流展示和交易合作平台。	沈阳
中国洛阳牡丹文化节	打造以花为媒，融文化交流、旅游观光、经贸合作为一体的具有广泛影响力的国家级知名文化品牌节会，成为推动区域经济发展方式转变的引擎。	洛阳
中国原创手机动漫游戏大赛	培育手机动漫游戏精品，发掘优秀创作人才，成为国内手机动漫领域的一流赛事活动。	长沙

4. 社会团体类文化中介组织

社会团体类文化中介组织是一种自治性、民间性、非营利性的社会中介，其具有协调各参与主体与相关利益主体的正式或非正式规则，本文所指社会团体类文化中介组织包括了各类文化协会学会、基金会、群众文化机构等。笔者从《2016 中国文化及相关产业统计年鉴》调查得出 2007—2015 年我国文化类社会组织机构总数量，如图 7-4 所示，呈逐年递增趋势，2015 年已达到662 425 个。其中包含了各类社团、基金会以及民办非企业文化机构，其各年分类的组织数量见表 7-14。

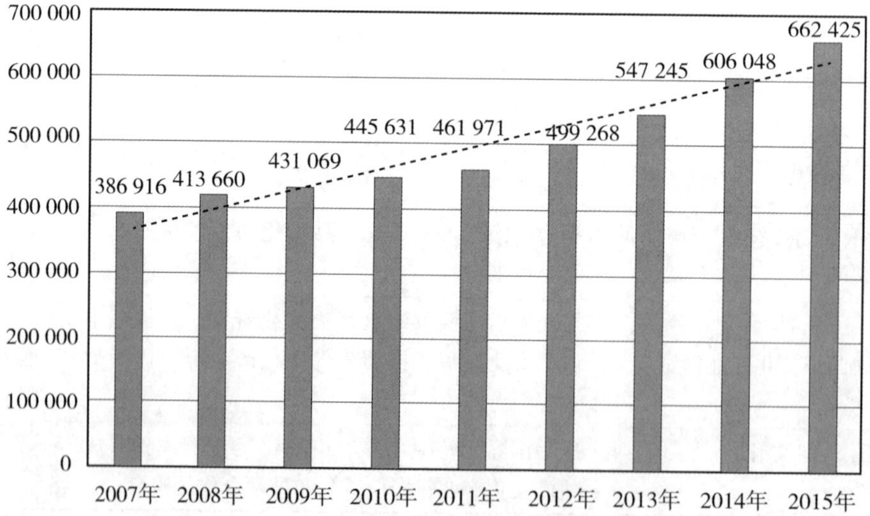

图 7-4　我国文化类社会组织机构总数量(单位：个)

表 7-14　　文化社会组织情况　　（单位：个）

年 份	社 团	基金会	民办非企业
2007	16 690	115	5 578
2008	18 555	94	6 505
2009	19 687	113	7 188
2010	20 926	140	8 114
2011	22 472	184	8 827
2012	25 036	182	10 590
2013	27 115	213	11 694
2014	30 101	243	14 148
2015	328 500	4 784	329 141

就分布地区而言，如表 7-15 所示，机构总数量位居前五名的分别为江苏省、山东省、广东省、浙江省和湖北省。江苏省机构总数量达到5 697个，其中社团和民办非企业数量分别为3 436个和2 246个，同样位居第一。就基金会分布来说，多集中在北京地区，达到 48 个，其次是广东省，其他地区基金会数量大多为 10 个以内，这与地区文化产业发展与经济发展程度息息相关。值得一提的是，2016 年 7 月 25 日，阿里巴巴影业集团设立 20 亿文化产业基金，该基金将聚焦影视娱乐产业链上开发制作、明星资源、宣传发行、前沿技术 4 个主要方向，与阿里影业自有资金实现协同效应。①

表 7-15　　我国文化类社会中介组织数量与分布　　（单位：个）

地 区	社 团	基金会	民办非企业	机构总数
中央本级	45	1	17	63
北京	346	48	233	627
天津	106		105	219
河北	961		253	1 214
山西	907	9	283	1 199
内蒙古	638	3	166	807
辽宁	715		273	988
吉林	522	1	102	625

① 陈莹．阿里影业设立 20 亿文化产业基金[N]．中国出版传媒商报，2016-07-29.

续表

地 区	社 团	基金会	民办非企业	机构总数
黑龙江	705	2	138	845
上海	312	19	450	781
江苏	3 436	15	2 246	5 697
浙江	1 853	16	1 132	3 001
安徽	1 223	5	337	1 565
福建	1 641	5	394	2 040
江西	779	1	194	974
山东	1 940	7	2 018	3 965
河南	1 317	6	725	2 048
湖北	1 176	6	1 149	2 331
湖南	1 158	10	494	1 662
广东	2 411	42	1 213	3 666
广西	673		153	826
海南	294	7	140	441
重庆	583	3	97	683
四川	1 784	4	509	2 297
贵州	586		77	663
云南	1 273	5	178	1 456
西藏	44	4	2	50
陕西	1 209	13	464	1 686
甘肃	801	3	302	1 106
青海	159		99	258
宁夏	160		82	242
新疆	344		123	467

注：数据来自民政部的社会组织统计。

长期以来，群众文化机构等社团类文化中介一直承担着政府各职能部门向社会延伸的工作职能，为政府职能转变、助力群众社区建设深化起到了极大的促进作用。一大批群众文化机构的产生和运作，使政府管理更加精干高效，政府得以在更高层次上实行宏观管理。同时，通过社区中介组织中党建工作的开展，可以切实加强党对社会工作、群众工作和对社区建设的领导，从而实现“小政府、大社会”的管理格局。① 同时，党的“十八大”报告指出，要加强社会主义核心价值体系建设，积极培育和践行社会主义核心价值观。各地各级群众艺术馆、文化馆等群众文化机构，作为国家保障公民基本文化权益、向人民群众提供各类文化服务活动的公共文化机构，要积极响应党中央在新时期发出的号召，围绕宣传、弘扬、培育社会主义核心价值观这一任务，发挥应有的作用。② 笔者根据《中华人民共和国文化部 2014 年文化发展统计公报》，整理得出全国群众文化机构开展活动的情况，如表 7-16 所示，2014 年全国群众文化机构共组织开展文艺活动、展览、公益性讲座、训练班活动等 147.20 万场次，比上年增长 13.8%；服务人次达到50 668万，增长 14.7%。

表 7-16　　全国群众文化机构开展活动情况

项目	总量		比上年增长(%)	
	活动次数（万次）	参加人数（万人次）	活动次数	参加次数
各项活动总计	147.20	50 668	13.8	14.7
展览	13.17	10 263	-4.7	11.0
文艺活动	84.54	36 382	14.2	15.9
公益性讲座	2.56	445	8.1	0.9
训练班	46.93	3 578	20.1	15.2

社区服务等群众文化机构直接承担了从企业剥离出来的社会职能、从政府转移出来的服务职能，其负责社会性事务，并积极发挥在组织群众、服务群众、稳定社会过程中的组织协调作用。图 7-5 为 2008—2015 年社区服务机构和设施数量分布，可以看出，2009 年和 2012 年的社区服务中心、服务站的发展最快，增长率分别达到 58.4%和 47.8%，2015 年数量已达到 36.1 万个。社区服务机构作为广大人民群众提供文化服务的公益性机构，是群众文化工作的主力军，唯有回归到组织者、协调者、监督者的角色本位，才能更好地发挥其作为党和政府联系群众的桥梁和纽带作用。

① 张良礼．让中介组织在社区承担应有的角色[J]．社区，2003(12)：25.

② 钱倩．弘扬社会主义核心价值观 群众文化机构应走在前列[J]．新课程学习(中)，2013(4)：184-185.

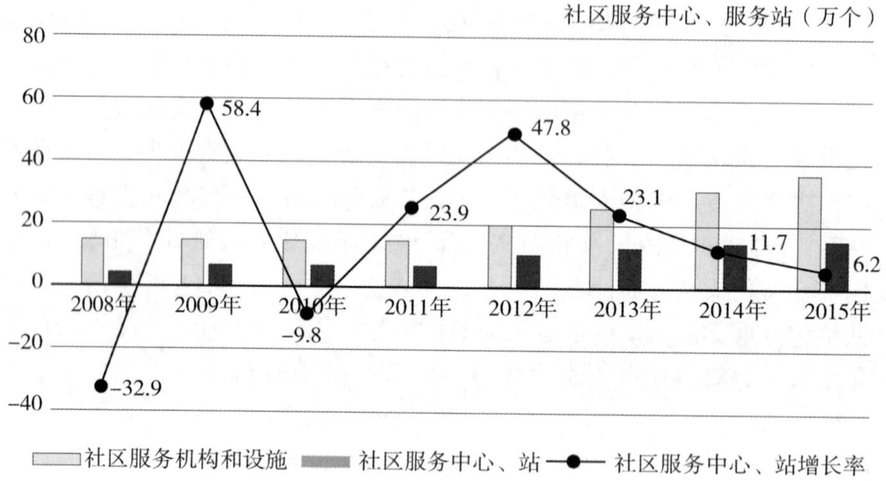

图 7-5　社区服务机构和设施

表 7-17　　　　　　**社区服务机构和设施**　　　　　　（单位：万个）

指 标	2008 年	2009 年	2010 年	2011 年	2012 年	2013 年	2014 年	2015 年
社区服务机构和设施	14. 6	14. 6	15. 3	16	20	25. 2	31. 1	36. 1
社区服务中心、站	4	6. 3	5. 7	7. 1	10. 4	12. 8	14. 3	15. 2
社区服务中心、站增长率	-32. 9	58. 4	-9. 8	23. 9	47. 8	23. 1	11. 7	6. 2

三、文化中介市场组织的绩效

当前，我国文化中介组织在文化市场中发挥了重要的作用，给文化产业的发展提供了必要的补充，主要表现在以下三个方面。

1. 填补政府失灵，实现政府与社会关系的良性互动

国家与社会的分化，是现代社会发展的一个显著趋势，改革的过程就是国家回归社会的过程。政府与社会是两个既相互关联又相互区别的范畴，社会系统除政府机构外，还有各种企事业单位、各类社会团体等组织，政府仅仅是社会大系统中的一个小系统。因此，政府应当将更多的权利和职责逐步让渡给社会和其他文化经济实体，政府自身也要在市场化进程中合理行驶权利，明确自身职责范围。

不论政府还是文化企业，都是文化中介组织重要的服务对象。文化中介组织与政府和企业的关系相辅相成，三者的本质职能也在文化市场经济繁荣中发生转移。由于业务的日益繁重和推动市场化进程的使命，政府会转移一部分职能到文化中介组织当中；由于文化事业的繁多和专业化，文化企业也会转移一部分职能给文化中介组织。这三者在文化市场中相互作用、相互影响，构成了现代文化市场体系的“政府—中介组织—文化企业”的三元框架，如图 7-6 所示。①

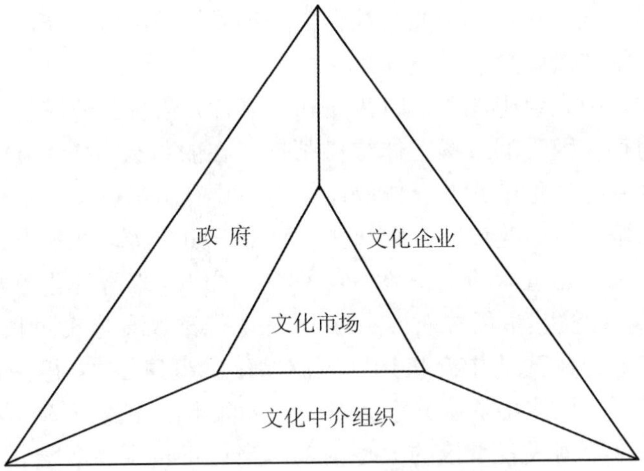

图 7-6 出版市场的“三元结构”

文化中介组织正是这种政府把社会管理职能交还给社会的承接载体。在实际工作中，文化中介组织以第三部门的身份参与文化市场的经济活动，发挥文化经纪、评估鉴定、技术交易、代理、培训等功能。例如，为贯彻落实国务院关于进一步转变政府职能和简政放权的要求，各级文化行政部门将根据实际情况取消、下放、简化行政审批事项，将管理职责交由企业或社会组织承担，政府部门加强服务和监管。2013 年，国家文化部下发关于实施《网络文化经营单位内容自审管理办法》的通知，明确指出各地文化厅(局)可自行组织或委托行业协会、中介机构开展培训工作。同年 5 月，浙江省慈溪市成立了市文化中介服务工作者协会，为社会提供重大庆典、大型文艺演出、大型艺术展览、大型文体赛事等活动的策划、编导、剧务、评奖及场地的租赁等有偿服务，以实现

① 王璐璐．出版市场中介组织研究[D]．武汉：武汉大学，2016.

公共文化服务建设的有效对接。① 可见，文化中介组织为维护和规范文化市场经济秩序逐步发挥出应有作用。

2. 优化文化资源配置，沟通多方主体的信息与诉求

文化中介组织是多方市场主体之间沟通的纽带和桥梁，拓展了文化信息传播渠道，优化了文化资源配置。文化资源与人民群众的需求相比有限，合理配置文化资源是拓展文化再生产规模的前提。文化中介组织在文化市场层面能给文化资源配置提供一种有效机制，刺激和疏导文化资源在企业内部和行业之间的合理配置和优化整合，形成文化扩大再生产的基础，从而促进文化产品流通。文化中介组织在文化市场中发挥着润滑剂、变压器、协调器的作用，这种作用发挥得越充分，政府、企业与社会之间沟通的领域就越宽广，渠道也越多样，文化信息的传播就愈加便捷和顺畅。

同时，文化中介组织能够及时传递和反馈各方信息，兼顾各方市场主体的根本利益，为存在困难的市场主体提供帮助。在农村公共文化服务建设方面，重庆市就充分发挥文化中介的合作伙伴作用，政府制定了文化中介等组织参与农村公共文化服务体系建设的鼓励和扶持政策，如在文化站和农家书屋里建立老年活动室、留守儿童活动室，解决农民购买图书、邮寄等业务办理问题，壮大文化力量。② 在演艺市场方面，2013 年 5 月，安徽演艺集团联合省内 28 家有实力、有影响力的演艺中介机构、表演团体，组建了“安徽演出联盟”。联盟以项目为依托、以演出资源共享为目的，为演出团体找市场，为演出场所找内容，把每一次筹划或者承接的大型活动，当做推进资源整合的绝好机会。③ 此外，就海外市场而言，行业协会、产业联盟与企业还共同推广中国技术和中国标准，以此带动产品和服务在海外市场的推广应用。中介机构为企业拓展海外市场提供了信息咨询、法律援助、税务中介等服务。

3. 解决文化市场非核心业务，提供重要辅助服务

文化中介组织承担起政府退出微观管理后的一部分职能，为文化市场提供了重要的辅助服务。例如，在非物质文化遗产项目建设中，山东省栖霞市采取“非遗+中介公司”模式，形成一体化营销体系。通过引入社会资本的方式，先

---

① 中国文化报．浙江慈溪公共文化服务体系建设实现有效对接[EB/OL]．[2016-07-10]．http：//www. ndcnc. gov. cn/zixun/yaowen/201305/t20130522_649892. htm.

② 人民网．重庆：打造农村公共文化服务体系的“升级版”[EB/OL]．[2016-07-10]．http：//www. ndcnc. gov. cn/zixun/yaowen/201307/t20130711_703575. htm.

③ 中国文化报．安徽演艺集团：精打细算改革账[EB/OL]．[2016-07-12]．http：//ssjt. wenming. cn/whtzgg/2010-10/13/content_171434. htm.

后成立了多个文化中介公司。中介公司用市场化的营销方式将传统非遗项目进行包装和推广，如通过电视制作、动漫设计、软件开发等方式对栖霞吕剧、胶东大鼓、栖霞民歌等进行重新设计包装；同时，还帮助传承人、创业者申请专利，将非遗项目和知识产权保护相结合，提升了栖霞非遗品牌的价值。此外，市政府出台多项政策鼓励扶持非遗实业公司，设立非遗实业化发展专项资金，对优秀非遗资源的开发进行财政补贴；成立了栖霞市剪纸协会、螳螂拳协会等协会组织，通过强化行业自律，规范创业者的经营行为。①

在动漫游戏产业中，国家动漫游戏产业产权交易中心也将增设项目评估中心，培育第三方中介。交易中心的运作涉及审计、评估、法律风险分析等多个环节，仅依靠动漫基地和上海联交所的资源无法完成，需要有资质的第三方中介机构出具专业意见。但传统的中介机构由于对新兴的动漫业不甚了解，难以胜任。因此，交易中心亟待培养一批具有动漫行业相关经验的中介、咨询服务机构，对相关人员进行培训和管理，使之能够为文化产业、动漫产业提供各种审计、评估、法律、经纪类服务。交易中心拟参照上海联交所的做法，吸纳这些中介机构成为交易中心的会员单位，由他们为各交易涉及的评估、审计、法律、咨询等事项出具认证意见。② 综上所述，发展技术、鉴定、经纪、技术、评估、拍卖等文化中介服务，培育专业代理公司、贸易公司以及文化会展，能为各项文化生产流程和文化企业提供辅助，是健全现代文化市场体系的重要一环。

第三节　文化中介组织建设存在的问题

我国文化中介组织作为连接文化市场生产、流通与消费的重要环节，承载了政府在市场化过程中置换出的部分职能，在文化经济体制转轨过程中发挥了重要作用。但由于我国文化中介组织发展时间较短，尚处于起步发展阶段，文化市场外部经济环境、政策环境、技术环境面临着很多机遇和挑战，因而我国文化中介组织仍然存在许多不足之处，主要表现为文化中介组织的管理问题、规模与结构问题以及内部建设问题，亟待深入了解和研究。

① 中国文化报．山东栖霞多种举措激发非遗活力[EB/OL]．[2016-07-12]．http：//www. ndcnc. gov. cn/zixun/xinwen/201510/t20151009_1149706. htm.

② 文化部产业司．国家动漫游戏产业产权交易中心：动漫发展最强引擎[EB/OL]．[2016-07-13]．http：//www. mcprc. gov. cn/whzx/bnsjdt/whcys/201111/t20111128_349821. html.

一、文化中介组织的管理问题

1. 角色定位不清，管理体制不顺

我国文化中介组织是介于政府和文化产业之间的特殊社会组织。从理论上说，它应独立于政府和企业两个市场主体，不隶属于任何一个政府部门，也不隶属于任何一个文化企业，在文化市场活动中客观、公正地执行服务、监督、公证等职能。然而，在实际运作中，我国文化中介组织独立性差，过分依赖政府，带有明显的官办色彩。无论是文化中介组织还是范围更广的社会中介组织都存在这一问题，这很大程度上是由于我国文化中介组织产生的渠道所致：第一种渠道是由政府机构改革转化而来的文化中介组织，文化经济体制改革的深化要求由政府包揽的文化经济运行职能归还社会，其机构载体、设备、人员最初均来自于政府；第二种渠道是国有企业某些职能部门转化而来的文化中介组织，计划经济体制下的国有企业承担了许多社会文化职能，在企业制度改革和文化经济体制改革以后，很多由企业自己承担的经营活动也归还社会；第三种渠道是社会自身产生出的文化中介组织，一些具有某项业务能力的社会成员自发组织起来，在进行合法认证登记以后从事文化中介活动。①

目前，我国文化中介组织绝大多数属于前两种类型，第三种为数较少。可以说，大多数文化中介组织是政府有关职能部门的转化物，从政府“母体”中衍生而来，加之长期以来的官本位思想使其紧紧“靠挂”政府主管部门，有些文化中介组织还具有相应的行政级别，最终成为政府的附属机构。以至于有些学者指出，部分中介组织是由政府机构创办，这些部门创办相关企业股份制改造公司，例如财政部门开办会计师事务所，版权保护中心开办版权代理中介等。表面上看起来是政府职能转移生成的社会中介组织，实际上政府还是借由这些组织进行中介业务，甚至垄断市场，有碍我国文化产业市场化的进程。②

2. 相关法律法规不够完善，管理制度相对落后

在文化产业发展实践中，文化中介组织所从事的中介行为复杂，相关法律规范并未作出明确的行为与种类区分，其主体、性质、地位、作用等缺乏明确

① 唐兴霖，吴志军，聂勇浩．国家与社会之间——论社会中介组织对中国社会转型的影响[J]．天津行政学院学报，2002(2)：17．

② 丁玉霞．我国市场中介组织若干问题研究[J]．河北经贸大学学报，2002(3)：66-72.

的法律规定。从国家层面上看，目前我国尚无有关中介组织专门完备的立法，更是缺少文化中介组织的专门性法典。其管理主要是依据一些行政条例、规定、守则、办法等行政法规，在代理、评估、经纪等业务领域尤为明显。另外，一些现有法律法规主要侧重于中介组织的登记管理，如国务院颁布的行政法规《社会团体登记管理条例》《民办非企业单位登记管理暂行条例》《基金会管理条例》《外国商会管理暂行规定》等。中介组织活动的其他部分领域还缺少相应的规定，如中介组织的从业行为规范、违规中介组织的处罚、申诉等缺乏具体的规定。比如，我国国家工商行政管理局出台的有关“经纪人”行业的管理办法，仅仅提到房地产、保险、演出等行业，并未涉及出版业，以上法律、法规都没有给“文学经纪人”相应的法律地位，自然也谈不上有效保护其权益的问题。①

在地方中介制度方面，还存在文化中介组织市场准入、退出和监管制度不健全问题。很多文化中介组织并未在工商行政部门备案取得中介经营资质，存在无照经营或超越经营范围、聘用无资格人员上岗从事中介服务现象，无场所、无资金、无机构的“三无”中介组织扰乱文化中介市场。此外，财税、金融投资等扶持文化中介市场发展的配套制度未建立。一些扶持文化中介机构的优惠政策尚缺少监督执行机制及公告查询程序，无法及时公示。② 这种政策法规不健全的外部管理环境严重影响了文化中介组织的健康发展和正常运转，使其更加无法摆脱对政府主管部门的依附关系，无法保持自身的独立性。相关法制建设远远落后于文化市场体系的发展对文化中介组织管理的需要。

二、文化中介组织的规模与结构问题

1. 数量与质量上无法满足文化市场运行机制的要求

我国文化产业的多元化决定了文化市场容量十分巨大，文化市场主体数量众多、类型丰富、层次复杂，这对文化中介组织提出了相当大的要求。尽管我国文化中介组织的数量逐年增加，但由于其尚处于摸索阶段，就目前现有的文化中介组织来看，各类文化中介机构的数量明显不足，种类不齐全，且经营规模普遍偏小，缺少一流的、有影响、有权威的文化中介组织。

与小政府、大中介的市场经济国家相比，我国文化中介组织是“大政府、

① 刘昶．中国书业“经纪人”缘何缺席？［N］．中国图书商报，2001-04-05.

② 于维同，丁雪．我国地方政府促进文化中介市场发展的法律对策［J］．全国商情（理论研究），2014(5)：92.

小中介，强政府、弱中介”模式。总体数量偏少，规模较小，且在公共服务部门所占比例较低，从数量上看，按每万人拥有民间组织的数量计算，法国是110个，日本是97个，美国拥有52个，新加坡拥有25个，巴西拥有13个，而我国只有2.4个。不仅与发达国家相比有差距，与一些发展中国家相比也存在较大差距。从规模上看，我国民间组织总体规模较小，美国非营利组织2002年总资产达到24 000亿美元，而我国民间组织资产总额只有55亿美元。就版权代理中介组织而言，据《2015中国版权年鉴》收录，我国现有版权代理公司11家，国家级版权交易机构8家，单就对比我国上千家出版社和几千家出版民营企业来说，其数量远远不能适应文化市场的需求，也不足以配合文化产业扩张速度。且中国的版权代理公司在美国的活跃程度并没有其他国家代理机构频繁，许多代理人并不常参加书展或者和美国的编辑进行交流。因此，美国的许多代理机构并没有开设直接对亚洲的业务交流，但它们会直接面对欧洲或者南美洲国家。①

2. 结构不健全，类型发展不平衡

我国文化中介组织的结构还不健全，相对于我国文化产业发展来看，一些急需建立的文化中介组织还没有建立起来，已有的文化中介组织分布和发展也很不平衡，远不能适应需要，一些中介类型还有待进一步完善和补充。我国文化中介组织经费来源普遍不足，特别是像行业协会这种社团类中介组织的资金问题尤为突出，严重限制了中介组织的发展规模和发展速度。就文化经纪人而言，结构分类还有待细化，与文化市场相关的众多行业如出版、影视、演出、娱乐、美术、文物等领域存在各自不同的行业特点。这种细分领域“隔行如隔山”，需要对文化经纪人进行领域细分。同时，大而化之的《经纪人管理条例》无法顾及各领域的培训、考核、执业。文化经纪人资格考试也应当细分科目，而不是影视明星经纪人、演出经纪人、出版经纪人、文物经纪人等混合考核。

此外，文化中介组织存在地域发展不平衡问题。从地理空间分布上看，我国地域广阔，地区间文化、经济发展不平衡，文化产业建立的步伐和成熟程度有显著差别。在我国东部沿海经济发达区域以及文化、政治中心区域的文化中介组织数量较多，文化中介发展也较好。目前具有职业化水准的文化经纪人大多集中在北京、上海、广东等文化、政治、经济条件发达地区，且家族或裙带经纪人现象较为严重。又如北京、上海等地每年有一定规模的演出在3000场以上，其中演艺中介机构发挥了重要作用。而广大的内地和乡镇仍是文化中介组织的空白地带。如前面所统计的，青海、宁夏、新疆等省文化类基金会数量

① 刘亚．书探——版权交易后的推手[N]．中国出版传媒商报，2016-07-19.

为零，且中西部以及广大农村地区文化经纪人才缺口巨大。这种发展不平衡本身就会影响文化资源配置的方向，对文化产业的有序发展极为不利。

三、文化中介组织的内部建设问题

1. 信用机制不健全，缺乏自律性

目前，我国文化中介组织的行业自律管理存在严重缺位，至今部分省市尚未成立文化行业协会。一部分行业协会基本没有实现自治，大部分尚未脱离“官办”，或依附于行政主管部门，或由政府官员兼任协会领导主持协会工作。反观国外，英国、法国等绝大多数国家的文化行业协会不仅可以参与和影响政府制定的相关文化政策，并且起到行业自律、行业服务、行业代表、行业协调等职能，充分发挥了其桥梁和纽带的作用。

自律机制的不健全将直接导致信用机制的缺失，不但严重削弱了我国文化中介服务的竞争力，加大市场运行的交易成本，还影响整个宏观经济的稳定。以演出经纪机构为例，根据《营业性演出惯例条例》规定，演出经纪机构必须有3个演出经纪资格证方能成立，因此演出经纪人资格证十分抢手，业内频有“挂证”现象出现，在规范市场运营方面有很多漏洞。此外，还有文化中介组织缺失本应坚守的居间、中立立场，甚至以不正当的手段引起行业内部的不正当竞争，如鉴证类中介机构的作假行为助长了整个社会诚信缺失的蔓延。以石家庄海客文化传播有限公司论文造假事件为例，其先后伪造《装饰》《学术论坛》《企业经济》《大学教育科学》等数十种期刊的公章，伪造各种录用通知书上千份，导致受害者利益受到巨大损失，诈骗金额近千万。①这些不和谐因素不利于文化中介组织的建设和发展，对文化产业的健康发展造成了严重阻碍。

2. 人员结构不合理，整体素质偏低

从总体上看，我国文化中介组织从业人员结构不尽合理，素质整体偏低，高技术应用能力不强。从国外的经验来看，文化中介组织需要一批专门人才提供高智力的服务，其组织成员是专家集团，主要执业人员也是具有高学历与实践经验的专门人才。② 而我国文化中介组织由于历史及内部管理不足的原因，

---

① 中都热线．石家庄海客文化传播有限公司骗子公司诈骗纪实[EB/OL]．[2016-07-15]．http://www.hebeirexian.com/html/2016/0705/24707.html.

② 郭国庆，陈凯，焦家良．社会中介组织发展中的问题与对策研究[J]．国家行政学院学报，2006(1)：49.

与国内其他社会中介组织人才现状相似，整体上从业人员素质低下，高素质、复合型人才严重匮乏，大多是未经过专业培训的，而且有相当一部分是从政府机关、企事业单位裁减下来的富余人员，职业意识不强。主要表现为，相当一部分中介从业人员缺乏专业素质，知识单一，缺乏现代文化市场建设所需要的综合能力。以文化经纪人来说，目前国内虽有不少院校开设了文化经纪专业，但该专业人才储备极不成熟，无论是课程设置、师资、教材等均距市场实际需求甚远。

并且，一些文化中介组织的从业人员队伍年龄老化严重，专业人员非常稀缺。尤其是没有编制的中介组织，大部分工作人员属于聘用、借用或兼职性质。甚至有的准行政类文化中介组织，一半以上是离退休和接近离退休人员。许多从业人员带有官僚主义工作作风，片面追求经济利益，产生弄虚作假或不公正判断等行为，严重制约着我国文化中介组织的快速发展和功能作用的有效发挥。这也是我国文化中介市场交易效率不高，欺诈行为屡见不鲜的一个重要原因。

第四节　我国文化中介市场建设的对策

文化中介市场的建设是个庞大的经济系统工程，涉及文化市场的方方面面，甚至还涉及很多其他行业，所以文化中介市场的建设是一个长期的发展过程，不能一蹴而就。笔者针对我国文化中介市场存在的现实问题，提出下列对策以供相关部门参考。

一、优化文化中介市场建设环境

1. 政府层面

(1)深化文化体制改革，健全文化市场体系。文化企业是中介的主要服务对象，对中介有着直接的影响。因而深化文化企业改革，确立文化企业市场主体地位，建立现代企业制度，推动国有经济布局和结构的战略调整，为已存在或即将进入文化市场的中介创造相对优渥的发展环境，是十分必要的。

首先，深化生产环节的专业分工，集中力量开展核心业务。文化企业为应对瞬息万变的经济趋势和市场交易风险，既要加强风险管理，积极推进技术创新活动，又要加强客户信息管理和关系管理，让服务技术能够与时俱进，让新技术和方法得到应用。文化企业的这些活动可以由文化中介来承担，自身才可以集中力量开展核心业务。这就要求，文化中介严格遵循国际服务质量认证标准和国际公认条约，全面监督文化产品质量、交易行为等有可能出现问题的部分，提升自身的业务能力和质量，规划长远的发展战略，树立服务意识和品牌经营意识。同时，政府也应定期对从事文化中介服务的人员进行常规性的培训，规范员工业务行为，积累员工专业知识，全面提升员工的自身素质。① 例如中国版权保护中心定期开设版权经纪人的培训课程，在 2015 年 9 月就成功举办了第六届全国版权经纪人专业实务培训班，为全国各地的版权经纪人讲授版权运营、版权法律法规、职业规则等课程，一方面规范了版权代理执业人员的执业行为，另一方面也是业内交流的平台，相较我国庞大的版权交易市场，这类活动可在行政部门的引导下更多地开展。

其次，进一步健全国有资产管理体制，政企分开。要建立健全文化国有企业的激励机制，推进经营管理者的职业化，调动管理者积极性。以混合所有制经济为载体，推动国有文化企业的改造过程，实现投资主体多元化。另外，管理上和经济行为上文化中介组织应独立于主管行政单位，遵循市场经济规律，接受价格机制和竞争机制的考验。②

再次，鼓励文化企业之间沟通和交流，为文化中介的发展提供机遇。基于我国的文化中介市场的发展时间还比较短暂，各方面配套设施也不健全，无论从理论上，还是实践上都缺乏指导和先进经验，所以加强国内外文化企业的交流是提升我国中介服务的重要措施。日益庞大的文化中介市场也应成立相应的行业协会，规范多方执业行为，加深业内交流。

(2)建立健全与文化中介市场建设相配套的法律法规。我国目前针对文化中介市场出台的相关法律法规，仍然十分欠缺。造成这种情况具体有两个重要原因：一是我国文化中介市场的发展时间还比较短，规模上和数量上都还不完备，因此政府对这些组织没有给予很大关注；二是我国自加入 WTO 以来，文化中介市场作为文化产业的一部分，与国际相关标准匹配的法律法规没有制定。所以当务之急要针对我国文化中介市场现状，做有效管理和有益规制，制定促进发展的政策法律，并且鼓励文化中介市场专业化分工、规模化经营和拓展经营范围。另外还要全面了解我国文化中介市场存在的特殊状况，并借鉴国外的先进经验，积极制定规范文化中介市场发展的政策法规。政府在制定相关法律法规时，应秉持三个理念：一是要严格规范文化市场中介组织的商业行

---

① 郭国庆，王海龙．市场中介组织的规范与发展[J]．经济理论与经济管理，2006(2)：37-41.

② 张展．中国市场中介组织的发展研究[M]．北京：中国经济出版社，2007：110-112.

为；二是要制定保护文化中介市场发展的政策法规，给文化中介市场最大权限和支持；三是要制定鼓励文化中介市场业务拓展的有力政策。科学的法律法规体系可以为文化中介市场创造良好的发展环境，并规制中介的经济行为，使其在经济运营过程中承担相应的经济责任和法律责任。①

我国现有跟文化中介市场有关的立法有《公司法》《注册会计师法》《审计法》《仲裁法》《证券法》《银行法》《国有资产管理法》以及由国家工商行政管理总局颁布的《经纪人管理办法》等，这些法律法规在某种程度上对不同的文化中介市场的性质、职能、活动范围、享受的权利、应尽的义务、违法后的处罚以及从业人员的资格等问题认定做出了相应的法律的规定，有力地促进了这些类型的中介发展。但对于日渐壮大的文化中介市场，有必要根据其内在运作规律，区分不同的文化中介服务行为，明确其性质、职能、任务、组织形式、经营方式、活动范围、享受权利、应尽义务、法律地位等。尤其是对于专业性较强的文化中介市场，如技术提供商、策划公司、信息咨询公司等，需制定相应的执业标准、业务范围和收费标准。从法律上明确文化中介市场的成立程序、标准、审批规则，明确其服务内容和执业行为，并制定项目开价标准，以便于接受社会监督。

2. 企业层面

(1)强化自律机制，完善社会中介自身管理制度。鼓励我国文化中介市场之间以及国内外文化中介市场之间的沟通和交流，建立自律体系，完善伦理建设相关工作。强化中介机构自律，提高自身诚信意识和服务水平。各中介机构要制定并完善内部管理规章、服务标准与服务规则，严格按章办事，完善劳动人事制度和分配制度，形成有效的激励机制和约束机制。同时做好收费服务标准、服务质量和办理时限的公示，坚决杜绝超标收费和价格欺诈等违规收费行为，对违法延误当事人办理相关手续造成危害后果的，要依法予以赔偿。

(2)提高从业人员素质，实行认证上岗制度。要加强对从业人员的法制教育、职业道德教育以及相关业务培训，增强其法律意识、服务意识、诚信意识，提高从业人员专业技能和服务水平。同时对不符合要求的执业人员及时进行调整或清理，坚持“以服务质量赢市场，以诚实守约留客户”宗旨，纠正只顾牟取费利、不顾社会影响的恶劣行为，树立文化市场中介组织良好的

① 安瑞娟，屈巍．我国市场中介组织现状及发展对策研究[J]．商业研究，2004(14)：155-157.

职业形象。①

二、科学定位文化中介的市场角色与功能

1. 健全出文化中介市场的主体结构

我国专业从事文化市场相关业务的中介数量，相较于我国庞大的文化企业数量来说过少，无法满足我国文化市场对中介服务的需求。究其原因，一方面是文化市场主体应用文化中介的意识还不强烈，另一方面我国文化中介市场板块尚未完善，无法将应用中介的行为进行普及。健全文化中介市场的主体结构，需做到以下四点。

(1)规范各类文化中介市场。健全文化中介市场绝非一味追求数量，而是要将数量合理化，保障文化中介市场的质量和规模效益。通常，我国文化中介组织的注册登记无需专业部门批准，只需到政府或委托部门注册，并没有后续资格审定等程序及相关监管措施。所以政府应出台相关法律规定，对专业性强的文化中介，如版权代理、数字技术提供商、发行平台等进行资格审定，每年要定期进行培训与考核，严格把控文化中介的参与资格。在扩充文化中介市场数量的同时，只有严格对从业资格进行审查，才能确保其服务质量。行政部门可将这些业务委托给半官方的社会组织，在政府的指导下，严格规范中介执业行为。

(2)建设文化中介市场，政府要适时进行推进和引导，以较为成熟的文化机构为试点，进而推广到全国。② 例如我国曾于 1979 年成立国内第一家版权代理公司——中华版权代理总公司，其由政府出资赞助，并引进国外经验进行运营，开启了我国版权代理中介的先河。在此之后，版权代理中介组织在我国文化产业中逐渐活跃起来。此外，政府要扶持文化中介市场，消除文化中介市场发展中的障碍，鼓励一些私营企业、外资企业加入文化中介市场的队伍，为其发展提供大力支持。

(3)完善管理制度，优化组织结构。文化中介虽然是独立于政府和企业的市场主体，但是承担着部分政府职能。为了避免文化中介滥用权力，达到有效实施业务的目的，要建立较为规范的组织形式。只有在规范的组织结构的管理

① 韦仁之．中介应树立诚信意识和服务意识[EB/OL]．[2016-03-27]．http://www.niubb.net/article/1728764-1/1/.

② 李恒光，王雁，等．成功中介必读：制度创新与中介组织培育[M]．北京：石油工业出版社，2002：269-270.

下，文化中介才能独立于政府组织。对于独立市场主体的文化中介，政府不能直接行使行政管理手段，只能对其进行间接管理，通过宏观层次上的法律和经济手段进行引导调控。管理制度方面，可采取层级式的管理模式，由政府指导和扶持领导层的中介，并由领导层的文化中介市场指导和规范基层组织，承担相应的管理职能，协助政府进行宏观管理。另外，作为第三部门的文化中介，自身内部应不断拓展业务内容和业务范围，形成自己的体系，在合理的结构当中，服务不同的对象，参与不同的中介业务。例如美国的德勤会计师事务所，共有6.4万名员工，不仅服务于政府、跨国公司和大型企业，还服务于小企业和个人，业务范围涉及资产评估、财务管理、财务审计等，自身已经形成一个较为完整的中介服务体系。我国文化中介市场也应打造这样的大型机构，既全方位满足各类客户需求，也为其他中介探索发展之路。

(4)鼓励探索新兴结构模式。我国文化中介可采用合伙制、合作制、公司制等符合市场经济要求的规范组织结构。在这些组织结构管理制度下，公司的股东、法人要承担连带责任，增强文化中介市场执业人员的责任感和法律意识。文化中介市场的管理者应时刻监督执业人员的业务行为，加强自审自查，保障文化中介市场的有效运作。① 另外，文化中介要合理处理在文化市场中的业务范围，依据文化中介市场在经济市场中形成的体系和业务范围合理延伸自身业务，并服务其他文化市场主体。②

2. 完善文化中介市场的功能体系

目前，我国文化中介市场现有功能存在一些短板，新兴技术和产业布局变革造成一些中介功能上的空缺。在完善我国文化中介市场建设的同时，要弥补这些存在缺失的中介职能，推动中介更全面地服务文化市场主体。

(1)深化文化中介的协调作用。就我国文化中介发展现状而言，其沟通协调作用仍未彻底挖掘潜在能力，服务意识也相对较弱，这导致文化中介运作效率低下，市场需求也会随着职能无法正常发挥导致下降，从文化中介市场长远发展来讲必然不利。深化文化中介协调沟通作用的对策，一方面要对自身业务进行专业化拓展，中介为客户提供的信息、报告、资料等不能局限于本身掌握的少量数据和信息，而要做更多的调查、访问和商谈，提升自身的服务质量。另一方面，要为企业提供包括技术项目收集、筛选、整理、加工、可行性分析

① 李恒光，王雁，等．成功中介必读：制度创新与中介组织培育[M]．北京：石油工业出版社，2002：270-271.

② 李恒光，王雁，等．成功中介必读：制度创新与中介组织培育[M]．北京：石油工业出版社，2002：268-269.

及进行商业计划等全方位服务，① 最大限度地拓展自身的业务范围，从而达到深化自身职能的根本目的。

(2)深化文化中介的服务作用。对于提升文化中介服务意识方面，有关部门应对从业人员和管理人员进行定期培训，强化从业人员服务观念，并为从业人员介绍中介的发展前景和最新趋势，最大限度地激发从业人员的服务动力。② 另外，我国文化中介自身也应放眼市场，开发多种多样的服务形式，研究和制定自身发展规划，深度开发自身服务项目和质量，明确文化中介服务作用。

(3)强化文化中介的监管职能。强化文化中介的监管职能，可凸显文化中介的权威性。我国文化中介在规制文化企业生产行为和经济行为方面，存在一定缺失。尤其是文化行业协会对文化市场主体的监管，从实际效果上讲十分微弱，远远不如行政部门的作用大。对此，政府应将监管业务更多地放权于中介，专项专管，由中介制定更加精细的管理章程和奖惩措施，增强针对性。

三、提升文化中介组织的业务能力

1. 经纪类文化中介组织的业务能力建设

通过上述调研和分析，可以发现我国经纪类文化中介组织的建设还处于初步的探索阶段，还未形成较为系统、合理的行业运作模式。我国经纪类文化中介组织还存在管理体制不健全、自律体系和信用机制缺失、行业运营混乱等问题，亟待加强自身建设以规范和推动行业发展。

(1)建设相关协会、社会组织，加强行业自律作用。行业协会属于民间的行业自律和管理组织，独立于政府之外，在对行业进行市场调研、制定行业自律规范、进行交流业务、监督指导代理人的业务行为等方面发挥重要作用。我国目前还没有专门的文化经纪中介组织的行业协会，应尽快设立。以版权代理业为例，英国于1974年成立了英国版权代理人协会，美国于1991年成立了美国作家代表人协会。这些专业的版权代理人行业协会在政府、出版商、作者和消费者之间进行沟通协调，营造了良好的版权代理环境。③

---

① Suber P. Open Access in 2007 [EB/OL]. [2016-03-21]. http://bylw.yjbys.com/lunwenfanwen/52699_2.htm.

② 王冰，陈纲. 作为一种协调机制的市场中介组织[J]. 学术研究，2004(10)：43-47.

③ 朱静雯，侯玉芬. 我国文化经纪代理市场建设存在的问题，成因及对策研究[J]. 出版科学，2015(2)：30-33.

（2）加强经纪类文化中介组织管理，建立信用评价体系。目前，经纪类文化中介组织不仅要归属工商管理部门管理，还要接受文化部门管理及其他部门的管理。此外，经纪类文化中介组织业务涉及的范围广，如演出、影视、书画、艺术品、图书等类别，不同类别的文化经纪代理业务各有不同，存在很大差异。因此，要建立分级分类的文化经纪人管理体系。其次，要建立文化经纪中介组织信用评价体系，建立文化经纪中介组织信用记录，实施信用分类监管，对经纪类文化中介组织的违法违规行为进行公示，进一步规范其经纪代理活动。①

2. 评鉴类文化中介组织的业务能力建设

文化评鉴机构从事的是独立的评估、审计、公证、鉴证等业务，以第三者的身份对委托人的资产、资信、经济事件或者其他资料进行检查验证，并出具客观、公正的报告和证明。这些报告和证明要面向社会公众开放并提交有关行政部门，具有一定的法律效力或权威性，应起到能够证明报告或证明可靠性的作用。因此，文化评鉴机构专家要承担一定责任，如过失责任、举证责任、对第三者的赔偿责任、职业道德责任等。因此，加强自身业务能力建设，完善自身的管理机制和业务执行行为，有利于规避我国文化评鉴机构的责任风险。

（1）强化文化评鉴机构在执业过程中的独立性建设。我国很多文化评鉴机构仍然是行政部门的直属机构，因此要在执业过程中脱离主管部门的影响，保持客观公正、不偏不倚的独立姿态，不损害相关委托人的利益。以出版单位等级评估为例，我国出版单位等级评估工作由原新闻出版总署曾经委托的中国教育科学院、中国编辑学会和中国版协科技委员会三家中介机构进行。这三家机构在执业过程中应秉持着公正、透明、客观的态度参与评估工作，脱离直属行政部门和出版企业的影响，确保工作独立、地位独立、与委托相关部门不存在利害冲突。

（2）注重文化评鉴机构的业务人员建设。文化评鉴机构的业务专业性非常强，因此对从业人员的要求较高。首先，从业人员要具备相关资格考试并获得资格认证，确保其专业水平。我国会计师、律师、精算师都有全国统一的严格考试，但是针对无形资产评估从业人员的考核办法还没有出台。这样会造成从业人员专业技能良莠不齐，执业行为混乱的现象，因此行政部门应及时出台相关考核方案，规范无形资产评估的人员队伍建设。其次，从业人员在接受委托的过程中，要遵守有关法律条款和执业准则，规范自身执业行为。最后，法律

① 朱静雯，侯玉芬．我国文化经纪代理市场建设存在的问题，成因及对策研究[J]．出版科学，2015(2)：30-33.

和从业人员管理办法应对从业人员身份或人格认定有统一标准，严格规制人员的伦理道德建设。

(3)形成文化评鉴机构的行业管理体制，突出行业自律的重要作用。文化评鉴机构作为具有权威性的中介，应建立更为严格的管理体制。世界各国对评鉴机构实行两种管理体制，一种是以英国为代表的行业自律性管理体制，一种是以德国为代表的政府行政管理为主的管理体制。不论哪种管理体制，都要倚重于行业的自律性行为。我国属于行政管理型国家，在以政府部门为指导的同时，要以会计师、律师、金融等协会为核心，对出版评鉴机构实行管理和控制。

3. 代理类文化中介组织的业务能力建设

我国文化代理机构已经初步形成规模，尤其是在版权代理和图书会展方面，一些机构已经打开市场，并具有一定的市场影响力。近年来，自由职业创作者与日俱增，创作形式多种多样，文化产品市场交易量也在不断攀升，这都昭示着我国当前文化代理业务的旺盛需求。因此，文化代理机构需进一步提升自身的业务能力，扩大服务范围，精进服务技术和方法，才能更好地服务于文化市场，满足用户的需求：

(1)扩大人才队伍，注重专业领域人才的培养。从现今从事文化代理业务的中介机构看，大多是小而精的公司。以版权代理公司为例，少的公司 2~3 人，多的也不超过 10 人。我国从事版权代理业务的公司不过几十家，真正从事版权代理的不超过百人。造成这种现象的原因，一是缺乏相关专业的培训，专业人才过少；另外是对人才素质要求比较高，要求从业人员掌握外语、出版、文学等方面的背景，但是版权代理机构提供给人才的前景却十分有限。因此，我国文化代理机构人才队伍应从注重人才的培养做起，对从事代理业务的人员进行定期培训。同时，也应定期组织专家学者针对人才培养展开研究，提出更加具体的培养方案。

(2)拓展代理业务，充分挖掘文化生产资源的潜在价值。版权代理机构的主要业务是版权交易，一般是“洽谈—签约—版税金收转—合同跟踪落实”一单一流程业务。从整体而言，其业务附加值极小，可以说还处于版权代理业的初级阶段。许多版权代理公司已经意识到业务范围的局限，正在努力拓展，涉足版权的综合代理。对此，我们应鼓励其拓展业务范围，深度融入文化生产的各个环节。

(3)应形成一套符合出版法律法规的统一代理执业流程。我国文化代理机构大多各自为政，执业流程还未形成一套成熟的程序，有待进一步完善。政府或行业协会应针对不同代理执业行为制定相关规范，避免出现不正当竞争、乱收费等市场乱象，形成一套符合文化法律法规的统一代理执业流程。

4. 社会团体类文化中介组织的业务能力建设

现阶段我国文化主管部门的信息来源主要是纵向的，而文化行业协会能相对地掌握文化产业内外不同所有制企业的情况，使政府主管部门对这些企业知根知底，决策时能做到心明眼亮，其所进行的宏观指导也才能符合文化行业实际。在行业技术水平提高的基础上，单纯依靠某个企业，往往会受到资金、人才、信息方面条件的制约。而文化行业协会能在这方面发挥技术、信息、人才集中的优势及组织协调的功能，从而推动文化产业的技术进步。因此，行业组织业务能力建设程度，是在文化市场活动中发挥作用的关键。针对我国文化行业协会现状，笔者提出下列几点改善业务能力建设的建议。

(1)加快政府职能转移，强化文化行业协会的重要性。由于我国文化产业的市场经济体制改革起步较晚，行业协会的发展也明显落后于其他行业，因此我国大多数文化行业协会还是政府的直属部门。实现政府职能的转变，前提是让文化行业协会从"二政府"转变为会员利益的代表。行业协会应切身为会员服务，实现会员制管理，制定规范、科学的决策机制，树立文化行业协会威信。① 与此同时，文化行业协会也应该代表从业机构发声，解决文化企业与政府之间的矛盾，维护会员企业的权益。

(2)深化文化行业协会自律规则，制定统一、有效、合理的协会章程。这不仅能保障文化市场竞争机制的有效运作，还可以制止不正当竞争和不道德经营行为，协调各方文化市场主体之间的利益分配。我国文化行业协会大多有自己的协会章程，但其中的细则以引导、规范、自律的条款居多，并没有特别明确的对优质文化项目的资助，或者对不正当、不道德市场行为进行惩处的条款。因此我国文化行业协会的自律规则应提出具体举措，明确会员的执业行为规范及奖惩措施，提出更具实践性的条款。另外，文化生产活动有其特殊性，需兼顾经济利益与社会利益。文化行业协会作为行业的监管角色之一，需要协调行业内经济效益与社会效益的平衡。

(3)努力扩大行业协会服务范围，充分发挥行业协会的协调和沟通作用。目前，我国文化行业协会的会员参与数量仍然有限，尤其是民营文化企业、民营版权代理公司、外国出版机构驻中国办事处等，在文化行业协会中参与比例较低。如中国音像与数字出版协会，在会员数量上民营出版企业远超于国营出版企业，但是对比民营出版企业庞大的市场主体数，仍然较少，更没有任何外国出版机构的参与。文化行业协会应不分资本形式，把整个非国有经济纳入到

---

① 张世兰．我国出版行业协会的建设与发展[J]．中国出版，2010(11)：38-39.

“国民待遇”中来，并根据新的行业形势制定行业规则。① 一方面，应鼓励民营企业积极参与文化行业协会的建设，允许外资文化企业成为文化行业协会的成员。另一方面，要消除民营文化企业与国营文化企业之间的差别待遇，增强民营企业的话语权。同时，也要积极借鉴国外文化行业协会的管理理念，推动我国文化行业协会的改革。

① 王锦贵，裴永刚．北京地区出版行业协会状况研究[J]．大学出版，2008(5)：59-65.

第八章　文化市场监管体系建设

“十三五”规划纲要明确提出要发展“文化产业成为国民经济支柱性产业”。文化产业的快速发展离不开充满活力的文化市场，文化市场不同于一般市场，除具有一般商品属性外，兼具意识形态属性。近几年来，我国文化市场的规模与领域不断扩大，取得了不少成绩，但也慢慢暴露了一些问题。不良文化产品和服务时有泛滥，违法文化经营行为时有发生，阻碍了文化市场的繁荣发展，不利于我国精神文明建设，文化市场监管体系建设显得尤为必要。

第一节　文化市场监管体系概述

随着我国文化体制改革的不断深入，文化市场的发展呈现出更加强劲的势头，文化市场健康有序的发展需要完善的文化市场监管体系作保障。了解文化市场监管体系的内涵，把握并认识其特征和意义，是我国文化市场监管体系建设的基础。

一、文化市场监管体系的内涵

文化市场监管是市场经济条件下文化健康发展的保障机制，科学的市场监管制度设计和有力的执行是规避市场化负面效应的不二良方。① 了解文化市场监管体系的内涵是健全文化市场监管体系的前提。理解文化市场监管的定义，认识文化市场监管体系的沿革，有利于我们更好地把握其内涵。

1. 文化市场监管的定义

学术界对政府介入文化市场有诸多表述，例如“文化市场管理”“文化市场

① 方卿．多管齐下治理文化市场“低俗病”[N]．人民日报，2016-02-22.

法治化管理”“文化市场综合执法”“文化市场监管”等。① “文化市场法治化管理”立足立法、执法、守法、法律四个环节，包括文化市场法律，文化市场法治实施，以及文化市场法治监督三个部分，涉及范围较广。据《文化市场综合行政执法管理办法》(2011)的规定，“文化市场综合执法”主要是指文化市场综合行政执法机构，依照国家有关法律、法规、规章的规定，对公民、法人或者其他组织的文化经营活动进行监督检查，并对违法行为进行处理的具体行政行为。“文化市场法治化管理”的侧重点主要在“法律”和“治理”上，而“文化市场综合执法”，是政府进行文化市场管理的一种管理行为，包含于“文化市场管理”和“文化市场监管”中。“文化市场管理”与“文化市场监管”相互联系、相互区别，厘清两者的关系是掌握“文化市场监管”内涵的前提。《关于进一步加强文化市场管理工作的若干意见》(2010)指出“文化市场管理的主要任务包括健全文化市场法规制度，构建现代文化市场体系，完善文化市场准入、运行和退出制度，建立完善文化市场综合执法体制，加强文化市场管理和综合执法队伍建设以及建设文化市场技术监管体系”。赵玉忠认为“文化市场管理是指国家文化、经济、社会等行政部门以及司法机关通过行政、经济、法律手段，对进入文化市场的主体及其交易行为、经营活动实行规划、组织、引导、协调、监督和控制，并提供相关服务，以期维护正常有序的文化市场经营活动的秩序”。② 孟凡壮认为“文化市场监管是指负责文化市场监管的政府部门对文化市场进行监督和管理的活动”。③ 莫于川认为“文化市场监管是指主管部门依据法律规范和政策手段对文化产品和服务的生产和消费等文化市场活动的监督管理”。④ 王丹认为“文化市场监管体制是指国家的文化监管主体(政府)依照其法定权力，运用合理手段进行宏观调控，对文化市场主体的经济活动所施加的某种限制或约束”。⑤ 综合比较文化市场管理与文化市场监管的定义，“文化市场管理”重管理，而“文化市场监管”重监督。

本书中的文化市场监管主要是指文化市场中的监管主体根据法律、法规和相关政策对文化市场主体、客体及市场行为进行监督和管理的活动。文化市场监管体系包括文化市场监管主体建设、文化市场监管内容体系以及文化市场监管流程控制，其功能在于制定并完善文化市场运行的基本规则，规范文化企业的市场竞争行为和政府行政执法行为，建立依法经营、违法必究、公平交易、

① 冀福俊．我国现代文化市场体系的建设[M]．北京：经济日报出版社，2016：112.

② 赵玉忠．文化市场学[M]．北京：中国时代经济出版社，2010：323.

③ 孟凡壮．文化市场监管的基本原则[J]．浙江社会科学，2013(8)：86.

④ 莫于川．我国文化市场监管的法治化路向[J]．浙江社会科学，2013(8)：78.

⑤ 王丹．我国文化市场监管体制的问题及对策建议[J]．齐齐哈尔大学学报(哲学社会科学版)，2015(3)：23.

诚实守信的市场秩序。

2. 文化市场监管体系沿革

1988年，文化部、国家工商行政管理局联合发布《关于加强文化市场管理工作的通知》，首次正式提出了文化市场的概念，明确规定了文化市场的管理范围、任务、原则与方针。1989年国务院批准在文化部设置文化市场管理局，全国文化市场管理体系开始建立。① 1994年1月，文化部发布《文化市场稽查暂行办法》。2002年，文化部颁布《关于加强文化市场稽查机构和队伍建设的通知》。2004年以来，按照党中央、国务院决策部署，文化市场综合执法改革由试点逐步向全国展开。各直辖市和市、县两级基本完成文化(文物)、新闻出版广电(版权)等文化市场领域有关行政执法力量的整合，组建文化市场综合执法机构，提升了执法效能，规范了市场秩序，推动了优秀文化产品的生产和传播，促进了社会效益和经济效益有机统一。之后，文化部相继颁发了《文化市场行政执法管理办法》(2006)、《关于加强文化市场综合执法制度建设的通知》(2009)。2009年，文化部部长蔡武表示，经过20年的发展，我国以综合行政执法、社会监督、行业自律、技术监控为主要内容的文化市场监管体系已初步建立。② 2010年，《关于进一步加强文化市场管理工作的若干意见》提出“加强对文化市场管理和综合执法工作的统一领导，形成‘党委领导、政府管理、行业自律、社会监督’的文化市场管理格局”。近年来，党和国家的重要文件中也频繁出现“文化市场监管”的提法。胡锦涛总书记在中央政治局第二十二次集体学习时发表重要讲话，要求加强文化市场监管，构建统一开放竞争有序的现代文化市场体系，推进文化市场综合执法改革，做到依法管理、科学管理和有效管理。2011年，《中华人民共和国国民经济和社会发展第十二个五年规划纲要》提出：“切实加强文化市场监管，有效遏制违法有害信息传播。”2012年，《国家“十二五”时期文化改革发展规划纲要》明确指出，“十二五”期间文化市场建设工程之一是要建设文化市场技术监管平台。随着文化市场的深入发展，文化市场监管体系由“事前监管”向“事中事后监管”倾斜，先后颁布《关于落实“先照后证”改进文化市场行政审批工作的通知》(2015)、《文化市场黑名单管理办法(试行)》(2016)、《进一步推进全国文化市场技术监管与服务平台应用工作的通知》(2016)和《关于进一步深化文化市场综合执法改革的意见》(2016)，逐步放宽文化市场主体准入条件，试行文化市场黑名单管理制度，通过综合执

① 路宁，王异异．关于中国文化市场管理的几点思考[J]．社科纵横，2008(1)．
② 席锋宇．我国文化市场监管体系初步建立[N]．法制日报，2009-09-14．

法加强文化市场事中事后监管，实现文化市场主体的“宽进严管”。2017 年，《文化部“十三五”时期文化发展改革规划》指出“建立统一开放、竞争有序、诚信守法、监管有力的现代文化市场体系，健全以内容监管为重点、信用监管为核心的文化市场事中事后监管体系，推动文化市场成为满足人民群众多样化精神文化需求的主渠道”。

二、文化市场监管体系的主要特征

不同于一般的市场，文化市场具有其特有的特征。因此，相对应地，文化市场监管体系也具有其独特的管理模式和手段。其主要特征包括，监管主体多元化，分类、分层次监管，坚持双效统一，质量监管与内容监管并行。

1. 监管主体多元化

文化市场监管体系不同于一般市场监管，参与监管的主体多元，涉及政府、市场以及社会三大主体。政府主体通过制定法规、政策与标准对文化产品生产内容进行引导、对市场行为进行规范，以维持市场的有序运转和创造公平竞争的市场环境。市场主体在价格机制、供求机制以及竞争机制的推动下，为了在文化市场中取得一席之地，不断完善内部管理机制、激励约束机制和市场竞争机制，通过内部控制对自身进行监督与管理。社会主体包括行业协会和社会舆论监督系统。行业协会为文化市场的健康发展提供专业指导，并通过制定行业规范对文化市场进行监督；社会舆论监督系统主要以报刊、广播、电视、新媒体等为阵地对文化市场主体及其市场行为进行舆论监督，从而起到规范市场的作用。在文化市场中，政府、市场、社会三者相互结合，在文化市场的发展中各司其职，相互配合，有效地降低了政府的交易成本，提高了文化市场管理的有效性和经济性，实现了资源的优化配置。

2. 监管需分类、分层次

文化市场包括出版市场、电视市场、电影市场和演艺市场等，不同领域具有不同的发展特点与管理现状，需要具体问题具体分析，有针对性地确定管理模式和手段；在不同地区，文化市场发展水平各异，地方政府在紧跟中央政策大方向的前提下，需做到因地制宜，根据地方文化市场发展情况，制定与之相适宜的文化市场监管目标。此外，在文化市场中，随着市场细分越来越细，市场对象越来越具体，不同年龄段的观众具有不同层次的需求，需根据不同年龄层次的需求进行监管。以电影市场为例，美国的电视剧和电影行业中实行分级制，根据内容，将电视剧分为 TV-G 级、TV-MA 级、TV-14 级、TV-PG 级、

TV-Y7级、TV-Y7-FV级和TV-Y级7个等级，将电影分为G级、PG级、PG-13级、R级、NC-17级5个等级，既保证了影视作品的多样性，也为青少年观看影视节目提供了良好的生态环境。我国目前还没有实行电视剧、电影分级制。2014年末，不少观众反映《武媚娘传奇》存在一些不利于未成年人健康成长的画面，国家新闻出版广电总局依法对此剧进行检查，责成播出机构和制作机构修改到位后方可播出。复播之后，观众发现电视剧中演员“颈部”以下的镜头全部被剪，画面仅呈现远景和肩膀以上的近景，严重影响了观众的观剧体验。实行影视剧分级制符合文化市场监管需分层次的特点，有利于丰富文化产品，以满足不同主体的需求。2017年4月，国务院法制办公室公布的《全民阅读促进条例(征求意见稿)》明确提出，出版单位应当根据阶梯阅读的要求，在出版物显著位置标识适宜的年龄段。这表明，我国在出版分级制上开始有所部署。

3. 监管需坚持双效统一

文化产品和一般商品一样，具有商品属性，要想在文化市场中脱颖而出，就得适应价值规律的需要，更好地实现其价值。除此之外，文化产品还具有意识形态属性，人们所获得的不仅仅是其物质载体，更是其精神内涵。商品属性和意识形态属性分别对应着经济效益与社会效益。在文化市场竞争中，文化企业为了抢占文化市场的最高点，通过文化与科技的融合、文化与金融的融合等多种手段做大做强，实现自身的经济利益。然而，仍有不少文化企业受经济效益的驱使盲目迎合市场需求，不懂创新，不断开发重复选题，造成资源浪费。近年来，随着青少年出版市场的繁荣，市场上出现了大量内容低俗、质量低劣的青少年出版物，有的甚至含有凶杀暴力、淫秽色情等内容，严重危害青少年的身心健康。① 习近平总书记在2014年的文艺工作座谈会上说道：“一部好的作品，应该是把社会效益放在首位，同时也应该是社会效益与经济效益相统一的作品。”文化市场监管体系不同于一般市场监管体系，应坚持双效统一的原则，除了保证文化市场的有效运行外，仍需采取有效措施对文化产品内容生产进行引导，有效解决文化产品有数量缺质量、有高原缺高峰的现象，使文化产品既“叫好”又“叫座”，实现社会效益与经济效益的统一。

4. 质量监管与内容监管并重

文化产品不同于一般的产品，是载体与内容的统一，而内容质量是评判文化产品质量的重要标准。一般市场监管体系主要通过规范市场主体的市场行为

① 黄先蓉，程梦瑶．加拿大的出版法律制度及对我国的启示[J]．中国出版，2016(5)：34.

和制定商品质量标准来进行监督与管理，例如制定食品安全国家标准对食品质量进行控制。同样的，文化市场监管需要对文化市场中的文化产品或文化服务的质量进行规范与统一。以出版物市场为例，《图书质量保障体系》《图书和杂志开本及其幅面尺寸》《中国标准书号》等都是对出版物形式的规范，对出版物的规格、开本、版式、装帧、版本记录、条码等进行统一，为出版物市场的健康有序发展提供范式。然而，仅仅依靠质量监管还不够，文化产品的内容是其核心和精髓，文化产品内容质量的好坏直接决定了文化产品的品质与格调的高低。优秀的文化内容能够更好地丰富人们的精神文化生活，提升人们的精神层次，而胡编乱写、粗制滥造的文化“垃圾”，不仅没有生命力，还会影响青少年的健康成长，不利于国家的精神文明建设。近些年来，随着互联网技术的发展，微信、微博以及各种移动客户端为文化传播提供了新的阵地，在方便文化传播的同时，也导致低俗文化内容大行其道。截至 2016 年 11 月，“净网2016”专项行动查处、关闭违法违规网站2 500余家，共查办网络“扫黄打非”案件 862 起。①

三、建立文化市场监管体系的意义

建立健全文化市场监管体系是文化市场繁荣发展的保障，有利于引导文化产品创作生产，促进文化市场健康有序地发展，维护国家文化安全和推动文化大发展大繁荣。

1. 有利于引导文化产品创作生产

近些年来，受经济利益的驱使，一些文化企业忽视文化发展的社会效益，过度追求文化产品的销量、票房、收视率或点击率，导致文化市场“低俗病”久治不愈，这与对文化产品创作生产引导不强、对健康文化消费需求培养不够、对文化市场监管不力有直接关系。② 建立文化市场监管体系，通过准入监管、市场行为监管和退出监管，对文化市场进行事前事中事后全方位、多层次的监督与管理，有利于引导文化产品创作生产，使之符合社会主义核心价值体系建设的目标。例如，政府通过税收政策，采取税率优惠、减免税、先征后退等优惠形式来刺激文化创作者和生产者的积极性，推动其更好地创造文化精品，从而提高文化发展的格调与品质。再如，“十二五”规划纲要中明确指出

① 坚决扫除网上淫秽色情垃圾“净网 2016”，持续净化网络空间[EB/OL]. [2016-12-16]. http://www.gov.cn/xinwen/2016-12/16/content_5148692.htm.

② 方卿 . 多管齐下治理文化市场“低俗病”[N]. 人民日报，2016-02-22.

要“扶持体现民族特色和国家水准的重大文化项目，研究设立国家艺术基金，提高文化产品质量”。政府通过文化基金会建设以及提供文化产业发展专项基金，利用专项基金的引导和杠杆作用，有效调节文化资源配置，撬动社会资本向着正确的文化产品创作生产方向发展，能够有效解决文化市场供需的结构性矛盾，提高文化生产效能，创造出更多的符合市场需要的高品质文化产品，保证文化生产的效率和供给。这样，不仅能够更好地满足人们日益增长的精神文化需求，还能有效地引导人们的文化需求，净化社会文化环境。

2. 有利于促进文化市场健康有序地发展

建立文化市场监管体系，能为文化市场的发展提供更加健康、稳定的环境。文化市场监管体系的建立，能够更好地完善文化市场监管主体的各项职责，使其按照相关法律法规，各司其职，团结一致地对文化市场进行全方位多角度的调控、引导、监督与管理。文化市场监管体系通过完善文化市场监管的政策法规体系、文化市场监管的制度体系、文化市场监管的技术体系以及文化市场监管的社会监督体系，为文化市场主体制定出完整的规范，让文化市场主体有法可依、有制度可寻，引导着文化市场主体向着健康的方向发展。以文化经营许可制度为例，我国在出版物、音像制品、演出、电影和广播电视等领域实行经营许可制度,① 对进入文化市场的文化主体进行控制，以保证文化市场主体的质量。此外，文化产品的内容审查制度对文化产品的内容进行严格的规范，将“非法内容”扼杀在摇篮中，保证了文化产品源头的纯洁性，为娱乐市场、演出市场、艺术品市场、网络文化市场提供健康的内容服务。文化市场综合执法能够有效打击“黄赌毒”问题、未成年人保护问题、知识产权问题，对肃清文化市场发展环境起到了重要的作用。文化市场监管体系的建设，对政府主体、市场主体、社会主体之间的关系进行优化，为文化市场健康有序的发展奠定了基础，为文化市场的进一步发展保驾护航。

3. 有利于维护国家文化安全

当前，随着经济全球化、信息化的深入发展，文化传播的形式、速度和力度都出现了前所未有的变化，国际文化交流日益频繁，一些国家凭借其强大的经济实力、科技优势、营销手段以及政治推动，使越来越多的西方文化产品涌入我国文化市场，对我国文化的发展带来威胁和挑战，维护国家文化安全的任务非常艰巨。② 文化市场监管体系通过政策法规体系、制度体系、技术体系以

① 艾思同，李荣菊．政府文化管理教程[M]．北京：国家行政学院出版社，2013：6.

② 张序，劳承玉．如何维护国家文化安全——学习十七届六中全会精神系列谈[EB/OL]．[2011-11-15]．http：//theory. people. com. cn/GB/16246412. html.

及社会监督体系建设多管齐下，对文化市场秩序进行监督与规范，为我国文化市场的健康有序发展提供了良好的环境，让我国文化企业能够更好地进行文化科技创新以提高其市场竞争力，有利于提高文化软实力，抢占文化发展制高点以维护国家文化安全。在文化产业方面，适当对国有文化进行保护，以保证国有文化发展的多样性。事实证明，文化市场监管体系极大地维护了我国的文化安全。2016年2月，我国电影票房达到68.75亿，超过北美同期票房，跃居世界第一。建设文化市场监管体系，可以更好地维护我国文化安全，扩大我国文化市场的辐射能力和国际影响力，有效制止与预防无形的文化渗透与文化安全威胁。

4. 有利于推动文化大发展大繁荣

文化市场监管体系的建立，为我国文化市场的发展提供了全方位的指导，有利于引导文化产品创作生产，从而培育受众消费习惯，为文化企业的发展提供公平竞争、公平交易的市场环境，推动文化市场健康有序的发展，提高我国文化软实力，在世界文化市场中取得一席之地。文化市场监管体系的主体包括政府主体、市场主体以及社会主体，在监管体系的构建中，理顺政府、市场、社会三者之间的关系，塑造合格的市场主体，充分发挥市场的决定性作用、政府与社会组织的辅助性作用，优化文化市场结构，解放文化生产力。在文化市场监管体系的引导下，文化企业的积极性受到了极大的鼓舞，文化精品力作不断涌现，文化生产效能得到发挥，为人们提供了强大的精神动力。与时俱进的文化市场监管政策以及文化市场监管方式为社会主义文化的发展提供了良好的土壤，为文化产品“百花齐放”“百家争鸣”创造了条件。此外，文化市场监管体系通过对市场主体和产品内容的把控，能够更好地监督文化企业坚持社会效益和经济效益的有机统一，全心全意为人民服务。文化的大发展和大繁荣，激发了全民族的文化创造力，让蕴藏于人民中的文化创造活力得到充分发挥，为中国文化“走出去”提供了优质内容，使我国在日趋激烈的文化竞争中获得主动权。

第二节　文化市场监管主体建设

文化市场监管主体作为文化市场监管体系的重要组成部分，在文化市场监管中起着至关重要的作用。文化市场监管主体主要由政府主体、市场主体和社会主体构成。政府、市场、社会在文化市场监管中各司其职，相互配合，共同为文化市场的健康发展贡献力量。

一、政府主体

政府具有经济调节、市场监管、社会管理和公共服务等职能，在文化市场监管中通过政策、法规、制度、标准的制定，为文化市场的有序发展提供良好的环境。文化市场监管的政府主体包括业务主管部门，经济综合管理部门，经济监督和检查机构，公安、司法等部门。

1. 业务主管部门

业务主管部门包括文化行政部门、新闻出版行政部门、版权管理部门、工业和信息化部门等，是国家对文化市场进行行政管理的基础。

文化行政部门主要由文化部、文化厅以及各地文化局构成，其主要职责是指导、管理文学艺术事业，为文化艺术的发展提供规划与引导，制定文化市场发展规划，指导文化市场综合执法工作并对文化经营活动进行监管。

新闻出版行政部门主要由国家新闻出版广电总局与地方各级新闻出版广电局构成，其职责主要是统筹新闻出版广播影视行业的发展，制定新闻出版广播影视方面的规章、政策与发展规划，负责著作权管理并对出版物、广播影视节目的内容和质量进行监督。工业和信息化部负责网络强国建设相关工作，负责互联网行业管理。

体育局与旅游局分别负责对我国体育业及旅游业制定规划。

2. 经济综合管理部门

经济综合管理部门，包括银行、财政、税务、统计、劳动等有关管理机构。这些机构按照价值规律的要求，运用经济手段，引导和规范市场交易活动。

与我国文化产业相关的银行有：中国人民银行、省会城市中心支行、副省级城市中心支行、国家开发银行、各政策性银行、国有商业银行、股份制商业银行和中国邮政储蓄银行等。2014 年，文化部、中国人民银行、财政部发布《关于深入推进文化金融合作的意见》，要求各银行加强文化金融公共服务，为文化产业探索制定文化金融服务标准、完善文化金融中介服务和完善文化信贷管理机制等。

财务部门除了为文化产业提供文化金融服务外，通过制定财政政策和补贴政策为文化产业的发展提供资金支持，其还肩负着为文化产业发展提供专项资金的责任。截至 2015 年 10 月，财政部下达 2015 年度文化产业发展专项资金

50 亿元，共支持项目 850 个。①

税务部门的主要任务是通过制定税收政策，为文化产业的发展指引方向。例如，为了推进国有经营性文化事业单位转企改制，经营性文化事业单位转制为企业，自转制注册之日起免征企业所得税；党报、党刊将其发行、印刷业务及相应的经营性资产剥离组建的文化企业，自注册之日起所取得的党报、党刊发行收入和印刷收入免征增值税；对相关出版物增值税实行先征后返。

统计部门主要为文化产业的发展提供统计数据支撑。如国家统计局每年会定期发布文化发展统计公报、新闻出版产业分析报告，使得各文化市场主体能够更加全面与深入地了解文化市场发展情况。

劳动部门主要是为文化市场中的人才进行服务。例如，人力资源和社会保障部组织出版专业技术人员职业资格考试等文化领域资格考试，为文化领域的文化人才提供劳动保障。

3. 经济监督和检查机构

经济监督和检查机构，包括标准部门、计量部门、审计部门、商检部门、海关、工商行政管理部门、民政部门等。

标准、计量局主要在拟定标准、质量检查方面起作用。

审计部门的主要职能是通过反腐倡廉建设为文化建设排除干扰，审计文化行政主管部门财务收支情况，为文化市场的发展提供良好的环境，审计国有文化资产，监督国有文化资产是否做到保值增值。

海关主要为各文化市场主体提供通关服务，通过通关监管制度，为对外文化交流提供高效的边界服务，推动文化产品“走出去”，提高我国文化出口龙头企业的国际竞争力。

工商行政管理部门主要负责文化市场监督管理和行政执法的有关工作，制定工商行政管理规章和政策，保护经营者、消费者合法权益，并依法发布市场主体登记注册基础信息、商标注册信息。2015 年 7 月 2 日，文化部颁布《关于落实“先照后证”改进文化市场行政审批工作的通知》，要求与工商行政部门做好工作衔接。

民政部门承担依法对社会团体、基金会、民办非企业单位进行登记管理和监察责任，文化行业协会的成立需向民政部门登记。

4. 公安、司法等部门

公安、司法等部门，运用法律、法规的强制力量来维护市场秩序，打击违

① 韩洁．中国财政部下达 2015 年文化产业发展专项资金 50 亿[EB/OL]．[2015-10-02]．http：//news. xinhuanet. com/politics/2015-10/02/c_1116734177. htm.

法犯罪行为。

公安部门有着依法维护国内安全和社会治安的职责，肩负着打击文化市场违法犯罪活动的重任，在文化市场综合执法中，发挥着不可替代的作用。此外，公安部门在“剑网”行动中，与国家互联网信息办公室、工业和信息化部合作，协助其对网络侵权盗版及互联网违法行为进行监控与打击。

司法部门包括法院和检察院，其中法院由最高人民法院、地方各级人民法院和专门人民法院构成。法院通过对文化创意产业案件的审理，保护知识产权，加大对文化产业的保护力度，为文化市场的健康发展提供良好的环境。特别是随着文化创意产业的发展，涉及数字出版、动漫游戏、软件、数据库、视频分享网站、电子商务平台以及电信网、广电网、互联网“三网融合”等新类型疑难案件不断涌现，① 法院在审理这些侵权案件中，发挥着至关重要的作用。检察院由最高人民检察院、地方各级人民检察院和专门人民检察院构成。检察部门依法履行法律监督职能，保证文化法律的统一和高效实施，打击文化市场领域的违法犯罪活动，维护国家文化安全。

二、市场主体

除了政府主体建设外，市场主体建设也显得尤为重要。内因是事物变化发展的根据，外因是事物变化发展的条件，外因通过内因起作用。光靠政府的监管还不够，健康的市场主体是推动文化市场监管的内驱动力。强大的市场主体能为文化市场的发展提供强力的支撑，从而推动我国文化产业数量上的支柱性和质量上的内涵式发展。文化企业是文化市场的主体，是文化市场交易活动最重要的参与者。按照所有制的性质，文化企业分为国有文化企业与非公有制文化企业。

1. 国有文化企业

截至 2015 年末，全国国有文化企业共计13 994户（按独立法人统计），从业人员 137.1 万人，资产总额31 746.7亿元，全年实现营业总收入14 085.2亿元，② 国有文化企业经营规模不断扩大，产出和利润持续增长，总体保持了稳健发展态势。当前，我国对国有文化企业的建设主要体现在内部治理和竞争力

① 韩芳. 文化创意产业：“眼球经济”有待司法“点睛”[N]. 人民法院报，2014-11-02.

② 文化司.《国有文化企业发展报告（2016）》正式发布[EB/OL]. [2016-12-23]. http://whs.mof.gov.cn/pdlb/gzdt/201612/t20161223_2498760.html.

的提高上。

(1)完善国有企业内部治理结构，创造良好的内部环境。首先，国有文化企业的建设主要体现在公司治理上，在国家政策的引导下，大部分国有文化企业建立了股东大会、董事会、监事会以及经理层“三会一层”的法人治理结构，通过独立董事制度和党委会对公司的重大事项进行监督决策，初步建立了现代企业制度和完善的法人治理结构。其次，针对国有文化资产管理中的“政企不分、政资不分”问题，建立和完善了“管人管事管资产管导向相结合的国有文化资产管理体制”，盘活国有文化资产，促进其保值增值。最后，国有文化企业通过建立公平、公正的人才引进机制与用人机制，采取多元化激励机制，积极为文化企业的发展提供人才储备和智力支持，让人才效能得到最大限度的发挥，创造了良好的、积极向上的企业文化。

(2)推动跨地区、跨行业、跨所有制兼并，提高市场竞争力。以出版领域为例，针对国有出版企业规模不大，市场竞争力不高的问题，政府通过出台相关政策，整合各省出版资源，相继组建出版传媒集团，优化了区域间的资源配置，实现规模化发展，获得品牌和资金优势。然而，规模化发展多是在本行政区域内的规模扩大，虽能在一定程度上增强本地市场竞争力，但容易造成地方保护主义和行业条块分割。① 对此，国家鼓励国有文化企业在已经放开的领域，引入战略投资者，建立特殊管理股制度，并实行混合所有制经营，使投资主体更加多元化，通过跨地区、跨行业、跨所有制兼并来促进集约化、规模化发展，提升国有文化企业的竞争力。

2. 非公有制文化企业

加快发展文化产业，必须毫不动摇地支持和壮大国有或国有控股文化企业，毫不动摇地鼓励和引导各种非公有制文化企业健康发展。非公有制文化企业在活跃文化市场、激发产业活力、创造就业机会、丰富文化供给等方面具有重要的作用，是推动我国文化市场健康发展的重要力量。2013 年，党的十八届三中全会审议通过了《中共中央关于全面深化改革若干重大问题的决定》，其中指出：“鼓励非公有制文化企业发展，降低社会资本进入门槛，允许参与对外出版、网络出版，允许以控股形式参与国有影视制作机构、文艺院团改制经营，并支持各种形式小微文化企业发展。”

(1)扩大非公有制文化企业的准入领域。非公有制文化企业具有活跃文化市场，激发文化产业活力，提供就业岗位的重要作用，可以为文化市场注入新

① 黄先蓉，李晓霞．文化管理体制改革与经营机制创新的理论基础[J]．山东图书馆学刊，2016(4)：27.

鲜血液。逐步扩大非公有制文化企业的准入领域，降低社会资本的准入门槛，能够更好地发挥非公有制文化企业的积极性。十八届三中全会《中共中央关于全面深化改革若干重大问题的决定》提出“在坚持出版权、播出权特许经营前提下，允许制作和出版、制作和播出分开”。2011 年《中共中央关于深化文化体制改革》指出“在国家许可范围内，引导社会资本以多种形式投资文化产业，参与国有经营性文化单位转企改制，参与重大文化产业项目实施和文化产业园区建设，在投资核准、信用贷款、土地使用、税收优惠、上市融资、发行债券、对外贸易和申请专项资金等方面给予支持，营造公平参与市场竞争、同等受到法律保护的体制和法制环境”。

(2)大力发展小微文化企业。据国家统计局数据显示，2013 年末，我国共有小微文化企业 77. 3 万个，占全部文化企业的 98. 5%，其中，小型企业 16. 8 万个，占 21. 4%，微型企业 60. 5%，占 77. 1%，小微文化企业是文化企业的构成主体。① 目前，小微文化企业在经营、成本、融资、人才、市场环境等方面仍面临许多困难。由于小微文化企业所生产的产品多为创意产品，其价值多以无形资产的形式体现，不利于估算价值，导致小微文化企业融资渠道窄，融资难。② 2014 年 7 月，文化部、工业部、信息化部和财政部发布《关于大力支持小微文化企业发展的实施意见》从重视小微文化企业的发展，增强创新发展能力，打造良好发展环境，健全金融服务体系，完善财政支持政策，提高公共服务水平等六个方面大力支持小微文化企业的发展。鼓励小微文化企业开展特色经营，走“专、精、特、新”之路与大型文化企业互利共赢、协调发展。

三、社会主体

在一般情况下，文化市场在市场机制的作用下运转，然而市场并不是万能的，不可避免地会出现市场失灵，这就需要政府通过宏观调控予以调节，但政府监管不可能做到面面俱到，且所耗成本较大，无法达到预期效果，故需要行业协会和社会监督系统加以辅助。

1. 行业协会

目前，在我国文化市场，已经建立的行业协会涉及文化发展的方方面面，

① 成琪. 国家统计局首次发布小微文化企业发展数据[EB/OL]. [2015-04-28]. http://culture. people. com. cn/n/2015/0428/c172318-26916669. html.

② 程梦瑶，黄先蓉. 我国文化企业经营机制现状、问题及对策[J]. 山东图书馆学刊，2016(4)：37.

例如中国文化产业行业协会、中国文化娱乐行业协会、中国文化市场行业协会和中国文化信息协会等，为我国文化市场的发展提供全方位的指导。此外，在文化市场的各个领域，也有其专门的行业协会。在出版行业，有中国出版协会、中国书刊发行业协会和中国期刊协会等；在新闻领域，有中国新闻文化促进会、中国新闻技术工作者联合会和中国记者协会等；在电影电视领域，有中国电影导演协会、中国电影发行放映协会、中国电视剧制作产业协会和中国电视艺术交流协会等。这些协会的业务主管单位多为政府部门，在政府的指导下为新闻出版、广播电视电影行业健康发展提供服务。当前，政府开始意识到行业协会在文化市场中的重要作用。在出版领域，新闻出版广电总局已将图书出版单位等级评估工作下放给中国出版协会，同时给予中国报业协会和中国期刊协会评估报纸、期刊综合质量评估的权力。为厘清行政部门与行业协会的职能边界，健全专业化、协同化、社会化的监督管理机制，国家先后颁布《关于加快推进行业协会商会改革和发展的若干意见》(2007)、《关于成立行业协会商会与行政机关脱钩联合工作组的通知》(2015)和《行业协会商会综合监管办法(试行)》，为文化行业协会自主办会创造了良好的条件，有利于政社分开，增加文化行业协会的活力。2016 年 11 月，中国文化管理协会、中国文化信息协会、中国演艺设备技术协会、中国文化产业协会和中国少数民族美术促进会与文化部脱钩，文化部不再担任其业务主管部门。

2. 社会舆论监督系统

社会舆论监督系统包括消费者与社会媒体。当前，根据有关文化市场法律法规，国家设立 12318 全国文化市场举报平台，对营业性演出活动，歌舞娱乐和游艺娱乐等场所经营活动，艺术品经营活动，互联网上网服务营业场所经营活动，互联网音乐、互联网游戏、互联网动漫文化活动，以及文化行政部门管理的其他文化经营活动等领域违法行为进行受理。当文化市场消费者权益受到侵犯时，可以通过 12318 全国文化市场举报平台进行举报。当然，仅仅依靠群众的监督还远远不够，一般情况下，消费者作为单个个体的发声容易被淹没，很难形成像新闻媒体那样强大的覆盖率和影响力。新闻媒体作为大众传播的主要媒介，具有广泛的传播力，在文化市场监管中起着不可忽视的作用。新闻媒体包括期刊、报纸、新闻网站、广播电台、电视台，由于其覆盖面较广，能够将舆论触角延伸到社会的各个角落，使得群众在较短时间内更全面地获知文化市场新政策的内容，并能辅助文化市场综合执法部门跟踪执法进程，向公众公开执法结果。早在 2005 年，中共中央就意识到舆论监督的强大力量，发布了《关于进一步加强和改进舆论监督工作的意见》，指出要强化新闻媒体在舆论监督中的社会责任，引导新闻媒体正确开展舆论监督，把舆论监督与党内监督、法律监督、群众监督有机结合。随着数字技术的发展以及“互联网+”的深入发展，微信与微博等自媒体的出现为公众参与文化市场监督提供了新的阵地。

第三节 文化市场监管内容体系建设

文化市场监管体系的建设除了主体建设外，还需要辅以内容体系建设。文化市场监管内容体系主要由文化市场监管的政策法规体系、文化市场监管的制度体系、文化市场监管的技术体系和文化市场监管的社会监督体系构成。健全的文化市场监管内容体系离不开政策法规、制度、技术以及社会监督的保障。

一、文化市场监管的政策法规体系

文化市场监管的政策法规体系主要由政策与法律法规构成。其中，政策包括推动文化产业发展的计划，表现形式主要为通知、意见、决定、命令、规则、领导人讲话、会议纪要等。法律法规包括在文化产业方面的立法与文化市场上的综合执法，表现形式主要为法令、条例、章程等。政策是一种有效的调控和管理手段。与法律法规相比，政策的灵活性、时效性更强，便于与时俱进，较快地解决问题。立法要以政策为基础。一项政策制定实施以后，需要较长的时间，在实践中修正和检验，逐步完善成熟后上升为法律。① 政策的基本功能是导向，而法律法规的基本功能是制约，坚持文化市场监管政策与法规并重，能够为文化市场的健康发展提供更加全面的指导。

1. 文化市场监管政策

文化市场监管政策，按照文化市场的分类来看，包括文化产品市场政策、文化要素市场政策和文化服务市场政策等。近年来，我国陆续出台了相关的政策，用于促进和规范文化市场体系建设。从宏观上来看，文化行政部门颁布了《文化产业振兴规划》《国家“十二五”时期文化改革规划纲要》对文化市场的发展方向进行把控，为我国文化市场体系的建设提供了重要的指导。在文化产品市场方面，文化行政部门有针对性地颁布了出版物市场、电视市场和电影市场的专项发展政策，例如《新闻出版业“十二五”时期发展规划》《关于实行国产电

① 李长春．文化强国之路——文化体制改革的探索与实践（上）［M］．北京：人民出版社，2013.

视剧发行许可证制度的通知》《关于促进电影产业繁荣发展的指导意见》等。在文化要素市场方面，政策包括《关于发展众创空间推进大众创新创业的指导意见》《关于深入推进文化金融合作的意见》《深化文化体制改革实施方案》《关于设立知识产权法院的方案》等，涉及资本、人才、技术、版权多个方面。在文化服务市场方面，政策的制定主要用于指导文化中介市场、文化流通市场与文化行业组织。2012 年，文化部颁布《演出经纪人员管理办法》，明确了演出经纪人的权利与义务，有利于文化中介市场的规范。此外，《"互联网+流通"行动计划》(2016)、《行业协会商会综合监管办法(试行)》(2016)在一定程度上为文化市场流通及行业协会建设提供了指导。尽管文化市场监管政策为文化市场的健康发展提供了较好的环境，却仍然存在政策体系不健全、政策缺乏必要的稳定性和有效性、政策支撑体系较弱的问题。①

2. 文化市场监管法律法规

近年来，我国的文化战线为适应改革发展的需要，加快立法步伐，先后出台了一批法律法规，初步形成了法律、行政法规和部门规章相互衔接、相互配套的文化法律体系框架，与此同时，大力加强文化执法工作，建立综合执法机构，加强执法队伍建设，积极推进依法行政、依法管理，有力推动了文化的繁荣发展。②

我国目前还没有专门的文化基本法，文化立法层级较低。除了《文物保护法》《著作权法》《非物质文化遗产法》《电影产业促进法》《公共文化服务保障法》《全国人民代表大会常务委员会关于维护互联网安全的决定》《全国人大常委会关于网络信息保护的决定》等以法律形式颁布，其他多以法规条文形式展现，例如《出版管理条例》《广播电视管理条例》《电影管理条例》等。当前，我国初步形成了覆盖文化遗产保护、知识产权保护、公共文化服务、文化市场管理等多方位的法规框架。③ 其中，文化遗产保护、公共文化服务属于文化事业的范畴，与文化市场有关的文化立法主要体现在知识产权服务和文化市场管理方面。

在知识产权服务方面，文化产品具有商品和意识形态双重属性，并通过其特有的创意为消费者提供精神服务。文化产品的生产与传播离不开知识产权服

① 黄先蓉，郝婷．我国文化市场体系建设的政策缺失与完善路径[J]．新闻前哨，2013(12)：17.

② 王晓晖．建立健全文化法律制度[N]．光明日报，2014-11-04.

③ 程雁雷，宋宏．文化体制改革情境下的文化产业立法构想[J]．学术界，2012(2)：16-18.

务，知识产权包括著作权、商标和专利。在这方面，《著作权法》、《商标法》和《专利法》发挥着主要作用。

在文化市场管理方面，文化市场管理法规主要集中在出版市场、电影市场、电视市场和演艺市场的管理上。在出版物市场，政府颁布了《音像制品管理条例》《印刷业管理条例》《电子出版物出版管理规定》《报纸出版管理规定》《期刊出版管理规定》《图书出版管理规定》《图书质量管理规定》《网络出版服务管理规定》等，对音像制品、印刷业、电子出版物、报纸、期刊、图书、网络出版管理进行了详细的规定，并颁布《出版管理条例》《出版物市场管理规定》为出版物市场发展提供健康的生态环境。在电影市场，政府颁布了《电影管理条例》《电影企业经营资格准入暂行规定》，对制片主体，发行、放映主体准入资格进行规定，并对电影市场的影片内容和电影市场行为进行监管。2016年11月，《电影产业促进法》出台，涉及电影的创作、摄制，发行、放映，以及电影产业支持和保障等方面，为电影市场的深入发展提供了重要的法律保障。在电视市场，政府颁布《广播电视管理条例》《有线电视管理暂行办法》对电视市场主体、电视节目内容及电视市场行为进行规制。在演艺市场，政府颁布《营业性演出管理条例》《文化部涉外文化艺术表演及展览管理规定》，对演艺机构、演艺活动和演艺人员进行管理。

二、文化市场监管的制度体系

仅仅依靠政策法规体系的监管还远远不够，还需要完善的制度体系作为补充。我国文化市场监管的制度体系由文化市场准入制度、文化市场内容审查制度和文化市场信用制度构成，通过制度设计保障文化市场主体质量，肃清文化发展环境，提升文化市场诚信程度。

1. 文化市场准入制度

市场准入制度是指政府通过设置以许可证为核心的行政管理制度，对于进入本国和地区经济市场的生产服务主体及其产品进行准入前的登记、审查或备案。① 我国的文化市场准入制度主要包括市场主体准入制度、业务准入制度和从业人员资格准入制度等，主要以行政审批和行政许可的形式展现。目前，我国在出版、电影、电视、演出等领域都实行准入制度。

在文化市场主体准入方面，我国对中外合资经营、中外合作经营的演出场

① 陈鸣．中国当代文化市场准入制度的生成轨迹——社会场域的结构性张力和政府文化管理的制度性调整[J]．中国文化产业评论，2006(8)：216.

所经营单位、出版单位、出版物进口经营单位、著作权集体管理组织及分支机构、电影制片单位、广播电视节目制作经营单位、电视剧制作单位以及广播电台、电视台的设立实行行政审批，文化市场主体需满足《营业性演出管理条例》《出版管理条例》《著作权集体管理条例》《电影管理条例》《广播电视管理条例》的相关规定，才能依法进入文化市场领域。值得一提的是，2016 年，根据国务院部署，文化部将涉及演出、娱乐、网络文化等主体准入审批项目实施“先照后证”制度，便利了文化市场主体的准入流程。

在文化业务准入方面，审批事项涉及出版物进口单位进口电子出版物制成品，举办境外出版物展览，出版国产网络游戏作品，开展新闻出版中外合作项目，摄制中外合作电影片，举办中外电影展、国际电影节等活动。此外，中小学教科书出版资质、发行资质需取得国务院出版行政主管部门批准。文化市场主体只有获得行政许可，才能从事相关文化业务。

在从业人员的资格准入方面，国家新闻出版广电总局对广播电视播音员、主持人资格认定设立行政许可审批，实行新闻记者证核发的行政许可等。此外，国家对在报纸、期刊、图书、音像、电子、网络出版单位从事出版专业技术工作的人员实行职业资格制度，对职业资格实行登记注册管理。凡在正式出版单位工作的专业技术人员，必须通过国家统一组织的出版专业资格考试，取得规定级别的出版专业资格，才能上岗工作。

2. 文化市场内容审查制度

文化市场内容审查制度是指文化行政部门对进入文化市场的文化产品进行内容审查的制度。根据我国现行文化市场管理法规、规章的相关规定，目前主要对国产和进口的影片、电视剧、文艺类音像制品内容实行前置审查的制度，对图书、报纸、期刊、非文艺类音像制品以及广播电视、网络、演出等内容服务活动实行市场督察的制度。①

综合我国《出版管理条例》《电影管理条例》《广播电视管理条例》《营业性演出管理条例》等的相关规定，我国文化产品不得含有以下内容：反对宪法确定的基本原则的；危害国家统一、主权和领土完整的；泄露国家秘密、危害国家安全或者损害国家荣誉和利益的；煽动民族仇恨、民族歧视，破坏民族团结，或者侵害民族风俗、习惯的；宣扬邪教、迷信的；扰乱社会秩序，破坏社会稳定的；宣扬淫秽、赌博、暴力或者教唆犯罪的；侮辱或者诽谤他人，侵害他人合法权益的；危害社会公德或者民族优秀文化传统的；有法律、行政法规和国家规定禁止的其他内容的。除此以外，国家还对涉及宗教的文化产品，以

① 艾思同，李荣菊．政府文化管理教程[M]．北京：国家行政学院出版社，2013：7.

未成年人为对象的文化产品以及淫秽色情文化产品的内容进行管理与控制。

在我国出版物市场，出版行政部门对出版社实行年度选题计划审批制度，对不符合要求的内容进行取缔，以引导出版社的选题向着更加良好的方向发展，并对涉及国家安全、社会安定的重大问题实行重大选题备案制度。此外，在出版物进入市场后，出版行政部门会和“扫黄打非”部门一起组织扫黄打非活动、净网行动，依法对出版物市场中违反法律规定的出版物进行查处，净化市场环境。在电影市场，我国《电影管理条例》第二十四条明确规定：“国家实行电影审查制度。未经国务院广播电影电视行政部门的电影审查机构审查通过的电影片，不得发行、放映、进口、出口。”在电视市场，我国《广播电视管理条例》第三十九条规定：“用于广播电台、电视台播放的境外电影、电视剧，必须经国务院广播电视行政部门审查批准。用于广播电台、电视台播放的境外其他广播电视节目，必须经国务院广播电视行政部门或者其授权的机构审查批准。”在网络文化方面，《网络出版服务管理规定》指出：“各地出版行政主管部门应当对网络出版物内容和质量进行监管，定期组织内容审读和质量检查，并将结果向上级出版行政主管部门报告。”“网络游戏上网出版前，必须向所在地省、自治区、直辖市出版行政主管部门提出申请，经审核同意后，报国家新闻出版广电总局审批。”

3. 文化市场信用制度

文化市场信用制度是指文化行政部门采取措施保障文化市场经营者、文化市场消费者以及文化群团组织信用的制度。早在2001年，《国民经济和社会发展第十个五年规划纲要》首次把信用制度建设作为整顿市场秩序的重要途径，之后在《中共中央关于完善社会主义市场经济体制若干问题的决定》(2003)、《中共中央关于制定国民经济和社会发展第十一个五年规划的建议》(2005)、《国务院办公厅关于社会信用体系建设的若干意见》(2007)、《中共中央关于制定国民经济和社会发展第十二个五年规划的建议》(2010)等文件中均明确了“加快社会信用体系建设”的重要性。2011年，《中共中央、国务院关于加强和创新社会管理的意见》提出“建立健全社会诚信制度”。2013年，《关于全面深化改革若干重大问题的决定》提出“建立健全社会征信体系，褒扬诚信，惩戒失信”。2014年，《社会信用体系建设规划纲要(2014—2020)》指出：“依托全国文化市场技术监管与公共服务平台，建立健全娱乐、演出、艺术品、网络文化等领域文化企业主体、从业人员以及文化产品的信用信息数据库；依法制定文化市场诚信管理措施，加强文化市场动态监管。”2016年，文化部办公厅关于印发《文化市场黑名单管理办法(试行)》(以下简称《办法》)，有利于构建以文化市场信用监管为核心的事中事后监管体系。《办法》要求“文化行政部门或者文化市场综合执法机构将含有禁止内容且社会危害严重的文化产品、严重违反文化市场有关法规规章的经营主体列入文化市场黑名单，并向社会公布，实施信用约束、联合惩戒等措施”。2016 年，《进一步深化文化市场综合执法改革》指出“建设文化市场基础数据库，完善市场主体信用信息记录，探索实施文化市场信用分类监管，建立文化市场守信激励和失信惩戒机制”。

三、文化市场监管的技术体系

文化市场监管的技术体系是构建统一高效的文化市场监管体系的重要组成部分。为推进文化市场行政管理和综合执法的规范化，我国政府十分重视计算机监管平台建设以及文化市场技术监管与服务平台建设，以信息化推动文化市场监管的规范，提升文化市场信息化管理水平，为文化市场的健康发展提供技术支持。

1. 计算机监管平台建设

随着文化与科技的融合，文化企业纷纷搭上“互联网+文化”的顺风车，利用信息通信技术以及互联网平台提供产品、服务及要素，相应地，监管部门应该与时俱进，利用先进技术加强文化市场监管。2009 年，文化部发布《关于加快推进全国网络文化市场计算机监管平台建设的通知》。文化部文化市场司建立全国网络文化市场计算机监管平台，利用高新的网络技术对全国互联网上网服务营业场所和互联网游戏市场进行有效管理，对网吧的日常经营状况以及全国网络游戏和网址的发展和运营进行监督与管理。此外，文化部可以采取完善网吧监管功能和技术封堵措施，防止非法文化产品的传播；采取网络爬虫、数字水印等数字识别和物联网技术手段，对违法违规的网络游戏、网络音乐、网络动漫等经营行为进行实时动态监测和主动防范。①

2. 文化市场技术监管与服务平台应用

2013 年，文化部发布《关于全国文化市场技术监管与服务平台建设的实施意见》(以下简称《意见》)，并启动了全国文化市场技术监管与服务平台项目建设。《意见》指出，要“依托信息网络技术，通过信息化促进管理流程的规范与管理业务的衔接，通过网络化实现管理协同和信息共享。建立统一的文化市场服务门户，开发市场准入、动态监管、综合执法、公共服务和辅助决策五大业务应用系统，建设全国文化市场统一的文化市场信息资源库，搭建一个统一的

① 郝婷．现代文化市场制度研究[D]．武汉：武汉大学，2015.

服务支撑环境，强化信息安全和运维服务保障体系，全面推进文化市场行政管理和综合执法的规范化、专业化和信息化”。从2014年9月1日正式上线运行至今，文化部通过推广业务应用系统，使用平台办理业务，开展存量文化产品、活动和执法案卷的采集工作，建立执法人员信息库，完善互联网上网服务营业场所技术监管平台，进行接口省份的数据对接工作、实现与平台互联互通、业务共享，稳步推进各子系统应用工作。2016年，文化部办公厅发布《关于进一步推进全国文化市场技术监管与服务平台应用工作的通知》(以下简称《通知》)。目前，已开发完成业务应用系统、地理信息系统、决策支持系统、培训考试系统、网络游戏和网络音乐动态监管系统等6个子系统。《通知》指出，“力争到2016年底，建立完善的‘一户一档’数据库，全国平台上线率达95%，存量文化市场经营主体数据激活率达98%以上；着力推进文化市场黑名单管理制度建设，形成可追溯的文化市场监管体系；着力推进互联互通，消除信息孤岛，实现相关部门信息共享”。

四、文化市场监管的社会监督体系

维护文化市场秩序是全社会共同的责任，2015年，《国务院关于“先照后证”改革后加强事中事后监管的意见》明确指出，要“推进以法治为基础的社会多元治理，健全社会监督机制，切实保障市场主体和社会公众的知情权、参与权、监督权，构建市场主体自治、行业自律、社会监督、政府监管的社会共治格局”。文化市场监管体系在充分发挥政策法规的规范作用、制度的保障作用、技术的推动作用的同时，也应该加强行业协会、公众和舆论的监督作用，支持社会力量在文化市场监管中发挥重要的作用。

1. 行业协会监督

行业协会作为中间组织，是连接政府与文化企业的桥梁和纽带，一方面辅助政府对文化企业进行管理，另一方面向政府传达文化行业诉求，维护行业利益。目前，我国文化市场的行业协会不仅为我国文化市场的发展提供了全方位的指导，也在沟通政府和文化企业、统筹协调文化行业内外部关系中发挥了重要的作用。但值得注意的是，我国的文化行业协会也存在一定的问题，目前不少行业协会仍然从属于政府，在管理方式上带有浓重的行政色彩，仍无法成为会员利益的真正代表者。2015年，国务院办公厅发布《关于成立行业协会商会与行政机关脱钩联合工作组的通知》，要求成立行业协会商会与行政机关脱钩联合工作组，组织实施《行业协会商会与行政机关脱钩总体方案》，指导和督促各地区行业协会商会脱钩工作，统筹协调解决脱钩工作中的重点难点问题。行业协会与行政机关的脱钩，加强了行业协会的自主权，能更好地为文化企业服务，更好地起到行业监督的作用。

2. 公众和舆论监督

文化市场监管的社会监督体系除了依靠行业协会进行监督外，也不可忽视社会舆论的监督作用。健全公众参与监督的激励机制，形成消费者“用脚投票”的倒逼机制，创造条件鼓励群众积极举报违法经营行为。当前，文化部门推进重点政务信息公开，向社会公布重要文化政策法规，部门预算、决算，政策的执行和落实情况，在做好政策解读的同时加强与公众互动回应，优化新闻发布制度，通过媒体对公众关切的问题进行及时反馈。① 随着文化市场的深入发展，消费者的维权意识越来越强。微博、微信等新媒体以及新闻客户端的盛行，增加了消费者表达诉求的方式，更便于政府搜集消费者的评论，了解消费者需求。消费者协会作为消费者利益的代表，代表消费者对文化企业进行监督。目前，全国县级以上消费者协会已达3 200多个，② 通过受理消费者的投诉，及时了解文化市场监管领域的突出问题，能够帮助政府更有针对性地进行监督。除此以外，国家设立 12318 全国文化市场举报平台，鼓励消费者对文化市场中的违法行为进行举报，力求为公众提供一个全方位、多渠道、多层次的公众监督体系。舆论监督是公众通过发表意见的方式所实行的监督，即由监督者通过披露信息和发表意见，借助大众传播或人际传播渠道形成舆论，并利用舆论的力量对监督对象实施监督。③ 而在现代社会，媒体舆论成为舆论监督的一部分，是公众意见或舆论传达的主要渠道，通过手中的传媒资源披露事实、传播信息形成新闻舆论，对监督对象进行监督。④ 当前，文化部门主要通过政府网站、报刊、新闻网站以及微博、微信等新媒体与公众进行互动，媒体舆论作为公众舆论的代表，成为沟通文化部门与公众的纽带。当媒体舆论恪守职业道德，客观、公正地评论事实，发表意见时，能够在一定程度上监督政府和文化企业向着正确的方向发展。

---

① 文化部关于贯彻落实《2016 年政务公开工作要点》的实施方案[EB/OL]. [2016-08-03]http://www.gov.cn/zhuanti/2016-08/03/content_5097277.htm.

② 田珍祥. 莫小峰代表：统一消协组织名称 方便消费者识别[EB/OL]. [2017-03-14]. http://www.ccn.com.cn/320/937482.html.

③ 丁柏铨. 新闻舆论监督与扩大人民民主[J]. 新闻记者，2008(9)：42.

④ 陈相雨. 媒体舆论监督和公众政治参与[J]. 西南民族大学学报(人文社科版)，2009(7)：146.

第四节 文化市场监管流程控制

文化市场监管流程有不同的分类方法。一方面，文化市场监管流程可以分为准入监管、市场行为监管、退出监管；另一方面，文化市场监管流程可以分为事前监管、事中监管和事后监管。本节主要对准入监管、市场行为监管和退出监管这一流程进行讨论。

一、准入监管

文化市场监管的第一步是对文化市场主体、文化市场主体所开展的业务以及文化市场从业人员的准入进行控制，通过对文化市场主体资格、文化市场业务资格、文化市场从业人员资格的严格控制，保证文化市场主体、业务和人员的质量，为文化市场的健康发展提供良好的环境。

1. 文化市场主体资格准入控制

文化企业作为文化市场的主体，是文化市场中的重要组成部分。严格控制文化企业准入市场的资格，能够有效保证文化企业的质量。目前，我国的文化企业准入监管主要体现在两个方面：

一是通过文化行政部门实行行政审批与行政许可对文化企业准入进行控制。在出版行业，国务院出版行政部门将全国出版单位总量控制在 580 家左右，且在结构和布局上也有严格的控制。例如，出版单位的设立、合并或者分立，设立分支机构需要其主办单位向所在地省、自治区、直辖市人民政府出版行政主管部门提出申请，审核同意后报国务院出版行政主管部门审批。在电影电视行业，跨省、自治区、直辖市的电影发行单位的设立、变更业务范围或者兼并、合并、分立，境外广播电影电视机构在华设立办事机构，广播电视节目制作经营单位的设立，广播电台、电视台的设立、终止，这些都需要通过新闻出版广电总局的审批。在演出市场，中外合资经营、中外合作经营的演出经纪机构和演出场所经营单位的设立都需要文化部审批。

二是对非公有制文化企业准入领域的控制。2005 年，《关于非公有资本进入文化产业的若干决定》明确提出了“禁止非公有资本进入通讯社、报刊社、出版社、广播电台(站)、电视台(站)、广播电视发射台(站)、转播台(站)、广播电视卫星、卫星上行站和收转站、微波站、监测台(站)、有线电视传输骨干网、国有文物博物馆等”。2013 年，《中共中央关于全面深化改革若干重大问题的决定》提出："允许非公有制文化企业参与对外出版、网络出版，允许以控股形式参与国有影视制作机构、文艺院团改制经营。"2014年，《深化新闻出版体制改革实施方案》规定："以有资质的国有出版单位拥有特殊管理股为前提，允许符合条件的非公有制企业参与网络原创出版业务，给予非公有制文化企业对外专项出版权。"

2. 文化市场业务准入控制

在文化业务准入方面，在出版领域，新闻出版广电总局对进口用于出版的音像制品及音像制品成品，出版物进口单位进口电子出版物成品，出版境外著作权人授权的电子出版物(含互联网游戏作品)，举办新闻出版中外合作项目，举办境外出版物展览和出版国产网络游戏作品等进行行政许可审批。在电视电影领域，对中外合作摄制电影片，举办中外电影展、国际电影节，广播电视视频点播业务，跨省经营广播电视节目传送业务等进行行政许可审批等。这些审批涉及出版、广播电视、电影、网络游戏等多个领域，为文化市场业务准入提供规范。

3. 文化市场从业人员准入控制

根据《中华人民共和国文化部2015年文化发展统计公报》的数据，截至2015年年末，文化市场从业人员达156.47万人。①作为文化市场经营活动的参与者，必须具备一定的资格才能胜任文化市场经营工作。文化市场从业人员的素质直接影响着文化产品和文化服务的品质，对文化市场从业人员准入进行控制，能够保证文化市场从业人员的质量，推动文化市场的健康发展。例如，编辑的文化程度影响着一本书的质量，新闻记者的职业道德影响着新闻报道的水平，广播电视播音员、主持人的专业技能影响着节目的品质。目前，国家新闻出版广电总局负责新闻记者证的核发，广播电视播音员、主持人资格认定，境外人员参加广播影视节目制作的审批。此外，在出版领域，国家对在报纸、期刊、图书、音像、电子、网络出版单位从事出版专业技术工作的人员实行职业资格制度，对职业资格实行登记注册管理。严格的文化市场从业人员准入制度，通过对从业人员的把关，在源头上保证了文化市场的纯洁性和高品质。

二、市场行为监管

文化市场主体取得资格后，按照文化行政部门规定开展文化业务，聘请具

① 文化部. 中华人民共和国文化部2015年文化发展统计公报[EB/OL]. [2016-04-15]. http://zwgk.mcprc.gov.cn/auto255/201604/W020160425378313054632.pdf.

有文化市场从业资格的文化人才，便可大刀阔斧地进行文化企业建设，参与市场竞争。在我国文化市场上，在经济利益的驱动下，文化企业会通过价格行为、竞争行为、交易行为去扩大市场占有率和提高知名度。文化市场主体行为如果不合法，不仅会引起文化市场的混乱，还会影响到整个社会效益的充分实现。因此，加强对文化市场主体行为的管理，维护文化市场秩序显得尤为重要。

1. 文化市场价格行为监管

价格机制是市场机制的核心，市场决定价格是市场在资源配置中起决定性作用的关键。目前，文化市场领域的大部分竞争性商品价格已经放开，由文化市场主体自主定价。由于价格在一定程度上影响着消费者的行为，不少文化市场主体为了扩大文化市场的占有率，利用价格战吸引消费者，不利于文化市场的稳定。加强文化市场价格行为监管，有利于规范文化市场价格体系。

目前，我国对文化市场价格行为监管主要体现在规范定价和打击价格战。规范定价主要体现在政府对关乎公众利益的文化产品实行政府定价。以中小学教科书为例，2015 年，国家发展改革委、教育部、司法部、新闻出版广电总局发布《关于下放教材及部分服务价格定价权限有关问题的通知》规定“列入中小学用书目录的教科书和列入评议公告目录的教辅材料印张基准价及零售价格，由省、自治区、直辖市人民政府价格主管部门会同同级出版行政部门按照微利原则确定”。

当前，文化市场中的不正当价格行为集中表现为“价格战”。在出版市场，“价格战”主要是“网上书店”之间、“网上书店”与“实体书店”之间的博弈。在电影市场，“价格战”主要表现为电商平台的购票大战。“价格战”违背了《中华人民共和国价格法》的原则，极大地扰乱了文化市场正常的生产经营秩序。2010 年，中国出版协会、中国书刊发行业协会、中国新华书店协会起草制定并出台了《图书公平交易规则》，规定新版图书出版一年(以版权页出版时间为准)内，进入零售市场时，须按图书标定的价格销售，不得打折销售。2015 年 7 月，中国电影发行放映协会、中国电影制片人协会印发《电影票务营销销售规范》的通知，要求电影零售票价、活动票价标注及结算均不能低于发行放映合同中的协议票价。然而，行业协会的规范缺乏强制力，成效并不显著。

健康的文化市场价格体系离不开政府的监督与管理，政府及时制止和查处各类不正当价格违法行为，是营造公平竞争的价格环境，维护文化市场主体和消费者的权益的重要保障。

2. 文化市场竞争行为监管

竞争是市场经济的核心和内在的动力。文化市场竞争行为是文化市场主体在市场竞争机制的推动下为了实现经济利益，抢占文化市场制高点而相互争取有利供给或需求条件的行为。加强文化市场竞争行为监管，有利于保护经营者和消费者的合法权益，为市场主体提供一个平等、公平、自由、诚实信用的竞争环境。文化市场竞争行为监管主要从两个角度展开，一是禁止不正当行为，二是推动文化市场主体进行创新，通过转型来增强竞争力。

首先，严厉打击文化市场中的不正当竞争行为。《中华人民共和国反不正当竞争法》明确规定"经营者不得实施混淆行为，引人误认为是他人商品或者与他人存在特定联系；经营者不得采用财物或者其他手段贿赂相关单位或者个人，以谋取交易机会或者竞争优势；经营者不得对其商品的性能、功能、质量、销售状况、用户评价、曾获荣誉等作虚假或者引人误解的商业宣传，欺骗、误导消费者；经营者不得通过组织虚假交易等方式，帮助其他经营者进行虚假或者引人误解的商业宣传；经营者不得实施侵犯商业秘密的行为；经营者不得进行违反规定的有奖销售；经营者不得编造、传播虚假信息或者误导性信息，损害竞争对手的商业信誉、商品声誉；经营者利用网络从事生产经营活动，应当遵守本法的各项规定。"如电影市场中的票房作假行为就是不正当竞争的表现，为此，《电影产业促进法》第三十四条明确规定"不得采取制造虚假交易、虚报瞒报销售收入等不正当手段，欺骗、误导观众，扰乱电影市场秩序"。

其次，颁布了一系列激励措施推动文化市场主体进行创新，通过发展文化新业态来增强竞争力。首先，政府部门倡导创新金融，为文化市场主体的竞争提供资金支持。《关于金融支持文化产业振兴和发展繁荣的指导意见》(2010)、《深入推进文化金融合作的意见》(2014)、《关于大力支持小微文化企业发展的实施意见》(2014)为我国文化市场主体的发展提供了有利的资金支持，为我国文化企业的发展创造了良好的融资环境。其次，促进文化企业进行文化和科技融合，发展新型文化业态。近年来，《国家科技与文化融合联合行动计划(2011—2015)》《文化资源数字化关键技术及应用示范》(2012)、《文化部"十二五"文化科技发展规划》(2012)等政策的颁布以及"国家文化科技提升计划项目""文化部科技创新项目"的开展都旨在推动文化企业将传统文化与科技融合在一起，借着"文化+科技"的东风，提升文化企业的核心竞争力。

3. 文化市场交易行为监管

市场交易行为是在供给与需求双方平等协商的基础上，实现确定范围和数量的财产权利交换的市场行为,① 是生产者、经营者和消费者在市场交易活动中围绕市场客体买卖进行的一系列购买和销售行为②。文化市场的交易行为主要发生在文化市场主体与消费者之间。我国政府对文化市场交易行为的监管主要体现在打击失信行为和侵权行为上。

首先，依法打击文化市场交易中的失信行为。目前，某些文化市场主体为了在文化市场竞争中占有一席之地，不惜生产危害社会发展的“文化垃圾”，不仅损害了消费者的利益，也破坏了文化市场的稳定。对此，文化部公布了《文化市场黑名单管理办法(试行)》，旨在通过文化市场、文化产品黑名单的列入和公布工作，建立文化市场黑名单管理系统，加大对严重违法经营主体的惩戒力度，有效提高文化市场的监管效能。消费者在掌握黑名单后，能够有效地规避信用较低的文化市场主体和文化产品。其次，严厉惩戒文化市场交易中的侵权行为。当前，数字网络技术的发展让文件的复制粘贴更加简单易行，在便利正版作品传播的同时，也为盗版作品提供了新的传播途径，侵权盗版问题严重制约着文化市场交易活动的正常运行。不法分子利用网络云盘的强大存储功能，非法上传未获得授权的图书、电视剧、电影，并通过分享、转发的形式进行免费传播，不利于构建公平的文化市场交易环境。针对此种现象，国家版权局颁布《关于规范网盘服务版权秩序的通知》，大力整顿网络云盘侵权现象，在技术上杜绝文化市场主体和消费者的侵权行为，为文化市场交易行为创造良好的环境。

全国“扫黄打非”工作小组每年都会组织“扫黄打非”活动，通过“清源”“净网”“护苗”“秋风”等专项活动，为文化市场的健康发展提供良好的交易环境。其中，“清源”行动重点针对政治性出版物、淫秽色情出版物、侵权盗版出版物、非法内部资料等各类出版物，“净网”主要打击网上淫秽色情信息，主要以网络视频、网络直播、云盘、微领域为重点，“护苗”主要是为青少年的健康成长提供保障，严厉打击制售、传播非法有害少儿出版物的活动，“秋风”集中打击非法报刊和假记者，以加强对报刊和新闻队伍的监管。这些专项活动的开展，极大地净化了文化市场的交易环境。

三、退出监管

市场主体退出简单地说是指市场主体自主或被强制终止经营活动，进而消灭其市场主体资格的法律行为；市场退出机制是国家制定的调整市场退出过程

① 阎应福，郝玉柱．市场管理概论[M]．北京：中国物价出版社，2002.
② 黄先蓉．出版物市场管理概论[M]．武汉：武汉大学出版社，2016.

中发生的各种关系的一系列规则的总称。①《中共中央关于全面深化改革若干重大问题的决定》(2013)提出“完善文化市场准入和退出机制”。建立健全严格的市场退出机制，能够更好地推动文化市场主体在竞争中优胜劣汰，达到文化资源的优化配置。目前，市场主体退出市场存在两种方式，一种是主动退出，即文化市场主体因分立、合并或解散而退出市场；一种是被动退出，即文化市场主体因违反相关规定或破产而被迫退出市场。

1. 对主动退出的文化市场主体的监管

针对主动退出的市场主体，一方面，政府鼓励市场竞争，充分利用市场竞争机制推动文化企业以资本为纽带进行跨地区、跨行业、跨所有制兼并与重组，间接淘汰实力较弱的文化企业，使之退出市场。当前，我国已经出现了一些市场化能力强、规模大、实力强的传媒集团，广电领域主要有上海东方传媒、湖南广电集团等，报刊业领域主要有南方报业、大众报业、浙报集团等。② 另一方面，我国《公司法》及其配套性规范对公司合并、分立以及解散做了专门的规定。在公司合并方面，《公司法》规定“一个公司吸收其他公司为吸收合并，被吸收的公司解散。两个以上公司合并设立一个新的公司为新设合并，合并各方解散”，“公司合并，应当由合并各方签订合并协议，并编制资产负债表及财产清单。公司应当自作出合并决议之日起十日内通知债权人，并于三十日内在报纸上公告。债权人自接到通知书之日起三十日内，未接到通知书的自公告之日起四十五日内，可以要求公司清偿债务或者提供相应的担保”。在公司分立方面，《公司法》规定“公司分立，其财产作相应的分割。公司分立，应当编制资产负债表及财产清单。公司应当自作出分立决议之日起十日内通知债权人，并于三十日内在报纸上公告”。除此以外，《公司法》在解散和清算方面也作出了详尽的规定，为文化企业通过清算方式退出市场提供全面的指导。《公司法》的颁布，能够指导文化企业更有序地退出市场，规范了退出秩序。

2. 对被动退出的文化市场主体的监管

对于被动退出的市场主体，政府主要采取吊销相关证照以及规范破产程序的方式予以监管。

---

① 孟凡波．现阶段我国报刊市场准入和退出机制研究[D]．石家庄：河北大学，2006.

② 郭全中．传统媒体数量超过市场需求退出机制如何建[EB/OL]．[2014-03-19]．http：//culture. people. com. cn/n/2014/0319/c172318-24678171. html.

第一，对于文化市场中违反规定的市场主体，政府通过《出版管理条例》《出版物市场管理规定》《电子出版物出版管理规定》《广播电视管理条例》《电影管理条例》《网络游戏管理暂行办法》等法律法规进行监督，对内容导向存在严重问题的市场主体依法予以取缔，吊销相关证照。在出版领域，《出版管理条例》禁止出版单位进行违反规定的行为，情节严重的，责令限期停业整顿或者由原发证机关吊销许可证。以报纸和期刊为例，根据《报纸出版管理规定》《期刊出版管理规定》，报纸出版单位和期刊出版单位满足以下条件之一，由国家新闻出版广电总局撤销《报纸出版许可证》《期刊出版许可证》，并由所在地省、自治区、直辖市新闻出版行政部门注销登记：第一，报纸、期刊出版单位自登记之日起满90日未出版报纸的。第二，报纸休刊超过180日仍不能正常出版的，期刊休刊时间超过一年的。第三，经报纸、期刊出版质量综合评估，出版质量未达到规定标准或者不能维持正常出版活动的。第四，不予通过年度核验的和不按规定参加年度核验的报纸、期刊出版单位，经催告仍未参加年度核验的。在电影领域，单位违反《电影管理条例》的，被处以吊销许可证行政处罚的，应当按照国家有关规定到工商行政管理部门办理变更登记或者注销登记；逾期未办理的，由工商行政管理部门吊销营业执照。其法定代表人或者主要负责人自吊销许可证之日起5年内不得担任电影片的制片、进口、出口、发行和放映单位的法定代表人或者主要负责人。

第二，对于经营不善、已不具备基本生产经营条件的市场主体，通过完善企业破产制度的方式进行监管。《国务院关于促进市场公平竞争维护市场正常秩序的若干意见》(2014)要求“优化破产重整、和解、托管、清算等规则和程序……探索对资产数额不大、经营地域不广或者特定小微企业实行简易破产程序”。然而，目前企业退出市场很少走破产程序，往往采用自生自灭的方法，容易导致企业资产不能依法清算、企业债务无法得到清偿、职工工资和社会保险金不能支付等不良后果。① 对于经营不善、资不抵债的文化企业，应严格按照《中华人民共和国企业破产法》(2006)的相关规定进入破产重整或破产清算程序，促进其规范有序地退出。

① 中国政府门户网站．放宽市场准入，激发市场活力[EB/OL]．[2014-07-14]．http：//www.gov.cn/xinwen/2014-07/14/content_2716733.htm.

第九章　出版市场建设

出版市场体系建设既包括出版物生产资料和出版物在内的商品市场建设，也包括出版资本、出版技术、出版人才、出版信息和版权等出版要素市场建设。商品市场即出版物市场的发育要先于出版要素市场，一方面，出版物市场的发育会对要素市场的形成和发展提出强烈的要求；另一方面，出版要素市场的发育程度和水平反过来又制约出版物市场的发展。① “市场体系内部各市场之间存在相互制约、相互依赖、相互促进的关系。”②

第一节　出版市场概述

一、出版市场发展沿革

改革开放以来，随着社会主义市场经济的逐步确立，我国新闻出版业经历了以计划经济为背景的“大政府小市场”状态到“让市场发挥资源配置作用”的转变。关于出版业市场化发展的具体分期，学界的相关研究与探讨倾向于三段论，如姜华③在《出版市场化与文化复兴》一文中认为“从 20 世纪 70 年代末到现在，中国出版业在市场化的演变中经历一个从文化事业恢复到产业发展的过程，若简单划分，中国当代出版业的发展可分为三个阶段，即 1978—1992 年的文化事业恢复期、1993—2001 年的文化分化与产业化起步期、2002 年迄今

① 张新华．转型期中国出版业制度分析[M]．北京：中国传媒大学出版社，2010：134.

② 徐善长．生产要素市场化与经济体制改革[M]．北京：人民出版社，2005：1.

③ 姜华．出版市场化与文化复兴[J]．编辑学刊，2011(5)：13-18.

的产业化发展期”。刘红平①则将中国出版业市场化探索历程划分为三个阶段：一，起始阶段(1978—1991)，这一阶段的市场化探索主要集中在出版社内部微观机制改革和发行体制改革；二，发展阶段(1992—2002)，1992年之后，随着社会主义市场经济制度的逐步建立，出版业开始注重调整产业结构，组建出版集团，追求规模经济效益，探索现代企业制度；三，转轨阶段(2003年至今)，2003年中国出版体制改革进入了关键时期，出版试点单位开始转企改制，进而尝试跨行业、跨地区、跨部门兼并、重组等。此外，张新华②从我国出版业制度变革的角度将出版市场的发展划分为商品化阶段(1978—1992)、集团化阶段(1993—2002)和企业化阶段(2003年至今)。

结合目前学界对出版市场发展的阶段划分，本书沿用张新华阶段划分的时间节点，回顾出版市场孕育与发展壮大的演变历程。

1. 出版市场孕育与初步发展阶段(1978—1992)

这一阶段的出版市场化集中表现为对出版物商品属性的确认，对出版单位经营合法化的明确。1986年6月，党中央和国务院联合颁布《中共中央和国务院关于加强出版工作的决定》，《决定》指出：“社会主义的出版工作，首先要注意出版物影响精神世界和指导实践活动的社会效果，同时要注意出版物作为商品出售而产生的经济效果”。出版物具有意识形态和商品性的两重属性第一次被正式认可。1988年3月，新闻出版署、国家工商行政管理局颁布《关于报社、期刊社、出版社开展有偿服务和经营活动的暂行办法》，明确报社多种经营合法化。同时，该办法还明确指出，报社、期刊社经主管机关批准，可以结合本身业务和社会需要，经工商行政管理机关核准登记后，举办经济实体(如造纸厂、印刷厂等)，依法从事经营活动。

2. 出版市场规范与增速发展阶段(1993—2002)

这一阶段的市场发展以出版机构集团化发展、民营出版业蓬勃发展与出版行政管理规范化为特征。集团化发展方面，到2002年年底出版业的国家级集团有出版集团13家、发行集团9家；③ 出版规范方面，《出版管理条例》《出版

① 刘红平．改革开放以来中国出版业市场化道路的探索研究[D]．安徽大学，2011：1.

② 张新华．转型期中国出版业制度分析[M]．北京：中国传媒大学出版社，2010：47-54.

③ 张新华．转型期中国出版业制度分析[M]．北京：中国传媒大学出版社，2010：116.

物市场管理暂行规定》等行政法规相继出台；民营出版业方面，虽然在一定限度内有所开展，但仍未能获得体制认可。

3. 出版市场转型与深化改革阶段(2003年至今)

以体制改革重塑出版市场主体成为这一阶段的突出特征。通过转企改制，出版机构得以重新焕发生机，以资本为纽带的跨行业、跨地区的兼并重组行为开始显现。2009年，新闻出版总署出台《关于进一步推进新闻出版体制改革的指导意见》，对出版机构的体制改革明确了时间表，《意见》要求地方出版机构于2009年底前、中央出版机构于2010年底前完成转制。截至2011年上半年，"全国应转制的419家地方出版单位已完成402家，应转制的2412家发行单位全面完成改革任务；38家省级党报党刊发行机构已完成32家，地方3000多家非时政类报刊出版单位有595家完成转制"①。

回顾出版市场的发展历程，有四条主线脉络贯穿其中。第一，政府职能在出版市场建设中的转变；第二，转企改制与民营书业兴起丰富了出版市场竞争主体；第三，出版市场供求关系的彻底转变；第四，出版市场运营机制的建立和完善。至此，比较健全的出版市场体系已经确立。

二、出版市场发展现状

改革开放以来，我国出版市场在顶层设计的推动中繁荣壮大，初步形成整体营收规模不断扩大、市场结构趋向合理、各细分市场成熟发展、出版市场监管日臻完善的出版市场体系。出版市场目前已基本形成图书、报纸、期刊、音像、电子、网络等分类市场，还包括出版教育与科研、版权代理与运营、出版物资供应、出版物进出口等配套服务完整的产业体系。

1. 出版市场整体规模

从出版市场整体产出规模来看，经过三十多年的发展，出版市场整体营业收入规模不断攀升，截至2014年，出版市场(含出版、印刷和发行服务)整体营业收入规模达19967.1亿元，利润总额突破1500亿元，达1563.7亿元。在规模不断扩张的同时，出版市场营业收入与利润总额的增长率仍然保持在近10%的速度上，展现出较为强劲的持续增长势头。

---

① 李斌，周玮，白瀛，等．千帆竞发景色新——我国文化改革发展综述[EB/OL]．[2011-10-15]．http：//news.xinhuanet.com/politics/2011-10/15/c_122162439.htm.

表 9-1　　**2010—2015 年出版市场整体营收规模①**　　（单位：亿元）

年份	营业收入	增长率	利润总额	增长率
2010	12 375.2	19.7%	1 075.9	20.4%
2011	14 568.6	17.7%	1 128.0	4.8%
2012	16 635.3	14.2%	1 317.4	16.8%
2013	18 246.4	9.7%	1 440.2	9.3%
2014	19 967.1	9.4%	1 563.7	8.6%
2015	21 655.9	8.5%	1 662.1	6.3%

从产品生产规模来看，由图书、报纸、期刊等主要出版物产品构成的出版市场年生产品种趋于稳定，从 2014 年出版市场产品生产数据来看，生产规模基本上维持图书440 000种左右，报纸1 900种左右，期刊10 000种左右的产品结构。从产品生产规模来看，我国无疑已经成为世界出版大国，过去出版市场供需结构的失衡已经彻底转变。

表 9-2　　**2010—2015 年出版市场整体产品规模②**

（单位：种，亿印张）

年份	图书		报纸		期刊	
	总种数	总印张	总种数	总印张	总种数	总印张
2010	328 387	606.33	1 939	2 148.03	9 884	181.06
2011	369 523	634.51	1 928	2 271.99	9 849	192.73
2012	414 005	666.99	1 918	2 211.00	9 867	196.01
2013	444 427	712.58	1 915	2 097.84	9 877	194.70
2014	448 431	704.25	1 912	1 922.3	9 966	183.58
2015	475 768	743.19	1 906	1 554.9	10 014	167.8

从出版市场主体的建设来看，我国出版市场已形成以国有出版机构为主体，民营书业共存的市场主体结构。截至 2014 年，我国新闻出版单位共235 093家，其中法人单位151 810家，占 46.70%，个体经营户164 705家，占50.66%，形成市场主体结构“多足鼎立”局面。

① 数据来源：中国新闻出版研究院：2010—2015 年《新闻出版产业分析报告》。
② 数据来源：2010—2015 年中国出版年鉴、2010—2015 年新闻出版产业分析报告。

表 9-3　　**2012—2015 年新闻出版单位数量与构成情况①**（单位：家,%）

年份	法人单位		企业法人单位		非法人单位		个体经营户		合计
	数量	比重	数量	比重	数量	比重	数量	比重	
2012	160 940	46.32	157 619	45.37	9 160	2.64	177 310	51.04	347 410
2013	160 578	46.38	157 682	45.55	8 581	2.48	177 028	51.14	346 187
2014	151 810	46.70	148 829	45.78	8 578	2.64	164 705	50.66	325 093
2015	150 158	47.77	147 368	46.88	8 719	2.77	155 495	49.46	314 372

2. 出版市场整体结构

在产业组织理论中，产业的市场结构是反映市场竞争和市场垄断关系的一个概念。② 从世界范围看，绝大多数产业市场界于完全垄断与完全竞争之间，是竞争与垄断相互博弈形成的市场结构。随着我国出版市场化进程中政府角色的逐渐淡化，出版市场由政府完全垄断的局面得以改观，文化体制改革的持续深入使出版市场结构不断调整升级，在这一过程中，出版市场集中度不断提高，产品差异化结构形成，新媒体技术以“变革者”的姿态深刻影响着传统的出版专业分工与市场边界。

(1)市场集中度提高。纵观西方发达国家的出版市场发展，行业集中度提高与垄断趋势凸显是其共同特征，欧美的出版市场自 20 世纪 90 年代中后期以来并购浪潮加剧，目前基本被培生集团、贝塔斯曼集团、阿歇特集团、麦格劳希尔集团、励德爱思唯尔集团等 10 多个国际出版集团所垄断。③ 我国出版市场主体的规模化、集团化发展与国家政策趋势息息相关，是自上而下的集团化改革。同时随着出版集团的逐步成熟，其自发的产业链延伸也进一步推动出版市场集中度的提高，形成出版市场结构的地区性垄断。据 2014 年新闻出版产业分析报告统计，2014 年我国出版传媒集团达到 117 家，其中图书出版集团 32 家、报刊出版集团 46 家、发行集团 27 家、印刷集团 12 家。通过统计新闻出版产业分析报告中连续五年上榜总体经济规模 TOP10 榜单的出版机构，可以大致看到我国出版市场主体的集聚趋势，出版、新闻、发行等业务的出版集团都呈现明显的马太效应，多达 8 家出版集团、5 家报业集团和 7 家发行集团

① 因 2010 年、2011 年相关数据统计未予以公布，故表 9-3 统计年限为 2012—2015 年，其中未包括数字出版单位、版权贸易单位与代理单位和行业服务与从事其他新闻出版业务的单位。

② 陶喜红．新闻出版产业市场结构的总体特征、演进趋势及优化路径[J]．中国出版，2010(20)：10-14.

③ 张新华．转型期中国出版业制度分析[M]．北京：中国传媒大学出版社，2010：122.

连续五年进入总体经济规模的前十位。从地域结构来看，江苏、安徽、浙江、湖南等地出版、发行集团势头强劲，广州、上海等地报业集团显现竞争优势，地区垄断趋势明显。但由于政府行政规划的干预，出版市场的这种集中度明显带有地区平均的特征，并且各地区集团发展轨迹较为同质化，缺乏综合竞争力与自身特色。近年来，国家大力建设出版产业带、特色产业集群和产业基地等，出版产业集中度和专业化协作水平得以在政策推动中进一步提高与改善。

表 9-4　**2010—2014 年连续五年总体经济规模 TOP10 的集团统计**

集团分类	连续五年上榜出版机构
出版集团	江苏凤凰出版传媒集团有限公司
	湖南出版投资控股集团
	浙江出版联合集团有限公司
	安徽出版集团有限责任公司
	江西省出版集团公司
	山东出版集团有限公司
出版集团	中国出版集团
	河北出版传媒集团有限公司
报业集团	广州日报报业集团
	山东大众报业(集团)有限公司
	南方报业传媒集团
	成都日报报业集团(成都传媒集团)
	上海报业集团(由解放日报报业集团与文汇新民联合报业集团整合)
发行集团	四川新华发行集团有限公司
	安徽新华发行(集团)控股有限公司
	上海新华发行集团有限公司
	浙江省新华书店集团有限公司
	湖南新华书店有限责任公司
	河北省新华书店有限责任公司
	江西新华发行集团有限公司

注：数据来源于 2010—2014 年新闻出版产业分析报告①。

① 其中报业集团中成都日报报业集团 2011 年、2012 年、2014 年上榜集团为其母公司成都传媒集团；上海报业集团为解放日报与文汇新民报合并重组，因 2010—2013 年解放日报报业集团与文汇新民联合报业集团都有上榜，2014 年以整合后的上海报业集团上榜，故也统计在内。

(2)产品差异化凸显。自20世纪80年代中期，我国出版市场由卖方市场逐渐转向买方市场，出版物产品规模急剧扩张，直至2014年已形成年图书出版品种448 431种、报纸出版品种1 912种、期刊出版品种9 966种的产品规模。随着消费者需求结构的多元趋势，出版物品种的差异化生产也随之形成。仅以2010—2014年图书出版品种结构为例，文化科学教育体育类、文学类、经济类和工业技术类图书具有较大的市场需求，其每年的生产品种占总产品规模的比例维持在较高水平。另外，报纸市场与期刊市场的品种差异化与细分化趋势也同样明显，究其原因，主要是改革开放以来的经济体制转轨和现代化进程促使中国社会民众发生了结构性的变化，逐渐形成具有不同社会学特征的社会群体。① 作为反映并满足这些群体精神文化需求的出版物产品，品种的差异化趋势不仅是对消费者需求的满足，也是出版市场主体自身在市场中竞争的需要。

表9-5　**2010—2014年图书出版品种统计**　（单位：种）

图书类别	2010	2011	2012	2013	2014
马列主义、毛泽东思想类	477	604	594	672	780
哲学类	7 418	8 600	8 338	8 195	8 472
社会科学总论类	4 841	5 344	5 163	5 256	5 610
政治、法律类	13 903	15 669	16 791	17 481	18 005
军事类	946	1 178	1 279	1 555	1 408
经济类	27 486	30 253	29 681	30 144	31 627
文化科学教育体育类	111 380	133 054	159 190	176 189	173 825
语言、文字类	18 610	19 550	20 923	21 482	21 057
文学类	29 958	32 317	42 148	46 885	46 897
艺术类	16 787	19 825	22 832	25 782	26 797
历史、地理类	12 411	14 511	16 916	16 330	16 995
自然科学总论类	1 193	827	846	915	834
数理科学、化学类	6 294	6 997	7 143	7 849	7 964
天文学、地球科学类	1 790	2 014	2 438	2 561	2 583
生物科学类	1 973	2 259	2 442	2 948	2 690
医药、卫生类	15 792	15 711	16 855	18 418	189 511
农业科学类	6 621	6 305	5 883	5 070	5 082

① 黄端．中国大众期刊发行研究[D]．武汉：武汉大学，2011：52.

续表

图书类别	2010	2011	2012	2013	2014
工业技术类	41 904	44 539	43 964	45 171	47 024
交通运输类	3 862	4 189	4 224	4 901	5 297
航空、航天类	279	338	461	463	468
环境科学类	1 589	1 706	1 781	1 923	2 067
综合性图书	2 108	2 850	3 421	3 441	3 548

注：数据来源于2010—2014年中国出版年鉴。

(3)市场边界模糊化。技术的融合与创新使原本界限分明的出版市场边界逐渐瓦解，代之以不同出版产品的技术共享和产业融合，出版市场边界突破原有的线性分割而趋向网状联结。

从出版市场内部看，以产品划分的图书、期刊、报纸等细分市场以及以产业链划分的出版、发行、印刷市场，其市场边界已出现融合的趋势。出版机构的集团化建设已经形成融合多种产品生产的生产主体，同时通过前向一体化与后向一体化战略的产业延伸，集合印刷、出版、发行、新媒体等业务的大型出版集团已经形成。新媒体技术的发展催生数字出版市场的发育，技术优势使出版细分市场的联结成为必然。除此之外，出版集团以资本为纽带的产业链延伸已经从出版市场内部上下游产业的整合向出版市场外部的产业融合拓展。

从出版市场外部看，包括传统媒体市场如电视、电影市场和新型媒体市场如互联网市场等对出版市场边界的突破性融合现象已经相当普遍。互联网运营商、通信网络运营商、电子产品制造商等出版市场外的企业，正通过多元化的传播途径、创新性的阅读体验，加入到出版市场的竞争中，以亚马逊为代表的kindle电子书，以苹果公司为代表的智能手机，为内容的多介质消费与应用提供了技术支持。从市场主体到内容产品到消费体验的全线融合对出版市场形成挑战之势，也是机遇之时。

3. 出版细分市场构成

出版市场是指围绕出版物商品交换所进行的各种经济活动，以及由此而产生的各种经济关系的总和。① 根据出版物产品形态的差异，我国出版市场又包括图书市场、报纸市场、期刊市场、数字出版市场等细分市场。近年来，数字

① 罗紫初．出版学基础[M]．太原：山西人民出版社，2005：134.

出版市场增势喜人，2014 年其营业收入高达3 387. 7亿元，占出版市场总营收的 17%。与之对照，报纸、期刊市场的营业收入受到新媒体技术的发展而有所下滑，2014 年报纸市场与期刊市场营业收入增长率呈负增长。

(1)图书市场。图书市场是指图书产品进行交易的场所和领域，是图书从出版、发行到售出的整个流通过程中各种交换关系的总和。图书市场是出版市场的重要组成部分，受到数字出版的冲击，传统图书出版市场虽仍在缓慢增长，但其增势正在逐年减退，显现增长疲态。

表 9-6　**2010—2015 年图书市场营业收入增长情况**　(单位：亿元,%)

年 份	营业收入	营业收入增长率	营业收入占比
2010	537. 9	16. 2	4. 3
2011	664. 4	19. 8	4. 6
2012	723. 5	12. 3	4. 3
2013	770. 8	6. 5	4. 2
2014	791. 2	2. 7	4. 0
2015	822. 55	4. 0	3. 8

注：数据来源于 2010—2015 年新闻出版产业分析报告。

(2)报纸市场。报纸市场是指报纸进行交换的场所，以及在报纸流通过程中各种交换关系的总和。传统报纸市场是受数字化冲击最为严重的传统媒体领域。随着新媒体技术的发展，以传统纸质报纸为载体的新闻内容传播不再处于权威垄断地位，新兴的阅读媒介正日益侵蚀着传统报纸的受众市场，发行量滑坡，读者群流失等现象也间接导致了广告市场的萎缩。据新闻出版产业分析报告数据显示，自 2013 年开始，报纸市场的营业收入就开始出现负增长。

表 9-7　**2010—2015 年报纸市场营业收入增长情况**　(单位：亿元,%)

年 份	营业收入	营业收入增长率	营业收入占比
2010	729. 4	16. 2	5. 9
2011	818. 9	13. 2	5. 6
2012	852. 3	4. 1	5. 1
2013	776. 7	-8. 9	4. 3
2014	697. 8	-10. 2	3. 5
2015	626. 15	-10. 3	2. 9

注：数据来源于 2010—2015 年新闻出版产业分析报告。

（3）期刊市场。期刊市场是期刊产品生产流通交换的场所及其所产生的各种经济关系的总和。期刊是介于报纸与图书之间的产品形态，微信、微博等社交媒体的出现分食了原有的期刊受众市场，加之受众需求的急剧分化，刊物转型滞后等问题导致期刊发行量也有所下滑。2013 年期刊市场营业收入开始下滑，至 2014 年开始出现负增长。

表 9-8　**2010—2015 年期刊市场营业收入增长情况**　（单位：亿元,%）

年 份	营业收入	营业收入增长率	营业收入占比
2010	150. 6	3. 1	1. 2
2011	162. 6	8. 0	1. 1
2012	220. 9	35. 8	1. 3
2013	222. 0	0. 5	1. 2
2014	212. 0	−4. 5	1. 1
2015	201. 0	−5. 2	0. 9

注：数据来源于 2010—2015 年新闻出版产业分析报告。

（4）数字出版市场。数字出版市场是指以数字技术为媒介的产品进行交换的场所，以及在数字出版物生产流通过程中产生的各种交换关系的总和。数字出版市场又包括互联网期刊、电子书、数字报纸、博客、在线音乐、网络动漫、移动出版（手机彩铃、铃音、移动游戏等）等数字出版产品。2014 年，我国数字出版市场营业收入达到3 387. 7亿元，比 2013 年增长 33. 36%，数字出版市场收入在整个出版市场收入的占比由 2013 年的 13. 9%提升至 17. 0%。据 2014—2015 年中国数字出版产业年度报告数据显示，截至 2014 年年底，我国数字出版市场的累计用户规模达到 12. 48 亿人（家/个）（包含重复注册和历年尘封的用户等）。目前，以在线教育、游戏动漫、特色资源数据库等为主的数字产品与服务成为传统出版机构数字化转型发展的主要尝试领域。

表 9-9　**2010—2015 年数字出版市场营业收入增长情况**　（单位：亿元,%）

年份	营业收入	营业收入增长率	营业收入占比
2010	1 051. 8	31. 6	8. 5
2011	1 377. 9	31. 0	9. 5
2012	1 935. 5	40. 5	11. 6
2013	2 540. 4	31. 3	13. 9

续表

年份	营业收入	营业收入增长率	营业收入占比
2014	3 387.7	33.4	17.0
2015	4 403.9	30.0	20.3

注：数据来源于2010—2015年新闻出版产业分析报告。

第二节 出版物与流通市场建设

一、出版市场主体建设

十一届三中全会以后，我国国有企业进行了循序渐进的改革，先后经历了四个阶段，即"放权让利"阶段(1978—1984年)，"推行承包制"阶段(1985—1991年)，"试行股份制"阶段(1992—1995年)，"三改一加强"为中心的总体改革阶段(1996年至今)。我国传统出版机构作为事业性的国有单位通过转企改制，逐渐成长为建立现代企业制度、产权清晰、具备独立经营决策能力的市场竞争主体。

1. 出版物生产主体建设

目前，我国出版市场的生产主体主要有出版集团、报业集团、期刊集团、出版社、报社、期刊社、大型印刷集团和以新华书店为主体的图书发行系统、以邮政为主体的报刊发行系统，还有大量民营性质的出版工作室、出版策划公司和图书报刊发行代理机构和销售网络。基于出版产品的外部性特点，整个市场主体还是以国有资本为主。

(1)图书出版机构。

①国有出版机构。长期以来，我国图书出版机构始终在行政体制下以事业单位的性质运行和管理，虽然通过调整性的改革实现了"事业单位，企业化管理"，但并不是完全意义上的市场主体，缺乏市场主体应有的自主决策权和独立经营权，难以作为成熟的现代化企业真正参与市场竞争。改革开放后，图书出版机构在文化体制改革的大背景下经历转企、改制、上市等重大变革，初步形成具有一定市场竞争力，能够自主经营、自负盈亏、自我发展、自我约束的出版社、出版集团、出版传媒上市公司。

我国出版市场主体的建设具有显著的政策引导性，文化体制改革成为推动国有出版机构转企改制重塑市场主体的制度动因。1983年2月，文化部出版局发布的《关于出版社、新华书店总店、中国印刷公司列入1982年调资范围后的几项规定》指出，“出版社的性质属于事业单位，仍实行企业管理”。此后，出版社在行政体制+有限的市场机制下逐渐向生产经营性单位转变，一定程度上解放了生产力，成为过渡性性质的“市场主体”。进入21世纪后，过去规模偏小、分散经营的出版机构设置难以优化配置出版资源，发挥集约化的规模经济效应，加之WTO的国际环境变化，集团化发展成为我国出版市场实现集约化经营的重要方式。1998年12月，新闻出版署批准组建上海世纪出版集团、四川新华书店集团、广东出版集团，作为全国试点单位。此后，出版业进入集团化发展阶段，随着整个经济体制的市场化进程加速和国外资本进入的竞争压力增加，做大做强出版业成为出版业发展的主旋律。① 2003年，新闻出版总署下发《新闻出版体制改革试点工作实施方案》，明确提出“以现代产权和企业制度改制，实行所有权与经营权分离，并推进出版集团区域整合和跨地区经营”。至此，国有出版社的转企改制拉开序幕。2006年，新闻出版总署出台《关于深化出版发行体制改革工作实施方案》，方案提出“要积极推动有条件的出版、发行集团公司上市融资”。在这一背景下，2007年，先后有新华文轩、粤传媒、出版传媒三家出版发行企业上市融资。出版企业进入资本市场标志着我国出版单位已经在产权改革、股份制改造中取得实质性突破，出版企业作为市场竞争参与者的主体地位进一步得到重塑。

2009年4月，国家新闻出版总署《关于进一步推进新闻出版体制改革的指导意见》明确新闻出版体制改革的目标，即要全面完成经营性新闻出版单位转制任务，建立现代企业制度，在企业内形成有效率、有活力、有竞争力的微观运行机制；推动跨媒体、跨地区、跨行业、跨所有制的战略重组，开拓融资渠道，培育一批大型骨干出版传媒企业，打造新型市场主体和战略投资者。据统计，随着出版体制改革继续深化，至2010年全国近580家出版单位已经基本上全部完成转企改制，成为自负盈亏的市场竞争主体。

②民营出版机构。民营出版机构是出版市场自发形成的以图书策划、出版为主要业务的出版策划公司、出版工作室等，其相对灵活的经营体制、优秀的出版策划能力使民营出版机构成为我国出版市场主体的重要组成部分。据2012年新闻出版产业发展分析报告统计，在新闻出版业企业法人单位的所有制结构中，民营企业比重高达82.63%，成为出版市场有力的竞争主体。

民营出版机构在出版市场中的竞争主体地位的确立伴随着国家政策的调整

① 杨东星．中国出版企业现代治理结构研究[D]．大连：东北财经大学，2013：47.

与引导。自2003年国家对民营书业放开总发行权，民营书业迎来政策松动后的“发展红利期”。尽管对民营书业的这种放松仅仅辐射到发行领域，但出版市场上游环节的策划、出版等领域皆有民营出版机构以各种形式参与到其中，逐渐形成专业性极强的民营出版机构，如北京新经典文化公司、北京读书人图书公司、北京湛庐文化传播有限公司、读客图书有限公司、蓝狮子财经出版中心等文化公司已经成为出版业界翘楚。

表9-10　**2009—2012年新闻出版业企业法人单位的所有制结构**

（单位：家,%）

项目		国有全资	集体企业	民营企业	外商投资	港澳台投资	混合投资	合计
2009	数量	19 732	7 862	82 848	1 992	2 280	417	115 131
	比重	17. 14	6. 83	71. 96	1. 73	1. 98	0. 36	100
2010	数量	19 446	7 028	100 023	3 824	626	441	131 388
	比重	14. 80	5. 35	76. 13	2. 91	0. 48	0. 34	100
2011	数量	19 293	6 017	124 340	2 290	563	574	153 077
	比重	12. 60	3. 93	81. 23	1. 50	0. 37	0. 37	100
2012	数量	18 297	6 060	130 248	2 222	300	492	157 619
	比重	11. 61	3. 84	82. 63	1. 41	0. 19	0. 31	100

注：数据来源于2010—2012年新闻出版产业发展分析报告。

民营机构以出色的选题策划能力和营销推广能力成为出版市场竞争的“弄潮儿”，囿于国有出版机构对书号资源的独占性，民营机构对出版市场的渗透更多地以合作出版的形式进行，这在国家政策文件中可窥见一二。2009年4月，国家新闻出版总署发布《关于进一步推进新闻出版体制改革的指导意见》，该《意见》提到“鼓励和支持社会资本特别是国有大型企业参与出版传媒企业的股份制改造，培育一批导向正确、主业突出、实力雄厚、影响力大、核心竞争力强的专业出版传媒企业；引导非公有出版工作室健康发展，发展新兴出版生产力”。此外，民营书业企业也可以与国有出版机构开展项目、战略及资本等多层面的合作，实现资源的优势互补，通过强强联合推动我国出版业的整体进步。①

（2）报纸出版机构。

① 新闻出版总署．关于进一步推进新闻出版体制改革的指导意见[Z]．2009-03-25.

国家以市场经济体制取代计划经济体制对文化市场进行的改革，同样深刻影响着报业的市场化发展。报纸作为出版物的商品属性得以明确，同时，对报社经营主体地位的确立以及“企业化管理”的政策进一步推动，促使我国报纸出版机构作为出版市场主体参与市场竞争。1979 年 1 月，《天津日报》刊发了“文革”后的第一条商业广告，标志着我国报纸出版机构市场化意识的初步觉醒。1988 年 3 月，新闻出版署、国家工商行政管理局颁布了《关于报社、期刊社、出版社开展有偿服务和经营活动的暂行办法》，明确报社多种经营合法化。随着报业竞争的加剧，20 世纪 90 年代初，中国报纸市场开始出现报业集团化热潮。但这种自下而上的市场自发行为受到管理部门的及时调整。1994 年新闻出版总署在《关于书报刊音像出版单位成立集团问题的通知》中明确声明“报社组建集团需报新闻出版署审批”。直至 1996 年 1 月，《广州日报》成为中国报业集团的第一个试点单位，随即成立的广州日报报业集团成为我国首家正式挂牌的报业集团。随后，报业集团如雨后春笋在我国出版市场中生根发芽，截至 2014 年，我国报刊集团已经达到 46 家。

表 9-11　**我国报业集团及成立时间一览表①**

报业集团	成立时间	报业集团	成立时间
广州日报报业集团	1996 年 5 月	重庆日报报业集团	2001 年 10 月
南方日报报业集团	1998 年 5 月	湖南日报报业集团	2001 年 10 月
羊城晚报报业集团	1998 年 5 月	杭州日报报业集团	2001 年 11 月
光明日报报业集团	1998 年 6 月	宁波日报报业集团	2002 年 6 月
经济日报报业集团	1998 年 6 月	天津日报报业集团	2002 年 8 月
文汇新民联合报业集团	1998 年 7 月	福建日报报业集团	2002 年 8 月
哈尔滨日报报业集团	1999 年 4 月	成都日报报业集团	2002 年 9 月
长春日报报业集团	1999 年	河北日报报业集团	2002 年 9 月
吉林日报报业集团	1999 年	深圳报业集团	2002 年 9 月
辽宁日报报业集团	1999 年	济南日报报业集团	2002 年 10 月
沈阳日报报业集团	1999 年 12 月	甘肃日报报业集团	2002 年 10 月
北京日报报业集团	2000 年 3 月	青岛日报报业集团	2002 年 11 月
浙江日报报业集团	2000 年 6 月	南京日报报业集团	2002 年 12 月
河南日报报业集团	2000 年 7 月	黑龙江日报报业集团	2002 年 12 月

① 肖光华．我国报业产业组织研究［D］．长沙：中南大学，2004：52.

续表

报业集团	成立时间	报业集团	成立时间
四川日报报业集团	2000 年 9 月	苏州日报报业集团	2003 年 10 月
大众报业集团	2000 年 9 月	无锡日报报业集团	2003 年 11 月
解放日报报业集团	2000 年 10 月	长江日报报业集团	2003 年 12 月
大庆日报报业集团	2001 年 4 月	山西日报报业集团	2004 年 4 月
湖北日报报业集团	2001 年 7 月	海南日报报业集团	2004 年 7 月
云南日报报业集团	2001 年 9 月	温州日报报业集团	2004 年 9 月
长沙晚报报业集团	2001 年 9 月	贵州日报报业集团	2004 年 11 月
新华日报报业集团	2001 年 9 月	宁夏日报报业集团	2006 年 7 月

数据来源：根据公开资料整理。

(3)期刊出版机构。

与图书出版机构、报纸出版机构相似，我国期刊生产主体多为依附于出版社、报社和上级主管单位的事业性单位，大部分远离市场：在我国9 000多种期刊中，有1 400多种是党政部门所办刊物。① 1988 年 3 月，由国家新闻出版署和国家工商行政管理局发出的《关于报社、期刊社、出版社开展有偿服务和经营活动的暂行办法》，给予各期刊出版单位有力的政策支持。

2001 年加入 WTO 以来，外资获准以多种合作形式参与到期刊的生产出版中。这其中诞生了三大时尚类期刊集团，即《时尚》与世界著名杂志集团赫斯特集团合作，《瑞丽》与日本主妇之友出版社合作，《世界服装之苑》与法国桦榭菲力柏契出版集团版权合作，构成我国时尚类期刊市场的三足鼎立之势。

2002 年我国第一家期刊集团——家庭期刊集团成立，随后大众文化类期刊品牌《读者》《知音》等纷纷以刊群为基础，发展建立期刊传媒集团，集团化趋势为期刊市场主体提供集约化、规模化的发展路径，市场竞争力显著提高。

2. 出版物流通主体建设

出版物流通，也称为出版物发行，是指出版单位发行部门及出版物发行机构从事的，以商品销售形式组织出版物从生产者手中向市场及消费者转移的活动，包括出版物商流、物流、信息流、资金流等。② 我国出版物流通市场建设随着文化体制改革等制度性改革的持续深入，逐渐形成国有新华书店与民营发

① 陈琳琳．中国期刊市场化营运研究[D]．武汉：武汉大学，2005：17.

② 方卿等．出版产业链研究[M]．北京：高等教育出版社，2007：26.

行渠道“两架马车”并行的市场主体格局。截至 2014 年，我国出版物发行渠道多达 17 万处，形成横跨各地区、覆盖城乡的出版物发行网络。

表 9-12 **2010—2014 年我国出版物发行网点分布**

发行网点	2010	2011	2012	2013	2014
国有书店及国有发行点数(处)	9 985	9 513	9 403	9 255	8 922
供销社数(处)	1 520	997	748	839	700
出版社数(处)	462	447	446	447	444
文化教育广电邮政系统数(处)	39 264	36 455	37 821	38 062	37 785
新华书店系统外批发网点数(处)	6 483	7 141	7 505	7 984	8 642
集体个体零售数(处)	109 994	113 932	116 091	115 132	112 582
总计	167 882	168 586	172 633	172 447	169 619

注：数据来源于 2010—2014 年中国出版统计年鉴。

(1)以新华书店为代表的国有发行机构。作为最大的国有连锁书店，新华书店在我国出版发行领域占有举足轻重的地位，改革开放前曾一度垄断出版发行市场。随着出版市场化进程的逐步推进，新华书店先后经历了“一主三多一少”(以国有新华书店为主体，多种经济成分，多条流通渠道，多种购销形式，少流转环节)到“三放一联”(放承包权、放开批发渠道、放开购销形式和发行折扣，发展横向联合)到“三建一转”(建立图书批销中心、建立代理制、建立发行企业集团、转换企业经营机制)到“转企、改制、连锁、上市”的改革历程。①

1983 年 6 月，中共中央、国务院发出《关于加强出版工作的决定》提到“改革图书发行体制，增加图书发行能力，要改革新华书店的经营管理体制，同时要发展集体和个体的发行网点，逐步形成以新华书店为骨干的多种流通渠道、多种经济形式、多种购销形式、减少流通环节的图书发行网”。

1988 年中宣部、新闻出版署《关于当前图书发行体制改革的若干意见》中，关于“三放一联”(放权承包，放开批发渠道，放开购销形式和折扣，推动横向联合)的提出，使处于垄断地位的新华书店发行机构开始受到“草莽之流”——民营发行企业的挑战。

① 刘强．新华书店体制改革与分销渠道的再造[J]．出版发行研究，2005(10)：45-49.

1996年6月，新闻出版署发出《关于培育和规范图书市场的若干意见》，倡导图书市场“三建一转”，即建立图书批销中心、建立代理制、建立发行企业集团、转换企业经营机制。由此我国图书市场发行体制改革进入以“统一、开放、竞争、有序”为基本目标的新阶段。

2006年7月，国家新闻出版总署在《关于深化出版发行体制改革工作实施方案》中表示要积极推动有条件的出版、发行集团上市融资。在这个背景下，谋求上市又成为许多出版集团的目标。2006年10月，上海新华传媒一举借壳上市，成为我国出版发行企业中第一家A股上市公司。

(2)民营发行机构。民营发行渠道是民营资本参与出版市场的重要形式，它是相对于国营销售渠道而言的，包括民营批发商以及个体书店、书摊等零售书店。1980年，国家出版局发布《建议有计划有步骤地发展集体所有制和个体所有制的书店、书亭、书摊和书贩》，对出版市场中出现的新兴发行力量予以支持。1982年出版局在《关于图书发行体制改革问题的报告》中首次提出要“积极发展集体书店，适当发展个体书店”。上述两个文件的出台在政策上确认了民营资本进入出版市场的可能，民营发行渠道在图书发行市场开始有了一席之地。1988年5月，中宣部、新闻出版署出台《关于当前图书发行体制改革的若干意见》，意见赋予民营发行机构二级批发权限，进一步为民营书业在出版市场的深度渗透提供了政策性松动。

由于相应的市场管理规范的缺失，民营发行机构在市场竞争中开始出现以经济利益为先、扰乱正常图书发行秩序的经营行为。对此，1989年新闻出版署、国家工商行政管理局联合发布《关于加强集体、个体、私营书店摊管理的暂行规定》重新强调了民营书业的经营范围，并提出“总发行权不得对非国有书业企业开放”的规定。随着我国加入WTO，对外开放出版分销市场，对民营发行机构的“国民待遇”也提上日程。2003年9月，国家新闻出版总署颁发新的《出版物市场管理规定》，标志着民营发行机构在通过审批后获得出版物总发行权的权利。2003年9月，国内首家获得报刊总发行权的民营企业——文德广运发行集团在京成立。到2005年年初，全国共批准建立17家具有出版物总发行权的股份制公司，成为我国出版物市场的重要推动力量。①

二、图书市场建设

图书市场是指以图书为媒介的产品交易场所和领域，是图书(产品)从出

① 夏叶．图书分销的现状与发展趋势[J]．出版广角，2006(2)：29.

版、发行到售出的整个流通过程中各种交换关系的总和。① 改革开放以来，以图书商品的供给超过需求、新华书店的图书库存急剧上升为标志，我国图书市场性质发生根本改变，由卖方市场向买方市场转变，市场规模迅速增长。根据图书市场产品生产规模的变化情况可将我国图书市场建设划分为以下四个阶段：即补偿性增长阶段(1978—1985)、调整发展阶段(1986—1992)、改革推动发展阶段(1993—2002)、成熟与转型阶段(2003年至今)。②

1. 图书市场的补偿性增长阶段(1978—1985)

这一阶段，我国图书市场突破“文革时期”的文化禁锢，迎来超常规的增长阶段。短短8年时间，出版社的数量从1978年的105家增长至1985年的371家，增长超过一倍；图书种数从14 987种增至45 603种，增长迅猛；图书出版总印数翻了一番，从1978年的37.74亿册增长至1985年的66.7亿册。可以看到，供给瓶颈在这一阶段得到有效解决，进而释放了长期被压制的购书阅读需求，图书市场体系初具雏形。

表9-13 **1978—1985年图书出版情况** (单位：家，种，亿册，亿印张)

年份	出版社	总种数	新出版数	总印数	总印张
1978	105	14 987	—	37.74	135.43
1979	—	17 212	—	40.72	172.50
1980	192	21 621	17 660	45.9	195.7
1981	191	25 601	19 854	55.8	217.7
1982	214	31 784	23 445	58.5	222.0
1983	260	35 700	25 826	58.0	232.4
1984	330	40 072	28 794	62.5	260.6
1985	371	45 603	33 743	66.7	282.7

注：数据来源于1978—1985年《中国出版年鉴》。

2. 图书市场的调整发展阶段(1986—1992)

自1986年起，中国图书市场的高速发展势头不复存在，图书市场开始进

① 傅才武．中国文化与消费市场研究[M]．昆明：云南人民出版社，2014：122.
② 文中阶段划分参考傅才武所著《中国文化与消费市场研究》。

入徘徊与调整时期。表 19-14 显示，1986 年的图书出版总印张和总印数同时出现了大幅下降，分别比上年下降了 22.03%和 22.08%，以至于当时媒体中出现“出版业大滑坡”“出版业大危机”的声音。1988 年后，图书市场的各项指标数据虽有所回升，但直至 1993 年，图书出版总印张和总印数始终未超过 1985 年的最高峰。究其原因，当时我国图书市场的发行渠道仍受到新华书店垄断，接连的图书销售危机和征订危机导致新华书店库存陡增，为减少库存积压，新华书店大幅度削减新书订数以解“燃眉之急”。至此，也暴露了原有的图书发行市场体系弊端，图书市场的徘徊与调整导致出版发行体制的崩盘与改革。

表 9-14　　**1986—1992 年图书出版情况**

（单位：家，种，册，亿印张，亿元）

年份	出版社	总种数	新出版数	总印数	总印张	定价总金额
1986	395	51 789	39 426	52.0	220.3	34.1
1987	415	60 193	42 854	62.5	261.2	45.3
1988	448	65 962	46 774	62.2	267.0	62.22
1989	463	74 973	55 475	58.6	243.6	74.44
1990	501	80 224	55 254	56.4	232.1	76.63
1991	504	89 615	58 467	61.4	266.1	95.54
1992	519	92 148	58 169	63.4	280.4	110.74

注：数据来源于 1986—1992 年《中国出版年鉴》。

3. 图书市场的改革推动发展阶段（1993—2002）

1992 年，随着邓小平南方讲话和中共十四大的召开，社会主义市场经济得以在我国正式确立并施行，这也成为图书市场发展的重要标志。同时，文化体制改革、图书价格管制松动等都为图书市场发展注入新的活力。由此，在改革推动下，此阶段的图书种类从 1993 年的 96761 种增长到 2002 年的 170962 种，总印张从 1993 年的 282.3 亿印张上升至 2002 年的 456.45 亿印张，增长率高达 61.69%。该阶段的图书市场规模不断扩大，图书市场发展进入到体制改革的“红利期”。

表 9-15 **1993—2002 年图书出版情况**（单位：家，种，亿册，亿印张，亿元）

年份	出版社	总种数	新出版数	总印数	总印张	定价总金额
1993	542	96 761	66 313	59. 3	282. 3	136. 74
1994	550	103 836	69 779	60. 1	297. 2	177. 66
1995	527	101 381	59 159	63. 2	316. 8	243. 66
1996	528	112 813	63 647	71. 6	360. 5	346. 13
1997	528	120 106	66 585	73. 1	364. 0	327. 56
1998	530	141 831	74 719	72. 4	373. 6	397. 97
1999	529	141 831	83 095	73. 2	391. 4	436. 33
2000	565	143 376	84 235	62. 74	376. 21	430. 1
2001	562	154 526	91 416	63. 1	406. 08	466. 82
2002	568	170 962	100 693	68. 7	456. 45	535. 12

注：数据来源于 1993—2002 年《中国出版年鉴》。

4. 图书市场的成熟与转型阶段(2002 年至今)

随着文化体制改革的深入，作为图书市场主体的出版单位转企改制基本完成，焕发出新的活力。同一时期，我国正式加入 WTO，国内图书市场的大门逐渐被打开，国际市场的竞争也进一步带动图书市场的快速发展。从 2002 年起，出版社的规模逐渐趋于稳定，每年的出版种数、总印数、总印张数以及定价总金额都呈现出增长态势。2011 年图书出版定价总金额突破 1000 亿元，第二年图书出版种数突破 40 万种，我国图书市场已然进入出版大国行列，图书出版整体上进入成熟期。但数字技术对图书市场的冲击加剧了图书市场发展的不确定性，面对如此挑战，图书市场的转型也势在必行。

表 9-16 **2003—2015 年图书出版情况** （单位：家，种，亿册，亿印张，亿元）

年份	出版社	总种数	新出版数	总印数	总印张	定价总金额
2003	570	190 391	110 812	66. 7	462. 22	561. 82
2004	572	208 294	121 597	64. 13	465. 59	592. 89
2005	573	222 473	128 578	64. 66	493. 29	632. 28
2006	573	233 971	130 264	64. 08	511. 96	649. 13
2007	579	248 283	136 226	62. 93	486. 51	676. 72

续表

年份	出版社	总种数	新出版数	总印数	总印张	定价总金额
2008	579	275 668	149 988	69. 36	560. 73	791. 43
2009	580	301 719	168 296	70. 37	565. 50	848. 04
2010	581	328 387	189 295	71. 71	606. 33	936. 01
2011	580	369 523	207 506	77. 05	634. 51	1 063. 06
2012	580	414 005	241 986	79. 25	666. 99	1 183. 37
2013	582	444 427	255 981	83. 1	712. 58	1 289. 28
2014	583	448 431	255 890	81. 85	704. 25	1 363. 47
2015	584	475 768	260 426	86. 62	743. 19	1 476. 09

注：数据来源于 2003—2015 年《中国出版年鉴》。

三、报纸市场建设

报纸市场是指以报纸为媒介的产品交易场所和领域，是报纸(产品)从采编、印刷到发行的整个流通过程中各种交换关系的总和。与图书市场建设的发展过程相似，我国报纸市场也经历了补偿性增长、产业化发展与市场整合、体制改革“制度红利期”以及全媒体发展等四个阶段。报业竞争的战场有两处，一是发行市场，二是广告市场。发行市场的竞争事实上是对读者群的重新分割和占有，随着报纸越办越多，读者自由选择的余地大大增加。与此同时，报纸的公费订阅市场由于各单位行政经费的压缩却在不断萎缩，而人民生活水平的提高使得自费订阅的市场不断扩大，所以各类报纸都同时在公费与自费两条战线上进行竞争，既要保住公费订户，又要争取新的自费受众。在这种背景下，许多报纸为了提高发行的质量，也为了更好地服务受众，从 1985 年开始纷纷自办发行。从广告市场来看，广告市场在现代报业的营业额所占的比例越来越大，这也是一些报纸能够低价出售以争取读者的原因之一。①

1. 报纸市场补偿性增长阶段(1979—1991)

改革开放带来的全社会思想解放潮流和以经济建设为中心的国家战略转移，深刻影响了报业领域的市场化进程，产业化、市场化发展道路成为报业市场建设的自觉选择。1979 年 1 月，《天津日报》率先在全国报纸中刊登商品广

① 蔡骐，蔡雯．媒介竞争与媒介文化[M]．上海：复旦大学出版社，2007：16.

告，这标志着我国广告业的恢复和报业市场化经营的开始；1985年，《洛阳日报》率先开始自办发行，并取得成功，后来在全国范围内推广。报业市场的定位不再局限于意识形态的宣传工具，以满足受众需求为中心、以争取广告等收益为目标的市场竞争成为报业发展的直接动力。

从表9-17可以看到，1980年开始，报业市场经历了一段高速发展的补偿性增长阶段，“文化大革命”时期的文化消费品短缺问题在一定程度上得以解决。投放市场的报纸种类、平均期印数、总印数和总印张数都出现大幅度的增长，1984年平均期印数甚至比上一年几乎翻了一番；报纸种类从1979年的69种暴增至1991年的1 524种，报业市场出版规模的大幅度增长充分体现了这一阶段报纸消费的强烈需求。

表9-17　**1979—1991年报纸出版情况**　（单位：种，万份，亿份，亿印张）

年份	种数	平均期印数	总印数	总印张数
1979	69	4 761. 5	130. 8	123. 0
1980	188	6 236. 0	140. 4	141. 7
1981	242	7 152. 2	140. 7	133. 6
1982	277	8 074. 3	140. 0	129. 1
1983	340	9 611. 3	155. 1	142. 7
1984	458	16 246. 2	180. 8	162. 3
1985	698	19 107. 0	199. 8	174. 0
1986	791	14 627. 7	193. 9	172. 2
1987	850	15 524. 4	204. 9	183. 2
1988	829	15 170. 2	207. 2	189. 7
1989	852	11 574. 6	156. 2	143. 6
1990	1 444	14 670	211. 3	182. 8
1991	1 524	16 393	236. 5	205. 8

注：数据来源于1979—1991年中国出版统计年鉴。

2. 报纸市场整合发展阶段(1992—2000)

1993年6月，我国《关于加速发展第三产业的决定》发布，正式将报业列为第三产业，标志着中国报业进入产业化发展阶段。相比于1988年国家主管部门对于报业“经营权”的认可，1993年对报业“产业属性”的承认对于报业的市场化发展具有更深刻的影响，它在一定程度上减弱报业的“事业属性”，将其主体部分纳入到市场经营和产业发展的轨道，推动报业进入第二个高速稳定的增长期。① 这一阶段，报业市场的种类、平均期印数逐渐趋于稳定，报纸种类在 1996 年达到2 163种后呈现缓慢的下降趋势，平均期印数维持在18 000万份左右。同时，这一阶段的报纸总印数和总印张数仍呈现稳定的增长，2000 年总印张数相比 1992 年增长近 3 倍。从这一阶段的报业市场产品规模可以看到，在经历需求刺激而爆发式增长的超常规发展后，报业市场开始进入需求相对平稳的成熟发展期。

表 9-18 **1992—2000 年报纸出版情况** （单位：种，万份，亿份，亿印张）

年份	种数(种)	平均期印数(万份)	总印数(亿份)	总印张数(亿印张)
1992	1 657	18 031	257. 9	238. 8
1993	1 788	18 478	263. 8	287. 1
1994	1 953	17 736	253. 2	310. 8
1995	2 089	17 644	263. 3	359. 6
1996	2 163	17 877	274. 3	392. 4
1997	2 149	18 259	287. 6	459. 8
1998	2 053	18 211	300. 4	540. 0
1999	2 038	18 632	318. 4	636. 7
2000	2 007	17 914	329. 3	799. 83

注：数据来源于 1992—2000 年中国出版统计年鉴。

3. 报纸市场体制改革的“制度红利期”(2001—2010)

在报纸规模数量发展的同时，报纸的种类结构也日益丰富，从单一的党政机关报发展为党报、行业专业报、晚报都市报、生活服务类报、文摘报等各种类型的报纸，整个报业结构趋于平衡。② 2001—2005 年，借助于集团化改革所释放的“制度红利”，时政类和综合性报纸发展到一个高峰。2006—2010 年，由于竞争环境更复杂，日益面临新媒体的挑战，报纸种类数量缓慢下降，从 2002 年的2 137种下降到 2010 年的1 939种，但平均期印数和总印数稳步增长，报业市场仍然是一种稳定发展的市场，但市场形态开始向专业性和集约型过

① 傅才武. 中国文化与消费市场研究[M]. 昆明：云南人民出版社，2014：137.
② 梁衡. 中国报业发展的现状与发展趋势[J]. 国际新闻界，2006(6)：22-24.

渡，我国报业开始从以数量扩张为主要特征的传统增长方式，向质量效益型增长方式转变。①

表 9-19　　**2001—2010 年报纸出版情况**　（单位：种，万份，亿份，亿印张）

年份	种数(种)	平均期印数(万份)	总印数(亿份)	总印张数(亿印张)
2001	2 111	18 130	351.06	938.96
2002	2 137	18 721.1	367.83	1 067.38
2003	2 119	19 072.4	383.12	1 235.59
2004	1 922	19 521.6	402.4	1 524.8
2005	1 931	19 548.8	412.6	1 613.14
2006	1 938	19 703.35	424.52	1 658.94
2007	1 938	20 545.37	437.99	1 700.76
2008	1 943	21 154.79	442.92	1 930.55
2009	1 937	20 837.15	439.11	1 969.4
2010	1 939	21 437.68	452.14	2 148.03

注：数据来源于 2001—2010 年中国出版统计年鉴。

4. 全媒体概念下的媒体汇流发展时期(2011 年至今)

经过三十年的产业培育和市场发展，到 2011 年，我国传统报业市场(纸质报市场)发展成为世界上最大的报纸消费市场，每千人拥有日报 90 份，其中北京、上海等发达省市千人日报拥有量 280 份，超过中等发达国家的水平。2012 年，中国以 1.145 亿份的每日发行量成为全球最大的报纸市场。②数字信息技术的发展在推动报业市场全媒体化的同时，也对传统报业市场的采编、出版、发行等环节造成革命性的变革。基于此，报纸种类、年均期印数、总印数、总印张数等指标皆有不同程度的下降，报纸市场的转型步伐日趋紧迫。

① 傅才武．中国文化与消费市场研究[M]．昆明：云南人民出版社，2014：139.
② 傅才武．中国文化与消费市场研究[M]．昆明：云南人民出版社，2014：142.

表 9-20　　**2011—2015 年报纸出版情况**　（单位：种，万份，亿份，亿印张）

年份	种数	平均期印数	总印数	总印张数
2011	1 928	21 517. 05	467. 43	2 271. 99
2012	1 918	22 762. 00	482. 26	2 211. 00
2013	1 915	23 695. 77	482. 41	2 097. 84
2014	1 912	22 265	463. 9	1 922. 3
2015	1 906	20 968. 37	430. 09	1 554. 93

注：数据来源于 2010—2015 年中国出版统计年鉴。

四、期刊市场建设

期刊市场是期刊产品生产流通交换的场所及其所产生的各种经济关系的总和。期刊市场的发展先后经历了补偿性增长阶段（1978—1989）、期刊市场微调与适应阶段（1990—1999）、期刊市场成熟发展阶段（2000—2010）、期刊市场的数字化转型阶段（2011 年至今）四个阶段。

1. 期刊市场补偿性增长阶段（1978—1989）

与报业、书业的市场化发展轨迹一样，期刊业在改革开放后首先进入一段补偿性的增长期，期刊市场的各项指标数据包括期刊种数、平均期印数、总印数、总印张数都呈现大幅度的增长，期刊种类由 1978 年的 930 种增加到 1989 年的6 078种，增长近 7 倍，以满足超常规的市场需求。期刊市场的逐步形成，成就了一批品牌期刊的生根发芽，在市场化的浪潮中，满足大众文化需求的期刊如《读者文摘》《知音》开始了长达 30 多年的品牌征程。

表 9-21　　**1978—1989 年期刊出版情况**　（单位：种，万份，亿份，亿印张）

年份	种数	平均期印数	总印数	总印张数
1978	930	6 200. 1	7. 6	22. 7
1979	1 470	7 960. 2	11. 8	30. 1
1980	2 191	10 298. 4	11. 2	36. 7
1981	2 801	13 095. 6	14. 6	45. 4
1982	3 100	13 885. 2	15. 1	46. 0
1983	3 415	15 995. 4	17. 7	52. 5

续表

年份	种数	平均期印数	总印数	总印张数
1984	3 907	20 440. 2	21. 8	64. 3
1985	4 705	23 952. 0	25. 6	77. 3
1986	5 248	21 980. 0	24. 0	73. 0
1987	5 687	24 375. 0	25. 9	72. 7
1988	5 865	23 275. 0	25. 5	71. 2
1989	6 078	17 145. 0	18. 4	50. 7

注：数据来源于 1978—1989 年中国出版统计年鉴。

2. 期刊市场微调与适应阶段(1990—1999)

这一时期，我国期刊业整体保持快速、稳定的增长态势。从 1990 年到 1999 年，期刊种类从5 751种增加到8 187种，总印张由 54. 44 亿印张增加到 96. 77 亿印张，平均期印数从16 156万册增长到21 845万册，总印数从 17. 9 亿册增长到 28. 46 亿册。1993—1997 年，由于原材料成本的急剧上涨，并受到期刊事业体制的制约，期刊市场进入微调阶段，期刊平均期印数、总印数、总印张等指标有所降低。1994 年与 1993 年相比，平均期印数、总印数、总印张分别下降 4. 89%、5. 96%、0. 54%，直到 1997 年才得以反弹，然后继续上扬。这五年，我国期刊市场经历了市场化的适应期，是期刊市场由事业体制开始向市场体制转型的关键时期。①

表 9-22　**1990—1999 年期刊出版情况**　（单位：种，万份，亿份，亿印张）

年份	种数	平均期印数	总印数	总印张数
1990	5 751	16 156	17. 9	48. 1
1991	6 056	18 216	20. 62	54. 44
1992	6 486	20 506	23. 60	62. 73
1993	7 011	20 780	23. 51	64. 21
1994	7 325	19 763	22. 11	63. 86
1995	7 583	19 794	23. 37	67. 02

① 傅才武 . 中国文化与消费市场研究[M]. 昆明：云南人民出版社，2014：138.

续表

年份	种数	平均期印数	总印数	总印张数
1996	7 916	19 300	23.10	68.06
1997	7 918	20 046	24.38	73.30
1998	7 999	20 928	25.37	79.87
1999	8 187	21 845	28.46	96.77

注：数据来源于 1990—1999 年中国出版统计年鉴。

3. 期刊市场成熟发展阶段(2000—2010)

2000 年以来，期刊市场化水平不断提高。虽然还存在不少非商业化运作的党政部门指导类期刊和教育学术类期刊，但市场对期刊的影响越来越大，竞争也日益激烈。① 在这一阶段，期刊平均期印数虽然在 2002 年后开始下滑，但期刊品种数、总印数、总印张数呈现稳定增长。2005 年 12 月 1 日，新修订的《期刊出版管理规定》正式颁布并实施，该规定对我国期刊出版经营主体的准入、经营原则、业务范围、出版规则等做出明确规定，成为我国期刊市场逐步走向成熟的标志。② 随着期刊市场化进程的加快，我国期刊业开始向专业化、规模化和集团化发展。

表 9-23 **2000—2010 年期刊出版情况** (单位：种，万份，亿份，亿印张)

年份	种数	平均期印数	总印数	总印张数
2000	8 725	21 544	29.42	100.04
2001	8 889	20 697	28.90	100.90
2002	9 029	20 406	29.50	106.40
2003	9 074	19 909	29.50	106.40
2004	9 490	17 208	28.35	110.51
2005	9 468	16 286	27.59	125.26
2006	9 468	16 435	28.52	136.94
2007	9 468	16 697	30.41	157.93

① 张志强，左键．中国出版业发展报告——新千年来的中国出版业[M]．南京：南京大学出版社，2013：95.

② 傅才武．中国文化与消费市场研究[M]．昆明：云南人民出版社，2014：141.

续表

年份	种数	平均期印数	总印数	总印张数
2008	9 549	16 767	31.05	157.98
2009	9 851	16 457	31.53	166.24
2010	9 884	16 349	32.15	181.06

注：数据来源于2000—2010年中国出版统计年鉴。

4. 期刊市场的数字化转型阶段(2011年至今)

2011年以来，媒体融合趋势在传统纸质媒体愈演愈烈，期刊品种、平均期印数、总印数、总印张数规模不增反降，期刊市场竞争主体普遍试水期刊网站、电子期刊、期刊APP，进行数字化转型。例如2010年5月，《读者》期刊集团推出自主品牌手持终端阅读器，12月其门户网站“读者网”正式上线运营①。随着互联网传播技术的不断发展，期刊市场的数字化转型势在必行。

表9-24　**2011—2015年期刊出版情况**　(单位：种，万份，亿份，亿印张)

年份	种数	平均期印数	总印数	总印张数
2011	9 849	16 880	32.85	192.73
2012	9 867	16 767	33.48	196.01
2013	9 877	16 453	32.72	194.70
2014	9 966	15 661	30.95	183.58
2015	10 014	14 628.25	28.78	167.78

注：数据来源于2010—2015年中国出版统计年鉴。

五、出版消费市场建设

培育文化消费市场，提高文化商品购买力，以消费刺激再生产，从而起到扩大内需、提高社会劳动生产力的作用，是中国文化产业能否健康、高效、快捷发展的重要因素②。出版市场的繁荣发展同样离不开旺盛的消费需求，我国出版物消费市场经历了供不应求向供过于求的转变，从出版物生产总量上看，

① 中国青年报.《读者》电纸书在深圳面市[J]. 新闻前哨，2010(6)：6.

② 傅才武. 中国文化与消费市场研究[M]. 昆明：云南人民出版社，2014：13.

特殊时期被压抑的消费需求已得到较好的弥补，但出版物产品结构的同质化以及供需间的结构性脱节仍然制约着消费市场的需求反哺功能。

1. 出版市场消费主体

出版市场消费主体包括个体读者和机构读者，个体读者是出版物的直接消费者，机构读者多以图书馆、教委学校、党政机关、企业单位、事业单位等集体组织为主，是我国出版物消费市场的重要消费主体。其中，图书馆是出版物公共采购和公共阅读的重要力量，图书馆的数量增长、藏书量增长以及阅读服务推广对出版物市场都会产生积极影响。仅以我国公共图书馆的相关数据为例，我国公共图书馆机构数量、总馆藏量虽增速较缓，但仍处于逐年上升状态。此外，公共图书馆的图书流通人次、书刊外借人次都有不同程度的上升，出版市场呈现消费需求旺盛景象。

表 9-25　**2010—2014 年我国公共图书馆建设情况**

指标	2010	2011	2012	2013	2014
公共图书馆业机构数(个)	2 884	2 952	3 076	3 112	3 117
公共图书馆总藏量(万册)	61 726	69 719	78 852	74 896	79 092
公共图书馆当年购买的报刊种类数(万种)	—	94	101	109	109
公共图书馆图书流通人次(万人次)	32 823	38 151	43 437	49 232	53 036
公共图书馆书刊文献外借人次(万人次)	13 934	15 316	17 402	20 552	22 737
公共图书馆书看文献外借册次(万册次)	26 392	28 452	33 191	40 868	46 734
人均拥有公共图书馆藏量(册/人)	—	1	1	1	1

注：数据来源于 2010—2014 年中国出版年鉴。

2. 出版市场消费规模与结构

从出版市场的销售规模看，我国出版物纯销售规模整体处于持续增长，2014 年纯销售金额接近 800 亿元。出版物纯销售册数呈现“迂回前进”，从纯销售数量与金额的对比情况看，我国出版物销售很大程度上靠价格拉动。从单品种出版物销售量数据看，2014 年该指标下降至 1.78 万册，单品种销售数据的连年下跌导致出版机构以追加出版新品种来提高畅销作品的可能，但这种粗放型的经营模式使总体消费规模扩大的背后折射出我国出版物质量的良莠不齐。

表 9-26　**2004—2015 年我国出版物纯销售规模**　（单位：亿册、亿元）

年份	纯销售册书	纯销售金额	单品种出版物销售量
2004	67.06	486.02	3.22
2005	63.36	493.22	2.85
2006	64.66	504.33	2.76
2007	63.13	512.62	2.54
2008	67.09	539.65	2.43
2009	63.18	580.99	2.09
2010	64.62	599.88	1.97
2011	65.78	653.59	1.78
2012	68.32	712.58	1.65
2013	68.08	735.63	1.53
2014	69.86	777.99	1.56
2015	67.42	781.42	—

从出版市场的销售结构看，我国出版物销售结构过渡依赖教辅教材图书，长期以来课本的销售册书占比达 40%以上，某些年份更高达 50%。最近十多年，我国大众出版迅速发展，出版销售市场的这种结构性失衡也有所改善，但仍然呈现教育类图书"独占鳌头"的市场化程度较低的初级市场特征。

表 9-27　**我国出版物分类产品销售册数占比①**

年份	哲学、社会科学（%）	文化、教育（%）	文学艺术（%）	自然科学技术（%）	少儿读物（%）	大中专教材（%）	课本（%）	其他图书（%）
1985	3.96	18.31	9.91	4.73	8.02	2.08	39.43	13.56
1988	3.7	23.2	6.9	4.4	4	2.1	43.8	11.9

① 张岑岑．中国图书三十年销售状况分析（1982—2011 年）[D]．合肥：安徽大学，2013：20.

续表

年份	哲学、社会科学（%）	文化、教育（%）	文学艺术（%）	自然科学技术（%）	少儿读物（%）	大中专教材（%）	课本（%）	其他图书（%）
1990	2.9	26.3	5.7	4	3.5	2.3	46.8	6.6
1993	3.5	23.8	5.2	4.2	3.7	2.3	47	10.3
1999	2.7	31.4	2.7	2.9	2.9	2.5	53.6	1.5
2001	3.6	27.8	2.9	3.7	3.7	2.7	53.8	1.8
2004	3	30	2.5	3	2	3.5	51.8	4.2
2008	3.2	28.77	2.72	3.08	2.76	4.15	48.6	6.72
2011	3.67	37.78	3.38	2.52	2.54	1.62	44.05	4.44

从出版物市场销售的区域分布看，以图书销售情况为例，图书销售收入排名前八位的省份变化不大，四川、河南、江苏、山东等人口大省以人口优势常年成为图书销售大省。但从整体销售区域分布结构分析，南方地区图书销售收入大于北方地区，经济发达地区图书销售收入大于经济落后地区。根据最近几年《中国出版年鉴》的图书销售收入统计，西北五省（陕西、甘肃、青海、宁夏、新疆）的图书销售收入仅占全国的6.92%。①

表9-28　**我国各区域图书销售收入排名（TOP8）②**

年份	各区域图书销售收入排名（TOP8）
1982	四川、江苏、山东、广东、河南、湖南、辽宁、湖北
1983	四川、江苏、山东、广东、河南、辽宁、湖北、上海
1984	四川、江苏、广东、河南、湖南、辽宁、上海、北京
1987	上海、四川、广东、山东、湖南、北京、河南、辽宁
1990	四川、广东、上海、江苏、山东、河南、湖南、湖北
1993	四川、上海、广东、江苏、山东、湖南、湖北、浙江
1997	山东、江苏、四川、上海、广东、河南、湖南、浙江

① 张岑岑．中国图书三十年销售状况分析（1982—2011年）［D］．合肥：安徽大学，2013：21.

② 张岑岑．中国图书三十年销售状况分析（1982—2011年）［D］．合肥：安徽大学，2013：22.

续表

年份	各区域图书销售收入排名(TOP8)
1999	江苏、山东、河南、广东、上海、河北、湖南、湖北
2001	广东、江苏、山东、河南、四川、上海、浙江、河北
2004	江苏、山东、广东、河南、四川、上海、浙江、湖南
2006	江苏、山东、浙江、广东、四川、河南、湖南、上海
2010	江苏、浙江、山东、湖南、四川、河南、广东、上海
2011	江苏、山东、河南、湖南、安徽、浙江、广西、四川

从出版物销售的城乡结构看，2014 年出版物城市零售额达 595. 87 亿元，农村零售为 122. 01 亿元，城乡零售比接近 5∶1。从十年的城乡零售比数据可以看到，出版物消费市场的城乡差距仍然较为悬殊。虽然国家重点惠民工程“农家书屋工程”“农村公共图书馆”等基础文化设施的建设一定程度上解决了农村地区的阅读需求，但城乡零售比逐年拉开的趋势反映出，农村地区的出版物发行投入和农民的出版物消费能力仍然是出版物消费市场建设和提升的重点。

表 9-29　**2004—2015 年出版物城乡零售情况**　（单位：亿元）

年份	总额	城市零售	农村零售	城乡零售比
2004	363. 64	274. 15	89. 49	3∶1
2005	403. 95	314. 8	89. 15	3. 55∶1
2006	415. 98	327. 8	88. 18	3. 76∶1
2007	429. 40	340. 55	88. 85	3. 76∶1
2008	463. 97	375. 88	88. 09	4. 26∶1
2009	498. 99	410. 86	88. 13	4. 56∶1
2010	533. 22	430. 27	102. 95	4. 18∶1
2011	582. 40	474. 78	107. 62	4. 41∶1
2012	648. 00	538. 55	109. 45	4. 92∶1
2013	687. 94	565. 04	122. 89	4. 60∶1
2014	717. 88	595. 87	122. 01	4. 88∶1
2015	751. 59	633. 9	117. 68	5. 39∶1

注：数据来源于 2004—2015 年中国出版年鉴。

3. 出版市场消费需求变化

出版物消费市场的变化伴随着传统出版物分销模式的变革，过去“出版商—批发商—零售商—读者”的分销流程在互联网技术的加持下大大减少了中间环节，形成“出版物—读者”一站式消费模式，出版商全渠道运营模式也逐渐演变成“店商+电商+微商”三位一体，出版物分销渠道不再仅仅局限于主渠道(新华书店、邮政系统)+二渠道(民营分销商)+三大网店的格局，新兴的分销渠道如团购、定制、天猫店、淘宝店快速崛起，机场、母婴、商超、影院等零售渠道得到进一步拓展，以微信为平台的自媒体社群营销成为出版物销售渠道的一大亮点。在数字化阅读趋势日渐兴盛的背景下，消费市场主体对出版物的消费需求同样经历了巨大变化。从我国国民阅读率的变化情况看，出版物市场消费需求旺盛，综合阅读率逐年递增，2015 年全国国民阅读率达到 79.6%，其中图书阅读率达到 58.4%，数字化阅读方式接触率达到 64.0%。阅读需求呈现出数字化、多元化、碎片化的趋势，智能手机终端、平板电脑等介质成为内容产品呈现的新方式，以其高度移动化、便捷性的接入方式成为读者阅读行为频发的入口。

表 9-30 **2010—2015 年我国国民阅读率及阅读率增长情况**

年份	综合阅读率	增长情况	图书阅读率	增长情况	数字化阅读方式接触率	增长情况
2015	79.6%	1.0%	58.4%	0.4%	64.0%	5.9%
2014	78.6%	1.9%	58.0%	0.2%	58.1%	8.0%
2013	76.7%	0.4%	57.8%	2.9%	50.1%	9.8%
2012	76.3%	−1.3%	54.9%	1.0%	40.3%	1.7%
2011	77.6%	0.5%	53.9%	1.6%	38.6%	5.8%
2010	77.1%	5.1%	52.3%	2.2%	32.8%	8.2%

注：数据来源于历次国民阅读调查报告。

表 9-31　**2013—2015 年我国国民人均阅读量变化情况**　(单位：本，份，期，本)

年份	人均纸质图书阅读量	人均报纸阅读量	人均期刊阅读量	人均电子书阅读量
2015	4. 58	54. 76	4. 91	3. 26
2014	4. 56	65. 03	6. 07	3. 22
2013	4. 77	70. 85	5. 51	2. 48

注：数据来源于第 11~13 次国民阅读调查报告。

第三节　出版要素市场建设

出版企业的生产要素是指出版企业进行生产经营活动时所需要的各种出版资源，主要包括资本、出版企业从事选题策划、编辑、印制、营销、经营管理等工作的各种人力资源、作者提供的著作权、先进的生产技术、经济信息、经营管理经验等。① 出版市场要素建设既是出版市场建设的重要组成部分，也是出版物流通市场建设的资源支撑，出版要素市场化程度的高低直接影响出版商品市场的繁荣。

一、技术要素市场建设

纵观出版业发展可以看到，出版业自始至终都是一个技术驱动型的行业，从造纸术的发明到印刷术的进步，到载体技术的演进，再到当下出版行业的数字技术，出版与技术的交融愈来愈紧密。然而眼下的出版行业技术要素市场并未真正发挥其在技术持有人与出版机构、出版机构与出版机构之间的对接和流通服务作用。

1. 技术对出版市场建设的影响

出版业的技术依赖性特征使技术与出版一直处于水乳交融的互动发展模式下，进入信息技术时代以来，出版业这种技术推动的变革表现得更为激烈，具体体现在出版生产的交互性、出版产品的数字化、出版流通的无纸化、出版交易的电子化和出版消费的个性化与多元化。

① 张其友．出版企业生产要素投入效果分析[J]．出版发行研究，2010(12)：30-32.

从宏观层面看，技术对出版业的影响首先体现为出版外延的扩展。随着数字出版产业链的形成，传统出版市场的边界已经逐步延伸至包括网络游戏、手机出版、在线音乐等在内的“大出版”产业；其次，新媒体技术的发展使出版市场基于“受众需求”组织生产的特征凸显，经济学中“需求刺激生产”的规律同样在消费需求特征巨变的出版市场中得以印证。

从中观层面看，技术变革带动出版载体的演变，出版介质的演变经历从平面媒体向声频视频媒体、从单一媒体向多媒体、从传统媒体向新媒体的转变。硬件设备技术的迭代使出版产业的载体形式逐渐从纸张过渡到电子阅读器、手机、平板电脑等移动设备。此外，技术与出版融合发展的趋势也丰富了出版市场中的竞争主体，出版主体不再局限于传统的出版社，电信运营商、互联网公司等技术领先行业的机构介入内容产业使出版市场主体更为多元。

从微观层面看，技术正在实现对出版流程的再造，无论是上游的策划、组稿环节，还是下游的营销发行环节，直至对数字出版的版权保护环节，都伴随着相应的技术升级而简化了流程，大大提高生产效率。出版业的盈利模式也不再仅仅停留在“内容为王”的阶段，而逐步形成以技术领先为基础的多元化、平台化布局。

2. 出版技术要素构成

技术要素是现代文化市场体系中极其活跃且极富生产力的要素。作为文化市场体系的重要组成部分，技术要素是出版市场转型升级的必备要素之一。现代数字技术的发展和普及及其与文化的高度融合，正在迅速改变文化的产品形态、传播方式和产业格局。例如，基于3D影像技术、MPR技术开发的影视和出版产品，促进了文化产品或服务创新；以互联网为代表的信息传播技术的发展，手机、平板电脑等阅读终端以及与之关联的影音流媒体内容传播技术的进步，拓展了文化传播路径；数字技术与文化的融合，催生出诸如网络动漫、网络游戏、数字娱乐业等新兴文化业态。事实证明，现代技术正在全方位、全局性地影响文化的发展。可以预期，在未来相当长的时期内，技术将是现代文化市场体系中极其活跃的要素。现代技术与文化的进一步融合，将决定文化产品和服务的创新性与吸引力、文化传播的辐射力与影响力、文化业态的创新性与多元化。①

① 方卿．准确把握现代文化市场体系的基本属性[N]．中国社会科学报，2014-05-21(B03)．

表 9-32　　**出版技术要素市场中的主要技术构成**

生产环节		流通环节	
制作环节	按需出版技术(POD)	营销环节	二维码技术
	3D 打印		两微营销
展示环节	柔性显示技术	发行环节	物流系统
	增强显示技术(AR)		网上书城
	虚拟显示技术(VR)		DRM 技术

3. 技术要素与出版市场的合作形式

技术要素市场建设的目标应该是促进传统出版业内容资源优势与新兴互联网技术服务公司技术资源优势的有效连接，技术要素市场建设的断代与割裂致使核心内容资源难以通过技术创新增值，产业链条也难以延伸。此外，技术要素市场的建设面临出版技术标准统一与规范的问题，例如数字出版领域的文档格式，国内方正的 CEB、超星的 PDG、知网的 CAJ 以及国外 Adobe 的 PDF 等格式难以兼容，严重阻碍出版市场的有序建设。因此，出版技术要素市场的建设要大力促进各类出版技术要素自由流动，吸收风险投资、社会投资参与技术开发，加快高新出版技术的市场化、产业化，实现出版要素市场中人才要素、技术要素、资本要素等要素资源的联动。2011 年，中南出版传媒集团与华为技术有限公司合资成立天闻数媒科技有限公司，总投资达 3.2 亿元人民币，依托中南传媒的教育内容生产实力和教育内容积淀，通过连接华为的技术力量，打造全新的数字出版平台。

二、资本要素市场建设

资本要素市场是一般生产要素市场的重要组成部分，指通过直接或间接的形式，最终投入产品、劳务和生产过程中的中间产品和金融资产。① 出版资本要素市场是出版与资本的对接和融合，以为出版业服务为目标而进行各类债务性和权益性资本运营活动、市场化配置出版资源的场所和制度安排。2009 年 9 月发布的《文化产业振兴规划》指出，我国下一步完善出版市场体系建设的突破口是培育资本市场，即“以资本为纽带推进文化企业兼并重组取得重要进

① 陈志祥．推动传统产权市场向资本要素市场转型发展[J]．产权导刊，2015(6)：22-26.

展，力争形成一批跨地区跨行业经营、有较强市场竞争力、产值超百亿的骨干文化企业和企业集团”①。“十二五”期间，关于支持金融资本与文化产业融合的政策红利覆盖上至国家下至地方的文化产业发展，2012年《文化部“十二五”时期文化改革发展规划》明确指出“促进文化产业与金融业全面对接，推进银行业全面支持文化产业”；《新闻出版业“十二五”时期发展规划》指明“进一步利用多种融资渠道，推动有条件的企业上市，吸收社会资本有序参与新闻出版活动”。目前，我国出版资本要素市场基本形成政府资金、社会资本、金融资金、境外资本等多种形式、多种渠道、多元结构的出版资本市场。

1. 金融支持

过去，由于出版机构的产权不明晰，出版资本市场远未形成，出版业投资渠道不明朗，投资风险高等原因，出版机构的资金来源主要来自政府财政拨款，出版体制改革虽然将出版机构转变为具备现代企业制度的经营性市场主体，但出版机构中国有资本仍然占据主导地位。

(1)上市融资。自2006年上海新华传媒通过借壳方式上市以来，出版机构上市已经历十年的发展历程。2006—2008年，随着上海新华传媒A股上市、四川新华文轩港股IPO上市、辽宁出版传媒、时代出版传媒上市，出版业上市的第一波浪潮便已形成；而第二波浪潮发生在2009—2013年，凤凰传媒和中南传媒均以IPO形式上市。2014年末至2016年初，出版业迎来上市的第三波浪潮，相继出现北教传媒、中信出版、城市传媒、南方传媒等一批出版业上市公司。②

(2)风险投资。风险投资也称PE投资，因运作成本低、投资回报高、融资风险低等优势成为仅次于银行贷款和IPO的主要融资手段。目前，我国风险投资已开始关注出版业。据统计，2000—2014年PE投资出版领域的案例多达28起，主要集中在数字出版、在线教育等出版机构重点转型方向。此外，PE投资的出版机构类型更偏向民营出版机构，大型国有出版集团虽也有PE投资进入，但所占比重不大。PE投资作为重要的多元化融资方式，在出版资本市场中的效应还有待进一步被出版机构认知与运用(见表9-33)。

① 张新华. 转型期中国出版业制度分析[M]. 北京：中国传媒大学出版社，2010：119.

② 传统出版业转型：资本化运作成趋势[EB/OL]. [2016-03-02]. http://finance.sina.com.cn/roll/2016-03-02/doc-ifxqafha0298790.shtml.

表 9-33　　2000—2014 年 PE 投资机构在出版业的投资项目①

投资时间	投资企业	行业分类	投资阶段	投资机构	投资金额
2000 年 1 月 1 日	东方英文书院	教育	初创期	泛友创投	非公开
2002 年 10 月 1 日	书生电子	其他软件服务	初创期	IDG 资本	200 万美元
2003 年 2 月 27 日	汉王科技	电子计算机外部设备	扩张期	上海联创	3 000万元
2004 年 1 月 1 日	读书人	图书出版	初创期	信中利	不详
2005 年 10 月 1 日	生活速递	广告业（杂志出版）	初创期	联想投资	100 亿元
2005 年 10 月 1 日	亚太传媒	期刊出版	初创期	红杉资本	5 800万美元
2008 年 4 月 16 日	磨铁图书	图书出版	初创期	基石资本	5 000万元
2008 年 5 月 12 日	中欧出版集团	新闻业	初创期	成为基金	不详
2008 年 5 月 25 日	安徽出版集团	新闻业	成熟期	Spark Ve	1 000万美元
2008 年 5 月 30 日	凤凰传媒	图书出版	扩张期	天津弘毅	48 146万元
2009 年 1 月 20 日	VIVA	通讯服务业（手机杂志）	初创期	高原资本、法国 VENTECH	1 000万美元
2009 年 6 月 16 日	磨铁图书	图书出版	初创期	基石资本	不详
2009 年 8 月 12 日	中南传媒	图书出版	成熟期	达晨创投、湖南湘投高投	45. 5 亿元
2010 年 5 月 16 日	昭泰文化传媒	广告业	扩张期	深圳创新投	3 000万元
2010 年 5 月 6 日	时代传媒	新闻业	扩张期	江苏高科投	8. 6 亿元
2010 年 8 月 1 日	磨铁图书	图书出版	初创期	基石资本	1. 02 亿元
2010 年 12 月 1 日	山西师范大学出版社	图书出版	扩张期	曲江风投	不详
2011 年 1 月 1 日	360 个人图书馆	互联网信息服务	初创期	天使湾创投	不详
2011 年 3 月 29 日	全通教育	应用软件服务	扩张期	中银粤财	3 000万元
2011 年 2 月 1 日	读者出版集团	期刊出版	扩张期	国投创新投资	9 900万元
2011 年 3 月 29 日	新华出版发行	图书出版	初创期	中银粤财	不详
2011 年 7 月 6 日	中国出版集团	图书出版	扩张期	中国文化产业投资	不详
2011 年 9 月 24 日	看书网	互联网信息服务	初创期	红杉资本	2 700万元

① 孙晓翠，张美娟．我国出版资本市场的 PE 投资初探[J]．出版科学，2015(3)：65-69.

续表

投资时间	投资企业	行业分类	投资阶段	投资机构	投资金额
2011 年 12 月 28 日	中国出版传媒	图书出版	种子期	中国文化产业投资	不详
2012 年 4 月 1 日	快书包	计算机应用服务	初创期	红杉资本	1 500万元
2013 年 9 月 1 日	懒人听书	通信服务业	初创期	CyberAge	数百万美元
2013 年 9 月 9 日	长江出版集团	出版业	扩张期	保腾创投、郁金香投资	2.07 亿元
2014 年 7 月 1 日	简书	互联网信息服务	种子期	戈壁	500 万元

(3)出版产业投资基金。产业投资基金是拓宽产业融资渠道、促进产业发展的重要手段。出版市场通过政府引导，与金融机构共同成立出版产业投资基金，成为出版机构重要的融资渠道之一。例如，2009 年 5 月，浙江日报报业集团联合业外国有资本组建的东方星空文化产业投资基金，重点投资出版产业的发展。2015 年 11 月，中南传媒发布公告称拟成立出版传媒业首家基金管理公司，同时联手潇湘资本，首期欲推出规模 5 亿元的泊富文化产业投资基金。出版市场与金融资本的联姻逐渐深入，极大丰富了资本要素与出版业对接的形式。

2. 社会融资

社会融资，即民营资本进入出版市场，是出版体制改革过程中逐步放开准入规制的一种投射。社会融资是基于市场竞争与盈利本能而自生的出版资金来源之一。报纸领域是社会资本进入相对较早的行业。1992 年前后，我国报业市场空前活跃，围绕“周末版”“都市报”“晚报”等报刊的创办，全国范围内掀起一股“办报热”。这场“办报热”不仅极大地促进我国报业的市场化进程，还为各种社会资本进入报业提供了重要契机。包括内外资本在内的各类社会资本被允许进入报业，广告公司或其他机构开始以“包版面”、租赁版面、参股报社经营、与报社组建合资公司、出资赞助报社以获取报头上的“协办”单位身份等各种方式参与报纸经营。尽管其中一些做法很快被叫停，但社会资本却以其中一些方式挤入报业经营的大门。①

随着政府对出版市场准入规制政策的不断调整，民营资本得以合法地进入“围城”内，尤其在出版发行领域，民营资本作为出版市场资金要素的重要构

① 张晓明，惠鸣．全面构建现代文化市场体系［M］．北京：社会科学文献出版社，2014：164.

成部分，经历了逐步被接受——扶持民营书业——赋予民营资本二级批发权——放开总发行权的改革过程，民营资本与规制政策的博弈也逐渐渗透到出版上游领域，初步形成允许民营资本参股大型国有出版集团、参股中小出版企业的出版资本要素市场格局。

3. 境外资本

境外资本是除政府财政支持和金融资本外，对出版机构发展壮大所需资金的有力补充。境外资本与我国出版机构的资金对接最早可追溯到20世纪90年代。1993年，商务印书馆与中国台湾商务印书馆、中国香港商务印书馆、新加坡商务印书馆及马来西亚商务印书馆在北京合资建立商务出版国际有限公司。随着相关政策的松动变迁，尤其在2001年加入WTO后，国际市场形式迫使国内政策将出版市场的分销领域先行对外资开放。根据2001年先后发布的《外商投资图书、报纸、期刊分销企业管理办法》和《新闻出版总署关于外商投资电子出版物分销业务有关问题的批复》，2005年新闻出版总署批准30家外资分销机构，2008年年底全国共有外商出版物分销机构56家，新增16家、注销17家，2010年年底全国外商出版物分销机构还有51家。①

总体看，现阶段境外资本进入中国出版市场的形式多集中在版权合作、创办合资公司、投资并购等，进入领域多集中在出版物发行和分销领域，而在上游出版领域鲜有涉足。2003年，国际出版集团贝塔斯曼以占股40%的比例注资北京二十一世纪锦绣图书连锁有限公司，成为国内首家中外合资的全国性图书连锁机构。2004年8月，海外电子商务巨头亚马逊收购卓越网高达100%的股权，成为最大一宗中国出版产业外资收购案。② 时尚类期刊是外资进入国内出版上游的典型，通过双向版权合作的形式在国内创办的时尚类期刊如《时尚BAZAZR》《时尚 COSMO》《瑞丽》《ELLE 世界时装之苑 》等都成为期刊市场独具竞争力的出版物产品。

三、版权要素市场建设

版权交易活动作为一种知识产权交易，是出版要素市场的重要组成部分。而要素市场是市场体系的主体，是社会资源配置的依托，它的发育程度直接关

① 闻学，邢红霞，肖海林．境外资本进入中国出版发行和版权服务市场的模式和分布[J]．出版发行研究，2012(11)：76-82.

② 姚德权，曹海毅．外资进入中国传媒业态势与政府规制创新[J]．吉林大学社会科学学报，2007(2)：47.

系到市场经济成熟程度。① 据中国出版年鉴中的版权交易数据统计，出版物版权交易是版权市场中占据绝对份额的细分版权交易市场，2014 年全国版权合同登记数共达17 376份，其中仅图书版权合同就达16 214份。

1. 版权交易整体规模

(1)版权合同登记规模。从全国版权合同登记情况看，我国版权合同登记规模整体上较为平稳，其中图书版权合同占据最大比例，远远超出期刊、音像制品、电子出版物等其他出版物版权登记情况。

表 9-34　**2010—2014 年全国版权合同登记情况统计**　(单位：种)

年份	图书	期刊	音像制品	电子出版物
2010	13 303	234	306	418
2011	14 401	288	245	485
2012	16 554	199	319	417
2013	17 205	226	150	183
2014	16 214	148	130	194

注：数据来源于 2010—2014 年中国出版统计年鉴。

(2)版权引进/输出规模。图书的版权引进与输出占据整个出版物版权引进输出的绝大份额，单就图书版权的引进与输出比例看，我国版权贸易存在较为严重的贸易逆差，突出表现在版权引进数量远远高于版权输出数量，这从另一侧面反映我国图书出版质量缺乏国际竞争力。但从 2010—2014 年出版物版权输出数据的增长趋势来看，我国出版物版权输出呈现连年增长态势，是我国出版行业实施“走出去”战略的阶段性成果。

表 9-35　**2010—2015 年出版物版权引进输出规模统计**　(单位：种)

年份	引进情况				输出情况			
	图书	录音制品	录像制品	电子出版物	图书	录音制品	录像制品	电子出版物
2010	13 724	439	356	49	3 880	36	8	187
2011	14 708	278	421	185	5 922	130	20	125

① 马广奇．中国经济市场化进程的分析与度量[J]．求实，2000(10)：34-37.

续表

年份	引进情况				输出情况			
	图书	录音制品	录像制品	电子出版物	图书	录音制品	录像制品	电子出版物
2012	16 115	475	503	100	7 568	97	51	115
2013	16 625	378	538	72	7 305	300	193	646
2014	15 542	208	451	120	8 088	139	73	433
2015	15 458	133	90	292	7 998	217	0	650

注：数据来源于 2010—2015 年中国出版统计年鉴。

(3)版权贸易地区分布。从版权贸易的地区分布情况看，我国图书版权输出的主要国家和地区为：美国、韩国、日本等国家以及我国台湾地区，我国引进图书主要来源于美国、英国、德国、法国和新加坡几个国家。其中，美国是我国图书版权引进数量规模最大的国家，台湾地区因文化与语言同源而成为我国版权输出数量规模最大的地区。

表 9-36 **2010—2014 年图书版权引进地规模分布情况** (单位：种)

地区	2010 年	2011 年	2012 年	2013 年	2014 年
美国	5 284	4 553	4 944	5 489	4 840
英国	2 429	2 256	2 581	2 521	2 655
德国	739	881	874	707	807
法国	737	706	835	772	754
俄罗斯	58	55	48	84	97
加拿大	111	133	122	111	160
新加坡	335	200	265	310	211
日本	1 766	1 982	2 006	1 852	1 736
韩国	1 027	1 047	1 209	1 472	1 160
香港地区	877	345	413	354	181
澳门地区	24	1	5	7	8
台湾地区	1 747	1 295	1 424	1 100	1 171
其他地区	1 468	1 254	1 389	1 846	1 762

注：数据来源于 2010—2014 年中国出版统计年鉴。

表 9-37　**2010—2014 年图书版权输出地规模分布情况**　（单位：种）

地区	2010 年	2011 年	2012 年	2013 年	2014 年
美国	1 147	766	1 021	753	734
英国	178	422	606	574	410
德国	120	127	352	328	304
法国	121	126	130	184	313
俄罗斯	11	40	104	124	177
加拿大	86	15	104	46	67
新加坡	375	131	173	171	248
日本	214	161	401	292	346
韩国	360	446	282	656	623
香港地区	534	366	440	402	277
澳门地区	6	19	1	24	13
台湾地区	1 395	1 644	1 781	1 714	2 284
其他地区	1 144	1 659	2 173	2 037	2 292

注：数据来源于 2010—2014 年中国出版统计年鉴。

2. 版权代理机构建设

版权代理是指版权代理公司或代理人接受作者或出版机构的委托，以被代理人的名义，就达成有关作品的著作权转让或使用许可所进行的中介事务①。版权代理业务的繁荣往往伴随着版权贸易市场的发展，是促进版权贸易活跃发展的桥梁。目前，我国从事版权代理业务的主要有国有版权代理机构、出版社版权部门，民营工作室、文化公司，专业文学网站以及海外出版机构或者版权代理机构在京办事处。据统计，我国经国家版权局批准的版权代理机构仅有 28 家，其中只有 3 家影视代理、2 家音像代理，其余全部是图书版权代理，图书的版权代理占据大部分市场。在 28 家版权代理机构中，以事业单位为主的图书版权代理公司有 23 家②。1988 年，我国成立第一家版权代理机构——中

① 徐建华．版权贸易新论［M］．苏州：苏州大学出版社，2005：11.

② 王舒欣．北京出版业版权经理人队伍建设研究［D］．北京：北京印刷学院，2009：5-6.

华版权代理总公司，标志着我国版权代理制的初步形成。2000 年，北京汉青文化信息公司成立，被公认为我国大陆首家以代理人身份出现的民营版权代理公司。此后，在各地版权局的推动下，各地也相继成立版权代理公司，形成音像、影视、图书等多媒介版权代理市场主体，其中中华版权代理总公司、北京版权代理有限责任公司、上海版权代理公司等发展势头较好。但总体而言，我国版权市场中的代理机构多以官方国有机构为主，且尚未出现大型跨地区的版权代理机构，地区辐射带动效果缺失。

伴随着互联网的迅速普及，版权代理业务也延伸至线上平台，丰富了版权交易市场的形态。目前，我国网络版权代理机构包括以下三种类型：一是以中华版权网和京华传媒网为代表的完全互联网化的专业版权代理公司；二是类似于北京版权代理中心建立官方网站等传统版权代理公司的在线网站；三是以盛大文学、红袖添香、榕树下等为代表的网络文学网站。其中网络文学网站因聚集了一大批优质版权，其全产业链运营的商业模式正成为版权市场的中坚力量。

3. 版权交易平台建设

版权交易平台的建设有助于加速出版要素跨地区、跨领域和跨所有制的快速流动，要素资源的流通是理顺产业关系，调动社会资本，分散出版风险的最佳方式。2009 年 12 月 17 日，由中国版权保护中心、国际版权交易中心、上海文化产权交易所、广东省南方文化产权交易所、深圳文化产权交易所五方联合发起的全国版权交易协同型联盟——全国版权交易共同市场在国际版权交易中心正式启动，在全国范围内，我国建立起以版权交易中心为主的版权交易组织。

(1)常态化版权交易平台。建设常态化版权交易平台是促进我国版权交易，推动文化创意产品走向市场的创新型举措。目前，全国各地的版权交易中心纷纷挂牌成立，例如长沙出版物版权交易中心、北京国际版权交易中心、青岛国际版权交易中心等，初步形成集版权展示、交流、交易、投融资等服务于一体的版权交易大平台。

(2)数字版权交易平台。在常态化版权交易平台之外，我国数字版权交易平台也取得阶段性的发展，包括版权网、国家版权交易网和国际版权网在内的数字版权交易平台纷纷问世。2012 年 4 月北京国际版权交易中心推出国内首创的数字版权电子公证平台——“智慧保险箱”，填补我国文化创意产业数字内容电子证据保全及公证的空白，为权利人确权和维权提供一个客观有效并具有法律效力的证明手段。

表 9-38　　　　我国常态化版权交易平台的功能与特点①

地点		成立时间	名称	功能	特点
长沙		2005 年 7 月 29 日	长沙出版物版权交易中心	集版权拍卖、商铺、会展、商务、配送整合为一体，提供出版物批发、版权交易、会展和展览等服务	国内首家出版物版权交易中心，由经营中心、版权中心和商务中心三个部分有机组成
北京	朝阳区	2007 年 9 月 13 日	北京国际版权交易中心	版权展示、交易、投融资及各种版权商务活动的专业平台；中国国际版权交易网是北京国际版权交易中心构建的版权信息和服务平台	由北京新传德国国际版权交易中心有限公司集合北京 CBD 核心资源及借助政府产业扶持政策筹建
北京	海淀区	2007 年 10 月 30 日	人大版权交易中心	为从事版权交易提供服务的综合性平台，具有“集聚、辐射、交流、展示、交易、孵化、培训、代理”几大功能	由国家版权局授牌，背靠高校，为版权交易提供服务的综合性平台
北京	东城区	2009 年 5 月 8 日	国际版权交易中心	将国家级著作权登记和认证信息平台、国际版权交易综合服务平台、全国性版权产业交流合作平台、版权专家组成的核心智力平台、国家级版权价值评估和资本运作平台、版权法律保护公共服务平台等六大功能平台作为建设重点，包括版权交易服务体系、版权专业服务体系、版权商务服务体系等三大服务体系	中国版权保护中心、北京产权交易所、北京市东城区人民政府三方共建。对接北京东方文化资产经营公司与国家开发银行、北京银行、中信信托搭建的“北京版权产业融资平台”
上海		2009 年 6 月 15 日	上海版权交易中心	整合包括孵化、登记、展示、推介、交易、经纪、信息等在内的各类服务要素，提供版权交易服务、版权信息服务、投行融资服务、增值服务等与版权交易有关的服务模式	依托由上海联合产权交易所、解放日报报业集团、上海精文投资创立的上海文化产权交易所搭建的交易技术平台

① 王颖聪，姚林青．我国常态化版权交易平台建设研究[J]．现代出版，2012(1)：21-25.

四、人才要素市场建设

出版物是高度个性化的文化产品，因此，出版人员的个人素养直接影响着出版物从源头选题策划、内容排版、封面设计到营销推广的方方面面，出版人才要素成为要素市场的基础性要素资源。我国出版业发展经历了市场化的改革，出版人才要素市场也逐步形成了以合同雇佣制为基础的市场配置格局。

1. 出版人才培养

自 1983 年武汉大学与新华书店总店合作创办图书发行学专业以来，1984 年开始，北京大学、南开大学、复旦大学相继成立编辑学专业，我国的编辑出版人才培养体系和模式初现端倪，目前已有 30 多年的专业发展历史。为更好适应出版市场对人才的需求，培养单位通过产学研结合式的人才培养模式，将人才培养与企业需求有效对接，并与出版业内的出版机构、出版人建立深层次的合作关系，双向建立出版实习基地，聘请校外导师担任从业指导教师。该类措施加大实践教学的比重，形成人才的双向培养，充分满足出版人才就业市场需求。

出版市场所需的人才是适应集团化发展的经营管理人才，适应数字化发展的技术人才，适应国际化发展的版权贸易人才以及兼具多元技能的复合型人才。但从出版人才供给与需求的对接上看，虽然出版相关专业的本科教育已发展了 30 多年，但出版人才市场仍然有供需不匹配的情况存在，尤其是受数字出版技术的影响，以文科背景为主培养的出版学、传播学人才难以与出版机构的实际技术需求相对接，市场更欢迎技术背景出身，同时懂出版、爱出版的专业人才。从国内部分院校编辑出版学专业的课程设置中，可以看到逐步增加的数字出版相关课程，进而可以看出出版人才的培养与出版市场实际发展需求相对应的必要性。

表 9-39　　**国内部分院校编辑出版学专业数字出版相关课程①**

学校	所属学院	数字出版相关课程
武汉大学	信息管理学院	数字出版导论、出版发行现代技术、书业编校软件应用、电子出版物设计与制作、信息检索、数据库原理与应用、网站设计与开发、管理信息系统

① 徐丽芳，刘锦宏，丛挺．数字出版概论[M]．北京：电子工业出版社，2014：333.

续表

学校	所属学院	数字出版相关课程
南京大学	信息管理学院	信息分析、因特网实用技术、信息传播技术、数据库原理与应用、数字出版技术
北京印刷学院	新闻出版学院	多媒体信息采集与处理、网络出版技术、计算机排版系统
北京大学	新闻与传播学院	信息检索与利用、电子出版技术、网络采编实务、视频剪辑、新媒体营销传播研究
浙江传媒学院	新闻与传播学院	现代出版技术、网络出版实务、编校软件应用、非线性编辑
四川大学	文学与新闻学院	书籍装帧与电脑排版、多媒体与电子出版业

2. 出版人才准入与流动

(1)出版人才准入。据新闻出版产业分析报告统计，2014年我国新闻出版行业直接就业人数达到461.60万人，对比2011—2014年直接就业人数的数据，新闻出版各产业环节的直接就业人数变动不大，总就业人数基本稳定在460万~470万。新闻出版行业较弱的人员流动性源于较高的出版人才准入制度。2001年8月，国家人事部、新闻出版总署根据国务院《出版管理条例》和《音像制品管理条例》的有关精神及职业资格证书制度的有关规定，制定《出版专业技术人员职业资格考试暂行规定》，规定自2002年起对出版行业实行职业资格准入制度，要求从事图书、期刊、音像等出版工作的从业人员，需要取得相应等级的资格证书后方能上岗。国家对出版从业人员实行资格考试、持证上岗和资格管理，虽然加强了出版从业人员的工作技能管理，提高了行业进入门槛，但却未能真正疏通出版人才要素在市场中的自由流通。

除此之外，出版机构的管理人员往往由上级新闻出版主管部门直接任命，缺少对出版业的实战型经营管理经验，而出版职业经理人进入出版市场的高门槛也限制了高端出版人才进入出版企业管理层，参与经营管理的可能。

表9-40 **新闻出版行业直接就业人数构成** (单位：万人,%)

产业类别	2011年	2012年	2013年	2014年	2015年
图书出版	6.72	6.71	6.48	6.61	6.71
期刊出版	10.61	11.16	10.91	11.13	11.11

续表

产业类别	2011 年	2012 年	2013 年	2014 年	2015 年
报纸出版	24. 75	26. 31	26. 31	24. 59	24. 16
音像制品出版	0. 51	0. 46	0. 42	0. 49	0. 42
电子出版物出版	0. 19	0. 22	0. 23	0. 20	0. 27
印刷复制	351. 85	359. 62	362. 08	343. 42	325. 69
出版物发行	72. 44	72. 64	72. 52	74. 88	79. 56
出版物进出口	0. 33	0. 31	0. 31	0. 27	0. 28
合计	467. 40	477. 43	479. 24	461. 60	448. 20

注：数据来源于 2011—2015 年新闻出版产业分析报告。

(2)出版人才流通。人才要素是出版市场要素中“计划属性”最为突出的要素资源，过去出版机构的从业人员享有事业编制，缺乏相应的淘汰筛选机制，造成出版机构长期的资源浪费现象。随着出版体制改革的逐步完成，出版市场中人才资源的市场化配置格局也逐步形成，以劳动合同为主要特征的市场机制雇佣模式取代原先的计划经济体制下的雇佣模式，成为出版人才资源配置的主要方式。在这一背景下，国有出版社、报社、期刊社的职工不再享有事业编制，而通过劳动合同形成契约式合作关系。在此背景下，人才资源具有商品属性，成为一种特殊的出版资本，人才的流动性有所增强。

但这种突破仍然局限在有限范围内，传统体制、旧观念的惯性残留造成出版单位人才引进障碍重重，体制外的民营出版人、书商受聘进入出版社担任重要职务仍然十分困难。只有让出版人才从旧体制的束缚中解放出来，在企业内、企业间、行业内外、体制内外流动，才能真正形成出版人才市场①。此外，取消人才流动的部门限制、身份限制和地域限制，建立市场化选人用人机制，通过竞争上岗、公开招聘、人才市场“猎取”等方式，使国有出版企业内部人才市场与外部社会人才市场有效接轨。

3. 出版人才激励与约束

出版市场是智力密集型行业，人力资源是重要的生产要素，是出版企业竞争力与效益创造的最终依托。但目前出版产业人才供需处于尴尬境地：一方面，数字化和信息化使得出版企业对于编辑，尤其是复合型编辑需求迫切；另一方面，许多出版企业面临人才难招、人才难留的困境。

① 陈海燕．出版转型期的人才需求[J]．编辑之友，2013(4)：6-7，13.

激活出版人才积极性要建立市场化的人事分配制度和激励约束机制，改变出版业从业人员的事业编制，推进人才资源配置市场化。大力加强出版人才市场建设，推进职业准入、岗位准入机制建设，实施专业技术人员职业资格登记注册管理，建立刚性的人才准入机制和柔性的人才流动机制。加大人才培养力度，通过设立新闻出版人才培养专项资金，以定向培养、公开招聘、业外引进等方式，大力实施出版领军人才工程、复合型出版人才和高技能出版人才工程。

晋升机制、薪酬福利和规章制度是目前我国出版单位亟须解决的三大问题。洛克(Locke)指出，报酬与晋升通常是员工奋斗的目标。① 目前出版单位最迫切的任务之一就是以编辑晋升体制和薪酬福利为核心建立科学、有效的制度体系。国家新闻出版广电总局发布的《2014 年新闻出版改革发展八项要点》指出，经批准，允许有条件的国有新闻出版企业开展股权激励试点。② 出版单位要积极探索年薪制、股票激励以及知识等要素参与分配等形式，构建数字出版人才中、长期激励办法，使得他们的薪酬水平能够对标市场价位。

第四节 出版市场监管体系建设

自 1997 年以来，我国陆续出台《出版管理条例》《图书出版管理规定》《出版物市场管理规定》《期刊出版管理规定》《音像制品管理条例》《印刷业管理条例》《电子出版物出版管理规定》等法规和规章，基本形成我国出版监管制度的体系框架。出版物市场管理的主要内容既包括对出版物市场主体的管理，也包括对这些市场主体所从事的各种市场行为及出版物的管理。③ 出版市场兼具社会效益与经济效益的双重属性，使出版市场监管体系的建设既有一般行业市场的共性，也有其意识形态层面的特殊性。这种特殊性具体表现在对出版市场主体准入门槛的高要求，对出版物内容与质量的严把控以及对出版市场行为尤其是出版价格行为的调控上。总的来说，出版市场监管体系的建设是一个市场机制与政府管制、国有资本与非国有资本相互博弈的过程。

① Locke E A. The Nature and Causes of Job Satisfaction[J]. Handbook of Industrial and Organizational Psychology, 1976(1): 1297-1343.

② 2014 年度中国出版业发展报告：变革与融合成主旋律[EB/OL]. [2015-02-13]. http://book.people.com.cn/n/2015/0213/c69360-26563617.html.

③ 黄先蓉. 出版物市场管理概论[M]. 武汉：武汉大学出版社，2005：155.

一、出版市场主体监管

1. 出版市场主体准入机制

单纯从市场发展的角度而言，出版市场并非具有天然的垄断性，而是兼具竞争与垄断的市场结构。据吴赟的研究，现实中的出版市场结构更多地表现为垄断竞争和寡头竞争两种形态。① 由此，西方发达国家出版业对出版市场主体的准入限制与一般行业市场并无二致，多采用登记制，出版市场主体的生存与退出交由市场裁决。与之相比，出于对文化安全、舆论宣传等考虑，我国政府对出版市场主体实行较为严格的准入机制。

我国出版市场主体设立由国家特定的业务主管部门和行政管理机关，依据核准设立原则，对出版市场主体的审批、登记管理活动来进行。② 1997 年颁布、2001 年修订的《出版管理条例》第十二条明确规定："设立出版单位，由其主办单位向所在地省、自治区、直辖市人民政府出版行政部门提出申请；省、自治区、直辖市人民政府出版行政部门审核同意后，报国务院出版行政部门审批。"根据《出版管理条例》的规定，国务院出版发行部门制定全国出版单位总量、结构和布局的规划，指导、协调出版事业的发展，审批设立的出版单位，应符合国家规划。基于此，新闻出版总署在实行出版市场主体准入许可制度时，一般遵循两个原则：一是独占许可，即在中央和地方(省级行政区划)，一个出版领域只批准一家出版社；二是严格限制的少数进入许可，即在各地区只允许少数几家出版社存在。③ 对出版市场主体准入实行严格的行政性规制，不仅限制出版市场潜在竞争者的自由进入，难以形成以市场为导向的竞争机制，而且也不利于出版市场主体的优胜劣汰，使得出版市场主体规模与结构受到人为的行政调控，抑制以市场机制刺激出版业发展活力的可能。

除政府相关部门对出版市场主体的审批许可制度外，出版市场长期以来排除民营资本、外资等形式进入出版市场的可能。《出版管理条例》中明确规定：原则上禁止设立非国有出版社或者国有出版社的非国有化改制；原则上禁止设

① 吴赟．垄断竞争和寡头垄断条件下的出版市场分析[J]．出版科学，2009(2)：27-31.

② 黄先蓉．出版物市场管理概论[M]．武汉：武汉大学出版社，2005：177.

③ 张新华．转型期中国出版业制度分析[M]．北京：中国传媒大学出版社，2010：90.

立中外合资或外资出版社，禁止创办中外合资的报纸、期刊和出版社等传媒机构。2001 年我国加入 WTO 后，为顺应国际市场规则，出版市场开始对外开放出版物发行流通业务的主体准入。2001 年新修订的《出版管理条例》和《音像制品管理条例》中第一次明确对出版物进口的规定，这是对境外出版物有条件的开放，其市场准入门槛仍较高。对出版物进口，特别是经营进口报刊实行专营制。同时允许设立从事书报刊分销业务的中外合资经营企业，中外合作经营企业和外资企业；音像出版单位依法可以同港澳台地区和外国组织、个人合作制作音像制品，并允许设立从事音像制品分销业务的中外合资经营企业。这些举措加上早先完全开放的印刷业和先期有条件放开的图书流通业务，形成多种投资经营模式，构成我国出版业整体与市场经济体制接轨的良好形象。① 在发行领域的准入机制变革中，2003 年 9 月由国家新闻出版总署出台的《出版物市场管理规定》对各种所有制实现彻底平等的市场准入，具备一定资本与资质条件即可申请成为书报刊发行总发、批发以及零售的法人主体，实现了发行准入的重大突破。

出版市场准入规制的变革之路实际就是民营资本和外资逐步规避市场准入规制，进入图书出版业的过程；是民营资本由非法者转向合法者的身份变化过程；是民营资本由图书出版下游边缘领域向上游核心领域渗透的过程。②

2. 出版市场主体退出机制

从出版单位历年统计数据可以看到，我国出版社数量规模自 1978 年以来高速增长，至 2000 年后基本稳定在 580 家左右，音像出版单位以及电子出版物出版单位的数量规模也基本稳定，且从数据的增长趋势显示出只增不减的整体情况，这在一定程度上反映我国出版市场退出机制的缺位，出版单位“只生不死”的现象仍然普遍存在。我国现有的出版市场退出机制带有明显的行政性退出色彩，而忽略了市场性退出或经济性退出的真正实施。例如 2008 年施行的《图书出版管理规定》中，第四十条规定：“图书出版单位实行年度核验制度，年度核验每两年进行一次。对于未通过年检的图书出版单位，由新闻出版总署撤销图书出版许可证，所在地省、自治区、直辖市新闻出版行政部门注销登记。”同年 6 月，新闻出版总署印发《经营性图书出版单位等级评估办法》。《办法》指出，为了推进文化体制改革，进一步转变政府职能，我国要建立与

① 吴旭君．论出版业的市场规则和市场准入——从新修订的《出版管理条例》等法规谈起[J]．出版与印刷，2002(2)：2-7.

② 周景敏．数字出版视野下图书市场准入规制变革路径探析——以民营资本准入为中心[J]．商，2014(24)：186-187.

社会主义市场经济和图书出版产业现状相适应的图书出版管理体制，引导出版单位进一步完善内部运行机制。为此，新闻出版总署制定图书出版单位登记评估办法，对经营性的图书出版单位进行评估，实施分级管理。根据《办法》的有关政策，“对被评为一级的图书出版单位，在出版资源的配置上实行倾斜政策；对被评为四级的图书出版单位，要求改善经营管理增强综合实力；对少数排名靠后、经营管理不善、资不抵债或有严重出版违规问题的图书出版单位，给予警示或托管处理；对连续两个评估期被警示的且不具备办社条件的图书出版单位，按行政和法律程序采取关、停、并、转等措施，直至取消其出版资格”①。

上述行政规定在一定程度上对市场主体施加经营压力，使出版单位更注重出版资源的优化配置，为自己的经营业绩负责。但这种退出机制囿于行政框架之内，人为干预色彩浓重，未能真正使出版市场主体接受市场竞争的洗礼而优胜劣汰。

二、出版市场客体监管

出版市场客体是指由出版市场主体生产且在市场中交易流通的商品——出版物，包括图书、报纸、期刊、音像制品和电子出版物等。出版物商品是构成出版市场的基本要素，在市场运行中占据重要地位。对出版市场客体的监管主要包括出版物内容管理、出版物质量管理以及书刊号资源管理等。

1. 出版物内容监管

出版市场主要从事内容产品的生产，其最终产品形态——出版物具有精神产品与物质产品的双重属性。有别于一般物质商品的一次消费特征，出版物具有文化熏陶、知识普及、舆论宣传等潜移默化的消费功用。在世界范围内，几乎每个国家都对出版物内容加以严格限定。我国出版物内容监管也同样受到重视，成为出版市场监管体系的重要组成部分。

目前，世界各国对出版物内容监管主要采用预审制和追惩制两种方式。预审制是出版前检查制度，指出版物必须在出版前将原稿或清样送经政府指定的检查机构检查、删改和批准后，才能公开出版。② 追惩制，亦称事后检查，是事后惩治的出版管理制度，主要指政府对出版物事先不予检查，出版后如发现

① 刘红平．改革开放以来中国出版业市场化道路的探索研究[D]．合肥：安徽大学，2011：50.

② 黄先蓉．出版物市场管理概论[M]．武汉：武汉大学出版社，2005：200.

违法内容依法惩处。① 我国对出版物的内容监管主要采用事后审查的制度，即追惩制。根据《出版管理条例》第 26 条规定，出版物内容必须符合法律规定，任何含有违法内容的出版物将依法追究其作者、出版者和传播者。出版物违法内容的界定涵盖国家安全、黄赌毒、封建迷信等。20 世纪 80 年代开始遍布全国的“扫黄打非”运动，即是对上述违法内容进行管理整治的代表性举措。

除对出版物内容的事后审查与追惩外，我国现行的内容监管体系也兼具一些事前审查性质的监管，主要体现在《图书、期刊、音像制品、电子出版物重大选题备案办法》规定的重大选题的备案管理上。所谓的“重大选题”出版物包括：我国有关党和国家主要领导人工作和生活情况，中国共产党党史，中华人民共和国国史，中国人民解放军军史，涉及“文化大革命”，涉及中华人民共和国国界的各类地图，涉及外交、宗教等。这些选题范围的出版物，必须由经国家新闻出版广电总局批准，由相应业务范围的出版社出版，且出版上述选题时，必须严格按照《出版管理条例》和国家新闻出版广电总局有关具体规定，履行备案手续。②

2. 出版物质量监管

出版物质量监管包括对出版物内容质量和实物质量两方面的监管。20 世纪 90 年代，随着出版物产量规模的急速扩张，为追求经济效益，出版市场出现产品质量下滑现象。同一时段，政府出台一系列出版物质量管理标准，对出版市场的产品质量予以大刀阔斧的整顿。在期刊出版市场，1992 年 4 月，国家科委、中共中央宣传部、新闻出版署共同发布《科学技术期刊质量要求》；1995 年 6 月，新闻出版署发布《社会科学期刊质量管理标准》(试行)。在报纸出版市场，1995 年 3 月，新闻出版署发布《报纸质量管理标准》(试行)，从报纸的内容、印制、刊登广告、发行量等方面对报纸的质量做出具体规定。在图书出版市场，1997 年 3 月和 6 月，新闻出版署先后颁布《图书质量管理规定》《图书质量保障体系》，对出版物从内容到形式各方面的质量标准进行明确规定，并鼓励图书出版从扩大规模数量为主向提高质量效益为主转变。此外，1996 年由文化部、广播电影电视部共同发布《音像制品内容审查办法》和 1997 年新闻出版署发布的《电子出版物管理规定》对电子音像市场的产品质量予以规范要求。

① 黄先蓉．出版物市场管理概论[M]．武汉：武汉大学出版社，2005：202.

② 张新华．转型期中国出版业制度分析[M]．北京：中国传媒大学出版社，2010：92.

3. 出版物书号监管

书号，即中国标准书号，是标识中国合法出版者所出版的每一种出版物及每一版本的国际通用编号，是在出版物的出版、发行等过程中为方便出版物管理、流通而设置的标识符号。① 与出版细分市场的划分相一致，书号也分为中国标准书号、中国标准连续出版物号以及中国标准音像制品编码等。

书号是出版物投放市场的“通行证”，是政府宏观调控出版产品的重要杠杆。在我国现有的出版市场监管体系中，出版物合法与否的重要标志是有无国家管理部门授予的标准书号。国家通过控制书号资源对全国出版市场的产品规模与质量进行调控。因此，书号管理是出版市场监管的重要内容。但是，书号资源作为一种行政规划的产物，因其特殊的稀缺性曾经一度成为出版市场中异化的“商品”，催生较长时期的书号买卖市场。

书号买卖市场的形成肇始于 1980 年代中期的协作出版。当时出版市场允许“借助社会资金合作出书”，即出版社提供书号，协作单位出书实现利润共享。② 然而，原本用以解决特殊时期市场需求井喷的协作出版被市场的逐利性裹挟，异化成“稀缺商品”，书号的大范围买卖流通。1994 年，新闻出版署开始着手整顿混乱的书号买卖现象，我国开始实行书号总量宏观调控政策。我国每一个出版机构的出版物种类和数量都通过新闻出版署定额发放的书号进行限制，在各出版机构之间基本上采取平均分配的方式。③

2008 年，新闻出版总署发布《书号实名申领管理办法(试行)》，对书号管理方式进行改革。首先在出版业发达地区如北京、上海等地试行网上书号实名申领制度，2009 年开始在全国全面推行。书号实名申领制的推行一方面使书号管理更加透明，但另一方面，并未改变书号资源的垄断性和稀缺性，尽管买卖书号所承担的风险有所加大，但出版社以交换书号获取额外利益的行为仍然难以遏制。

三、出版市场行为监管

1. 出版市场价格行为监管

价格、竞争与供求是市场经济得以运行的三大机制，价格是调控出版物供

① 黄先蓉．出版物市场管理概论[M]．武汉：武汉大学出版社，2005：213.

② 姜彩霞．我国出版业“书号资源化”的困境及对策研究[D]．大连：东北财经大学，2012：10.

③ 张新华．转型期中国出版业制度分析[M]．北京：中国传媒大学出版社，2010：94.

需矛盾的杠杆。我国对出版物价格的监管经历了从计划经济统一定价向市场经济放开定价权的转变。

(1)出版物价格监管。改革开放以来，我国出版物定价制度经历了从国家统一定价到定价权逐步下放的变革，目前，通行的定价制度是出版物价格由出版单位依据需求与成本自主定价。通过政府统一定价(1956—1984年)、政府指导定价(1984—1993年)、出版单位自主定价(1993年至今)三个阶段的改革，除对少数特殊出版物商品的统一定价外，我国出版市场已经形成出版单位自主定价，国家出版管理部门宏观调控的出版物价格监管格局。图书作为主要的出版物产品，其定价制度的变化即能体现出我国出版物价格监管的主要发展趋势。

自1956年确立图书按印张分类定价以来，我国图书定价一直处于计划模式。直至改革开放以后，随着计划经济向市场经济的转化，原来的纸张计划供给和国家对图书的统购包销两项制度逐步瓦解，出版社面临自我消化经营亏损的巨大压力。在这种背景下，我国图书定价模式开始转向市场定价模式。① 1984年11月，文化部下发《关于调整图书定价的通知》，对原有的定价管理模式做出调整与改革，主要体现在两个方面的变化：一是书刊定价权限的分级管理，即中央与地方继续以"保本微利"的原则分管定价权限；二是图书定价由过去统一定价改为按大类确定每印张价格幅度的方式。这在一定程度上还原了出版物定价弹性，定价的计划体制有所松动。

1988年，新闻出版署先后转发《同意印数在3000册以下的学术著作和专业著作可参照成本定价的通知》和《关于改革书刊定价方法的意见》，把图书的定价权进一步下放给出版社。② 与1984年定价改革相比，这次改革更符合市场定价机制，基本确立了国家控制定价利润率，出版单位根据成本与市场需求自主定价的价格管理格局，标志着"适应于商品经济的具有中国特色的出版物价格体系的初步建立"③。1988年图书定价改革后，图书价格经历由体制性释放而引发的价格上涨。为调控市场价格，平衡因价格上扬而引发的出版物市场供需矛盾，文化部于1989年颁布《关于整顿图书定价的通知》。由此，20世纪80年代两次图书市场化定价的价格改革成果几近尽失，图书定价机制重返计

① 张晓明，惠鸣．全面构建现代文化市场体系［M］．北京：社会科学文献出版社，2014：169.

② 陈昕．中国图书定价制度研究［M］．上海：生活·读书·新知三联书店，2011：41.

③ 孙庆国，杨毅．建立定价制度完善书业体系［EB/OL］．［2008-12-01］．http：//www.ppmg.cn/htm/news4_view.asp？id=3145.

划经济条件下的行政管控，图书定价改革进程出现严重反复。①

随着1992年社会主义市场经济体制改革目标的确立，我国宏观经济价格改革重新启动，图书定价的市场化改革问题再次被提上议程。1993年4月，国家物价局与新闻出版署联合发布《关于改革书刊价格管理的通知》，在明确大中专教材和中小学课本实行由政府确定印张定价标准外，其他一般图书价格由出版社自主定价，至此，我国图书定价的市场化机制正式确立。

(2)出版物发行折扣监管。出版物发行折扣的监管尤以图书市场最为明显。图书发行折扣是指图书发行实价与码价的差额。码价，也称码洋，是指图书售出时未打折扣的总定价；实价，也称实洋，是图书售出的实售价或打了折扣后的批发价。② 我国对图书发行折扣的监管经历了从统一发行折扣向浮动折扣的转变。1991年8月，新闻出版署发布《关于图书发行浮动折扣的实行办法》，对浮动折扣的范围与幅度做了明确规定：出版社或发货店对销货店的批发折扣不得高于7.5折和低于7.2折。但经出版社与发货店双方协商一致，或经新闻出版署批准举办的全国性的图书展销会、订货会、书市，其批发折扣的幅度可再向下浮，但不得低于7.0折。图书浮动折扣促进了产销环节的竞争，允许季节性、奖励性的折扣形式存在以激活图书发行市场的活力，提高发行效率，满足读者的购书与阅读需求。

随着电子商务对传统出版物发行渠道的冲击，新市场环境下的图书批发与零售环节的价格监管也受到出版业的普遍关注。2010年1月，中国出版工作者协会、中国书刊发行业协会、中国新华书店协会三个协会联合发布我国图书出版发行业第一部行业规范——《图书公平交易规则》，其中规定：出版一年内的新书进入零售市场时，必须按图书标定实价销售，网上书店或会员制销售时，最多享受不低于85折的优惠幅度。该规则被业内称为“新书限折令”。但在我国，由政府部门进行宏观管理，由行业协会起草的市场规范公信力和约束性都面临现实考验。可见，构建一个公平有序的出版物市场交易环境仍需要自上而下与自下而上的双重努力。

2. 出版市场竞争行为管理

我国的出版市场是行政性垄断市场，出版市场依靠行政的力量按“条”“块”方式形成市场垄断，在“条”上表现为行业垄断，归口管理；在“块”上表现为地区垄断，属地管理，造成出版市场的行政壁垒和市场壁垒，使出版企业

---

① 张晓明，惠鸣．全面构建现代文化市场体系[M]．北京：社会科学文献出版社，2014：171.

② 黄先蓉．出版物市场管理概论[M]．武汉：武汉大学出版社，2005：263.

跨地区经营阻力重重。① 在突破现有行政性地区垄断市场的努力中，可以看到跨区域资源整合、教材招投标改革等试验性举措。

(1)跨区域资源整合。跨区域整合出版资源有助打破区域封锁、条块分割，囊括不同地域具备比较优势的出版资源。我国已有一些跨区域扩张的探索，如：江苏凤凰出版与海南新华书店合作成立海南凤凰新华发行公司。报社跨区域合作也日渐频繁，如《新京报》《云南信息报》《世界报》《第一财经日报》《每日经济新闻》《西部商报》等都是跨区域合作的产物。

(2)教材招投标政策改革。2002 年以前，中国中小学教材由政府制定出版发行渠道，并根据国家发改委规定的印张基准价格计算公式制定教材价格。2002 年教育部课改首次提出推行教材出版发行招投标方案，并于 2008 年秋季将中小学教材出版发行的招投标工作从 11 个试点省份推向全国。从实际效果来看，现阶段教材出版发行业务的跨区域发展仍旧受制于地方保护政策，招标的最终结果多为单一教材采购源。有限的变化主要体现在教材发行时，单一来源需提供一定的发行折扣。但从中长期来看，虽然教材发行改革可能阻力较大，但教材出版发行业务的跨区域、完全公开市场化招投标仍将是政策的主导方向。从影响来看，若实行完全公开化招标，首先相关企业现有的垄断发行地位将受到影响，收入规模可能出现较大幅度下降；其次，教材招标将进一步扩大竞争，降低教材业务盈利水平。除了招标制度的变化，人教版教材租型业务也是未来可能发生变化的业务。

综上所述，在文化体制改革的前提下，政府的管制更需要从强制性管制向激励性管制转变，从政策管制向法治管制转变，从单纯的意识形态管制转向意识形态管制和产业管制并存。在管制对象的再造上，塑造新型的出版市场主体，在管制主体的再造上打造一个问责型的政府，在管制的程序上实现出版分类分层治理，从而实现出版管制的创新。出版市场监管体系的建设和完善有助于构建规范、有序、公平的出版市场环境，并可充分抑制出版物在流通过程中的负外部效应。作为出版市场体系的重要组成部分，对出版市场的监管为繁荣我国出版文化产业的发展提供有力的保障。

① 杨东星．中国出版企业现代治理结构研究[D]．大连：东北财经大学，2013：47.

第十章　电影市场建设

电影市场是指以电影产品为中心形成的由制作、发行和放映等环节组成的商品及服务交易关系的总和，一般分为制作、发行、放映三大专业市场。电影市场主体主要有三大构成，即电影制片机构、发行机构、放映机构。电影市场的动力来源于市场需求，消费者也是电影市场的主要构成部分。市场运作同样离不开市场要素的共同作用，技术、资本、版权、人才等要素的发展对电影市场至关重要。因此，本章从生产、流通、消费市场、要素市场以及保障行业正常运行的市场监管等方面，介绍中国电影市场的建设。

第一节　电影市场概述

1992 年之前，中国电影业不存在“市场”一说，但在 20 世纪 80 年代农村承包制改革的影响下，电影业在计划经济体制内进行了一系列市场化探索，1992 年中国电影业的市场经济体制逐步建立。2002 年电影业被定性为产业，以新《电影管理条例》为代表的系列政策、法规推动了中国电影的产业化进程，中国电影市场在稳步发展中日渐繁荣。

一、电影市场发展沿革

1. 计划经济体制内的市场化探索时期(20 世纪 80 年代至 1992 年)

中华人民共和国成立初期，中国电影业仿照苏联实行计划经济模式，从制片到放映均由国家统一规划管理，国家选定电影内容、统一拨款，交由制片厂拍摄制片，再由全国发行放映总代理——中国电影发行放映输入输出公司(简称“中影公司”)统一发行至各地放映。

改革开放后，其他娱乐方式对电影观众的分流使电影发行、放映及票房在20世纪80年代出现下滑，政府开始有意识地鼓励中国电影进行市场化尝试。在农村承包制改革的带动下，电影业开始尝试市场化探索。1984年10月，十二届三中全会通过《中共中央关于经济体制改革问题的决定》，提出实行“有计划的商品经济”。同年，电影业首次被定性为企业，并确立电影的商业性原则。1985年底，承包责任制在中国大部分电影制片厂实施。1988年2月，文化部、国家工商行政管理局《关于加强文化市场管理工作的通知》对电影业在计划经济体制内的市场化探索给予肯定。

2. 市场化改革及探索时期(1992—2002年)

1992年“十四大”确立“建立社会主义市场经济体制”的目标激活中国电影业的“市场观”；1992年9月，国家物价局宣布放开电影票价；1993年1月，广电部发布对中国电影业有重要转折意义的《关于当前深化电影行业机制改革的若干意见》(也称“3号文件”)，开启中国电影市场化改革，正式打破40余年来电影“统购统销”和中影公司对国产片发行的垄断，制片—发行—放映的脱节状况得到改善，电影制片权、流通渠道、投资渠道逐步放开，提高了电影生产力。电影发行体制由“统购统销”转为“自产自销”，理顺了生产关系。1996年，中国第一部电影行政法规《电影管理条例》颁布，规范电影审查工作。这一阶段，电影市场主体得到培育，电影企业的经营自主权得到保障，现代企业制度、股份制改革逐步推进，有序的电影市场格局逐渐形成。

3. 产业化发展及繁荣转型时期(2002年至今)

21世纪始，在中国加入WTO等新的市场环境要求下，中国电影业进行一系列体制改革：电影企业实行股份制改革，组建电影企业集团，调整进口供片政策，进行院线制改革等。2002年，“十六大”报告明确提出“文化产业”概念，中国电影业进入产业化发展阶段。同年，新的《电影管理条例》实施，以其为代表的系列法规、政策促进中国电影市场降低准入门槛，鼓励市场竞争，培育新兴市场主体，中国电影市场活力迸发，不负众望地呈现出繁荣景象。2012年，中国内地票房超过日本，成为全球第二大票房市场，并在产量、院线和影院建设、影响力上均取得傲人成绩，形成符合新时期市场规律的生产、流通和运营体系。

目前，中国电影市场不再囿于国门，在开放的国际环境下，实现大跨步式的发展，国际影响力逐年提升，产业链不断延伸，互联网技术全方位重塑电影市场格局，但同时也应看到，中国电影市场的法规体系尚不完善，产业链各环节发展不平衡，资本与市场尚未实现良性互动。对于经历了市场化转型的中国电影市场而言，新一轮向现代化、规范化、尤其是从“量”向“质”的转型是新的挑战。

二、电影市场发展现状

1. 电影市场构成

电影市场是指以电影产品为中心形成的生产制作、发行和放映等环节组成的商品(服务)交易关系的总和①，一般分为制作、发行、放映三大专业市场，如图 10-1 所示。

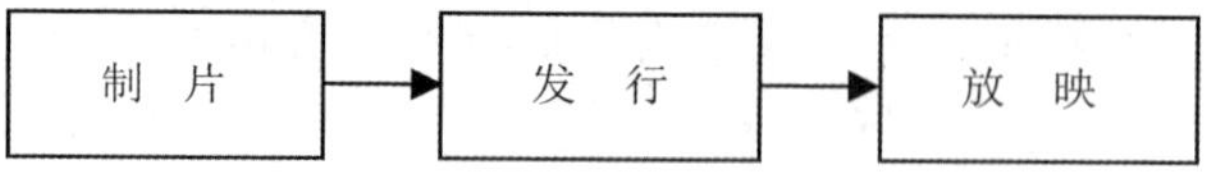

图 10-1 电影小产业链

中国电影市场经过 20 余年的市场化探索及运作，形成较为完整的电影产业链。核心业务包括电影制片、发行、放映三个环节，可称为狭义上的电影小产业链；此外，小产业链加上前期投融资、后期产业环节(“扩窗”发行、衍生品及服务等)，构成广义上的电影大产业链②，如图 10-2 所示。

随着市场机制的完善，中国电影产业链在开放的国际环境及技术进步的影响下呈现出可喜的新变化，主要表现在：电影营销的独立性趋于明显，成为贯穿制片—发行—放映的电影产业链中完整的价值环；互联网充分介入电影全产业链，“互联网+电影”成为电影市场的新热点及未来趋势。中国电影产业链在向纵深发展的过程中逐渐形成具有中国特色的“上游开发，中游拓展，下游延伸”模式，如图 10-3 所示。

2. 电影市场规模

中国电影市场收入来源主要包括国内票房收入、广告收入、版权收入、海外销售收入。表 10-1、图 10-4、图 10-5 为 2010—2014 年中国电影市场总体规模。

① 傅才武，宋丹娜．文化市场演进与文化产业发展——当代中国文化产业发展的理论与实践研究[M]．武汉：湖北人民出版社，2008：243.

② 刘藩．电影产业经济学[M]．北京：文化艺术出版社，2010：98.

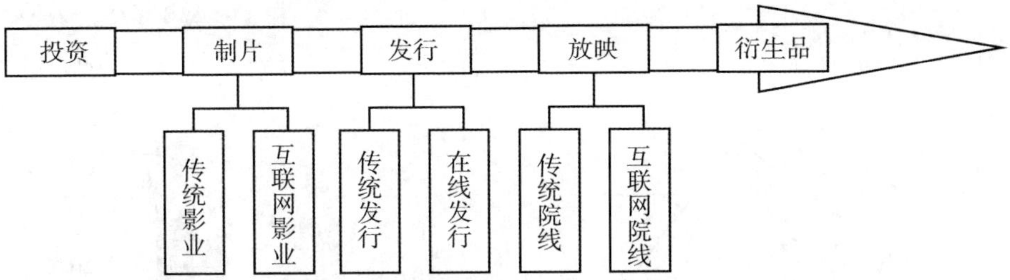

图 10-2　电影大产业链

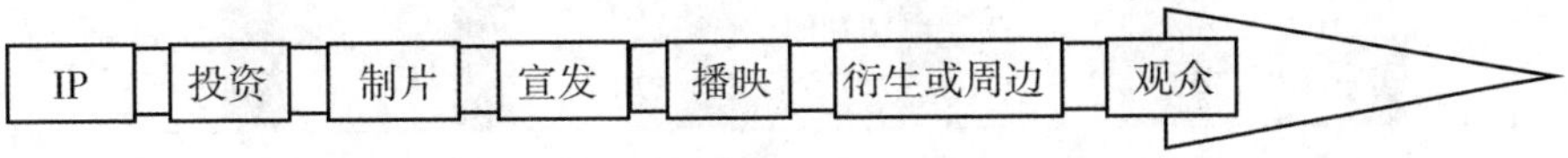

图 10-3　“互联网+电影”产业链布局①

表 10-1　**2010—2014 年中国电影市场总体规模(亿元)②**

项目	2010	2011	2012	2013	2014
国内票房收入	101. 70	131. 20	170. 70	217. 70	296. 39
海外销售收入	35. 17	20. 46	10. 63	14. 14	18. 70
电影广告收入	9. 60	16. 80	21. 50	26. 40	33. 50
电影版权收入	6. 80	9. 60	12. 00	15. 40	31. 20
总计	153. 27	178. 06	214. 83	273. 64	379. 79

3. 电影市场票房

电影票房总收入反映中国电影市场的整体收入状况，十年来，中国电影票房收入保持快速且较稳定的增长，中国电影可谓处在繁荣时代，发展势头良好，如表 10-2 所示。

① 艺恩网：2015 年中国互联网影视产业报告[EB/OL]. [2016-01-29]. http://www.199it.com/archives/435737.html.

② 尼跃红．发展电影衍生产业是创意经济时代的现实需要[J]. 北京电影学院学报，2016(1)：39-43.

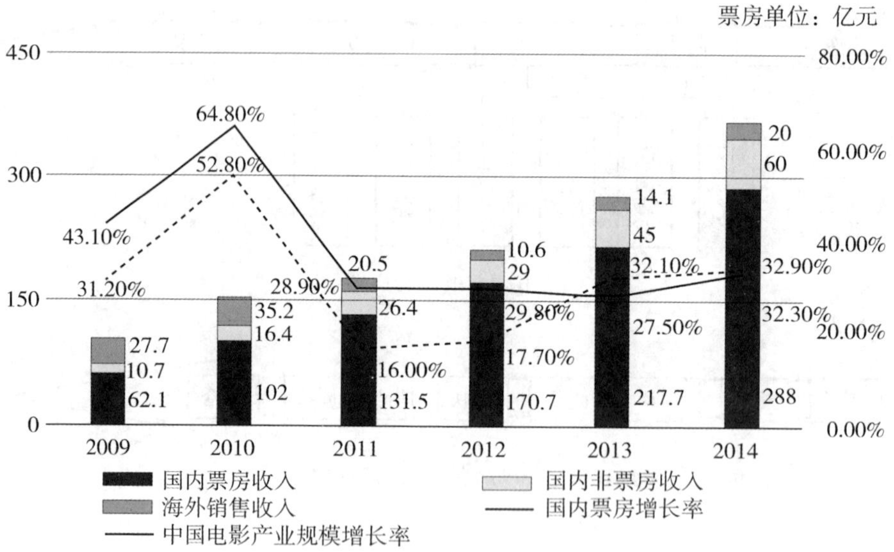

图 10-4　2019—2014 年中国电影产业规模

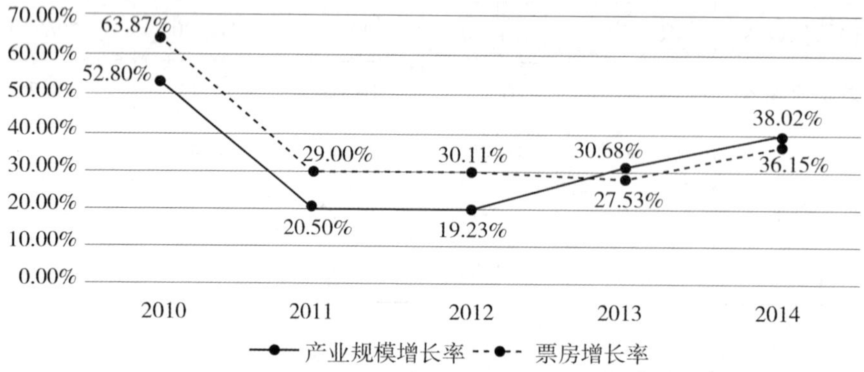

图 10-5　2010—2014 年中国电影产业规模及票房增长率

表 10-2　**2003—2015 年中国电影市场票房收入**

年 份	票房收入(亿元)	增长率
2003	9. 02	6. 98%
2004	15. 14	67. 85%
2005	20. 63	36. 26%
2006	26. 40	27. 97%
2007	33. 27	26. 02%

续表

年 份	票房收入(亿元)	增长率
2008	43.41	30.48%
2009	62.06	42.96%
2010	101.70	63.87%
2011	131.20	29.00%
2012	170.70	30.11%
2013	217.70	27.53%
2014	296.39	36.15%
2015	440.69	48.69%

注：数据来源于易观智库《2010年中国电影产业投资研究报告》《2015年中国电影市场综合盘点》。

电影海外销售收入反映中国电影“走出去”的水平，海外票房贡献率高于国内票房是以美国为代表的电影市场发达国家的特点之一，但海外销售却一直不是中国电影的强项，出口收入的波动性较大，大小年现象较严重。国内电影票房高歌猛进之时海外票房发展却步履维艰。2011—2014年，海外收入占电影市场收入比例逐年下降至不足5%，直到2015年才有些许上升。中国电影若想实现长足、健康发展，需在开拓国际市场、提高国际竞争力上下工夫。

表10-3　**2003—2015年中国电影海外收入(亿元)**

年 份	海外收入(亿元)	海外收入增长率	海外收入贡献率
2003	5.50	—	—
2004	11.02	100.36%	—
2005	16.50	49.73%	—
2006	18.90	14.55%	—
2007	20.20	6.88%	—
2008	25.26	25.05%	33.04%
2009	27.70	9.66%	27.62%
2010	35.17	26.97%	22.95%
2011	20.46	-41.83%	11.49%
2012	10.63	-48.04%	4.95%

续表

年 份	海外收入(亿元)	海外收入增长率	海外收入贡献率
2013	14.14	33.02%	5.17%
2014	18.70	32.25%	4.92%
2015	27.70	48.13%	6.29%

注：数据来源于《中国传媒产业发展报告(2015)》、易观智库《2010 年中国电影产业投资研究报告》，其中海外收入包括海外票房收入和其他销售收入。

第二节　电影产品与流通市场建设

电影市场主要由市场主体、客体及消费者构成，电影市场活动主要包括电影产品的生产、流通及消费者的消费行为。建设电影市场，即对电影产业链各环节的市场主体、客体及消费者的建设。

一、电影市场主体建设

市场的发展变化很大程度上体现在市场主体的发展变化上，中国电影市场主体的建设能够反映中国电影市场建设的整体状况。对应电影业制作、发行、放映的三大专业市场，电影市场的主体主要包括制片、发行和放映机构。市场化建设以来，中国电影市场的格局逐渐合理并趋于稳定，分布于电影产业链各环节的市场主体日渐增多，在经营不同的电影业务、提供相关产品、服务的过程中壮大中国电影市场。

1. 电影制片机构

电影制片机构是生产电影的市场主体，是电影市场的内容提供商，负责电影的融资、拍摄、后期制作等环节，拥有电影的版权，将电影某一期限内的版权出售给发行公司或其他渠道发行商。制作机构与发行机构可共同获得 43% 的分账收益。市场化改革以来，不同类型、不同特色的企业进入中国电影制片业，形成以国营和民营制片机构为主的中国电影制片格局。

据国家新闻出版广电总局电影数字节目管理中心数据，目前中国注册的电影制片企业有 2000 多家，国营制片企业以中影集团、上影集团为龙头，还有宁夏制片厂、西影集团等通过改制重新焕发活力的地方国有制片企业。民营制片企业以华谊兄弟、博纳集团等上市公司为代表，还有小马奔腾、横店影视集团等后起之秀，以及大盛国际一类的独立中小制片企业。①

(1)电影制片机构的历史演变。1993 年中国电影体制改革之前，制片按“计划”，制片机构均为国有，主要包括 16 家全国制片厂及各地的地方电影制片厂。电影统一由各级政府投资，制片厂按行政指令制片。1980—1993 年，中国电影制片业进行由扩大企业自主权向生产经营型转化、再到推行经济承包责任制的三步尝试。

1984 年，《中共中央关于经济体制改革的决定》颁布，电影业被定为企业性质，实行事业单位企业化管理，推进了电影业主体的改革。1999 年，中影、长影电影集团组建后，上影(2001)、西影(2003)及峨影(2003)集团②也陆续挂牌成立，国营电影制片厂实现了组建电影集团的目标。

2009 年，电影市场主体按照现代企业制度要求，推进转企改制，建立新型市场主体。原国家广电总局排定“国有电影制片厂转企改制时间”。同年底，除八一电影制片厂、中国农业影视中心、天山电影制片厂外的 38 家国有电影制片单位按要求基本完成转企改制。

2002 年以前，民营电影企业只能以买厂标或作为合作方的方式制作、发行电影，2002 年新《电影管理条例》实施后，对非国有机构的电影单片许可证制度确立，民营机构可以独立制片，这一制度打破了国有制片机构一统天下的格局。至此，民营资本进入电影制片业，民营电影制片企业在自由竞争的市场上迅猛发展。

(2)制片机构的现状及发展趋势。如今的中国电影市场上参与制片者众多，除国营电影制片企业及逐渐兴起的民营电影制片公司外，还有党政机关、电视台、电影协会等非传统电影制作机构。近年来，互联网企业以 IP、投资、并购等方式参与电影制作已是常态。

中国目前注册的电影制片企业有 2000 多家，能够连续两年出品影片的企业有几百家，而企业实力和出品影片影响力较大的只有十几家。③ 国有电影制作机构主要有中国电影集团(中影集团)、上海电影集团公司(上影)，民营电影制作公司主要有华谊兄弟、北京保利博纳、光线传媒等。

① 刘藩．中国电影制片企业的发展现状、问题和趋势［EB/OL］.［2012-11-09］. http：//www. dmcc. gov. cn/publish/main/179/2012/20121109112234986146476/20121109112234986146476_. html.

② 分别为：中国电影集团、长春电影集团、上海电影集团、西部电影集团、峨眉电影集团。

③ 中国产业调研网．2015—2020 年中国影视制作市场深度调查分析及发展趋势研究报告［EB/OL］.［2016-03-15］. http：//mydown. yesky. com/wenku/160/101201160. shtml.

据国家统计局资料显示，目前，中国内地有2000多家民营影视公司介入电影制作行业。①

表 10-4 **2011—2014年中国电影制片机构市场份额及集中度②**

排名	2011		2012		2013		2014	
	机构	市场份额	机构	市场份额	机构	市场份额	机构	市场份额
1	中影	4.18%	光线影业	7.02%	中影	4.97%	中影	4.08%
2	博纳影业	3.62%	华谊兄弟	6.61%	光线影业	3.33%	万达影视	3.17%
3	华谊兄弟	2.30%	影艺通影视	3.06%	华谊兄弟	2.75%	博纳影业	2.57%
4	小马奔腾	2.09%	真乐道	3.06%	威秀亚洲	2.73%	乐视影业	2.43%
5	电影频道	1.94%	黄渤工作室	3.06%	电影频道	2.63%	一九零五网络	2.15%
6	上影集团	1.77%	中影	2.61%	文化中国	2.37%	小马奔腾	2.12%
7	江苏广电	1.60%	杭州文化广播	2.28%	博纳影业	2.01%	摩天轮文化	1.77%
8	中联京华	1.56%	欢瑞世纪	2.23%	电广影业	1.95%	黄渤工作室	1.64%
9	河南电影集团	1.55%	华影文轩	2.22%	麦特文化	1.67%	中联华盟	1.48%
10	国立常升	1.50%	华数传媒	2.22%	天娱传媒	1.55%	华策影视	1.35%
CR4		12.19%	CR4	19.75%	CR4	13.78%	CR4	12.25%
CR8		19.06%	CR8	29.93%	CR8	22.74%	CR8	19.93%

① 韩浩月，宇文．如何看待民间资本投资电影放宽[N]．深圳商报，2011-07-27(C5)．

② 注：市场份额指当年参与制作电影总票房占年度电影总票房比例；数据来源：艺恩网《2013—2014年中国电影产业研究报告》和《2014—2015年中国电影产业研究报告(简版)》。

从市场集中度的数据可以看出，中国电影市场各制片公司间的竞争差距不大，除中影集团基本保持较大的市场份额外，其他制片公司或机构间的市场份额相差不多。可见，制片机构的单体竞争优势还未完全形成，行业主体间呈自由竞争态势，竞争格局较为松散。

近年来，中国电影制片机构也呈现出新的发展趋势。例如，在已有产业链基础上全力整合，打通产业链，形成制发一体化。自办发行有利于制作方控制发行力度。互联网企业借 IP、资本、技术等资源介入电影制片阶段，成为电影制片主体也已是常态。

2. 电影发行机构

电影发行机构负责制定、实施影片的营销推广策略，从制片机构手中购买或代理电影发行权，与院线洽谈拷贝投放，以买断、票房分账或协议的方式获得收益，一般与电影制片机构同属于一家公司。

(1)电影发行机构的历史演变。

中国电影发行机构经历了中影公司一家独发、制片厂自办发行、民营资本进入发行业、院线制改革等阶段变化。

1993 年以前，中国电影的发行由中影公司“统购统销”，按照“层级发行”模式发行至各地影院。1993 年“3 号文件”将发行权下放，地方发行单位(各省级发行公司)在自己的行政区域内独家发行。1994 年《关于进一步深化电影行业机制改革的通知》允许制片厂自办发行，彻底打破中影公司“一家独发”的局面；2001 年 12 月《关于改革电影发行放映机制的实施细则》开启的院线制改革推动了中国电影发行主体及方式的多元化，制片公司、发行公司、院线均可独立从事发行业务，也可联合发行。

2003 年 6 月，北京博纳文化交流有限公司(现保利博纳)、北京新画面影业公司、上海金棕榈制作公司等 7 家民营电影公司获得国产影片的全国发行许可证，是中国影片发行对各类资本开放的标志。2003 年 9 月，广电总局颁布《电影制片、发行、放映经营资格准入暂行规定》，明确“鼓励国有、非国有影视文化单位成立专营国产影片发行公司”的政策。自此，民营电影发行公司崛起。①

(2)电影发行机构的现状及发展趋势。

中国电影发行市场集中度较高，排名靠前的发行公司所占市场份额较大。近年来发行市场集中度的变化，一定程度上反映市场竞争格局的变动。中影基

① 张丽. 市场化背景下中国电影发行企业创新发展模式研究[D]. 广州：暨南大学，2014：24.

本保持最大发行市场份额，其重要原因是其掌握进口分账片的发行权。但从近两年其市场份额的下降似乎可以看出，随着国产影片质量、口碑的提升及消费者观影口味的变化，凭借引进进口分账片垄断权利而获得优势的中影、华夏，需要积极应对新的市场变化。

表 10-5 **2011—2014 年中国电影发行机构市场份额及集中度**

排名	2011 年		2012 年		2013 年		2014 年	
	机构	市场份额	机构	市场份额	机构	市场份额	机构	市场份额
1	中影	38.68%	中影	38.24%	中影	32.50%	中影	32.80%
2	华夏	24.36%	华夏	23.51%	华夏	17.42%	华夏	22.89%
3	博纳影业	8.10%	华谊兄弟	10.22%	华谊兄弟	12.54%	光线影业	7.75%
4	光线影业	4.32%	光线影业	7.37%	乐视影业	3.68%	博纳影业	5.99%
5	新画面	2.11%	博纳影业	3.34%	光线影业	3.51%	万达影业	5.20%
6	华谊兄弟	1.98%	美亚花天下	2.21%	博纳影业	3.50%	乐视影业	4.10%
7	小马奔腾	1.82%	乐视影业	1.32%	万达影视	1.85%	影联传媒	2.26%
8	华天下	1.62%	星美影业	1.08%	安乐影业	1.50%	华谊兄弟	2.00%
9	上海东方	1.52%	安乐影业	1.06%	联瑞影业	1.47%	福建恒业	1.77%
10	星美影业	1.13%	银都电影	0.83%	尚视影业	1.21%	安石英纳	1.52%
CR4		75.46%	CR4	79.34%	CR4	66.14%	CR4	69.43%
CR8		82.99%	CR8	87.29%	CR8	76.50%	CR8	82.99%

数据来源：艺恩咨询《2014—2015 年中国电影产业研究报告》。

同时，互联网企业的介入也在改变以往的竞争格局，传统发行公司在互联网发行的冲击下，积极探索互联网发行渠道。以大数据、互联网技术为驱动的新媒体阵地在电影宣发上扮演着越来越重要的角色。

3. 电影放映机构

放映机构是电影产品最终与观众见面的场所，影院是影片放映的实际场所和票房回收的首个环节，也是主要的电影放映机构。院线制改革后，由院线对所属影院统一管理、排片、供片。

(1)电影放映机构的历史演变。2001 年之前，中国电影放映机构主要为影院。电影经制片发行后进入影院放映，影院基本没有放映选择权，市场主体地位不强。

2001 年 12 月，《关于改革电影发行放映机制的实施细则》出台，规定"实施以院线为主的发行放映机制，院线所属影院的改建，可优先享受影院改建贷款贴息优惠政策"，院线制改革开始。半年后，全国第一批 30 条电影院线组建工作完成，管理 872 座影院。院线制加强了影院在电影市场竞争中的主体地位，而院线被视为电影放映机构，管理影院，参与电影发行，统一对影院供片、排片，成为电影市场生态中的重要一环。

表 10-6　　**2009—2014 年中国电影市场院线数量(条)①**

年 份	2009	2010	2011	2012	2013	2014
城市院线数量	37	38	39	46	45	47
农村院线数量	218	240	246	248	249	252

(2)电影放映机构的现状及发展趋势。2001 年年底院线制改革以来，院线建设发展迅速，对自有影院及加盟影院有供片、排片、管理权的院线在电影市场上有着较大的话语权。截至 2014 年年底，中国城市院线数为 47 条，② 院线规模上呈现"一超多强"的局面，7 大院线票房总收入达全国票房收入的 50%。2011—2014 年，全国前十大院线排名变化不大，万达院线始终保持领先地位，并于 2014 年 1 月成为中国电影市场院线第一家上市公司。

① 数据来源：艺恩咨询《2014—2015 年中国电影产业研究报告》。

② 艺恩网．2014—2015 年中国电影产业研究报告(简版)[EB/OL]．[2015-03-05]．http：//www.entgroup.cn/Views/23741.shtml.

表 10-7　　**2011—2014 年中国电影市场院线收入 TOP10(万元)①**

排名	2011 年		2012 年		2013 年		2014 年	
	院线名称	票房收入	机构	票房收入	机构	票房收入	机构	票房收入
1	万达院线	178 470	万达院线	245 600	万达院线	316 006	万达院线	420 837
2	中影星美	137 700	上海联合	165 035	中影星美	185 273	中影星美	244 531
3	上海联合	130 340	中影星美	162 024	上海联合	174 690	大地院线	235 094
4	中影南方新干线	108 590	中影南方新干线	132 629	广东大地	158 338	上海联合院线	220 732
5	金逸珠江	85 082	金逸珠江	117 513	金逸珠江	154 123	广州金逸珠江	208 496
6	北京新影联	76 348	广东大地	110 538	中影南方新干线	148 785	中影南方新干线	198 128
7	广东大地	67 670	北京新影联	82 596	北京新影联	87 546	浙江时代	118 447
8	浙江时代电影	55 665	浙江时代	71 613	浙江时代	87 008	中影数字影院	110 297
9	四川太平洋	46 796	四川太平洋	60 315	浙江横店	77 298	横店院线	105 778
10	辽宁北方	38 225	浙江横店	56 768	中影数字	74 401	北京新影联	101 387

截至 2014 年，中国内地共有影院4 918座。新建影院均按照《电影院星级评定暂行办法》《电影院星级评定要求》的要求，建为现代化多厅数字影院，实行电脑售票一站式服务。在选址上，影院多以影城形式融入周围商圈，为观众提供观影—购物—餐饮——游乐等一条龙服务。近年来一线城市影院建设市场

① 虎嗅电影．数据观察．中国院线是如何割据的?［EB/OL］．［2014-04-03］．http：//www. huxiu. com/article/31120/1. html.

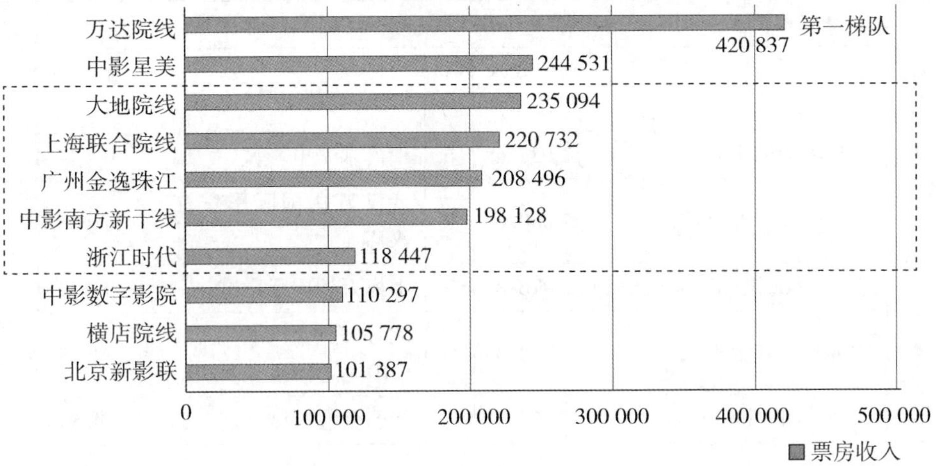

图 10-6　2014 年中国电影院线三大梯队划分

相对饱和，二三线城市影院的建设逐渐突出。

表 10-8　　**2009—2015 年中国电影市场影院及银幕数量①**

年 份	2009	2010	2011	2012	2013	2014	2015
影院数量(家)	1 687	2 000	2 800	3 000	3 903	4 918	6 046
银幕数量(块)	4 723	6 256	9 286	13 118	18 195	23 592	31 627

目前，影院市场竞争激烈，逐步进入资源整合阶段。市场终端在中国电影市场中更受重视，影院收入往往能占到一部电影总收入的一半。因此，一些有实力的电影集团开始自建院线或通过注资、并购等形式介入电影放映市场。影院市场面临更为激烈的竞争，这也意味着经营状况较差的中小影院将以被兼并或破产的方式退出市场。

同时，院线或影院介入制作发行市场，反向布局产业链。院线或影视投资公司开始以参投和联合发行的方式介入影片制发环节，有利于增加分账收入，减轻运营压力。

① 崔保国．中国传媒产业发展报告(2015)[M]．北京：社会科学文献出版社，2015：103.

表 10-9 **2011—2015 年中国电影市场影院收入 TOP10**

序号	影院名称	票房收入（万元）	序号	影院名称	票房收入（万元）
2011 年					
1	首都华融电影院	2 037.6	6	上海永华电影城	1 647.4
2	Jackie Chen 北京耀莱	2 000.6	7	武汉万达国际影城江汉店	1 605.8
3	重庆 UME 国际影城(江北)	1 996.8	8	上海万达国际影城	1 599.4
4	深圳橙天嘉禾影城	1 982.3	9	北京万达国际影城 CBD 店	1 550
5	UME 华星国际影城	1 663.7	10	福州金逸影城	1 548
2012 年					
1	Jackie Chen 北京耀莱	8 182.7	6	北京 UME 国际影城双井店	6 384.2
2	深圳橙天嘉禾影城	7 785.9	7	上海永华电影城	6 369.2
3	首都华融电影院	7 699.6	8	北京万达国际影城 CBD 店	6 326.4
4	上海万达国际影城	7 404.4	9	广州万达影城白云店	6 141.6
5	北京 UME 华星国际影城	6 702.8	10	广州飞扬影城正佳店	6 000.9
2013 年					
1	Jackie Chen 北京耀莱	9 164.6	6	上海万达国际影城	6 812.1
2	深圳橙天嘉禾影城	7 318.7	7	北京 UME 国际影城双井店	6 767.3
3	首都华融电影院	7 314.6	8	北京 UME 华星国际影城	6 434.7
4	上海永华电影城	7 006.1	9	广州万达影城白云店	6 487.3
5	南京新街口影城	6 927.1	10	金逸国际电影城	6 084.1
2014 年					
1	Jackie Chen 北京耀莱	10 086.3	6	广州万达影城白云店	7 289.3
2	深圳橙天嘉禾影城	8 289.3	7	南京新街口影城	7 128.1
3	北京 UME 国际影城双井店	8 154.3	8	北京 UME 华星国际影城	6 938.6
4	首都华融电影院	8 008.7	9	上海永华电影城	6 882.1
5	上海万达国际影城	7 343.6	10	金逸国际电影城	6 798.6

续表

2015 年					
序号	影院名称	票房收入（万元）	序号	影院名称	票房收入（万元）
1	Jackie Chen 北京耀莱	10 907. 1	6	首都华融电影院	8 522. 1
2	深圳橙天嘉禾影城	10 105. 2	7	广州飞扬正佳影城	8 387. 0
3	上海万达影城五角场店	9 411. 3	8	上海永华电影城	8 368. 9
4	北京 UME 影城双井店	8 833. 7	9	广州万达影城白云店	7 977. 0
5	北京星美影城金源店	8 585. 6	10	广州花城汇影院	7 119. 0

二、电影生产与流通市场建设

1992 年社会主义市场经济体制确立后，中国电影业开始市场化改革，中国才有了电影市场。电影的生产与流通，即电影产业链的核心环节：制作、发行与放映，从计划走向市场，从国有走向开放、竞争，在与新技术、资本、互联网等新市场要素的共舞中，呈现新的发展特点。

1. 电影制片市场建设

电影制片是电影创作和生产活动的总称。这一过程融艺术创作、科学技术和生产管理为一体，是编剧、导演、摄影、美工等创作部门和化妆、服装、道具、制景、照明、剪接、录音、特技、洗印等生产、技术人员创造性和综合性劳动的成果。

电影作为文化产业，始终以内容为核心，影片质量高是获得好的市场反响和高收入的基础。优质的电影产品是电影企业的核心竞争力，在国际市场，优秀影片是衡量一国电影产业强弱的标准。中国的电影制片市场经历开放行业准入、鼓励投资、分化重组、多元发展等多个阶段，不断适应时代、技术变化和市场需要，提高了产品生产能力，逐渐走向成熟。

(1) 电影制片市场建设历程。中国电影制片市场的建设过程与制片机构的发展历程基本统一。1993 年原广电部下发的《关于当前深化电影行业机制改革的若干意见》(广发影字〔1993〕3 号)，是中国电影市场和整个电影市场建设的开端。

表 10-10　　中国国有电影集团①

电影集团	组建时间	构成单位
中国电影集团	1999 年	中国电影进出口分公司、中国电影发行放映分公司、中国电影合作制作公司、北京电影制片厂、中国儿童电影制片厂、中国电影器材公司、北京电影洗印录像技术厂、国家广播电影电视总局电影频道节目制作中心、华龙数字电影制作公司等
长春电影集团	1999 年	长春电影制片厂、长影世纪城、长影影视股份公司等
上海电影集团	2001 年	上海电影制片厂、上海美术电影制片厂、上海电影译制厂、上海科学教育电影制片厂、上海电影技术厂、上海联合院线、永乐股份有限公司等
西部电影集团	2003 年	西安电影制片厂、西影股份有限公司、电视剧制作公司、西部音像出版社、西影影视传媒学院、西部电影频道等
珠江电影集团	2003 年	珠江电影制片公司等
峨眉电影集团	2003 年	峨眉电影制片厂等
潇湘电影集团	2003 年	潇湘电影制片厂、潇湘影视制片公司、潇湘音像出版发行公司、湖南电视台、电影频道等

表 10-11　　2001—2015 中国电影故事片制作数量增长(部)②

年份	数量	年份	数量
2001	88	2009	456
2002	100	2010	526
2003	140	2011	558
2004	212	2012	745
2005	260	2013	638
2006	330	2014	618
2007	402	2015	686
2008	406		

1999 年，中影、长影带头组建电影集团，开始中国电影市场的股份制、

① 邓向阳．中国电影产业研究[M]．长沙：湖南师范大学出版社，2012：42.

② 崔保国．中国传媒产业发展报告(2015)[M]．北京：社会科学文献出版社，2015：101.

集团化改革。2002 年新《电影管理条例》实施，允许国营电影制片单位以外的人员和机构从事电影摄制业务。2003 年 9 月，国家广播电影电视总局颁布《电影制片、发行、放映经营资格准入暂行规定》《中外合作摄制电影片管理规定》《电影剧本(梗概)立项、电影片审查暂行规定》，将制片环节向社会开放，放宽中外合拍影片的条件，降低拍摄立项审批条件，降低制片方剧本投入的风险。

2001—2015 年，中国电影产量保持上升态势，2007 年，电影产量达到历史性高位，位于印度、美国之后，居世界第三。2008 年开始，中国电影产量增长速度明显放缓，影片生产开始从追求数量扩张向追求质量提升转变。

(2)电影类型及产量。国家统计局将电影划分为故事片、动画片、纪录片、科教片、特种影片进行统计。而按投入的资本规模，电影可分为大片制作、常规制作和低成本制作影片。

表 10-12　**2001—2015 年中国各类型电影制片数量(部)**

年份	故事片	动画片	科教片	纪录片	特种影片	总计
2001	88	1	56	9	—	154
2002	100	2	60	7	—	169
2003	140	2	53	6	—	201
2004	212	4	30	10	—	256
2005	260	7	33	2	—	302
2006	330	13	36	13	—	392
2007	402	6	34	9	9	460
2008	406	16	39	16	2	479
2009	456	27	52	19	4	558
2010	526	16	54	16	9	621
2011	558	24	76	26	5	689
2012	745	33	74	15	26	893
2013	638	29	121	18	18	824
2014	618	40	52	25	23	758
2015	686	51	96	38	17	888

注：数据来源于国家统计局网站。

2002年推行院线制改革后，中国电影产量迅速增长，但影片类型并未表现出明显的多元化。2005年以前，中国电影类型基本为四类：主旋律电影、大制作商业电影、商业类型电影、商业艺术电影。①

为获得产业上的成功，商业类型电影的品种构成基本稳定下来，大致包含爱情片、喜剧片、动作片、幻想片等带有影院大银幕性质、音画效果宏大、适合集体观看的类型。

2. 电影发行市场建设

电影的发行市场指以电影发行单位、发行企业为中心的供需市场。

(1)发行市场建设历程。与制片业、放映业相比，中国电影发行业的放开时间较晚。2002年，国家从政策上放开电影发行业，首批批准七家民营企业享有发行国产影片的权利，民营资本进入国产电影的发行行业。与此同时，院线制改革推动电影发行机制的进一步市场化。②

2002年开始院线制改革。所谓院线制，是以多个影院为依托，以资本和供片为纽带，由一个发行主体和若干影院组合形成的，实行统一品牌、统一排片、统一经营、统一管理、统一宣传的发行放映机制，是院线公司统一管理下属加盟影院的现代放映和发行机制。③ 院线制打破地域分割和行政管制，刺激电影市场的活力，显示其强大的市场生命力。

院线制改革在原有的各省、市级电影公司的基础之上，打破地域垄断，建立市场化运作的电影放映院线，结束中国原有的按行政区域供片再按省市县层层发行的四级发行制，为影片从制作到放映疏通了流通渠道。在院线制的运作方式下，所有影院都必须加盟某一院线才能获得放映资格，片方需直接与院线洽谈票房分成。

(2)电影发行市场现状。电影的发行模式主要包括：传统发行模式，即收放式发行，发行期派发行人员前往各地进行发行活动，无片时发行人员回总部；地网发行模式，即矩阵发行或驻地发行，发行方在全国各地院线设置影院落地驻点的销售业务员开展发行活动；品牌发行模式，与影院关系较弱，靠影片实力、自身品牌及影片质量、阵容等拉动排片；O2O发行模式，通过线上

① 尹鸿，梁君健．从解放生产力走向提升竞争力——产业化改革十年来的中国电影制片业[J]．当代电影，2012(7)：4-10.

② 张晓明，惠鸣．全面构建现代文化市场体系[M]．北京：社科文献出版社，2014：172.

③ 傅才武，宋丹娜．文化市场演进与文化产业发展——当代中国文化产业发展的理论与实践研究[M]．武汉：湖北人民出版社，2008：253.

售票结合线下地网发行。①

目前，中国最普遍的电影发行方式是发行分账，即影片的制片方、发行方、院线和影院按照一定的比例分得票房收入。不同影片类型通常采用的分账比如下。

国产片与买断进口片，院线和影院共获得票房营收的57%(其中，影院一般占50%，院线占7%)，制片商获43%。但进口买断片通常由国内发行公司一次性买断内地发行权或采用营收分成模式。

进口分账片，院线与影院获得营收48%，发行方获17%，制片方获35%。

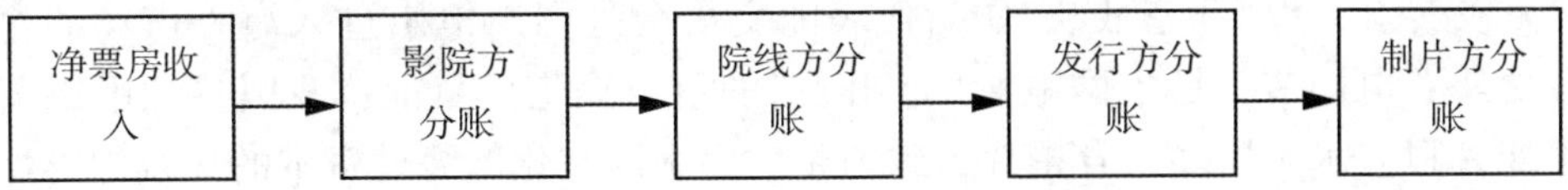

图 10-7 票房收入分配一般流程②

中国电影发行市场也存在不少问题，国内市场上，就单片票房贡献率而言，进口片高于国产片，如表 10-13 所示。

表 10-13 **2011—2015 年中国电影市场进口片、国产片单片平均票房贡献对比**

栏 目		2011 年	2012 年	2013 年	2014 年	2015 年
进口片	上映数(部)	63	76	57	80	80
	票房(亿元)	60. 84	88	90. 02	134. 84	169. 33
	单片平均票房(亿元)	0. 97	1. 16	1. 58	1. 69	2. 12
国产片	上映数(部)	163	227	326	308	278
	票房(亿元)	70. 36	82. 70	127. 68	161. 55	271. 36
	单片平均票房(亿元)	0. 43	0. 36	0. 39	0. 52	0. 98

注：数据来源于伟德福斯《2015 年度中国电影产业报告》。

由数据可以看出，虽然引进片在数量及总体票房占比上不具优势，但近年来几乎每年都以不到国产片 1/3 的上映数获得全年票房总额的近 40%，单片平

① 艺恩网．2013—2014 年中国电影产业研究报告(简版)[EB/OL]．[2014-03-03]．http：//www.entgroup.cn/report/f/0318120.shtml.

② 中国产业信息．2015 年的中国电影行业发展及 2016 年中国电影行业发展趋势及行业巨大增长潜力分析[EB/OL]．[2016-01-19]．http：//www.chyxx.com/industry/201601/381197.html.

均票房远高于国产片，可见外国大片的竞争力之强。2012 年 2 月，中美两国就解决 WTO 电影相关问题谅解备忘录达成协议，约定此后中国在每年进口 20 部美国分账影片配额的基础上，再增加 14 部进口分账影片，同时，美方票房分账比例由此前的 17.5%提高到 25%。进口片的比例增大将进一步增加国产影片市场压力。

海外市场一直是中国电影的软肋，以商业方式“走出去”之路任重道远。但随着影片质量的提升以及海外发行渠道的逐步完善，中国电影在海外市场的潜力逐渐显现，如表 10-14 所示。目前，中国电影海外发行主要包括如下几种途径。

交易会，以“北京放映”①为代表的交易会是国产电影进入海外市场的途径之一；电影节，是中国电影“走出去”的重要渠道。目前，我国参加电影节的影片以艺术类居多；合拍片，致力于输出中国文化，海外资本的注入为影片提供海外发行的便利。

表 10-14　　**2003—2015 年中国电影海外销售收入情况**

年份	销售数量(部)	销售收入(亿元)	销售收入增长率
2003	—	5.50	—
2004	—	11.02	100.36%
2005	—	16.50	49.73%
2006	—	18.90	14.55%
2007	78	20.20	6.88%
2008	45	25.26	25.05%
2009	45	27.70	9.66%
2010	47	35.17	26.97%
2011	55	20.46	-41.83%
2012	75	10.63	-48.04%
2013	45	14.14	33.02%
2014	42	18.70	32.25%
2015	—	27.7	48.13%

① 由中影集团举办，是目前全国唯一一个国产影片的国际展销市场，是海外市场了解中国电影文化的重要窗口。

目前，中国电影海外发行存在的主要问题可概括为“三多三少”。产量多，国际传播少；参加电影节等公益展映多，商业发行少；进入艺术影院多，进入主流商业院线少。可见，中国影片在国际市场上的品牌认同度、商业价值认可度还有待提高，在加强与海外影视机构合作交流的基础上，还需强化海外营销机构、团队的建设，提升影片质量及国际竞争力，突破影片类型的局限。

(3)电影发行市场趋势。电影市场产业化的不断深入，以及技术、互联网等外部环境的变革性影响，推动电影发行市场呈现出新的特点。

目前，电影发行更加注重对场次资源的争夺，催生多元化的发行主体和多样化的发行方式，其中最引人注目的是新媒体发行平台的出现和快速发展。在线票务平台、视频平台等新媒体凭借用户基础，以预售、点播等方式参与电影发行。与传统发行公司拥有成熟的发行网络及大量影院资源的优势相比，新媒体发行公司则有海量用户数据的驱动，流量变现快速便捷，发行成本低。

与此同时，传统发行公司向制发一体、发放一体或全产业链布局发展。全产业链的运作方式，有助于最大化控制各个环节，最大限度保证排片优势，避免分账纠纷，带来规模效益。

未来，影片发行介质将逐步信息化，影片将通过影院及大量多媒体平台实现多窗口放映，以互联网为纽带的线上+线下+多窗口的复合发行是新的趋势。

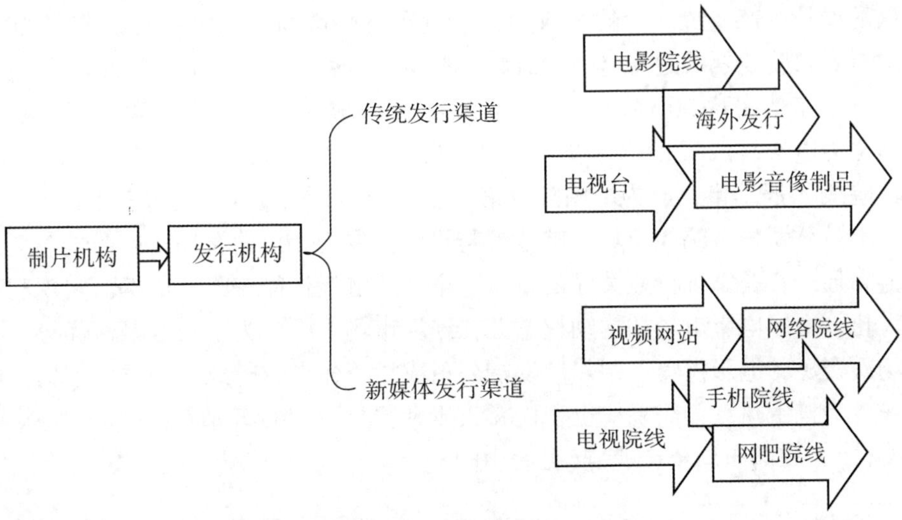

图 10-8　电影发行市场趋势

3. 电影放映市场建设(市场终端)

电影放映市场主要是以影院为依托，将电影产品展现给终端消费者，实现产品价值的市场。

(1)电影院线建设。电影院线是影院的管理公司，负责与发行方沟通确定排片。院线对旗下若干影院实行统一管理，统一排片，统一供片，在终端主体占据强势地位的中国电影市场，一些中小成本电影的发行方需要争取院线支持，以获得最多的场次资源。

根据院线与旗下影院关系的不同，电影院线大致有三种经营模式。

全资产联结。如万达院线。旗下影院由院线投资兴建，影院资产全部归院线所有，便于院线对影院统一品牌、统一管理、统一建设、统一排片。国外院线基本采取此经营模式。

资产联结为主，加盟为辅。如广州金逸珠江。大部分影院由院线直接投资，同时吸纳其他影院加盟。院线对自有影院实现统一经营和管理，但不能实现全院线在各方面的统一。

签约加盟为主，资产联结为辅。如中影星美、北京新影联、上海联合。大部分影院以签约形式加入院线，与院线没有资产从属关系。院线以供片为纽带实现统一排片，但不能完全实现统一品牌、统一经营、统一管理，是中国特有的院线形态。

目前，中国电影院线市场的发展呈现出以下特点。

院线发展“一超多强”，万达首股带动上市热潮，行业集中度提升。院线数量的增长及产业链上游的介入加剧了电影终端市场的竞争。2012 年及 2013 年均有 6 条院线票房过 10 亿，2014 年则有近十家。① 万达院线在 2013 年成为国内首个年票房达 30 亿的院线，在 2014 年则成为唯一票房过 40 亿的院线。中国主力电影院线规模进一步扩大，市场呈“一超多强”局面。2015 年年初，万达院线 A 股上市，成为中国院线第一股，带动其他院线公司筹备上市。

上游公司抢占院线市场，院线参与投资、发行，反向布局全产业链。全产业链布局一直是影视行业关注的重点，全产业链运作能够降低成本，实现利益最大化。中国电影市场的主动权掌握在终端市场手中，为了获取渠道优势，争夺场次资源，电影投资、制作、发行公司或投资建设影院或布局票务市场，使院线成为抢占热点；而院线也积极介入影片投资、发行环节(如院线发行，联合发行)，反向布局全产业链(见表 10-15)。

---

① 艺恩网 . 2014—2015 年中国电影产业研究报告(简版)[EB/OL]. [2015-03-05]. http://www.entgroup.cn/report/f/0518133.shtml.

表 10-15　　2013—2014 年参与发行的放映方

年份	放映方	上映作品数量
2013	浙江星光电影院线	1
	江苏幸福蓝海院线	3
	横店院线	1
	温州雁荡	2
	浙江时代	1
2014	湖北银兴院线	1
	四川太平洋	1
	武汉天河	1
	北方联合	1
	中影星美	1

二三线城市的院线建设加剧。一线城市院线建设趋于饱和，在国家政策的支持下，尚待开发的二三线城市成为各院线公司争夺的新市场。如大地院线，在成立之初便采取“农村包围城市”的方针，重点开发二三线城市，开创差异化竞争道路。

网络院线的兴起。互联网影响加深的背景下，网络院线已成为影片发行放映新模式。网络院线，指电影在视频网站上的电影付费频道播出。2013 年，视频网站爱奇艺正式发布国内首个完备的“网络院线”电影发行收益模式——“分甘同味”电影计划①。就像音乐在技术的发展下脱离 CD、直接通过网络向消费者传播一样，网络院线使电影脱离影院这一传统传播介质，是对传统院线的破坏，同时也是创新。

校园院线、艺术院线等特色院线有所发展。中国电影市场重票房，院线偏重商业回报，艺术类影片往往面临“叫好不叫座”的尴尬困境。业界一直有关于建立艺术院线、校园院线等特色院线的呼吁。2014 年 12 月 30 日，北京市新闻出版广电局向中国电影资料馆艺术影院小西天影院、耀莱成龙国际影城五棵松影院、新影联华谊兄弟影城望京影院三家特色影院授牌，将其作为特色影院试点，将在固定影厅、固定时间进行每周至少两场次的主题影片放映。2014 年 11 月 18 日，教育部与国家新闻出版广电总局在北京签署《关于“全国校园

① 此模式下，每部电影有 7 个月的付费窗口期，窗口期内以用户点播量决定分成金额，窗口期结束转为用户免费观影后，改为按照广告收入分成的模式。此外，根据影片是否在爱奇艺独家播出，分成比例也将有所区别。

电影院线"会商备忘录》，目标是3~5年内在高校建设6000块银幕，主要覆盖大学校园，并辐射中小学。

(2)电影影院建设。1993年广电部3号文件和348号文件打破中影公司的发行壁垒后，一些有条件的企、事业单位介入影院投资。1995年，中国第一家沪港合资影院在上海建立。1997—1998年，我国城市影院按照现代化要求进行改造、扩建的步伐加快，北上广重等地开展了引进外资改造城市电影院的试点工作。2001年中国加入WTO后，影院投资向外资开放，资本的进入使得中国的影院得以改造或新建，多厅、高质量、数字化成为影院建设的新标准。

表10-16　**2002—2015年中国电影市场影院数及银幕数①**

年份	影院(家)	银幕数量(块)	银幕数增长率
2002	1 019	1 834	
2003	1 140	2 285	24. 59%
2004	1 188	2 396	4. 86%
2005	1 243	2 668	11. 35%
2006	1 325	3 034	13. 72%
2007	1 427	3 527	16. 25%
2008	1 545	4 097	16. 16%
2009	1 687	4 723	15. 28%
2010	2 000	6 265	32. 65%
2011	2 800	9 286	48. 22%
2012	3 000	13 118	41. 27%
2013	3 903	18 195	38. 70%
2014	4 918	23 592	29. 66%
2015	6 046	31 627	34. 06%

表10-17　**2009—2014年中国数字银幕、3D银幕数量增长趋势**

年 份	数字银幕数量(块)	增长率	3D银幕数量(块)	增长率
2009	1 600	—	700	—

① 崔保国．中国传媒产业发展报告(2015)[M]．北京：社会科学文献出版社，2015：103.

续表

年 份	数字银幕数量(块)	增长率	3D 银幕数量(块)	增长率
2010	6 086	280. 38%	2020	188. 57%
2011	8 393	37. 91%	5 355	165. 10%
2012	12 225	45. 66%	9 500	77. 40%
2013	17 505	43. 19%	12 607	32. 71%
2014	25 255	44. 27%	21 627	71. 55%

注：数据来源于艺恩咨询《2013—2014 年中国电影产业研究报告》。

放映、管理数字化，数字影院进一步普及。在影院管理上，数字管理系统技术逐渐普及，影片密钥管理系统(KDM)、数字影院自动化管理系统(TMS)、影院网络运维中心(NOC)得到推广，为影院市场经营和业务管理提供全方位技术保障，降低人工成本，提升影院管理与服务水平。放映数字化体现在影片传输和 3D、IMAX 放映上。截至 2014 年年底，中国 3D 银幕 21627 块，覆盖 98%的影院；4K 银幕 1187 块，占数字银幕总数的 4. 7%；① RealD3D 影院系统②在中国的签约设备总计超过 2550 台；③ 2014 年新建中国巨幕影厅近 40 家，中国巨幕放映系统已在全国 18 个省(市、区)的 78 家影城运营。影片传输上，数字影院卫星分发系统(数字影院卫星分发系统及监控平台是集节目卫星上传、卫星接收、系统监控为一体的数字影院管理平台)④已在多家影院普及，提高了影片传输效率，降低传输成本。

互联网票务迅猛发展，促使影院转型升级。互联网的发展很大程度上改变了传统的柜台式购票方式，团购及在线选座等互联网购票方式迅速普及，网络票务成为影片票房的有力保障。互联网的“用户思维”推动影院在软件、硬件方面的转型升级，采取降低票价，设立终端取票机、自动检票闸机等方式，提升自身服务质量。例如微信电影票正在筹划对传统影院的改造，拟推出全程扫

① 电科动态 . 2014 年我国数字银幕总数逼近 2. 5 万块[EB/OL]. [2015-01-16]. http：//mp. weixin. qq. com/s？ src = 3&timestamp = 1467681791&ver = 1&signature = SI * 9H4XtfPPXNTKNJmqF9pMp0Z5bsA4NaNLrjH9jHlA3hTOp0Bw9lvSoyL * lh5CXliJ4SpgY0clkpDCFIgYVifTmDRMKbla0nI25URTrfhwXwj-JsY7r7WM9yIIyANXLBdHikeGruXPbhKl2jjUyLw = =.

② RealD3D 放映系统是具备高观影质量的数字 3D 影院放映系统，是目前全球最广为使用的影院系统。

③ 每日财经网 . RealD6FL 认证与万达院线 X-Land 影厅全面合作[EB/OL]. [2014-08-29]. http：//www. mrcjcn. com/n/23186. html.

④ 忻喆旻，高伟，徐加军 . 数字影院卫星分发系统及监控平台研发与应用[J]. 现代电影技术，2015(6)：18-21.

描二维码、自助服务的智慧影院项目。①

主题化、特色化影院初露端倪。影院的普及和观众收入水平的提高，使得观影逐渐成为大众化的消费方式，加之以需求为中心的售卖方式的推动，观众的个性化需求得到更多的关注，能够满足不同类型观众需求的差异化经营方式成为影院形成品牌的优势竞争力。同时，新的观影模式，如汽车影院、量贩式影院、网络影院、私人定制影院等，也为电影业带来新的盈利模式。

影院市场的快速发展也带来一些问题，例如影院收入占比不合适，影院服务有待增值。目前，影院提供的主要是观影、食品消费、衍生品售卖等服务，而影院收入对电影票房的依赖大，食品和衍生品消费对影院收入的带动还处于市场探索阶段，但票房的不确定性使得影院面临较大风险。因此，中国影院要平衡收入占比，就需要开发影院副业的市场空间，开发自有卖品和配套消费，迎合观众的消费心理；提高电影衍生品的开发、制作、销售能力；盘活影院周边场地，增加场地使用率；开发广告市场等(见图 10-9)。

4. 电影衍生品市场建设

电影衍生品的概念源于美国，是电影产业链“前期介入，后期开发”中除票房以外的增益部分。广义而言，即能为电影带来收益的所有产品。② 好莱坞成熟的电影衍生品市场收入可达电影产业总收入的 70%，而中国电影市场的情况却是票房收入占电影产业总收入的 70%~80%。③ 衍生品开发不足是当前中国电影市场突出且越来越受重视的问题。

(1)中国电影衍生品市场发展现状。中国电影市场结构单一。电影收入 70%~80%依靠票房，成熟的好莱坞市场 70%的收益来源于电影衍生产业，中国电影衍生品市场基本上处于起步阶段。

衍生品开发和消费理念的缺失。好莱坞成熟的衍生品开发体系强调有规划与前瞻性的开发理念，影片开拍前就制定衍生品的开发、销售计划，先于或与电影同步推出产品，④ 以占领市场先机。而中国的多数电影缺乏衍生品开发概念，在上映前，才匆忙制作一些通常只用于电影宣传或首映活动的宣传

① 张奥．微信电影票上线 10 个月销量居前，未来会加入更多社交功能[EB/OL]．[2014-10-19]．http：//finance. cnr. cn/gs/201410/t20141019_516622834. shtml.

② 陈少峰，徐文明，王建平．中国电影产业报告 2015[M]．北京：华文出版社，2015：183.

③ 马占新．关于电影衍生品市场前景的调查与分析[J]．企业经济，2016(3)：119-123.

④ 吴学安．中国电影衍生品产业思考[J]．中外企业文化，2010(10)：63.

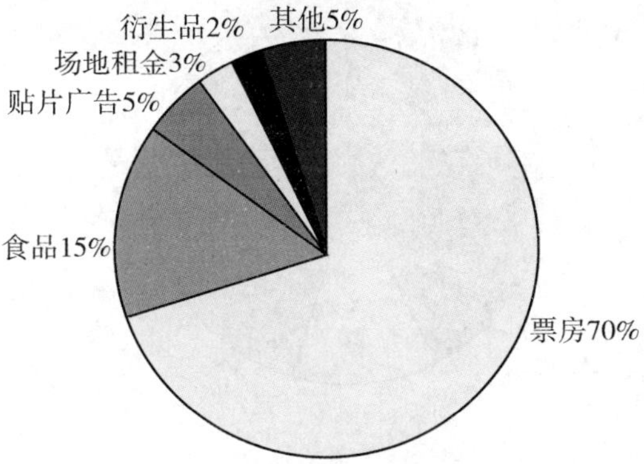

图 10-9　影院收入构成占比①

品。缺乏经验等原因导致开发衍生品意识薄弱，错过了最佳销售期。以《让子弹飞》为例，影片的火爆带动片中“麻匪”面具的热销，却因未及时在策划前期规划好衍生品的开发、销售，让制片方措手不及，损失大笔衍生品销售收入②。

在消费方面，中国观众购买衍生品的习惯和消费意识尚未形成，普遍缺乏衍生品消费观。虽然超过 7 成的观众有购买正版影视衍生品意向，但实际上仅有 46%的用户真正有购买行为(见图 10-10、图 10-11)。

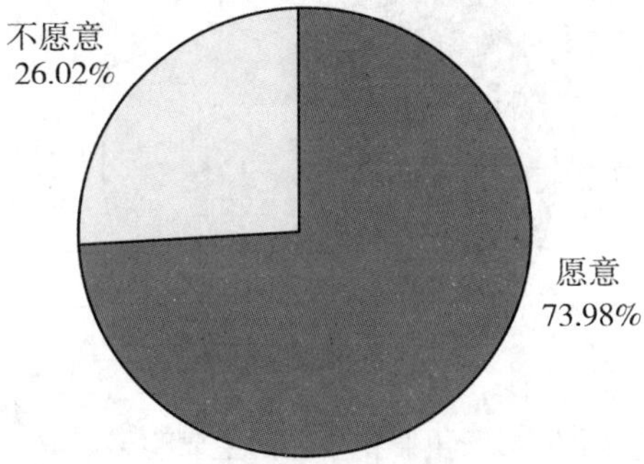

图 10-10　观众对正版影视衍生品的购买意愿

盗版衍生品猖獗。盗版猖獗，正品价格昂贵阻碍了中国电影衍生品市场的

① 卢扬，郑蕊 . 2014 电影院靠什么挣钱[N]. 北京商报，2014-12-05(A3).

② 王沁沁，张宏 . 衍生的商机——电影衍生品的市场透视[J]. 当代电影，2011(10)：118-121.

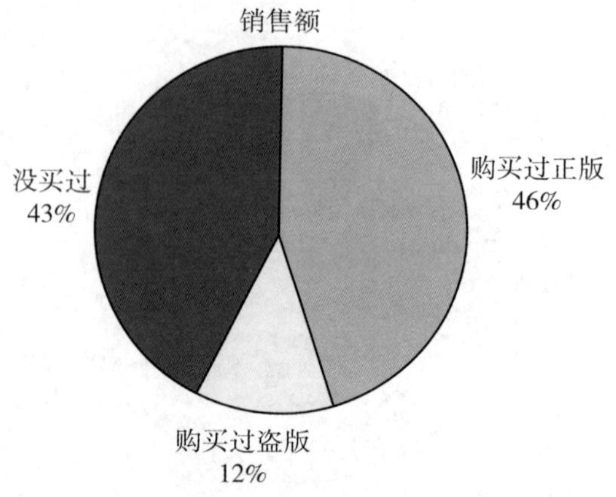

图 10-11 观众对正版影视衍生品的消费行为①

发展。知识产权保护意识缺乏导致盗版电影衍生品猖獗，而正品价格过高也是盗版市场存在的原因。当前的中国电影市场，正规的衍生品产业链尚未建立，盗版生产商却借助网络及批发市场的便利形成完整的盗版产业链(见图10-12)。仍以《让子弹飞》为例，影片带动"麻匪"面具的热销，赚钱的不是影片版权方，而是嗅觉灵敏的盗版商。

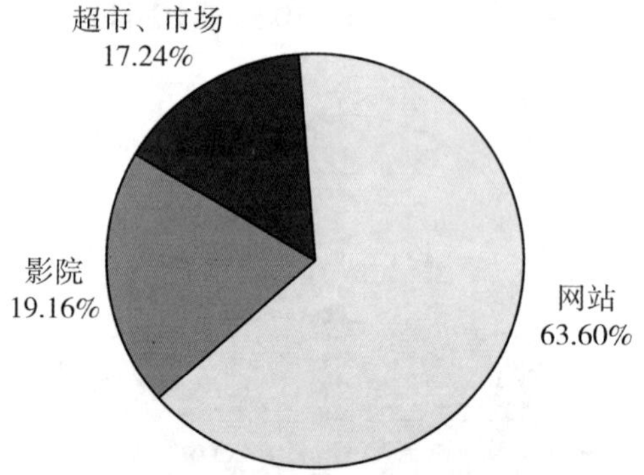

图 10-12 电影衍生品的主要购买渠道

发展中国电影衍生品市场要解决的问题主要包括四点。首先，自产、开发商缺乏衍生品开发理念和经验，大部分影迷钟爱的玩具、手办等均源自国外的IP，在中国只授权 1~2 家售卖平台，而国内自产的 IP 未形成消费产业链，专

① 艺恩咨询. 2015 年中国互联网影视产业报告[EB/OL].[2016-01-29]. http://www.199it.com/archives/435737.html.

业电影衍生品生产公司如宇际星海的专门团队，难以掌控市场。其次，习惯，影迷未形成消费衍生品，尤其是消费正版衍生品的习惯。再次，价格，正版衍生品的价格基本上是盗版的200%。最后，盗版，电商平台上充斥着盗版却相对廉价的衍生品。

5. 电影广告市场建设

除一般意义上以授权为主的电影衍生品(如游戏、玩具、服装、科技数码应用、食品包装、办公学生用品、主题公园等)之外，严格来说，广告在电影产业链中的经营模式也属于衍生开发，在电影产业链的上、中、下游都有经营空间。在制片环节，可以植入剧情；行销环节中，可以直接赞助或者搭载影片营销活动；而在放映环节，可作映前贴片广告。在中国电影市场中，企业广告起着较大的作用，营收占比较大。

电影市场总收入通常由票房收入、海外收入、非票房收入构成。非票房收入则通常包括广告收入、版权收入、衍生品收入。影院因具有客流量集中、广告投放成本低且高效等特点，受到广告商的青睐。如表11-18所示，中国电影广告收入持续上升。

表10-18 **2010—2014年中国电影广告收入(亿元)**

年 份	2010	2011	2012	2013	2014
映前广告收入	4.2	7.8	9.5	10.2	12
植入广告收入	2.3	3.2	6	10	15
贴片广告收入	3.1	5.8	6	6.2	6.5
总收入	9.6	16.8	21.5	26.4	33.5

注：数据来源于艺恩咨询《2014—2015中国电影产业研究报告》。

虽然中国电影市场非票房收入整体较美国等国家的成熟市场有很大差距，但其进步和发展值得鼓励。2014年上半年，各品牌在影院视频广告的投放费用提升57%,① 中国电影广告植入海外影片之路也在继续扩展，如《钢铁侠3》中，植入伊利谷粒多、中联重科、TCL等品牌广告。

---

① 中国电影家协会，中国文联电影艺术中心产业研究部.2015中国电影产业研究报告[M].北京：世界图书出版公司，2015：121.

三、电影消费市场建设

电影消费市场指观众购买电影产品的交易场所，按不同的标准，如地域、城乡、性别、年龄、知识层次等，有不同的分类。

消费者是电影市场的重要构成。影院的普及、技术的进步及消费水平的提高让观影逐渐由曾经的精英消费变为大众消费，以“用户”为中心的互联网企业大举进入电影市场。是否符合观众需求、口味几乎成为电影能否成功的关键。

1. 电影市场消费主体

观影人数是衡量中国电影市场发展状况的一个指标，对消费主体的考量不单体现在数量上，也体现在特性和结构上。互联网企业介入电影市场，带来的不仅是大量资金，还有深刻影响传统电影产业的互联网思维。“网生代”观影主体形成并逐渐增长，互联网平台凭借亿万量级的用户规模，从根基上推动中国电影的发展创新。

表 10-19　**2007—2014 年中国电影观影人次及增长率①**

年份	观影人次(万人次)	增长趋势
2007	11 400	—
2008	14 100	23. 68%
2009	20 040	42. 13%
2010	28 600	42. 71%
2011	37 000	29. 37%
2012	47 000	27. 03%
2013	61 000	29. 79%
2014	83 300	36. 56%

① 崔保国．中国传媒产业发展报告(2015)[M]．北京：社会科学文献出版社，2015：102.

2. 电影市场消费需求分析

消费者对电影内容的偏好及观影倾向可以反映中国电影市场消费需求的整体状况。

(1)电影片种偏好。2014—2015 年对观众喜好片种的调查显示，相比 2014 年，2015 年观众对于进口电影的偏好虽然有所下降，但总体而言仍胜于国产电影。

从国产与进口影片的票房收入对比也可看出观众的偏好。2015 年上映国产片 278 部，票房总额 271. 26 亿元，市场份额 61. 58%，单片平均票房 0. 98 亿元；上映进口片 80 部，包括 34 部分账片和 46 部买断片，票房总额 169. 33 亿元，市场份额 38. 42%，单片平均票房 2. 12 亿元。进口影片虽然在数量上不占优势，但单片平均票房远高于国产影片，并以不足国产片 1/3 的上映片数，获得全年票房总额的近 40%。这一方面体现外国大片的强竞争力，另一方面，也说明中国观众对外国大片的青睐(见图 10-13)。

(2)电影放映格式偏好。高技术含量的影片能为观众带来更好的观影体验，因此观众对 3D 和 IMAX 放映格式的电影有一定偏好，这从一定程度上反映出观众对技术含量高的影片的认可；但内容质量依旧是大部分观众更加关注的(见图 10-14)。

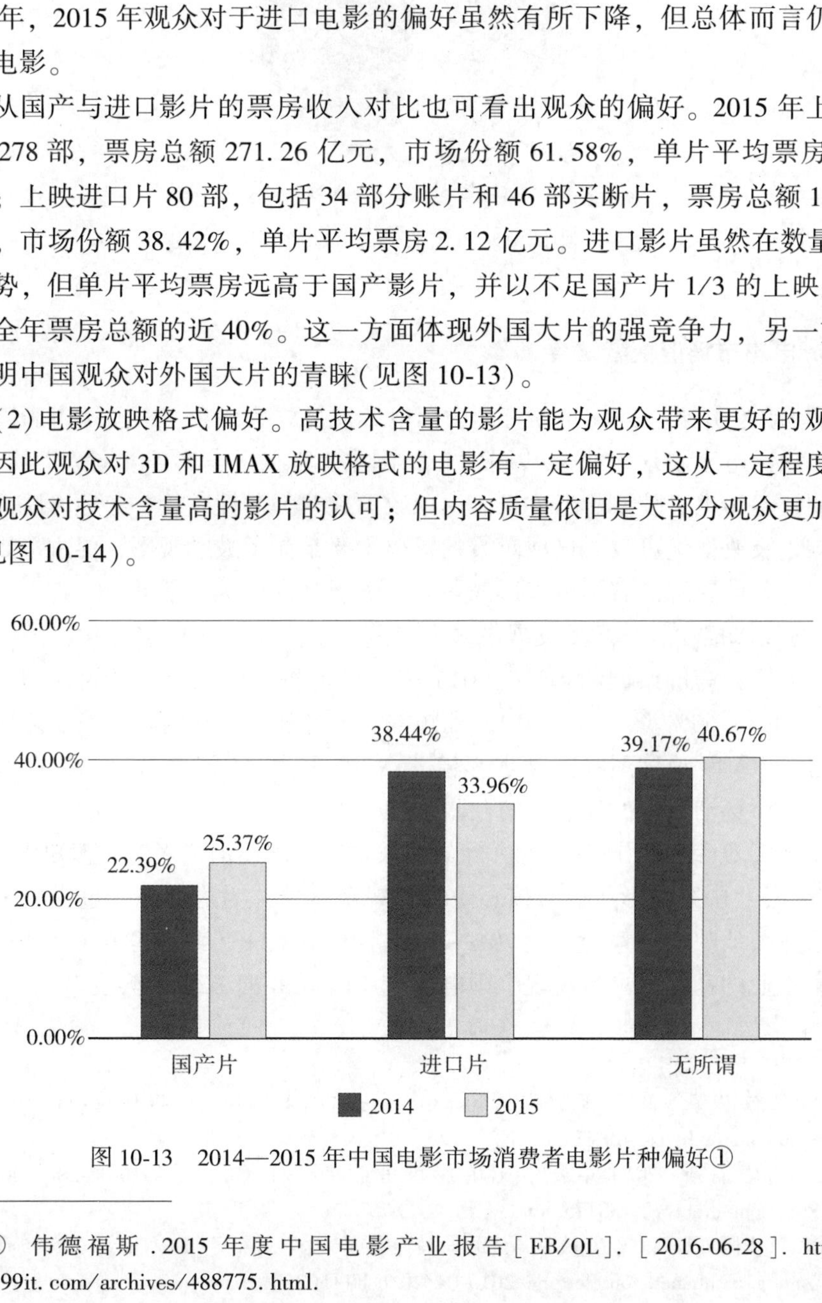

图 10-13 2014—2015 年中国电影市场消费者电影片种偏好①

① 伟德福斯 .2015 年度中国电影产业报告[EB/OL].[2016-06-28]. http://www.199it.com/archives/488775.html.

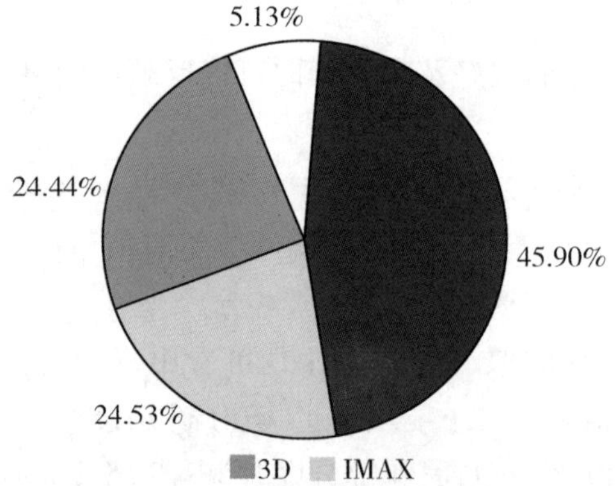

图 10-14　中国电影市场消费者电影放映格式偏好①

3. 电影市场消费者培育

(1)政策引导。2005 年 6 月，中国电影发行放映协会、中国城市影院发展协会、中国电影制片人协会共同发布“全国影院实行电影票半价日”的倡议，将每周二定为电影院票价半价日。这项政策并非强制性政策，各地影院均有选择参与权及改变优惠权。这项政策的提出主要是为了鼓励观影，促进电影市场的发展。目前影院已有了更多形式各异的吸引观众的优惠活动。

(2)技术推动。技术的发展带来电影购票及观影形式的多样化，团购等在线购票方式让高价票回归理性。2015 年，在线购票与柜台购票的比例分别为 59.31%和 35.66%。② 电影 APP、视频网站等打开了互联网院线发展之路，在线弹幕、电影评论体系等互动观影模式深受“网生代”消费者追捧，这些都提高了电影市场消费者的观影热情(见图 10-15)。

乐视影业(北京)有限公司执行董事张昭这样阐述消费者对“互联网+电影”的重要性，“中国电影产业的核心是了解观众需求并为之服务。过去中国电影是制造业加放映业，整个产业 70%~75%是 B2B，只有影院是 B2C，③ 而互联网电影产业的基本诉求是实现中国电影产业由 B2B 向 B2C 的转变”。

① 伟德福斯 .2015 年度中国电影产业报告[EB/OL].[2016-06-28]. http://www.199it.com/archives/488775.html.

② 伟德福斯 .2015 年度中国电影产业报告[EB/OL].[2016-06-28]. http://www.199it.com/archives/488775.html.

③ 新华网 .2014 成互联网全面进军电影产业“元年”[EB/OL].[2015-04-20]. http://news.xinhuanet.com/fortune/2015-04/20/c_1115029069.htm.

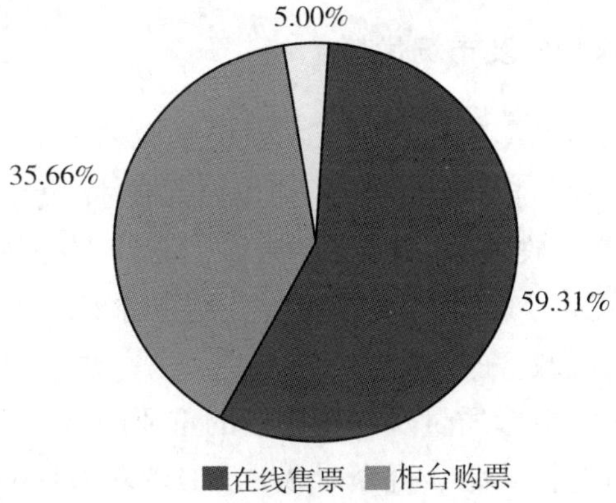

图 10-15 2015 年电影票销售方式占比①

第三节 电影要素市场建设

电影作为文化产业，其发展离不开技术、资本、人才、版权等要素的推动。技术的创新，尤其是互联网技术，改变了电影市场格局。电影市场的百花齐放得益于资本大门的敞开，不仅对演员，电影市场对其他专业人才的需求也不亚于其他人才密集型产业，而版权既是电影产品的交易形式，更是电影产业链向纵深扩展的媒介。

一、技术要素建设

技术要素贯穿整个电影产业链，皮克斯②创始人之一 John Lasseter 曾用 "The art challenges technology，technology inspires the art"（艺术挑战科技，科技启迪艺术）表明电影技术的重要性。

电影是一门艺术，更是一门集视觉、音频呈现、采集拍摄、制作加工乃至播映等为一体的技术含量密集的艺术，除了应用于电影拍摄、制片和放映的技术之外，大数据、云计算等互联网现代化先进技术日渐深入电影前期策划、投融资、发行等各环节，电影技术要素从各方面影响着中国电影市场的发展。

① 新华网 .2014 成互联网全面进军电影产业"元年"[EB/OL]. [2015-04-20]. http：//news. xinhuanet. com/fortune/2015-04/20/c_1115029069. htm.

② 皮克斯：皮克斯动画工作室（Pixar Animation Studio），著名的电脑动画制作公司。

2012 年，中国已成为世界上电影硬件数字化程度最高的国家。①

1. 电影技术要素构成及市场优势

电影技术主要包括电影生产环节技术及电影流通环节技术。

生产环节技术有数字拍摄、Mocap(动作捕捉技术)等；流通环节技术有数字放映、3D(3D 拍摄、放映)、IMAX、CG②、在线票务等。此外，还有管理系统平台如 BRP 系统③、影片放映授权公共服务系统、全国电影票务综合信息管理系统、电影电子政务平台等。

技术的高低是决定电影质量及市场命运的重要因素，高技术含量电影的市场认可度和市场潜力有目共睹。观众对 3D 及 IMAX 影片的偏好表明观众对高技术含量影片的认可。同时，高技术含量影片的市场优势还体现在其票价、场次、观影人次以及随之而来的票房优势上。

表 10-20 **2015 年不同银幕消费情况**

银幕类型	银幕平均票价(元)	票房产出(亿元)	场次(万场)	人次(万人次)
普通银幕	31.9	197.62	2 991	62 000
3D	37.4	234.13	2 386.37	62 615
巨幕	55.1	22.58	107.85	4 096

注：数据来源于 M1095 电影网，伟德福斯《2015 年度中国电影产业报告》。

表 10-21 **2010—2015 年 3D 及 IMAX 影片票房及占比**

年 份	总票房(亿元)	3D 影片		IMAX 影片	
		票房(亿元)	占比	票房(亿元)	占比
2010	101.70	24.40	23.99%	37.60	36.97%
2011	131.20	51.20	39.02%	45.90	34.98%
2012	170.70	75.10	44.00%	68.30	40.01%
2013	217.70	98.00	45.02%	91.40	41.98%

① 刘汉文，张林明.2012 年度中国电影产业发展分析报告[J]. 当代电影，2013(3)：19-26.

② CG：计算机动画(Computer Graphics)。

③ BRP 系统：电影票房量化分析及预测系统(Box Revenue Prediction)。

续表

年 份	总票房(亿元)	3D 影片		IMAX 影片	
		票房(亿元)	占比	票房(亿元)	占比
2014	296.39	105.00	35.43%	—	—
2015	440.69	234.13	53.13%	22.58	5.13%

注：①数据来源于艺恩咨询《2013—2014 年中国电影产业发展报告》。②统计时 3D 影片包括普通 3D、IMAX-3D、中国巨幕 3D，IMAX 影片包括 IMAX、IMAX-3D。可见，技术已成为很多影片的重要卖点，高技术含量电影，如 3D、IMAX 及 IMAX-3D 电影的票价高于普通电影。

2. 互联网技术对电影生态的改变

2014 年被视为互联网全面进军电影产业的元年，互联网技术几乎正在重塑着整个电影产业链。

(1)“互联网+电影”主要技术要素。

众筹。众筹是好莱坞电影独立制片的常规融资方式，指以“团购+预售”形式向消费者筹集项目基金的模式。其初衷是为电影筹集资金，但中国众筹运作的宣传营销作用更大，前期“融资+预售”，后期以产品形式(如电影票、DVD 等)向投资者提供回报。消费者向投资者身份的转变，有助于增加其对影片的参与度和关注度。

大数据。指通过管理、分析等方法整理媒体热议数据、搜索数据、社交网站提及数据、视频网站用户数据、在线购票数据、影院观众消费数据等海量数据，辅助电影的项目决策、受众定位、投资吸引、票房预测等。

在线售票。指基于 O2O 模式的垂直电影购票平台，线上提供在线电影票预定，影院、座位选择及影片优惠、排片信息等服务。

(2)“互联网+电影”对传统电影产业链的变革。

制作阶段。大数据已成为电影项目筹划的重要技术手段，被认为是影视产业生产方式的重大变革。① 大数据分析能大大提高通过投放广告进行市场预热的准确性，并有效预测市场收益和社会影响。日后，电影产业对大数据的运用将日趋成熟，算法将得到优化，数据收集的维度将更加多元，应用也将更为广泛。众筹则成为电影融资的有效补充，观众不再是被动的接受者，而成为能够

① 薛永锋．互联网+电影：中国电影市场互联网化专题研究报告[EB/OL]．[2015-01-08]．http：//www.huxiu.com/article/105742/1.html.

影响电影制作的参与者。

宣传发行阶段。互联网技术深刻介入电影宣发，影片宣传从影院、户外等硬广形式转向网络营销，且更加注重对手机 APP 等移动终端的信息投放；社交网站成为影片推广及口碑争夺的重要阵地；视频网站成为电影预告片、花絮、首映式等影片物料宣传的集结地。

与传统的电影宣发方式相比，互联网营销具有传播力更强且成本更加低廉的优势。数据显示，2015 年电影宣发影响力对比中，80%的观众主要通过线上渠道了解到电影信息进而产生观影动机，仅有 20%的观众主要通过线下渠道(户外广告、影院影讯、报刊广告等)了解电影信息。① 尤其是通过网络口碑传播形成观影潮流，进而影响影片排片的“自来水”传播现象，深刻改变了观众被动接受排片设定的传统方式，体现互联网宣发的巨大影响力(见图 10-16、图 10-17)。

图 10-16　传统发行方式

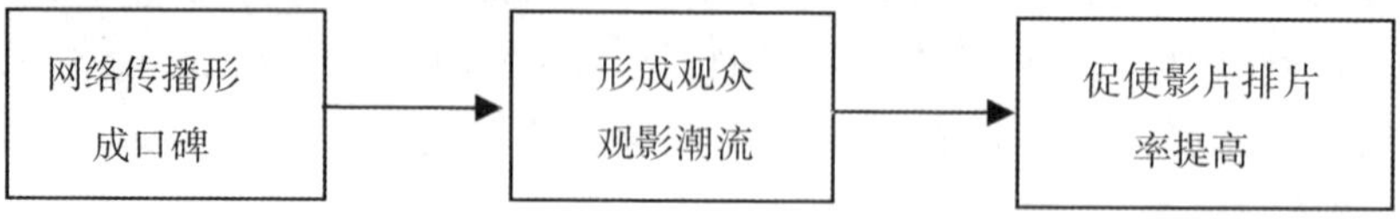

图 10-17　“自来水”传播效果

互联网票务市场异军突起，在线售票将中国电影带入线上、线下联动的互联网发行时代。在线票务参与电影预售，影响影片宣发中人力物力的安排及院线的排片，颠覆了传统发行模式(见表 10-22)。

表 10-22　**2013—2015 年在线票务占票房收入比例**

年 份	2013	2014	2015
票房收入(亿元)	217. 70	296. 39	440. 69
在线票务收入(亿元)	54. 53	133. 38	308. 48

① 伟德福斯 .2015 年度中国电影产业报告[EB/OL].[2016-03-22]. http://www. 360doc. com/content/16/0322/09/476103_544240227. shtml.

续表

年 份	2013	2014	2015
在线票务收入占比	25%	45%	70%

注：数据来源于伟德福斯《2015年度中国电影产业报告》、艺恩咨询《2015年中国互联网影视产业报告》。

2013—2015年，在线票务占票房收入的比例由25%提升至70%，并向年轻化和移动化转移，在线票务的用户规模也稳步增长。

表10-23　**2013—2018年中国电影在线票务用户规模、收入规模增长率**

年份	在线票务用户		在线票务规模	
	规模(亿人)	增长率	规模(亿元)	增长率
2013	0.64	—	48.64	—
2014	0.93	45.3%	135.74	179.1%
2015	1.22	31.2%	289.57	113.3%
2016F	1.52	25.2%	472.00	63.0%
2017F	1.94	27.1%	675.00	43.0%
2018F	2.49	28.7%	864.00	28.0%

注：数据来源于易观智库《中国电影在线票务市场年度报告2016》。

放映阶段。互联网驱使传统影院开发自有线上购票系统，传统影院通过与互联网公司的合作，开放服务，推出“自动检票”“支持退票”的创新服务。① 互联网院线逐渐壮大。“网生化”的观影群体逐渐建立在线付费观看的消费观念，视频网站付费用户逐渐增多，视频网站将逐渐分担新片的播放，网上在线播放成为电影投资的重要回收窗口。未来互联网院线模式将由“PC端+家庭影院”构成。

衍生品消费阶段。互联网将衍生品市场从线下延伸到线上，形成渠道强大的线上衍生品消费市场。目前，在总体规模不大的中国电影衍生品市场中，90%的消费者通过网络渠道购买电影衍生品②，电子商务、在线售票平台等网

① 易观国际.2015年中国电影产业生态图谱[EB/OL].[2015-11-16].http://www.199it.com/archives/406106.html.

② 艺恩咨询.2015年中国互联网影视产业报告[EB/OL].[2016-01-29].http://www.199it.com/archives/435737.html.

络渠道将成为线上衍生品消费的主要阵地。

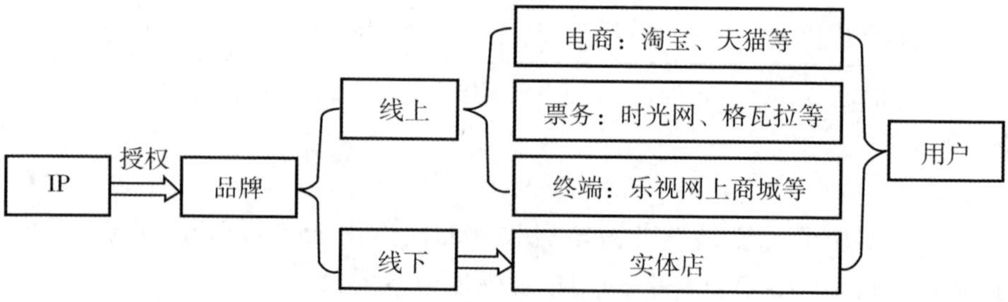

图 10-18 衍生品销售渠道从线下延伸到线上

3. 电影技术市场建设状况及问题

中国电影技术工作目前呈稳进态势，国家数字电影制作基地、西影数码基地先后建成并投入运营，电影档案影片数字化修护工程全面展开，电影数字节目中心服务监管平台日趋完善，数字化放映技术标准体系正式建立，城市 2K 银幕数进一步增加，4K 放映逐渐成为新的竞争点。农村电影数字化放映全面推广，多层次的数字化放映市场正在形成。

但总体而言中国电影技术水平较国外落后。例如，影片技术质量上，采用 SRD 数字立体声的影片不足每年影片总数的 50%，采用 SR 模拟立体声的影片仅占总数的 36%，单声道影片虽在减少，但仍占多数。① 特技制作水平不尽如人意，很多时候借助的是国外技术甚至技术人员，未形成自有技术产业链。国内的一些特效制作公司基本上只能替国外做技术代工。与好莱坞各大电影公司都有专门特效制作公司的情况相比，中国特效制作水平的确有待提高。

二、资本要素建设

1. 电影资本市场演变

电影市场化改革之前，中国电影市场的投资活动主要集中于制片环节，投资主体主要是政府部门及国营电影制片厂。2002 年电影市场产业化改革带动社会资金及行业外机构介入电影行业的热情，随着电影市场及电影产业链各环

① 文城．当前电影业发展所面临的突出问题[EB/OL]．[2012-12-06]．http：//opinion. china. com. cn/opinion_99_60699. html.

节的开放，投资来源、领域、形式日趋丰富。2004 年，中国电影市场已形成三个稳定的融资渠道：政府引导资金、产业内资本、专业及民间资本，并由此逐渐探索合适的融资模式，海内外企业投资、并购、版权预售、众筹等方式都成为电影资金的来源。2010 年 7 月，国务院办公厅发布《国务院关于鼓励和引导民间投资健康发展的若干意见》（国办发〔2010〕13 号），明确提出鼓励民间资本从事影视制作与相关服务等活动及建设电影院等文化设施。社会、民营、海外资本持续进入电影市场，资金混合（国企、社会、民营、海外、境外）已成为中国电影投资的基本形式。①

2. 电影资本市场现状及特点

资本运作进入专业化、规范化、系统化时代。中国电影市场发展的背后是文化产业升级的推动，在此背景下，电影投资更加规范化和多元化，社会资本逐步通过正规资本渠道，经由专业创投团队的规范化运作注入电影市场，资本运作风险降低，市场投资逐渐规范。

投资领域及投融资方式多样化。随着中国电影产业的快速成长，电影投资不再仅仅局限于制片环节，而是介入影片拍摄、后期制作、经纪公司、影院建设、视频网站、票务营销等各个环节，包括互联网金融、投资基金、银行信贷在内的多类资金加速进入中国电影投融资领域，已呈现融资渠道多元化的特点，互联网金融已经成为中国电影投融资的新型渠道。

3. 电影市场资本运作方式②

在政策支持和市场利好的环境下，电影行业的投融资渠道得以显著拓展，投融资模式愈加多元化。并购和投资基金成为电影行业投融资的主流。

（1）政府投资。政府投资有助于鼓励、引导及监督、管理电影市场投资，把握产业发展方向。1991 年，中国建立国家电影专项资金制度；1996 年，财政部、国家广电总局修订《国家电影事业发展专项资金管理办法》，对县及县以上城市电影院电影票房收入，按 5% 的标准征收国家电影事业发展专项资金，用于支持院线建设和农村电影放映。此外，中国还建立支持制片业发展的电影精品专项资金制度和各类电影基金。

（2）电影基金。电影基金分为专项电影基金和电影产业投资基金。中国电影专项基金主要有两类，一是政府设立的专项基金，如电影专项资金、影视互

① 尹鸿，梁君健．从解放生产力走向提升竞争力——产业化改革十年来的中国电影制片业[J]．当代电影，2012(7)：4-10.

② 赵莹．我国电影产业投融资现状探析[J]．现代传播，2013(1)：105-108.

济基金、重大题材影片专项补助等；二是民营基金，由个人或集体出资设立，如中影青年导演计划、曲江助推金、亚洲新星导等。

电影产业投资基金指对未上市企业进行股权投资和提供投资管理服务，是利益共享、风险共担的集合投资工具，主要从事创业投资、企业重组投资和基础设施投资等实业投资，① 海外资本常通过组建产业投资基金的形式投资中国电影。

较早进入中国电影市场的电影基金主要为外币基金，资金丰富，且更重要的是具有先进的管理经验。2007 年，IDG(美国国际数据集团)联手中国电影集团建立 IDG 中国媒体基金，吸引美国媒体财团投资达 5000 万美元；韦恩斯坦兄弟设立总额超过 2.85 亿美元的亚洲基金，一半投给中国电影；中、日、韩三国共同创立 A3 国际亚洲电影基金，60%资金指向中国电影市场②。2009 年后，几支影视投资名义的人民币基金相应成立，如一壹影视文化投资基金、中国影视出版产业投资基金、国影基金、华人文化产业投资基金、星空大地文化传媒基金等。红杉资本中国基金、SIG 海纳亚洲创投基金、韦创投中国基金在保利博纳的融资、上市中发挥重要作用。

(3)影视并购。并购是中国电影行业资本运作的主流形式，分为行业内并购和行业间并购两种类型。2014 年 6 月发布的《关于支持电影发展若干经济政策的投资》以及同年 8 月发布的《关于推动传统媒体和新兴媒体融合发展的指导意见》，推动中国电影龙头企业通过并购向新型传媒集团方向发展。电影行业并购频发。

表 10-24 **2010—2014 年中国电影产业并购情况③**

年 份	2010	2011	2012	2013	2014
并购数量(家)	31	14	14	28	39
总披露金额(亿元)	5.47	26.07	6.18	19.85	150.23

(4)上市融资。上市融资能够为电影公司带来充裕的资金，不仅能用于电影主业，还能为兼并、收购其他公司奠定资金基础。但由于 IPO 上市对企业

① 杨大楷．投融资学[M]．上海：上海财经大学出版社，2008：277.

② 金蓝燕．中国电影产业投资基金运行现状研究[D]．福州：福建师范大学，2015：8.

③ 陈少峰，徐文明，王建平．中国电影产业报告 2015[M]．北京：华文出版社，2015：74.

收益稳定性要求较高且资金冻结期较长，而电影具有一定的季节性，电影公司要达到上市所要求的稳定财务标准较为困难，因此，IPO 融资不是电影行业的主流融资模式。

表 10-25 **2000 年以来中国主要电影企业上市融资情况①**

企业	上市时间	国际行业分类	交易所	募资金额
中国 3D 数码	2000 年 12 月 19 日	电影制作与发行	HKGEM[中国香港]	1.04 亿港元
华谊兄弟	2009 年 10 月 30 日	电影制作与发行	ChiNext[中国内地]	12.00 亿港元
博纳影业	2010 年 12 月 9 日	电影制作与发行	NASDAQ[美国]	9 979.00 万美元
天马娱乐	2012 年 10 月 31 日	电影制作与发行	HKEx[中国香港]	9 000.00 万港元
智美集团	2013 年 7 月 11 日	电影制作与发行	香港主板	8.40 亿港元
AMC	2013 年 12 月 18 日	电影院线	美国纽约证交所	3.30 亿美元
万达院线	2015 年 1 月 22 日	电影院线	中国深圳证交所	20.00 亿元

注：2009 年华谊兄弟创业板上市，是中国 A 股首家专业从事影视娱乐的公司，拉开中国电影企业上市的序幕，2010 年博纳影业在美国纳斯达克上市，成为中国首家在美国上市的影视公司。

除这些资本运作方式之外，其他来源及形式的资本，如银行贷款(版权质押)及近年来兴起的预售融资、众筹融资等也是中国电影市场重要的投融资方式。资本的进入为中国电影的发展提供充裕的资金，为高品质电影的产出提供可能。而实现艺术与资本的良性互动，是中国电影市场当前亟须为之努力的方向。

三、版权要素建设

电影版权即电影著作权，是指电影作品的个人作者或者公司作为制片人对其依法享有的人身权和财产权。② 电影通过各阶段的版权交易获得投资回收，

① 陈少峰，徐文明，王建平．中国电影产业报告 2015[M]．北京：华文出版社，2015：99.

② 艺恩咨询．2014—2015 年中国电影版权研究报告[EB/OL]．[2015-07-13]．http：//wenku.baidu.com/link？url＝6EujCnIqTUV_YkVYhspzJ1qJjZudy7N54yanFLahrxrA6Vjv_Qj9I0hBMcPSXpCv4hb2GgCQ0FMqyXBDoLl0t0QokQOVlKH4rvFB2XnF_YW.

电影版权经营扩展电影版权的价值空间，延长版权价值存续的时间，降低电影营收对票房的过度依赖及电影项目的运营风险。

1. 电影版权交易现状

电影版权运作包括版权采购和版权收入两方面，这里主要从版权收入的角度看中国电影版权市场的发展状况。版权运作一直以来是中国电影发展的短板，近年来得益于各界版权意识的提升，版权收入有所增长，但版权收入受盗版影响巨大，整体占比较小。中国电影版权市场发展不成熟，具有较大的开发空间。

中国电影版权收入来源可分为网络版权、电视版权、音像版权和其他版权等方面。然而，由于中国线上、线下盗版猖獗，原本在美国电影产业中占比达四成的音像(DVD)版权收入窗口在中国的收益几乎为零。① 因此，目前中国电影版权收入主要来源于电视和网络等新媒体版权两个部分(见表 10-26)。

表 10-26　**2007—2014 年中国电影市场版权收入**

年份	新媒体版权		电视版权		音像版权	
	收入(亿元)	增长率	收入(亿元)	增长率	收入(亿元)	增长率
2007	0.1	—	3.7	—	0.5	—
2008	0.4	300%	3.9	5%	0.3	-40%
2009	0.9	125%	4.4	13%	0.2	0
2010	1.5	67%	5.1	16%	0.2	0
2011	3.2	113%	6.2	22%	0.2	0
2012	5.0	55%	6.9	12%	0.1	-50%
2013	7.4	47%	7.9	15%	0.1	0
2014	16.0	116%	15	89%	0.2	100%

注：数据来源于艺恩咨询 2012—2013 年度和 2014—2015 年度中国电影产业研究报告。

2. 电影版权市场发展趋势

版权意识觉醒，版权保护措施加强。2014 年 10 月 27 日，美国电影协会(MPAA)公布的一份全球范围内的音像盗版调查报告，曝光一份含迅雷在内的

① 2013—2014 年中国电影产业研究报告(简版)[EB/OL].[2014-03-03].http://www.entgroup.cn/report/f/0318120.shtml.

提供盗版下载链接“黑名单”。2015 年 1 月，MPAA 的多家成员在深圳市南山区法院对深圳迅雷网络科技提起版权侵权诉讼，虽然迅雷发声辩解，但这却反映中国严重的电影盗版问题已影响到自身的国际声誉，严峻的形势迫使中国加强对电影版权保护的意识和措施。

“扩窗”发行，借鉴好莱坞版权经营的成熟经验。中国电影尚未形成多窗口市场，收入基本靠票房，缺乏票房外的收入构成，电影的版权价值回收方式单一，项目风险难以控制。美国电影版权的运作采用“扩窗”发行，以影院票房为驱动，通过音像、电视、新媒体及海外市场等不同窗口阶段拉动电影版权交易。票房的驱动作用表现为：尽管好莱坞电影收入的最大来源不是票房收入，但通过适当延长影片上映时间来提高票房，影片沿后续窗口依次发行时的价值就更大。

网络版权增值，视频网站等新媒体注重采购电影网络版权。中国电影网络版权收入从 2000 年开始逐步增长，新媒体用户及投资者逐步认识到电影网络版权及网络院线的价值，这一方面提高了电影网络版权收入，另一方面，使得盗版数量大大减少。目前，电影网络版权的主要购买者有 1905 电影网、华视网聚、百事通、各大视频网站等，它们或自带新媒体平台，或具有广泛的新媒体发行渠道，使得电影网络版权份额已逐步赶超电视版权。

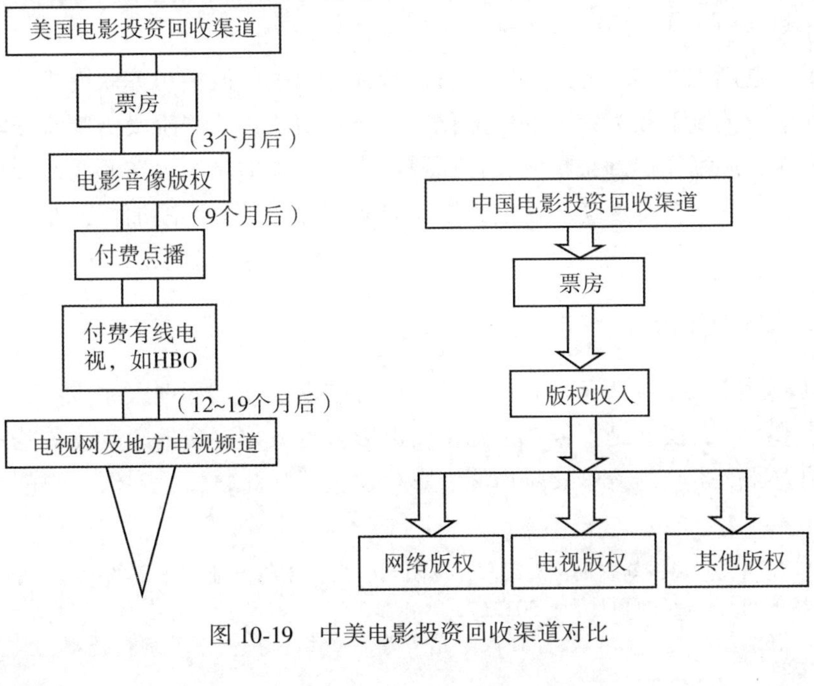

图 10-19　中美电影投资回收渠道对比

表 10-27　　**2007—2014 年中国电影网络版权收入**

年份	收入(亿元)	增幅
2007	0.1	—
2008	0.4	300%
2009	0.9	125%
2010	1.5	67%
2011	3.2	113%
2012	5.0	55%
2013	7.4	47%
2014	16.0	116%

注：数据来源于艺恩咨询《2013—2014 年中国电影产业研究报告》。

四、人才要素建设

人才是电影产业发展的根本，是电影业突围的重点。中国电影人才济济，但也存在专业人才培养的速度与电影产业的快速发展之间供不应求的失衡、专业人才和高层人才缺口大、人才结构不合理的现象。①

中国电影人才的培养有一定阶段性特征。第一阶段模仿苏联模式，是计划经济和事业体制下较为狭窄的专业化人才培养模式；第二阶段借鉴欧美电影的教育模式，逐渐意识到狭窄的专业通道对人才培养的制约，在专业设置和人才培养的布局上相对市场化。目前，中国电影产业化进程不断加快，原有的电影人才培养模式已经无法适应电影产业对于复合型人才的需求。②

1. 人才市场构成

电影行业人才包括三方面：艺术人才、技术人才、管理人才。③

艺术人才，演员是不可否认的重要电影艺术人才，演员的演技、良好的社会影响力及所带来的粉丝效应均能为影片增色。除此之外，创作、润色、把握

① 赵鹏，隋璐，刘思琦，刘阳阳，杨园园．文化创意产业背景下的中国大陆高校电影人才培养[J]．电影画刊月刊，2013(7)：40-41.

② 张宗伟．“电影高等教育和人才培养学术论坛”综述[J]．现代传播，2013(2)：146.

③ 李念芦．关于电影技术人才培养的一些看法[J]．现代电影技术，2011(4).

电影艺术的编剧、制片人、导演等也是不可或缺的电影艺术人才。好的剧本，眼光独到、把控力强的制片人和导演是演员完美演绎电影艺术的基础和保障。尤其是制片人，制片人是电影项目的开发者和第一个参与者，也是项目的终结者。专业的电影制片人有把控电影项目全盘(人、财、物、技术、艺术和商业)的魄力，有开发项目、处理剧本、集聚并决定导演和主角、控制拍摄时间和成本、掌控后期剪辑甚至亲自剪辑、运作发行营销、完成资金回收的权力和能力。

技术人才，包括从事化妆、服装、道具、照明、制景等工作的场务技术人员以及电影后期制作技术人员。场务技术工作看似不起眼，实则对影片的拍摄非常重要。目前，电影剧组常存在专业场务技术人员短缺、现有人员工作能力和工作素质不高的问题。中国电影特效水平的不尽如人意反映国内电影后期制作专业技术人员尤其是特效制作人才的短缺。中国的电影特效制作及人才培养起步晚，对专业特效制作人才的需求大、供给不足。特效制作公司发展程度和水平有限，难以提供高水准的特效制作服务，不少国产片的特效制作都委派给海外团队。

经营管理人才，主要指电影市场中各公司的管理人才，包括电影经纪人。经营管理人才通常居于幕后，却统领全局，其重要性不可忽视。优秀的管理人才对企业乃至行业的发展起方向性的把控和引领作用。近年来，中国电影产量、票房持续增长，但要实现整体质量与国际水平的接轨，还需要具有全球视野的电影经营管理者把握国际电影市场动态和脉搏。

2. 人才培养

电影市场要发展，人才是基础。未来的全球竞争就是人才的竞争，① 电影人才培养关系到中国电影的明天。如今，电影全球化竞争加剧，地区文化交融频现，数字技术高速发展，这是挑战，也是中国抓紧建设培养电影人才队伍的良机。十七届六中全会即传达了加快电影人才培养、实现中国由电影大国向电影强国发展的重要精神和指示。

(1)大学教育。目前中国电影从业人员存在的问题主要包括门槛太低，人员素质不高；高校电影行业人才培养体系滞后，未建立与电影产业相适应的电影人才培养体系，造成人才培养与市场需求的脱节。

中国电影艺术人才的大学教育始于 1956 年北京电影学院的设立。目前，

① 张煜．中国电影人才战略之电影教育[J]．当代电影，2013(1)．

我国虽然有200多所高校开设与电影相关的本科或研究生专业,① 但仍只有北京电影学院一所中央冠名的电影院校。

解决人才输出与市场需求脱节的问题，关键是加强高校对复合型人才的培养。在复杂多变的外部环境下，大学教育不能只停留在传统的电影教育范围内，要注重与中国乃至国际电影市场实际的结合。开展校企合作，开展多学科、交叉学科的复合式教育，培养复合型创新型的电影高端人才。

(2)对外交流。电影教育不是闭门造车，加强对外交流，汲取电影发达国家的先进经验，才能实现理论与实践的进一步结合，培养与国际市场接轨的电影人才。例如2014年第17届上海电影节启动的上海温哥华电影学院项目,② 将采用原汁原味的加拿大式电影教学体系和“产学研一体化”的教学模式，向全球招募优质师资，实行双语教学，全方位实施对接北美标准的高端影视教育培训，这一项目是中国电影教育与国际接轨的积极尝试。

第四节　电影市场监管体系建设

政府对电影市场的管理可分为宏观和微观两个方面。宏观上包括对电影产业的政策调节、对电影市场的监督管理、对电影产业的公共服务管理等；微观上包括对电影生产、发行、放映的市场管理、对电影后产品市场开发的管理等。

中国电影市场从计划到开放，再到快速产业化、国际化发展的今天，政府对电影市场的监管观念、职能和方式历经了与中国社会政治文明建设过程基本同步的阶段性转变。从过度的行政管理逐步变为适度的法制管理。政府不再是电影市场的直接干预者和控制者，而逐步向推动者和服务者的身份转变，中国电影市场随之从政府主导向在政府宏观监管下市场主导的格局过渡。

一、电影市场主体监管

《电影管理条例》第一章第五条规定，国家对电影摄制、进口、出口、发行、放映和电影片公映实行许可制度。未经许可，任何单位和个人不得从事电

① 张宗伟.“电影高等教育和人才培养学术论坛”综述[J]. 现代传播：中国传媒大学学报，2013，35(2)：145-146.

② 温哥华电影学院：被誉为“神奇学院”，培养了《阿凡达》《霍比特人》《第九区》等优秀影片的制作人及编导团队。

影片的摄制、进口、发行、放映活动，不得进口、出口、发行、放映未取得许可证的电影片。中国对电影市场主体的监管主要通过《电影管理条例》《电影制片、发行、放映经营资格准入暂行规定》和《电影企业经营资格准入暂行规定》施行。

1. 制片主体资格准入

(1)国内制片机构。电影的制片主体资格以是否取得电影摄制行政许可证为标准。

根据《电影管理条例》《电影制片、发行、放映经营资格准入暂行规定》和《电影企业经营资格准入暂行规定》，依法设立的电影公司从事具体的影片拍摄工作必须经国家广电总局的批准并获得《摄制电影许可证》许可。《摄制电影许可证》目前分为《摄制电影许可证》(甲证)和《摄制电影片许可证(单片)》(乙证)，甲证实行年检制度，乙证实行“一片一报”制度，影片公映后自动作废。《电影管理条例》第二章第八条对电影制片单位应具备的条件作了相关硬性规定，包括电影制片单位的名称、章程；符合国务院广播电影电视行政部门认定的主办单位及其主管机关；确定的业务范围；适应业务范围需要的组织机构和专业人员；适应业务范围需要的资金、场所和设备。

(2)境内、境外制片机构合作制片。《电影管理条例》第二章第十九条规定，中外合作摄制电影，必须取得国家广电总局颁发的《中外合作摄制电影片许可证》，并按规定签订中外合作摄制电影片合同。《中外合作摄制电影片许可证》实行“一片一报”制度。

2. 发行、放映主体资格准入

(1)发行机构、放映机构审批。电影发行业务由电影发行公司和院线公司经营，电影放映业务由院线公司和电影放映公司(即影院)经营。从事电影发行及放映业务均需取得国家新闻出版广电总局的准入资格行政许可。

根据《电影企业经营资格准入暂行规定》，受电影出品单位委托代理发行过两部及以上影片的境内公司(不包括外商投资企业)可以申请设立专营国产影片发行业务的电影发行公司，审批通过后方可取得专营国产影片的《电影发行经营许可证》。允许中国香港和澳门的投资者在内地试点设立发行国产影片的独资公司。电影进口经营业务由总局批准的电影进口经营企业专营，进口影片全国发行业务由总局批准的具有进口影片全国发行权的发行公司发行。《电影发行经营许可证》实行年检制度。

在电影放映业务方面，《电影管理条例》第五章第四十一条规定，国家允许企业、事业单位和其他社会组织以及个人投资建设、改造电影院，影院完成投资建设后，即可向电影行政部门申领《电影放映经营许可证》，并开始经营；允许以中外合资或者中外合作的方式建设、改造电影院。《电影放映经营许可证》实行年检制度。

(2)中外合资、合作设立影院。根据《外商投资电影院暂行规定》，中外合资、合作影院公司的设立，需首先履行省级商务行政部门的审批，通过后报国家商务部、国家广电总局和文化部备案审批。经批准允许设立的，取得《外商投资企业批准证书》，并凭此办理公司注册登记手续。在影院完成建设、改造且验收合格后，可向省级广电局申领《电影放映经营许可证》，然后方可从事电影放映业务。除香港、澳门特区投资者能以独资形式新建、改建影院外，其他地区境外投资者在合资、合作影院公司注册资本中的投资比例不得高于49%。

二、电影市场产品监管

电影市场产品监管主要是对影片内容的规定和审查。

《电影管理条例》第三章第二十四条规定，中国实行电影审查制度，未经国务院广播电影电视行政部门的电影审查机构审查通过的电影片，不得发行、放映、进口、出口。

根据《电影管理条例》制定并于2006年施行的《电影审查规定》，对电影审查内容、审查程序有更具体详细的规定。

《电影管理条例》第三章第二十五条规定了电影不得含有以下内容：反对宪法确定的基本原则的；危害国家统一、主权和领土完整的；泄露国家秘密、危害国家安全或者损害国家荣誉和利益的；煽动民族仇恨、民族歧视，破坏民族团结，或者侵害民族风俗、习惯的；宣扬邪教、迷信的；扰乱社会秩序，破坏社会稳定的；宣扬淫秽、赌博、暴力或者教唆犯罪的；侮辱或者诽谤他人，侵害他人合法权益的；危害社会公德或者民族优秀文化传统的；有法律、行政法规和国家规定禁止的其他内容的。

三、电影市场行为监管

电影市场行为监管主要包括对电影票价、票务管理系统的管理，以及对影院行为和电商、软件商行为的管理。

1. 票务行为管理

(1)电影票价管理。电影票价居高不下是目前电影产业发展的一大掣肘因素。电影市场化改革前，中国长期实行的是低票价制。20 世纪 90 年代票价逐渐放开后基本呈不断上涨趋势。目前，多数院线将首轮票价定为六七十元甚至上百元。与美国等发达国家电影票价大约为普通人半小时平均工资的情况相比，中国电影票价与人均收入则不成合理比例。电影票价虚高也是中国电影市场盗版风行的主要原因。近年来，在线选座等购票方式催生票务软件市场的繁荣，一定程度上使票价回归理性，但对票价管理的不到位也造成各票务软件打价格战的恶性竞争行为。

事实上，目前中国电影票价主要存在的是影院挂牌票价虚高，零售票贵的问题；票价过高也会对观众的观影热情造成一定影响，导致潜在消费者的流失。有调查显示，观众的观影付费意愿普遍低于目前各制式定价。① 2012 年，广电总局电影局向中国电影发行放映协会、中国电影制片人协会发出《关于进一步规范电影市场票务管理的指导意见》的征求意见稿，旨在规范和限制电影票价，解决票价虚高的问题。同年两会期间，北京电影学院院长张会军及导演张艺谋、冯小刚、尹力、冯小宁、陈国星等 6 位全国政协委员在“加强对电影产业支持和整顿”的联名提案中一致呼吁电影票降价。可见，电影票价管理迫在眉睫。

(2)电影票务系统管理。2014 年 1 月，国家新闻出版广电总局发布《关于加强电影市场管理规范电影票务系统使用的通知》(新广电发〔2014〕12 号)，针对影院市场上偷漏瞒报票房等违法违规行为，从严格完善票务软件产品市场准入制度、切实加强票务软件产品市场应用管理、严格规范影院经营行为、大力加强行业监管、加大对违法违规行为的打击力度五个方面提出明确要求。

表 10-28 **2010—2015 年中国城市影院电影平均票价**

年份	2010	2011	2012	2013	2014	2015
平均票价(元)	36. 2	35. 63	36. 25	35. 28	35. 71	34. 6
平均票价增幅	19. 01%	-1. 57%	1. 74%	-2. 68%	1. 22%	-3. 11%

注：数据来源于《中国电影产业报告 2015》、伟德福斯《2015 年度中国电影产业报告》。

① 易观国际 . 2014—2015 年中国电影观众观影行为调研报告[EB/OL]. [2015-05-14]. http://www.199it.com/archives/347362.html.

表 10-29　　中国及其他国家的电影票价、收入比①

国家	平均票价(美元)	人均月收入(美元)	票价、收入比
中国	7.45	287.00	2.60%
印度	0.50	104.60	0.48%
日本	15.65	3 584.30	0.36%
韩国	6.96	1 874.10	0.32%
美国	7.93	3 927.70	0.19%

同时发布《电影院票务管理系统技术要求和测量方法》(GY/T276—2013)②，要求各电影单位和影院票务管理系统软件提供商按照办法完成票务平台升级工作。2014 年 7 月，为进一步贯彻落实以上两规定，国家电影专项资金管理委员会办公室制定《电影院票务系统(软件)管理实施细则》，对票务软件产品备案、审查、升级，影院使用票务软件售票等作出具体规范。

2. 影院行为管理

针对偷漏瞒报票房、影片盗录盗放、影院放映质量不高等影院不良行为，国家新闻出版广电总局《关于加强电影市场管理规范电影票务系统使用的通知》(新广电发〔2014〕12 号)同样做出相应规定。

加入城市主流院线的影院必须安装使用国家认定的影院票务系统进行售票和票务管理。影院不得擅自将数字放映服务器用于注册地点以外的场所。影院有以下行为者，暂停或吊销《电影放映经营许可证》。

第一，使用未经备案的票务软件产品，或使用两套(含)以上票务设备或票务软件，篡改票务数据，上报票务数据严重弄虚作假，造成偷漏瞒报和偷税漏税的。

第二，在影院盗录、盗放影片，严重损害著作权人合法权益的。

第三，放映未取得《电影片公映许可证》的影片，或以蓝光、DVD、网络下载等非影院放映介质放映的。

3. 电商、软件商行为管理

对于新入中国电影市场的电商平台、软件商等，尚无规范其市场行为的成

① 黎学鹏．我国当前电影票价的合理性分析(上)[J]．中国电影市场，2016(2)：20.

② 《电影院票务管理系统技术要求和测量方法》(GY/T276—2013)在《电影院计算机票务管理系统该软件技术规范》(GY/T207—2005)的基础上修订，体现了科技进步和电影市场发展的新要求。

熟法规。2014 年，国家新闻出版广电总局《关于加强电影市场管理规范电影票务系统使用的通知》(新广电发〔2014〕12 号)中要求严格完善票务软件产品市场准入制度，对销售未经备案的软件产品，或配合影院篡改票务数据、同时使用两套以上(含两套)票务软件系统的票务软件商，取消该软件商产品备案证并予以公示，永久取消软件商的准入资格。

第十一章　电视市场建设

在现代市场经济条件下，市场这只“看不见的手”作为社会资源配置的基础性手段在国民经济各个部门都在发挥作用，电视领域也不例外。按照马克思主义政治经济学原理，任何一种劳动产品一旦进行市场交换便成为商品。电视属于信息产业的一部分，它主要生产信息产品和与信息密切相关的其他产品。这些产品凝聚着人的劳动(包括活劳动和物化劳动)，一旦作为商品进行交换就形成市场，这就是电视市场。从现代市场营销学的角度看，电视市场是指电视产品的现实和潜在的购买者。电视市场规模的大小取决于需要并拥有供交换的资源，且愿意用这些资源进行交换来购买电视产品的人的数量。

第一节　电视市场概述

电视市场是文化产业市场的重要组成部分，同属于第三产业。中国的电视业长期为“事业”形态，而论及真正成为一个产业，其源头还得追溯到改革开放之初。① 自从“市场”的概念被引入国内，电视才开始逐渐脱离行政管理体制，电视制作才开始逐渐脱离事业单位的限制，催生出“国有带头、民营随后”的电视制作体系，进而推动我国电视市场的繁荣和发展。当前，随着数字技术和新媒体技术的发展，我国电视市场进一步成熟。电视台逐渐在向市场化方向演进，事业与产业发展并重、提供公共服务和提供市场服务共同成为各级电视台的双重任务。目前，中国电视产业新体制逐步形成：公共服务、市场运营、政府监管、中介社会服务等成为电视产业整体框架的基本因素。

① 黄辉著．广播电视学[M]．上海：同济大学出版社，2013：52.

一、电视市场发展沿革

中国电视市场已经走过30多年的发展历程，其间，中国电视媒体的管理体制和运营模式发生前所未有的变化：从单一结构模式到一体多元式发展，从经营意识淡薄到资本运营理念深入人心。

目前，国内学术界对中国电视产业发展进程的研究大致有三种划分方式：第一种是结合电视事业的发展，以历史事件为主要标志，分为“文革”前、“文革”期间及社会主义新时期三个阶段，这类代表作有《中华人民共和国广播电视简史(1949—2000)》①和《中国广播电视通史》②等。第二种划分方法是站在中国电视整体发展的立场上，梳理中国电视业的沿革和发展，这类典型著作有《电视传播史》③和《中国电视史》④等。第三种划分方法是以中国电视事业政策或产业结构为研究重点，如《电视产业经济学》⑤等研究将电视事业划分为探索和形成两个阶段、《制播体制改革与电视发展问题研究》⑥将其分为三个阶段。

本书采用第三种划分方式，梳理中国电视业由事业逐步过渡到产业的进程。1958年5月1日，北京电视台开始试播，这一天也成为中国电视事业的诞生日。十一届三中全会以前，中国电视采用事业性“单一宣传型”的运营模式，国家财政承担所有经费开支，电视部门不允许进行经营活动，全国所有电视台都没有经营收入。1978年十一届三中全会以后，党和国家以经济建设为中心，确立社会主义市场经济体系，我国电视业也随之开始逐步向以进行广告运营为切入点的产业经营过渡。从1979年到1983年第十一次全国广播电视工作会议的召开是中国电视产业的第二个发展阶段。在此阶段，中国电视业兴起广告节目热潮，电视台纷纷设立广告经营部门，赚取经营收入。经营方式上的转变把产业功能融入原有的单一宣传功能，中国电视产业进入萌芽期。从此，我国电视的经济属性和产业功能逐步为人所识。

20世纪90年代起，电视产业逐步形成增量化、市场化、完善化的发展趋势。1992年，我国确立“建立社会主义市场经济体制”的改革方向，从此电视

① 徐光春．中华人民共和国广播电视简史[M]．北京：中国广播电视出版社，2003.

② 赵玉明．中国广播电视通史[M]．北京：北京广播学院出版社，2004.

③ 郭镇之．电视传播史[M]．北京：北京师范大学出版社，2000.

④ 刘习良．中国电视史[M]．北京：中国广播电视出版社，2007.

⑤ 彭晓华．电视产业经济学[M]．成都：四川大学出版社，2005.

⑥ 唐世鼎，黎斌，等．制播体制改革与电视发展问题研究[M]．北京：中国传媒大学出版社，2005.

的生产机制更为灵活，市场运行机制更为宽松，产业运行的步伐和节奏迅速加快。1998 年 12 月 23 日，湖南广电实体有线股份公司在深交所上市，成为我国广电系统发行的第一支股票，为我国广电产业化开辟了一条新路。2000 年，以北京有线广播电视网为核心的北京歌华文化发展集团上市。其后，中央电视台的“央视传媒”、陕西有线电视网络传媒有限公司也挂牌上市。据统计，到 1999 年底，全国电视的各种产业经营性收入已大大超过国家拨款，这标志着广播电视已经学会“自己走路”，电视市场基本形成。①

进入 21 世纪后，随着社会经济与科技的飞速发展，电视产业需要进一步整合机构，优化资源配置，以适应时代发展。于是，在行政力量助推下，电视产业化进程迈向集团化发展阶段。2000 年 11 月，广电总局下发《关于广播电视集团化发展试行工作的原则意见》。该意见规定电视集团化的具体内容，在保证舆论导向的前提下，电视媒体可以开展“多媒体、多渠道、多品种、多层次、多功能”的产业经营。2001 年 8 月，中宣部、广电总局和新闻出版总署又联合出台《关于深化新闻出版广播影视业改革的若干意见》，提出要以资本为纽带，组建多媒体经营和跨地区经营的媒介集团。②

二、电视市场发展现状

我国电视产业在行政壁垒和市场的双重作用下，呈现寡占与竞争并存的市场结构。电视台的竞争格局为中央电视台、省级上星卫视、省级非上星卫视、市级电视台以及其他电视台。我国各级电视频道之间的发展极不平衡，央视在行政力量扶持下在全国免费落地，一家独大；部分省级卫视也基本实现全国性覆盖，少数强势卫视发展迅速。在行政性区域垄断力量的影响下，地方电视规模小且分布较零散，相互之间处于封闭的状态，市场割据明显，其大多处于不能自给自足的状态。

1. 电视市场整体规模

目前，我国已建成世界上覆盖人口最多，中央与地方、国内与国外相结合，有线、无线、卫星等多种手段并用的电视网。据统计，截至 2015 年年底，地级以上电视数共计1 191套，其中，32 套电视频道进行高清标清同播，多数频道仍保留标清播出制式。与此同时，“户户通”工程继续推进，解决了广大

① 肖晓琳．一个飞跃性、浓缩型的历程——中国电视产业发展简述[J]．电视研究，2002(8)：32-38.

② 宫承波．广播电视概论[M]．北京：中国广播电视出版社，2014：115.

农村地区群众长期无法收听、收看广播电视的问题。截至2015年年底，直播卫星覆盖用户超过7 000万，直播卫星与户户通工程让全国人民均可收看电视。

如表11-1所示，截至2015年年底，电视综合人口覆盖率为98.77%，有线电视用户2.39亿户，有线数字电视用户2.02亿户。

表11-1　**电视综合人口覆盖情况**

年份	2010	2011	2012	2013	2014	2015
电视综合人口覆盖率(%)	97.62	97.82	98.2	98.42	98.6	98.77
#同比增长率(%)	—	0.2	0.39	0.22	0.18	0.17
农村覆盖率(%)	96.78	97.1	97.55	97.86	96.78	—

当下，有线数字电视是我国占据主导地位的电视信号接收方式。有线数字电视用户规模自2005年开始，一直保持着高速增长趋势。美兰德数据显示，2005—2015年有线数字电视用户比例持续增长，2015年全国用户比例已达66.5%，用户规模远远领先于其他接收方式；有线模拟电视、自备普通室内外天线用户比例继续下降；直播卫星数字电视则在波动中总体上升。就数字电视产业整体规模而言，2015年全国数字电视(有线数字电视、直播卫星数字电视、无线微波数字电视、地面数字电视)覆盖用户规模合计达3亿户，约占电视用户总量的83%，较2014年净增约1 400万户，电视节目传输及接收的数字化时代持续深入，见表11-2。

表11-2　**全国有线广播电视用户情况及数字电视用户**

年份	2010	2011	2012	2013	2014	2015
有线广播电视用户数(万户)	18 872	20 264	21 509	22 894	23 458	23 567
#农村	7 293	8 123	8 432	8 911	7 986	8 250
数字电视用户数(万户)	8 870	11 489	14 303	17 160	19 143	19 776

有线数字电视是当前我国占据主导地位的电视信号接收方式，截至2015年，我国有线数字电视用户达2.3亿户，以明显优势远远领先于其他各种接收方式。自2005年开始，我国有线数字电视用户规模一直呈平稳快速增长之势，有线数字电视用户普及比例由2006年不足2%，提至2014年63.5%，增速斐然。

2. 电视市场整体结构

(1)电视台竞争格局。产业组织理论认为：市场结构决定企业在市场中的行为，而企业行为又决定市场运行的绩效。在我国电视行政性区域垄断背景下，电视产业形成条块分割的市场格局，造成电视产业发展的区域性差异；加之我国电视产业为寡占的市场结构，各级别频道间的发展也呈现较大差异，主要体现在央视和卫视之间、卫视和地面频道之间。随着电视产业集中度的上升，以及1999年广电总局“82号文件”的推出，政府自上而下推动集团化，利用行政手段整合分散的电视台，提高电视产业集中度，从而改变了电视产业的市场结构(地方市场表现得尤为突出)。

如图11-1调查数据显示，2015年全国68家卫星电视频道累计覆盖达537.8亿人次，较2014年增加10亿人次，再创历史新高；1999—2015年这17年间保持高速增长，年均增长率达10.1%。其中，中央电视台17家频道、中国教育电视台3家频道的全国累计覆盖191.0亿人次，相较于2014年稍有回落，17年年均增长率为7.9%；48家省/副省/市级卫视频道的全国累计覆盖346.8亿人次，17年年均增长率为11.6%。总体来看卫视频道覆盖仍然保持增势，但增幅不断趋缓。

一直以来，省级地面频道致力于夯实覆盖基石，努力扩大省内覆盖规模并提升覆盖水平，积极发挥作为区域传播平台的“地缘性”优势，以充分满足本地观众的经济、民生、文化等信息需求。自2004年起，省级地面频道覆盖水平已经连续12年保持稳定增长。2015年全国253家省级地面频道在本省的平均覆盖率达到70%。与此同时，省级地面频道积极顺应传媒行业变革潮流，深入运用新媒体思维审视自身现状并明辨优劣势，大刀阔斧地与新媒体融合以提升传播价值与影响力。①

(2)电视节目竞争格局。电视节目是电视台和其他电视制作机构生产制作的电视文化产品及信息产品，包含多种类型，依据不同的标准，电视节目有不同的划分。按照节目制作方式，可以划分为直播节目、影片节目、录像节目；按照节目的性质和功能，可划分为新闻性节目、教育性节目、文艺性节目和服务性节目。② 刘自雄、闫玉刚编著的《大众文化通论》一书从节目题材角度把电视节目分为新闻、社教、文艺和服务四大类；刘燕南等学者则分为新闻、影视剧、综艺娱乐、戏曲音乐、专题纪录、生活服务、广告等七种。苏宏元在

① 2015年全国电视覆盖及收视状况调查结果[EB/OL]. [2015-11-13]. http://www.zongyijia.com/News/News_info? id=45852.

② 李晓枫，柯柏龄. 电视传播管理实务[M]. 北京：新华出版社，2001：17.

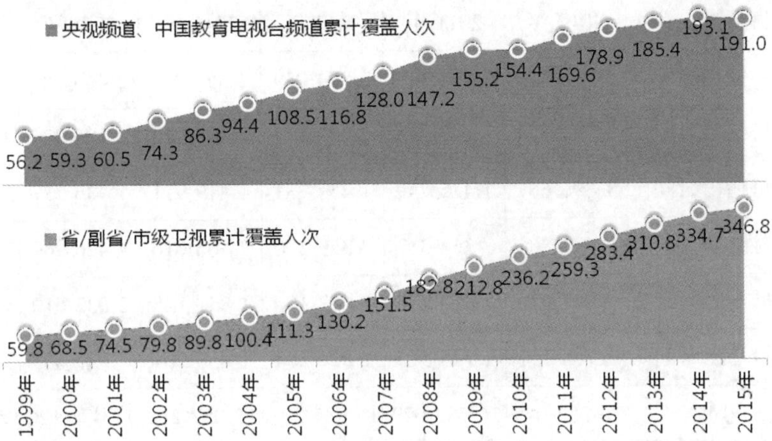

数据来源：CMMR

图 11-1 1999—2015 年全国各类卫视频道累计覆盖状况(亿人次)

《电视节目分类当议》中根据电视文本与现实的关系以及表现方法的差异，把电视节目形态分为纪实类、虚构类以及真人秀节目三种。其中纪实类以各种新闻节目为核心，包括了体育节目、纪录片、新闻性的谈话类节目等纪实性强的节目；虚构类以电视剧为主。①

表 11-3 我国电视节目制作时间分布情况 (单位：小时)

节目类型	2010 年	2011 年	2012 年	2013 年	2014 年	2015 年
新闻节目制作时间	719 680	802 377	886 905	866 756	918 296	978 801
专题节目制作时间	640 857	775 565	892 521	854 124	848 276	930 283
综艺节目制作时间	407 849	416 289	483 174	464 977	468 355	2 078 791
影视剧制作时间	93 536	75 452	163 348	201 117	116 750	120 604
广告制作时间	526 839	508 294	555 192	542 823	510 275	481 973
其他节目制作时间	354 188	372 515	455 161	468 035	415 441	497 131
总计(万小时)	2 742 949	2 950 490	3 436 301	3 397 834	3 277 394	3 520 190

① 苏宏元．电视节目分类刍议[J]．中国广播电视学刊，2011(3)：66-67.

表 11-4 我国电视节目播出时间分布情况 （单位：小时）

节目类型	2010 年	2011 年	2012 年	2013 年	2014 年	2015 年
新闻节目播出时间	2 070 314	2 264 318	2 304 049	2 352 285	2 443 782	2 520 624
专题节目播出时间	1 797 376	1 942 275	2 022 171	2 108 917	2 196 434	2 254 774
综艺节目播出时间	1 396 667	1 425 749	1 454 231	1 419 911	1 436 727	1 446 914
影视剧播出时间	7 274 866	7 364 317	7 359 530	7 366 010	7 426 969	7 621 202
广告播出时间	2 047 070	2 010 858	2 017 196	1 951 125	2 032 610	1 953 734
其他节目播出时间	1 768 751	1 745 513	1 828 114	1 858 964	1 939 603	1 998 761
总计(万小时)	16 355 043	16 753 029	16 985 291	17 057 212	17 476 126	17 796 010

如表 11-3 所示，我国电视节目主要分为新闻资讯类、专题服务类、综艺益智类、影视剧类、广告类和其他类六大块。其中，影视剧类播出时间最长，在我国电视节目中占比 50%左右。此外，新闻资讯类节目、专题服务类和广告类节目的播放时间也不断增加。

近年来，我国电视涌现出更多新兴的节目类型，尤以综艺节目和电视剧的创新突出，比如以《中国好声音》为代表的音乐类节目、以《非诚勿扰》为代表的婚恋交友节目、以《天天向上》为代表的娱乐脱口秀节目、以《宫》为代表的穿越剧。这种差异性不仅体现在各节目类型的时间增加和新兴电视节目的不断涌现，更突出体现在各节目类型的细分程度不断提高。

第二节 电视产品与播出市场建设

一、电视市场主体建设

我国电视市场壁垒较高，不允许非公有资本参与电视台的设立和经营，且对公有资本没有退出机制。作为电视市场重要主体的电视台均为国有，各级电视台依附于各级党和政府部门，是政府机构重要组成部分和舆论宣传机构之一，其他部门或个人均不能投资于电视台。文化产业体制改革后，国家允许各类所有制机构作为经营主体进入除新闻宣传之外的电视节目制作领域，如电视台的音乐、科技、体育、娱乐节目制作方面允许非公有资本的进入，但是国有资本必须控股51%以上，决策权仍掌握在国有资本手里。由此可见，电视市场的主体以电视台为首、电视节目制作公司为辅。

1. 电视台

电视台指的是通过无线电信号、卫星信号、有线网络或互联网播放电视节目的媒体机构，是制作电视节目并通过电视或网络播放的媒体机构。其播出时间固定，节目内容一部分为其自己制作，也有相当一部分为外购。我国省级电视台大多成立于20世纪70年代以前，市级电视台大多成立于80年代，所有电视台具有整齐划一的国有性质。《广播电视管理条例》第十条规定：广播电台、电视台由县、不设区的市以上人民政府广播电视行政部门设立，其中教育电视台可以由设区的市、自治州以上人民政府教育行政部门设立。其他任何单位和个人不得设立广播电台、电视台。国家禁止设立外资经营、中外合资经营和中外合作经营的广播电台、电视台。① 由上述规定可见，我国共形成两类四级电视机构，其中广电部门直接管理的包括中央、省、地市、县级四级电视台，教育行政部门设有中央、省和地市三级教育电视台。

在我国，电视台是节目供应的主体。从目前来看，电视内容制作和集成还是以电视台为主，比如中央电视台等大型制作单位生产制作的节目，主要是自产自销，供本电视台、电台播出或者网络播出。

电视播出平台包括无线电视台、有线电视台和数字播出平台。电视台可以买断某个节目的播出权，利用独家播出的吸引力获得高额广告收入；也可以买断某个节目，比如某个电视剧一段时间内的播出权，在这一段时间内，可以在自己的电视台反复重播，获得广告收入，也可以通过分销商向其他的播出平台出售播出权。

2. 电视节目制作公司

随着2003年国家鼓励和支持民营电视的发展开始，中国民营电视逐渐走向传媒产业的舞台，并发挥自身的优势。2005年《国务院关于非公有资本进入文化产业的若干决定》规定，非公有资本可以投资参股电视台的音乐、科技、体育、娱乐方面的节目制作，由此开始，许多电视台自身的节目制作部门开始公司化的运作，民营节目制作公司和境外电视媒体也大量进入节目制作环节。

有电视台背景的制片商在市场上与纯粹的民营电视节目制作公司竞争的时候，明显占据优势地位，尤其在制作电视栏目方面。电视台下属或参股的制作

① 中华人民共和国政府．广播电视管理条例［EB/OL］．［2005-08-21］．http：//www.gov.cn/banshi/2005-08/21/content_25111.htm.

机构大多数源于各电视台的“三产”公司，例如中央电视台下属的中国国际电视总公司旗下的各制作机构。这些制作机构的运作模式多样，有些是直接按电视台的订单生产，有些则是在制作完节目后再向电视台进行推销。一般情况下，电视台下属制作机构制作的节目均能够被本台购买，从而没有生存之忧。随着市场竞争的加剧，一些电视台也开始逐渐与下属机构脱离直接的业务联系，采取无歧视的采购政策，从而加大下属机构的制作风险。

除电视台系统之外，我国电视市场的主体还有民营电视公司。我国的社会节目制作公司并不是通常意义上的占有、运营频道资源的民营电视，而是指生产、制作电视节目、电视剧等，参与到电视产业链中的内容制作的民营制作公司。社会节目制作公司提供节目调查、节目策划及制作、广告投放及制作等，但它们不拥有传输渠道，更不能经营电视频道，只能制作节目。

随着电视体制、机制的改革，特别是电视产业化的运作、电视节目社会化的推行，民营的电视制作机构逐步成长起来。民营电视公司是电视台系统的有益补充，对电视产业市场化起到了重要影响，在一定程度上左右中国整个传媒的市场结构形态，促进中国电视节目市场根本性的变化。实际上，早在1994年，被称为北京第一家民间电视机构的“嘉实广告文化发展有限公司”就作为“专职”的电视节目制作公司出现了。1999年，光线电视策划研究中心策划的娱乐节目《中国娱乐报道》就风靡全国，一举跃入业界和学界眼帘，引起民间电视制作机构的广泛关注。①

民营电视公司参与电视竞争后，可以更大规模地为电视台的频道提供节目内容，甚至是为某个频道提供完整的频道内容。面对越来越分散的电视观众需求，民营电视企业利用并整合各地电视台的资源，大规模地制作适合不同电视观众品位的节目，实现节目质量和成本的最优化。目前，我国的民营电视节目制作机构阵容已经颇为壮观。

二、电视节目市场建设

电视节目是电视台和其他电视制作机构生产制作的电视文化产品及信息产品，包括电视新闻节目、电视专题节目、电视文艺节目、电视服务节目、电视纪录片、电视剧、电视广告节目等。一般地讲，这些电视节目和其他产品一样，都是人的劳动成果，一旦进入市场展开交易，就成为商品。电视节目市场就是指作为商品的电视节目的现实和潜在的购买者，电视节目是这个市场上的

① 唐世鼎，黎斌，等．中国特色的电视产业经营研究[M]．北京：中国国际广播出版社，2009：106.

交易标的物。具体地讲，电视节目市场包括需要购买电视节目的各无线电视台、有线电视台、电视转播台、有关的电视节目播放机构、公司、企业以及广大的电视观众等。

我国电视节目在发展过程中，根据传播内容属性的不同，逐渐形成电视界普遍认同的“四分法”，即把电视节目形态分为新闻类节目、社科教育类节目、文艺娱乐类节目和公共服务类节目四大类。① 但随着电视业的迅速发展，新的节目形态不断出现，“四分法”已经不能完全适应需要，节目形态进一步细分为不同的类型。按电视节目的收视对象分类，有少儿节目、青年节目、成年节目、老年节目、女性节目等；按电视节目的形式分类，有新闻报道类节目、新闻评论类节目、访谈对话类节目、文艺晚会类节目、综艺娱乐类节目、纪录片类节目、影视剧类节目等；按照电视节目的性质分类，有政治性节目、经济类节目、文艺类节目、体育类节目、军事类节目、法制类节目等。② 根据这些细分节目，我们选取电视市场中所占比重相对较大的节目进一步分析，如电视剧市场、新闻节目市场、综艺节目市场。

1. 电视剧市场建设

电视剧，又称为剧集、电视戏剧节目、电视戏剧或电视系列剧，是一种专门在电视或互联网上播映的演剧形式。它兼容电影、戏剧、文学、音乐、舞蹈、绘画、造型等现代艺术诸元素，是一种适应电视广播特点、融合舞台和电影艺术的表现方法而形成的现代艺术样式。电视剧是我国文化产业的一个重要组成部分，也是观众所喜闻乐见的一种节目形态，同时，也是电视频道收视率的重要支撑。因此，电视台都把电视剧作为节目的主导品牌。③

(1)电视剧规模。电视剧多年以来一直是电视节目市场中媒体播出量最多、观众收视量最大的节目类型。在CSM媒介研究2014年所有调查城市中，电视剧占电视台节目播出总时长的23.6%，占观众收视总时长的31.1%。随着多种收视终端的发展和普及，受众对于电视剧的热衷延伸至多个领域，呈现多屏收视特征。CNNIC于2015年1月发布的《中国互联网络发展状况统计报告》显示，无论在台式机/笔记本电脑，还是在手机和PAD等移动端设备上，电视剧与电影都是用户最喜爱收看的视频内容，且比例明显领先于其他视频内容。

在电视剧广受观众青睐的同时，电视剧收视效果的起伏变化也备受电视剧

---

① 周鸿铎．广播电视经济学[M]．北京：经济管理出版社，2003：165.

② 欧阳宏生．广播电视学导论[M]．成都：四川大学出版社，2002：277.

③ 乔文娟．新媒体环境下中国电视剧受众的特征及对电视剧产业发展的启示[D]．南京：南京师范大学，2013：8.

制播机构的关注，电视剧的收视表现对于很多电视频道举足轻重，电视剧收视的影响因素分析成为电视剧研究领域的重点之一。在我国电视剧市场产业链中，通过审批发行的生产量往往伴随着政策和市场的双重博弈，十多年来一直维持在每年 400~500 部、12 000~18 000集。当市场的手用力过猛时，就会出现虚火旺盛、产量激增的局面(例如 2012 年产量逼近18 000集)，而当政策的手收紧时，总量就会应声而落(例如 2009 年跌至 402 部)。

经过政策这只“看得见的手”和市场这只“看不见的手”的双重调节，2014 年电视剧市场继续挤出多余泡沫，总部数持续回落，但总集数仍然维持在高位。2014 年全年全国共计生产完成并获得《国产电视剧发行许可证》的剧目共计 429 部15 983集，现实题材剧目共计 243 部8 335集，分别占总比例的 56.64%、52.15%；历史题材剧目共计 178 部7 383集，分别占总比例的 41.49%、46.19%；重大题材共计 8 部 265 集，分别占总部、集数的 1.86%、1.66%。

热钱投资电视剧的风潮过后，投资意愿趋于理性、谨慎，更加注重每一部剧的精耕细作和投资回报，导致总部数上理性回归、总集数上不降反升。如表 11-5 所示，一个明显的趋势是电视剧“越拍越长”——2012 年达到平均每部 35 集，2014 年更是激增至平均每部 37.3 集左右，较之 2013 年增长 1.5 集。这从一个侧面反映制作方力图规避政策风险、寻求单部利润最大化的市场行为。①

表 11-5　　**每年通过审批发行的电视剧平均集数**　　(单位：集)

年份	2009	2010	2011	2012	2013	2014
平均每部集数	32.1	33.7	31.9	35	35.8	37.3
绝对增长集数	3.2	1.6	−1.8	3.1	0.8	1.5

注：数据来源于国家新闻出版广电总局。

(2)电视剧市场竞争态势。电视剧产业化以来，全国的电视剧市场份额之争就从未停息。中央级频道在 2009—2012 年遭受着省级卫视的挤压，收视份额呈现逐年下降的颓势，竞争实力波动剧烈。然而从 2012 年开始收视份额开始逐年回升，2014 年更是达到 16.1%。省卫视整体收视份额一直呈现出连年稳定攀升的强悍态势，2012 年突破 48%，2014 年达到 49.8%，逼近 50%。

面对卫视强劲的竞争势头，地面频道却日渐式微，领地被逐步蚕食。2010 年省级地面频道收视份额达到 27.8%，2014 年份额已跌至 23%。市级频道收

① 李红玲．2014 年电视剧播出与收视市场回顾[J]．收视中国，2015(3)：14-20.

视份额也连年下滑，从 2010 年的 13.3%到 2014 年的 10.3%，五年间损失 3 个百分点。

表 11-6 **各频道组历年电视剧收视份额对比(历年所有调查城市)** (单位:%)

电视剧	2009 年	2010 年	2011 年	2012 年	2013 年	2014 年
中央级频道	20.0	16.2	14.4	15.0	15.8	16.1
省级上星频道	38.4	40.9	44.9	48.0	48.4	49.8
省级非上星频道	26.8	27.8	27.2	24.7	24.1	23.0
市级频道	12.5	13.3	12.0	11.0	10.7	10.3
其他频道	2.2	1.9	1.5	1.3	1.0	0.9

注：数据来源于 CSM 媒介研究。

随着传统媒体与新媒体的融合和多屏时代的到来，电视剧以其独有的魅力吸引着广大电视观众和新媒体用户，无论在电视屏，还是在手机、平板电脑和 PC 端，电视剧都是人们最主要的消费内容之一。对于电视台来说，电视剧是主打节目类型，播出总时长居各类电视节目之首，占总播出量的 1/3 以上。在互联网上，70%的流量来自视听节目，其中以国产电视剧为主。一些主要视频网站的热播国产电视剧点击量屡破 10 亿。

2. 新闻节目市场建设

新闻节目指以新闻材料为基础，加工制作而成的电台或电视节目，新闻节目可包括现场或预先录制的访问、专家的分析、民意调查结果，偶尔会包含社论内容。在王启祥的《复合与多元：中国电视新闻节目形态演变特征分析》① 一文中，他对电视新闻节目形态给出一个确切的定义。他提出，电视新闻节目形态是电视新闻传播的基本载体和表现形式，电视新闻形态的变化会直接影响到电视新闻的发展，节目形态的多样性会使电视新闻更加有深度。新闻联播指一种电视或广播新闻节目形式，即各电视台或广播电台同时联合播出的新闻节目。此类节目以信息量大具有时效性、广泛性和指向性。

(1)新闻节目规模。网络资讯丰富、移动新闻快捷的今天，人们获取新闻的方式不再局限于电视媒体。然而，人们并没有颠覆性地改变对电视新闻的依赖，而是“见缝插针”地将原来“零零碎碎”的时间拿出来，分配给新兴媒体，传 统电视新闻节目的收视并没有受到很大的影响。在所有的电视节目类型中，

① 王启祥．复合与多元：中国电视新闻节目形态演变特征分析[J]．中国广播电视学刊，2006(11)：53-54.

观众观看新闻节目的时间仅次于电视剧，可见新闻节目在各类电视节目中仍然占有相当重要的地位。① 2015 年，新闻类节目以 11%的播出比重获得观众 14. 1%的收视时长；从变化趋势看上，近些年新闻节目的资源使用效率的确逐年下降，但从数值上看其下降幅度较小，见表 11-7。

(2)新闻节目市场竞争态势。在各级频道新闻节目收视份额中，中央级频道收视份额居首，市级频道播出量占优。如表 11-8 所示，2015 年全国电视新闻节目收视市场中，中央级频道仍然占据着最重要的位置，以 3. 8%的播出量获得新闻节目收视的最大份额；省级上星频道播出量为 6. 6%，略高于中央级频道；省级非上星频道和市级频道的传播范围类似，面对的观众群体在地域上相对比较集中，尽管单个频道覆盖面不广，但胜在频道众多，因此播出量也最大，接近所有新闻节目播出时间的 80%，这两类频道累计共获得新闻节目 44%的收视时长比重。从年度变化来看，中央级频道新闻节目的收视时长比重在 2015 年下降明显，地面频道收视时长比重显著升高。

表 11-7　**2010—2014 年新闻节目的收播比重及资源使用效率(历年所有调查城市)**

年份	播出比重%	收视比重%	资源使用效率%
2010	9. 8	13. 3	35. 7
2011	10. 0	13. 1	31. 5
2012	10. 7	14. 0	30. 8
2013	11. 3	14. 8	30. 7
2014	10. 3	14. 2	37. 4

注：数据来源于 CSM 媒介研究。

表 11-8　**2010—2015 年各级频道新闻节目收视份额(历年所有调查城市)**

新闻节目	2010 年	2011 年	2012 年	2013 年	2014 年	2015 年
中央级频道	35. 9	35. 9	37. 8	39. 2	40. 1	37. 5
省级上星频道	15. 6	15. 3	15. 9	16. 5	15. 9	16. 3
省级非上星频道	27. 6	27. 7	27. 0	26. 6	26. 1	27. 6
市级频道	18. 7	19. 0	17. 2	15. 9	15. 8	16. 7
其他频道	2. 2	2. 2	2. 1	—	—	—

注：数据来源于 CSM 媒介研究。

① 曹珩 . 2014 年新闻节目收视回顾[J]. 收视中国，2015(2)：14-31.

3. 综艺节目市场建设

综艺节目是一种娱乐性的节目形式，通常只在电视上播出，包含音乐、舞蹈、杂技与搞笑等多处类型的演出。大部分的综艺节目会邀请现场观众参加录影，但也有现场实况播出的节目。前瞻产业研究院发布的《2015—2020年中国综艺节目行业市场调研与投资预测分析报告》显示：早在2012年，广电总局就对娱乐节目做出“限娱令”的措施，2012年1月1日起，广电总局颁布的《关于进一步加强上星综合频道节目管理的意见》正式实施，这一文件限制的并不是娱乐，而是过度娱乐和娱乐的低俗化倾向。“限娱令”实施后，过度娱乐的趋势得到有效遏制，综艺娱乐节目覆盖晚间黄金档的状况不复存在，一些新闻、教育、法制、生活服务类节目开始登陆晚间黄金档。同时，涌现出一批内涵丰富、态度真诚的综艺类节目。

(1)综艺节目市场规模。中国综艺节目播放虽然受到政策调控，但得益于一批批制作精良、可看性强的节目，该市场依然快速增长。受“一剧两星”政策的连带影响，2015年的综艺市场呈现“井喷”状态。如图11-2所示，2015年所有调查城市观众全年人均综艺节目总收视时长为6 980分钟，较2014年有9.3%的增长。

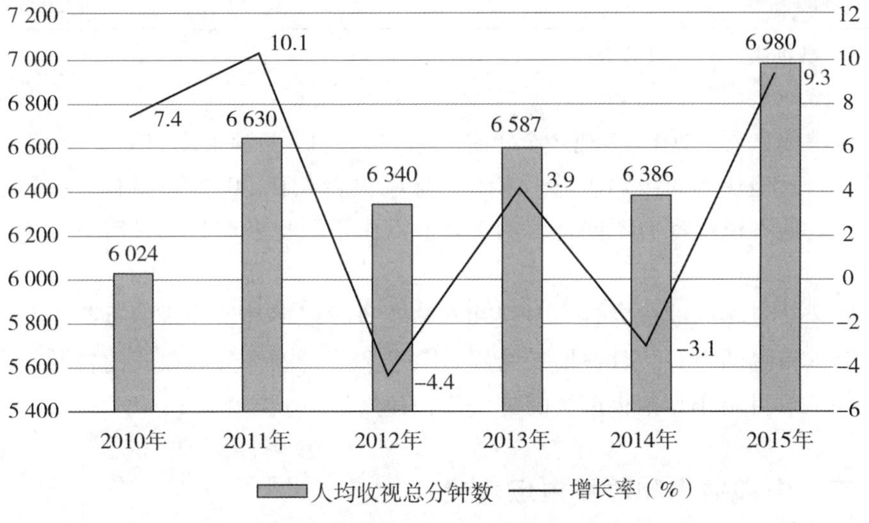

注：数据来源于CSM媒介研究。

图11-2　2010—2014年综艺节目的全年人均收视时长及增幅(历年所有调查城市)

从近年综艺节目的发展情况可以看出，综艺节目与时势环境的发展、受众需求的变化和传播技术的革新密不可分，只有通过时代变化、观众需求和收视心理的研究，根据娱乐传播的发展趋势，不断创新，才能在竞争中获得相对优势。同时，一个优质的电视娱乐节目，要在深入挖掘中国传统文化资源和本土文化珍宝不断地创新和完善娱乐节目的同时，推进本土文化的发展。①

(2)综艺节目市场竞争态势。各级频道综艺节目收视格局基本稳定，省级频道份额有所上升，如表 11-9 所示，2014 年综艺节目的市场竞争格局没有明显地变化。中央台和省卫视总体收视份额占到 80%，其中，省级上星频道份额较 2013 年略有上升，以 44.8%的收视份额保持领先，中央级频道则有 3%的下降。省级地面频道比 2013 年有 8%的提升，而市级频道在省级频道的挤压下，比 2013 年有较为明显的下滑。

表 11-9　**2011—2013 年各级频道综艺节目收视量对比(历年所有调查城市)**

频道组	人均收视总分钟数(分钟)			2013 年增幅(%)
	2011 年	2012 年	2013 年	
中央级频道	2 190	2 091	2 378	13.7
省级上星频道	3 111	2 936	2 925	-0.4
省级非上星频道	957	946	935	-1.2
市级频道	308	312	307	-1.6
其他频道	63	56	41	-26.8

注：数据来源于 CSM 媒介研究。

从整体来看，2013 年观众全年综艺节目人均收视量相比 2012 年有比较明显的上升，但从不同级别频道组来看，除中央台相比 2012 年有 13.7%的增长以外，其他频道组都有不同程度的下降，其中下降比较明显的是市级频道，下降幅度为 1.6%。

综艺节目将继续成为各大卫视和网站竞争收视率与访问量的重要手段，而随着资本市场的介入，日益增长的娱乐需求和节目制播分离模式的普及将有力推动综艺节目制作和销售市场的进一步快速发展。

三、电视播出和收视市场建设

电视播出和收视市场是整个电视市场的核心，电视产业中的所有经营行为，都是围绕着“播出—收视”相辅相成的行为展开的。电视播出是指电视播

① 赵晖.2014 年综艺节目收视分析[J].收视中国，2015(4)：19-28.

出机构将自制或者外购的节目通过编排传送到传输系统中的过程。传统的电视播出机构是指依照相关的政策法规设立的，通过无线、有线、卫星直播等技术手段，面向广大电视观众进行的“一对多”的电视广播组织，通常称为电视台。随着电视新技术的发展，各种“多对多”的电视播出方式正在出现。

1. 电视播出市场建设

对电视节目来说，播出频道和播放时间是一种有效的营销方式，甚至是至关重要的因素。在不同的频道或不同时间段播放的电视节目，其效果大不相同。就播出频道而言，我国电视可以分为中央级频道、省级卫视、省级地面频道、市级频道等。同一个广告，在央视一套播出、在省级卫视或市级频道播出，其效果肯定不一样。这一方面取决于频道的权威性和影响力，另一方面，则取决于各频道在全国的收视份额。①

近年来互联网、移动终端设备技术等的迅猛发展，催生多元化的媒介产业形态，但就播出市场份额来看，电视台的播出仍然占据主要地位。美兰德数据显示，2015 年，在各类媒体中，电视媒体的接触率持续下滑，但仍以 98.6% 的绝对优势领先。电视媒体以其深厚的用户基础、高品质的节目内容，再加上对媒体融合和产业合作的积极探索，在新的媒体环境中依然有巨大的发展空间。②

随着网络带宽、终端设备等的全面发展及普及，传统媒体发生翻天覆地的变化，播出平台的竞争更加严峻。网络视频用户快速增长，各大视频网站逐渐突破版权成本以及相对单一的盈利模式限制，平台自制能力大幅提升，网络视频行业慢慢步入成熟期。美兰德数据显示，2015 年，我国网络视频用户(近一个月收看过)达 6.25 亿人，相较 2014 年(5.91 亿人)新增3 400余万人，增幅达 5.75%。

互联网高速发展促使电视等传统媒体向媒体融合方向迈进，国家也相继出台各项政策推进现代化信息传播和媒体融合发展。2015 年，国家新闻出版广电总局研究制定并印发《加快构建现代公共文化服务体系的意见》实施方案，提出大力加强互联网电视集成平台、优质文化信息内容资源和传播平台建设管理，促进高清电视、互动电视、交互式网络电视、手机电视等新业务和数字智能终端、移动终端等新型载体在公共服务领域中的应用。作为电视与电信、互联网的融合发展产物，IPTV 和 OTT TV 两种新型电视传播通路在重大利好的

① 黄佩. 基于 SCP 范式的中国电视市场结构分析[D]. 长沙：湖南大学，2014：32.

② 周江. 2015 年全国电视覆盖及收视状况调研成果[J]. 声屏世界·广告人，2015(12)：133.

政策推动下呈现蓬勃发展之势。

2. 电视收视市场建设

电视产业因为电视节目内容引起消费者的购买兴趣和欲望，而具有高增值力，因此，消费者的需求是电视产业价值链上最终的决定环节，消费者对整个价值链条具有反馈和互动的作用。数字化时代，产业融合催生电视内容产业价值链的变化，电视内容到终端环节，并不意味着结束和完成，而是标志着价值创造与生成的开始。一方面，电视内容通过终端消费者的接收和反馈来决定电视内容的生产；另一方面，终端消费者可以通过这些内容直接生产或再创造内容。随着电视内容产业规模的扩大，终端环节实现内容生产成为可能。

(1)电视收视总量变化及特点。据悉，从2010年开始，随着各式新媒介传播平台和收看设备的普及，人均电视收视时长基本呈逐年下降的态势。根据CSM数据，近五年来电视观众规模和收视时长有所变化：从2010年开始，随着新媒体时代的到来，各式新媒介传播平台和收看设备日渐普及，人均电视收视时长逐年下降。2012年由于伦敦奥运会等重大事件的带动，收视时长有所反弹，上升至170分钟。2013年，人均收视时长再次回落至2011年的水平线以下。到2014年，该数据降至162分钟，降至五年来的谷底。

从总体收视量上看，电视观众的流失已成不可扭转之势。但如果着眼于实际收看电视的观众规模和收看深度，就会发现：电视市场的总体收视量减少主要缘于近年来观众规模的下降。2014年观众的平均到达率由2010年的72.4%下降至64.3%。相反，近五年来每个电视观众实际的收看时长却呈不断增长的趋势。由此可见，轻度观众的流失是造成收视总量减少的主要原因，留下来的忠实观众并未缩减对于电视传播平台的依赖和关注。收视市场的总量，一直在观众规模和忠诚度间不断权衡。①

(2)收视市场的特征分析。电视节目受众的碎片化。20世纪90年代以来，随着物质的极大丰富和消费需求的多元化，传播领域呈现出越来越明显的受众“碎片化”特征。“碎片化”受众更注重自己的个人需求是否得到满足，不再满足于大一统的电视产品。由于科技的不断发展，互联网、手机电视等新兴传媒不仅能提供传统电视节目给受众，还打破过去电视线性传播和单向传播的特点，使传播变得更加人性化。在新媒体影响下，受众的个体意识更加鲜明，主动性增强，更强调自己对电视节目的选择和自己对节目的主导权和参与权，希望电视更多地为普通人提供表达的舞台，提供更多个性化的节目。

① 郑维东．秩序与语境：中国电视之收视率观察[M]．北京：中国传媒大学出版社，2012：78.

电视节目受众的时段化。根据受众的作息时间，电视时间被划分为黄金时间和非黄金时间。黄金时间通常指 19：00—22：00 这一时间段，该时段受众最庞大、最广泛、收视最为集中，有着最强劲的传播效果。除了黄金时间以外的其他时间均可称为非黄金时间，在非黄金时间段，受众规模明显要小，但受众人群特征较为明显且相对集中。

电视节目受众的季节性。除了时间段的优劣之外，不同的节目也具有不同的季节特征和创新时机。比如各大电视机构的选秀节目基本都在暑假播放，因为此类节目的主体参与者和主要受众大多是学生，暑假有更多的时间参与和关注；同样，一些新兴偶像剧都选择在暑假播放，也是基于对学生群体的收视照顾。抓住主要受众群的作息时间和季节规律非常重要，做到有的放矢，节目的创新才有意义和收获。①

四、电视广告市场建设

在近几年广告市场竞争格局中，中央级频道份额下降，省级频道份额上升。在 2014 年各类电视频道广告投放的竞争中，中央级频道份额比 2013 年减少 1.1 个百分点；省级卫视频道和省级地面频道份额上升明显，分别比 2013 年提升了 0.5 和 1.9 个百分点；省会城市台的份额下降明显，比 2013 年下降 1 个百分点，如表 11-10 所示

在 2013 年各类电视频道广告投放的竞争中，2013 年中央级频道份额比 2012 年略有上升；省级卫视频道份额上升明显，比 2012 年提升 2.7 个百分点；省级地面频道的份额下降明显，下降幅度达 1.9 个百分点。

表 11-10　　**2010—2014 年各类电视频道广告投放额所占份额**

频道类别	2010 年	2011 年	2012 年	2013 年	2014 年
中央级频道	9.3%	9.7%	9.0%	9.2%	8.1%
省级上星频道	20.3%	21.1%	22.9%	25.7%	26.2%
省级非上星频道	39.6%	40.2%	40.1%	37.8%	39.7%
市级频道	11.2%	11.1%	10.9%	10.8%	9.8%
其他频道	19.7%	17.9%	17.0%	16.5%	16.2%

① 许静．电视节目创新的微系统分析——受众、平台、编排和节奏[J]．编辑之友，2011(11)：53-56.

我国电视产业收入的主要来源为广告收入，广告价格直接取决于电视节目收视率。基于资源优势，我国广告收入最多的电视台是中央电视台。2013 年中央电视台广告招标预售总额为 158. 8 亿元，比 2012 年增加 16. 2377 亿元，增长率为 11. 39%。2014 年中央电视台虽未公开其广告招标总额，但却可从部分央视节目的中标金额窥见一斑。此外，几大强势卫视的广告收入也不容小觑。凭借超高收视率，《中国好声音》的冠名费从 2012 年的6 000万元升至2013年《中国好声音》第二季的 2 亿元，其 15 秒广告也由第一季的 36 万元涨至第二季的 115 万元。湖南卫视的《爸爸去哪儿》的冠名费从第一季的3 000万元飙升至第二季的3. 119 9亿元再到第三季的 5 亿元。然而，应注意的是，在电视频道广告收入中呈现鲜明的强者愈强、弱者愈弱的马太效应，众多弱势频道的广告收入出现增长乏力甚至下滑的局面，因而陷入低收视率、低广告收入与低市场占有率的恶性循环。①

第三节　电视要素市场建设

随着社会主义市场经济体制不断完善，无论是文化资源配置，还是文化产品生产、传播和消费，都越来越离不开市场。资本、产权、版权、人才、技术、信息等文化生产要素市场加快发展，条块分割、地区封锁、城乡分离的传统文化市场格局初步被打破，市场在文化资源配置中的积极作用开始凸显。电视产业是文化产业的支柱产业，是文化创意产业的主体产业，电视要素市场建设是电视产业发展的重要推动力量，有着战略性的地位。因此，对电视市场影响最大的要素为技术要素、资本要素、版权要素、人才要素。

一、技术要素市场建设

信息产业是国民经济的战略性先导产业，对产业结构的调整和经济发展方式的转变发挥着重要作用，已成为当今世界综合国力竞争的制高点。传媒业从来都是信息内容与信息技术的融合体。电视本身是电子技术发展的产物，在过去和当前都是受技术影响最大的传媒形式。现代科技的每一次进步都给电视产业带来巨大的变化。从黑白电视、彩色电视到数字电视，电视随着技术的进步，其形态、功能、效果都发生了翻天覆地的变化。

① 吴东. 2014 年电视广告投放与竞争格局[J]. 收视中国，2015(4)：13-16.

1. 电视技术的变迁

高清电视的出现，是继彩色电视之后，电视传播效果的又一次飞跃。相较于标清电视来说，高清电视具有更高的清晰度，能够更好地满足观众的审美需求，使电视的吸引力进一步提升。但高清电视的出现也对传统的电视台和节目制作公司提出新的要求，许多标清制作设备、演播室和节目资料面临着被淘汰的命运，设备的大规模更新给新兴的电视企业提供了后来居上的机遇。

数字电视改变传统的电视传输方式，其最主要影响是打破传统传输方式下的频道资源瓶颈，使观众能够选择的频道数十倍甚至数百倍地增长。数字电视的推广，使许多窄众频道能够覆盖更大的范围。数字电视还使互动成为可能，对于电视节目形态将产生深远影响。数字电视的发展带来 VOD 点播、电视游戏等各种新的业务模式，为电视产业的发展提供新的创收手段。

网络电视和手机电视使电视与电信的界限变得模糊，为许多业外资金进入电视领域提供了新的选择。网络电视和手机电视还使电视的收看方式发生变化，打破电视收看在时间和空间上的制约。网络电视和手机电视还对电视技术的发展提供了启发，使人们开始思考新技术能够创造出哪些更为奇妙的电视传输手段。

直播卫星电视在西方国家已有较长的应用历史，但在我国还是一个全新的事物。我国直播卫星业务已经列入发展日程，可以想象，一旦直播卫星发射成功，一种新的电视业务将在我国得到蓬勃发展。①

2. 数字技术对电视市场的影响

近年来，电视业的数字化动向愈来愈明显，“数字电视”是人们谈论最多的热点话题之一。数字革命大大拓展电视的发展空间，改写整个电视业的生产流程、产业形态和观众的收视方式。数字化为我国广播电视的发展提供千载难逢的机遇，它或将彻底改变中国广播电视的经营模式和竞争格局，或使信息的传输渠道多元化、电视业务多样化，当然，我们可以观看到的频道资源也更加丰富。可以说，节目制作、渠道运营、播出终端和收看方式，都因为数字技术的出现和发展产生革命性的变化。

数字技术的发展，一方面给电视业带来巨大的动力，另一方面，也给传统意义上的电视带来了挑战，比如数字电视、网络电视和直播卫星的升空，都对传统电视的发展提出新课题。

① 唐世鼎，黎斌，等．中国特色的电视产业经营研究[M]．北京：中国国际广播出版社，2009：92.

从机遇角度来看，新技术为电视的发展提供了新的空间，许多过去无法实现的电视业务，随着技术的变革已经成为现实。新的业务形式能够带来新的经营机会，只要电视企业及时抓住机会，就能够创造出比以往更多的经营收入。

从挑战的角度来看，新技术产生的新媒体已经而且还将继续蚕食传统电视业务的空间，分流电视受众与电视广告收入。如果电视媒体不能主动出击，则电视产业必将受到其他媒体的排挤。时至今日，电视产业已经无法像过去一样与其他媒体划江而治，今天的电视产业经营环境更像是逆水行舟，不进则退。①

作为新一代信息技术集成应用的重要方向，数字家庭产业在国民经济发展中的地位日益凸显。加快发展数字电视和数字家庭产业，是促进发展方式转变、推动电子信息产业转型升级的战略要求。同时，作为培育新型消费、扩大内需的重要举措，数字电视和数字家庭产业的发展将对促进国民经济长期又好又快发展、提高社会信息化水平、提升国民生活质量发挥重要作用。②

二、资本要素市场建设

资本市场是现代市场经济的核心，具有体制培育、资金融通和资产重组三大功能。由于我国电视产业具有意识形态特殊性，其从事的思想文化产品的生产涉及舆论、文化影响等因素，受到政府监督管制，长期以来以政府投资为主。③ 数字电视技术的发展，引起广播电视生产、制作、发行等产业变革，硬件设备、人才需求等需要大量的资金扶持，仅仅依靠国有资本的力量不足以支撑广播电视新媒体技术的快速发展，因此投融资政策开放成为必然，符合社会变革以及市场经济发展的要求。在开放的政策促进下，电视产业产权分离改革已经提速，电视产业大发展的政策条件已经基本具备。电视传媒政策已完成向电视系统内部开放，向电视系统外部开放，向民营资本和社会资本开放，向外资有限开发的四大步。

1. 电视市场融资体制建立

电视产业的发展离不开大量的资金扶持，尤其面临市场经济的快速发展，

---

① 唐世鼎，黎斌，等．中国特色的电视产业经营研究[M]．北京：中国国际广播出版社，2009：90.

② 戴建华．中国影视新媒体发展创新研究[M]．北京：中国传媒大学出版社，2014：62.

③ 吴凌玲．广播电视业资本运营的核心问题与优化策略[J]．新闻爱好者，2011(7)：117-118.

以及应对国际化挑战，电视产业投融资政策应运而生。自20世纪90年代出现“资本运营”概念后，国家陆续出台电视产业投融资政策，引导、规范投融资主体合理的投融资行为。从媒体财政来源和管理体制的变化来看，国家对电视媒体的投入经历20世纪50年代到1978年改革之前的全额拨款、1979年到20世纪90年代中期的差额拨款和90年代中期开始的自收自支的发展过程。这一过程揭示电视行业开始依靠信息资源以及资本开展跨行业经营，培育媒介市场。“事业单位，企业管理”成为该时期的关键词。

20世纪90年代以来，电视产业投融资政策也处于不断的调整中，随着非公有制经济在国民经济发展中所占比重越来越大，健全投融资体制成为吸引外资、融入国际经济大环境的需要，同时，中国的电视产业在投融资政策指导下开始各种有益的市场探索。90年代末，资本市场概念开始进入中国市场，国家陆续出台指导广播电视产业集团化发展政策，提出通过并购、银行信贷等融资方式实现资本积累，并通过跨媒体、跨区域合作加速市场扩张。

随着数字电视产业的发展，2008年1月国务院数字电视一号文件《关于鼓励数字电视产业发展的若干政策》提出投资主体多元化、投资方式多样化、投资机制市场化和投资准入区别化的中国文化产业投融资体制改革的目标，进一步优化投融资政策环境，建立完善的投融资体制改革。在此情况下，电视产业资本运营积极通过流动收购、兼并战略、股份回购、企业分立、资产剥离、资产重组、破产重组、债转股、租赁经营、托管经营、参股、控股、交易、转让等各种途径优化配置，提高资本运营效率和效益。①

2. 电视市场投融资主体

在国家颁布的政策中，投融资主体涉及国有、民营、外资等主体。2003年12月国务院颁发的《文化体制改革试点中支持文化产业发展的规定》和《文化体制改革试点中经营性文化事业单位转制为企业的规定》两个重要文件中规定：通过股份制改造实现投资主体多元化的文化企业，符合条件的可申请上市，鼓励各类资本对文化产业进行投资。2004年12月在海南省博鳌举行的全国广播影视工作会议上，国家广电总局副局长赵实发言中提及要区分国有、民营、外资等不同所有制，坚持国有资本主导地位。

由于广播电视产业的特殊性，对外资准入严格把关。2005年3月，国家广播电影电视总局发出《关于实施(中外合资、合作广播电视节目制作经营企业管理暂行规定)有关事宜的通知》指出，“鉴于合营企业刚刚起步，为避免出现资源浪费，推动合营企业迅速形成品牌，根据44号令第六条第一款的规定，

① 张振华．当代中国广播电视学[M]．北京：中国国际广播出版社，2014：246.

经批准已经设立合营企业中的境外合作方和国家广电总局已批准设立的合营企业，原则上不得再申请设立第二家合营企业”，并强调“合营企业不得参与境内电台、电视台的频率、频道经营业务”。2005年8月，文化部、国家广播电影电视总局等五部委联合印发的《关于文化领域引进外资的若干意见》中，明确规定“禁止外商投资设立和经营广播电台(站)、电视台(站)、广播电视传输覆盖网、广播电视节目制作及播放公司、电影制作公司、电影进口和发行及录像放映公司”“禁止外商投资利用信息网络开展视听节目服务，外商不得通过出版物分销、印刷、广告、文化设施改造等经营活动，变相进入频道、频率、版面、编辑和出版等宣传业务领域”。

相较于外资准入限制，民营资本准入则宽松得多。2003年至今，政策基调以“鼓励、开放”为主，不断完善鼓励非公有制资本进入文化产业。2005年8月，国务院发布《关于非公有资本进入文化产业的若干决定》，鼓励和支持“非公有资本可以投资参股广播电台和电视台的音乐、科技、体育、娱乐方面的节目制作公司，上述文化企业国有资本必须控股51%以上”，进一步鼓励、支持和引导非公有制经济大力发展文化产业。2008年，中国广播电视投融资体制为支持数字广播电视媒体的发展，推出的《关于鼓励数字电视产业发展的若干政策》，提出进一步优化投融资政策环境。2012年5月，国家广播电影电视总局出台《关于鼓励和引导民间资本投资广播影视产业的实施意见》，明确鼓励和允许民间资本投资的领域，为其进入广电产业保驾护航。

总体上来讲，电台、电视台由国家主办经营，为事业体制，国家公共财政予以重点扶持，广电部门可以投资系统内的所有可经营性业务；广电系统外国有资本有限制性的投资；非公有制资本可以在国家允许的领域进行投资，其中，非公有制资本的投资领域相比国有资本有较多限制，而外资比非公有制资本所受限制更多。如外资准入的范围是在中方控股或者中方占主导地位的条件下，外资可按国家广电总局有关规定制作电视剧、动画片、电影。民营资本不得利用信息网络开展视听节目服务以及新闻网站等业务，不得经营报刊版面、广播电视频率频道和时段栏目，不得从事书报刊、影视片、音像制品成品等文化产品进口业务，不得进入国有文物博物馆等。虽然，传媒政策在民营资本和国外资本的开放领域屡有突破，但是迄今为止，中国大众传媒体制的变动总体上看来仍以原有体制内变革为主。①

① 王莎．20世纪90年代以来中国广播电视产业投融资政策发展研究[D]．长沙：湖南大学，2010：34.

三、版权要素市场建设

电视版权交易市场是指把电视节目直接作为现实的商品进行交易的一种交易形式。电视节目的制作者或者其代理人作为卖方直接把电视节目拿到市场上销售，从购买者手中取得货币回报。卖方让渡的是电视节目的使用权即播放权，获得的是与之等价的货币；买方则相反，取得的是电视节目的使用权即播放权，让渡的是与之等价的货币。在这一市场上，买卖双方一般都是直接进行交易活动，交易的标的物是具体的电视节目。因此，这一市场又可以称为电视节目直接市场或电视节目有形市场。

1. 电视版权交易市场演进

在我国，电视节目交易市场的发展历程实际上就是一个思想解放的过程。从1958年国内首家电视台——北京电视台（1976年以后改为中央电视台）建立到改革开放以前，电视业一直实行高度集中统一的计划管理，电视产品没有也不可能成为商品进入市场流通，因此，电视节目交易市场一直没有形成。

十一届三中全会以后，我国实行改革开放政策，市场竞争的机制逐步引入经济建设领域。传统的电视业管理体制也受到冲击。为了丰富省级电视台的节目内容，自1983年，我国出现第一个具有市场属性的全国省级电视台节目交易网，采取的是物物交换、收取少量费用的方式。其后，城市电视台节目交易网于1985年组建。一些以节目交易为主，兼带电视交流项目的电视节开始发展起来，其中先后创办上海电视节、四川电视节和中国国际广播影视博览会等。电视界的商品意识进一步增强，各电视台开始真正牢固确立市场意识和经营意识，把电视节目作为真正的商品推向市场，进行真正公平的等价交易。从而，真正现代意义上的电视节目交易市场初步形成。①

2. 电视版权交易市场概况

电视版权的主体。电视节目版权的交易与销售是一个非常重要的环节，特别是实施制播分离之后，电视节目的交易和销售就显得更为重要。目前，中国电视节目交易与销售的主体主要有电视台、民营节目制片公司以及境外节目商，此外，还有节目销售代理公司、内容集成运营商、网络视听节目播出机构等。我国的电视节目发行方主要是各家电视台，由于中国电视产业依据行政级别和区域划分，从中央电视台到各省级电视台、城市电视台和县级电视台，各

① 李晓枫，柯柏龄．电视传播管理实务［M］．北京：新华出版社，2001：174.

个电视发行方是相互独立的。

(2)电视版权的交易渠道。电视节目作为商品参与市场交易，早已成为实行市场经济的各国和地区的通例。因此，西方各国的电视节目交易市场也比较发达，市场秩序比较规范。目前，国内并没有形成一个健全、规范的节目交易平台，国内电视节目交易的供需双方主要通过两条渠道进行交易，一是借助各种电视节目展会、交易会进行交流交易，二是正常的购销方式，供需双方直接通过联系进行节目交易。这两种渠道又衍生出四种主要形式：电视节目交易网、电视节目交易会(电视节)、电视节目购销、代理公司和网上交易平台。

电视节目交易网。从20世纪80年代开始，我国出现一些电视台自愿结合起来的各种电视节目交流网。1983年，为了扩大各电视台之间的节目交流范围，在中宣部和广电部的指导下，我国建立全国省级电视台节目交流网络。通过这个节目交流网络，各台不仅从网内获得电视节目，还组织全国的节目展播，极大地拓宽各电视台的节目资源，丰富了荧屏。1993年，节目交流网开始实行节目交流、节目交易的双轨制，并逐步向节目市场交易过渡。由此，我国的电视节目生产、销售开始步入市场化的轨道。2002年9月，由中国国际电视总公司与全国30个主要城市电视台联手创建的都市传媒网建立。这些网络的建立，标志着我国电视节目的交易网络已全面搭建起来。

电视节目交易会。目前，电视节目交易会(电视节)是我国最主要的电视节目交易市场。此类电视节目交易市场有北京电视节目交易会(北京国际电视周)、广东电视节目交易会、上海国际电视节和四川国际电视节等。参加电视节目交易会(电视节)交易的电视节目品种主要有纪录片、动画片、电视剧、综艺节目等，各电视节目制作机构都带着自己的产品来电视节上寻找市场，电视台期望在电视节上得到高质量的电视节目，满足自身节目的需求。交易采取按质论价、现金付款的方式进行。电视节目交易会(电视节)交易使得电视节目交易真正开始市场化。

电视节目购销、代理公司。目前，我国拥有152家具有节目制作和发行权的电视节目公司，而电视节目代理公司则多达几千家。除了采用传统的节目购销方法外，大量节目制作公司采取上门推销电视节目，节目代理公司同时也参与节目交易。其中，通过节目代理公司的交易是最主要的一个部分。另外，我国一些主要电视台内部都设立有电视节目购销公司，负责销售本台制作生产的电视节目以及外购所需节目。

网上交易平台。我国第一个专业从事电视娱乐节目交易交流的互动网站是2000年成立的北京电视娱乐节目交易网，它的成立使中国的电视节目市场进入了网络时代。在这个电视节目网上交易平台上，各网员——电视媒介、节目制作单位、广告发行单位都能自由地发布信息，并更新自己的信息。通过网上交易平台，实现信息价值最大化，并使影视制作行业快速走向规范化交易操作。同年6月，“广电在线”旗下的“中国影视节目信息网”创办网上影视节目交易平台。①

3. 电视版权引进与输出

早在电视节目发展的初级阶段，电视节目之间、电视节目与广播节目之间相互学习借鉴现象就已经非常普遍。中国对电视节目的引进主要集中在娱乐节目领域。国内电视娱乐节目引进的历史始于20世纪末期，不同时期内电视节目引进的表现形式不尽相同。纵观中国引进海外电视节目的历史，引进国外电视节目的历程可以划分以下两个阶段：2000年之前，我们引进的电视节目基本没有经过任何的本土化工作，引进节目类型则以电视剧为主；2000年之后，中国电视产业化改革取得进步，引进国外电视节目并进行本土化改造才逐渐受到人们的重视。在引进节目类型上，也从单一的电视剧向更具本土化改造空间的竞技娱乐类型的节目转移。1998年，中央电视台引进法国电视台大型体育娱乐节目《城市之间》，这是中国首次正式从国外引进电视节目模式。这一行动开启了我国引进国外电视节目模式版权的新纪元。②

四、人才要素市场建设

在传媒业竞争日益激烈的世纪，新闻媒体之间的竞争，归根结底就是新闻人才的竞争。电视工作是一个集体合作的工作，从节目选题、计划、制作、审查到播出与传送，需要一批高素质的电视人才来完成。电视从业人员能力的高低直接影响到电视事业的发展，影响到电视媒体的社会效益和经济效益。同时，电视人才是党和国家整个人才队伍的重要组成部分，是社会主义先进文化的传播者，是电视市场科学发展的第一资源。

根据国家中长期人才发展规划纲要和广播电影电视总局颁布的《广播影视“十二五”人才发展规划》（广发[2010]87号），我国要培养造就一支规模适宜、素质优良、结构合理的人才队伍，为广播电视改革发展提供坚强的思想政治保证、人才保证和智力支持。就我国广播电视人才队伍建设的现状来看，虽然政治素质和业务能力均得到提高，但离这一总体目标仍有一定距离。随着广播电视数字技术、网络技术以及视听新媒体业务的快速发展．加快广播电视人才队

① 陆桂生，邹迎九．媒介管理通论[M]．上海：复旦大学出版社，2008：233-235.

② 杨明品．中国广播电影电视发展报告[M]．北京：社会科学文献出版社，2014：53.

伍建设显得尤为重要。

1. 电视市场人才要素市场沿革

改革开放以来，我国电视业从实际出发，不断推进宣传、体制、人事制度等方面的改革。随着经济体制改革、政治体制改革、干部人事制度改革和事业单位管理体制改革的逐步展开和不断深入，我国电视业人力资源管理改革也进行了积极的相应的探索，取得一定的成效。这一过程大致可以分为四个阶段。①

第一阶段：1978—1987 年是电视业人事制度改革的初步探索阶段。以 1980 年 10 月召开的第十次全国广播工作会议为起点，电视业开始探索自身改革发展之路。1983 年 3、4 月间召开第十一次全国广播电视工作会议之后，电视业走上全面改革和发展的道路。这一时期，恢复广播电视专业人员职称评审工作，开始推行专业技术职务聘任制，适当下放人事管理权限，初步发展了电视业的人事制度改革，搞活人力资源管理。

第二阶段：1987—1992 年是电视业人事制度改革逐渐扩大阶段。随着我国逐步展开干部人事制度改革、贯彻落实事业单位自主经营、自主管理原则，加强广播电视行业管理和法制建设，扩大电视业人力资源管理权限，推进专业技术职务聘任制，电视也人事制度改革在工资分配制度、人才流动等方面进行积极的探索，提高电视从业人员的政治素质和业务素质。

第三阶段：1992—1997 年是改革的全面探索阶段。随着广播电视台改革和发展步伐的加快，电视新闻改革势头强劲，兴起“创办系列台、走频道专业化”道路的热潮。与此相对应，电视台以建立和完善与社会主义市场经济体制相适应的内部运行和管理体制为目标，引入激励和竞争机制，全面改革用人和分配制度，进行全员聘用制的试点，打破了平均主义的“大锅饭”。

第四阶段：1997 年至今是改革的全面推进阶段。这一时期，党和政府制订出台一系列深化事业单位人事制度改革的文件、措施，组建广电集团、广播电视总台、广播电视台。在试点的基础上，以推行全员聘用制和搞活内部收入分配为重点，使得人员能进能出，干部能上能下，待遇能高能低，高效的用人机制、培训机制和分配激励机制正在逐步形成。

虽然我国电视业人力资源管理已取得一些可喜的成绩，但由此也引发人力资源管理的诸多问题：电视台内部没有形成系统岗位序列，岗位职责不够明确；员工职级、职称评聘不当；缺乏完善的员工培训体系；缺乏有效的绩效管理体系，员工的积极性未得到激发；员工职业生涯发展通道单一，各类专业型

① 杨伟光．中国电视论纲[M]．北京：中国广播电视出版社，1998.

人才缺乏等。①

2. 电视市场人才准入与流通

人才是产业竞争的基础。人才的竞争在电视内容产业领域一直就没停止过，无论是显性的“转会”，还是隐形的“挖角”，其目的都是期望通过人才的竞争促进内容的竞争，达到扩大市场和占领市场的目的。适度的人才流动，为各地的电视台带来新鲜血液，也强化其机体功能。近年来，传媒业的人才流动一方面是因为传媒市场发展迅速，另一方面，是因为新办传媒不断涌现，新闻界年轻的人才流动越来越频繁，尤其是中层以下的青年编辑、记者，似乎随时都在准备“跳槽”，不仅是在同一城市不同传媒之间跳，甚至还在全国各大城市之间跳。人才流动对于任何行业都是好事，因为只有流动才有活力。

(1)行业间人才的准入与流通。用人方式是人事管理的主要环节，以往电视台的员工都是事业编制，用人方式单一。电视业发展空间巨大，原有的编制内人员已无法满足现实的工作需要，这就需要大量的编外人员充入到电视人的工作队伍中去。但是由于制度准备不够充分，这些编外人员的报酬、用工方式、工作保障等方面的问题就逐渐凸现出来，形成了编内编外两个队伍、两种待遇的不公平现象，严重影响了优秀人才的积极性和创造性。

(2)区域间人才的准入与流通。我国电视业人才市场是以政府人事主管部门为主，因此，人才市场格局及其运作管理不可避免地带有行政区划的“地盘”色彩。中央级或省级媒体是电视人才市场争夺中的佼佼者。它们一般创办时间较长，实力雄厚，权威性强，收视率高，无论从资金、人员配置还是机制管理上来看，都是国内发展前景较好的媒体，例如，中央电视台、东方卫视等。第二则是大部分省市一级的地方电视台。它们的发展空间虽不及第一方阵，但也有自己的独特之处。第三是县市一级的电视台，它们的实力相对来说比较弱小。中央级或省级的骨干大多被“挖”入单位聘为高职，而县市一级的相对而言缺少市场竞争力，在人才的引进上也缺乏良好的管理机制，人才的流动比较缓慢。②

总体来说，这三级之间的人口流动力度逐渐加强，并图片地域限制。在区域上主要呈现出向经济发达地区及中心城市聚集的流动趋势；在行业上呈现业内流动为主，向其他类型媒体、政府机关、外企等行业流动为辅的趋势；在年

① 毛晶晶．中国电视业人力资源管理制度改革初探［D］．南京：南京农业大学，2007：17.

② 毛晶晶．中国电视业人力资源管理制度改革初探［D］．南京：南京农业大学，2007：31.

龄及专业结构上，30岁以下的新闻、广告、人才流动的几率及频率相对较高，已成为流动的主体。

第四节 电视监管体系建设

电视产业政策作为文化产业政策中的重要组成部分，在文化产业政策的总体指导下不断改进。一直以来，政府高度重视广播电视产业政策调整。我国传统的电视管理体制是在计划经济条件下建立的、以宣传管理为核心的事业单位管理体制。电视台由政府开办，国家广播电影电视总局负责全国广播电视业的发展规划和政策法规的制定，审批电视机构的建立，履行行业管理职能。电视台依照中央、省、地市、县四级行政级别和行政区划，分级建设、分级服务，按照“条块结合，以块为主”的模式进行管理，各地电视机构受本地党委政府和上级电视管理部门的双重领导。①

一、电视主体市场监管

我国社会主义体制和电视产品本身的外部性，决定政府必须严格管制电视产业。一方面，我国电视台的所有权属于国有，各级电视台依附于各级党和政府部门，是政府机构的一个组成部分，也是党和政府的舆论宣传机构之一，其他部门或个人均不能投资于电视台；另一方面，我国电视台实行党管宣传原则下的双重领导，行政性政策因素在我国电视发展过程中的影响至深。

1997年8月11日国务院令第228号公布的《广播电视管理条例》对我国的电视台的设立、经营、变更作出规定。《条例》第二章第九条规定设立广播电台、电视台应当具备下列条件：有符合国家规定的广播电视专业人员；有符合国家规定的广播电视技术设备；有必要的基本建设资金和稳定的资金保障；有必要的场所。审批设立广播电台、电视台，除依照前款所列条件外，还应当符合国家的广播电视建设规划和技术发展规划。②

非国有资本进入我国电视产业的关卡在于政府政策和国家法规制度所形成的行政性壁垒。1997年通过的《广播电视管理条例》第十条规定“广播电台、电视台由县、不设区的市以上人民政府广播电视行政部门设立，其中教育电视台

① 张振华．当代中国广播电视学[M]．北京：中国国际广播出版社，2014：253.

② 中华人民共和国人民政府．广播电视管理条例[EB/OL]．[2005-08-21]．http：//www. gov. cn/banshi/2005-08/21/content_25111. htm.

可以由设区的市、自治州以上的人民政府教育行政部门设立。其他任何单位和个人不得设立广播电电台、电视台。国家禁止设立外资经营、中外合资经营的广播电台和电视台"①。

2003 年，中办 21 号文件提出要全面深化文化产业体制改革。随后，广电总局、新闻出版总署又分别下发《关于促进广播影视产业发展的意见》和《新闻出版体制改革试点工作实施方案》，这两个文件对传媒产业的资源属性做出性质区分，把传媒产业划分为公益性事业和经营性产业两大类。除新闻宣传以外，广播电视的社会服务、大众娱乐等类型的节目都属于经营性资源，可以从广电单位中独立出来，实行产权分离，按照现代产权和企业制度组建股份制公司，并借此推进经营性资源的区域整合和跨地区经营。2004 年，广电总局又适时颁布《关于促进广播影视产业发展的意见》，明确提出：广播电视可以把经营性资产从事业体制中剥离出来，面向市场成立公司，与事业部分别管理、分别运营；允许各类所有制机构作为经营主体进入除新闻宣传之外的广播电视节目制作领域；在确保控股的前提下，电台和电视台可以进行股份制改造，条件成熟的可以批准上市融资，打造一批竞争力强的大型广播影视产业集团，作为骨干带动行业发展。②

2005 年《国务院关于非公有资本进入文化产业的若干决定》规定："非公有资本可以投资参股下列领域国有文化企业：出版物印刷、发行，新闻出版单位的广告、发行，广播电台和电视台的音乐、科技、体育、娱乐方面的节目制作，电影制作发行放映。上述文化企业国有资本必须控股 51%以上；非公有资本不得投资设立和经营通讯社、报刊社、出版社、广播电台(站)、电视台(站)、广播电视发射台(站)、转播台(站)、广播电视卫星、卫星上行站和收转站、微波站、监测台(站)、有线电视传输骨干网等；不得经营报刊版面、广播电视频率频道和时段栏目。"③从以上规定可知，目前，我国不允许外资、民营资本和个人投资等非国有资本投资电视台的设立和经营；而在电视台的音乐、科技、体育、娱乐节目制作方面，已经允许非公有资本的进入，但是国有资本必须控股 51%以上，决策权仍掌握在国有资本手里。④

我国电视市场的进入壁垒比较高，主体结构呈现出寡占与竞争并存的局面，央视依靠行政力量占据寡占地位，其他电视媒体的市场份额较低，相互之

① 国务院．广播电视管理条例[EB/OL]．[2005-08-21]．http：//www.gov.cn/banshi/2005-08/21/content_25111.htm.

② 宫承波．广播电视概论[M]．北京：中国广播电视出版社，2014：116.

③ 国务院．关于非公有资本进入进入文化产业的若干决定[EB/OL]．[2005-08-08]．http：//news.xinhuanet.com/newscenter/2005-08/08/content_3325946.htm.

④ 尹斌．中国广播电视规制研究[D]．长沙：湖南大学，2007：71.

间的竞争十分激烈。此外，地市级电视台的大量设立更是造成我国电视资源的闲置和浪费，不利于我国电视市场绩效的提高。因此，必须建立市场退出机制，行政力量应逐渐退出电视舞台，通过市场来引导电视媒体间的公平竞争，引导地市级电视台退出市场，从而促进地方电视市场份额的提升。

二、电视客体市场监管

电视的公共利益目标主要为保障电视的产权多元化，从而有利于电视节目的多元化。但是产权多元化并不必然导致节目的多元化，电视内容的规制，除了导向节目多元化这一公共利益目标之外，还直接导向电视节目的品质与水平原则、道德水准等伦理原则的目标。电视的内容规制是电视社会性规制的主体内容。根据我国对电视客体市场的监管政策，可以分为电视内容准入政策、电视节目制作和播出政策、广告播出调控政策。

1. 电视内容准入政策

在我国，电视内容产业的发展与政策导向的作用是分不开的，是在中国共产党的宣传方针、舆论导向的引导下进行的。可以说党的宣传、舆论政策是产业发展的风向标，指引着电视内容的发展方向。对电视内容的管理，体现我国电视管理部门“把关人”的角色。

1980 年 1 月邓小平在中央干部会议上提出：“电视要把促进团结，提高青年的社会主义觉悟，作为自己的一项经常性的、基本的任务。”1958 年 2 月，中共中央书记处会议纪要指出“要改变电视节目在内容和形式上单调、死板和生硬的状况，做到战斗力、说服力和感染力的统一，做到丰富多彩、生动活泼，满足广大人民群众在精神生活上的需求”。这一时期的政策十分强调对电视内容意识形态的管制，也强调电视节目要为人民群众服务，丰富人民的文化生活。

1997 年的《广播电视管理条例》出台后，内容管理层级提高，形成以《条例》为主，其他相关政策法规为补充的格局。《条例》的第四章中有四条来专门规范节目内容：一是禁止的内容，禁止侵犯个人或者公共利益的内容，禁止教育台播放与教学无关的内容；二是规定对内容的审查；三是对节目语言做具体的规定，要求使用规范的语言文字，推广全国通用的普通话。这一时期的内容管理比前一段有了新变化，将相对放开内容管理，以法律禁止为禁止，不再是以前那种单纯的强调思想内容，强调加强意识形态教育内容。

对于涉外内容来说，传媒业一直是其禁区，但是随着改革开放的深入，包括电视在内的传媒业也是逐步地放开对外的限制，相关的政策法规也比较多，

《关于加强新闻出版广播电视业管理的通知》中规定“加强对广播电视节目引进和播出的管理。用于电视播出的境外影视剧、动画片等，由广播电影电视部统一引进和审查。对违反规定乱播滥放的播出机构要严肃查处”。除此之外还有《关于引进、播出境外电视节目的管理规定》《广播电视管理条例》《中外合作制作电视剧(录像片)管理规定》《关于重申境外广播电视从业人员采访拍片的管理规定》《关于外国人参加广播影视节目制作活动管理规定》等一系列的规范性文件。

2. 电视节目制作、播出政策

电视的核心业务是节目制作和播出。在我国，电视业，包括电视节目制作在内，一直实行严格的审批制度(许可制度)。《中华人民共和国行政许可法》规定：“行政许可，是指行政机关根据公民、法人或者其他组织的申请，经依法审查，准予其从事特定活动的行为。”随着改革开放的不断深入，市场经济体制的建立和发展，影视制作和传播领域由国家垄断的局面开始松动，一些社会组织乃至个人开始逐步地有限制地进入这一领域。党和国家对从事影视创作活动的管理，在延续历史规制的同时，也在进行着与时俱进的改革，从 20 世纪 80 年代以来，我国的电视节目制作开始实行许可制度。①

在传统的计划经济体制下，电视节目的制作和播出是合一的，制播合一是与简单的节目再生产方式相适应的，它在组织调动各生产环节进行重大宣传报道、节目的统筹规划和导向把关、安全播出等方面有着积极的作用。改革开放以来，市场经济体制的推行促进人们生活水平的提高，受众对广播电视节目的需求越来越高。制播合一体制下，广播电视精品节目少，整体节目水平长时间在较低水平上重复运转，所以迫切需要广开渠道，拓宽节目生产平台，聚集全社会的力量，即实施制播分离来生产丰富多彩的节目。②

2004 年 2 月国家广电总局出台的《关于促进广播影视产业发展的意见》指出：“广播电视要把允许经营的资产、资源和业务从目前的事业体制中分离出来，面向市场进行企业转制和重组，与事业部分分别管理、分别运营。具体来说，可以把电台、电视台、广电集团(总台)的除新闻宣传以外的社会服务类、大众娱乐类节目，特别是影视剧的制作经营从现有体制中逐步分离出来，按照产业发展的方向和现代产权制度、现代企业制度的要求组建公司，实行所有权与经营权分离，自主经营、自负盈亏、依法纳税。”

2006 年，国家广电总局在《2006 年广播影视工作要点》中提出：“要根据

① 魏永征，李丹林．影视法导论[M]．上海：复旦大学出版社，2005：38.
② 邓文卿．中国电视内容产业政策演变研究[D]．北京：中国传媒大学，2007：33.

广播电视特点，探索进行制播分离改革，除新闻类、社会访谈类节目外，文艺、体育、科技类节目等可逐步实行制播分离，引入市场机制，实行节目的市场招标采购。”至此，“制播分离”已经完全得到政策上的支持，在明确制播分离体制以后，电视市场化程度有了一个实质性的提高。

3. 广告播出调控政策

广告业本身即作为一种产业化行为是最早进入产业化运营的，而政策的调控也及时跟进，特别是在1983年3月第十一次全国广播电视工作会议上提出的“广播电视经费管理体制应进行改革，放开搞活，由过去单纯依靠国家投资，改为多渠道筹措资金，要求广开财源，提高经济效益，以弥补国家拨款的不足。”这一决定直接促进电视广告业的繁荣，成为电视广告业发展的一个重要里程碑。①

1982年2月国务院转发了由国家经委和国家工商行政管理局起草的《广告管理暂行条例》(国发[1982]23号)。随之，国家工商行政管理局于1982年6月又颁布《广告管理暂行条例实施细则(内部试行)》，1985年4月国家工商行政管理局、广播电视部、文化部联合发出《关于报纸、书刊、电台、电视台经营、刊播广告有关问题的通知》，同年11月国务院办公厅发布《关于加强广告宣传管理的通知》。这一系列的政策法规是中国广告经营活动走向法制化道路的实质性进展的标志，迈出中国广告管理政策法规体系建设的第一步。

1987年10月26日国务院发布《广告管理条例》(国发[1987]94号)，是此阶段广告经营方面的最高管理规章。该条例与1988年1月发布的《广告管理条例施行细则》(工商广字[1988]13号)共同全面地规范广告活动。这一时期的广告政策法规建设，勾画出我国电视广告监管体系的基础框架，初步形成与主体法规相配套的行政规章系统，内容涉及广告业务的各个方面②。关于广告经营企业的设定，《广告管理条例实施细则》依据《广告管理条例》的精神，具体规定申请经营广告业务主体的条件，符合条件的颁发给相关执照。对电视广告的发布者来说，从事电视广告发布的媒体必须是经国家广电部门批准设立的电视台(教育电视台除外)。发射台、转播台等不能兼营广告，包括电视台在内的新闻媒体单位的广告业务只能由专门从事广告业务的机构和广告企业加工办理，其他部门如编辑部门、记者部门及其工作人员一律不得从事广告业务。《条例》规定，申请在电视台等媒体单位发布的广告，应当提交有关证明。

① 郭镇之．中外广播电视史[M]．上海：复旦大学出版社，2005：278.

② 易旭明．中国电视产业的制度变迁与需求均衡[D]．上海：上海大学，2011：219.

三、电视市场行为监管

企业的市场行为包括价格行为和非价格行为。其中价格行为包括定价行为和价格歧视等，非价格行为包括广告行为、技术创新行为、并购行为等。我国电视产业的市场结构呈寡占与竞争并存的特点，这种市场结构对我国电视市场行为带来双重影响。一方面，拥有寡占地位的中央电视台和少数强势卫视在产品定价和内容生产上拥有绝对优势，导致价格歧视的产生和优秀电视资源的集中；另一方面，其他电视台的市场份额极低，相互之间竞争激烈，导致电视节目内容的同质化、低俗化以及不正当的阻拦竞争对手的行为。

1. 电视市场价格行为监管

我国电视产业集中度的提高，一方面得益于电视产业的自然经济特征，另一方面来自行政力量的推动，而后者明显发挥更大的作用。在行政力量的推动下，分散的电视台得到整合，形成一批实力较强的广电集团，迅速提高我国电视市场集中度，改变了我国电视的市场结构。而市场结构的改变无疑对我国电视广告定价行为和内容定价行为都产生较大影响。

我国不同电视频道的广告价格差距较大。央视的寡占地位决定其在广告价格上有着较大优势。此外，强势卫视的黄金时段广告定价也较有优势，如2012年湖南卫视《快乐大本营》和《天天向上》5秒广告价格分别为74 000元和60 400元，而浙江卫视的《中国梦想秀》和《我爱记歌词》5秒广告价格则为57 000元和54 500元。而其他弱势卫视在广告市场中则属于从属地位，广告价格较低。2012年，河北卫视广告价格最高的时段《明星童乐会》5秒广告刊例价格为20 800元，仅占湖南卫视《快乐大本营》5秒广告刊例价格的1/3，占央视综合频道《晚间新闻》和江苏卫视《非诚勿扰》5秒广告刊例价格的1/6。随着市场集中度的提高，电视媒体在广告和内容定价方面都更占据主动权和话语权。①

由此可见，我国电视广告定价呈现两极分化的局面，价格差异极为明显。一方面，央视和强势卫视广告定价较高，黄金广告资源甚至受各大广告商争抢，广告招标额水涨船高，甚至有市无价；另一方面，弱势卫视和地面频道难以提高广告价格，广告价格较低，只能通过价格战来吸引广告商，许多市县级电视台甚至依靠虚假医药广告来增加收入。②

① 黄佩．基于SCP范式的中国电视市场结构分析[D]．长沙：湖南大学，2014：37.

② 张园园．城市电视媒体的广告经营研究[D]．北京：北京大学，2010：11.

2. 电视市场竞争行为监管

在“四级办台”方针的指引下，除中央电视台外，其他电视台按照省、市、县各级行政单位设立，我国电视产业呈现条块分割的局面。由于电视产业的喉舌功能和产业功能，各地方政府对电视资源拥有较强的独占意识，区域内的电视市场几乎被行政性力量垄断。这种条块分割的市场格局，使中央电视台和省级卫视以外的电视频道基本不能跨地域传收。在一个城市中能收看到的频道包括中央电视台、本省省级卫视、允许落地的其他省级卫视和本地市级频道等，至于其他省级地面频道和外省市级频道则无法收看。这种行政性壁垒阻碍不同行政区域之间的资源流动，不利于市场资源配置功能的充分发挥。

在行政性区域垄断格局下，一方面，中央电视台在政策扶持下一家独大，产生寡头垄断的市场结构，其他电视媒体均无力与之抗衡；另一方面，它阻碍不同行政区域市场之间的资源流动，无法形成有效的市场竞争。就全国性市场而言，地方频道根本无法和中央台以及省级卫视抗争；就地方性市场而言，地方频道没有来自其他地方频道的竞争压力。① 由此可见，这种地方行政性垄断直接影响我国电视产业的资源配置效率和市场绩效。

① 黄佩．基于SCP范式的中国电视市场结构分析[D]．长沙：湖南大学，2014.

第十二章　演艺市场建设

艺术表演是中华文明发展历程中历史最深厚的文化产品，建立社会主义市场经济体制后，又成为文化产业经济链条中最具多元开发价值的行业。演艺市场是我国文化市场的重要组成部分，也是传统艺术和无形文化的主要表现舞台。

第一节　演艺市场概述

演艺市场又叫演出市场，二者差异在于演艺市场涵盖一切形式的演出及围绕演出产业链构成的市场体系，演艺市场强调产品的艺术属性，而演出市场强调演出活动本身。赵玉忠在《文化市场概论》中提出演出市场包括音乐、舞蹈、戏剧、杂技等艺术和棋牌、体操、摔跤、足球等技艺表演。① 冯守仁在《文化市场行政管理概论》一书中提出：演出市场是指通过市场交换形式进行的演出活动所构成的体系，包括有形的演出场所、演出者(团体或个人)、观众，也包括参与演出活动的主体即生产者、经营者和消费者之间的关系。② 王仲尧在《文化市场与管理》一书中提出演艺市场是指表演艺术市场，包括音乐、戏剧、舞蹈、杂技、魔术、马戏、曲艺、木偶、皮影、朗诵、服饰、民间文艺等现场文艺表演活动。③ 徐世丕在《当代演艺业发展问题研究》中将演艺业解释为表演艺术业，是职业演出行业的简称，是商品经济条件下表演艺术生存和发展要求的必然产物。④ 在现代市场经济社会，经济学界把凭借艺术表演以获取经济利润的演艺产品生产者、经营者、消费者构成的体系称为演艺市场。

---

① 赵玉忠．文化市场概论[M]．北京：中国时代经济出版社，2004：114-115.

② 冯守仁．文化市场行政管理概论[M]．北京：北京工业大学出版社，2001：11.

③ 王仲尧．文化市场与管理[M]．哈尔滨：黑龙江人民出版社，2002：125.

④ 徐世丕．当代演艺业发展问题研究[J]．中国文化产业评论，2005(3)：184-205.

一、演艺市场发展沿革

艺术表演是中华文明延续的重要方式，它丰富了人民的精神生活也承担传承历史的重要使命。在我国文化产业市场化发展历程中，演艺市场走过曲折的变革之路。谢大京、一丁在《演艺业管理与运作》中将演艺市场发展分为四个阶段：公有化阶段(1949—1976年)、宏观艺术管理体制改革阶段(1977—1991年)、中直院团管理体制改革阶段(1992—2000年)、21世纪以来的新一轮艺术表演团体改革阶段(2001年以后)。① 黄忆南在《艺术表演团体核心竞争力研究》中以1978年十一届三中全会为标志，将演艺市场发展分为新中国成立后舞台艺术蓬勃发展阶段及改革开放和社会主义现代化建设阶段。② 陈庚在《艺术表演团体改革与发展路径研究》纵向梳理我国演艺市场改革的进展，该文根据不同时期艺术团体体制改革的侧重点不同，将演艺市场分为：拨乱反正和院团改革的起步(1977—1984年)、结构调整与改革的初步探索(1985—1991年)、市场导向与改革的持续推进(1992—2002年)、整体推进与改革的全面深化(2003年以后)四个阶段。③ 刘筠梅认为演艺产业大致经历新中国成立到改革开放前的完全计划时期(1949—1978年)、改革开放到21世纪初的管理体制改革和市场化探索时期(1979—2002年)及2003年以来的国有文艺院团体制改革和演艺产业发展时期。④ 纵观我国演艺市场改革的阶段性特点，将演艺市场发展分为市场化初步探索阶段(1978—1991年)、市场化持续推进阶段(1992—2002年)、市场化快速发展阶段(2003年至今)三个阶段。

中华人民共和国成立以后，在战争年代形成的文工团的基础上，在对旧有的民营剧团进行“改人、改戏、改制”的社会主义改造基础上，我国文艺院团吸收前苏联对剧院团的管理模式，形成以国有艺术表演团体和剧场为主体的计划演出体制。从中央到地方，各级文化部门负责对演出活动进行行政管理。计划管理模式使得演出的生产与消费都受到行政干预的影响，市场规律不能成功发挥作用，特别是“文化大革命”时期，许多剧团、剧场被解散和关闭，演员下放农村，演出被当作政治宣传的工具，严重阻碍艺术生产力的发展，市场规

① 谢大京，一丁．演艺业管理与运作[M]．上海：上海音乐出版社，2007：55-78.

② 黄忆南．艺术表演团体核心竞争力研究[M]．北京：文化艺术出版社，2013：19-21.

③ 陈庚．艺术表演团体改革与发展的路径研究[M]．武汉：湖北人民出版社，2013：54-78.

④ 刘筠梅．我国艺术表演团体体制改革探寻[J]．内蒙古大学学报(哲学社会科学版)，2008(6)：97-101.

律遭到无情践踏。① 这一时期，我国的文艺演出主要是全民所有制或集体所有制的文艺表演团体按照各级文化行政管理部门的指令性计划进行的，以戏曲、话剧、歌剧、舞蹈等艺术表演团体的剧场演出为主。演出不以获得收入为目的，市场行为特征不突出。② 演艺市场真正启动和兴盛是十一届三中全会后，伴随着社会主义市场经济全面发展和改革开放发展而来。

市场化初步探索阶段(1978—1991 年)：1978 年，改革开放开启中国文化艺术改革的春天，中国演艺业开始摆脱计划经济时代政府统包统管、政艺不分和事业单位“大锅饭”的管理体制，艺术不再从属于政治，而逐渐向市场化改革迈进。1979 年《关于艺术表演团体调整事业、改革体制以及改进领导管理工作的意见》开始下放表演艺术表演团体的部分管理权，艺术表演团体体制改革的大幕逐渐拉开。1983 年在文化部领导下，演艺院团的承包经营责任制改革在全国范围内开展。1988 年文化部发布《关于加快和深化艺术表演团体体制改革的意见》，文件中提出在艺术表演团体组织运行机制上逐步实现“双轨制”。这一文件的发布标志着我国政府对演艺市场由统筹包办向间接管理转变，其管理理念至今仍然具有重要意义。

20 世纪 80 年代我国艺术表演团体改革历经从“承包经营责任制”到“双轨制”的发展阶段。政府管理向宏观产业结构调整、政策法律监管的职能转变，不断增强我国演艺市场的独立性、自主性和发展活力。表演艺术从业者被尊重和认可，演艺院团和演艺场馆的市场地位逐步确立，演艺业整体呈现出欣欣向荣的景象。

市场化持续推进阶段(1992—2002 年)：在宏观市场经济体制改革的背景下，我国演艺市场改革取得新进展。文化部于 1993 年和 1994 年先后发布《关于进一步加快和深化艺术表演团体体制改革的通知》及《关于继续做好艺术表演团体体制改革工作的意见》，在这两个重要文件的指导下，演艺市场经济改革由宏观体制向内部机制深化。为落实经济改革目标，文化部自 1994 年始连续三年对中直院团进行的一系列改革，是这一时期中国演艺业改革的重点。90 年代，我国演艺市场在结构布局、企业管理和运行机制上都焕然一新。演艺市场改革持续推进成效明显，内部机制改革、集团化初显、演艺产业化的确立都表明我国演艺业正在按照市场化导向和文化产业规律发展，无论是营利性还是公益性演艺机构，其经济属性的认定推动其成为合格的市场主体。

① 宋玉珠，柳士法．文化市场学中国当代文化市场的理论与实践[M]．上海：上海文艺出版社，2002：126.

② 宋玉珠，刘茜，张新建，段化，等．文化市场管理指南[M]．北京：海洋出版社，1993：101.

市场化快速发展阶段(2003 年至今)：进入 21 纪以来，尤其是加入世贸组织以后，中国演艺业迎来新的发展机遇。在国家"积极发展文化事业和文化产业，继续深化文化体制改革"的背景下，新一轮艺术团体改革发轫。这一阶段的改革以转企改制为核心。国有演艺院团改革经历三个发展阶段：2003 年，中央召开文化体制改革试点工作会议，全国国有文艺院团体制改革试点工作正式启动；2009 年中宣部、文化部下发《关于深化国有文艺院团体制改革的若干意见》，改革向纵深拓展、向面上摊开；2011 年《关于加快国有文艺院团体制改革的通知》要求在 2012 年上半年之前完成国有文艺院团转企改制的阶段性任务，目前已经实现改革目标。地方国有院团在多渠道融资和所有制改革方面进行了有益尝试，院团改制在建立现代化产权制度和拓宽投融资渠道方面取得新的进展。民间演艺事业在政府的扶持下也得到快速发展。历经新一轮改革，我国演艺业市场化改革取得重大的阶段性胜利：演艺体制格局变化；演艺发展方式向规模化、集约化、专业化的科学发展转变；演艺发展政策和外部环境进一步优化；演艺评价和激励机制转变；演艺系统文化自觉文化自信觉醒。

综上所述，演艺市场改革在适应社会主义市场经济体制的现代企业制度、完善和培育文化市场体系、转变政府职能等方面已经取得实质性进展。

二、演艺市场发展现状

改革开放以来，我国演出市场历经 20 世纪 80 年代的突飞猛进、急剧扩张阶段，以及接踵而来的国内演出徘徊不前甚至不断滑坡，中国港台与国外入境演出畸形发达、泡沫繁荣阶段以后，终于开始走向结构合理、稳步发展的道路，规范有序而又充满生机活力的演出市场体系正在逐渐形成，初步呈现良好的整体发展态势。① 目前，我国演艺市场规模明显扩大，演艺业内部结构仍然呈现出大中城市一级市场和乡镇农村二级市场不均衡的发展模式。

1. 演艺市场整体规模

(1)市场经济规模。我国演艺市场规模经济规模不断增长，2015 年已经达到 446. 59 亿元，在体量扩大的同时，各类演出收入、赞助及服务收入得到缓慢增长，收入结构逐渐完善，政府补贴仍然是演艺市场最主要的收入来源(见表 12-1)

---

① 刘玉珠，柳士法．文化市场学中国当代文化市场的理论与实践[M]．上海：上海文艺出版社，2002：127.

表 12-1　　　　**全国演出市场经济规模**

全国演出市场经济规模									
年份	总体经济规模(亿元)	增长率	直接票房收入(亿元)	演出综合服务业(亿元)	旅游演出被分账收入(亿元)	非独立性娱乐演出(亿元)			备注
2011	233.30	—	120.90	59.30	44.50	8.60			按 2012 年同项比较，2013 年演出市场总收入 323.74 亿元同比下降 9%
2012	355.90	52.55%	130.00	—	—	—			
年份	总体经济规模(亿元)	增长率	演出票房收入(亿元)	农村演出收入(亿元)	娱乐演出收入(亿元)	演出衍生产品及赞助收入(亿元)	经营主体配套设施及其他服务收入(亿元)	政府补贴收入(亿元)	
2013	463.00	—	168.79	18.93	94.50	25.60	58.31	96.87	
2014	434.32	-6.19%	148.32	20.54	72.90	26.34	56.28	109.94	
2015	446.59	2.83%	161.72	22.32	69.64	29.24	55.23	108.44	

注：数据来源于中国演出行业协会发布的 2011—2015 年中国演出市场报告，统计时间 2016 年 6 月 16 日，数据由作者整理。

(2)艺术表演团体规模。全国艺术表演团体数量逐年增长，2015 年剧团数达到 10787 个，首次超过一万，从业人员和收入也都呈现出良好的增长势头(见表 12-2)。

表 12-2　　　　**2010—2015 年全国艺术表演团体规模**

2010—2015 年全国艺术表演团体规模						
年份	剧团数(个)	增长率	从业人员(人)	增长率	收入合计(亿元)	增长率
2010	6 864	11.81%	185 413	0.40%	123.93	10.49%
2011	7 055	2.78%	226 599	22.21%	154.03	24.29%
2012	7 321	3.77%	242 047	6.82%	231.05	50.00%
2013	8 180	11.73%	260 865	7.77%	280.03	21.20%
2014	8 769	7.20%	262 887	0.78%	226.40	-19.15%
2015	10 787	23.01%	301 878	14.83%	257.65	13.80%

注：数据来源于《中国文化及相关产业统计年鉴》，数据由作者整理。

(3)场所规模。全国艺术表演场所逐年激增，2015 年表演场所机构数达到 2000 以上，坐席数达到 178 万个，相应地艺术表演场所收入大幅增长，可以说我国艺术表演场馆在满足群众精神文化需求，丰富人文娱乐活动方面取得了重大进展(见表 12-3)。

表 12-3 **2010—2015 年全国艺术表演场所规模**

2010—2015 年全国艺术表演场所规模				
年份	机构数（个）	从业人员（人）	坐席数(个)	收入合计(亿元)
2010	1 461	25 280	1 077 250	17. 77
2011	1 429	26 480	1 080 266	26. 61
2012	1 279	25 076	945 580	21. 82
2013	1 344	26 036	1 027 946	42. 64
2014	1 338	25 709	1 187 359	40. 37
2015	2 143	46 734	1 786 688	86. 76

注：数据来源于《中国文化文物统计年鉴》，数据由作者整理。

(4)场次规模。全国演出场次规模缓慢增长，2015 年艺术表演团体演场次增长到 211 万场，也是首次突破 200 万大关，艺术表演场馆演出场次也在同年度首次突破百万场(见表 12-4)。

表 12-4 **2010—2015 年全国演出场次规模**

2010—2015 年全国演出场次规模			
年份	艺术表演团体演出场次(万场)	艺术表演场馆演(映)出场次(万场)	
			艺术演出(万场)
2010	137	53. 8	7. 2
2011	155	56. 2	5. 9
2012	135	57. 5	7. 2
2013	165	82. 9	6. 6
2014	174	78. 1	7. 0
2015	211	106. 5	13. 7

注：数据来源于《中国文化及相关产业统计年鉴》，数据由作者整理。

2. 演艺市场整体结构

(1)市场集中度。经过转企改制，许多艺术表演团体进行兼并重组，组建大型演艺集团，向集团化规模化发展，至2010年已经形成21个演艺集团(见表12-5)。中国东方演艺集团有限公司和北京、辽宁、江苏、上海等14个省区市组建的省级演艺集团公司，成为演艺市场中坚力量，中国东方演艺集团有限公司、北京演艺集团有限责任公司、江苏演艺集团有限公司年收入超亿元。上海杂技有限公司、甘肃省杂技有限责任公司、云南丽江民族演艺有限公司等企业将演艺与旅游、创意、高新技术等产业深度融合，有效推进演艺产业结构转型升级。宁夏话剧艺术发展有限责任公司、大厂评剧歌舞团演艺有限责任公司、重庆杂技艺术有限责任公司等企业倾力打造外向型精品力作，推动演艺“走出去”成效显著。广州粤剧院有限公司、山东高密市凤城演艺有限责任公司等在以市场化方式保护传承非物质文化遗产方面开创了新的路子。

表12-5　**全国演艺集团统计**

演艺集团	成立地点	成立年份
红太阳演艺集团	长沙	1999
江苏省演艺集团	南京	2001
宁波演艺集团	宁波	2002
广东星海演艺集团	广州	2004
沈阳演艺集团	沈阳	2005
商丘演艺集团	商丘	2006
河南宝丰演艺集团	宝丰	2006
红河演艺集团	红河哈尼族彝族自治州	2006
成都演艺集团	成都	2007
辽宁演艺集团	沈阳	2007
上海文广演艺集团	上海	2009
中国东方演艺集团	北京	2009
北京演艺集团	北京	2009
河南歌舞演艺集团	郑州	2009

续表

演艺集团	成立地点	成立年份
陕西演艺集团	西安	2009
唐山演艺集团	唐山	2009
湖南演艺集团	长沙	2009
云南演艺集团	昆明	2009
重庆演艺集团	重庆	2010
安徽演艺集团	合肥	2010
石家庄演艺集团	石家庄	2010

注：数据来源于各演艺集团官网，数据由作者整理。

(2)地域结构。目前国内已经形成京津冀、长三角、大珠三角三大演出市场鼎足而立的发展格局，京津冀演出市场以北京为核心，辐射天津、河北。其中，北京演艺生产的资源、市场资源总体规模居全国之首。长三角演出市场，演艺资源十分丰富，以上海作为文化中心。大珠三角演出市场原来以广州、深圳、东莞、珠海等为支撑，目前呈现出西接广西、北连湖南的发展趋势(见表12-6)。①

表 12-6　　**全国演艺市场地域结构**

我国演艺市场地域结构		
地理区划	艺术表演团体(个)	艺术表演场馆(个)
中央本级	17	7
华北地区	1 708	374
东北地区	363	192
华东地区	4 446	855
中南地区	1 928	385
西南地区	1 731	183
西北地区	594	147

注：数据来源于《2016 年中国文化及相关产业统计年鉴》，数据由作者整理。

① 徐世丕．中国演艺业五年改革发展透视[J]．中国戏剧，2008(5)：10-13.

3. 演艺细分市场构成

演艺市场有广义和狭义之分。狭义的演艺市场仅指演出场所，如剧院、剧场、音乐厅等专营演出场所，以及体育馆、歌舞厅等兼营演出场所。广义的演艺市场按照不同标准有不同的分类方式。按演出内容，可分为音乐剧市场、戏剧市场、话剧市场、歌剧市场、演唱会市场等。按照演出运作成熟程度，可分为发达演出市场和发展中演出市场。按照艺术形式，可分为严肃表演市场和通俗表演市场，严肃表演市场主要由国家艺术院团组成。《中国文化文物统计年鉴》将严肃表演市场按剧种分为八类：话剧、儿童剧、滑稽剧团为一类；歌剧、舞剧、歌舞剧团为一类；歌舞团、轻音乐团为一类；乐团、合唱团为一类；文工团、文宣队、乌兰牧骑为一类；戏曲剧团(包括京剧)为一类；曲、杂、木、皮影团为一类；综合性艺术表演团体为一类。通俗表演市场包括演唱会、音乐节、旅游演出、网络演出及娱乐演出(包括专业场馆娱乐演出和 LIVE HOUSE)。按照市场要素，可分为剧本市场、人才市场、剧院市场。① 在产业融合的背景下，演艺与其他生产要素融合产生新型演艺市场，如旅游演出市场、网络演出市场。

第二节　演艺市场建设

演艺市场是商品经济发展的必然结果，也是文化市场体系形成的必然趋势。20 世纪 80 年代以来，我国演艺市场逐渐形成规范有序又充满活力的市场体系。从市场主体角度看，艺术表演团体、演出场所、演出经纪机构三大经济实体协同主导演艺市场格局。从产品角度看，艺术产品更为丰富多样，形成多个艺术门类的细分市场。从产品流通角度看，多级分销系统扩大了演出票务销售。从消费主体来看，多元异质的消费结构和不断扩大的消费需求让演艺市场走向繁荣。

一、演艺市场主体建设

自 1978 年以来，我国演艺市场历经“调整事业、改革体制”“承包制”“双轨制”“演出补贴制”“布局调整”“转企改制”等阶段，改革已经历经 30 多年的

① 傅才武，宋丹娜．文化市场演进与文化产业发展——当代中国文化产业发展的理论与实践研究[M]．武汉：湖北人民出版社，2008：217.

发展过程。目前，我国演艺市场正处于新一轮艺术表演团体改革的攻坚阶段，演艺市场活力得以释放，一批谋求文化市场生存和艺术产业繁荣的演艺市场主体涅槃而生：艺术表演团体、演出场所和演出经纪机构成为市场上极具竞争力的新型演艺主体。

1. 艺术表演团体

艺术表演团体，是专门从事戏剧、音乐、舞蹈、杂技以及曲艺等表演艺术产品的创作、生产、演出的机构，其具体形式表现为规模不等的剧院、剧团等演出实体，它们通称艺术表演团体。① 按照经营性质不同，艺术表演团体可以划分为非营利性艺术团体和营利性艺术团体两种。按照所有制结构不同，可以将艺术表演团体划分为国有艺术表演团体、非国有艺术表演团体(其中民营艺术表演团体是非国有艺术表演团体的主要组成部分)、个体演员和民间艺人；国家统计局在《中国文化文物统计年鉴》中将艺术表演团体分为：国有艺术表演团体、集体艺术表演团体和其他艺术表演团体(见表 12-7)。从所有制结构来看，国有与集体艺术表演团体数量逐渐减少，而其他所有制形式的艺术表演团体数量快速增长；从收入规模来看，国有与集体艺术表演团体收入占市场份额大，其他所有制形式的艺术表演团体营业收入市场份额较小，增长速度快。我国表演艺术呈现出国有艺术院团主力领军、民营演艺力量异军突起的多元化局面。

表 12-7　　**2010—2015 年艺术表演团体所有制结构**

艺术表演团体所有制结构						
年份	艺术表演团体(个)			艺术表演团体收入(亿元)		
	国有	集体	其他	国有	集体	其他
2010	2 247	374	4 243	83. 70	3. 76	17. 86
2011	2 213	291	4 551	112. 21	4. 61	37. 20
2012	2 399	209	4 713	129. 78	4. 86	96. 40
2013	1 752	185	6 243	120. 67	4. 99	154. 36
2014	1 675	184	6 910	129. 46	5. 14	91. 81
2015	1 669	181	8 937	143. 21	5. 28	109. 16

注：数据来源于《中国统计年鉴》，数据由作者整理。

① 马敏，杜方．中国文化体制改革的进程评估及其发展方向——以艺术表演团体为中心的观察[J]．华中师范大学学报(人文社会科学版)，2008(7)：101-109.

(1)国有艺术表演团体。国有艺术表演团体包括由中央各单位所属及各级地方政府建立的国营专业文艺演出团体、中国人民解放军属的专业文艺演出团体和各类艺术院校。国有艺术表演团体是在新中国成立后经过"五五戏改"逐步建立起来的，国有艺术表演团体改革一直是我国演艺市场改革的重点。

改革是转变文化经济发展方式，培育市场主体的有效途径，也是解放和发展演艺市场生产力、激活演艺市场活力的有效途径。我国国有演艺院团的改革是整个市场经济改革的难点，这其中有着深厚的历史和现实原因，如演艺市场环境复杂、演艺历史发展限制、演艺市场化基础薄弱等。为了突破旧的体制限制，我国国有演艺院团改革已经历经了分类推进、科学试点、有点及面等阶段，改革步伐不断加快。

2003年文化体制改革试点工作开展后，国有院团转制试点已取得很大的经济效益和社会效益。2009年文化部、宣传部颁布《关于深化国有文艺演出院团体制改革的若干意见》，文件对深化国有文艺演出院团体制改革的重要性、紧迫性、指导思想、目标任务和基本原则进行系统阐述，并明确指出"国有文艺演出院团体制改革的中心环节是以多种形式探索转企改制，积极培育新型市场主体"①。自此，国有演艺院团改革得以大面积推广，完成转企改制的国有演艺院团数量大幅激增。2012年，全国2103家承担改革任务的文化系统国有文艺院团(不含保留事业体制院团)，已有2100家完成和基本完成转企改制、撤销或划转任务，占总数的99.86%。② 到2013年国有演艺院团体制改革基本完成，我国形成以企业为主体、以事业为补充的面向市场的新型体制。③

经过资源整合，我国涌现出一批大型国有龙头演艺集团，中国东方演艺集团有限公司、北京演艺集团有限公司、江苏省演艺集团有限公司、重庆演艺集团等均是年营业收入超亿元的演艺企业，逐步显示出规模化效应。

但是，目前我国国有艺术表演团体市场化程度普遍较低，转企后的国有艺术表演团体底子薄、包袱重、经费自给率低，盈利能力和成长能力都偏弱。演出经营管理脱离市场需求，导致供给与消费者需求之间严重的信息不对称，难以满足市场需求。

(2)民营艺术表演团体。民营艺术表演团体是由社会资本力量兴办的"自

① 中共中央宣传部、文化部. 关于深化国有文艺演出院团体制改革的若干意见[Z]. 2009-07-27.

② 张贺. 文化体制改革走向纵深 99.86%国有文艺院团转企改制(数说)[EB/OL]. [2012-11-05]. http://politics.people.com.cn/n/2012/1105/c1001-19493440.html.

③ 中国演出行业协会. 2015年我国演出市场年度报告[EB/OL]. [2016-04-20]. http://www.capa.com.cn/news/showDetail?id=81366.

主经营、自负盈亏"的艺术表演团体，是演艺市场的重要组成部分。民营演艺院团萌芽于20世纪80年代，改革开放打破体制限制，促使民营演艺院团诞生。1988年双轨制广泛推行，允许演艺院团发展多种所有制形式，这一时期的民营院团主要来源于民间自发和国有院团转制，但是仅以个体所有制的名义存在，没有纳入政府管理的范围。① 20世纪90年代，我国民营演艺团体进入发展期。1993年9月文化部发布《关于进一步加快和深化艺术表演团体体制改革的通知》，明确提出要提倡和鼓励社会办团，应该扩大这些剧团在总体布局中的比例，对其实行社会化管理，给予其平等竞争的条件，一视同仁，充分发挥其社会作用。② 在政策鼓励下，这一时期的民营演艺院团如雨后春笋一般大量涌现。但是，不少院团在市场的夹缝中艰难生存，处境尴尬，民营院团往往夭折。进入21世纪，我国民营演艺院团初步走向繁荣发展时期。2005年，经国务院批准，文化部、财政部、人事部、国家税务总局联合下发《关于鼓励发展民营文艺表演团体的意见》，首次从国家高度承认民营文艺表演团体是我国社会主义文化事业的重要组成部分，是社会主义精神文明建设的重要力量。③ 2009年《关于促进民营文艺表演团体发展的若干意见》，进一步明确对民营院团的金融扶持政策。这两个文件成为新时期鼓励民营院团发展的纲领性文件，民营院团发展迎来历史上最好的时期。④ 目前，我国民营院团在数量上已经超越国有院团，占据演艺市场半壁江山，其在生存环境、收入水平、资金实力、艺术水准等方面的困境将得到改善，未来民营演艺院团具有广阔的生长空间。

2. 演出场所

演出场所即专门进行演出表演的场地，从市场角度看，既包括演出剧场剧院，也包括体育场馆展览中心。一般来说，专业演出剧场是实施和接受演出服务的基本场所。⑤ 国家统计局将演出场所按所有制形式划分为：国有艺术表演场馆、集体艺术表演场馆和其他艺术表演场馆（见表12-8）。

① 孟晓雪．当前我国民营文艺表演团体发展研究［J］．上海文化，2013(4)：46-53.
② 国务院．文化部关于进一步加快和深化艺术表演团体体制改革的通知［Z］．1993-09-23.
③ 黄忆南．艺术表演团体核心竞争力研究［M］．北京：文化艺术出版社，2013：23.
④ 孟晓雪．当前我国民营文艺表演团体发展研究［J］．上海文化，2013(4)：46-53.
⑤ 胡晓明，肖春晔．文化经纪理论与实务［M］．广州：中山大学出版社，2009：197-198.

表 12-8　　**2010—2015 年艺术表演场馆所有制结构**

艺术表演场馆所有制结构						
年份	艺术表演场馆(个)			艺术表演场馆收入(亿元)		
	国有	集体	其他	国有	集体	其他
2010	1519	129	464	14. 40	0. 21	6. 67
2011	1438	84	434	33. 48	0. 37	37. 86
2012	1419	24	921	29. 50	0. 09	50. 16
2013	1227	20	97	32. 98	0. 21	9. 45
2014	1222	20	96	31. 89	0. 21	8. 27
2015	1243	21	879	39. 40	0. 37	46. 99

注：数据来源于《中国统计年鉴》，数据由作者整理。

以建成的大剧院为标准划分，我国剧院发展大致经历四个发展阶段：第一阶段，1990 年以前，剧场建设起步阶段。20 世纪五六十年代，我国剧场建设处于停滞状态，国内共有 24 个剧场且集中在北京、上海、广州等地，这一时期的演出场馆由原有或改建的建筑发展而来。20 世纪七八十年代典型的演艺场馆有北京天桥剧场、广州星海音乐厅。1989 年深圳大剧院的落成是我国剧院史发展的重要标志，它是第一个实际建成的具有品字形舞台的剧场，舞台具有升、降、推、拉、转五大机械功能，也是内地第一个具有表演艺术中心功能的大剧院。① 第二阶段，20 世纪 90 年代后，现代化大剧院建设阶段。在贯彻落实改革开放和文化市场体制改革的方针下，演艺剧院发展也迎来新的高峰，1998 年上海大剧院建成并投入使用，揭开我国现代化大剧院建设的篇章。第三阶段，2000—2010 年，剧院建设技术攀升阶段。东莞玉兰大剧院、武汉琴台大剧院、武汉琴台音乐厅、青岛大剧院、国家大剧院的建成，标志着我国第二代剧院建筑向声学、技术、艺术高峰攀爬。第四阶段，2010 年至今，剧院建设高峰期。以广州大剧院和甘肃大剧院为代表，我国剧院建设在艺术和技术上达到新的高度。我国演出场所历经了从少到多，从小到大，从传统到现代的生存轨迹，正逐步走向充满人文关怀的现代化剧场发展。

(1)专业剧场建设。专业剧场是我国演出场所的主体，也是艺术表演的基本场所，专业剧场建设是我国演艺场所建设的重要内容。

① 中国文化报．穆怀恂：从技术实用功能看深圳大剧院[EB/OL]．[2010-12-29]．http：//www. ceta. com. cn/webceta/NewsDetail. aspx？ArcileD＝8706.

专业剧场规模。2015 年文化部发布《全国专业剧场发展情况调研报告》，调查显示，我国专业剧场在体量规模、硬件设施方面都有质的提升，2001 年后建成 873 个专业剧场，占全部剧场的 37.2%，我国专业剧场建设已经进入快速发展时期(见表 12-9)。

表 12-9 **全国专业剧场建设年代①**

建设年代	剧场个数	比例
1960 年以前建成	150	17.20%
1961—1980 年建成	110	12.60%
1981—2000 年建成	288	33.00%
2001 年以后建成	325	37.20%

表 12-10 **2015 年专业剧场规模②**

类型	座位数	剧场个数	比例
小型	800 座以下	295	33.80%
中型	801～1 200座	396	45.40%
大型	1 201～1 600座	112	12.80%
特大型	1 600座以上	70	8.00%

专业剧场结构。从地域结构来看，我国专业剧场在地域结构上呈现东多西少、沿海多内陆少的特征。其中，北京、江苏、浙江、上海、山东和广东六省市的专业剧场总数为 324 家，占全国专业剧场总数的 37.1%。我国专业剧场地域结构分布不平衡(见图 12-1)。

从行政结构来看，我国专业剧场集中分布在省会大中型城市。在广大县级市单位城市剧场数目平均不到 1 个，而西部地区县级城市几乎没有专业剧场(见表 12-11)。

① 数据来源于 2015 年 3 月文化部发布的《全国专业剧场发展情况调研报告》，http://www.capa.com.cn/news/showDetail?id=73394.

② 数据来源于 2015 年 3 月文化部发布的《全国专业剧场发展情况调研报告》，http://www.capa.com.cn/news/showDetail?id=73394.

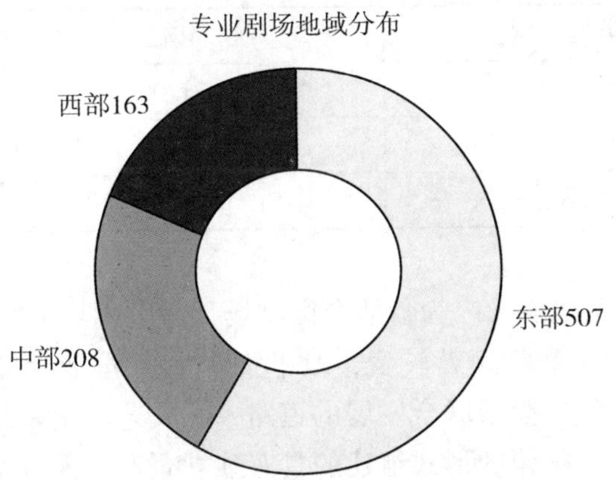

图 12-1　我国专业剧场地域结构①

表 12-11　　**我国专业剧场行政结构②**

行政层级	城市个数	剧场个数	剧场数比重	单位城市剧场个数
省会城市及直辖市	31	307	35.17%	9.9
地级城市	306	379	43.41%	1.24
县级城市	1972	187	21.42%	0.09

专业剧场经营情况。从整体层面来看，我国专业剧场演出场次和收入均有所增长，但专业剧场经营状况仍然不容乐观。从营收结构来看，政府补贴仍然是专业剧场主要营收来源。演出收入不足和经营效益不佳有着深刻的体制原因，更是经营管理模式落后的结果。2013 年开始，我国专业剧场经营模式呈多样化发展趋势，形成自主经营、托管经营、院线经营、场团合一经营四种运营模式。经营模式的多样化更凸显出我国专业化剧场管理运营的滞后问题③。专业剧场整体运营水平不高、缺乏专业的管理和运营团队成为专业剧场发展最突出的问题，结果导致了专业剧场营收依赖于国家财政补贴，剧场利用率低的现象。

① 数据来源于 2015 年 3 月文化部发布的《全国专业剧场发展情况调研报告》，http：//www.capa.com.cn/news/showDetail? id=73394.

② 数据来源于 2015 年 3 月文化部发布的《全国专业剧场发展情况调研报告》，http：//www.capa.com.cn/news/showDetail? id=73394.

③ 小鹿林子．中国剧场的“体检报告”[J]．中国戏剧，2015(5)：56-57.

表 12-12　　**2015 年我国专业剧场收入结构①**

收入类型	收入(亿元)	比重
演出收入	21.90	36.50%
政府补贴	28.60	47.70%
配套设施及其他服务收入	9.50	15.80%

(2)文艺演出院线建设。为盘活全国剧场，激励剧场由“等米下锅”的被动运营向“找米下锅”的积极运营转变，21 世纪初，我国业界开始借鉴电影院线的成功经验，探索演出院线联合发展的道路——文艺演出院线。文艺演出院线是以资产联结或签约加盟的形式组建的具有独立企业法人资格的剧院、剧场连锁经营实体。②

2005 年 9 月，中国北方剧院联盟问世，通过资源共享和整合，初步试水演出院线，取得良好的市场效果。2006 年 3 月，北京东方百老汇国际剧院管理有限公司成功引入美国百老汇的演出院线管理经验，大大提高剧院的管理水平，此后大量的演出院线在中国大地崛起。国家也尤为重视文艺演出院线建设，2009 年，国务院颁发《文化产业振兴规划》，将加快推进文艺演出院线建设作为今后文化产业发展的重点任务。

2010 年 5 月，中演演出院线启动，我国演出院线市场出现竞争态势。2011 年苏演院线成立，标志着演出院线向市、县基层市场延展。

2012 年，文化部相继发布《“十二五”时期文化产业倍增计划》和《“十二五”时期文化改革发展规划》，将“文艺演出院线建设工程”列为九大文化产业重点工程之一，并明确提出要在“十二五”期间，建设 10 家左右覆盖全国主要城市的全国性或跨区域的文艺演出院线，形成 1~2 个国际知名的演艺产业集聚区。③ 2012 年 9 月中国国际演出剧院联盟成立，成为国内首个国际演出剧院联盟。

目前，我国已经建立北方剧院联盟、西部演出联盟、东部剧院联盟、长三角演艺联盟、珠三角演艺联盟等五个省际联盟，涌现出中演演出院线、保利院线两大全国性演出院线，及一批区域性演出院线。

---

① 数据来源于 2015 年 3 月文化部发布的《全国专业剧场发展情况调研报告》，http：//www.capa.com.cn/news/showDetail? id=73394.

② 孙凤毅．我国文艺演出院线建设：现状、问题与对策[J]．中国文化产业评论，2013(2)：83-93.

③ 文化部．文化部“十二五”时期文化产业倍增计划[Z]．2012-02-23.

3. 演出经纪机构

演出经纪机构是指从事演出活动的策划、组织、联络、制作、营销、代理等服务的经营单位。① 与其他文化经纪相比，我国演艺经纪出现得较晚。随着演艺产业化发展，市场分工日益专业化，演艺经纪悄然升起，成为越来越重要的市场主体。我国演出经纪从无到有，历经禁止阶段、市场放开阶段和进一步放开阶段的发展。

改革开放初期至20世纪90年代初，以穴头为代表的非法演艺经营活动猖獗。穴头主要是一些非演艺经营单位或个人，以营利为目的，私邀国家剧团(院)、部队文工团等演艺团体的演职员，组织各类营业性组合(团)演艺活动。② 1983年国务院批转文化部《关于严禁私自组织演员进行营业性演出的报告》规定，任何人不得以个人或借某个团体的名义，不经过当地文化主管部门和演职员所在单位同意，私自邀约演职员组织营业性演出，但走穴之风仍然屡禁不止，直到1988年达到高潮。

1988—1998年，随着演出活动的日益活跃，演艺经纪的市场作用日益彰显。1988年《国务院批转文化部关于加快和深化艺术表演团体体制改革意见的通知》提出建立演出经纪人制度，组建和发展国家、集体、个体演出公司，首次承认演出经纪人的市场地位。1991年文化部下发规定对演出经纪机构设立条件的三个文件，演出经纪机构准入障碍重重。1998年《营业性演出管理条例实施细则》明确指出演出经营和行政管理应当分开，加快演出经纪行政管理权和业务经营权的分离，进一步帮助演艺经纪成为合格的市场主体。

进入21世纪，国家文化部门多次修订《营业性演出管理条例》及实施细则。2005年修订《营业性演出管理条例》，明确提出演出经纪机构的概念，取消对演出经纪机构进行业务范围分类，通称演出经纪机构，对民营资本和外资放开市场并拓宽了经纪业务市场准入条件。2012年文化部发布《演出经纪人管理办法》进一步明确经纪人的权利和义务，实施演出经纪人资格认证制度。

我国演出经纪逐步由禁止走向放开，演出经纪逐步走上正轨，是政府发挥宏观调控作用，在解决经纪市场无序竞争、发育水平层次不齐、市场管理缺位等等问题上竭力引导的结果，也是市场主体博弈竞争的产物。目前，我国演出经纪机构激增，其市场作用越来越活跃。

---

① 陈杰，闵瑞武．文化产业政策与法规[M]．北京：中国海洋大学出版社，2006：123.

② 褚岩．文化经纪人概论[M]．北京：中国电影出版社，2008：231.

表 12-13　　**2011—2015 年演出经纪机构规模**

年份	总数	持有演出经纪人资格证的从业人员数	总收入(亿元)
2011	2 757	—	—
2012	3 059	34 270	79. 1
2013	4 046	—	113. 49
2014	4 578	26 938	123. 64
2015	4 899	28 548	133. 07

注：数据来源于中国演出行业协会发布的 2011—2015 年中国演出市场报告，统计时间 2016 年 6 月 16 日，数据由作者整理。

二、演艺分类市场建设

随着文化市场改革的不断深入，中国演艺市场向专业化方向发展，目前已形成多个细分领域。中国演出行业协会在《演出市场报告》中将演出市场按照主要产品类型划分为：音乐类演出市场、舞蹈类演出市场、戏剧类演出市场、曲艺杂技类演出市场、旅游及娱乐演出市场。

1. 音乐类演出市场

音乐类演出市场是以交响乐、美声、民族、通俗等为艺术表现形式为主体的演出，主要包括：演唱会、音乐节和音乐会。从演出场次和票房收入来看，我国音乐类演出市场呈现稳步增长趋势。2013 年音乐类演出场次 1. 64 万场，票房收入 43. 06 亿元；2014 年演出 2. 04 万场，票房收入 36. 59 亿元；2015 年演出 2. 12 万场，票房收入 43. 52 亿元。相较其他艺术形式而言，音乐类演出市场规模最大。但票房收入变化不大。

综观音乐类演出市场发展，音乐演出节目质量、数量有明显提升，演出种类丰富，基本满足不同年龄阶段、不同欣赏层次的观众需求，尤其是在大中型城市，出现一批思想性、艺术性、观赏性俱佳的音乐演出精品。一些国家级的音乐艺术团体的演出，集中体现了我国音乐类演出市场的艺术水准。

从地域结构来看，北京、上海、广州继续引领国内音乐类演出市场，长沙、武汉、南京、成都等则成为娱乐性音乐演出的代表，呈现一片华丽与繁荣的景象。相比之下，非中心城市的音乐演出现状堪忧。地方城镇、乡村等演出市场处境困难，很大程度上依托于政府文化部门和民间礼俗组织的公共文化活动，纯粹的音乐演出消费市场有待开发。

从演出票价来看，我国音乐演出市场票价正呈现出冰火两重天的格局。国家对高雅艺术的持续扶持和补贴，使我国音乐会演出维持着较低票价。长期低票价策略带动音乐会演出上座率和观众人次稳步上升。而流行音乐演出的高票价则让消费者难以接受。但是，流行音乐演出的影响力和热度远超于严肃音乐演出。实际上一线流行歌手的演唱会票价动辄上千元，很多大牌歌手演唱会更是一票难求。与演唱会票价相比音乐节门票价格则更为亲民，音乐节演出规模也越来越大。

目前，我国音乐类演出市场仍然存在吃政府饭的问题。2013 年中央八项规定和限奢令出台，部分依赖于政府的演出承包商和晚会型演出企业遭遇滑铁卢。利润来源的截断使得演出市场收入大幅下滑。这反映了我国音乐类演出市场机制的不健全和不合理，也体现了部分演艺院团存在“等、靠、要”的惰性心理。

2. 戏剧类演出市场

戏剧类演出市场是通过演员的角色扮演，以语言(唱词)和动作达到叙事的舞台表演艺术形式，主要包括话剧、音乐剧、儿童剧、戏曲等四大门类。目前，我国戏剧类演出市场增长速度最快，2013 年演出场次 2.65 万场，票房收入 25.1 亿元；2014 年演出 4.57 万场，票房收入 28.61 亿元，较上一年增长 13.53%；2015 年演出 4.77 万场，票房收入 40.86 亿元，较上一年增长 42.82%。

在戏剧类演出市场中，话剧演出市场培育成果显现，演出票房收入居于首位。京沪是国内话剧生产最主要的集中地，京沪地区优质话剧的输出促进二三线城市话剧市场快速发展。如李伯男、开心麻花在济南等二线城市开设基地和工作室，带动当地话剧创作，这也表明民营剧团逐渐跻身为市场主力。随着话剧市场的快速增长，消费者对原创剧目的呼声也越来越高，但是市场却呈现疲态。2013 年掀起经典老剧复排热潮，2014 年出现热门网络小说、影视剧改编热，2015 年热门 IP 改编作品继续走高。以 IP 粉丝为观众群体的粉丝剧成为演艺市场开发的蓝海，也这也反衬出话剧市场原创乏力。音乐剧市场经过多年培育，拥有稳定的观众群体，呈现良性和稳步发展态势。演艺企业在多元化引进音乐剧的同时也在发展原创音乐剧，目前市场重心集中在一线城市。儿童剧市场份额大幅上升，原因主要是：儿童剧演出成本低、风险低，成为许多新成立或转型的企业试水项目；随着教育观念的改进，儿童剧消费需求扩大，市场发展持续利好。戏曲市场城乡二元结构明显，戏曲是农村演出主要的艺术形式。受低票价策略的影响，戏曲演出票价较低，同时提高了戏曲市场上座率。在现代化进程中，戏曲演出市场迎来创新发展，戏曲演出引入时代特色在题材和演出形式上不断创新，呈现一派新气象。地方戏曲处境则令人担忧，地方戏曲种类繁杂，地域性强，流传范围小，其发展以文化留存的形式传承。

3. 舞蹈类演出市场

舞蹈是演员以身体动作作为语言表达交流的表演艺术，一般有音乐伴奏，以有节奏的动作为主要表现手段的艺术形式，是指以民族舞、芭蕾舞、现代舞等艺术形式作为主体的演出。舞蹈类演出市场规模变化小，2013 年演出 0.62 万场，票房收入 7.19 亿元；2014 年演出 0.57 万场，票房收入 8.69 亿元；2015 年演出 0.59 万场，票房收入 8.34 亿元。以前舞蹈类演出市场侧重于民间推动，相较而言，目前业界更注重青年编导扶持和市场培育。2014 年由国家大剧院牵头组织“中国舞蹈十二天”，并与中国舞蹈家协会联合推出“青年舞蹈家展演计划”。同年，中国文联联合舞协等机构又推出“中国梦——青年舞蹈培育计划暨成果展演”。官方机构组织联合业内外力量对青年编导进行专业指导，激发人才的创造力，催生出大量优秀作品。舞蹈类演出市场也出现了发展不均衡的问题，舞蹈类演出集中于一线城市，而二三线城市演出市场培育力度不足。

4. 曲艺杂技类演出市场

曲艺演出是由民间口头文学和歌唱艺术发展演变形成的一种艺术形式，包括相声、评书、鼓曲等表演形式；杂技演出是一种包括体能和技巧的艺术形式，有魔术、杂技、马戏等。我国曲艺演出历经了从庙堂、堂会到茶馆、园子再到广播剧场的三个发展阶段。目前，我国曲艺杂技类演出市场发展稳定。从市场规模来看，曲艺杂技类演出市场变化不大。2013 年曲艺杂技类演出 0.85 万场，票房收入 6.22 亿元；2014 年演出 0.85 万场，票房收入 9.78 亿元；2015 年演出 0.87 万场，票房收入 9.16 亿元。曲艺杂技类演出贴近消费者生活，尤其是现代演出剧目，越来越注重内容的时效性。演艺创作与社会时事的紧密结合让新创剧目在市场上引起热烈反响。

曲艺演出在历经 2011—2012 年的快速增长后开始持续衰落，市场萎缩使演艺企业发展陷入困境，企业面临着转型挑战。2009 年前后，相声小剧场 50 家左右，2015 年已经锐减至 20 家左右。2013 年全国登台演出的曲种约 80 种，其中，除苏州弹评、相声、二人转状况较好之外，其余曲种只能勉强维持。曲艺演出创新乏力是市场下滑的主要原因。以德云社、嘻哈包袱铺、周末相声俱乐部、海派清口等为代表的相声曲艺演出与时俱进，将内容与网络时代热点结合，获得消费者喜爱。相声演出市场在 2013 年渐渐升温，全国多个地区相声剧社受到市场专注。杂技演出主要针对国内外旅游市场开发旅游演出和娱乐演出节目，此外演出节目创作越来越注重情节性和故事性。

5. 旅游演出市场

旅游演艺又称旅游表演、旅游演出。目前学界对旅游演艺的界定没有统一定论。杨卫武等在《旅游演艺的理论与实践》中提出旅游演艺是以异地观众为主要对象的艺术表演活动，这种艺术表演活动大多数情况下以表现该地区的地脉、人脉、文脉为主要内容，以异地观众为主要客源。① 旅游演艺初创于中国近现代，以一种新的形式展现在国内外重大节庆、会议、展览中。"文革"期间旅游演艺陷入停滞状态，只有极少量用于外事接待的杂技、戏剧表演勉强可算作旅游演艺。20 世纪 80 年代以后，随着旅游业的复苏，旅游演艺业逐渐恢复。1982 年陕西省歌舞剧院推出了《仿唐乐舞》拉开我国现代旅游演艺事业发展的序幕。20 世纪 90 年代深圳锦绣中华民俗文化村的《世界之窗》《欧洲之夜》表演是中国现代旅游演艺全面扬帆起航的标志。20 世纪 90 年代末开始，国内不少知名主题公园，为了丰富游客游览活动、延长游客逗留时间，相继在园内创排设计一系列贴合主题的旅游演艺节目，获得良好收效。② 2004 年 3 月由张艺谋导演的《印象・刘三姐》成为全国第一部全新概念的实景演出和全球最大的山水实景剧场，一时掀起旅游演艺热潮。2010 年宋城演艺挂牌上市，成为"中国演艺第一股"，该公司于 1997 年出品的大型歌舞《宋城千古情》，与拉斯维加斯"O"秀、巴黎红磨坊并称"世界三大名秀"，已经成为杭州的灵魂，创造了世界演艺史奇迹。2009 年文化部与国家旅游局下发《关于促进文化与旅游结合发展的指导意见》，2010 年文化部与国家旅游局印发《国家文化旅游重点项目名录——旅游演出类》，评选出 35 台旅游演出项目进入第一批名录。

旅游演出按照演出类型可以分为：现代化剧场类、山水实景类和宫廷乐舞类。旅游演出是我国演出市场消费热点，与其他细分市场相比，旅游演出市场产业化程度更高。旅游演出一般采用市场化运作，专业化分工明确；旅游演出产业链延伸能力强，演出项目后续开发力度大；旅游项目备受资本市场关注，演艺业大型投融资项目大部分集中于旅游演出。据统计，2013 年旅游演出 9.6 万场，票房收入 61.2 亿元；2014 年演出 6.02 万场，票房收入 38.37 亿元；2015 年演出 5.52 万场，票房收入 35.71 亿元。

① 杨卫武．旅游演艺的理论与实践[M]．北京：中国旅游出版社，2013：3.

② 杨卫武．旅游演艺的理论与实践[M]．北京：中国旅游出版社，2013：16-17.

表 12-14　　**旅游演出分类**

类别	特征	代表作品
现代化剧场类	室内舞台演出，综合运用各种现代化、高科技声光电特效和道具，融合多种艺术表现形式进行的表演	杭州的宋城千古情、西湖之夜；丽江的丽水金沙；北京的龙舞京城、功夫传奇；上海的 ERA-时空之旅
山水实景类	露天演出，利用山水实景搭建舞台，将表演与自然景观融合	印象系列，如桂林的印象刘三姐、杭州的印象西湖、丽江的印象丽江；河南嵩山的禅宗少林音乐大典
宫廷乐舞类	室内舞台演出，以声乐和舞蹈为主要表现形式，演绎仿古宫廷乐舞，不过多地运用现代化声光电特效和道具	西安的长安乐舞、仿唐乐舞、梦回大唐

从市场整体规模来看，目前我国旅游演出持续大幅下滑，这主要是受到 2013 年 10 月实施的《中华人民共和国旅游法》的影响。在旅游演出政策调整后，公款旅游消费支出减少，捆绑消费取消，盲目制作项目破产。旅游演出业自身项目制作水平低，节目同质化问题严重也是重要原因。虽然旅游演出整体下滑，但是旅游演出已经形成规模化，一些大型旅游演出企业还将触角延伸到国际市场，成为文化产品输出的新生力量。

6. 其他综合性演出市场

除上述细分市场外，我国还有 LIVE HOUSE 演出和网络演出等综合性演出市场。LIVE HOUSE 演出是一种综合性的小剧场娱乐演出，起源于日本。近年来，LIVE HOUSE 演出持续向好，演出场次不断增长，2013 年增幅超过 20%，2014 年演出 7419 场，增长 12. 3%。LIVE HOUSE 演出资源集中在一线城市，其中北京占据龙头地位，北京连同上海、广州等 15 个城市占总演出场次的 71. 7%。LIVE HOUSE 演出观众人次也持续上升，2014 年观众人次 63. 8 万人次，增速为 8%，受众市场培育效果显现。

互联网技术的发展推动网络与演出融合，并迅速受到市场的追捧。网络演出是伴随着互联网新媒体形式而诞生的，其主要的演出形式是秀场类直播，比较有代表性的网络演艺公司是六间房。目前，学界没有明确界定网络演出的概念。一般认为，网络演出是以网络为载体来呈现演出的内容，表现形式主要包括两种：一种是把传统演出剧目整个或者部分搬到网络上去传播；另一种是专门为网络设计制作的一些节目，比如网络春晚、网络视频等直播节目。① 网络演艺诞生于21世纪初，2002年央视网对央视春晚进行直播，初步试水网络演出；2005年，中国网运用宽带向全球60多个国家直播中国残疾人艺术团的《千手观音》演出，并组织"超女"的网络演出直播，成功尝试网络演出的商业操作；2007年，国内电子乐队与非门在新浪娱乐社区举办了他们的首个网络演出直播。2010年，第一视频集团制作一台网络春晚，真正实现了三屏合一。2011年，文化部文化市场司在天津演出博览会期间授予13个单位网络演出试点的牌子，这13个单位分为两类，一类是传统演出公司和团体，另一类是网络文化公司。由此，网络文化公司开始介入演艺业，逐渐成为运作网络演出的主要力量。② 2014年互联网在演艺市场上崭露头角并获得众人瞩目，以互联网为主题的演艺创新成为2014年演艺产业的亮点之一。③ 腾讯举办免费演唱会、乐视网直播演唱会、YY举办在线歌友会、网站众筹演唱会，互联网不仅开拓一个新的市场营销空间，拓宽演出节目传播范围，更扩大演出消费群体；网民由被动消费向积极参与节目制作转变，消费习惯的变革正在不断重构市场供需格局；新的商业模式即将诞生，多元的消费需求及丰富的消费体验将使得整个演艺市场重新洗牌。2015年市场规模已经达到80亿，同比增长48%。网络演出有网络直播、互动网络演出、网民在线演出、网络演出服务辅助四种模式。其中网络直播在影响力、用户数量和经济增长量方面具有极强的成长力。

三、演艺票务市场建设

1. 演艺市场票价

演出票价高是我国演艺市场的一个普遍现象。2013年，我国平均票价是450元，国内低收入人群的月平均收入约2000元，中等收入人群月平均收入是3300元，以450元的票价计算，我国平均票价占中低收入人群的月收入比例为22.5%和13.6%。而根据文化部文化市场司在上海国际艺术节演出交易会上的调查显示，50元至200元是中国内地观众可以接受的演出票价。④ 我

① 郭人旗. Web2.0时代，网络演出能否破冰[N]. 中国文化报，2010-10-31(2).

② 刘筠梅."互联网+"时代演艺业的创新与发展[J]. 中国文化产业评论，2015(1)：249-263.

③ 黄鑫. 演艺产业年度发展报告[R]. 中国文化产业年度发展报告2015，2015：176.

④ 杭州网. 中国演出票价世界最贵？两会代表委员热议演出票价过高现象[EB/OL]. [2013-03-13]. http：//biz.zjol.com.cn/05biz/system/2013/03/13/019205185.shtml.

国演出市场票价过高，已经远远超出消费者的消费能力。高票价使艺术演出成为高档消费，这严重抑制了我国演出消费市场消费意愿。

以北京市演出市场票价为例，2011 年至 2015 年各类演出市场平均票价均有所下降，这与各演出单位经营成本下降、政府加大投入提高对演出市场扶持力度及演出消费市场培育水平提升息息相关。但是，2015 年北京市人均教育、文化和娱乐支出3 635元，一场票价 100 元的演出，占整个教育、文化和娱乐支出的 2.75%，而票价在 100 元左右的演出只有地方戏曲类、曲艺类和儿童剧演出。票价过高压缩了人们演出消费的选择范围和消费频率。

从国际对比来看，俄罗斯低收入人群的月均收入是15 000卢布，普通演出票价 100 到 150 卢布，占平均收入 1%左右；美国低收入人群月均收入3 000美元，演出票价均价 45 美元，较高票价约 100 美元，占平均收入 1.5%～3%；俄罗斯与美国票价占平均收入的比例均远低于中国。

表 12-15　　**2011—2015 年北京市各类演出市场票价①**

年份	2011		2012		2013		2014		2015	
各类演出	价格（元）	平均上座率	价格（元）	平均上座率	价格（元）	平均上座率	价格（元）	平均上座率	价格（元）	平均上座率
交响乐、室内乐、民族音乐类演出	294	78%	258	76%	184	65%	398	79.00%	197	74.90%
演唱会	656	83%	570	76%	533	80%	580	77.60%	452	78.60%
音乐剧类演出	480	75%	242	86%	233	68%	213	79.70%	434	74.95%
歌舞类演出	277	80%	226	80%	197	74%	281	77.00%	214	74.73%
京剧类演出	147	62%	93	62%	98	51%	150	70.00%	123	69.60%
话剧类演出	245	80%	84	80%	184	87%	216	66.00%	159	72.60%
地方戏类演出	212	80%	115	80%	62	41%	257	64.00%	101	66.60%
曲艺类演出	211	80%	54	80%	127	80%	97	62.00%	110	60.40%
儿童剧类演出	88	81%	88	81%	87	80%	101	76.00%	83	67.00%

票价过高的原因是：一是演出成本过高、艺术演出风险大，演出商希望通

① 数据来源于北京演出行业协会 2011—2015 年《北京市演出市场统计与分析》，由作者整理自 http://www.bjycxh.com/w70930.jsp.

过提高票价来收回成本和降低经营风险；二是演出中间环节过多，演出票务公司在收取约15%的代理费用后，抬高价格然后以打折方式出售，造成演出票价虚高；三是赠票现象严重，一般演出市场赠票比例占全部票数的10%～15%，最高时可达30%。赠票使大部分演出成本转嫁到普通消费者身上，而普通消费者倾向于从其他途径获取免费赠票，而不愿购买票，如此恶性循环造成演出票务市场畸形发展。

2. 票务机构

目前，全国演出票务公司有200多家，其中拥有票务系统的票务公司10余家，为演出项目的总代理机构，向上下游各个环节提供综合性的服务。没有票务系统的票务公司约200家，均为二级分销渠道，开展票务服务。①

我国主要的票务机构有：中演票务通、永乐票务、大麦网等电子票务网络系统以及中国票务在线、中国演出票务网、大众票务、世纪票网、票务中国、票行天下等全国性的大型票务网站。

中国对外文化集团旗下的中演票务通，是中国领先的票务服务公司，建立起中国最先进的全国票务网络系统，具有典型意义。该公司运用现代网络技术，将演出商、演出场所、观众和票务四个环节连通，发展演艺市场大数据，融合票务营销、电子商务和决策支持等四种系统，实现演艺企业基本生产活动的信息化。②

中国票务在线1999年成立，目前已成为全国最大的票务公司，是国际化“票务技术平台+票务营销平台”两大平台的统一体。2003年，在中国票务在线票务营销与票务技术的基础上建立业内首个在线娱乐社区与电子商务一体化平台。目前，两个网站已经整合运营。

四、演艺消费市场建设

1. 演艺市场消费主体

随着我国经济快速发展，人民生活水平日益提高，以满足精神愉悦和陶冶性情的演艺消费被迅速释放。按消费对象划分，演艺消费市场主体可以划分为：团体消费者和个体消费者。团体消费者是主要的演艺消费者，主要为机关

① 2012年中国演出市场年度报告[EB/OL].[2013-03-31].http：//www.capa.com.cn/news/newslist? type=1.

② 曹晋彰.演艺产业链的构建研究[D].济南：山东大学，2012：60.

事业单位、企业、团体。个体消费者差异化明显：从年龄来看，20 岁至 40 岁之间的中青年女性群体成为城市演出观众主体，女性观众占比在 56%以上；从职业构成来看，企业职员和学生构成主要群体；从学历来看，本科及以上学历者居多，其中本科学历者占到 2/3 以上；从收入来看，观看演出较多的人，收入多在4 000至6 000元之间。①

2. 演艺消费水平

我国演艺消费市场培育成效初显，数据显示演艺观众人次整体呈上升趋势。越来越多的人走进演出场馆观看艺术表演，有力地推动演艺市场再生产，反过来演艺生产又推动演艺消费水平的提高(见表 12-16)。

表 12-16　**我国演艺市场消费情况**

年份	艺术表演团体国内演出观众人次（万人次）	艺术表演团体观众人次增长率	艺术表演场馆观众人次(万人次)			
				增长率	艺术演出	增长率
2010	88 456	8. 25%	8 992. 8	20. 02%	3 165. 3	-1. 29%
2011	74 585	-15. 68%	6 927. 0	-22. 97%	2 685. 8	-15. 15%
2012	82 805	11. 02%	6 099. 7	-11. 94%	2 191. 7	-18. 40%
2013	90 064	8. 77%	7 776. 3	27. 49%	2 662. 4	21. 48%
2014	91 020	1. 06%	6 844. 4	-11. 98%	2 598. 3	-2. 41%
2015	95 799	5. 25%	10 775. 4	57. 43%	2 853. 6	9. 83%

注：数据来源于《中国文化及相关产业统计年鉴》，数据由作者整理。

从消费结构来看，文化消费内部结构失衡。一方面适合普遍大众的消费场所难以满足的需要；另一方面高档设施大量闲置，造成文化资源新的浪费。②

从消费格局来看，我国演艺消费行为具有显著的地域差异性。演艺消费行为格局基本与各地区的经济发展水平相适应，演艺消费者主要集中在东南沿海城市和内地中心城市，农村地区在演艺消费市场所占份额较少。

从消费动机来看，经济收入水平与文化消费素养严重制约居民消费动机。

① 毛修炳. 中国演出市场变化态势与演艺产业的发展对策[J]. 中外企业文化，2014(2)：69-71.

② 朱元兰，余颂. 扩大消费需求的重心——精神文化消费[J]. 统计与决策，2000(3)：23-24.

一方面，演艺消费并非生活必需品，它需要居民的经济收入达到一定水平后拓展消费范围，优化消费结构，是居民休闲娱乐陶冶性情的方式。随着经济水平提高和城乡经济差距缩小，我国演艺消费欲望持续增长。我国历史文化资源丰富，创造了京剧、越剧、相声等特色演艺资源，并日益内化为消费者的精神需求。另一方面，文化素养是决定演出业消费行为及消费倾向的因素之一，从演出业的消费特点来看，消费演出业提供的产品有一定的门槛，必须具有起码的相关知识，拥有一定的文化修养才能真正意义上消费演出业提供的产品。① 如歌舞剧、音乐会、音乐剧等高雅艺术演出消费必须以一定的艺术修养和艺术欣赏水平为基础。

3. 演艺市场受众培育

艺术表演活动具有双重属性，既承担文化再生产和人类精神文明的重要使命，也具有商品属性。② 演艺行业的属性要求演艺消费必须以消费者的艺术素养为市场生存和发展的基础。目前，我国演艺欣赏水平已经成为制约演艺市场发展的重要因素。提升演艺欣赏水平的重要方式是普及艺术素养教育，普及艺术素养教育能让民众感知、认识和发现美，并积极主动地参与到艺术活动中。艺术素养是指人们在艺术上的欣赏、认知和创作的能力和修养。我国的艺术素养教育主要集中在声乐、器乐等表演技能的学习，而社会普遍对基础性的大众性的艺术素养教育关注度较低。调查显示，我国国民艺术素养较低，在经常从事艺术活动的国民中，几乎一半的国民集中在唱歌，其他艺术形式相对较少。③ 国民艺术素养教育不足导致演艺市场缺乏广泛的群众基础，演艺消费市场开发不足。普及艺术素养教育不仅对演艺市场培育具有重要意义，而且是让艺术真正服务于群众，推动艺术表演发展的基础和必要前提。

第三节　演艺要素市场建设

一、技术要素市场建设

1. 演艺市场制作技术

20 世纪 50 年代，我国剧场技术开始迅速提高。这一阶段主要引入和吸收

① 孙安民．文化产业理论与实践[M]．北京：北京出版社，2005：259.

② 谢大京，一丁．演艺业管理与运作[M]．上海：上海音乐出版社，2007：6-7.

③ 易晓明，杜丽娇．当前我国国民审美素养的现状、影响因素及教育建议[J]．美育学刊，2015(4)：54-62.

苏联和东欧的大型舞台机械，1958年后将德国的品字形舞台首次运用到我国剧场设计当中。“文革”期间，我国剧场设计走入低谷。改革开放以后，大剧院的热潮推动了我国剧场技术的发展。70年代，浙江舞台研究院最先研制我国的灯光计算机控制台。该机构研制的流动车具有重要意义。应用现代控制技术及工艺，集声、光、电、机为一体，把现代舞台技术运用于流动演出，平时收拢时外形为一辆厢式货车，到达目的地后，通过液压翻转系统，将货车箱体平展为一个标准舞台，机械传动科学、稳定、翻转便宜，自动化程度高。流动车的出现将现代技术与传统的流动戏班的活动方式结合起来，解决了文艺团体送戏下乡时遭遇的器材运输困难和舞台搭建困难。① 20世纪90年代以来，我国大剧院将“推、拉、升、降、转”作为舞台的标准配置。随着现代化剧场的发展，剧场技术不断向数字化演变，不少尖端技术被应用到舞台设计与制作中来。激光、液氮云雾、PLC舞台艺术灯控制系统、立体音响等让观众眼花缭乱，也带来一场场视听盛宴。

设计者应用现代数字媒体技术，如二维软件绘画、三维模型制作，进行节目的构思，绘制平面图、制作图，以保证演出的艺术和技术质量。舞台艺术与技术的创新融合，增强节目的艺术表现力。2014年最大的亮点就是舞台艺术对3D高科技影像技术的应用，这些创新多用于大成本制作的巡演话剧中。2014年8月底北京工人体育馆上演国内首部融高科技3D影像技术和传统舞台表演艺术于一炉的3D舞台秀《卡尔玛》，3D虚拟影像替代以往舞台上的布景和道具实物，呈现出炫目新鲜的高科技舞台场景。由此可见，数字化舞台舞美已经逐步颠覆传统节目布景和表现形式。第一，LED大屏幕。舞台灯光历经从油灯时代转入到卤钨灯时代、气体放电灯时代、电脑灯时代，再转入LED的时代。近年来，舞台设计师将LED广泛运用到舞台布景之中。LED的发光原理就是所显示的像素通过红、绿、蓝三个发光二极管按照不同比例进行混合，产生不同的颜色，从理论上说每个色素可以显示任何颜色。LED大屏幕就是由这样千千万万的色素组成的画面，还采用动态扫描技术，画面稳定、无杂点，图像效果清晰，动画效果生动多样。所以常规情况下，能完全取代传统性的布景。② 第二，全息投影技术。全息投影技术(front-projected holographic display)也称虚拟成像技术，是利用干涉和衍射原理记录并再现物体真实的三维图像的技术。全息投影技术不仅可以产生立体的空中幻象，还可以使幻象与

① 卢向东．中国现代剧场的演进[M]．北京：中国建筑工业出版社，2009：305.

② 伍寿泉．浅谈LED大屏幕在舞台上的应用[J]．戏剧之家(上半月)，2014(4)：244.

表演者产生互动，一起完成表演，产生令人震撼的演出效果。① 该技术被应用于商业演唱会、电视台晚会、商业展示、开幕式等活动中。第三，虚拟互动技术。虚拟互动技术实质上是一种混合技术，涵盖了多媒体技术、数字图像技术、计算机技术等。这种技术提供给观众一种虚拟的影像，让观众在虚拟的世界里面感受客观存在。② 还有如三维仿真技术、信息在线技术等。这些数字技术将舞台空间由二维转向三维甚至四维，让舞台演出美不胜收。技术与艺术的深度融合，不仅节约演出的人力和物力成本，提高演出的安全性，而且丰富艺术叙事语言。

2. 演艺市场流通技术

当我们在网络上足不出户地欣赏精彩的音乐舞蹈时，演艺市场也步入互联网时代。网络技术激活演艺市场产品流通渠道，对演艺企业而言，掌握演艺信息资源并最快地传递给观众就意味着掌握演艺市场的主动权。

网络提供全新的传播平台、宣传手段和商业推销手段，主要应用有：网络演出、网络宣传和网络票务销售。演出公司、演出团体将试图在网络空间上放映演出节目、宣传节目并发展网上票务销售业务。尤其是网络票务销售对于提高演艺市场信息流动效率、解决演出市场信息不对称的问题起到重要作用。国家对网络票务系统建设尤为重视，《“十一五”时期文化发展规划纲要》提出要“加强演出协作网络建设”，《文化产业振兴规划》指出“支持全国文化票务网络建设”，文化部《关于加快文化产业发展的指导意见》提出要“积极推动全国文化票务网络建设，以大中城市为主，尽快建成遍布全国的演出票务销售终端”，依托现代信息技术和互联网系统建立起来的电子票务网络系统将成为中国未来演艺产业的神经中枢系统。③ 1990 年，北京星期日票务在线有限公司率先在互联网上推出销售北京音乐厅入场券的服务，实现互联网上的售票与北京音乐厅售票处、售票网点的售票同步进行。票务公司内的网络系统连接着各个售票点与中心主机，主机里有各个演出场馆的座位图，在座位图上可以一眼看到场馆内所有座位。对于一次演出，每个售票点卖出多少张票，票价、座位等信息通过网络传输到主机，并在相应的位置进行标记，表示该座位的票已经售出。④

① 李栋．全息投影技术在演艺活动中的应用[J]．中国传媒科技，2013(6)：129-130.
② 苏谜．舞台演艺中数字媒体应用研究[D]．武汉：武汉理工大学，2014：25.
③ 曹晋彰．演艺产业链的构建研究[D]．济南：山东大学，2012：56.
④ 谢大京，一丁．演艺业管理与运作[M]．上海：上海音乐出版社，2007：250-251.

二、资本要素市场建设

1. 政府投入

艺术表演的意识形态属性使我国一直将文艺视为重要的宣传工具，与之相应，政府的财政投入成为演艺市场发展的主要收入来源。剧场建筑的投资者几乎都是政府部门(具体由文化部门牵头，财政拨款)。2013 年对于中国演出市场而言是一个重要的转折点，“我国演出市场步入转型升级轨道，部分演出经营者逐步改弦易辙，从倚靠政府转而面向市场”。

尽管艺术表演团体所创造的产品多属于私人产品范畴，但是，又不能简单地将其等同于一般私人产品。艺术表演团体生产的是精神产品，它对于社会主义精神文明具有积极的作用。一部好的作品，产生的社会效益是难以估量的。公共财政理论中提出政府经济活动范围包含矫正外部效应，为了保障有效供给，政府可以对产生正外部效应的私人产品给予一定的补贴。因此，政府还不能完全退出艺术表演团体的活动领域。再者，我国是社会主义国家，坚持文艺为社会主义服务的方向，坚持以优秀的作品鼓舞人，弘扬主旋律应是政府的分内之事。因此，政府还会在一定范围和一定程度上介入艺术表演团体的活动。①

政府采购、奖励、补贴、贴息、投资及入股是当前我国政府扶植支持演艺业的主要形式。中国演艺业脱胎于演艺事业单位，与政府有着难以割舍的关系，不少城市出于构建文化形象工程需要，上马建设豪华大剧院、音乐厅等设施，资金来源多为政府支出。一些成功的大型演艺项目，如“印象刘三姐”“印象丽江”也多由当地政府主导，走的是“政府投入为主、市场开发为辅”的发展模式。②

2. 金融支持

(1)商业贷款。商业贷款一直是我国演艺业与资本市场对接的主要方式，也是演艺类企业资金的主要来源。从 2009 年起，文化部与多家银行机构建立部行合作制，重点通过银行信贷支持文化企业发展。许多银行机构也在积极进

① 杨玲．艺术表演团体产业化过程中财政投入政策问题研究[J]．河南社会科学，2001(6)：116-119.

② 朱敏．资本运营助力中国演艺产业的可行路径[J]．现代传播(中国传媒大学学报)，2011(9)：167-168.

行文化产业信贷担保方式的创新，一些熟悉市场化运作、自身资质条件较好的演艺企业已成功获得各大银行的贷款。① 2006 年上海大剧院在引进音乐剧《狮子王》时，由上海文化基金会提供担保，获得建设银行4 000万元贷款；光大银行 800 万元贷款促成上海市舞蹈有限公司《天鹅湖》国际巡演项目。② 文化项目扶持贷款，有效解决了演艺项目融资瓶颈问题。2009 年北京银行与北京演艺集团签订高达 10 亿元的授信贷款，解除该集团发展的资金不足之忧。

商业银行是演艺业常用的间接融资渠道，由于演艺业投资风险高，银行倾向于向大型企业和大型项目进行贷款，而中小演艺企业融资渠道不畅。究其原因，主要是演艺业内部特质与外部因素综合作用的结果。从演艺业内部特质来看，演艺产业投入高、营利模式不固定，对资本的吸金力较弱；演艺企业资产轻、散弱小、现金流不稳定，难以获得银行贷款。首先，银行贷款审批时要看还款来源，其中涉及两个主要考量因素，即盈利模式和现金流，而目前大多数演艺企业尚难满足这一要求；其次，银行要看还款担保，而演艺企业资产轻质化的问题导致其融资时无法提供传统担保品。演艺企业具有固定资产少、无形资产多的特点，然而演艺品牌、知名艺术家、优秀剧目版权等无形资产均无法在现有银行体系中得到相应地评估。我国传统银行贷款中，贷款的抵押品是土地房屋等易于处置的物品，而演艺企业的无形资产估价还缺乏相应的标准，所以演出机构的无形资产很难在银行估价时占有较大的权值。从外部因素来看，配套金融服务和人才的缺乏，导致演艺市场与金融市场无法有效对接。③

（2）资本运作。2002 年中国证监会发布《上市公司行业分类指引》，将“传播与文化产业”确定为上市公司的 13 个基本产业门类之一。由此可见，我国已经在政策上疏通演艺企业上市融资的道路。

道略文化产业研究中心发布《中国演艺产业投资报告》，报告显示 2011 年至 2012 年 6 月间，演艺产业投融资及并购事件总共 14 起，投资金额超过 30 亿元。2010 年大量资金涌入演艺市场：云峰基金 5000 万美元推广印象系列实景演出，打造旅游演出品牌；12 月宋城演艺在深交所正式挂牌上市，成为中国演艺第一股，标志着中国演艺业正式进入资本市场。2014 年演艺企业投融资和并购案例达十多起，2014 年杨丽萍文化传播公司在新三板成功上市；2014 年末，海印公司出资 1. 8 亿收购湖南红太阳演艺 38. 3%的股权；杭州新

① 周汉萍，程惠哲．演艺业与金融业如何打开对接之门[N]．中国文化报，2011-06-29(7)．

② 解放日报．突破演艺项目融资瓶颈银行资金进入演艺市场[EB/OL]．[2006-02-24]．http：//old. jfdaily. com/gb/node2/node142/node200/userobject1ai1238607. html.

③ 王玉，杨杨．中国演艺产业投融资问题及对策研究[J]．艺术百家，2015(1)：99-104.

青年歌舞团、开心麻花、广州达森灯光、数虎图像相继挂牌新三板。这些投融资事件表明演艺类企业在资本市场上获得巨大成功，演艺业的资本化有力推动着演艺行业的产业化。

演艺产业新的融资渠道。随着2014年互联网金融的火爆，我国各类众筹平台也呈现爆发式发展态势，而演艺众筹也在这些众筹平台的扩张中得到井喷式发展。在众筹网平台中演艺众筹项目达到200多项，筹集资金少则1000元，多的达一二十万。音乐剧《爱上邓丽君》新版经过半个月时间，最终融资11.736万元，成为首部成功与众筹项目联姻的音乐剧。在万事达中心举办的杨坤演唱会在24小时就成功募集到超百万的资金，成为迄今为止筹资金额最高且成功时间最快的众筹演唱会项目。

除专门的众筹网站外，一些演出项目也在票务网上发起众筹。以话剧版《古剑奇谭》为例，粉丝在票务网上展开投票，并支付定金，当投票达到目标值，该站演出就正式立项，若无法达到目标值，则退回定金。这种众筹票务方式减轻演出公司长久以来的票房压力，更让观演群体加入到演出编排队伍中，使得双方达到互赢的目的。①

3. 民营资本

2005年国务院发布《关于鼓励、支持和引导个体私营等非公有制经济发展的若干意见》，首次宣布在社会事业领域对非公有制资本适用“平等准入，公平竞争”的原则，国家“支持、引导和规范非公有资本投资教育、科研、卫生、体育等社会事业的非营利性和营利性领域”，长达半个世纪的文化政策禁区被打破。国务院接着发布《关于非公有制资本进入文化产业的若干决定》，与之配合，财政部、海关总署、国家税务总局联合发布两个税收政策文件，出台文化体制改革中经营性文化事业单位转制为企业的若干阶段性税收优惠政策，“文艺表演团体，文化、艺术、演出经纪企业”以显著位置列入国家鼓励和支持非公有资本进入的文化产业领域，尤其是其中“鼓励和支持非公有资本参与文艺表演团体、演出场所等国有文化单位的公司制改建，非公有资本可以控股”的规定，可以称之为中华人民共和国成立以来国家在涉及意识形态的事业和产业交叉领域中的一个前所未有的大胆变革，从体制上为中国演艺产业的社会资源整合与共享开辟道路，也为中国表演艺术的发展创新和重塑辉煌扫清了道路。同年新修订《营业性演出管理条例》及实施细则把国家关于“放宽非公资本进入文化产业领域”的新政策，迅速落实到演艺领域。② 民营资本介入演艺

① 黄鑫．演艺产业年度发展报告[R]．中国文化产业年度发展报告2015，2015：172.
② 徐世丕．中国演艺业五年发展改革透视[J]．中国戏剧，2008(5)：10-13.

产业的方式有直接投资、间接投资、项目投资、兼并收购、租赁承包等。

4. 境外资本

2005年文化部颁布《营业性演出管理条例》允许境外投资者设立合资、合作经营的演出经纪机构和演出场所经营单位，是我国放宽市场准入允许外资进入中国演艺市场的一个重大突破。2015年文化政策持续利好，6月发布《文化部关于实施中国(广东)自由贸易试验区、中国(天津)自由贸易试验区、中国(福建)自由贸易试验区文化市场管理政策的通知》，允许在试验区内设立合资、合作、独资经营的演出经纪机构、演出经营场所。

2010年天创国际与维也纳控股集团、维也纳施塔德哈勒公司签署合作协议，成立合资公司，天创国际占50%股份，另外两家公司各占25%。2014年上海自贸区文化服务领域开放后，迅速吸引外商的注意，美国百老汇知名演艺经纪机构倪德伦环球娱乐公司注册成为中国首家外商独资演出经纪机构。

三、人才要素市场建设

1. 演艺人才市场供给与需求

无论是在演出院团还是演出场所，人才都发挥着极其重要的作用。数据显示，我国艺术表演团体和艺术表演场所从业人员数量呈上升趋势，其中艺术表演团体专业技术人才比重已增长到50%以上，艺术表演场所专业技术人才在20%左右(见表12-17)。

表12-17　**艺术表演团体和艺术表演场所从业人员情况**

艺术表演团体人才情况							
年份	从业人员	专业技术人才数量	比重	高级职称人才数量	比重	中级职称人才数量	比重
2007	185 413	—	—	18 085	9.75%	37 890	20.44%
2008	184 678	—	—	17 738	9.60%	37 210	20.15%
2009	208 174	—	—	20 196	9.70%	39 614	19.03%
2010	220 653	—	—	21 131	9.58%	40 183	18.21%
2011	226 599	106 243	46.89%	22 510	9.93%	39 444	17.41%
2012	242 047	122 320	50.54%	22 494	9.29%	39 732	16.41%

续表

艺术表演团体人才情况							
年份	从业人员	专业技术人才数量	比重	高级职称人才数量	比重	中级职称人才数量	比重
2013	260 865	142 533	54.64%	—	—	—	—
2014	262 887	143 472	54.58%	—	—	—	—
2015	301 878	143 965	47.69%	—	—	—	—
艺术表演场所人才情况							
年份	从业人员	专业技术人才数量	比重	高级职称人才数量	比重	中级职称人才数量	比重
2007	—	—	—	—	—	—	—
2008	42 049	—	—	852	2.03%	3 113	7.40%
2009	46 436	—	—	1 042	2.24%	3 274	7.05%
2010	42 387	—	—	1 410	3.33%	3 622	8.55%
2011	42 407	8 680	20.47%	1 068	2.52%	3 379	7.97%
2012	52 231	11 686	22.37%	1 463	2.80%	3 660	7.01%
2013	26 036	6 964	26.75%	869	3.34%	2 557	9.82%
2014	25 709	—	—	—	—	—	—
2015	46 734	12 384	26.50%	—	—	—	—

注：数据来源于《中国文化文物统计年鉴》。

艺术教育的支持。人才是市场发展的重要资源，人才培养和供给需要以教育为支撑。专业艺术教育为演出人才市场的形成提供有力的基础与支持。专业艺术教育的任务是为艺术表演团体培养和输送优秀的艺术表演人才，承担专业艺术教育的机构主要是专业艺术院校和综合性大学下属的艺术院、系。① 目前，我国拥有90余所艺术院校，50余所招收艺术类专业的普通高校，60余所招收艺术特长生的全国重点大学。其中，北京市拥有如中央音乐学院、中央美术学院、中央戏剧学院、北京电影学院、中国音乐学院、中国戏曲学院、北京舞蹈学院等8所由政府主办的顶尖专业艺术院校。仅就艺术管理专业而言，在我国31所独立设置的本科艺术学院中，已有29所设有艺术管理专业。其中，9所音乐学院设有此专业，7所综合类艺术学院全都设有此专业。中央戏剧学

① 黄忆南．艺术表演团体核心竞争力研究[M]．北京：文化艺术出版社，2013：108.

院艺术管理系于2012年10月正式更名戏剧管理系，将主要专业方向分为：剧院团管理、戏剧演出制作、剧场管理，更加体现了以戏剧为核心的特色课程。为共同探讨和研究戏剧文化管理的理论与实践，为中国戏剧院团的可持续发展寻求创新之路，2012年6月，中央戏剧学院联合14家业内单位组成“中国戏剧文化管理协同创新中心”。①

演艺人才市场需求。演艺业涉及的职业范围十分广泛，如剧作家、作曲家、导演、指挥、表演艺术家，摄影师、录音师，舞美、灯光和服装等剧务人员，制作、策划、运作等艺术管理人员，剧场经理及服务人员、演出经纪人等。② 在市场经济环境下，演艺市场不仅需要专业艺术表演者，更需要懂艺术、会经营、善管理的复合型人才，尤其亟须演出经纪人才、舞台技术管理人才和经营管理人才。

演出经纪人才队伍建设是近10年才发展起来的，2005年北京电影学院管理系开设文化经纪人专业。中国戏曲学院开设对外演艺交流经纪人本科生专业时，仅函报人数就超过招生计划的2~3倍。由此可见，市场对专业的高素质演艺经纪人才的需求多么旺盛。目前，活跃在市场上的演出经纪人已经成为我国演艺市场发展的重要力量。

随着大剧院的涌现和舞台舞美技术的日新月异，综合性的艺术机构对舞美设计、舞台灯光、数字技术等专业的舞台技术人才需求量越来越大。综观全国，除中央戏剧学院开设舞台管理专业外，专业舞台技术管理人才培养几乎为零。目前，国内的艺术教育侧重于艺术和设计教育，学生缺乏舞台技术相关的工科知识；工科院校毕业的学生因缺乏舞台工作经验，只能边做边学；舞台技术管理人才教育需要专业化、系统化、科学化的培养体系。

演艺经营管理一直是演艺行业发展的短板，近些年政府机构和学术机构积极举办演艺管理人才培训，旨在满足国内外文化机构管理转型升级和文艺院团改革后的需求，提升文化管理人员专业化、职业化的水平。③ 自2014年启动《全国演艺企业经营管理人才培训规划》，文化部已经多次组织专门力量对演艺企业经营管理人才进行培训。20世纪初，我国多所艺术院校设立艺术管理专业，培养了许多艺术知识和管理知识兼修的演艺经营管理人才。

2. 演艺人才市场流通

(1)国营艺术表演团体人才聘用。在统筹统管的国营艺术表演团体体制

① 刘伟东．艺术管理学研究第2卷[M]．南京：东南大学出版社，2014：18-19.
② 谢大京，一丁．演艺业管理与运作[M]．上海：上海音乐出版社，2007：214.
③ 黄鑫．演艺产业年度发展报告[R]．中国文化产业年度发展报告2015，2015：173.

下，艺术表演团体内部人员流通渠道不畅，机构臃肿，冗员过多。1988年艺术表演团体人事制度改革被提上日程，《国务院批转文化部关于加快和深化艺术表演团体体制改革意见的通知》中提出进一步推进人事制度、分配制度等内部机制改革，要打破国有艺术表演团体演职人员的"大锅饭""铁饭碗"，要对全民所有制艺术表演人员实行聘任合同制和演出合同制，使艺术表演团体和艺术表演人员可以双向优化选择。1997年《文化部关于继续深化艺术表演团体体制改革的意见》要求深化人事制度改革，建立考评聘任制。考评聘任制就是严把人员进口关，根据考评来选拔人才，精简人员，在演艺人员之中形成良性的竞争机制。考评聘任制打破了过去僵死的用人机制，明确了院团与管理人员双方的权利和义务关系，并对聘期、退出等有详细的规定，建立起现代企业的能进能出的灵活用人制度。

(2)艺术表演团体薪酬分配制度。1988年在《国务院转批文化部关于加快和深化艺术表演团体体制改革意见的通知》中指明："在全民所有制的艺术表演团体，要对艺术表演人员实行聘任制合同或演出合同收入为主的劳动报酬制度。实行这种制度应当体现两种差别：一是对同一个艺术表演人员，在他艺术生命高峰时期的劳动报酬要高于低峰时期的劳动报酬；二是对不同的艺术表演人员，优秀艺术表演人员的劳动报酬要高于一般艺术表演人员的劳动报酬。"文件将艺术表演人员分为三类，建立差异化薪酬制度。1993年《国务院关于机关事业单位工作人员工资制度改革问题的通知》和《文化部关于进一步加快和深化艺术表演团体体制改革的通知》中要求在艺术表演团体内实行艺术结构工资制。将艺术表演团体人员分为专业技术人员和管理人员，实行分类管理。艺术表演团体内部收入分配的改革体现了以下特点：艺术高峰期和其他时期不一样；主要创演人员和一般人员不一样；干多干少不一样；突出贡献人员予以重奖；个人收入和目标管理经济效益直接挂钩。①

四、版权要素市场建设

1. 演艺版权交易

版权是演艺业最基本的生产要素，所有演艺活动必须围绕着版权进行，版权的交易和流动形成版权要素市场。我国版权要素市场迅速崛起，已经成为演艺要素市场的重要组成部分，为优化配置演艺资源起到了积极的推动作用。演

① 史圣立．从政府、市场和社三者力量博弈的角度看1979年以来我国演出市场的发展[D]．济南：山东大学，2011：40-41.

艺产品的创作和生产是无形的，具有公共产品属性，其文化价值虽然可以分解为审美价值、精神价值、社会价值、历史价值、象征价值、真实价值等，① 但是其资产价值的量化评估始终是演艺业面临的难题。

为促进演艺版权的高效流动，优化演艺资源配置，在政府、组织和企业的联合推动下，我国建立艺术节、演出交易会等形式的演艺版权交易平台。中国艺术节是经国务院批准，由文化部和地方政府主办的最具影响力的全国性文化盛会，自 1987 年以来，已经举办 10 届。其中的演艺产品交易会是演艺博览交易平台，2013 年山东"十艺节"演艺产品交易额达到 9.02 亿元，是上一届演交会交易额的 5 倍。② 中国国际演出交易会是由中国演出行业协会举办的规模最大的国际演出交易会，也是中国优秀演艺作品营销和国际推广的视窗。艺术节和演出交易会推动了演艺版权产品展销，成为国际国内版权交易服务市场。

2. 演艺版权保护

版权是演艺市场发展的基础，保护演艺版权已经成为演艺市场改革的重要内容。近年来，我国演艺政策和版权法律保护逐渐完善和规范，为演艺要素市场发育提供有力保障。在现行法律规定中，与演艺版权保护相关的法律是《中华人民共和国著作权法》，法律明确规定著作权人和表演者对其作品和表演同时享有人身权和财产权。演艺市场中的作品主要包括音乐、戏剧、曲艺、舞蹈、杂技（含魔术、马术）作品。③

除《著作权》外，我国还出台一系列政策保护演艺市场版权：1996 年文化部和国家版权局发布《关于改进营业性录像放映管理保护知识产权的通知》，1996 年文化部下发《关于音像制品加贴统一防伪标识的通知》，1998 年《文化部关于在音像制品经营场所实施非法音像制品监督举报公示制度的通知》及 2002 年《关于实施音像市场限期禁入制度的通知》等，这些音像市场中的监督制度有助于演艺市场版权保护。随着版权保护意识日益提高，我国对演艺市场版权保护的稽查力度也将进一步加强。

目前，我国以经济建设为中心，坚定不移走自主创新道路，深入实施国家

---

① 戴维·思罗斯比．经济与文化［M］．王志标，张峥嵘，译．北京：中国人民大学出版社，2011：30-31.

② 王志，滕军伟．演交会交易额逾 9 亿元"后十艺节"效应令人期待［EB/OL］．［2013-10-16］．http：//www.dzwww.com/preview/yishujie/ysjhd/yycpjyh/201310/t20131017_9017559.htm.

③ 史圣立．从政府、市场和社三者力量博弈的角度看 1979 年以来我国演出市场的发展［D］．济南：山东大学，2011：66.

知识产权战略。在修订和完善现行版权保护法律的基础上，文化部先后下发《文化部文化市场司关于规范网络音乐市场秩序整治网络音乐网站违规行为的通告》《文化部办公厅关于集中清理整治一批违规网络音乐网站的通知》《文化部文化市场司关于查处违法动漫产品的通知》等文件，加大对侵权盗版等违法行为的查处力度，遏制侵权行为，大力净化演艺市场环境。

第四节　演艺市场监管体系建设

文化经济的发展，既需要依靠市场机制优化资源配置，也需要充分发挥国家文化主管部门的职能作用，加强对文化经济事业发展的宏观调控。① 近年来，演艺市场逐步走上稳定与繁荣的发展道路，演艺节目异彩纷呈，演出产品丰富多样，极大地满足了人民日益增长的精神文化需求，演艺业的市场化作用突显。但是，市场调节的固有缺陷使得演出市场存在虚假宣传、囤票、节目质量低甚至庸俗、色情等问题，为了规范市场竞争，完善市场管理，国家必须发挥宏观调控的职能，对演艺市场主体、市场客体和市场行为进行监督和管理。

一、演艺市场主体监管

演艺市场主体监管包括演艺市场主体准入与退出和演艺市场主体的设立。演艺市场主体准入与退出是从宏观上进行分析；市场主体设立是从设立条件和程序上进行分析。

1. 演艺市场主体准入与退出

演艺市场主体准入与退出主要由艺术表演团体、演出场所和演艺经纪机构等三个主体的准入与退出政策组成。

(1)艺术表演团体准入与退出政策。

第一，国有艺术表演团体。国有艺术表演团体主要面临着市场退出的问题。1949年后，经过“改人、改戏、改制”的“五五戏改”后，我国已实现艺术表演团体公有制改革，艺术表演团体由各级文化部门统筹统管，按照指令性计划进行。然而，随着市场改革深入，原有体制下的国有艺术表演团体缺乏自主经营的动力，因此部分国有文艺表演团体面临退市，其退市主要是通过行政计划和转制为集体或个体经营两种方式实现的。

---

① 胡惠林，李康化．文化经济学[M]．上海：上海文艺出版社，2006：120.

1985 年《国务院转发文化部〈关于艺术表演团体的改革意见〉》规定大城市的专业艺术表演团体要进行精简，重复设置的院团要给予合并、撤销，同时对市县专业文艺团体的设置也提出调整的要求。1988 年《国务院转批文化部〈关于加快和深化文艺表演团体体制改革意见的通知〉》提出要对国营艺术表演团体进行分流，同时规定一些艺术表演的退出标准。①

此后，国家相继颁布《文化部关于进一步加快和深化艺术表演团体体制改革的通知》(1993)、《文化部关于继续做好艺术表演团体体制改革工作的意见》(1994)、《文化部关于进一步加快和深化文化部直属艺术表演团体体制改革的意见》(1994)、《关于深化国有文艺表演团体体制改革的若干意见》(2009)、《中宣部、文化部关于加快国有文艺院团体制改革的通知》(2011)、《关于支持转企改制国有文艺院团改革发展的指导意见》(2013)等。国有艺术表演团体退出问题的解决过程表明政府认同市场力量，并主动按照市场规则进行改革。

第二，非国营艺术表演团体。非国营艺术表演团体主要是指民营艺术表演团体。民营艺术表演团体主要面临着市场准入问题。1985 年《关于对营业性演出单位和演出场所试行"营业演出许可证"的规定》中，规定"营业演出许可证"颁发给集体经营的专业剧团。1988 年，国务院批转文化部《关于加快和深化艺术表演团体体制改革意见的通知》，提出在国家扶持的全民所有制形式之外的大多数艺术表演团体，应当实行多种所有制形式，由社会主办。鼓励社会办团的政策在《文化部关于进一步加快和深化文艺表演团体体制改革的通知》(1993)、《文化部关于继续做好文艺表演团体体制改革工作的意见》(1994)、《文化部关于继续深化文艺表演团体体制改革的意见》(1997)、《文化部、财政部、人事部、国家税务总局关于鼓励发展民营文艺表演团体发展的若干意见》(2009)中得到进一步贯彻落实。

第三，个体演员与民间艺人。个体演员与民间艺人面临的主要问题也是市场进入问题。1982 年《关于民间艺人管理工作的若干试行规定》，对民间艺人进行考核、登记，具备营业演出条件者发给职业民间艺人演出证，并在流动演出中加强管理。② 这项政策承认民间艺人的法人地位，同时也对民间艺人的市场准入和退出做出规定和说明。政府对个体演员进入演艺市场经历由严格限制到完全放开的发展过程。1983 年《国务院批转文化部关于严禁私自组织演员进行营业性演出的报告的通知》明令严禁任何人以个人或团体的名义，私自邀约演员进行营业性演出。1985 年《文化部关于对营业演出单位和演出场所试行

① 史圣立．从政府、市场和社三者力量博弈的角度看 1979 年以来我国演出市场的发展[D]．济南：山东大学，2011：20-21.

② 文化部．关于民间艺人管理工作的若干试行规定[Z]．1982-01-05.

"营业演出许可证"的规定》在一定程度上承认个体演员。直到1996年《演员个人营业演出活动管理暂行办法》个体演员从事营业性演出活动的准入问题才真正解决，该文指出："凡个体和业余演员从事营业性演出活动、专业艺术表演团体在职演员和专业艺术院校(系)师生以个人身份参加本单位以外的营业演出活动，均适用本办法。"

(2)演出场所经营准入政策。

演出场所按所有制划分，可分为全民所有制演出场所、集体所有制演出场所、个体民营演出场所。专业剧场、群众艺术馆、文化馆主要是全民所有制，是国家事业单位。① 我国对营业性演出场所的管理实行演出许可证制度。演出场所需满足一定的资金、人员及硬件条件，并取得《营业演出许可证》方可进入营业性演出市场。1985年《文化部关于对营业演出单位和演出场所试行"营业性演出许可证"的规定》中提出经营演出的场所需经当地文化主管部门批准，领取《营业演出许可证》。营业性演出场所的市场准入限制主要是资金和硬件条件。到2005年《营业性演出管理条例》取消注册资金的金额限制，只要求依法办理注册登记、领取执照和相关审批。同时，2005年演出场所对外资也进行了限制性放开，《营业性演出管理条例》指出外国投资者可以在中国投资演出场所经营单位，但只能是与中国投资者以中外合资、中外合作的方式经营，不能设立独资经营的演出场所经营单位。

(3)演出经纪机构准入政策。

在计划经济体制下，演艺经纪没有法律地位，一直不为社会所承认。进入演艺业市场化初期，以"走穴"为代表的演艺经纪行为给社会带来了严重的负面影响，文化部门系列出台系列政策严格限制走穴活动。1983年《国务院转批文化部关于严禁私自组织演员进行营业性演出的报告》指出禁止任何人以个人或团体的名义私邀演员组织营业性演出。随后，各地方也先后出台禁止这种自发的演艺经纪活动。随着市场的发展，演艺经纪在市场上的作用逐渐凸显，文化部门也渐渐认识到了演艺经纪对于市场的重要性，并在《国务院批转文化部〈关于加快和深化文艺表演团体体制改革意见的通知〉》中首次正式承认演出经纪人的法律地位，并要求建立演出经纪人制度。1991年国家对演出经纪的准入又做了详细的规定，相继出台《国务院办公厅转发文化部关于加强演出市场管理报告的通知》《关于加强演出市场管理报告的实施办法》《关于对文艺演出经纪机构实行演出经营许可证制度的规定》，文件允许成立全民所有制演出经纪机构及中外合资、中外合作、外商独资的演出经纪机构。1997年《营业性演

① 史圣立．从政府、市场和社三者力量博弈的角度看1979年以来我国演出市场的发展[D]．济南：山东大学，2011：32.

出管理条例》及1998年其实施细则颁布后首次在国家行政法规和部门规章对演出经纪机构予以确认和规范。随后，《营业性演出管理条例》及实施细则又分别于2002年、2004年、2005年、2009年经历数次修订，演出经纪机构准入条件也随之进一步放开。

2. 演艺市场主体设立

艺术表演团体、演出经纪机构、演出场所设立需要符合我国《营业性演出管理条例》及实施细则的相关规定，其设立的基本条件是：设立艺术表演团体应有与其演出业务相适应的专职演员和器材设备；设立演出经纪机构应有3名以上专职演出经纪人员和与其业务相适应的资金。设立艺术表演团体及演出经纪机构需向相关文化主管部门申请，并领取营业执照。设立营业性演出场所需经工商行政管理部门及各级相关文化主管部门申请和审批。

2005年，国家发布《文化部、财政部、人事部、国家税务总局关于鼓励发展民营文艺表演团体的意见》，解除过去对社会资本投资办团、参与国有院团转企改制、民营剧团享有同等待遇等诸多限制，使"放宽民营文艺表演团体的市场准入"这一政策具体落实。①

经纪机构的成立与运行需要遵守相关法律法规，国家工商行政管理总局于1995年10月26日颁布《经纪人管理办法》，并于2004年4月28日进行修改。② 演出经纪机构的设立必须遵循《营业性演出管理条例》相关规定。

演出经纪行业的发展，与演出经纪人的整体素质密不可分。实行演出经纪全行业从业资格认证，严把入口关，是提高演出经纪人整体素质的基础。现行的法律明确规定，设立演出经纪机构应当有三名以上的专职演出经纪人员，演出经纪人员的资格由全国性的演出行业协会认定。中国演出家协会自2005年起，开始着手建立并实施演出经纪人的从业资格认证。③ 2013年《演出经纪人员管理办法》开始实施，依法规范演出经纪活动，加强对演出经纪人才队伍的建设和管理。

二、演艺市场客体监管

我国对营利性演艺市场客体的监管主要落实在对营业性演出的准入限制。

① 徐世丕．中国演艺业五年发展改革透视[J]．中国戏剧，2008(5)：10-13.

② 褚岩．文化经纪人概论[M]．北京：中国电影出版社，2008：186.

③ 胡晓明，肖春晔．文化经纪人理论与实务[M]．广州：中山大学出版社，2009：203.

营业性演是指演出的表演者或组织者以获取款、物或广告效益为目的为公众举办的现场文艺表演活动。① 营业性演出的监督管理工作由文化部及各地方文化主管部门负责。

1. 对淫秽、色情、暴力、迷信等演艺活动的监管

为净化演艺市场，我国先后出台了《文化部关于加强戏曲、曲艺上演节目的领导和管理工作的通知》(1979)、《文化部关于制止上演“禁戏”的通知》(1980)、《关于取缔疏散艺人和杂技团体表演恐怖、残忍和摧残少年儿童节目的通知》(1981)、《文化部印发〈关于加强文化市场管理的若干意见〉的通知》(1994)。这些重要文件针对文化市场中的淫秽、色情、暴力、迷信等现象进行有力打击。1979年《营业性演出管理条例》明确对演出活动的内容进行规定，从此，我国对营业性演出的内容监管有了法律依据。2005年国务院新修《营业性演出管理条例》，文件中规定演出禁止内容及处罚措施。

2. 对表演方式的监管

2005年，我国在《营业性演出管理条例》中第一次用立法的方式禁止假唱行为，文件规定演员不得以假唱欺骗观众，演出举办单位不得组织演员假唱。任何单位或个人不得为假唱提供条件。演出举办单位应派专人对演出进行监督，防止假唱行为的发生。2009年在《营业性演出管理条例实施细则》中加大对假唱的处罚力度。2010年文化部专门发文《文化部关于建立预防和查处假唱演奏长效机制维护演出市场健康发展的通知》，要求加强对假唱、假演奏的预防和查处力度。

三、演艺市场行为监管

1. 对演艺赞助与招商行为的监管

我国《营业性演出管理条例》对演艺赞助和招商行为做出明确的规定：演出单位不得以政府或政府部门的名义举办营业性演出；不得误导、欺骗观众；不得进行虚假演出。

2. 演艺票务监管

演艺票务经营必须按照《营业性演出管理条例》取得营业性演出许可证，

① 陈杰，闵瑞武．文化产业政策与法规[M]．北京：中国海洋大学出版社，2009：122.

并与演出单位签订票务合同，不得进行虚假夸大宣传活动。为促进演艺票务规范化，2006年《文化部关于完善审批管理促进演出市场健康发展的通知》中指出："建立统一的票务平台，推动全国文化体育电子售票系统的建立，打造统一的涵盖文艺演出、体育等领域的政府公共票务平台，提供优质便捷的公共文化服务。"2009年《文化部关于加快文化产业发展的指导意见》中重申要积极推动文化票务网络建设。2011年《文化部关于加强演出市场有关问题管理的通知》要求各级部门要推动形成高效的演出市场运作机制与合理的演出市场定价机制，扩大演出文化消费。

3. 对涉外艺术表演行为的监管

中华人民共和国成立之初，涉外艺术表演主要是政府行为，以行政管理和纪律约束的方式。① 改革开放以后，尤其是20世纪90年代后，涉外艺术表演活动逐渐活跃起来。1994年文化部下发《关于加强港澳台演艺人员入境商演活动管理的通知》，1996年颁布《文化部关于外国艺术表演人员来华营业演出申报管理问题的通知》，以维护演艺市场秩序，规范涉外艺术表演行为。其后，《文化部涉外文化艺术表演及展览管理规定》(1997)及《在华外国人参加演出活动管理办法》(1999)相继出台，进一步简化了涉外艺术表演行为的申请审批程序。

① 陈杰，闵瑞武．文化产业政策与法规[M]．北京：中国海洋大学出版社，2009：138.

第十三章　美国电影市场建设

美国电影产业经过一百余年的发展，形成了完善的工业化生产制作流程、健全的融资渠道和规模庞大的市场受众。好莱坞作为世界闻名的电影圣地，代表着电影工业的最高水平。作为全球第一大票仓，美国电影市场可以看做全球电影市场的“晴雨表”。因此，对美国电影市场现状进行分析与解读，不仅能够帮助我们更加深入地了解美国电影市场的发展，而且对于我们认识全球电影市场，以及在全球化背景下我国电影的未来发展都具有重要的借鉴与指导作用。

第一节　美国电影市场概述

电影业是美国的支柱产业之一，是美国税收收入、就业岗位的重要来源。据美国电影协会(The Motion Picture Association of America，简称 MPAA)公布的资料显示，2014 年美国电影业为社会提供了 190 万个就业岗位，直接创造的工资总额高达 500 亿美元，行业平均工资水平高于全国平均工资水平 48%。2014 年，美国影视产业通过缴纳销售税、收入所得税、保险、养老金等方式对美国公共财政的贡献高达 193 亿美元。影视业还是美国少数能够维持贸易顺差的行业之一，2014 年美国影视业出口总额高达 163 亿，影视产品出口与进口比例为 5∶1。①

一、美国电影市场总体规模

电影票房收入不仅是电影产业的最重要收入来源，而且还是其他一切非影

① MPAA. The Economic Contribution of the Motion Picture & Television Industry to the United States (2014) [EB/OB]. [2015-02-01]. http://www.mpaa.org/wp-content/uploads/2015/02/MPAA-Industry-Economic-Contribution-Factsheet.pdf.

院收入的前提和预示。① 因此，票房收入可以视为电影市场的风向标。从1996—2015 年这二十年的总票房收入中不难看出，美国电影市场一直处于稳定增长状态(见图 13-1)。在 2000 年前后，美国电影市场保持着高速发展态

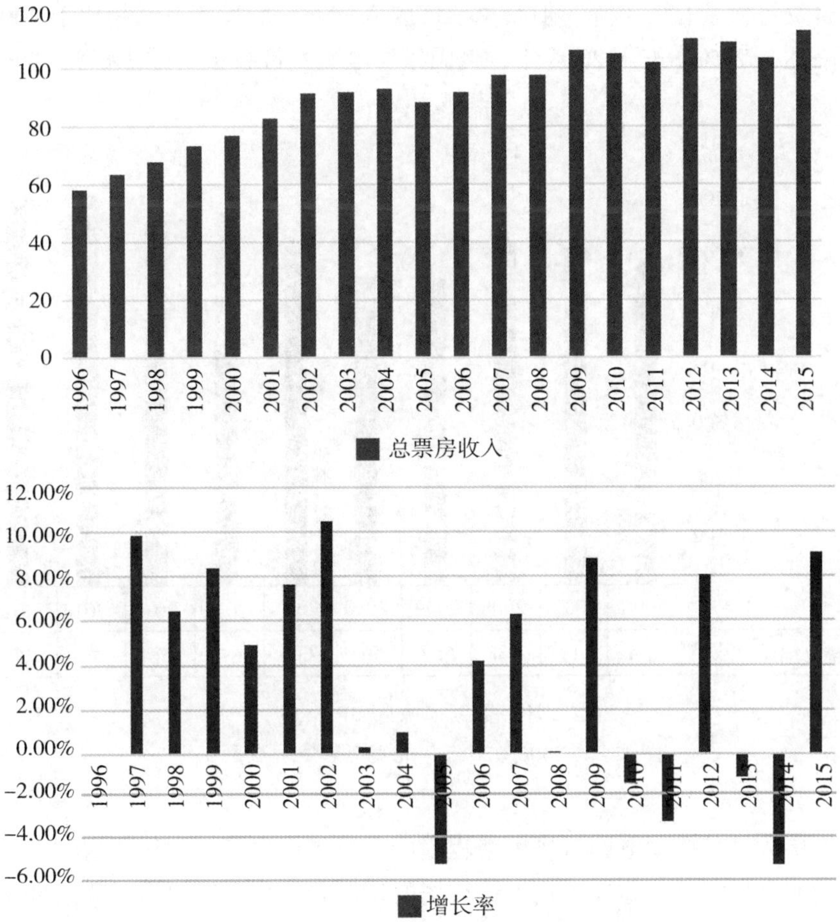

图 13-1　1996—2015 年电影产业市场规模变迁(单位：亿美元)
注：数据来源自 The Numbers。

势，进入 2000 年后，增速开始放缓，2005 年、2014 年出现了较大幅度的下滑，但是总体仍处于向上的发展趋势，尤其是在 2009 年，随着 3D 电影的兴起，美国电影票房增速有了较大幅度的提升，全年票房首次突破 100 亿美元大关。此后几年，美国全年电影票房一直稳定在百亿美元水平。在经历了 2014

① 尹鸿，王熠婷．解析美国电影产业[J]．电影艺术，2005(4)：120-128.

年较大跌幅后，2015 年美国电影市场复苏，截至 2015 年年底，美国电影总票房收入已经突破 113 亿美元，与 1996 年相比，票房总收入翻了一番。①

从发行数量来看，电影市场整体供给规模变化不大(见图 13-2)。2009 年、2010 年影片发行数量一度有所下跌，不过联系图 13-1 总票房收入来看，2009 年尽管发行数量有所下降，但是总票房收入仍处于增长状态，相比于 2008 年，增幅高达 8.79%。进入 2014 年，美国年均电影发行数量超过 700 部。②

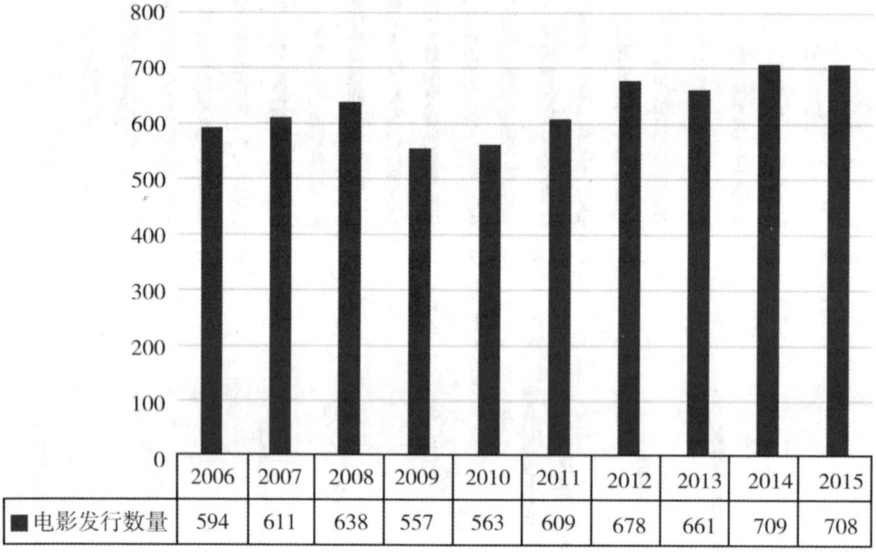

注：数据来源自 MPAA。

图 13-2　2006—2015 年北美电影发行数量变化

售票数量是衡量电影市场繁荣程度的重要指标之一，相比票房收入，售票数量的变化更能直观地反映出电影市场的发展趋势。尽管票房总收入处于稳定增长态势，但是从北美售票数量近年来的变化趋势来看，美国电影市场的发展并不那么乐观(见图 13-3)。2006—2015 年，仅有 2007 年、2009 年、2012 年和 2015 年处于增长阶段。2009 年是近十年电影票销售的巅峰，全年售出高达 14.19 亿张电影票，紧接着就迎来两年的大幅下滑，随后一直起起伏伏。从售票数量来看，2014 年是美国电影市场最不景气的一年，电影票销售数量下降至十年最低水平(12.68 亿)。2015 年售票数量有所回升，但是相比于 2006

① Domestic Movie Theatrical Market Summary 1995 to 2016[R]. The Numbers, 2016.

② 2015 Theatrical Market Statistics Report[R]. MPAA, 2015.

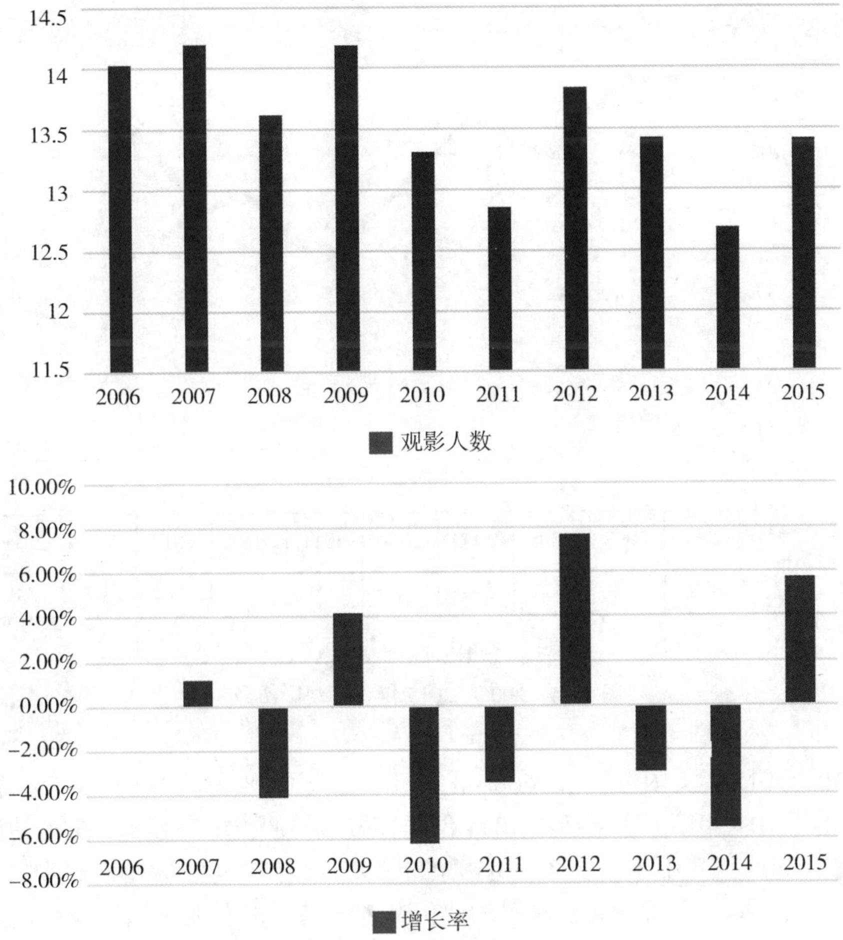

注：数据来源自 MPAA。

图 13-3　2006—2015 年北美售票数量变化(单位：亿)

年，售票数量下降了 4.42%。①

美国人看电影的次数也在减少，从人均观影次数的数据来看，2006—2015 年美国观众人均观影次数总体上呈下降趋势。2010 年之前，美国人均观影次数稳定在一年 4 次左右，而近年来这一数据却在持续下降(见图 13-4)。售票数量、人均观影次数相比十年前都在持续走低，但是票房总收入仍处于平稳增长态势，这从侧面说明，近年来驱动好莱坞票房增长的主要因素是票价。

从年均票价来看，近十年的美国电影票价一直处于上升态势。相比于

① 2015 Theatrical Market Statistics Report[R]. MPAA, 2015.

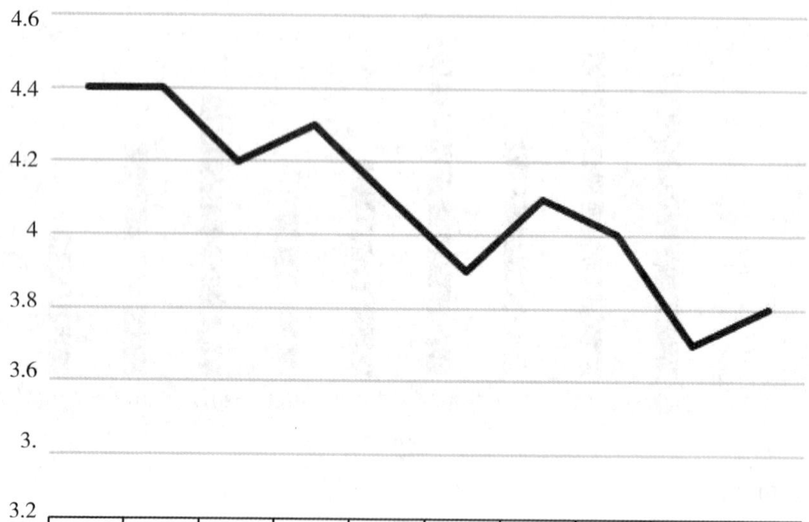

	2006	2007	2008	2009	2010	2011	2012	2013	2014	2015
—— 人均观影次数	4.4	4.4	4.2	7.4.3	4.1	3.9	4.1	4	3.7	3.8

注：数据来源自 MPAA。

图 13-4　2006—2015 年人均观影次数

2006 年，2015 年美国电影票价（8.43 美元）上涨了 28.7%（见图 13-5）。根据普华永道 2014 年第三季度面向 1044 位顾客做出的调查研究显示，53%的调查对象表示过去五年中不断上涨的电影票价才是令他们对电影院望而却步的主要原因。报告称："目前为止，高昂的票价是各年龄层的首要不满以及影响观影频率的头号原因。尽管有更先进的技术、更舒适的座位、更大力度的优惠措施和 3D 电影的弥补，但电影票价上涨带来的负面影响依然难以消除。此外，3D 在提高上座率的所有激励因素中名列最末。"①

从观影人口年龄来看，北美观众低龄化趋势愈发明显。在年龄构成上，12~24 岁观众是北美电影市场观影主力军。其中 12~17 岁观众已经接连两年超越 18~24 岁观众群体，成为人均观影次数最多的群体（见图 13-6）。2014 年 12~17 岁观众人均观影次数 6.4 次，超过 18 岁年龄段观众 0.2 次。在 2015 年，双方差距拉大至 1.4 次。② 青少年们越来越多地走进电影院，好莱坞制片商们瞄准市场变化，青少年小说改编成为新的金矿，《暮光之城》《饥饿游戏》

① 柯基塔．2014 年好莱坞票房为何惨败？美国人嫌电影票太贵[EB/OL]．[2015-01-22]．http：//ent.ifeng.com/a/20150122/42214995_0.shtml.

② 2015 Theatrical Market Statistics Report[R]．MPAA，2015.

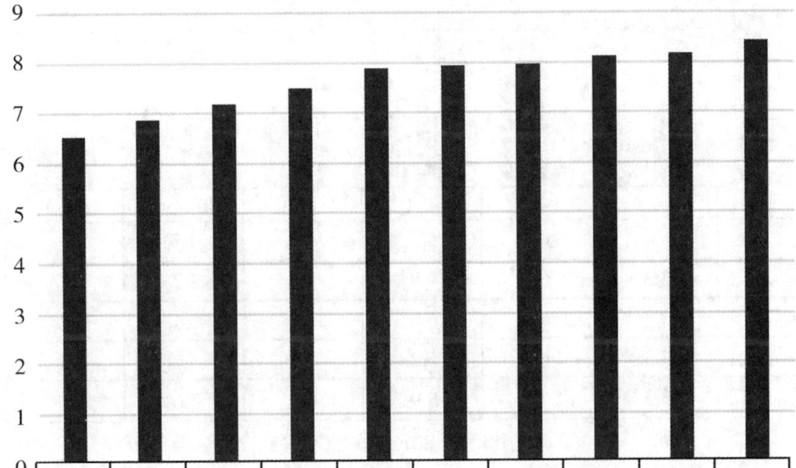

	2006	2007	2008	2009	2010	2011	2012	2013	2014	2015
■ 年均票价	6.55	6.88	7.18	7.5	7.89	7.93	7.96	8.13	8.17	8.43

注：数据来源自 NATO，上一年票价基于 CPI-W 指数①。

图 13-5　2006—2015 年美国年均票价变化(单位：美元)

《分歧者》等一系列改编电影足以说明好莱坞对于新崛起的这一批消费者的重视。

青少年对于 3D 电影的接受程度也是最高的，3D 电影生动丰富的视觉体验恰好满足了青少年对于视觉奇观的追求(见图 13-7)。2015 年 12~17 岁观众观看 3D 电影的平均次数为 5.2 次，远超过其他群体的观影次数。②

二、美国电影市场结构

从市场结构来看，一直以来，美国电影市场的产业集中度较高。美国电影发行商由华纳兄弟、20 世纪福斯、迪斯尼、派拉蒙、索尼、环球六大电影公司和众多独立电影制片商构成。从表 13-1 中也不难看出，六大制片厂所占的市场份额高达 76.66%。而且通过近年来六大制片厂的一系列并购动

① CPI-W 是英文“The CPI for Urban Wage Earners and Clerical Workers”的缩写，该指数涵盖的人群包括城镇有工资收入者和职员，占总人口的 32%(根据 1990 年人口普查)。该指数主要用于调整社会保险体系中的年度生活成本标准；同时，也被作为劳资谈判中工资水平的参考。

② 2015 Theatrical Market Statistics Report[R]. MPAA, 2015.

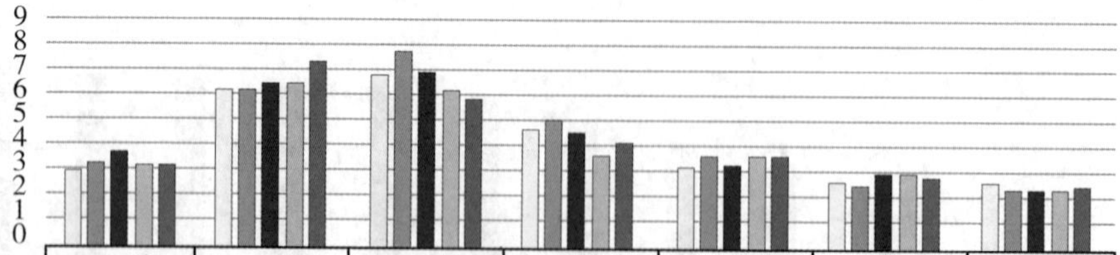

	2~11岁	12~17岁	18~24岁	25~39岁	40~49岁	50~59岁	60+岁
□ 2011	3	6.2	6.8	4.7	3.2	2.7	2.7
■ 2012	3.3	6.2	7.8	5	3.7	2.6	2.4
■ 2013	3.8	6.5	6.9	4.6	3.4	3	2.4
■ 2014	3.3	6.4	6.2	3.7	3.6	3.1	2.4
■ 2015	3.3	7.3	5.9	4.2	3.6	2.9	2.5

□ 2011　■ 2012　■ 2013　■ 2014　■ 2015

注：数据来源自 MPAA。

图 13-6　均观影次数统计(按年龄段统计)

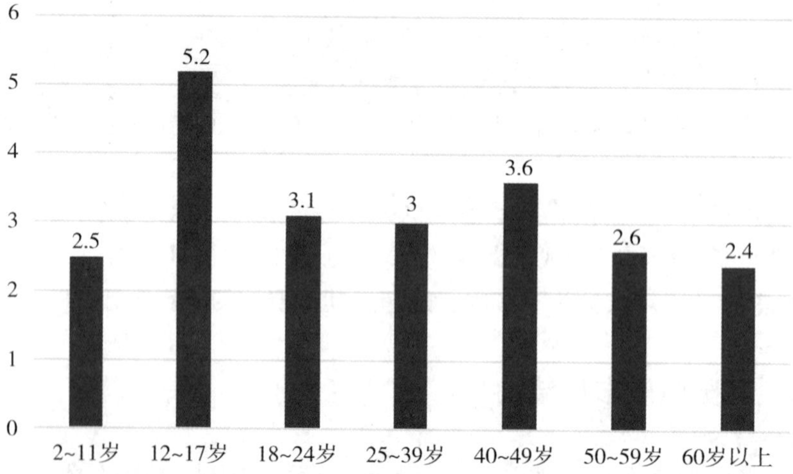

图 13-7　2015 年不同年龄段 3D 观影平均次数

作，美国电影市场的产业集中度还将进一步提高(见表 13-1)。除了狮门影业以外，新线电影公司、梦工厂和米拉麦克斯都与六大越走越近。1993 年新线被时代华纳收购，不过公司仍享有自主经营权，直到 2007 年的《黑暗物质：黄金罗盘》的失败招致华纳不满，将其并入旗下华纳兄弟公司，此后新线变成了只制作，不涉及发行的电影公司。米拉麦克斯也与新线有着类似的命运，1993 年迪斯尼收购了这家专攻艺术性较高或较冷门的小众电影的独立制片公司，直至 2010 年，由于米拉麦克斯连年亏损，迪斯尼以 6.6 亿美元将其出售。①

表 13-1 **1995—2016 年 TOP10 电影发行商总收入** （单位：亿美元）

排名	发行商	出品电影数(部)	总收入	平均收入	市场份额
1	迪士尼	521	291. 95	0. 56	15. 09%
2	华纳兄弟	661	290. 81	0. 44	15. 03%
3	索尼影业	626	240. 73	0. 38	12. 44%
4	20 世纪福斯	455	225. 89	0. 49	11. 68%
5	派拉蒙	426	217. 34	0. 51	11. 24%
6	环球影业	425	216. 32	0. 51	11. 18%
7	狮门影业	326	69. 86	0. 21	3. 61%
8	新线电影公司	205	61. 93	0. 30	3. 20%
9	梦工厂	77	42. 79	0. 55	2. 21%
10	米拉麦克斯	382	38. 41	0. 10	1. 99%

注：数据来源自 The Numbers。

从影片类型来看，冒险片、喜剧片和动作片是最受欢迎的三大类型，从近20 年的发行数量来看，冒险片和动作片的数量远低于喜剧片和文艺片，但是冒险片、动作片的平均票房收入却高达6 000万、4 000万(见表 13-2)。究其原因，在于这两大类型是好莱坞“高概念”电影的主要类型。一般认为，“高概念”电影是从 20 世纪 70 年代中期以后开始出现的，是好莱坞典型的大投入、大制作、大营销、大市场的“四大”商业电影模式。② 正是凭借这些“高概念”影片，好莱坞在全世界范围内盛行无阻。

表 13-2 **1995—2016 年 TOP10 电影类型总收入** （单位：亿美元）

排名	类型	电影数量(部)	总收入	平均收入	市场份额
1	冒险片	679	428. 53	0. 63	22. 15%
2	喜剧片	2 245	420. 43	0. 19	21. 73%
3	动作片	777	350. 05	0. 45	18. 10%
4	文艺片	4 242	320. 64	0. 08	16. 58%

① Domestic Movie Theatrical Market Summary 1995 to 2016[R]. The Numbers, 2016.

② 尹鸿，王晓丰.“高概念”商业电影模式初探[J]. 当代电影，2006(3)：92-96.

续表

排名	类型	电影数量(部)	总收入	平均收入	市场份额
5	惊悚/悬疑片	851	166.49	0.19	8.61%
6	浪漫喜剧	519	93.52	0.18	4.83%
7	恐怖片	453	87.28	0.19	4.51%
8	音乐片	141	20.77	0.15	1.07%
9	纪录片	1 747	19.60	0.01	1.01%
10	黑色喜剧片	150	12.62	0.08	0.65%

注：数据来源自 The Numbers。

三、美国电影市场分领域概况

我们将美国电影市场划分为院线市场、家庭娱乐市场、衍生品市场和海外市场，分领域对目前美国电影市场的全貌进行剖析。

1. 院线市场

伴随着大片时代的来临，越来越多的观众走进电影院。20 世纪 90 年代中期，美国电影屏幕数飞速增长，短短四年间，屏幕数增长近一万块。高峰之后则进入了小低谷，进入新千年后，美国影院屏幕数量有小幅回落，2006 年伴随着 3D 技术在电影中的应用，带动了影院屏幕数量的上升(见图 13-8)。此后，影院屏幕数量一直在稳步慢速增长，近五年来，整体规模变化不大，这似乎说明四万块已经接近触及市场天花板，除非视听技术再次取得突破性发展。

技术的更新换代是促进产业发展的重要因素。3D 电影的诞生给增长放缓的美国电影市场注入了一针强心剂(见图 13-9)。3D 技术与美国制片商的高概念电影具有天然的适配性，2009 年，科幻电影《阿凡达》让观众体会到 3D 电影的巨大魅力。这部有史以来制作规模最大、技术最先进的 3D 电影在全球狂揽 27 亿美元票房，让制片商们看到了 3D 电影的巨大潜力。随着 3D 技术的不断成熟以及受众对于 3D 电影的需求日益提高，2011 年北美 3D 发行数量由 2010 年的 26 部蹿升至 45 部，增幅高达 73%，此后四年，北美每年发行的 3D 电影数量稳定在 40 部上下。①

20 世纪 70 年代，《大白鲨》和《星球大战》拉开了好莱坞大片时代的序幕，

① 2015 Theatrical Market Statistics Report[R]. MPAA, 2015.

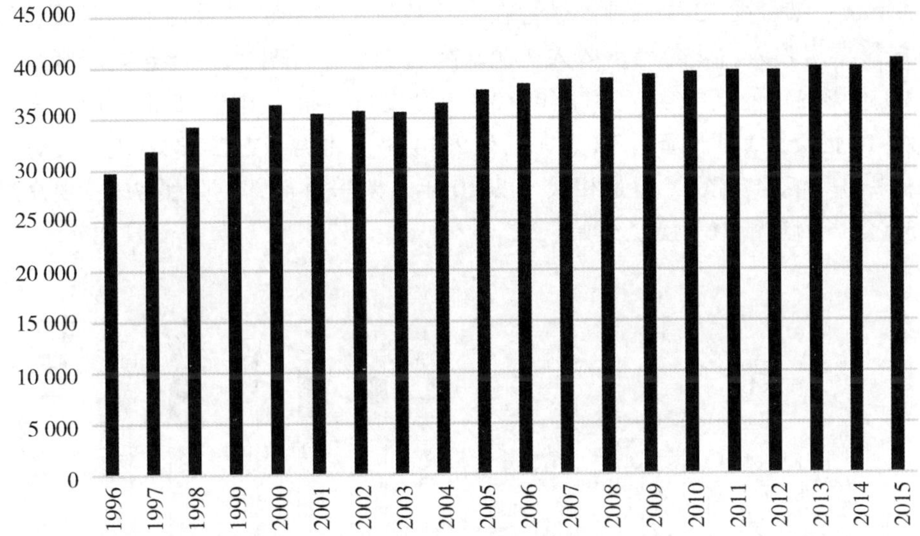

注：数据来源自 NATO。

图 13-8　1996—2015 年美国电影屏幕数量变化

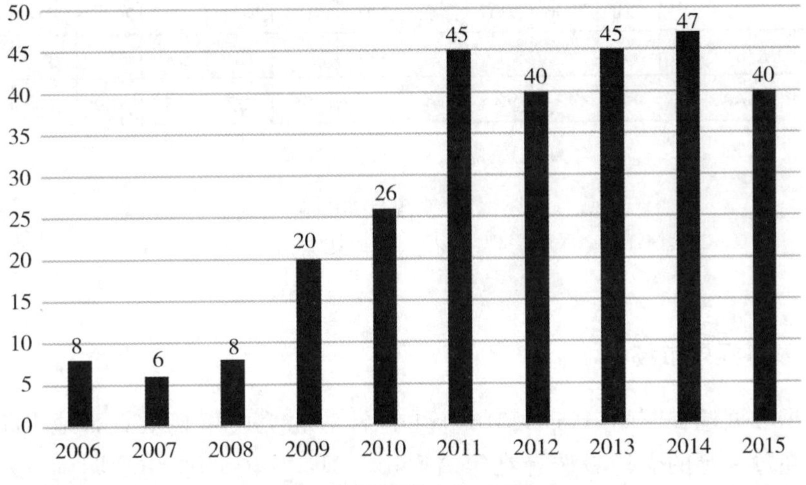

注：数据来源自 MPAA。

图 13-9　2006—2015 年 3D 电影发行数量变化

观众的观影口味也随之发生变化，由追求故事向追求视觉奇观转变。3D 电影的出现让视觉奇观的展现更加生动、刺激(见图 13-10)。2008 年 3D 电影票房收入仅占 2%，而 2009 年《阿凡达》热潮席卷全球后，当年 3D 票房收入在全年票房总收入所占份额跃居至 10%。2010 年是 3D 电影大丰收的一年，从 2008 年的 2 亿票房收入到 2010 年的 22 亿，短短两年时间，3D 电影票房实现了十倍的增长。结合图 13-9 来看，尽管在发行数量上远逊于之后几年，但是该年 3D 电影票房收入占全年票房收入比例却高达 21%，说明 2010 年正处于观众对于 3D 电影热情的高峰期。2011 年，3D 电影发行数量上升至 45 部，但是票房总额(18 亿美元)却下降了 3%。尤其是 2014 年，北美有史以来 3D 电影发行数量最多的一年(47 部)，但是相较于 2010 年，票房总额却下降了 7%，观众对于 3D 电影的热情似乎已经开始衰减。①

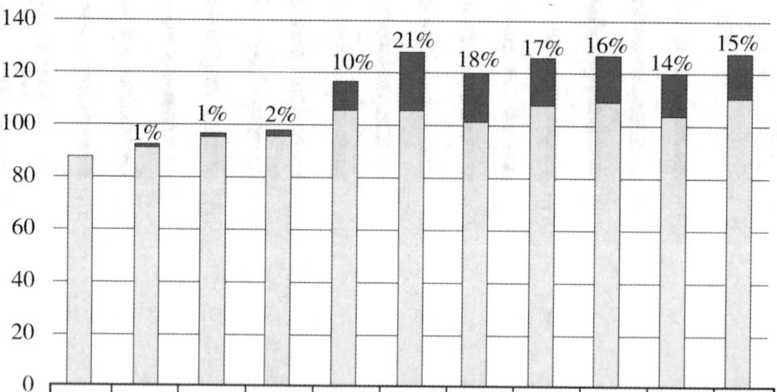

	2005	2006	2007	2008	2009	2010	2011	2012	2013	2014	2015
■ 3D票房收入	0	1	1	2	11	12	18	18	18	14	17
□ 非3D票房收入	88	92	96	96	106	106	102	108	109	104	111

■ 3D票房收入　□ 非3D票房收入

注：数据来源自 MPAA。

图 13-10　3D 电影票房与非 3D 电影票房比例(亿美元)

2. 家庭娱乐市场

根据数据调查网站 statista2016 年 1 月针对北美成年观众观影地点偏好的调查，超过一半的受访者选择在家看电影，只有 14%的受访者明确表示更加喜欢去电影院观影，53%受访者喜欢在在家观看电影，27%受访者表示在家和在电影院观影次数相当。②

随着技术的更新换代，DVD 和流媒体是现在美国主流的家庭娱乐市场渠

① 2015 Theatrical Market Statistics Report[R]. MPAA, 2015.

② Statista. Do you prefer to see movies in a movie theater or wait for them to come out on home release? [EB/OB]. [2016-01-22]. http://www.statista.com/statistics/264399/preferred-place-of-movie-consumption-in-the-us/.

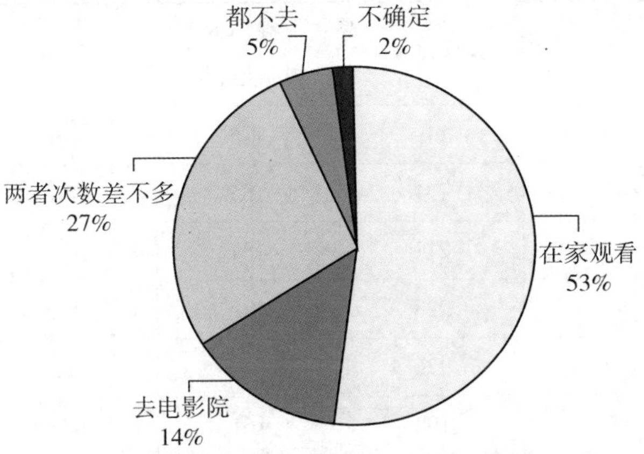

注：数据来源自 statista。

图 13-11　美国观众观影地点偏好

道。DVD 发行在美国电影市场中占据重要地位。2001 年美国家庭中 DVD 的拥有量超过了计算机，每四个家庭中就有 1 台 DVD，到 2002 年年底，DVD 已经成为历史上销售速度最快的电子产品。2001 年《珍珠港》DVD 在发行首日即获得了 6750 万美元的收入，该片首映的第一个周末的票房也不过 5910 万美元。2002 年底，《蜘蛛侠》再次打破纪录，首发日 DVD 销售和出租收入就超过了 1.25 亿美元。① 从表 13-3 中可以看出，21 世纪的前十年是 DVD 的黄金时期，在美国家庭娱乐消费中占据重要地位，DVD 的发行收入远远超过票房收入。

表 13-3　　美国家庭娱乐经济的增长（以 2007 年币值调整通胀）

年份	影院	录像/DVD	电视（包括付费电视）	总计	DVD 所占比重
1948	85	0	0	85	100%
1980	49	22	41	92.2	23.9%
1985	33	26	74	133	19.5%
1990	68	65	101	224	29.0%

① ［美］珍妮特·瓦斯科．浮华的盛宴：好莱坞电影产业解密［M］．毕香玲，译．北京：中信出版社，2006：111-118.

续表

年份	影院	录像/DVD	电视(包括付费电视)	总计	DVD 所占比重
1995	62	119	116	297	40.1%
2000	65	131	155	351	37.3%
2003	87	211	187	485	43.6%
2004	81	228	181	490	46.5%
2005	70	226	169	465	48.6%
2006	82	198	161	441	44.8%
2007	88	179	162	429	41.7%

注：大制片厂自 2008 年开始不再向美国电影协会提供此类收入，故缺失 2008 年后数据。

2016 年流媒体已成为美国家庭娱乐消费的主要渠道，而且增速迅猛(见图 13-12)。2016 年美国家庭在流媒体服务上共花费 66.2 亿美元，占美国家庭娱乐消费的 35%，相比于 2015 年增长 22%。相比于高歌猛进的流媒体服务，另一重要的娱乐渠道 DVD 却在慢慢地丧失市场。2016 年 DVD 购买下降 7%至 56.7 亿美元(占 30%的份额)，光盘租赁下降 10%至 27.5 亿美元(占 14%的份额)。①

从家庭录像到 DVD，再到流媒体，新技术的出现总会给传统的院线电影带来巨大的冲击，过去几年间，流媒体平台的迅猛发展给人们的电影消费习惯带来了巨大的变化。图 13-13 中的数据显示的是以家庭为单位使用付费点播服务的变化情况，从总体情况来看，2015 年第四季度，美国以家庭为单位使用付费点播服务的比例比 2014 年同期增长 8%。Netflix 无疑是付费点播市场的霸主，美国家庭渗透率高达 44%，远超亚马逊和 Hulu。据普华永道的调查报告，电影发行的流媒体收入将于 2016 年超过 DVD 发行收入，于 2017 年超过院线票房收入，在视频网站上看电影将会在 2017 年成为主流。②

3. 衍生品市场

衍生品市场是美国电影产业的主要收入来源，衍生品的收入高达电影美国

① Strategy Analytics. 预计 2016 年美国用户将在视频流服务支出 66.2 亿美元.[EB/OB].[2016-06-01]. http://www.199it.com/archives/478700.html.

② Felix Richter. The State of Video Streaming in the United States[R]. Statista, 2016.

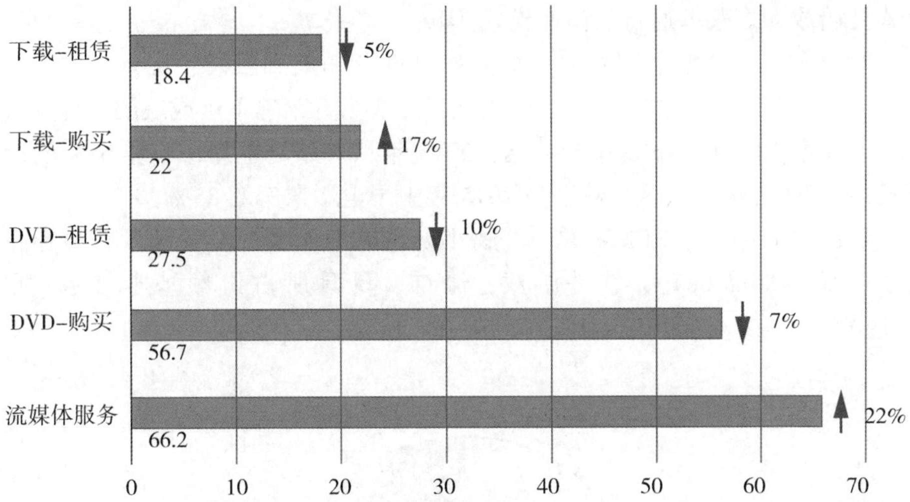

注：数据来源自 Strategy Analytics。

图 13-12　2016 年美国用户家庭娱乐消费类型(单位：亿美元)

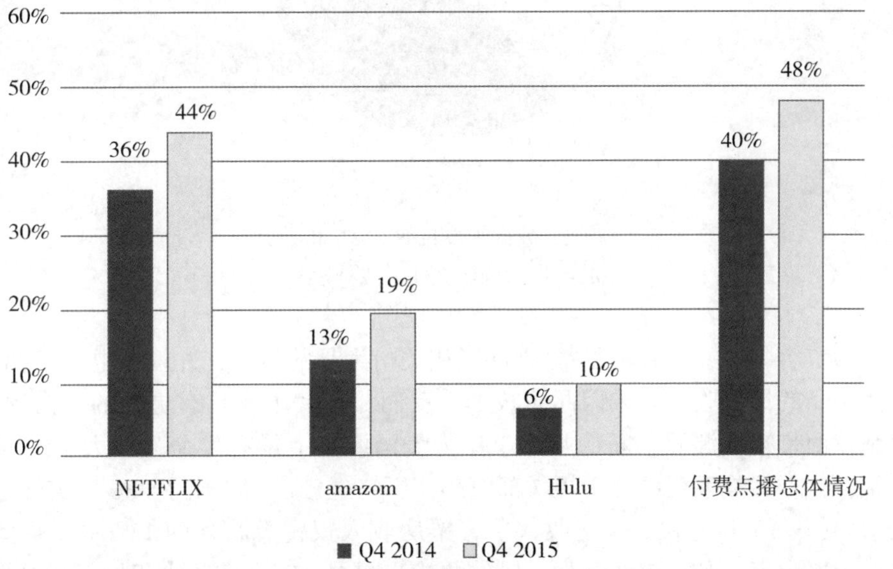

注：数据来源自 statista。

图 13-13　美国流媒体市场表现

电影市场总收入的 70%。迪斯尼可以算是衍生品战略实施的先行者，早期通过将“米老鼠”肖像使用权卖给商品生产商来扩展盈利来源。随后，还在业内首创了电影原声带销售模式，从而拓展了电影衍生产品的经营领域。迪斯尼业绩的快速发展，让其他制片商们认识到衍生品巨大的商业前景，电影衍生盈利模式开始成为好莱坞通行的商业模式。①

时至今日，电影衍生品的市场开发已逐渐拓展到服装、玩具、旅游、教育、音像出版、图书、文具等众多领域，并成为好莱坞不可或缺的支柱型收益来源。根据 NPD Group 提供的数据，2015 年从好莱坞电影中衍生出来的玩具就卖出了 57 亿美元，这个数字是 2015 年中国电影票房的 85%。②

从衍生品的收入构成来看，礼物小说份额为 40%，是美国观众最青睐的衍生产品，食品饮料、软件游戏，服饰、玩具所占份额基本接近(见图 13-14)。

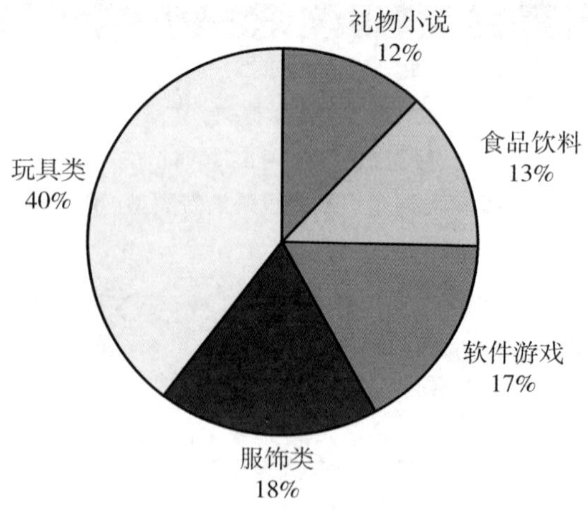

注：数据来源自 NPD Group。

图 13-14　电影《星球大战》收益来源

1977 年上映的《星球大战》带动了相关衍生品的热销，并且在电影下档后，其衍生品的销售收入并未因此而减少，反而比影片本身具有更长的生命周期，为制片商带来了源源不断的收入。作为美国影史上最有生命力的大 IP，迄今为止，星球大战系列已经拍摄 7 部电影，围绕电影已衍生出了 330 亿美元的大生意(见表 13-4)。在 330 亿收入中，票房收入仅占总收入的 13. 6%。主要收入在于电影衍生品，包括玩具、软件游戏和图书。三者的收入相加，在总收入中所占份额高达 65. 8%，充分说明电影衍生品的巨大掘金能力，甚至有观点

① 王沁沁，张宏．衍生的商机——电影衍生品的市场透视[J]．当代电影，2011(10)：118-121.

② 赵丽．电影衍生品市场盗版严重好莱坞对中国授权金是美国 3 倍[EB/OL]．[2016-01-28]．http：//news. mtime. com/2016/01/28/1551989. html.

称，“好莱坞电影已经成为衍生品的超长宣传片”。

表 13-4　　　　　　　　**星球大战系列收入来源①**

项目	收入	份额	总计
玩具类	150 亿美元	45.5%	330 亿美元
软件游戏	47 亿美元	14.2%	
票房收入	45 亿美元	13.6%	
DVD	43 亿美元	13.1%	
图书	20 亿美元	6.1%	
租赁	12 亿美元	3.6%	
其他	13 亿美元	3.9%	

4. 海外市场

美国电影市场的繁荣与庞大的国内市场有着巨大关系，但是现在这个情况发生了逆转。从过去十年全球票房变化趋势来看，美国在全球票房所占的份额有所下滑(见图 13-15)。2006 年北美票房占全球票房总额的 36%，超过 1/3 的

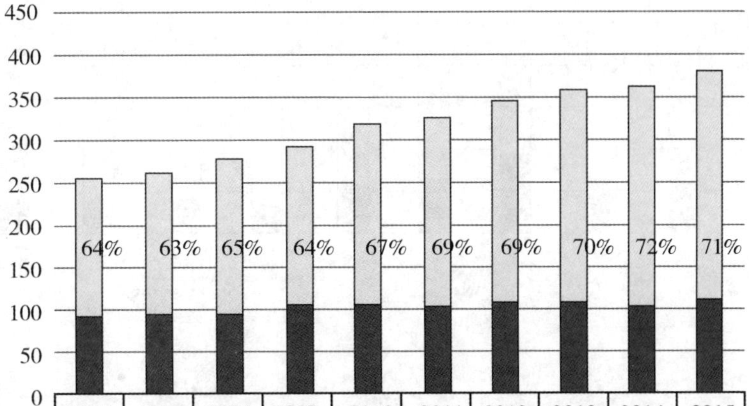

	2006	2007	2008	2009	2010	2011	2012	2013	2014	2015
□北美地区外	163	166	181	188	212	224	239	250	260	272
■北美	92	96	96	106	106	102	108	109	104	111

注：数据来源自 MPAA。

图 13-15　2006—2015 年全球票房(单位：亿美元)

① 2015 Theatrical Market Statistics Report[R]. MPAA, 2015.

份额。随后十年，全球票房收入不断攀升，但是北美票房收入的增长速度落后于全球票房的增长速度，近五年中国电影市场的突飞猛进，成为推动全球票房增长的中坚力量。北美依然是全球最大的电影市场，但是优势在逐年递减，将 2015 年与 2006 年市场份额进行对比，北美丢失了将近 7%的市场份额。①

一边是海外市场的火热，另一边是国内市场的增长乏力。如前所述，近年来，美国国内市场已经开始出现萎缩迹象，观影人数持续下滑，人均观影次数减少，影院屏幕数停滞不前。从产业生命周期来看，美国电影市场作为一个成熟的市场，增长空间日渐狭小。而反观亚洲市场，尤其是中国市场的火热，一向嗅觉灵敏的好莱坞早就将更多的目光转向海外市场。从图 13-16 来看，美国影史票房 TOP10 中，无一例外，海外票房都远超本土票房，海外市场已成为支撑好莱坞收入的主要力量。为了迎合海外市场，好莱坞的大制片商们也做了颇多努力，比如影视排名第十位的《钢铁侠 3》，邀请范冰冰、王学圻两位中国演员加盟客串，尽管两人加起来戏份不足三分钟，而且在国际版中范冰冰的戏份基本上完全被剪掉，但是这样的“特供版本”仍可以看出好莱坞对于中国市场的重视。随着中国电影市场的持续火爆，中国当红演员加盟好莱坞电影已经成为大趋势。

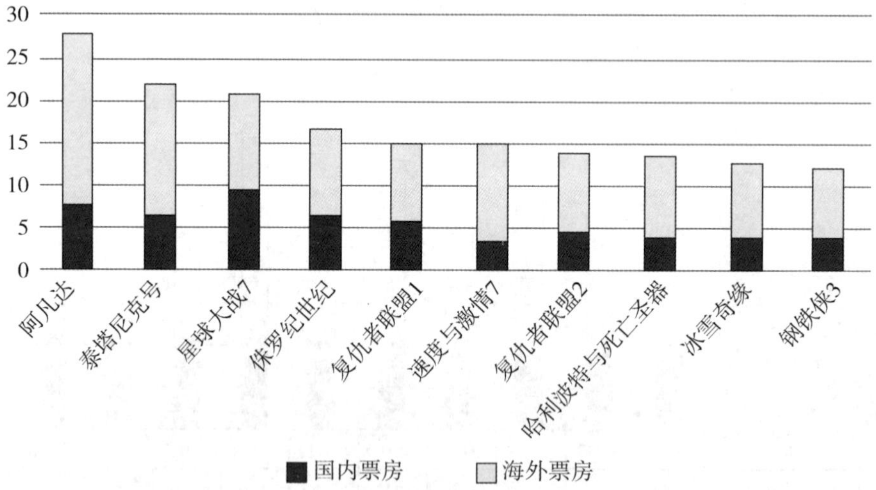

注：数据来源自 The Numbers。

图 13-16　美国影史票房 TOP10 国内外票房比例(单位：亿美元)

① 2015 Theatrical Market Statistics Report[R]. MPAA, 2015.

第二节　美国电影市场建设举措

一、美国电影市场建设历程

1. 萌芽阶段：好莱坞的诞生

1893 年，爱迪生发明电影视镜并创建“囚车”摄影场，被视为美国电影产业诞生的标志。早在美国电影产业诞生初期，垄断就是美国电影产业的一大特色。1908 年，爱迪生成立了电影专利公司，该公司拥有 16 项专利，凭借着专利优势，垄断了美国电影的制作、发行和放映。当时的制片基地主要集中在纽约，为了摆脱电影专利公司的垄断，独立制片商开始寻觅逃离的方法。1910 年，日后被称为“电影之父”的大卫·格里菲斯在远离纽约和芝加哥的洛杉矶郊外小镇好莱坞拍摄了《古老的加利福尼亚》(*In Old California*)，好莱坞阳光充足，非常适合电影拍摄，大卫·格里菲斯呆了好几个月，又拍摄了多部影片，才返回纽约。大卫·格里菲斯的成功，让一直在寻求逃离垄断方法的独立制片商们意识到，好莱坞不仅拥有得天独厚的自然条件，而且其地理位置临近墨西哥边境，一旦被专利公司诉讼便可逃离。① 1911 年，第一家电影制片厂在好莱坞开业，随后，制片商们陆续迁入好莱坞，20 世纪 20 年代前后，米高梅、派拉蒙、华纳兄弟、联美、20 世纪福克斯、雷电华、环球和哥伦比亚已经在好莱坞站稳脚跟，形成好莱坞的第一梯队，也就是赫赫有名的“八大”，20 世纪 20 年代，好莱坞已经是美国第五大产业了。

19 世纪末 20 世纪初，美国的城市工业发展和中下层居民迅速增多，电影成为适应城市平民的一种大众娱乐方式。它最早出现在歌舞游乐场内，随后进入小剧场。不久后，犹太移民在新兴的电影产业中发现了新的商机，在临街剧院中展映电影的镍币影院诞生。因其入场券为 5 美分镍币，以此命名为“镍币影院”。镍币影院的出现带动了观影人数的大幅上涨，到 1910 年，每周观影人数多达3 600万人次。

爱迪生的电影专利公司在东海岸垄断电影制作、发行和放映，一批制片商迁移至西海岸与之对抗，好莱坞气候渐成，加之“一战”期间大批欧洲电影人

① Staff. Memorial at First Studio Site Will Be Unveiled Today[N]. Los Angeles Times, 1940-09-29.

逃离到美国，给美国电影产业输送了一大批人才和成熟的制作经验。与此同时，大众的观影习惯也开始形成，不断上升的观影需求也推动了电影数量和水平的提高。美国电影市场已初步形成。

2. 发展阶段：经典好莱坞时期

好莱坞形成后，美国电影市场的发展走向了快车道。经典好莱坞时期的标志性事件是：有声电影的形成，电影体系的形成以及类型电影的出现。

1927 年 10 月 6 日，由华纳兄弟公司拍摄的音乐故事片《爵士歌王》标志着有声电影的诞生，同时也拉开了好莱坞黄金时代的帷幕。《爵士歌王》严格意义上讲并不能算是真正的有声片，其中只有几句话和几段歌词，但是却受到市场的热烈追捧，影片的成功让当时濒临破产的华纳兄弟起死回生。制片厂们意识到有声电影是电影发展的新趋势，在两年时间内均开始拍摄有声片。声音使得电影的魅力得到更好的展现，观影群体迅速扩大，电影观众从 1927 年的 6 000万，猛增至 1929 年的11 000万。经济大萧条初期，各行各业的发展都开始倒退，唯独电影业一路高歌猛进。市场的繁荣使得好莱坞的创业者开始冒进，不断向金融市场大规模融资，快速扩张影院数量，企业负债率因此飙升。

可是好景不长，盲目扩张和大环境的萧条给电影工业以沉重打击，到 1932 年，影院上座率相对于 1932 年下降了 30%，一批较小的影视公司及影院倒闭。福克斯面临重组，派拉蒙则早已宣布破产，好莱坞历史最悠久的环球和刚刚成立不久的雷电华都同样进入破产管理的阶段。

资本力量的介入使得好莱坞化险为安，以大制片厂为重心的电影体系也渐渐成形。洛克菲勒和摩根两大财团帮助好莱坞八大制片公司度过危机，在银行家的介入下，八大制片厂公司或多或少进行了企业内部结构的调整，投资人和职业经理人组成的现代企业管理模式让“八大”重新走上正轨。截至 1939 年，华尔街投向“好莱坞”的资金累积至 20 亿美元。规模化生产以及制作、发行、放映垂直一体化的运作机制，在这一阶段完成了最初的结构性建设，制片厂制度开始渐渐在好莱坞形成。① 20 世纪 30 年代，好莱坞成为全球电影生产的中心，控制了全球电影市场的 60%~90%的份额。

高度集成的好莱坞制片制度将电影创作的每一个环节都标准化，并纳入快速运作的生产流水线。利润驱动着制片商完全以市场为导向，严守商业戒律，最终导致大量类型片的蓬勃发展。

① 王义之．五个历史细节看透好莱坞［EB/OL］．［2014-04-08］．http：//news.mtime.com/2014/04/04/1526131-all.html.

3. 短暂的衰落：大制片厂的衰落

在20世纪40年代后期，大制片厂制度和好莱坞黄金时代的衰败主要是由两个因素导致的：一是派拉蒙案的裁决；二是电视的普及。

随着大制片厂制度的不断发展，原本是为摆脱垄断而形成的好莱坞如今也走向了垄断。40年代末，独立放映商们依据反托拉斯法，向政府抗议大制片商们的垄断行为。1948年，业界称为"派拉蒙判决"的案例标志着好莱坞的大制片厂制度走向终结——最高法院宣布大制片厂对电影业的垄断为非法，要求放映业必须与制片、发行分离。大制片商不能再控制放映这一产业链终端环节，只能依靠影片质量和大规模宣传来吸引观众，制片和宣发成本随之大幅攀升。

如果说派拉蒙案终结了大制片厂的垄断的话，那么电视的普及就是终结了电影在娱乐业的垄断地位。20世纪五六十年代电视机逐渐普及并进入家庭，消费者以每月20万台的速度哄抢电视，到1957年，影院每周接待观众的数量已经锐减到不足4 700万。

由于政策环境的变化以及替代品抢夺受众，美国电影市场开始进行调整，制片公司越来越倾向于大场面、大制作、高预算的"大片"。不过，电视的普及是威胁也是机遇，制片厂开始作为内容提供商与电视网络进行合作，广播电视成为继院线之外的另一电影发行渠道。

4. 复苏阶段：新好莱坞时期

新好莱坞时期是以20世纪60年代新一代吸收了欧洲先进电影制作方法的学院派导演的出现为标志的。1967年，《邦妮和克莱德》(*Bonnie and Clyde*)一片在票房上的成功标志着美国电影市场开始走向复苏。弗朗西斯·福特·科波拉、乔治·卢卡斯、马丁·斯科塞斯、罗曼·波兰斯基等新一代导演推动了好莱坞的类型题材和电影技术的发展。在他们的主导下，新好莱坞时期的电影作品获得商业上和艺术上的双重成功，经历了四五十年代的低谷，美国电影市场走向复兴。随后，美国电影市场重新走上发展的快车道，这一切得益于四个方面的努力。

在类型方面，大制片厂体系的瓦解重塑了好莱坞的制作观念，伴随着宽银幕的兴起，大片开始流行起立。从此，美国电影被划分为两个范畴：大片(blockbusters)和独立电影(independent films)。70年代"高概念电影"这一商业模式开始在好莱坞走红，《大白鲨》《星球大战》就是高概念电影的典型代表作。另一边则是低成本的独立电影，这类电影往往独具创造性，由于成本较低，成功的独立电影也具有很高的利润率。类型上泾渭分明，从制作、发行到放映，大片与独立电影分别属于两种不同的电影工业成产流程。

在发行渠道方面，多样化的渠道扩大了美国电影市场规模。80 年代后期，家庭录像带技术的普及速度非常快，在当时堪称一场革命。家庭录像带的兴起给制片商们打开了另一条利润来源，而且由于这一渠道的发行费用很低，所以利润空间巨大。80 年代，美国电影发行市场已经形成影院、电视网络、辛迪加和非影院放映(非影院市场包括学校、酒店、医院、军队等)四位一体的模式。①

在组织结构方面，好莱坞不断通过兼并重组实现产业结构的优化调整，电影产业走向跨类别的集团企业时代。这一阶段，好莱坞不再局限于电影，将触角伸到广播电视、音乐、主题公园等文化传媒产业各个领域，这种多元化经营模式主要通过兼并重组方式实现。最为经典的个案当属 1985 年默多克的澳大利亚新闻联合公司，成功并购 20 世纪福克斯公司，形成了综合电影电视广播新闻出版的大型跨国集团。

经过类型、发行渠道以及组织结构等方面的调整，美国电影市场进入了平稳发展阶段。

5. 扩张阶段：好莱坞全球化

美国电影市场之所以能成为全球第一票仓得益于其庞大的国内市场。在 20 世纪 80 年代末，国内市场发展趋向平稳增长状态后，好莱坞将目光放到了更广阔的海外市场，不遗余力地推行全球化策略，它也成为电影工业全球化运动的主导者和受益者。② 在美国电影市场海外扩张阶段，美国政府一直扮演着护卫和先锋的角色。1985 年美国国会和大使馆支持美国电影输出协会的英文缩写(Motion Pictuses Export Associoction of American，简称 MPEAA)要求韩国允许好莱坞建立发行公司，并要求韩国改变国产电影放映时间占全年 146 天以上的规定。1997 年詹姆斯・卡梅隆指导的《泰坦尼克号》攻陷全世界，在全球范围狂揽 15.28 亿美元票房。1999 年一年之内，好莱坞的电影作品就已在世界上 112 个国家和地区公开放映，好莱坞文化疯狂快速地渗透到世界各地。③

资本战略是美国海外市场扩张的重要战略。从 20 世纪 80 年代开始，在好

---

① [美]珍妮特・瓦斯科．浮华的盛宴：好莱坞电影产业解密[M]．毕香玲，译．北京：中信出版社，2006：87.

② 方付建，占康．好莱坞电影的全球化策略[J]．科学决策，2007(10)：54-56.

③ 鲍玉珩．好莱坞市场经营术[J]．电影艺术，2002(3)：31-35.

莱坞的兼并重组中，通过出让公司股份、分公司等方式吸收了大量的海外资本。据统计，在20世纪80年代至90年代，仅欧洲的公司就把数亿美元的资金注入了好莱坞。20世纪末，好莱坞通过向海外投资和合拍的方式敲开海外市场大门，如2001年，哥伦比亚公司与中国合拍的《卧虎藏龙》《大腕》等电影，在中国本土市场上表现良好。

6. 冲击阶段：流媒体异军突起

近年来，互联网以及移动互联网的飞速发展给美国电影市场造成不小冲击，随着流媒体服务大举入侵制片市场和发行市场，"硅谷颠覆好莱坞"的论调尘嚣日上。

理查德·麦特白（Richard Mabltby）在《好莱坞电影：美国电影工业发展史》里曾说过："技术最明显的影响是在影片的发行系统和商业模式上……而技术的互动性也在鼓励观众改变甚至支配数字影片，从而寻找新的乐趣。"

2005年，好莱坞知名导演史蒂文·索德伯格与2929电影公司签署了一份协议：史蒂文的6部影片会在院线、DVD和有线电视三个平台同步发行，由2929旗下的子公司负责。这样的尝试触动了院线的利益，从而遭到院线的强烈抵制。受众的迁移让好莱坞意识到危机。2007年，福克斯、迪斯尼和环球合资成立了视频网站Hulu，欲与风头正劲的流媒体服务商Netflix对抗。同年，索尼整合了收购的子公司，并成立Crackle网站，专门负责索尼片库的网络发行。电影消费的在线化转型给传统发行渠道带来了很大冲击，尤其是音像发行。有相关数据显示，2013年，好莱坞电影DVD销售收入下降比例高达14%。① 在流媒体服务商持续不断的努力下，好莱坞赖以为生的"窗口期"也被大幅缩短。2016年2月26日，奥斯卡最佳外语片《卧虎藏龙》的续集《卧虎藏龙2：青冥宝剑》在Netflix以及北美IMAX影院同步上映，Netflix的付费用户无需额外付费即可观看，这是电影公司第一次直接把电影的首映权交给视频点播网站。

在发行市场站稳脚跟后，硅谷巨头们又开始瞄准制片市场。2015年，电商巨头亚马逊带给电影业一记惊雷，其电影部门宣布每年拍摄12部于院线上映的影片，同时将拍摄预算从500万美元上调至2 500万美元。而且，观众原本需要等待39~52周才能在网上看到院线电影，但是现在仅在4~8周之后，Amazon Instant Video（亚马逊即时视频）的会员即可在网上观看。

另外，好莱坞的重要支柱——明星制也开始受到互联网的冲击，2014年，

① 尹鸿，彭侃，尹一伊．世界电影产业发展趋势研究报告[J]．现代传播：中国传媒大学学报，2014，36(8)：1-8.

《名利场》杂志针对美国13~18岁的青少年进行调查，投票选出他们最喜欢的名人，结果出人意料，“最受欢迎”前五名被YouTube上的网络草根明星包揽；前10名中，有6个草根明星。

在上游，科技巨头们通过自制内容大举挺近市场，在下游，“窗口期”被大幅缩短，利润丰厚的DVD发行渠道正在被侵蚀。面对硅谷科技巨头的虎视眈眈，好莱坞正面临前所未有的危机，美国电影市场也将面临重新洗牌。

二、市场举措

1. 经纪人制度

经纪人是成熟市场的产物，是为买卖双方介绍生意以获取佣金的中间商人。美国电影业的高度发达和产业化运作，离不开完善、成熟的经纪人制度。造就好莱坞电影、美国电视节目在美国文化输出中的重要地位和全球文化市场中的重要影响力的核心原因之一是明星制度下产生的偶像崇拜与品牌影响力。① 今天的美国影视明星们已经不局限于银屏上的男女主角，而是一种文化现象，是巨大的粉丝效应和消费能力。明星品牌的打造与运营，经纪人和经济公司功不可没。

美国好莱坞经纪实际包括两个部分：经纪人（Personal Managers）和经理人（Talent Agents）。经纪人（Personal Managers）角色类似个人职业顾问，活动范围相对经纪人要广泛，主要向代理人提供包括商业事务和个人事务的建议、忠告，并指引、调整代理客户的职业发展道路。大多数明星经纪人属于这一类型。经理人（Talent Agents）类似国内普通人才代理的猎头顾问，只不过他们主要是站在“求职者”而非“雇主”立场，主要责任就是把人才推销给买家，为他们的人才客户找到尽可能多的工作机会，并针对那些涉及客户利益的交易条款与买家展开谈判，为客户谋得最好的交易条件，经纪人仅仅局限于帮助客户获得工作并为之谈判相关交易条款。② 经纪人的薪资来自艺人不超过10%的收入提成，而经理人则可以上不封顶，通常可以达到15%~20%。③

① 张建凤．美国明星经纪人制度对我国的启示——以创新艺人经纪公司（CAA）为例［J］．东南传播，2010（10）：15-18.

② 周崇坡．影都好莱坞揭秘［M］．南昌：百花洲文艺出版社，2004：174-183.

③ 张建凤．美国明星经纪人制度对我国的启示——以创新艺人经纪公司（CAA）为例［J］．东南传播，2010（10）：15-18.

表 13-5　　　　好莱坞五大经纪公司①

公司名称	英文全名	创建时间	代表作品	重要客户	主营业务
创新艺术家经纪公司	Creative Artists Agency	1975 年	《星球大战》系列	斯蒂芬·斯皮尔伯格、威尔·史密斯、欧普拉·温弗瑞、勒布朗·詹姆斯	电影、电视、体育
威廉·莫里斯经纪公司	William Morris Agency	1898 年	《变形金刚》系列	克林特·伊斯特伍德、丹泽尔·华盛顿、康多莉扎·赖斯、娜塔莉·波特曼	电影、电视、出版
国际创新管理公司	International Creative Management, Inc	1975 年	《老友记》	碧昂丝、哈莉·贝瑞、克里斯·洛克	电影、电视、音乐、出版、新媒体
联合精英经纪公司	United Talent Agency, Inc	1991 年	《辛普森一家》	约翰尼·德普、哈里森·福特、科恩兄弟、詹妮弗·洛佩兹	电影、电视、音乐、出版、计算机和视频游戏、时尚
奋进精英经纪公司	Endeavor Talent Agency	1995 年	《丑女贝蒂》、《越狱》	马特·达蒙、蒂娜·费、梅赛德斯-奔驰、欧莱雅	电影、电视、出版行业精英人才代理、融资、营销

以五大经纪公司之首的创新艺术家经纪公司(Creative Artists Agency，简称CAA)为例，其高度市场化的运作方式值得我国文化产业借鉴。在 CAA，艺人好比流水线上的产品，各种工作人员就如同流水线上的工人，每人负责一个内容，人人都为产品最终推出服务。客户不再专属于哪个经纪人，只是公司的客户。对于超级巨星，只如同普通企业一样，会有一个专门的项目团队。整个团队各自分工，为客户挑选剧本，寻找投资方，洽谈发行机构，有时甚至还可以做一些日常事务的规划。衡量一个经纪人的工作业绩不是为客户谋得了多少工

① 胡晓明，肖春晔．文化经纪理论与实务[M]．广州：中山大学出版社，2014：18-24.

作，而是经纪人在团队里的工作表现。为更好获得利润，赢取谈判筹码，CAA经纪公司把制作节目需要的人才包括演员、导演、编剧等集合在一起打包出售。经纪公司收取整个节目预算的10%。CAA通常就是如此操作：要用CAA的演员，就必须用CAA的导演、制片人、剧作家等全套人员。它的销售是一个完整的项目：编剧 + 导演 + 演员 + 票房 + 其他附加(网络、DVD光盘、书)一起打包，甚至还在中国，根据当地市场，提供给投资方资金具体回收模式和数额。①

2. 市场主导的资源配置

以好莱坞为代表的美国电影业在资源配置方面完全以市场为主导，通过自由竞争调节供求与价格，形成竞争。

演员片酬由票房决定，导演身价看市场表现。《盗梦空间》是由克里斯托弗·诺兰执导，莱昂纳多·迪卡普里奥等主演的电影。影片剧情游走于梦境与现实之间，被定义为“发生在意识结构内的当代动作科幻片”。该电影以1.94亿美元的制作成本荣登美国电影史上制作成本最高的100部影片前列，但该片也为投资方赚回了8.17亿美元的票房和营业收入，堪称好莱坞电影史上投资回报率最高的影片。分析这部电影的成本，得知演员片酬2 500万、导演薪酬1 000万、制片人薪酬1 500万、其他薪酬1 500万、拍摄制作4 500万、后期制作5 000万、宣传4 000万美元。其中主演莱昂纳多·迪卡普里奥一人的片酬高达2 000万美元，后期票房收入分成达到3 900万美元，整体收入高达5 900万美元，创下了好莱坞男影星单部影片票房收入最高纪录。作为主流一线男影星，莱昂纳多·迪卡普里奥的片酬令人咋舌，但考察其主演的影片的票房业绩，不难发现莱昂纳多是名副其实的票房保障(见表13-6)。出生于1974年，如今才40多岁的莱昂纳多1990年出道，1993年主演了第一部电影，至今已经主演了24部好莱坞主流电影，贡献了25.18亿美元的票房，平均每部影片创造票房达到1个亿。因此，尽管莱昂纳多片酬早已突破2 000万美元，而且要求10%-15%的全球票房分红，但邀请其出演男主角的导演和制片方仍然趋之若鹜。

一线明星片酬奇高，有其合理性，但其片酬并非固定不变，而是随市场票房变化而波动的。一般而言，如果一个明星连续2~3部影片出现票房遇冷，投资与回报不成正比的情况，那么其实际身价就会下跌。即使明星本人及其经纪人或者经纪公司碍于颜面不愿意主动降低片酬，也往往会出现“有价无市”的局面，造成票房失利的明星工作量骤减。例如史泰龙、莎朗·斯通、黛米·

① 张建凤. 美国明星经纪人制度对我国的启示——以创新艺人经纪公司(CAA)为例[J]. 东南传播，2010(10)：15-18.

摩尔等在20世纪80年代到90年代末风头无二的一线明星到了2000年以后逐渐过气。①

表13-6 好莱坞男星莱昂纳多·迪卡普里奥收入与业绩统计②

片名	上映时间	收入(万)	美国本土票房(亿)	美国本土上映荧幕(块)
荒野猎人 The Revenant	2015年	2 000	1.83	3 711
华尔街之狼 The Wolf of Wall Street	2013年	2 500	1.17	2 557
了不起的盖茨比 The Great Gatsby	2013年	2 000	1.45	3 535
盗梦空间 Inception	2010年	5 900	2.93	3 792
血钻 Blood Diamond	2006年	2 000	0.57	1 910
无间道风云 The Departed	2006年	2 000	1.32	3 017
飞行家 The Aviator	2004年	2 000	1.03	2 530
猫鼠游戏 Catch Me If You Can	2002年	2 000	1.65	3 156
海滩 The Beach	2000年	2 000	3.98	2 547

注：货币单位为美元。

好莱坞制片公司对导演的任命与考核，也主要看票房：过去三年的总票房、单块荧幕票房和单周票房是主要参考数据。有的导演喜欢艺术片，虽然总票房不行，但单块荧幕票房很好，所以依然是一流导演，华裔导演李安就属于这一类。导演考核机制非常残酷，不看过去，哪怕十年前有几亿美元的票房也不管。③

表13-7 李安与史蒂芬·斯皮尔伯格票房业绩比较

导演	拍摄电影数	全美总票房(亿)	单部电影平均票房(亿)	首映单周平均票房(万)
史蒂芬·斯皮尔伯格	30	43.05	1.43	2 895
李安	12	5.47	0.46	2 935

注：货币单位为美元。

① 周黎明．好莱坞启示录[M]．上海：复旦大学出版社，2014：135.

② LeonardoDiCaprio[EB/OL]．[2016-07-20]．http：//www. boxofficemojo. com/people/chart/？view=Actor&id=leonardodicaprio. htm.

③ 高晓松．晓说4[M]．北京：北京联合出版公司，2014：221.

3. 集团经营与资本运作

美国电影产业的制造力是通过规模化集团化经营和完善的产业链而实现的。2015 年，美国有 164 家制片公司(studio)制作发行了电影。其中排名前十的制片公司分享了 87. 1%的市场份额,① 从市场结构来看，美国电影市场属于典型的寡头垄断(见表 13-8)。从最近 10 年的市场份额和票房收入来看，环球(Universal)、迪斯尼(Walt Disney)、华纳兄弟(Warner Brothers)、20 世纪福克斯(20th Century Fox)、索尼(Sony)、派拉蒙(Paramount)是当之无愧的好莱坞六大电影公司。

表 13-8　　**美国电影市场占有率排名前十的电影公司(2015 年)②**

排名	公司	市场份额	美国本土票房（百万美元）	上映新片（部）
1	环球影业 Universal	21. 3%	2 444. 9	23
2	迪斯尼 Walt Disney	19. 8%	2 280. 2	15
3	华纳兄弟公司 Warner Bros.	13. 9%	1 603. 1	38
4	20 世纪福克斯公司 20th Century Fox	11. 3%	1 302. 9	24
5	索尼/哥伦比亚公司 Sony / Columbia	8. 4%	966. 3	20
6	派拉蒙公司 Paramount	5. 9%	674. 7	16
7	狮门影业 Lionsgate	5. 9%	673. 8	27
8	新线公司 New Line	2. 9%	337. 4	6
9	温斯坦公司 Weinstein Company	2. 6%	301. 5	14
10	福克斯探照灯公司 Fox Searchlight	1%	119. 3	11

六大主流公司都采用了集团化经营方式，既有效集聚了电影制造的各种要素，又有利于其业务的延伸。一方面，由于电影业具有高风险和高投入的特性，集团化便于吸纳人才与筹集雄厚资金，并通过混合经营，达到节约成本、分摊风险、扩大收益的目标。这六大公司占有美国 75%的电影发行，每年 10

① Company view yearly [EB/OL]. [2015-12-12]. http://www.boxofficemojo.com/studio/? view=company&view2=yearly&yr=2015&p=.htm.

② Company view yearly [EB/OL]. [2015-12-12]. http://www.boxofficemojo.com/studio/? view=company&view2=yearly&yr=2015&p=.htm.

部大片占有电影产业总收入的1/3~1/2。① 其他独立制片公司则在市场细分中以灵活多变的方式参与资金投入少、技术含量低的部分电影制作。另一方面，美国在电影产业链延伸至电影后产品的开发方面(包括电影各类衍生品如录像带、VCD、音乐磁带、外景地的旅游开发，服装道具的拍卖以及与电影相关的演艺经纪、广告、电影频道等相关产业)，也卓有成效。

在好莱坞，所有人都信奉的一句话叫“Money Talks，Money Walks”(金钱至上，有钱走起)②。今天美国电影市场六大主流电影公司垄断地位的形成，是资本运作的结果。自美国20世纪80年代起，美国电影公司之间的收购合并一直都在上演。1985年新闻集团收购福克斯，1989年索尼收购哥伦比亚，2004年NBC与环球影业合并，2005年索尼收购米高梅、派拉蒙收购梦工厂、迪斯尼与韦恩斯坦分家，2006年迪斯尼收购皮克斯，2008年时代华纳合并新线。正是这些收购合并，让美国电影产业能够优胜劣汰、良性发展，最终形成了今天六大电影公司垄断竞争、规模化经营的局面。

三、行业协会举措

美国崇尚市场经济和自由竞争，没有专门设立管理电影业的政府部门，主要依靠行业组织自治。③ 据美国协会执行官组织(American Society of Association Executives)定义：“行业协会是由单一行业内的竞争者组成的非营利组织，其目的是为提高该行业产量、销量而提供的各种互助性服务。”④行业协会具有非营利性、民间性、终结性、自治性、公益性等特征。⑤

美国电影行业协会众多，且功能完备，覆盖电影产业方方面面。重要的电影行业协会主要有美国电影协会(Motion Picture Association of America，简称MPAA)、美国影院业主协会（National Association of Theatre Owners，简称NATO)、美国导演工会(Directors Guild of America，简称DGA)等，它们在行

① 董小麟，吴珊．美国电影产业贸易的经验及其对中国电影贸易的启示[J]．国际商务——对外经济贸易大学学报，2011(4)：103-111.

② 第一制片人．好莱坞六大公司捞金手段：储备丰富IP资源，构建全产业链模式[EB/OL]．[2014-07-20]．http：//news. mtime. com/2016/03/21/1553640. html.

③ 于秀娟，刘汉文．美国电影产业监管模式与扶持政策分析[J]．传媒，2013(11)：66-68.

④ Joseph. F. Bradley. The Role of Trade Association and 20 Professional Business Societies in America[M]. Philadelphia：The Pennsylvania State University Press，1965.

⑤ 杨宁．基于电影产业的行业自治研究——兼及当下中国电影行业管理的转型[J]．电影艺术，2009(1)：5-12.

业与政府、公众之间发挥着桥梁纽带作用。其中，美国电影协会在美国电影市场中扮演着重要角色，是电影产业的协调者和保护者。

美国电影协会历史悠久，其前身是1992年成立的“美国电影制片与发行协会”(MPPDA)，该协会也是美国电影史上第一个行业协会，由好莱坞八大制片厂发起，美国前邮政部部长的威尔·H. 海斯担任第一任主席。在成立初期，MPPDA的主要目的就是通过强有力的公共关系活动来确保好莱坞财政方面的稳定性以及对华尔街投资者们的持续吸引力，同时树立和维护影片的道德和艺术水准。随着美国电影市场的快速发展，MPPDA也只能不断拓展，通过与政府合作争取美国电影在海外的利益，为解决企业间的无序竞争制定了仲裁条例和反垄断规定，并制定了世界上第一部完整的电影法《海斯法典》。1945年，美国商会前总裁埃里克·约翰斯顿成为第二任主席和首席执行官，协会改名为美国电影协会(MPAA)。

目前，美国电影协会的成员为六大影视巨头：华特迪斯尼公司、派拉蒙电影公司、环球电影公司、华纳兄弟影视娱乐公司、索尼影视娱乐公司和20世纪福克斯电影公司，每年六大电影公司为美国电影协会提供1.2亿美元的运营费用，以此换取美国电影协会的服务和保护。

(1)电影分级。为抵御更加严格的官方审查，电影行业的自律审查法《海斯法典》应运而生。1965年，旨在保护少年儿童的分级制度取代了《海斯法典》，这项制度由美国电影协会的第三人主席杰克·瓦伦蒂创造，由美国电影协会旗下的电影分级委员会(The Classification and Rating Administration，简称CARA)操作。成为影片分级委员会成员必须的条件就是必须是已经为人父母的人。分级委员会将根据电影的主题、语言、暴力程度、裸体程度、性爱场面和毒品使用场面等，代表大部分家长可能给予的观点来对电影进行评价。其目的是提前给家长提供电影的相关信息，帮助父母判断哪些电影适合特定年龄阶段的孩子们观看。

表13-9　**美国电影分级的类别及含义**

分级	含义	MPAA解释
G	大众(General Audiences)	任何人都可以观看
PG	父母指导下观看(Parental Guidance Suggested)	该级别电影中的一些内容可能不适合儿童观看
PG-13	父母强烈注意(Parents Strongly Cautioned)	建议13岁后儿童观看
R	限制级(Restricted)	建议17岁以后观看
NC-17	只限成年人(Adults Only)	17岁以下(包括17岁)禁止观看

尽管分级制度是基于自愿原则，不过由于绝大多数影院只放映经过分级的电影，所以大多数影片都会送审分级。最终的评级结果也会对影片的收入产生影响，级别越大众就意味着影片的潜在观众群体越大。该制度允许影片重新剪辑、重新送审以取得不同的评级结果。此外，制片人可以就评级结果提出上诉，在匿名投票中若有2/3的上诉委员会成员不认可，则可推翻之前的评级。

(2)游说美国政府，推进保护其成员公司利益的政策、法律。美国电影协会成立之初的目的就是作为其成员公司的代表，通过对政府进行游说来保护成员的利益。美国电影协会的五任主席都有从政背景，政治资源丰富，凭借游说，好莱坞从美国政府得到了不计其数的支持和帮助，主要体现在解除贸易壁垒和版权保护上。

好莱坞一直致力于让自己的电影在世界范围内畅通无阻。面对其他国家的关税壁垒、配额制以及相关保护主义措施，美国电影协会与美国政府紧密协作。在美国政府的贸易谈判和政治压力下，美国电影协会成功地帮助好莱坞将更多的影片输出到世界各地。加拿大成为美国本土市场的一部分就得益于这种紧密协作。长期以来，美国电影协会旗下的成员公司直接向加拿大发行电影，拥有电影院，并通过在华盛顿和渥太华展开积极游说防止加拿大通过对抗性政策。1987年，加拿大起草《联邦发行法案》试图扭转这种局面，美国电影协会主席杰克·瓦伦蒂通过总统里根游说加拿大总理穆罗尼，美国参议院也向穆罗尼表达"强烈的反对"，借此在法案上大做文章，指责这是一种高度的贸易保护主义政策，可能导致美加两国无法达成自由贸易协议，最终迫使加拿大政府放弃此法案。① "二战"后，美国凭借空前的政治、经济优势倡导"关贸总协定"，旨在消除国际贸易之间壁垒，美国政府一直企图将电影和电视纳入到"关贸总协定"的范畴内，但是遭到别国的强烈反对。② 1985年美国国会和大使馆，要求韩国改变国产电影放映时间占全年146天以上的规定，支持MPEAA(美国电影出口协会)要求韩国允许好莱坞建立发行公司。同样的情况也发生在中国，加入WTO后，中国电影市场进一步打开，引进大片比原来增加一倍。

在打击盗版、版权保护方面，美国电影协会与美国政府同样合作默契。进入2000年，数字技术的发展给电影产业带来了更多的发展机会，但是盗版的威胁始终如影随形，极大地侵蚀着好莱坞大制片公司的利益。在美国电影协会

---

① Manjunath Pendakur. Canadian Dreams and American Control：The Political Economy of Canadian Film Industry[M]. Detroit：Wayne State University Press，1990.

② 彭侃. 美国政府的支持与好莱坞的全球扩张[EB/OL]. [2011-11-12]. http：//blog. sina. com. cn/s/blog_47384d2e0100xwds. html.

的不断游说下，美国政府在国内外运用法律、贸易等手段对版权加强保护。2014年10月，美国电影协会向美国贸易代表处提交了一份全球范围内的音像盗版调查报告，点名指出了一批提供盗版下载链接的网站"黑名单"以及全球10个最大盗版音像制品市场，其中包括中国的"人人影视"和"迅雷"，建议政府推出更加强有力的版权法案来规范电影市场以及跟其他国家合作来一起完成反侵权工作。

(3)保护知识产权，打击盗版。除了借助美国政府的力量反侵权外，美国电影协会也通过技术、公共教育等手段维护好莱坞的经济利益。

一方面，美国电影协会拥有自己的技术团队，在防盗版技术的开发和应用上居于世界领先地位，开发出数字电影放映机加密技术、影院防偷拍介质等打击盗版的技术。同时，对于新兴的技术，美国电影协会也保持着高度的警惕性。2014年10月，美国电影协会和美国影院业主协会联合公布了一项"零容忍"政策，即不允许观众在观看电影、表演期间使用任何具备录制功能的可穿戴设备。

另一方面，美国电影协会一直致力于通过广告、报告公共传播手段对观众进行正面教育。2003年推出公益广告《谁制作了电影?》(*Who Makes Movies?*)，通过讲述盗版将如何影响影视从业者的故事来试图唤醒公众的版权意识。2005年，美国电影协发布关于网络分享文件对电影产业的影响报告，报告称，每年网络分享行为给美国电影市场带来的损失高达61亿美元收入。

四、政府举措

经过百年发展，美国电影产业已经成为全球文化产业的风向标和国内重要的支柱产业，为国家贡献了大量的税收和就业岗位，创造了巨大的经济价值。更重要的是，美国电影业的发展和对外传播，有效地推销美国价值观，向其他国家的人民传播其生活方式和价值观念。正因为电影产业具有巨大的经济贡献和文化价值，才使得美国这样一个自由市场经济主导的国家也不断采取各种积极政策扶植和推动电影业发展。

1. 实施财税激励

进入20世纪90年代，随着演员片酬水涨船高、特效制作投入不断加大，以好莱坞为核心的美国电影制作成本不断上升，制片商开始将电影拍摄和制作转移到美国以外。与此同时，加拿大、澳大利亚、新西兰等国家出台了一系列推动本国影视产业发展和吸引国外影视制作投资激励政策。这些政策产生了很大的作用，实际上造成了美国影视制作行业的“外流”，米高梅、华纳、20 世纪福克斯等美国电影业巨头纷纷在国外搭建摄影棚、展开后期制作。1997 年底，加拿大政府出台了以“减免税收”为主的电影产业激励政策，导致 1998—2005 年的 8 年，美国电影制片商在加拿大的制片总额从 4. 3 亿美元上升到 12 亿美元。与之形成鲜明对比的是，好莱坞主要电影制片商在美国本土的投资总额从 1998 年的 39. 27 亿美元下降到 33. 78 亿美元，美国本土电影制片业直接经济损失达到 5. 49 亿美元。由于大量影片摄制和后期制作转移到国外完成，美国电影也被称作“落跑产品”(runaway production)。

为了应对其他国家电影产业激励政策对美国电影产业的冲击，美国一些州政府开始制定基于本地电影产业发展的激励政策，以应对国际市场的竞争。2001 年，路易斯安那州在全美率先推出电影制作激励政策(Movie Production Incentive，简称 MPI)。2005 年，电影业促进法案在该州获得通过，当年就在该州制造了5 473个工作岗位。2012 年该州给电影业退税 1. 7 亿美元。截至 2010 年，该州共出台了 118 项相关项目对 475 部电影进行了减免税收、直接补贴等激励。根据 BaxStarr 咨询公司的研究，路易斯安那州每资助电影产业 1 美元，会带来 5. 71 美元的经济产出。① 2011 年上映的大片《洛杉矶之战》并没有完全在加州好莱坞进行制作，而是将制片预算6 880万美元中的4 650万美元花在了路易斯安那州。其中1 200万美元用于支付临时演员、特技、替身等工作人员的工资。由于拍摄需要，该片取景地什利夫波特政府关闭了部分街道和高速公路，制片公司为此付给当地政府 3. 5 万美元，还支付给当地保安和警察 50 万美元，其他物资及租金超过1 000万美元。② 这些电影制作的开销，为路易斯安那州带来了财政收入，拉动了经济，增加了就业。由于具有先发优势，路易斯安那州成为 MPI 政策的最大受益者，被称为“南好莱坞”。

看到路易斯安那州从 MPI 政策获益，康涅狄格州、纽约州、马萨诸塞州、新墨西哥州相继于 2002 年出台类似政策推动本州内电影制作业发展。到 2009 年，全美共 44 个州出台了相关政策。美国 2013 年 42 个州政府给制片公司退税 15 亿 5 千万美元，占全美电影投资的 10%~15%。根据美国劳工部的统计，2004 年到 2013 年，纽约州、伊利诺伊州、宾夕法尼亚州、佐治亚州、路易斯安那州、北卡罗来纳州、康涅狄格州、新墨西哥州的 MPI 政策显著提升了该州的就业率。其中纽约州获益最大，电影行业从业人口从

① Elaine S. Povich. Giving away Louisiana Film Tax Incentives[EB/OL]. [2016-07-14]. http://www.theadvocate.com/specialreports/2014/12/02/giving-away-louisiana-film-tax-incentives/.

② 娄孝钦. 新世纪以来美国电影产业的政府扶持[J]. 中共成都市委党校学报，2011(5): 50-55.

2004 年的43 090人增加到53 040人。新墨西哥州增幅最高，电影从业人员从2004 年的1 450人增加到3 010人，翻了一番。与之形成鲜明对比的是好莱坞大本营加州电影从业者人数从 2004 年的152 530人下降到133 950人，十年间下降了 12. 2%。①

概括而言，美国各州政府采取的电影制作激励政策不外乎 6 种类型，分别是退税、现金补贴、直接拨款、免除营业税、免除房租和免除场租（见图 13-17）。

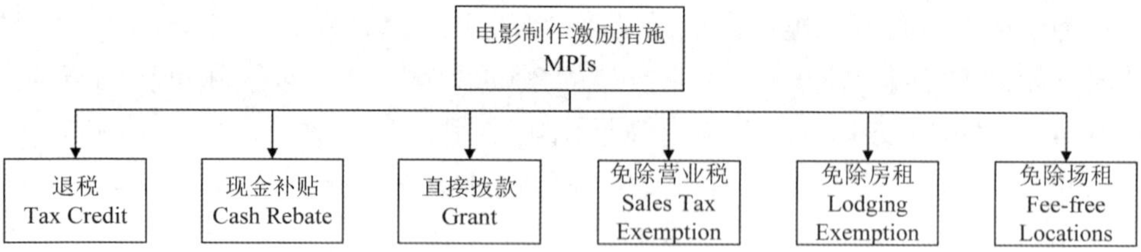

图 13-17 美国电影制作激励措施

所谓退税，并非一般理解的各州政府对纳税人已纳税款的退还，而是按照计税的方法和统计口径，对电影摄制组在当地制片的开销、人员工资总额进行统计，并计算应缴所得税与消费税，再按照一定比例对税收进行减免。电影制片公司在当地搭建摄影棚、摄制影片、雇佣当地临时演员、租用或建设当地基础设施、剧组演职人员在当地产生食宿、购物等消费活动，无疑会拉动当地经济发展，解决就业。基于此，为了激励电影公司和摄制组到本地拍摄影片，各州政府都出台了退税政策，对在本州内拍摄电影产生的消费进行退税。截至 2013 年，全美共有 43 个州出台了退税政策。由于税收抵免的资助有时候会超过电影公司所缴纳的税收总额，美国有 14 个州允许制片商将退税额度进行交易，转让给需要交税的其他电影公司和制片商，还可以将多余的退税额度转售给州政府。②

由于核税、申报、额度转让等程序相对复杂，制片商和电影公司往往会委托中介进行退税办理，这样难免降低了激励效率。为了提高效率，降低交易成本，到 2009 年，美国有 18 个州采取了现金补贴政策，直接现金退款给制片商或电影公司。比如南卡罗来纳州为在该州拍摄的电影提供了高达 30% 的当地

① Pew. More Incentives More Jobs[EB/OL]. [2016-07-14]. http://www.latimes.com/entertainment/envelope/cotown/la-et-ct-fi-film-tax-credits—20140831-story.html.

② Luther, William. Movie Production Incentives: Blockbuster Support for Lackluster Policy[R]. Special Report (Tax Foundation), 2010(173): 4-20.

开支现金补偿。①

直接拨款在得克萨斯州、田纳西州、哥伦比亚特区等10个州实施，在这些州，制片商可以获得在当地所付出开支总额7%~12%不等的政府补助，州政府通过财政直接拨付。得克萨斯州规定，如果在该州未经开发的地区拍摄电影，将额外获得2.5%~4.25%的政府补助。②

此外，为了吸引更多电影公司到本地拍摄电影，一些州政府还制订了特定项目免费使用，包括公共场地、办公设备、应急响应和交通管理的免费使用等。比如宾夕法尼亚州和新墨西哥州都允许电影公司免费使用当地公园、政府建筑、历史遗迹等公共财产。

上述电影制作激励措施的执行和实施，拉动了相关地区电影产业的发展，带动了旅游业、零售业的增长，提高了影视制作行业从业人员的就业率，起到了积极作用。但近年来，随着各州之间竞争的加剧，提供电影补贴的州在数量上大规模增加，各州所提供的补贴额度也在增长。路易斯安那州等率先实行MPI制度的州取得了先发优势，后来者为了争取电影公司的投资和鼓励本州电影业的发展，不得不提供数额更大的补贴额度。这种州与州之间的竞争常常得不偿失，纳税人不得不为这种补贴的“底线竞赛”买单。根据马萨诸塞州财政局测算，2006—2011年，该州每为电影行业退税1美金，只产生13美分的回报。每创造一个电影业相关工作岗位，要付出12.8万净支出。③ 美国民间和政界出现了此起彼伏的反对声音，认为MPI政策对经济的长期发展而言，无异于杀鸡取卵，是一种浪费的、无效的、不公平的手段。④ 反对人士认为，就促进就业而言，大多数的电影制作工作只能由有经验的专业人士获得，本州居民就业情况并不因为MPI政策的实施而得到改善。而且，电影作为短期投资项目，其提供的工作机会往往是临时性的，一部电影制作结束后，除非另一个制作出现，否则工人将面临失业。因此通过MPI政策提高本州居民的就业率实际上是“一厢情愿”。2009年以来，迫于财政压力，已经有亚利桑那州、爱

① 娄孝钦．新世纪以来美国电影产业的政府扶持[J]．中共成都市委党校学报，2011(5)：50-55.

② Josh Goodman. Tax Breaks for Sale：Transferable Tax Credits Explained[EB/OL].[2014-03-14]. http：//www. pewtrusts. org/en/research-and-analysis/blogs/stateline/2012/12/14/tax-breaks-for-sale-transferable-tax-credits-explained.

③ Robert Tannenwald. State Film Subsidies：Not Much Bang For Too Many Bucks[EB/OL].[2013-07-16]. http：//www. cbpp. org/cms/？fa = view&id =3326.

④ Cherry Louise Baxter. Fiscal and Economic Impacts of the Entertainment Incentives[EB/OL].[2014-07-07]. http：//www. opportunitylouisiana. com/docs/default-source/Performance-Reporting/2011_entertainment_economic_impact_analysis. pdf？sfvrsn =.

达荷州、印第安纳州、爱荷华州、堪萨斯州、密苏里州、密歇根州、康涅狄格州和威斯康星州先后取消了或暂停了 MPI 政策。①

2. 鼓励版权融资

现代化、产业化和资本化是以好莱坞为代表的美国电影业的基本特征，随着电影产业的日益成熟，资本与电影之间的关系越来越密切。鸿篇巨制的美国大片背后是整个电影产业规模的扩张和单个剧组项目制作量级的大幅提高。拍摄与制作电影，离不开稳定和充足的现金流作为支撑，电影业发展到一定程度，与资本形成了水乳交融的密切联系。

大规模生产和市场化运作环境下，电影业运作的关键在于融资，而融资的关键在于版权价值的评估、担保、分割和经营流通(见图 13-18)。美国版权融资制度的核心是将版权归类于动产之下，接受美国动产担保法的调整与规范。根据《美国统一商法典》(UCC)第九编规定，任何出于商品交易中的一方，既可以将版权、商标、商业秘密、集成电路布图设计等类型的知识产权中的某项单一权利或整体权利担保标的用于融通资金，也可以与借款人的其他财产一起设立担保。在权利转移的方式上，相对于专利和商标，美国动产担保法给予了版权转移更加宽容和开放的态度。② 版权转让程序也较专利权和商标权简单许多，转让行为只需备案即可，既无严格的等级要求，也无专利法规定的权利公式期限，更无商标法要求的一并转让原则限制。③

在电影版权担保融资的交易中，美国政府在政策构建、政企合作和促进资本市场改革创新方面都发挥了不可或缺的作用。④

为鼓励与支持中小企业发展，美国政府早在 1953 年就创立了美国联邦中小企业管理局(Small Business Administration，简称 SBA)，1958 年，SBA 被美国国会确定为“永久性联邦机构”，局长由总统亲自任命，直接向总统负责和汇报工作，全美 10 个地区局的负责人也全部由总统任命。中小企业管理局的主要任务是，听取中小企业的意见及需求，及时向总统报告，并就保护中小企业的权益向联邦政府提出政策建议，促进小企业的健康发展。美国中小企业管

① 闫瑞波，李波．迷失的美国电影补贴[J]．太原学院学报(社会科学版)，2016(6)：82-85.

② 刘藩．电影版权分割融资的理论基础和实践创新[J]．当代电影，2014(7)：108-112.

③ 安雪梅，李秋燕．美国电影制品动产质押模式的制度改进及其实践[J]．中国版权，2014(3)：83-86.

④ 范桂玉．美国电影产业发展与政府扶持[J]．传播与版权，2011(2)：138-140.

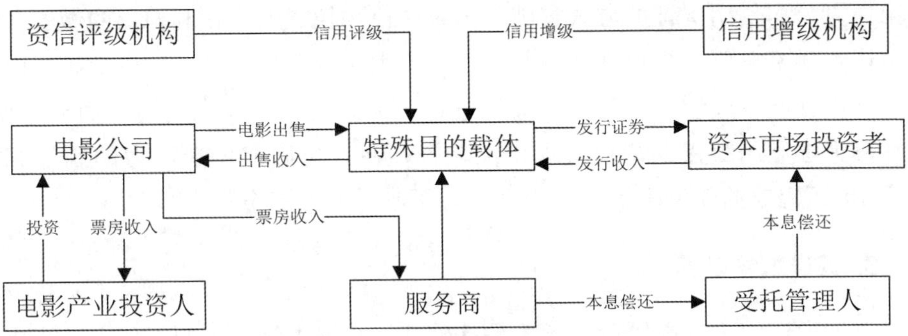

图 13-18 美国好莱坞电影版权证券化模式结构图①

理局总部设在华盛顿，在美国十大城市设有分局，有 69 个地区办公室、17 个分支办公室、960 多个服务点，员工总人数超过4 000人。② 近年来，联邦中小企业管理局为中小企业提供超过 900 亿美元的贷款担保组合，还利用政府采购项目为 100 万户中小企业提供近 100 亿美元的免费咨询和技术援助。③ 美国电影行业的中小企业数量不可小觑，除了传统的好莱坞六大电影公司，还有十万多家中小独立电影公司，这些中小电影公司的发展离不开 SBA 的支持。通过 SBA 的担保，花费 600 万美元制作的独立电影《心在彼处》(*Wish I was here*)获得了将近 300 万美元的版权担保融资。2014 年，该电影在圣丹斯电影节上映的第一天就被美国环球集团公司旗下的艺术品牌焦点公司买走了北美版权。④

美国政府跟民间资本合作，创立了知识产权创新金融服务公司(IP Innovations Financial Service Inc，简称 IPI)，为知识产权提供信用增强和低成本融资途径。该公司通过评价创新企业知识产权标的的价值来增加创新型企业的资信能力，为其知识产权担保融资交易活动的顺利进行提供信用保证。知识

① 徐佳璐. 电影版权证券化中的资产真实销售问题探析——以好莱坞电影版权融资模式为鉴[J]. 版权经济，2013(4)：77-81.

② About the SBA[EB/OL]. [2012-07-17]. https：//www. sba. gov/about-sba/what-we-do/history.

③ Small Business Administration (SBA) Loan Program Performance [EB/OL]. [2015-01-17]. https：//www. sba. gov/about-sba/sba-performance/performance-budget-finances/small-business-administration-sba-loan-program-performance.

④ 陈焱. 好莱坞模式：美国电影产业研究[M]. 北京：北京联合出版公司，2016：256.

产权融资面临的最大障碍在于对知识产权这种无形资产进行评估，以政府参与的第三方公司信用保证的方式突破了传统的以物权或财产权利担保的做法，符合电影业融资需要。拍摄恢弘巨制往往需要大量的资金，窘迫的电影制片商不得不在电影剧本成形之初就四处募集资金。而此时电影作品的版权尚未产生，制片商无法利用版权期待权实现担保融资。在具备版权创造潜力的制片商看来，IPI 所倡导的新型融资模式恰好契合了制片商的资金需求。

3. 促进人才培养

高度发达的美国电影业，人才是基础。好莱坞主流片厂的管理人员往往是商科或者法律出身，具有扎实的商业运作基础知识和丰富的法律实践经验。许多从事电影相关数字技术的工程师和艺术家在大学主攻数学、计算机或物理。当然，电影导演、编剧、演员等核心主创人才，往往科班出身，在专业的电影学院接受过高等教育。美国电影人才的培养，体系完备、门类齐全、理论与实践并重，为产业的发展提供了重要的支撑。美国联邦政府和各州政府，在培养电影人才方面开展了卓有成效的工作，起到了重要作用。

美国电影专业教育十分发达，全美超过 300 所大学提供电影专业或方向课程。从 2011 年开始，美国电影协会（MPAA）和《好莱坞报告》杂志（*The Hollywood Report*）每年都会评选并公布全美 25 所最好的电影院校和专业（Top25 Film Schools），2015 年最新上榜的院校见表 13-10。① 这 25 所大学中，有 7 所位于加利福尼亚州洛杉矶地区。除了这 7 所上榜院校，洛杉矶地区还有加州州立大学洛杉矶分校、北岭分校和长滩分校等多所院校提供电影相关专业课程。加州地区电影业和电影专业教育相互促进，奠定了好莱坞在美国乃至全球电影产业中的旗舰地位，这与加州政府对大学电影人才专业教育的大力支持分不开。例如：加州政府为鼓励电影公司为大学电影专业学生提供实习岗位，提供财政补贴并设立专项基金鼓励校企合作定向联合培养电影人才。该州开设电影专业的大学普遍为电影产业的发展提供高技术设备、工作室、摄影棚以及后期制作设备，促进本地区电影产业集群的形成。与此同时，在大学期间就受到过系统理论学习和专业训练的毕业生能掌握电影前期策划、制片、后期制作等知识，一旦毕业就可以立刻上岗。

① The Top 25 Film Schools in the United States 2015[EB/OL].［2015-03-17］. http：// www. hollywoodreporter. com/lists/best-film-schools—2015-top-828483/item/university-southern-california-top-25-823580.

表 13-10　　　　**全美最好的电影院校和专业前 25 名**

排名	院　　校	排名	院　　校
1	南加州大学电影艺术学院	14	北卡罗来纳大学艺术学院
2	纽约大学艺术学院	15	萨凡纳艺术设计学院
3	美国电影学院研究生院	16	芝加哥大学哥伦比亚学院
4	加州大学洛杉矶分校戏剧电影电视学院	17	瑞林艺术与设计学院
5	加州艺术学院	18	罗德岛设计学院
6	哥伦比亚大学艺术学院	19	旧金山州立大学电影学院
7	查普曼大学劳伦斯道旗电影媒体艺术学院	20	雪城大学视觉和表演艺术学院
8	洛约拉马利蒙特大学电影电视学院	21	帕萨迪纳艺术设计中心学院
9	卫斯理安大学电影研究学院	22	佛罗里达州立大学电影艺术学院
10	艾默生学院	23	西北大学传媒学院
11	得克萨斯州立大学奥斯汀分校传媒学院	24	科罗拉多电影学院
12	波士顿大学传媒学院	25	伊萨卡学院帕克传媒学院
13	斯坦福大学人文科学学院艺术与艺术史系	—	—

除了加州，其他各州政府也十分重视电影专业教育，通过各种手段支持电影人才的培养。南卡罗来纳州为电影制片商提供“南卡罗来纳电影制片基金”，该基金主要用于发展电影制片商与高校之间的合作项目，制片商必须与南卡罗来纳州的大学进行合作，以培养更多电影专业人才。爱达荷、路易斯安那、新墨西哥州为了吸引和培育大学之外的电影人才，提供了相关电影教育和培训项目以发现新人才、培养现有人才，为对电影产业感兴趣的人才提供就业机会，培养区域内的制片和后期制作专业技术人才。比如，2004 年，新墨西哥州在五个州立高校实施了“总督电影技术人才培训项目”，以培养州内电影专业技术人才。新墨西哥州推行的激励政策，实施了“电影摄制组高级培训项目”，制片商可以获得 50% 的州内雇工工资补偿，制片商必须为新墨西哥电影人才提供培训，让他们从初级水平提高到高级水平。这个激励政策不仅达到了扶持电影制片商的作用，还达到了培养电影专业人才的目的。密歇根州政府实施了非营利的“艺术工作”的职业培训项目，通过“艺术工作”项目，职业艺术家将为年轻人提供职业培训，向学生传授数字制片的经验，学生可以通过视频生

产、图形设计和网页设计的实习获取学分。①

第三节　美国电影市场发展举措对中国的启示

美国电影市场的繁荣背后，是好莱坞模式的巨大优势，其经验得失在生产创作、市场销售、资本运营和政策引导等诸多方面都对当前中国电影产业的发展和电影市场的培育有着很好的启示。

1. 提高内容质量，制作精良作品

作为内容产品，电影的质量首先是故事内容，即剧本要有创意和吸引力；其次演员演技水平对剧本的呈现和剧中人物的演绎起着重要作用，演员应该提升自己的修养与专业素质，同样，导演的水平对电影质量也起到决定作用；再次，随着技术的发展，电影制作的各个环节都融入了技术因素，目前电影制作技术越来越成为电影产业新的刺激点，将技术变成电影欣赏的内容，给观众消费者带来全新的体验效果。

美国电影，尤其是好莱坞大片在全世界广受欢迎，除了工业化的生产制作、高水平的市场营销等因素，其本质原因还是因为这些电影拍出了观众喜欢看的内容，并且以全世界大多数观众都能接受和理解的方式呈现这些内容。“人性”是美国电影最常表现的主题。例如《阿甘正传》通过对主人公心态的描述，将人性中美好积极的一面展现给观众，让观众受到鼓舞，振奋精神，勇往直前地面对任何困难和挫折；《泰坦尼克号》向人们展示普通人在面对灾难时互相帮助、勇敢无畏的精神，还有感人的爱情故事；《雨人》中兄弟之间难以割舍与剥离的情感，让人动容。此外，美国电影还非常善于融合其他文化，借用其他国家和地区的故事传播美国主流价值观。例如《花木兰》《功夫熊猫》借用中国花木兰、熊猫的形象讲述个人英雄主义的故事。好莱坞电影的多元化取材使得它在对外传播的过程中消除了障碍，成为全世界都可以接受的文化产品。

我国电影产业想要获得长期、稳定的发展，必须向好莱坞学习，以市场为导向，抓住观众消费需求特点，从剧本上下工夫，挖掘中华文化中的普世价值和精神内涵，讲述动听的故事，由优秀的导演和演员拍摄制作，通过有效的营销推广提高首轮票房收入，获得较好的口碑，使得后续观影人次得以增加，电

① 娄孝钦．新世纪以来美国电影产业的政府扶持[J]．中共成都市委党校学报，2011(5)：50-55.

影后期产品得以有效开发，延伸电影产业链，扩大电影市场规模。

2. 整合发行渠道，提高营销能力

一部好的电影除了有打动人心的内容和精良的制作，还需要强大的发行系统和卓有成效的营销宣传。在好莱坞，电影发行商往往处于产业链的核心位置，拥有电影的核心控制权，从市场调研，到营销策略、广告宣传以及渠道销售等事宜，通常都由发行商主导。除了本土院线发行，美国电影还会通过发行商销售到海外市场、付费频道、互联网等多种渠道。美国电影发行公司往往隶属于大型电影公司，这些公司背后是实力雄厚的财团或者跨媒体集团，这就保证了电影发行公司拥有雄厚的运作资金和发达的销售网络，能够有效促进各个渠道和各种媒介的整合营销传播。

与中国电影超过90%的收入来自电影院票房相比，美国电影的收入不仅仅依赖于影院，大量非院线销售渠道支撑着整个电影产业的发展。在美国，大的传媒公司参股或者直接控制着主要电影制片公司、电影发行、电视网络公司、卫星广播、图书出版、新闻媒体等市场，为跨多个不同媒体和经营层面协作提供了保障，有利于IP的产生和传播。

我国电影发行企业规模普遍较小，境外电影全国发行权基本上被垄断，民营电影发行企业缺少资源和资金优势，规模较小，不具备全媒体运作和宣传能力。中国电影想要在全球占领一席之地，必须加强发行企业建设，进一步开放市场，纵向打通上下游产业链，横向跨媒体联合经营。通过兼并、收购、重组等资本运作方式形成几家实力强大的发行企业，打破壁垒、拓展院线的同时发展海外销售、开展付费电视内容合作和网络传播。

3. 完善法律制度，健全市场秩序

独立制片人、版权融资、电影分级、国际版权销售等是保证美国电影市场繁荣和健康发展的制度基石，而这些制度的运行，离不开法律的规范。电影产业的运作牵扯到的法律包含合同法、劳动法、知识产权法、反垄断法、税法、移民法、隐私法、国际法和保险法等。这些法律法规，不仅相对完善，而且执行成本较低，提高了美国电影产业的运行效率。例如，在美国如果要注册一个电影剧本的版权，可以通过美国编剧工会西海岸分会剧本版权注册登记网站(Copyright Registration at The Writers Guild of American, West Registry)来完成。通过www. wgawregistry. org这一网站，可以为小说、电影剧本、电视剧本、剧本草稿、大纲、分镜头剧本、绘画和图像设计等不同内容进行著作权登记，有效期为5年。尽管这不能代替在美国版权局注册的版权登记，但其注册登记的形式简洁、成本低廉(每件作品的注册费仅为20美元)，而且在编剧工会内部受到普遍认可，具有一定的法律效力，在美国本土受到版权法保护。① 这种便捷的版权登记注册方式，为版权所有者提供了极大的便利，激励着电影剧本创作者和改编者源源不断地创作优秀作品。

美国电影业作为一个成熟的产业，重要原因之一在于法律合同无处不在。一部电影的制作发行，涉及的法律文本至少有期权合同、故事版权、剧本版权、融资合同、创作人员合同、银行贷款合同、抵押合同、退税文书、制作前期合同、拍摄期合同、后期制作合同等。单是创作人员合同，就包括编剧、导演、演员、作曲家、美术设计师以及摄制组所有员工的合同。可以说，美国电影从剧本创作开始，每一个制作、发行环节都离不开法律的约束，依赖于法律文本规范各方行为主体的权利和义务。

我国电影行业正处在上升黄金期，行业的整体发展，需要法律环境的不断健全和完善，既要有法可依，还要有法必依、违法必究。更重要的是，简化执法程序、降低执法成本，提升行业运行效率。

4. 制定激励政策，促进产业发展

2000 年国家广播电影电视总局和文化部联合下发了《关于进一步深化电影业改革的若干意见》，提出要进一步深化电影业改革，推动我国电影业发展壮大。2011 年，国务院公布了《中华人民共和国电影产业促进法（征求意见稿）》，明确提出，降低市场准入门槛，鼓励社会资本进入电影产业；强调通过采取财政、税收、金融、用地等措施支持电影产业发展。“十二五”以来，国家出台了多项支持、促进文化产业发展的政策，中央财政和地方财政也安排了文化产业发展专项资金，有条件地扩大专项资金规模，创新资金投入方式，完善政策扶持体系。采取贴息、补助、奖励等方式，支持文化企业发展。各种政策利好多管齐下，极大地促进了我国电影市场的繁荣和电影产业的发展。但与美国的电影制作激励政策相比，我国电影产业促进政策在宏观布局和微观执行层面均存在一定不足。比如美国大多数州政府制定了详细的电影制作退税政策，有专门机构负责实施退税核准，甚至出现了退税中介代理机构。而我国虽然在中央层面制定了明确的电影促进政策，提出通过财政、金融、税收、用地等措施激励电影业发展，但在执行层面，缺乏具体实施依据和细则。除了上海、北京等一线城市，其他地区缺乏相应的配套政策。这使得中央政策在地方难以落地。

我国应借鉴美国经验，从中央到地方制定更积极的产业刺激政策，并从经

① 陈焱．好莱坞模式：美国电影产业研究［M］．北京：北京联合出版公司，2016：228.

济手段上支持电影制作技术创新与题材创新的活动，包括鼓励与发挥相关的创意产业基金和风险投资基金的作用。同时应该在具备条件的地区，设立电影产业发展专项基金和专门管理部门，对有潜力的优秀电影作品进行重点扶持，不仅要支持其创作生产，为其版权融资打开方便之门，还要为其创造条件进行版权输出，以提高中国电影的国际影响力。

5. 由政府监管向政府主导、行业自律转型

行业协会是市场经济发展的必然伴随物。一般而言，电影市场相对成熟的国家或地区，其电影行业协会发展也相对成熟，行业协会在促进行业协会自治、约束市场主体不良行为、政企沟通、为业界提供服务、推动产业政策的形成等方面具有非常重要的治理功能。①

美国电影市场完全以市场为主导，政府的干预程度低，没有设立专门的电影管理机构，行业协会承担着电影市场治理、引导等职责。在美国电影市场的形成、发展过程中，电影行业协会功不可没。首先，美国电影行业协会是其成员公司的"保护伞"。当其成员公司利益受到侵害时，反应迅速，主动出击，代表其成员公司向政府表达利益诉求，在海外市场开拓、版权保护等方面承担着与政府沟通、协商的桥梁的角色，美国知识产权保护法律体系的日益完善，也与行业协会的影响息息相关。其次，电影有别于一般的商品，具有意识形态属性，因此自诞生以来，官方审查就如影随形。美国电影协会以自律取代政府审查，在最大限度上维护了电影创作的独立性、自主性，同时为电影树立了道德规范，帮助其回避了严肃重大的社会、政治和道德问题。从政府角度来看，事无巨细的监管、审查也必然会造成行政成本大幅上升。美国电影市场中，各行业协会分工明确、功能完备，极大地减轻了政府负担。

我国的电影行业协会起步较晚，发行放映协会、中国电影家协会和中国电影电影制片人协会均以自上而下的方式产生。这种"自上而下"依靠行政手段组建的行业协会，违背了行业协会"自下而上"、自发形成、自发建立的原则，在一定程度上影响了其民间性和自主性。② 目前我国电影行业协会对政府的依赖性极大，作为一种重要的市场治理手段，行业自律的功能没有被充分发挥。

近年来，中国电影市场迅猛发展，已成为全球第二大票仓。与此同时，也为电影市场的引导、治理带来更多挑战，"偷票房"、网络盗版严重、IP 泡沫、

① 张艳，荆林波，彭品志．我国文化市场建设中的行业协会治理功能[J]．中国流通经济，2014(8)：37-42.

② 黎军．行业自治及其限制：行业协会研究论纲[J]．深圳大学学报(人文社会科学版)，2006，23(2)：75-78.

明星天价酬劳等市场乱象频生。政府的行政调节手段本身就存在一定的滞后性，面对日新月异的中国电影市场，这种滞后性则表现得更为明显，行业协会的重要性因此凸显。

美国行业协会的发展经验值得效仿。为保证电影市场健康、稳定发展，应加快向政府主导、行业自律转型，政府将更多的精力投入产业政策的制定，一些实务性工作则交由行业协会承担。另外，面对市场失灵，行业协会不能止步于打击非法行为，变被动为主动，与政府一起协商建立长效解决机制、推动立法层面的进步才能"治本"。

但是，国内对电影的管理实行的是粗放型的制作审查。一方面，由于审查的标准过于模糊、笼统，且具有较强的主观性，很多优秀的电影作品不能走进国内市场。另一方面，一些电影内含不适合儿童观看的暴力、色情元素，但是由于缺乏对家长的警示提醒，家长难以提前规避。因此建议借鉴美国的分级制，在保留重大选题审查的前提下，由行业协会主导实行分级制。①

① 黄先蓉，刘召燕．中国电影市场体系建设的政策缺失与完善路径[J]．出版科学，2014，22(4)：20-24.

第十四章　法国文学市场建设

法国文学历史悠久，流派纷呈。早在中世纪，法国就诞生了真正意义上的文学，英雄史诗、骑士文学和市民文学等都对法国后世的文学产生了深远的意义，包括当前流行的现实主义文学和浪漫主义文学都可以在中世纪文学中找到自己的源头。创造了17世纪的古典主义文学、18世纪的启蒙文学、19世纪的浪漫主义文学、20世纪的存在主义、荒诞派戏剧和新小说等流派。法国文学始终走在世界文学的前列，并诞生了一大批文学大师，如拉伯雷、莫里哀、孟德斯鸠、伏尔泰、卢梭、巴尔扎克、伏尔泰、雨果、萨特、加缪、波伏瓦等，他们的作品影响了法国人民以及世界各国人民，也推进了世界文学的进程。

几个世纪以来法国文学一直是法国人民的民族骄傲，从1901年法国人苏利·普吕多姆(Sully Prudhomme)摘得了第一届诺贝尔文学奖桂冠，到2014年擅长书写“记忆”的帕特里克·莫迪亚诺(Patrick Modiano)获得诺贝尔文学奖，100多年间法国人共获得14次诺贝尔文学奖，法国已经成为获得诺贝尔文学奖次数最多的国家，法国文学也已经成为当今欧洲乃至世界文学中最有影响力的文学之一。

法国文坛的繁荣，离不开法国文学市场的发展。深入剖析和研究法国文学市场可以为我国文学市场的发展和建设提供有益的参考和借鉴。

第一节　法国文学市场概述

一、法国文学市场总体情况

历史悠久的法兰西文化为法国文学出版提供了肥沃的土壤，而浪漫热情的法国人对文学书籍的偏爱则为法国文学市场的长期繁荣提供了坚实的保障。金融危机之后各国文化消费出现颓势，而法国文学市场却逆流而上。2006 年法国文学市场收入 4. 83 亿欧元，该收入占图书市场总收入的 17. 3%。① 从图 14-1 可以看出，2008 年法国的出版物销售额不降反升，文学市场收入达到 6. 74 亿欧元——比 2007 年同期增长 15%，法国出版业在金融危机威胁下的一枝独秀令许多国家望尘莫及。文学市场的繁荣离不开法国人民对文学的热爱，有数据表明，法国人平均每人每年阅读 20 本读物，其中有 13. 5 本是文学读物，②即便是在遭受金融危机之后购买力下降的情况下，很多法国人仍然愿意少买点食物，省下钱来买书。可见，法国人热爱读书特别是文学读物的传统很大程度上支持了法国图书市场的持续发展。

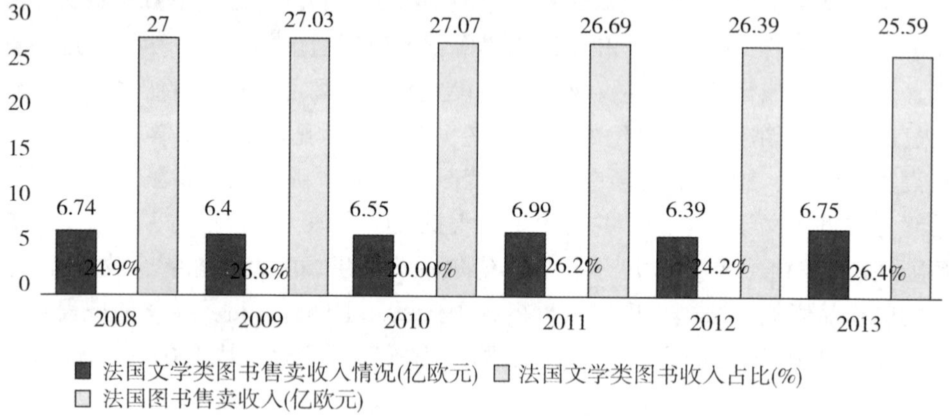

图 14-1　法国文学类图书销售收入及占比③

在法国出版的各类图书中销售额最高、销量最大的是文学类图书，2008—2013 年法国文学市场收入连续稳定增长，且连续多年在各类图书出版市场收入占比中排名第一，文学类图书的销售额长期高居法国各类图书出版销售额的前列。以 2013 年为例，文学类书籍占据 26. 4%的市场份额，位列第一。文学类图书的新书出版种数高居榜首并且遥遥领先于其他种类的图书(见图 14-2)；文学再版书的出版种数虽然略逊于社会与人文科学类图书，但与其他种类的再版书相比仍占有较大优势。而文学类图书 2013 年的印量也以较大优势领先于其他种类图书(见表 14-1)。在发行发面，文学类图书是网络书店零售额最重

① 郝振省. 国际出版业发展报告 2008 版[M]. 北京：中国书籍出版社，2008：190.
② 刘玥. 浅析法国文学和出版的繁荣[J]. 山西青年，2015(24)：157.
③ 资料来源：整理自法国出版商协会、出版商人周刊相关数据。

要的组成部分，在网络畅销书前 50 名中，有 2/3 属于文学作品。① 近年来，虽然实用类图书和青少年读物的销量开始在图书市场占据较大份额，文学书籍的地位有所下降，但是法国仍然可以称得上是文学书籍出版大国。

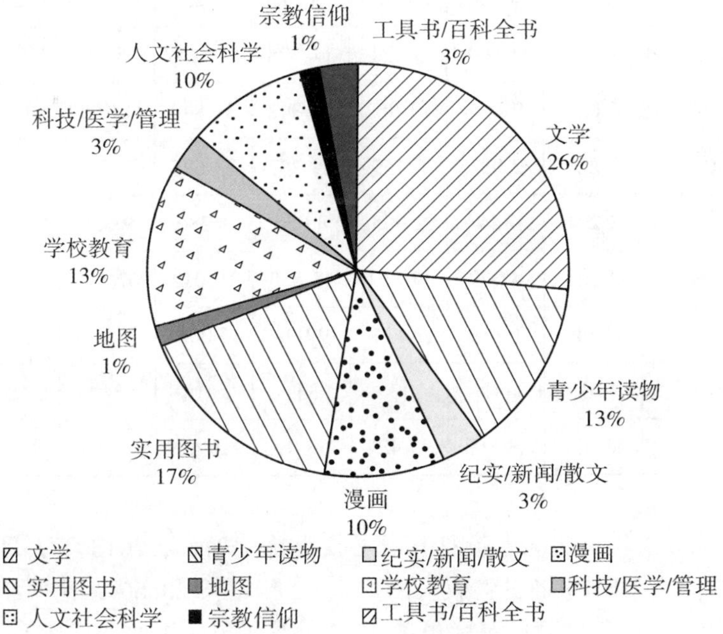

图 14-2　2013 年法国各类图书总收入占比②

表 14-1　**2013 年图书出版细分市场③**

类别	图书出版种数(种)			图书出版总印数(千册)			比例(%)	
	新书	再版书	合计	新书	再版书	合计	种数	总印数
教学用书	2 951	6 822	9 773	32 250	47 219	79 468	10. 2	13. 9
科技、医药与管理	1 177	2 628	3 805	4 311	1 665	5 976	4	1
社会与人文科学	6 510	8 441	14 950	18 978	10 873	29 851	15. 7	5. 2
宗教玄学	716	3 396	4 112	2 773	3 204	5 977	4. 3	1
词典与百科全书	443	256	699	8 424	3 137	11 561	0. 7	2

① 郝振省．国际出版业发展报告 2010 版[M]．北京：中国书籍出版社，2012：167.
② 范军．国际出版业发展报告 2014 版[M]．北京：中国书籍出版社，2015：91.
③ 范军．国际出版业发展报告 2014 版[M]．北京：中国书籍出版社，2015：82.

续表

类别	图书出版种数(种)			图书出版总印数(千册)			比例(%)	
	新书	再版书	合计	新书	再版书	合计	种数	总印数
文学	11 582	8 436	20 019	95 816	49 257	145 073	21	25.4
文献、时事与随笔	2 764	2 660	5 424	11 498	3 515	15 013	5.7	2.6
儿童与青少年读物	6 058	7 004	13 062	62 842	51 840	114 682	13.7	20
连环画	3 221	2 937	6 159	49 267	23 625	72 892	6.5	12.7
艺术	2 221	744	2 965	8 050	1 286	9 336	3.1	1.6
生活实用图书	8 021	4 379	12 391	48 853	19 012	67 865	13	11.9
地图	954	1 159	2 114	9 992	4 006	13 998	2.2	2.4
文献资料	10	1	11	339	0	340	0	0.1
合计	46 628	48 863	95 484	353 393	218 639	572 033	100	100

2012—2013 年，法国出版商电子书收入持续增长，2013 年更是突破 1 亿欧元，占当年法国出版商销售收入的 4.1%，年增长 28.6%，比两年前增加了一个百分点。① 值得注意的是，虽然 2013 年法国电子书收入已突破 1 亿欧元，但是与 2013 年法国各类书籍总收入 25.59 亿欧元相比仍显微不足道。而且从图 14-3 可以看出，文学类电子图书在电子图书收入中占比并不大，与社科类图书收入占比相距甚远。因此可以说，目前法国文学市场的收入依然主要依靠纸质图书的售卖，电子图书的收入远远无法与纸质图书相抗衡。但是文学类电子书也以良好的势头迅猛增长，2012—2013 年，文学类电子图书增长了 127.7%。

在所有文学类图书中，法国人最爱阅读的图书是小说，约占法国人读书比例的 40%。② 由于法国人特别青睐小说，小说的营业额和销量可达法国图书出版总量的 1/4。③ 2013 年，小说的销量在各类图书畅销书销量排行榜中位列第二，销售总量高达 379.91 万册。④ 法国的文学奖对文学出版物的市场销售也

① 范军．国际出版业发展报告 2014 版[M]．北京：中国书籍出版社，2015：90.

② 李焰明，沈玉龙．"法国文学回归季"告诉我们什么？[N]．中国艺术报，2016：8.

③ 国家新闻出版广电总局进口管理司．海外新闻出版实录 2013[[M]．北京：中国传媒大学出版社，2014：43.

④ 范军．国际出版业发展报告 2014 版[M]．北京：中国书籍出版社，2015：87.

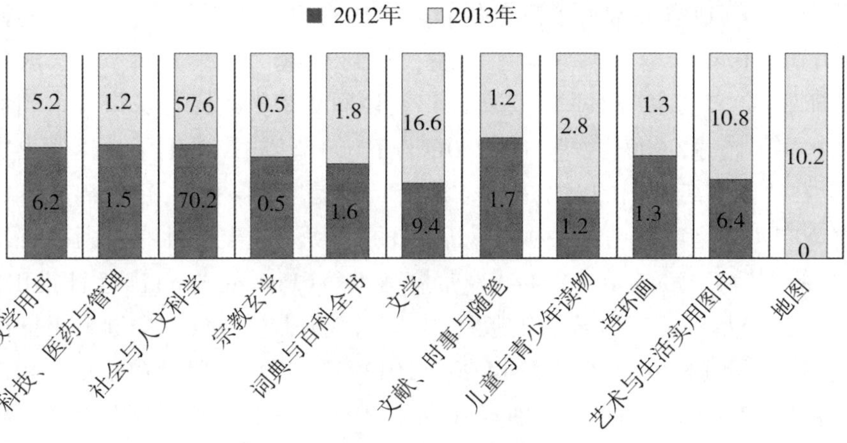

注：2012 年地图电子书收入占比统计缺失，因此图中未标注。

图 14-3 2012—2013 年法国不同类别电子书收入比例(单位:%)①

起到了很好的促进作用。龚古尔奖(Prix Goncourt)、费米娜奖(Prix Fémina)、法兰西学院小说大奖(Grand prix du Roman de L'Académie française)、雷诺多奖(Prix Renaudot)、联合文学奖(Prix Interallié)和美第奇奖(Prix Médicis)都是现今法国著名的文学奖。这些奖项几乎是为奖励小说创作而设立的，而各种文学奖的设立，对于法国文学的发展也起到了巨大的促进作用，在某种程度上推动了法国 20 世纪及 20 世纪以后时期小说的繁荣，同时确保了文学质量与文学新人的不断涌现，从而保证了文学家的社会地位和文学创作的繁荣。每年的 8 到 10 月是法国的“文学回归季”(La Rentrée littéraire)，在此期间一般会有六七百本小说出版，这一时期是法国文学图书特别是小说的销售旺季。而一本获奖小说相关方收益颇多：以 2013 年获得龚古尔文学奖的法国作家皮埃尔·勒迈特(Pierre Lemaitre)的作品《天上再见》为例，在获得龚古尔文学奖之前，该书就已经销售 10 万册，并同国外十多家出版社签订了版权转让合同。出版社预计，该书获奖后，销售将超过 50 万册，版权转让合同数量将翻番。②

在文学类图书中，口袋书占据了法国文学的另一个“小”市场，口袋书在上市初期只是发行小说类图书。20 世纪 60 年代开始出现了戏剧、诗歌类口袋书，到今天，口袋书已经几乎包揽了图书市场的各个领域，但文学类图书依旧是口袋书的出版重点。口袋书有一个鲜明的特点，即以其低廉的价格、经济实用的小版图书吸引读者的注意力。与普通规格的图书每本售价 15~25 欧元相

① 范军. 国际出版业发展报告 2014 版[M]. 北京：中国书籍出版社，2015：91.

② 海外新闻出版实录 2014 [M]. 北京：中国传媒大学出版社，2015：15.

比，法国口袋书平均每本售价 5 欧元左右，低廉的价格加上大多出版大众通俗文学作品，为口袋书带来了巨大的收益。1958 年，“口袋书”在法国的销量为 800 万册，1962 年这个数字翻了 3 番，达到2 800万册。① 如今，法国各大出版社印刷的“口袋书”超过 10 亿册，年销售额 2.8 亿欧元，从口袋书问世至今已经销售了超过2 000位作家的5 200部作品。“口袋书”占据了法国图书市场的 1/3，在法国书店售出的书中每 4 本就有 1 本是“口袋书”，每售出三本文学类图书就有两本是口袋书。法国几家著名的“口袋书”出版社有：阿歇特出版社的“口袋书”(Le Livre de Poche)、弗拉马里翁(Flammarion)出版社推出的“已读”(J' ailu)丛书、艾迪蒂斯出版社的“口袋”丛书(Pocket)、伽里玛推出的口袋丛书“页码”(Folio)(参见表 14-2)。2013 年，口袋出版社(Pocket)和口袋书出版社(Le Livre de Poche)分别有 10 种和 8 种畅销书上榜，分别销售“口袋书”252.52 万册和 145.1 万册，成为当年“口袋书”畅销书品种最多的两家出版社。

表 14-2　　**法国四大口袋书出版社**

口袋书出版社	成立时间	所属集团	年出版种类
口袋书(Le Livre de Poche)	1953 年	阿歇特	1 000种
已读(J'ailu)	1958 年	弗拉马里翁	500 种
口袋(Pocket)	1962 年	艾迪蒂斯	320 种
页码(Folio)	1972 年	伽利玛	—

阿歇特是众多口袋书出版商中最成功的代表，自 1953 年阿歇特推出口袋书至今，共出版14 000种图书，年出版种类超过1 000种，销售超过 10 亿多册。② “口袋书”系列已经从单一系列分成现当代文学系列、经典系列、侦探与悬疑系列、幻想系列、实用书系、人文系列、百科杂谈系列和泡泡口袋系列等 8 个分系，入选作者达2 000多人，累计发行量超过了 10 亿册，是法国最成功的成人书系之一。③ 在阿歇特口袋书的畅销书单中，有许多法国文学的经典著作：阿兰·傅尼耶(Alain Fournier)的《大个子莫耐》(*Le Grand Meaulnes*)、艾

① 法国“口袋书”60 岁了[EB/OL]. [2013-03-28]. http://www.shcaee.com/appReleaseInfo.action? id=201002292.

② 口袋书官网[EB/OL]. [2016-07-16]. http://www.livredepoche.com./content/historique-du-livre-de-poche.

③ 王珺. 法国阿歇特的“口袋书”系列[J]. 出版参考，2013(21)：46.

尔维·巴赞(Herve Bazin)的《毒蛇在握》(*Vipère au poing*)，均售出400万册；安妮·弗兰克(Anne Frank)的《安妮日记》(*Das Tagebuch Der Anne Frank*)、左拉(Èmile Zola)的《萌芽》(*Germinal*)、莫里亚克(François Mauriac)的《苔蕾丝·德斯盖鲁》(*Thérèse Desqueyroux*)销量为300万册。其他出版社的情况大致是这样的："页码"推出的加缪①(Albert Camus)的《局外人》(*L'Étranger*)销量高达590万册、《鼠疫》(*La Peste*)340万册；"口袋"的托尔金(John Ronald Reuel Tolkien)巨著《指环王》(*The Lord of the Rings*)销量达400万册；"已读"的《BJ单身日记》(*Le Journal De Bridget Jones*)也颇有市场。经过60多年的发展，口袋式图书不仅成为法国大众图书的品牌，也为法国文学图书赢得了巨大的市场。

二、法国文学市场面临的挑战

不得不承认，进入20世纪中叶，法国在世界文坛中的文学地位以一种缓慢的不可逆的趋势逐年下降。而以法语为基础的法国文学甚至在美国等英语国家发生了"水土不服"，法国文学的严肃性、纯文学性也被海外读者所诟病。此外，从欧美引进的畅销书对法国本土的文学书籍也产生了极大的冲击，这些都是法国文学当前面临的挑战，在某种程度上影响了法国文学市场的持续发展。

法国虽然是文学出版大国，但近些年法国文学市场，尤其是"纯文学"市场，出现了疲态。以2013年为例，2013年文学类读物在各类读物中的占比虽仍高居第一，但下滑势头明显，其中诗歌和剧本更同比下滑两位数的百分比。浪漫的法国诗歌令世人惊叹，无论是德波莱尔、拉马丁，还是兰波、雨果，法国诗人的诗歌都像童话一样美妙。然而现代法国诗歌影响越来越小，读者越来越少，当代法国诗歌与读者的距离越来越远。如今法国每年出版的诗歌依旧很多，但是出版社却无利可图。为了保护传统诗歌，法国政府为诗集出版提供各种优惠和补贴。除《伽利马诗歌》和《今日诗人》这两个由著名出版社精心包装、定期发行的当代诗歌系列丛书，法国每年多达400部以上的诗集都要依赖补贴、甚至作者自费出版。据相关报道，目前很多现代派诗人只有自己一个读者，而2012年法国一部诗集的"经典印数"仅200册更

① 阿歇特出版集团官网[EB/OL].[2016-07-16].http://www.hachette.com/en/about-us/key-figures.

令法国的诗歌市场雪上加霜。①

目前，法国约有7 000家注册出版社，虽然出版社众多，但无论是从出书规模，还是从人员数量上来讲，大多是小型出版社，真正的巨头只有十几家。而这些规模较大的出版社中只有阿歇特、伽利玛、瑟伊等出版社文学出版占比较高，其他大型出版社并不以文学出版见长。加之金融危机之后许多出版社采用“少量优质”的出版战略，图书印数相对减少，法国文学市场特别是小说市场近年遭受了不小的冲击。

三、法国主要出版社文学出版概况

文学的发展离不开出版的发展，文学与出版紧密相连。正如印刷术的发明推动了文学创作及其传播，出版社的存在，也与无数作家和作品的命运休戚与共。可以说，如果没有法国这些独具慧眼的出版社的存在，法国大量的作家与优秀的作品可能就难以被世人所熟知。伽利玛出版社、瑟伊出版社、子夜出版社、弗拉玛利翁出版社、阿尔班·米歇尔出版社等大中出版社都为法国文学的繁荣提供了坚实的保证。

1. 阿歇特出版集团

法国阿歇特出版集团(Hachette Livre)由路易·阿歇特(Loui Hachette)在1826年创建，隶属于法国拉加代尔集团(Lagardere Groupe)。经过190年的发展，阿歇特出版集团已经发展成欧洲第一大、世界第三大的大众及教育类图书出版集团。集团总部设在巴黎，在英国、西班牙、澳大利亚、美国、加拿大等30多个国家拥有150个品牌和分支机构。2010年阿歇特图书出版集团与中国凤凰出版传媒集团合资成立凤凰阿歇特文化发展(北京)有限公司(PPMG)，此举标志着阿歇特进军世界新兴市场。阿歇特出版集团出版语言多达12种，以英语、法语、西班牙语为主，出版种类涵盖大众文学类图书、教育类图书、图文书、字典、百科全书等。

1980年，阿歇特被法国传媒巨头拉加代尔收购后，开始跨国收购和兼并活动，收购了英美多家大型出版社，经营业务扩展至全球，营业额和营业利润逐年攀升。集团2005—2015年的营业额详见图14-4。阿歇特出版集团凭借其在全球法语、英语和西班牙语地区的出色表现一直在法国的各大出版社中遥遥领先，在金融危机席卷全球出版市场的情况下年营业额仍保持稳定增长。2015

① 陶短房．诺贝尔文学奖和法国文学图书市场现状[EB/OL]．[2015-11-01]．http：//taoduanfang. baijia. baidu. com/article/34547.

年，阿歇特出版集团雇佣员工6 965名，旗下品牌超过150个，出版新书17 965种，集团总收入22.06亿欧元，税前利润1.98亿欧元。①

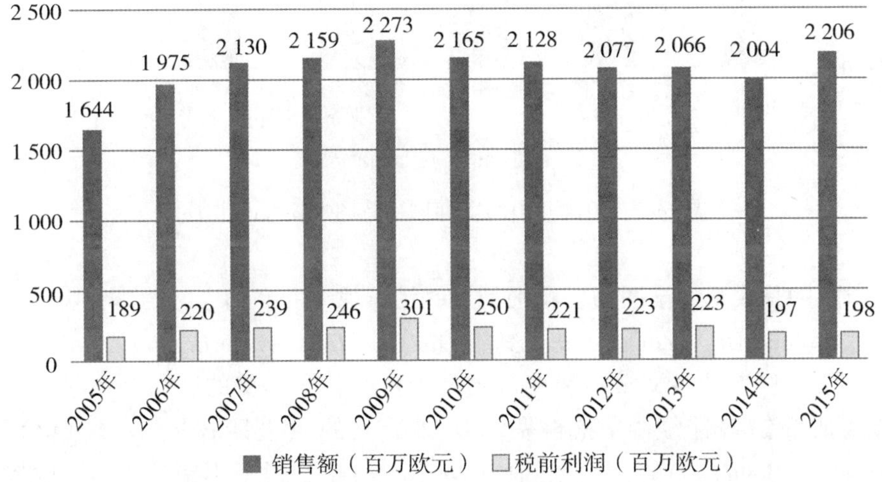

图 14-4　阿歇特出版集团近 10 年收入情况②

作为法国第一、欧洲第三的出版社，大众文学类图书一直是阿歇特集团最大的出版板块，旗下出版文学类图书的著名出版社有格拉塞(Grasset)、法雅尔(Fayard)、斯托库(Stock)、卡尔玛·勒布(Calmann-Lévy)和拉特斯(Lattès)等。这些品牌各有所长：格拉塞擅长出版国内外小说和当代哲学书籍；法雅尔在19世纪末以低价一举成名，现在该出版社擅长出版国内外小说、艺术、历史、音乐以及非小说类作品；卡尔玛·勒布主要出版侦探小说、散文以及电子版的短故事，这些品牌之间互为竞争对手。从图 14-5 可以看出，2014 年、2015 年连续两年阿歇特文学类图书占据所有种类图书中最大的市场份额，并且遥遥领先于其他种类的图书。阿歇特的成人类文学图书出版规模排名法国第二，青少年文学图书在法国排名第一。③ 从 2015 年阿歇特集团的收入结构来看，小说和非小说类文学图书占其收入的 40%，成为阿歇特收入最大的板块，超出第二名图画书 23%(参见图 14-6)。

2015 年阿歇特出版集团收入以 5.5%的速度缓慢增长，而为这种增长做出

① 阿歇特出版集团官网[EB/OL].[2016-07-16]. http://www.hachette.com/en/about-us/key-figures.

② 阿歇特出版集团官网[EB/OL].[2016-07-16]. http://www.hachette.com/en/about-us/key-figures.

③ 拉加代尔集团 2015 年年度经济报告[R]. 法国：拉加代尔集团，2016：27.

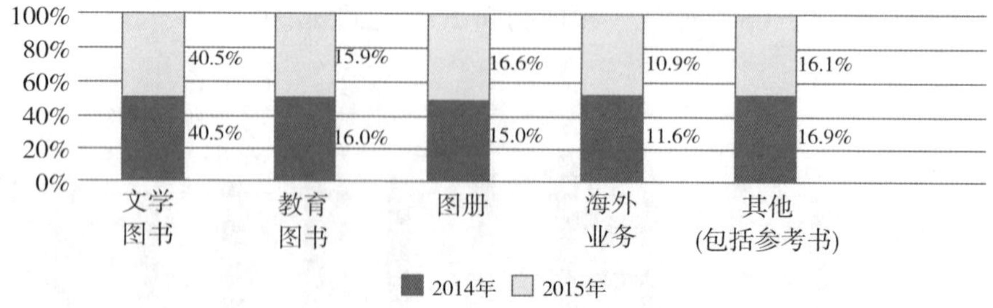

图 14-5　2014 年、2015 年阿歇特图书收入占比①

巨大贡献的是大众文学图书，特别是一些销量惊人的畅销书：德尔菲娜·德·维冈(Delphine De Vigan)的《基于真实的故事》(*D'après une histoire vraie*)获得了2015 年度法国雷纳多文学奖和龚古尔高中生奖，文学奖的获得为该书带来了44.7 万册的销售佳绩②。获得费米娜文学奖的克里斯托夫·博尔坦斯基(Christophe Boltanski)的《藏身之地》(*La Cache*)也获得了不错的销量。除此之

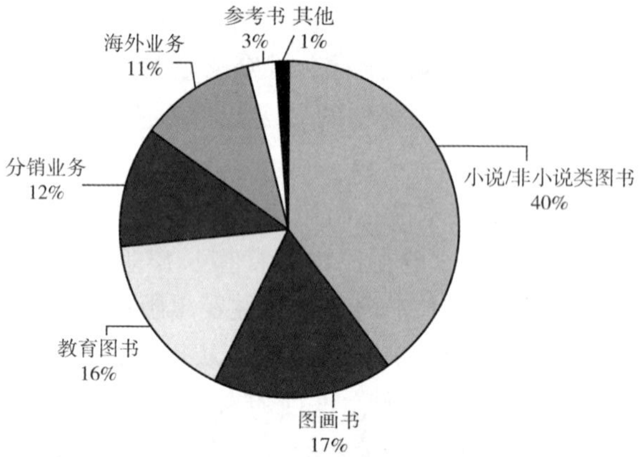

图 14-6　2015 年阿歇特各类图书收入占比③

外，阿歇特集团出版的国外畅销小说在法国也同样受欢迎，以 E. L. 詹姆斯(E. L. James)的系列畅销小说《五十度灰》(*Fifty Shades of Grey*)为例，该书第四

① 拉加代尔集团 2015 年年度经济报告[R]. 法国：拉加代尔集团，2016：29.

② 拉加代尔集团 2015 年年度经济报告[R]. 法国：拉加代尔集团，2016：93.

③ 阿歇特出版集团官网[EB/OL]. [2016-07-16]. http：//www. hachette. com/en/about-us/key-figures.

部获得了86.9万册的销售佳绩,① 此前詹姆斯凭借《五十度灰》系列三部曲实现了147.31万册的销量，成为法国2013年销量最高的作家。2015年，阿歇特出版的文学类图书获得了超过7个文学大奖，而这些图书受益于各大文学奖，随即成为畅销图书，这些畅销书也为阿歇特其他文学书籍的销售奠定了良好的口碑基础。

2. 伽利玛出版社

伽利玛出版社(Éditions Gallimard)是法国最大的文学出版社，成立于1911年。1908年纪德(Andre Gide)与朋友合作，共同创办了《新法兰西杂志》(*Nouvelle Revue Française*，简称NRF)，该杂志是法国20世纪最重要的文学杂志。1911年，该杂志成立出版社，由加斯东·伽利玛(Gastone Gallimard)领导。在20世纪上半叶，几乎所有重要的法国作家的作品，像普鲁斯特、加缪、萨特、阿拉贡、圣埃克絮佩里、波伏瓦等都由伽利玛出版社出版。经过半个世纪的发展，伽利玛出版社在加斯东·伽利玛的领导下，出版的文学类图书几乎占据了20世纪法国出版的半壁江山。与他合作过的作者中有7位获诺贝尔文学奖，他出版的作品27次获龚古尔奖、18次获法兰西学院小说大奖、12次获联合奖、7次获美第奇奖、10次获雷诺多奖、17次获费米娜奖。② 可以说，伽利玛出版社影响了社会对法国文学特别是对20世纪法国文学的评价。伽利玛不仅出版本国的文学作品，外国名家名作也受到伽利玛出版社的青睐，如西班牙作家加西亚·洛尔迦、美国作家菲茨杰拉德、日本作家谷崎润一郎、意大利作家帕维泽等。伽俐玛出版社于20世纪30年代初创立的《七星系列丛书》，收藏了世界上500多种文学精品，这里面也包括中国的《水浒传》《红楼梦》等东方经典文学作品。

伽利玛出版社在保持其传统纯文学，高水平出版的同时也兼顾通俗文学和儿童文学的出版，其出版的《小王子》和《哈利·波特》法文版都是市场的畅销书。如今，伽利玛旗下有近20家出版社，伽利玛出版的图书种类非常丰富，除一般性文学图书外，还包括小说、散文、诗歌、电影和戏剧剧本、艺术、哲学、人文科学、青年读物、回忆录、翻译作品等。并且拥有Sodis、CDE和Sfédis等三家图书发行公司，是法国最大的图书发行商。2013年伽利玛出版社的销售额达1.3亿欧元,③ 书目品种达到2万余种，涵盖8 900多位作家的240

① 拉加代尔集团2015年年度经济报告[R]. 法国：拉加代尔集团，2016：93.

② 皮埃尔·埃苏里，加斯东·伽利玛：半个世纪的法国出版史[M]. 北京：人民文学出版社，2005：12.

③ 范军. 国际出版业发展报告(2014版)[M]. 北京：中国书籍出版社，2015：88.

多部丛书。① 伽利玛出版社不是法国最大的出版社，也不是盈利能力最强的出版社，但它在出版界的声誉和文学方面所做出的贡献是法国任何一家出版社都难以望其项背的。可以说，它是法国出版界的一面旗帜、一个象征。有评论说："伽利玛就如同法国文学的同义词。因为法国文学中最好的书有四分之一是它出的。"②可以这样说，没有"伽利玛"，20 世纪法国文学的历史将会被改写，而许多作家的命运也将会是另一个样子。

3. 子夜出版社

子夜出版社(Les Éditions de Minuit)创办于 1941 年德国占领时期的巴黎，由两位作家让・布鲁勒(Jean Bruller)和皮埃尔・德・雷斯彻尔(Pierre de Lescure)创办，直到 1944 年德国战败后该出版社才公开活动。半个多世纪以来，子夜出版社发现并培养了一大批蜚声世界的作家，其中包括萨特、波伏瓦、罗伯・格里耶、萨缪尔・贝克特、克洛德・西蒙、杜拉斯等，法国 20 世纪的许多著名作家都是在子夜出版社的扶持下成名的。1951 年贝克特加盟子夜出版社不仅使刚成立不久的出版社扭转了被动局面，还团结和吸引了一大批有才华的作家。1953 年，罗伯・格里耶在"子夜"出版了《橡皮》。随后，布托尔也在"子夜"出版了《时间的应用》《变化》等，萨特、西蒙也随之加入"子夜"。1969 年，贝克特获得诺贝尔文学奖，使"子夜"的声誉到达了高峰。1984 年，子夜出版社出版了杜拉斯的《情人》，该作品的出版使得杜拉斯享誉全球，发行量达到数百万，杜拉斯也凭借《情人》获得了龚古尔文学奖，又再一次促进了《情人》的畅销。1985 年，西蒙获得诺贝尔文学奖，使得子夜出版社的名气到达一个新的巅峰。子夜出版社促使法国诞生了文学史上一个重要的文学流派——"新小说派"，可以这么说，没有子夜出版社，可能就没有新小说派的今天，20 世纪的法国文学史与子夜出版社紧密相连。新小说派四大作家的作品都是在"子夜"出版的。

从 20 世纪 90 年代末开始，子夜出版社的图书出版方向有所改变。如今的图书品种更加丰富，包括小说类、诗歌类和戏剧类，以及口袋书系列；该社还着重出版了一些文学评论和哲学杂志。③ 从 1941 年成立至 2015 年，子夜出版社出版的书籍共获得两次诺贝尔文学奖、三次龚古尔、雷诺多和费米娜文学奖以及七次美第奇奖。就是这样一家拥有众多优秀作家的出版社，其员工不足 10 人，年出书仅 20 多种，营业额仅3 000万法郎。在法国3 000多家出版社中，

① 伽利玛出版社官网[EB/OL]. [2016-07-16]. http://www.gallimard.fr.

② 胡小跃. 伽利玛是怎样炼成的[J]. 书城，2009(12)：90-93.

③ 介词. 法国午夜出版社[EB/OL]. [2008-09-24]. https://www.douban.com/group/topic/4235582/?type=rec.

仅有少数几家是不依靠财团独立经营的，“子夜”就是其中一家。“子夜”的规模虽然无法与阿歇特、伽利玛这样的出版集团相比，但其独立的精神，以及对法国文学的坚守在当前出版行业追逐商业利益的大环境下显得尤为可贵。

总体来说，法国人民热爱文学的传统、政府的支持、各大文学奖项的助力以及行业协会的规范保证了法国文学即使在金融危机的冲击下仍保持稳定增长。无论是图书种类、印数还是收入占比，文学类图书一直在各类图书中排名第一，而且纯文学作品依然能在法国生存，说明法国文学市场强劲。不过法国文学市场在强劲背后也呈现出了疲态，给数字时代下的法国文学市场提出了新的挑战。

第二节　法国文学出版市场建设举措

本章第一节简要介绍了法国文学出版市场的基本情况，从中可以看出，法国文学出版市场的繁荣与政府、文学出版社以及全社会的支持是紧密相关的。本节从政府扶持、文学奖项与文学评论、海外市场推广三个方面详细论述了法国文学出版市场的建设举措。

一、以政府为主导的全方位扶持体系

纵观世界发达国家的文化市场建设模式，最具代表性的当属以美国为首的市场主导型和以法国为首的政府主导型两种。美国的文化市场建设，高度弘扬自由主义精神，充分发挥市场机制的自发调节作用，遵循“小政府、大市场”的建设原则；法国则将文化市场视为事关“民族精神”的特殊领域，十分强调政府的主导作用，法国文学出版市场作为其文化市场的核心组成部分，自然也不例外，处处体现出政府调控的身影。

在西方主要发达国家中，法国是唯一设有专门的出版管理机构的国家。法国文化部下设的图书与阅读局就是法国图书市场最主要的管理部门。法国学者皮埃尔·穆里尼埃（Mouliner Pierre）在《文化政策与地方分权》（*Politiques culturelles et la décentralisation*）一书中对法国文化部的职能做出了清晰阐述：“作为国家在文化领域的化身，文化部代表国家发挥四个主要职能：立法与限制的职能；直接管理文化机构的职能；再分配资金的职能以及活跃文化氛围的职能。”①文化部下设的图书与阅读局成立于 1982 年，作为法国出版市场

① Mouliner Pierre. Politiques culturelles et la décentralisation［M］. Paris：L'Harmattan，2002：122.

最主要的管理部门，其主要职能有以下几点：一是协调与沟通，为出版社、书商、行业协会之间的信息交流架设桥梁，将政府的决策、方针传达给出版业界；二是政策法规制定，对法国出版业进行统筹规划，听取行业人士的意见制定相关政策和发展战略；三是拨款资助，对出版商、书店进行税收减免或直接补贴；四是倡导全民阅读活动，积极进行文化阅读推广；五是支持法国书业海外传播，促进法国图书的输出和国际交流。

围绕上述职能，法国政府在文学出版市场中的建设举措主要体现在以下四个方面，形成了全方位的产业扶持体系。

1. 直接资助

政府调控作为市场资源配置的两种基本手段之一，运用货币资助的方式能极大地优化市场资源配置状况，起到立竿见影的效果。法国政府每年用于文化市场的补贴高达 GDP 的 1.5%，资助了 148 个文化团体、26 个研究中心、176 个考古队和11 200名文化官员，① 投入比例在世界范围内堪称罕见。就文学出版市场来说，资助力度同样不小，资助范围不仅包括出版社、杂志社、书店、作者，还包括图书馆、文化团体和各类文化活动。

首先是对出版社、杂志社的资助。法国政府对出版社的资助主要通过图书项目的方式，政府根据出版社每年可以在 3 月、6 月和 11 月的三个申请期内递交的资助申请进行资助，尤其对文学类图书，如诗歌和戏剧作品优先给予资助。对出版社出版小印数图书，例如诗歌、剧本等，或出版进口翻译著作、成本昂贵的文学名著、作家全集及重大纪念活动书籍等，政府也会给其提供适当的资助补贴。同时根据法国“境外图书计划”，政府的资助内容不仅包括对法国本国图书的资助，将国外图书译成法文出版的境外出版社也可以申请补助。

除此之外，法国政府对杂志社也有相应的支持体系。2003 年，针对杂志社的 488 份补助申请中，有 460 种得到了批准，资助总额达到了 150 万欧元，每个杂志社得到的平均资助额为3 000 欧元到3 500 欧元，其中被资助的杂志有 81 种是小说杂志或诗歌杂志。② 由此可以看出法国政府对出版商尤其是文学出版商，不惜重金大力扶持。

其次是对书店的资助。独立书店在图书发行中扮演着重要地位，法国政府为与大的图书发行商竞争的独立书店提供了专项经费支持。例如根据法国统一

① 王海冬．法国的文化政策及对中国的历史启示[J]．上海财经大学学报，2011(5)：13.

② 张书卿．法国政府对出版产业及文化产业发展的作用与作为[J]．出版发行研究，2006(1)：72.

定价制度，福纳克(FNAC)连锁书店和超市可以给读者提5%的折扣，而独立书店却不能，因此法国图书中心有250万欧元的资金用于资助独立书店开展业务。同时法国政府对存储大量法国图书的境外书商也提供一定的资金支持。如外国书商根据购买发票，可以获得购买额50%的补助(对购买单本的数量和对购买额有所规定)，其目的是鼓励外国书商多库存法国图书。此外，在特殊情况下，政府为了保障小型书店的生存，还为他们提供特殊的补助，例如2004年由于一个书商的仓库失火而导致13个出版商的100多种图书受到毁坏，法国图书中心就为这家书店提供了资金支持。①

再次是对翻译作品的资助。为了扩大法语影响力，法国政府非常热衷于将本国作品翻译成其他国家的文字出版。法国设有各种政府计划项目，比如布里顿计划(Britten Programme)、卡特兰计划(Catalan Programme)和考科斯计划(Cox Programme)等，由法国图书中心统一管理。除此以外，法国政府还通过外交部的各种计划项目对图书尤其是文学图书的翻译进行资助，如设在法国驻伦敦使馆的伯吉斯计划(Burgess Programme)。具体资助方式可以分为两种，一种是针对将外国作品翻译成法文的译者，翻译过3本书以上的译者可以申请6 600欧元、13 200欧元或26 400欧元的奖金。对于翻译难度较大的作品，译者还可以申请3 300欧元的额外补助。另一种是针对将法文著作翻译成其他文字的译者，译者可以每个月申请1 525欧元的补助，为期最多为3个月。

最后是对作者和各类文化阅读活动的资助。为鼓励作者的创作活动，法国政府设有多种补助费，例如，创作补助费、鼓励创作费、创作准备费(主要用于文学、哲学、社会学等成套著作的写作计划)，以给作者从事的创作活动提供必要的资助。另外，文化部还为民间创作组织，例如全国文联、作家协会等，提供活动经费。同时，法国政府还支持地方建立文学创作中心等群众性创作机构，并给予一定的经费补贴。②

2. 税收优惠

除了直接资助补贴，法国政府还在税收政策上对出版业有所倾斜。20世纪80年代，法国政府对图书、期刊、报纸征收7%的增值税，与其他商品相比已经是很低的税率了，不久政府又将报纸和期刊的增值税率降至2.1%和4%。90年代，法国政府又再次将图书税率下调到了5.5%，比一般商品18.6%的税率低了2/3。对于出口图书，目前法国图书都实行统一书价制，分完税价和非

① 张书卿．法国政府对出版产业及文化产业发展的作用与作为[J]．出版发行研究，2006(1)：73.

② 魏玉山，杨贵山．法国的出版管理体制[J]．出版发行研究，1995(4)：39.

完税价两种，出口图书可享受非完税价，同时对图书出口免征增值税，对进口图书征收7%的进口税。①

除了税收减免，法国政府还为出版业贷款创造条件并实行优惠政策。由于出版业本身属于微利行业，投资风险大，不少出版社和书店经营状况堪忧，尤其是一些小型书店和出版社，向银行贷款面临很大困难。为此，法国政府特别建立了“特殊担保基金会”，以保证出版社和书店顺利从银行获得贷款。除了专门针对出版业的贷款优惠政策，早在1983年法国就成立了电影及文化工业投资委员会，该委员会由政府拨款2 800万法郎作为保证金，来保证包括出版业在内的文化产业能从银行获得贷款。通过上述两种渠道，法国出版业从银行贷款就有了双重保障。另外，政府还为出版业贷款提供了许多其他优惠条件，比如优先贷款、放宽贷款期、低利率等。除了申请补助外，出版社的单个图书项目也可以申请贷款，如外国文学类图书可以申请生产成本的50%的贷款，古典文学、哲学和科技类图书可以申请生产成本66%的贷款，法国政府对这些书的最低印数有所规定，即要求印数不少于500册。一旦申请贷款的书面临销售困境，其中25%的贷款还将作为对出版社的补助免予偿还。②

3. 立法保障

在法国政府对文学出版市场的建设举措中，直接资助和税收优惠都属于柔性调节的方式，立法规定则属于强制手段。法国政府采取立法手段支持文学出版市场建设的举措，最鲜明的要属“统一书价制”。众所周知，图书价格分为定价和售价，定价一般由出版社掌控，售价则由书店决定，许多书店为了扩大销售，随意降低图书售价，这样就使一些原本难以出版的小众文学图书受到排挤和压制。为此，1981年法国政府通过了《雅克・兰法》，该法规定：全国实行统一书价，不许随意降价销售图书，违者将被处以600～1 300法郎罚款的处罚。即书的定价由出版社自主拟定，但书店售书的价格只允许在图书定价上下5%的幅度内浮动。这样就有效地保护了图书文化的多样性，保证了文学出版市场的繁荣稳定。③

实际上，法国的统一书价制度经历了一段时间的摸索才最终得以确立。在1979年以前，法国图书采用的是建议书价，即出版商向零售商提出图书的建议售价，书店以此作参考自行确定零售价格。这一时期是没有法律约束的。在

---

① 李奇志，李倩颖．法国文学出版长期繁荣之探析[J]．新闻爱好者，2011(4)：65.

② 张书卿．法国政府对出版产业及文化产业发展的作用与作为[J]．出版发行研究，2006(1)：73.

③ 李奇志，李倩颖．法国文学出版长期繁荣之探析[J]．新闻爱好者，2011(4)：65.

建议书价时期，由于各个书店书价不一，低价销售容易招徕更多读者，使书店间的销售差异扩大，致使一些书店处于困境。为改变这种状况，1979 年 7 月，法国政府开始制定图书销售法令，该法令规定"每个零售商可以自行规定书价"。出版商以纯价格将书卖给零售商，书上不允许印出标价，即所谓的纯书价办法。这是用法律干预书价的开始。

现行的书价政策，即统一书价政策是根据《雅克·兰法》，即《1981 年 8 月 10 日法》所实行的。《雅克·兰法》的核心是全国实行统一书价，不许随意降价售书。1982 年 1 月 1 日，《雅克·兰法》生效后，曾招致一些书店的抵制。为此 1982 年 12 月 29 日，法国政府又通过了《关于违反〈雅克·兰法〉的惩罚条例》，并于 1985 年 3 月 21 日生效。1985 年 5 月 29 日，国务会议又颁布了该条例的《实施细则》，使统一书价问题最终以法律的形式确定下来。①

4. 文化阅读活动推广

出版市场尤其是文学出版市场的蓬勃繁荣，是以良好的社会文明风尚和文化阅读习惯为基础的。法国政府除了施行直接针对出版业的各项资助、税收、立法措施，还十分重视从出版业外围进行全社会的文化阅读推广活动。法国最重要的图书宣传活动是 3 月的诗歌节(Printemps des poètes)、10 月的阅读节(Lire enfête)和 11 月的友好外国人活动(Belleétrangères)。

每年 3 月的诗歌节，法国图书中心会有条件地资助当地的诗歌阅读活动，参加书展的人可以免费进场，参展书商则可以将资助申请提交到文化和通信部的地方文化事务局(Direction régionale des affaires culturelles，简称 DRAC)。同时法国图书中心每年会出版一份诗歌目录，其中包括由法国图书中心支持的 200 多本诗集。如果独立书店购买这些诗集，则可以得到补助，但条件是这些独立书店的订单中必须至少有 25%的新诗集。

10 月的阅读节是法国前教育部长雅克·朗(Jack Lang)先生发起的一项大众阅读活动。该活动由于创办者影响力大，参与者十分广泛，例如，在阅读节期间，连法国偏远的小镇朗格多克-鲁西永(Languedoc-Roussillon)的所有橱窗上都陈列满了儿童故事书。和英国的世界图书日不同的是，法国的阅读节注重的不是销售图书，而是倡导阅读和写作。

除了上述国内的阅读活动，法国政府还积极推广许多国际性的文化阅读活动，"友好外国人"活动就是此类典范。在活动期间，许多外国作家被邀请到法国做客，法国许多作者、出版商和书商也都参与进来，他们不仅介绍国外文化，而且鼓励将外国作品翻译成法文。该活动前几年主要介绍了印度和阿尔及

① 魏玉山，杨贵山．法国的出版管理体制[J]．出版发行研究，1995(4)：41-42.

利亚的图书，2004 年主要介绍俄罗斯文化。通过法国图书中心和全国大大小小的机构组织的这些活动，法国出版商和书商都受益匪浅。①

二、以文学奖项和文学评论为特色的促销机制

法国大大小小的文学奖项加起来有2 100种之多，堪称世界之最。其中最著名的当属“龚古尔文学奖”(Le Prix Goncourt)，此外还有“法兰西学院小说大奖”(Grand Prix du Roman de L'Académie Française)、“勒诺多文学奖”(Le Prix Renaudot)、“费米娜文学奖”(Le Prix Femina)、“美第西文学奖”(Le Prix Médicis)和“联盟文学奖”(Le Prix Interallié)等。

龚古尔文学奖设立于 1903 年，是当今法国文学界最负盛名的奖项。为了确保评奖的公正性，龚古尔文学奖成立了“龚古尔学院”，即评奖委员会，第一届龚古尔奖评选委员会由福楼拜、左拉、都德等 10 位声名显赫的文学巨擘组成，在当时的法国文坛具有极其强大的号召力。此后一直延续由 10 位院士组成委员会的传统，受到法国民众的高度认可。值得一提的是，与世界上拥有高额奖金的许多其他文学奖项不同，龚古尔文学奖的奖金少得可怜，只有 10 欧元，但这并不妨碍该奖项的含金量。因为对于获奖作家来说，除了获得崇高的文学声誉，龚古尔文学奖的商业价值体现在能够极大地提高作品销量。有研究报告显示，获得龚古尔奖的小说平均销量达到 38 万册，其他获得诸如“勒诺多文学奖”“费米娜文学奖”等的图书平均销量亦在 10 万册以上，详见表 14-3。

表 14-3　**2005—2009 年法国获奖小说平均销售量统计表②**

文学奖名称	平均销售量(册)
龚古尔文学奖	380 000
勒诺多文学奖	220 000
费米娜文学奖	155 000
联盟文学奖	95 000
美第奇文学奖	42 000

① 张书卿．法国政府对出版产业及文化产业发展的作用与作为[J]．出版发行研究，2006(1)：73-74.

② 张林初．法国文学奖拉动获奖图书的销售量[J]．出版参考，2011(4)：37.

由于龚古尔奖一般在圣诞节前颁发，而将图书作为圣诞节礼物一直是法国的文化传统，因此许多书店会为获得龚古尔奖的图书打上红腰封，作为礼品书重点推出，很多法国人会仅仅因为这个红腰封而将书买下，这就是所谓的“红腰封定律”。正是由于龚古尔奖对于销量的巨大刺激作用，许多图书在获奖前后，销量上涨几倍甚至几十倍。如2008年获奖小说《神奇的黑石头》(*Syngu é Sabour*)获奖前的销售量为8 500册，获奖后销售量猛增28万册，增加了33倍。2009年获奖小说《三个女强人》(*Les trois femmes puissantes*)获奖前的销售量为7.9万册，获奖后又增加了51.5万册，增加了6.5倍。2005—2009年获得龚古尔文学奖的小说获奖前后销售变化情况见表14-4所示。

表14-4 **2005—2009年法国获得龚古尔文学奖小说获奖前后销售量变化表**①

小说名	获奖前销售量(册)	获奖后销售量(册)	增加倍数
《在我妈家三天》	20 000	310 000	15.5
《好心人》	190 000	615 000	3.0
《阿拉巴马·松》	8 000	190 000	24.0
《神奇的黑石头》	8 500	280 000	33.0
《三个女强人》	79 000	515 000	6.5

除了数量众多的文学奖项拉动文学图书销量，法国的文学评论也是其重要特色。几乎每个电视频道都有书评专栏。法国电视三台的“一本书和一天”每周播出6次，向观众推介一部文学作品；法国电视二台的“在怎样的书架上”则邀请一名作家做书评交流。此外，在法国还有数千家网站围绕图书开通了以文学批评或纯文学爱好为支撑的线上杂志、博客，如作家皮埃尔·阿苏里纳(Pierre Assouline)的文学博客每月吸引30万网友阅读。报纸杂志上的书评更是铺天盖地。这些文学评论的热烈互动，进一步扩大了文学图书的影响力和购买力。②

书评的文化价值在于其独立性，在法国这个“文学的国度”，已经建立起了相对成熟的独立书评人制度。在法国，书评是独立于出版、发行之外的专门体系，独立书评人看重的是作品的艺术价值、可读性和读者接受程度，至于作品畅销并不在他们的评判标准体系之中。如法国著名书评家贝尔纳·皮博(Bernard Pipeau)从业10年，与很多作家交情深厚，却从不因私废公，该赞就

① 张林初．法国文学奖拉动获奖图书的销售量[J]．出版参考，2011(4)：37.
② 尹丽．法国文学出版业春光格外明媚[N]．中国文化报，2016-01-04(3).

赞，该批就批。由于书评受关注程度高，甚至许多书店依靠书评的介绍决定进货品种和数量。写作—发行—书评界限明确，各司其职，互不干涉。正是这种完善的体系确保了书评人的独立评论，而这又使得书评在读者和销售者中极富权威性，如果书评人和栏目编导出于关系或金钱原因，对作者和作品进行不实报道或不当炒作，很容易在读者心目中留下恶劣口碑，并最终砸了自己的金字招牌。

作者也一样，对于他们而言，制造绯闻或“互掐”这种轰动对销量和名誉有百害而无一利，因为这将使他们在铁面无情的书评家笔下名誉扫地，最终一钱不值，唯一的良策只能是踏踏实实写书，并认真诚恳地面对书评家和作者的批评、质询。按照法国法律规定，书刊在主要媒体上的商业宣传受到严格限制，即使正规广告，目前也仅限于有线和卫星电视，那种靠炒作口水兴风作浪来获得销量的“擦边球”更毫无市场，反倒会引起书评人和读者的反感。因此不论是总理诗人德维尔潘(Dominique de Villepin)还是红歌星伊夫·蒙当(Yves Montand)，只要他们拿起笔写书，就得老老实实照书坛的规矩做。①

正是由于独立性和客观性，法国书评才能得到读者和市场的广泛认可，才能发挥它的导向和促销功能。文学奖项同样如此，如前所述，龚古尔文学奖有着十分规范的评选委员会和运作体系，其他文学奖项也同样遵循客观公正原则，所以才能成为文学出版市场的“风向标”，产生刺激公民阅读需求、引领社会文学风尚的联动效应。

三、由政府和行业协会共同推进的海外市场扩张

法国文学出版市场之所以能与美国电影市场、日本动漫市场一道，成为世界文化市场的亮丽风景线，与其着力打造“国家名片”、进行海外市场扩张密不可分。法国不仅是欧洲出版大国，更是欧洲图书出口强国，其图书出口额占出版业生产总值的25%，这其中相当一部分属于文学类图书。中国是法国文学出版市场海外扩张的重点地区，法国政府和行业协会一起针对中国市场构建了全方位的推广体系，主要推广机构包括法国外交部、法国文化部、法国国际出版局、法国国家图书中心、法国文化协会及法国驻华使领馆等。②

根据“法国文化网”数据，法国政府和行业协会对中国市场采取了多层次的资助方式，资助对象包括出版社、译者、书店和图书管理员四类。

① 法国中文网．诺贝尔文学奖和法国图书市场现状［EB/OL］．［2014-11-01］．http：//www.cnfrance.com/info/boke/20141101/11678.html.

② 雷霏．法国对中国的图书推广策略分析［J］．出版发行研究，2015(1)：87.

1. 对中国出版社的资助

出版社是法国文学出版市场海外扩张的市场主体，法国政府和行业协会对中国出版社的资助项目有四个，一是“傅雷图书资助出版计划”，由法国驻华使馆地区翻译中心设立，创建于1991年，该计划面向翻译和出版法语图书中文译本的中国出版社。资助领域限于人文社会科学图书、当代文学、艺术图书、儿童读物以及工具书，并要求在出版的中文译本封底上要显示法国驻华使馆和“傅雷”图书数据库的标志。

二是法国文化协会的“版权资助计划”，该项计划旨在资助将法语图书翻译成外文作品的出版计划，法国文化协会将承担中法出版社之间确定的版权转让的部分费用或全部费用，资助计划评审委员会每年进行两次评审，时间分别为4月、9月。

三是法国国际出版总署的“短期培训计划”，该计划由法国国际出版总署设立，允许中国出版社赴法国进行为期不超过3个月的访问学习，培训内容还包括在法国图书沙龙期间进行的现场专业培训。

四是由法国图书中心资助的“图书翻译计划”，此项资助用于支持对法语作品的翻译，资助申请由持有法语图书转让权的法国出版社提出。资助将主要针对图书的翻译方面，不包括与图书有关的如印刷、宣传等费用。资助将根据审议委员会的提议由法国国家图书中心给予，审议在每年3月和9月各进行一次。审议委员会对应当资助作品的资助额度提出建议，具体额度可在翻译费用的20%至50%之间。①

2. 对中国译者的资助

译者是法国文学出版市场扩大海外影响力的桥梁和中间人，法国政府和行业协会针对中国译者的资助项目有三个：一是由法国驻华使馆组织的“译者就地培训计划”，此项培训计划针对的是中国内地、台湾地区和香港地区的法文青年译者。内容为文学与人文社会科学翻译的强化培训、方法论补充课程以及与一些法国作家的研讨。培训为期5天，在中国内地城市就地进行。

二是法国国家图书中心的“翻译家锻造计划”，该项翻译计划旨在使年轻译者可以有机会与其他有经验的译者一同合作，并更好地了解中法两国的出版与翻译状况。参加该项目的申请人应持有一部个人的翻译图书项目，获得批准

① 法国文化网．对中国出版社的资助［EB/OL］．［2016-07-08］．http：//ancien.fulei.faguowenhua.com/spip.php？rubrique169.

的申请人将获得5000欧元的奖学金用于两个半月的赴法居留。

三是法国国家图书中心的"译者赴法短期奖学金"，法国国家图书中心的这项资助计划，每年可以帮助一些中国译者到法国来做1~3个月的短期逗留，来实施他们翻译法语作品的计划。奖学金的数额为每月1 800欧元，不包括往返行程费用。①

3. 对中国书店的资助

书店是法国文学出版市场海外扩张的桥头堡，法国政府和行业协会对中国书店的资助主要由法国国家图书中心提供，这些资助主要帮助中国书店购买法语图书。法国国家图书中心可以提供购书成本50%的资助。要获取上述资助，中国书店必须满足如下条件：

(1)提供在法语图书销售领域内从业至少半年以上的证明。

(2)每本法语图书必须最多订购三本样书。

(3)在订购图书时，向一方订购的图书不能超过订购总数的25%。

(4)申请在任何情况下不能涉及已经购买的图书。

4. 对中国图书管理员的资助

图书馆是营造良好阅读风气、巩固出版业外围基础的排头兵，法国政府和行业协会的资助对象还包括中国图书管理员，资助项目主要有两类：

一是"世界文化潮流计划"，由法国外交部和文化宣传部主导，该计划可以向中国的图书管理员提供两种不同形式的接待和培训，一项是为期两个星期的"文化"短期实习，另一项是面向集体的专业实习和研讨计划。

二是"职业文化计划"，由法国文化宣传部主导，中国图书管理员可以在一家法国图书馆进行为期3~9个月的实习。法国文化宣传部将向实习者颁发实习奖学金，实习所需的住宿费用由法方接待单位承担。

由上述法国政府和行业协会针对中国市场进行的文学出版市场扩张活动可以看出，法国十分重视法语的世界影响力，从政府到出版业界，普遍将法语图书视为提升国家文化软实力、弘扬法国民族精神的重要载体。依靠国内文学出版市场的成熟稳定支撑海外市场的扩张和推广，然后借助文学图书在海外市场的成功反哺国内文学出版市场，是法国文学出版市场建设的鲜明逻辑，这也是法国文学出版为何在世界范围内享有崇高声誉的一大原因。

---

① 法国文化网．对中国译者的资助[EB/OL]．[2016-07-08]．http：//ancien.fulei.faguowenhua.com/spip.php？rubrique172.

第三节　法国文学出版市场建设的主要经验及其借鉴

一、文化孕育与传承是法国文学市场繁荣的基础

1. 源远流长的文化孕育了丰富的法国文学，为法国文学市场奠定了坚实的基础

首先，从文化渊源上看，灿烂的法兰西文化孕育了法国出版业浓郁的文学色彩。法国自古就是文学大国，而且文学流派纷呈、名家辈出。美国社会学家费格森称法国为“一个文学的民族”。从诗歌、小说、戏剧到文学批评，法国文学流派间同样此呼彼应，此唱彼和，不断地吸引着全世界的目光。在法国文学史上，除了以口头文学和民间创作为主的中世纪之外，每个世纪都有它特有的文学及其主要的文学流派，如 16 世纪的七星诗社、17 世纪的“古典主义”、18 世纪的“启蒙文学”、19 世纪的“浪漫主义”以及 20 世纪的“现代主义”，产生了笛卡尔、狄德罗、拉·封丹、巴尔扎克和雨果等一批伟大的文学泰斗，他们的作品不仅深深影响了一代又一代的法国人，而且引领了全世界文学的发展。以 20 世纪的现代派为例，有人将其分为前期与后期两个阶段，或将其分别称为现代主义与后现代主义时期。前期活跃于第二次世界大战以前，以象征主义诗歌、超现实主义文学和意识流小说为主要代表，它们的旗手是瓦雷里、阿波里奈尔、布勒东、普鲁斯特等人；后期兴起于第二次世界大战以后，以存在主义文学、新小说、荒诞派戏剧、结构主义和解构主义文学批评为基本标志，其主将为萨特、加缪、罗布-格里耶、克洛德·西蒙、尤奈斯库、贝克特、罗兰·巴特、德里达等人。在法国文学发展演进过程中，法国文学极具浓郁的理性主义色彩和鲜明的人文主义精神使它在很大程度上与打上科学主义深刻烙印的英美思想文化有着较大的区别，也使它自 17 世纪起在欧洲和西方的文学与文化发展过程中长期起着旗手作用，保持着中心地位，成为近代西方文明的重要源头和优秀代表。可以说在各种文艺思潮中，法国文学都走在世界的前端。而且难能可贵的是，相对于其他西方国家，如欧洲大陆的德国、意大利和西班牙等国的文学发展相比，整个法兰西文学在发展中始终没有出现过断裂现象。源远流长的法兰西文化给法国出版业提供了肥沃的土壤，使法国的出版业在长期的发展中形成了浓郁的文学色彩。法国人平均每人每年要阅读 20 本读物，其中，13.5 本是文学读物。在当今世界最优秀的文学作家中，有 10%的

人直接用法语进行写作。在全球文学作品被翻译得最多的58位作家中，法国就有16人，占总数的1/4以上。在2008年金融危机之后，全世界都受到了巨大的冲击，人们对于文化消费降低的同时，法国的文学出版却逆流而上，连年增长，充分显示了法国人民对于文学的热爱。总之，无论是从欧洲文学，还是从世界文学的范围上看，法国都不愧为一个文学大国，众多的作家以及丰富的文学作品让法国文学出版在全世界都享有盛誉。

其次，法国文学出版的繁荣与法国自身的浪漫色彩有关。法国文学的发达，在很大程度上依赖于法国人的民族性格和语言习性。法国素有浪漫之都和高雅之都的美誉，法国人的浪漫不仅来自基因和生活的环境，还来自法国人对于文学作品的偏爱。法国文学在这种极度浪漫的民族特性中形成了自身的文学特征：一是“爱争吵”、好论战，它是法国作家的天性，也使法国文学更加丰富多彩；二是游走于“政治夹缝”，它是法国文学的独特风景，也使法国文学在世界各地都具有极强的影响力；三是追新求奇，它是法国文学嬗变发展的特征，也是法国文学引领世界文学的基础。同时，法国文学阅读与出版的繁荣还与法语的浪漫以及大量使用有关。不但法国人享有浪漫的口碑，法语更是浪漫之语。法语语言表达的唯美和相对并不复杂的书写使得法语文学出版物的市场表现进一步提升。另外作为昔日的法兰西帝国，其曾经拥有众多的殖民地和附属国，法国语言也成为很多国家的第二和第三语言，这也从阅读规模角度促进了法语文学出版物的风靡。自中世纪以来，法国文学出版就在整个欧洲起着举足轻重的作用，特别是自2007年以来，法国的文学阅读与出版情况就一直居于欧洲首位。可以说，灿烂的法兰西文明是人类文明的宝贵财富，为世界文化的发展作出了卓越贡献，也让法国始终保持着世界文化大国的地位。

2. 持续的文学创新成就了法国文学，为法国文学出版市场的长久不衰提供了源源不断的发展动力

首先，追新求奇是法国文学嬗变发展的特征，它为法国文学的繁荣营造了新的起点，奠定了法国文学领导世界文学的基础。谈起法国文学的创新性，有学者用“追新求奇”来概括。这是因为法国人的民族性格中，追新求奇的因素最为突出。法国人追新求奇、浪漫风流的性格与生活方式，来自宫廷时代的生活，以及全民对宫廷生活的艳羡与模仿。追新求奇成了法国文学史发展演变的内在逻辑。在这种逻辑演进中，法国成为近现代欧洲文学，乃至世界文学史上大部分新思潮，新观念的策源地。世界文学史上的新文体、新方法、新名词，大多来自法国。例如，在文学思潮方面，法国是欧洲古典主义文学思潮的策源地，是“巴洛克”文学的故乡，是“罗可可”风格的鼻祖，是欧洲启蒙主义文学的大本营，是象征主义、唯美主义的发源地，是自然主义文学的试验者，是超现实主义文学的始作俑者，是所谓“新小说派”“新新小说”的首创者，是绘画领域和文学领域中印象主义方法的提倡者，是结构主义和结构主义文学批评与文学研究方法的发明者。在文学的文体样式上，是法国的蒙田首创了近代欧洲的随笔文体，是法国的拉·封丹将寓言故事与诗结合起来，完善了“寓言诗”这一文学样式，是法国的卢梭首创了教育小说《爱弥尔》，是法国的卢梭在《忏悔录》中首创了近代自传体文学，是法国的狄德罗在《私生子》和《家长》中首创了既非悲剧亦非喜剧的“正剧”，是法国的伏尔泰最先确立了欧洲的哲理小说，是法国的巴尔扎克在其《人间喜剧》中最早尝试将九十多部小说纳入一个有机整体，是法国的莫泊桑将欧洲的短篇小说艺术发展的臻于完美，是法国的凡尔纳最早创作科学小说、科幻小说，是法国的左拉最早提出了“试验小说”和“试验戏剧”的概念。在文学管理体制上，是法国人最早兴起“沙龙”这一文学聚会方式并产生“沙龙文学”，最早成立国家的最高学术与文学机构“法兰西学院”……法国这种持续创新的传统使法国文学始终处于世界文学的前列，维持着法国文化大国的地位，为法国文学的出版提供了源源不断的动力与来源。

其次，年轻作家不断涌现，老一辈作家还在笔耕不辍，他们接力维护法国文学的世界领导地位。在法国，出版自由受《出版自由法》保护，任何人和机构都可以申请创办出版印刷企业。由于法国没有对出版资格进行专门规定的法律条文，协会、机关、部委、企业、学校甚至个人都可以在现行的法律框架里合法拥有自己的出版资格；2015 年，法国拥有9 317位包含作者、版权所有人等在内的独立的出版者。许多著名的出版社都是由这些独立出版者或者几个合伙出版者形成的。法国新近崛起的蓝骑士出版社就是典型的两个合伙人创办的一家出版社。他们身兼数职，搞策划、做编辑、跑发行样样都做。蓝骑士出版的“偏见”系列迄今已出版 60 种书，反响非常好，在许多书店设有专柜，媒体也竞相报道，电视做了采访，在年轻人中很有人缘。这在世界其他地区难以想象。许多人认为蓝骑士的异军突起是对法国传统出版业的挑战与冲击。

同时，法国较早地废除了出版领域的任何形式的事前审查制度，代之以一种相对宽松的事后追惩制度，即实行出版单位登记制和出版内容追惩制。宽松的出版环境致使大量年轻人参与文学出版活动。例如，撰写《13 种甜点》的卡米耶·博尔达斯是一位 1987 年出生的年轻女作者，其作品在 2009 年 5 月第一次审读会议上就受到与会者的一致好评。在世界范围内产生了强烈反响的法国文学家加西亚(Garcia)同样也是 80 后，其作品视角独特，反响强烈。法国在 2010 年文学回归季期间共推出 84 部新人新作，2011 年也达 75 部，2012 年有 69 位新作家亮相。作家，特别是新人作家为文学回归季注入了鲜活的血液。尽管年轻作家不断涌现，但老一辈作家还在笔耕不辍，例如 2015 年刚刚度过 90 岁大寿的法兰西学院院士端木松在去年出版了《神、事件与我们：半个世纪的纪录》。据法国民意调查局在2013年曾进行过的一项写作调查发现，被调查人员中有17%至少写过一部小说，超过1/10人口是作家或潜在作家。这种全民投入的文学创作风气在世界其他地方是很少见的，这也使法国在文学出版领域长期占据了领导地位。在法国，还有许多女性也积极参与法国文学的创作。著名的斯达尔夫人和乔治·桑就是法国女性作家的典型代表。斯达尔夫人的《黛尔菲娜》小说被正式定为法国文学史上初次问世的女性传记文体，乔治·桑的《康素爱萝》《莱莉亚》《莫普拉》《小法岱特》，都具有典型的女性文学特征，还有西蒙娜·德·波伏瓦、玛格丽特·杜拉斯以及高龄荣登法兰西学院院士席位的尤瑟纳尔等女作家，都产生了大量炙手可热的文学作品。

此外，法国的浪漫和宽松的出版政策还吸引了成千海外人士加入文学出版行列，这进一步提高了法国文学在世界文学中的地位。来到法国的文学作家有著名的格特鲁德·斯坦因、海明威、菲茨杰拉德 、约翰·多斯·帕索斯、舍伍德·安德森、朱娜·巴恩斯、凯·博伊尔、劳伦斯·达雷尔、福特·马多克斯·福特、詹姆斯·乔伊斯、亨利·米勒、庞德等。这些文学作家大多数受法国艺术上的活力和自由以及对艺术实验和创新的容忍的吸引而离开自己的祖国来到法国。他们的到来为法国文学引领世界文学增添了力量。

3. 宁缺毋滥的出版传承行为确保法国文学在世界文学中的领导地位

为了维护法国文学的世界影响力，法国出版社坚持宁缺毋滥的出版理念，坚持出版优质的文学出版物。法国出版业巨子阿尔班·米歇尔认为，“文学是一种奢侈品”。他对出版业主要目的的定义是：写得好、结构棒、能打动大众。成立于1910年的法国第一家独立出版集团伽里玛，在法国出版界的地位可谓是“龙头老大”。伽里玛自从由加斯东-伽里玛先生创办以来，始终代表着法国文学出版的形象。世界上著名的文学大师，如加缪、萨特、普鲁斯特、马尔罗、西蒙·波伏娃等法国文学大师的作品均由伽里玛推出。尽管它是一个家族企业，迄今已传承了三代人，但近百年来，它保持着自己理想中的传统，将“力图发现、推出最优秀的文学书籍”作为其出版宗旨，这在全球出版圈中也属罕见。

法国文学的优质出版还离不开出版界细腻的出版活动。法国的文学创作与出版质量极高，出版活动极为负责，法国很多的作者、版权所有者和出版单位等都拥有着漫长的历史，有些甚至是从文艺复兴时期发展传承而来的，无论是出版物的硬件质量，如细腻的纸张、工整无误印刷等，还是文学出版物本身的文学价值，都具有很高的质量和水平，即使在经济危机的2008年，法国许多出版社都尽量保持出版1~2或1~3本好书，维持自身的出版品牌价值。

法国文学的质量还体现在文学奖上。在国际上，法国是诺贝尔文学奖获得最多的国家，迄今有15位诺贝尔文学奖获得者，占世界10%，高居世界各国之首。法国国内本身的文学奖如龚古尔文学奖、法兰西学院小说大奖、勒诺多文学奖、费米娜文学奖、联盟文学奖等文学奖也享誉全球，许多文学作者也以获得该奖为荣。在法国，许多文学出版社都将获取文学奖作为出版的核心目标。以Grasset出版社为例，其之所以是法国成功的文学出版社之一，是因为它一直把编辑力看作核心竞争力，把赢得文学奖项作为工作的一个目标，而只有出版真正优秀的作品才能获奖。正是这种获奖的追求使法国文学在世界文学发展中始终屹立不倒。

二、全社会多方位营造的大文学气候是法国文学出版市场繁荣的保证

1. 文学回归季与书评的盛行营造了一种大文学气候，带动了整个文学出版市场的繁荣

法国特有的文学回归季让法国文学出版始终处于良好的出版环境之中。在法国，每年8月末至11月被约定俗成地称为“文学回归季”。它不仅是法国文学出版的黄金时段，也是法国出版的黄金时期。这一期间，法国的文学出版空前繁荣，各大书店积极排开阵势，各类小说、诗歌纷纷上架销售，数百种小说文学新作都会在这一期间一起产生，让读者大饱眼福。以2007年的文学回归季为例，在短短三个月的时间内，法国90多家出版社就出版了720多种小说和600多种散文，创下文学类书籍出版的历史记录，而2015的8月中旬至10月共有589本新书出版。

在文学回归季期间，法国各类媒体也都在为文学出版做宣传，营造全民阅读文学的氛围。无论是重量级作家还是新面孔，都会在此时扎堆在媒体上登场。媒体也愿意花大量篇幅刊载新书书评和作者专访，为即将到来的大奖季预热。作为文学传播的主体，出版社、广播电视以及各大报刊都为推动文学回归季的发展作出了贡献。法国各大主流报刊如《世界报》《费加罗报》《观点报》以及法国各大电视台在这一时期都会进行“轰炸式”报道，一种“大文学气候”悄然形成，文艺争鸣在这片浪漫国土欣欣滋长，文学味道延展到了普通民众。而此时，法国主流报刊也会对其进行跟踪报道；法国一些大的电视台会以电视访谈或文学对谈的形式邀请作家、出版商乃至读者畅谈文学，全程参与一年一度的法国文学回归季；一些专业文学类杂志会借此机会推出特刊介绍新人新作。对于普通法国民众来说，参与的热情更是高涨，闲暇之余的法国人享受一场沙滩阅读是对他们的劳作最浪漫的犒劳。

同时，法国书评盛行也给法国文学出版市场增添了不少活力。法国是文学

批评盛行的国度。在法国，包括媒体、机关、城市、协会在内的许多机构甚至个人都创办有自己的文学奖评选活动，几乎每个电视频道都有重头书评专栏，TF3 的“一本书和一天”每周播 6 次，TF2 的“一本书”每周播 10 次，甚至闭路电视频道都有专门的书评栏目，收视火爆、评论深刻，互动热烈。报纸杂志上的书评更是铺天盖地。法国书评都是独立于出版、发行之外的专门体系，作品畅销与否跟他们并无关系，因此，书评具有很高的公正性，深受大家的喜爱。由于书评受关注程度高，许多书店甚至依靠书评的介绍决定进货品种和数量。可以说，法国文学书籍的出版与发行能获得公众如此青睐，与遍布城乡的文学奖评选活动和众多文学期刊的推动有着密不可分的关系。

2. 积极的国内外的文化交流也进一步推动着法国文学出版的发展

在法国，丰富的国内外文化交流为法国文学出版发展提供了基础保障。法国的文化沙龙举世闻名。法国最早兴起了“沙龙”这一文学聚会方式并产生了享誉全球的“沙龙文学”管理体制。2014 年法国首都巴黎举办的一年一度的图书沙龙，是欧洲规模最大的面向公众开放的图书博览会，有来自世界 20 多个国家的1 200家出版商参加，参观者近 19 万人次。此类文化活动吸引了大量参与者加入法国文化市场，从整体上提升了法国文学影响力。在法国还有众多文学杂志，诸如《读书》《文学报》等，这些杂志每月的发行量也都在 20 万册以上。这些活动和书报杂志的大量存在，不仅为法国的图书出版做了良好的舆论宣传和信息引导，更重要的是在全体公众中形成了热情、积极关注图书和关注出版的整体社会文化环境和消费氛围。

在国外，法国积极展开文化外交，以法国文学为推手在全球培育法国文学的影响力。1999 年在世界贸易组织谈判多哈回合谈判中，法国提出“文化多样性”(la diversité française)；1999 年，欧盟用“文化多样性”的提法取代了“文化例外”。在此认知基础上，2001 年 10 月，联合国教科文组织的《世界文化多样性宣言》获得一致通过，至此，法国实现了借助“文化多样性”来推动法国文学走向世界的目标，这让法国可以更多地借助政府干预手段来实现法国文学在全世界范围内推广。同时，法国出版社也在积极对外交流，拓展文学领域。在法国文学界最有声誉的伽俐玛出版社不仅出版过法国著名作家，如克洛岱尔、马尔罗、加缪、萨特、波伏娃、尤瑟纳以及萨洛特等人的作品，还同加西亚·洛尔迦、菲茨杰拉德、谷崎润一郎以及帕维泽等外国作家保持着良好的合作关系。此外，法国每年都会把 60 名左右的作家送往国外居住、创作；在法国驻外使馆的邀请下，国外作家也可以赴法介绍他们的书籍和创作情况。法国文学翻译家协会及其创办的国际文学翻译学院，会定期或不定期地为作家和来自全球各地的其作品的翻译者举行见面会谈活动。法国文学翻译家协会还同法国南方文献出版社合作，每年出版一本会刊，并编辑发行《文学翻译》杂志（*Translittérature*），介绍、反映世界各国文学翻译家们的翻译活动和研究成果。

三、政府的重视与支持为法国文学领导世界文学奠定了基础

1. 坚定的文化保护方针为法国文学引领全世界文学的发展保驾护航

为了维护法国在世界文化发展的统治地位以及维护法国优秀的传统文化，法国政府一直奉行积极的文化保护政策。在20世纪80年代法国前总统密特朗就提出“文化例外”，其内涵为“文化产品例外”，主要目的是加强文化保护措施，保持民族文化独立。历届法国总统及政府领导人都积极捍卫这一文化政策，确保法国文学出版处于自身的掌控之中。法国前文化部长特劳特曼在1999年10月16日发行的《世界报》上撰文称：“文化例外是不容置疑的。”1999年11月16日，时任法国总统的希拉克在爱丽舍宫接见来自世界各国的20名文化著名人士时说：“文化作品，无论什么表达方式，即使具有经济或工业方面的重要性，现在不是，将来也不会等同于其他置于市场规律下的商品，这是一个信念。”为了抵御美国文化的进攻，20世纪80年代后期以来，法国在世界贸易组织框架内提出并大力奉行“法兰西例外”政策，即“法兰西文化例外”，捍卫法兰西民族文化的纯洁性，对外一方面在全球化进程中阻止英美文化的入侵，另一方面为维持法兰西文化的往日荣光和世界影响力向前法国殖民国家和其他国家推广法兰西文化；对内在“共和同化原则”指导下制定的移民政策和文化政策也以弘扬本民族文化，压制外来移民和少数族裔文化为主。随着国际文化交流的发展，法国又适时地提出了“文化多样性”的文化理念，借此保护法国传统文学的纯正性。在法国政府的积极推动下，“文化多样性”得到了欧盟与联合国的支持，这为法国文学走出国门提供了国际支持，奠定了基础。从“法兰西例外”到“文化多样性”，法国的文化保护方针使诗歌、散文等传统的文学发展得到有力的保护。

在奉行文化保护政策的同时，法国政府积极的文化推广活动也为法国文学争取了更大的市场范围。1990年，法国外交部（现为法国外交与欧盟事务部）图书与多媒体处推出了资助图书翻译与出版工作的特别项目，在17年间，先后将12 000种图书翻译成英语、阿拉伯语、汉语、西班牙语和俄语等语言，在全球75个国家出版发行。法国外交部、文化部、图书出版商以及法国图书展览中心联合推出的“图书出版附加项目”，在不影响图书销售连锁的情况下，将图书价格减半甚至下降2/3在海外市场销售发行。法国的这些保护政策收到了巨大的成效，促进了法国文学现在在世界各地流传，法国文学15次登顶诺

贝尔文学大奖，受到全世界的认可。

2. 多重管理手段全面引导法国文学市场建设，成就法国文学的繁荣

法国政府充分发挥各种管理手段，借助政策、基金、补贴，税收，以及行政管理部门和行业协会等多重手段来推动文学市场建设，维持了法国文学出版市场的繁荣，最终形成了特有的法国式出版管理模式。首先，统一的定价制度让许多传统的文学体裁如诗歌、散文等得以出版，维持法国文学多样化的特色。在法国，书的定价由出版社自主拟定，但书店售书的价格只允许在图书定价5%的幅度内浮动。这样就可以避免那些原本难以出版的学术性著作以及非畅销书因减价出售而受到排挤和压制，进而有效地保护了图书文化的多样性。此举给诸如诗歌等纯文学作品的出版提供了可能，从而保证了法国文学市场的多样性，使法国文学的发展更加全面。

其次，各种法国出版基金和税收优惠措施也为纯文学的出版提供了坚实的基础，也使法国的纯文学出版在现代化生活的潮流中得以延续。法国文化部每年斥资1 000万欧元帮助法国图书在国外出版，外交部每年也会资助500～1 000部法国图书在国外翻译出版，其中有大量文学书籍。

此外，法国政府还采取了多种措施来维护文学类书籍在公众阅读视野中的出现频度和传播效果，包括政府购买、无偿赠阅、税率优惠、公共资助、调整制定《雅克·朗法》等。为了加强这一机制，法国政府还在2007年创立了“样板独立书店”(LIR)标示制度，为小众需求的高雅文化类文学书籍发行市场提供保护，这些书店也将因此而享受到更加优惠的税率和政府的特别补贴。

第十五章　日本动漫市场建设

日本动漫是亚洲文化领域的明星产业，日本政府、动漫企业与社会各界对动漫市场建设尤为重视，本章从日本动漫市场的规模、建设历程出发，详尽论述了其建设举措，并深入剖析了日本动漫市场建设的成功经验。

第一节　日本动漫市场概述

动漫，英文为“animation”，是借用日文“アニメ”的发音和拉丁文“anima”(生命，灵魂)的意思派生出来的。简单地说，就是动画和漫画的缩略称谓。日本的动画与漫画是紧密联系在一起的，直至今日，漫画仍是日本整个动漫产业链的源头。日本的漫画业起步于20世纪40年代后期，发展到60年代末步入辉煌阶段，当时漫画出版产值已经占到出版业总产值的10%以上。① 日本动漫产业以发达的漫画业为基础，而动画业则依托于漫画业也逐步成长壮大起来。

目前日本已经成为世界上最大的动漫生产国和出口国。在铺天盖地的世界动画形象中，几乎没有哪位读者或观众不知道樱桃小丸子、蜡笔小新、名侦探柯南……在日本国内市场上，动漫在日本娱乐产业中占据着中心地位，各种动漫的人物形象充斥街头，早已超越了杂志和电视的范畴，渗透到日本社会的各个角落；在国际市场上，日本动漫输出至欧美、亚洲等诸多国家。据相关数据统计，在全球播放的动画节目中日本制作的约占六成，其在欧美市场的占有率更是达到了80%以上。仅以宫崎骏的《千与千寻》为例，该片不仅在日本市场上获得近3亿美元的票房价值，也在北美市场上取得了超过2亿美元的收入。②

---

① 搜狐财经．日本动漫年营业额达230万亿日元日本动漫产业现状分析[EB/OL]．[2016-04-17]．http：//mt. sohu. com/20160417/n444555027. shtml.

② 张亮．日本动漫产业启示录[J]．南风窗，2003(2)：60-63.

日本动漫产业的发展令人瞩目，其强大背后的发展推动力和原因也让人深思。对日本动漫市场的总体规模和分领域的情况进行概述不仅能帮助我们更加了解日本动漫产业，而且也为我国动漫市场的建设发展提供参考和借鉴。

一、日本动漫市场总体规模

从狭义的产业内涵看，动漫产业主要指动画产业和漫画产业。从广义的产业角度看，动漫产业是指以“创意”为核心，以动画、漫画为表现形式，包含动漫图书、报刊、电影、电视、音像制品、舞台剧和基于现代信息传播技术手段的动漫新品种等动漫直接产品的开发、生产、出版、播出、演出和销售，以及与动漫形象有关的服装、玩具、电子游戏等衍生产品的生产和经营的产业。

日本素有“动漫王国”之称，近几年来，日本致力于用新技术打造新文化产品，其动漫产业的发展势头更是愈发强劲。由图 15-1 可以看出，在 2002—

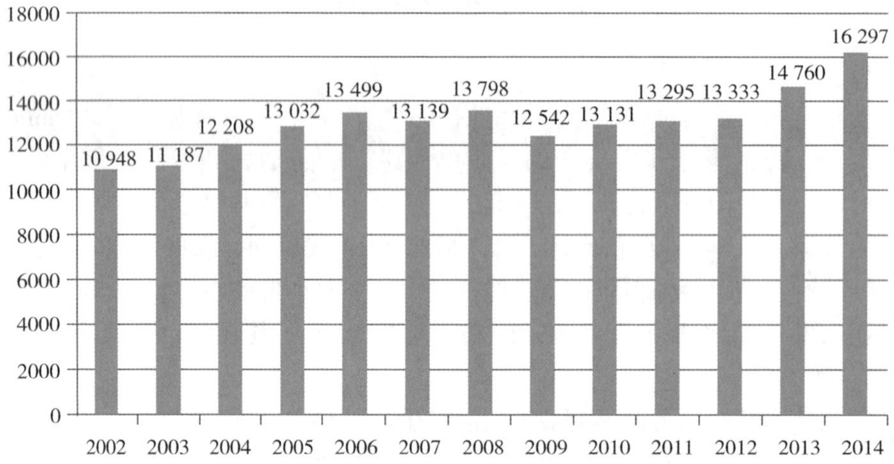

图 15-1　2002—2014 年动漫产业市场规模变迁(单位：亿日元)①

2014 年，日本动漫市场规模总体上呈上升趋势。从 2002 年开始，动漫产业市场经历了连续 6 年的扩张。由于金融危机带来的动漫产业萎缩，碟片(DVD/BD)销售额急速下降，致使 2008 年的市场规模达到一个高点后出现小幅下滑，但是 2009 年之后又迅速回升。在 2009—2014 连续五年时间里，日本动漫产业都保持持续增长的态势，尤其是近两年增速迅猛。截至 2014 年，动漫产业市

① AcFun 弹幕视频网．日本动画产业报告 2015 完整版[EB/OL]．[2015-11-06]．http：//www.acfun.tv/a/ac2311234.

场规模已达16 297亿日元，是2013年的109.2%，连续两年刷新历史纪录。

从市场结构上来看，如图15-2所示，首先，商品化的市场占有率稳居第一。日本动漫文化发达，为关联商品的发展和壮大奠定了良好的基础。据日本三菱研究所的调查，日本有87%的人喜欢漫画，有84%的人拥有与漫画人物

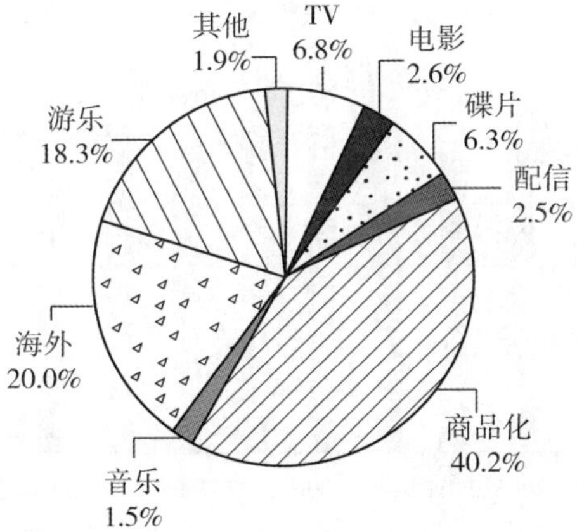

图15-2 动漫产业市场结构②

形象相关的物品。① 其次，海外市场和游戏细分市场的份额紧随其后，位列第二和第三。日本作为最大的动漫输出国，其海外市场行情坚挺，尤其是在北美和中国的番组销售情况乐观，更是海外市场兴盛的中心；在游乐市场领域，许多原作游戏公司单独出资制作动漫也引起粉丝们的广泛关注，例如2014年的《神击的巴哈姆特》和2015年的《怪物弹珠》就是由Cyagmes和mixi单独出资制作。另外，配信、电影、音乐等领域虽然市场占有率较低，但近几年却有了较快的增长。以配信为例，随着配信节目的增多和服务的日益全面化，视频配信服务在2014—2015年已成为大家关注的焦点，2014年的《美少女战士Crystal》和2015年的《圣斗士星矢黄金魂》《忍者杀手》等作品均先行于配信平台。显而易见，对于动画制作方而言，配信平台是能接触到粉丝的不可或缺的媒介。

动画制作分钟数能够最直接反映动画产业的境况。在制作市场方面，由图15-3可以看出，动画制作分钟数在2006年达到高峰，在一度下跌后，实现了连续四年上升。到2014年，制作分钟数是上一年度的107%，达到119 962分

① 王小环. 日本动漫衍生产品的开发对我国的启示[J]. 编辑之友，2008(4)：90-91.

② AcFun弹幕视频网. 日本动画产业报告2015完整版[EB/OL]. [2015-11-06]. http：//www. acfun. tv/a/ac2311234.

钟。以目前的发展趋势看，未来增长态势可期。另外，相关数据显示，在2014年，儿童家庭动漫制作市场保持稳定，为613万分钟。深夜电视动漫制作市场为5.05万分钟，相比2013年的4.28万分钟有所提升。① 这与深夜时段动画作品的拆分播放情况加剧不无关系。

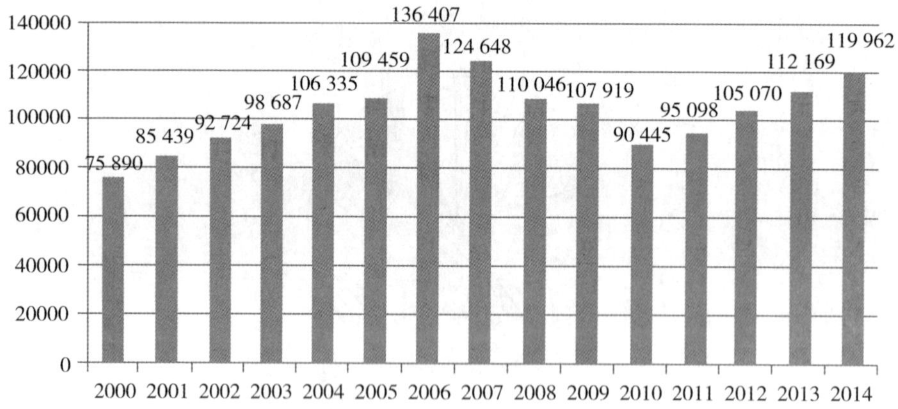

图 15-3　2000—2014 年 TV 动画制作分数推移(单位：分钟)②

二、日本动漫市场分领域概况

日本动漫产业的一大特征在于其形成了一条以漫画为起点的完整产业链。日本动漫产业链如图15-4，这条动漫产业链通常包括漫画的创作与出版、动画片的制作、动画片的播出、动画关联产品与衍生产品的开发四个主要环节。③漫画家首先创作漫画并在周刊上连载，当漫画作品拥有一定的人气之后，就会逐步被制作成TV动画、剧场版动画、OVA等进行播出，并开发庞大的衍生产品。

我们根据动漫产业链的构成将日本动漫市场划分为动漫内容生产制作市场、动画影像流通市场、动画衍生品市场、动画音乐市场、动画演艺市场和海外市场六个领域进行剖析。

① 陈子萍．日本动漫产业现状分析[EB/OL].［2016-04-18］. http：//cartoon. southcn. com/c/2016-04/18/content_146155570. htm.

② AcFun弹幕视频网．日本动画产业报告2015完整版[EB/OL].［2015-11-06］. http：//www. acfun. tv/a/ac2311234.

③ 何建平，刘洁．日本动漫产业运作模式研究——兼论对中国动漫产业的启示[J]. 当代电影，2009(7)：72-77.

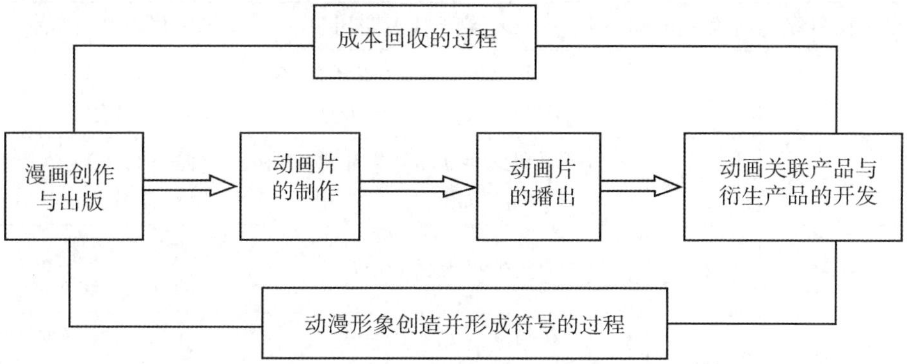

图 15-4 日本动漫产业链示意图

1. 动漫内容生产制作市场

漫画创作与出版是动漫产业的上游环节。漫画为动画制作提供了角色、形象、剧本甚至市场，是动漫产业发展的原动力。日本是世界上最大的漫画杂志和漫画图书生产国，其市场规模非常庞大。从总体规模上来看，据相关数据统计，日本漫画图书和杂志的销量每年差不多有 20 亿册。2013 年，其年销售额已经超过 70 亿美元。漫画类出版物占到了日本全年出版物总量的近 40%，这个比例在同样热爱漫画英雄的美国则不超过 3%。① 从细分市场上来看，日本漫画注重小众化发展，其作品的读者市场也划分得很细，尤其是面向青少年的作品。这一方面是因为日本漫画品种丰富、题材广泛，很好地迎合了各个阶层读者的心理；另一方面则是日本漫画市场几乎被几家大型出版社垄断，中小出版社为寻求自身发展只能从细分市场领域进行开拓。

漫画出版社和杂志社在漫画出版过程中发挥了重要作用。虽然日本至少有几百家出版社和杂志社从事漫画图书和漫画杂志的出版，但漫画产业集中度较高，全国 70%的市场份额都被小学馆、集英社、讲谈社、白泉社、角川书店等几家大型出版社占据。② 由表 15-1 可以看出，这五家日本漫画出版社成立时间较早，历史悠久，尤其是小学馆和集英社，其代表作品大多被制作成动画，在国内外都有较高的知名度。如《哆啦 A 梦》《名侦探柯南》《灌篮高手》《火影忍者》《海贼王》等。

① 朱步冲．日本漫画的市场细分[EB/OL]．[2013-10-10]．http：//www. lifeweek. com. cn/2013/1010/42729. shtml.

② 陈磊．日本漫画业现状与前瞻[J]．出版参考，2001(2)：28.

表 15-1　　日本知名漫画出版社一览表

出版社名称	创立时间	旗下代表期刊	代表漫画作品
小学馆	1922 年	《少年 *SUNDAY*》《*CIAO*》《少女 *COMIC*》《*YOUNGSUNDAY*》	《哆啦 A 梦》《名侦探柯南》
集英社	1926 年	《周刊少年 *Jump*》《周刊花花公子》《*non-no*》	《灌篮高手》《火影忍者》《海贼王》
讲谈社	1909 年	《周刊少年 *MAGAZINE*》	《圣石小子》《闪灵二人组》
白泉社	1973 年	《花与梦》《别册花与梦》《*LaLa*》《*MELODY*》	《元气少女缘结神》《水果篮子》
角川书店	1945 年	《少女》《少年》《资讯》	《心灵侦探八云》《彩云国物语》

在动漫内容生产制作过程中，动画制作公司发挥着举足轻重的作用。一本漫画出版物被制作成动画作品，需要经历企划、脚本、设定、分镜、构图、原画、动画、上色、摄影、剪辑、录音、合成、视频编辑等诸多步骤。① 每个步骤的操作都会影响到动画的表现力和最终效果，由此看来，动画制作公司在动画生产制作环节中至关重要。

表 15-2 中列举了 15 家日本业内知名的动画制作公司及其代表作品。其中，吉卜力工作室(Ghibli)成立于 1985 年，原附属于德间书店，由宫崎骏及其同事高畑勋、铃木敏夫统筹，目前有 300 余名员工，其制作的《千与千寻》《幽灵公主》《魔女宅急便》《天空之城》《龙猫》等作品均获得很高的票房收入，广受好评。另外，它还成立了吉卜力服饰店，开发周边产品，进行以“GHIBLI”为品牌的服饰和饰品的企划、制造、贩售。

京都动画(Kyoto Animation)成立于 1981 年，以动画制作、商品企划、销售、批发、出版为主要业务。自 20 世纪 90 年代中期以后，已经具备独立制作动画的能力。京都动画制作的作品经常以现实的风景或人物的动作为基础，改编作品亦尽量忠于原作，赢得不少原作迷观众的高度评价。而且在京都动画出品的动画作品中，人物角色的弧眉圆眼都高度相似，被观众戏称为“京都动画之眼”，已然形成自身独特的创作风格。其代表作品《轻音少女剧场版》获得 19 亿日元的票房，《AIR》和《凉宫春日的忧郁》也备受观众青睐。

① cjls1. 日本动画的制作过程[EB/OL]. [2011-12-17]. http://blog.sina.com.cn/s/blog_9bc1b04e01012e9g.html.

表 15-2　　日本知名动画制作公司一览表

公司名称	创立时间	代表动画作品
吉卜力工作室	1985 年	《龙猫》《天空之城》《千与千寻》《幽灵公主》
BONES	1998 年	《交响诗篇 EUREKASeven》《钢之炼金术师》
SUNRISE	1972 年	《机动战士高达》《魔神英雄传》《银魂》《犬夜叉》
GAINAX	1984 年	《新世纪福音战士》《魔力女管家》
GONZO	1992 年	《青之六号》《银河冒险战记系列》《天使特警》
京都动画	1981 年	《惊爆危机》《AIR》《凉宫春日的忧郁》《CLANNAD》
J. C. Staff	1986 年	《阿兹漫画大王》《青出于蓝》《RODTV》
Production I. G	1987 年	《攻壳机动队》《御伽草子》《威尔贝鲁物语系列》
东映动画	1948 年	《聪明的一休》《变形金刚系列》《数码宝贝系列》
studio DEEN	1975 年	《浪客剑心》《逮捕令》《水果篮子》《鬼眼狂刀》
SHAFT	1975 年	《魔法老师第二季》《不可思议教室》
XEBEC	1995 年	《天使怪盗》《我的狐仙女友》《管家后宫学园》
P. A. WORKS	2000 年	《truetears》《雷顿教授与不可思议的小镇》
MAD HOUSE	1972 年	《NANA》《DEATHNOTE》《X 战记》
Total NetworK	1999 年	《袖珍女仆小梅》《青春草莓蛋》《学院梦幻队》

2. 动画影像流通市场

动画影像流通市场，简单来说，就是电视、电影、碟片、配信四个渠道的合算值。一般而言，动画影像流通市场和动画制作有直接关联，其市场多寡往往可以直接作为作品增减的标准。从图 15-5 可以看出，在 2002—2014 年，动画影像流通市场规模总体处于有升有降的状态。其中 2013 年的动画影像流通市场销售额创历史新高，达2 983亿日元。然而 2014 年并未保持良好的增长势头，由于电影和碟片市场的不景气，市场销售额出现小幅下跌，减少了 30 亿日元。从细分领域来看，电视和配信市场潜力很大。自 2010 年之后，电视和配信市场呈现持续增长的态势；而碟片市场从 2008 年开始，大致维持不变的状况，还有连年倒退的趋势，市场持续缩小的可能性较大。

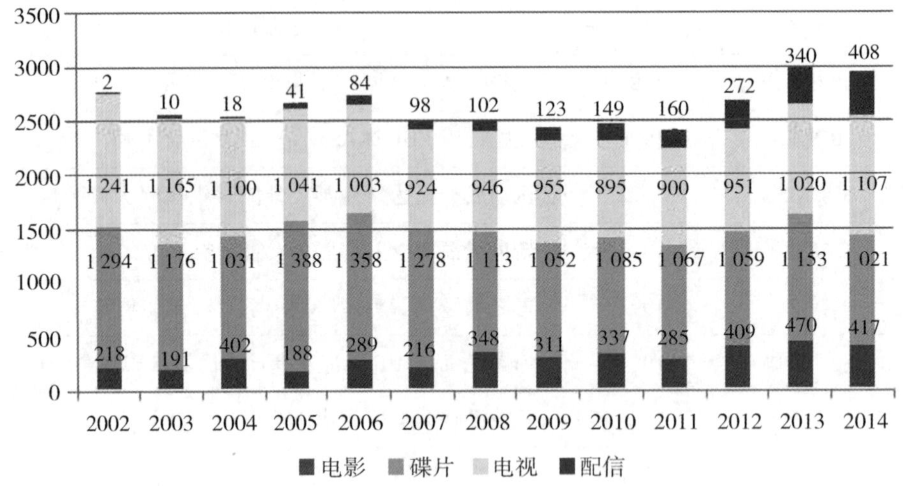

图 15-5 2002—2014 年动画影像流通产业市场(单位：亿日元)①

下面我们将详细分析电视、电影、碟片、配信四个流通市场的发展情况。

(1)TV 动画市场契机犹存。日本的动画产业，是以 TV 动画即电视动画为发展主流。日本的“TV 动画”一般以原作漫画为基础，在 30 分钟内讲故事，《铁臂阿童木》就是如此。因此，长期以来 TV 动画被认为是动画产业的主力军。随着数字化和网络的普及，电视媒介逐渐失去了原有的优势。从图 15-6 中可以看到，经过 2006 年“泡沫时期”的瓶颈以及 2007 年余波的影响，2006—2010 年 TV 动画作品的数量逐年下降，2010 年跌至谷底，仅为 200 部。但是 2010—2014 年又迅速回升，逐渐恢复元气，尤其是近两年增势明显。这主要得益于“儿童向动画的回归”，2014 年东京电视台放送的《妖怪手表》大热便足以证明。可见，儿童动画正是鼎盛时，TV 动画的优点对于儿童群体及其家庭而言仍是有效的，TV 动画市场犹存契机。

(2)剧场版动画市场波动大，内在驱动不足。剧场版动画一般取材于动画剧或 OVA，根据其由来和形式，大致可以分为定番系列、TV 系列的剧场电影化、原创作品、剧场版系列四种类型。由图 15-7 可知，从总体上看，日本剧场版动画票房收入增势并不明朗。2000 年以来，虽然票房收入在 2001 年达到

① AcFun 弹幕视频网 . 日本动画产业报告 2015 完整版[EB/OL]. [2015-11-06]. http：//www. acfun. tv/a/ac2311234.

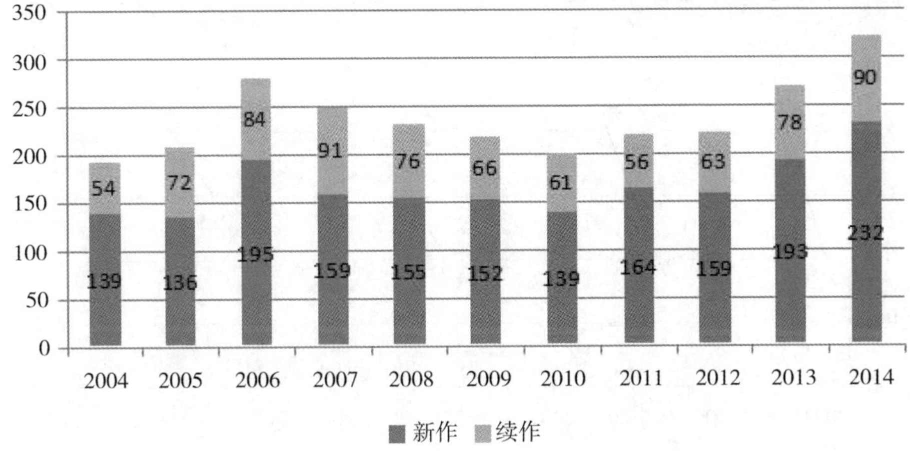

图 15-6　2004—2014 年 TV 动画的数量变化(单位：部)①

最高峰 505 亿日元，而且 2012—2014 连续三年超过 400 亿日元，但这很大程度上归因于少数粉丝固定的大热电影的上映。例如 2001 年的《千与千寻》就占据了 304 亿日元的市场；② 2014 年的票房与 3DCG 动画《哆啦 A 梦》和《妖怪手表诞生的秘密》的大热也有很大关联。另外，从热门电影动画的数量来看，票房 10 亿日元以上的作品，2010 年有 9 部，2011 年有 10 部，2012 年 8 部，2013 年 14 部，2014 年则减少到了 8 部。③ 显然，剧场版动画市场波动较大，内在驱动力不足，满足一般观众层的诉求或许能扩大市场容量。

(3)碟片市场的萎缩不可避免。碟片市场一直是日本竞争最为激烈的领域之一。2000 年左右，以个人电脑普及为背景，碟片市场迅速成长起来。但是好景不长，由图 15-8 可以看出，日本动画映像制品市场自 2005 年达到峰值后，就进入了长期下滑阶段。2008—2013 年"维持不变"，终在 2014 年大幅下跌，出现过去 13 年来的最低值。这与近几年网络配信的兴起导致碟片租赁市场萎缩不无关系。

业界专家高桥祐马曾经坦言："动画的碟片产业市场已经很严峻，就算怎

① AcFun 弹幕视频网. 日本动画产业报告 2015 完整版[EB/OL]. [2015-11-06]. http://www.acfun.tv/a/ac2311234.

② 常凤霞，张志宇.《千与千寻》对我国动画产业的启示[J]. 合作科技与经济，2015(19)：26-27.

③ 动漫产业信息和研究. 2014 年日本动画电影市场情况[EB/OL]. [2015-12-01]. http://field.10jqka.com.cn/20151201/c586236455.shtml.

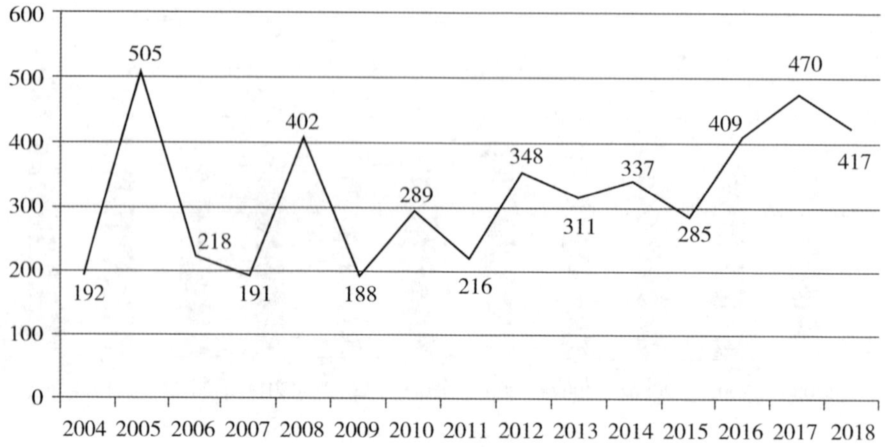

图 15-7　2000—2014 年日本剧场版动画票房收入推移(单位：亿日元)①

么感慨，情况也没有好转。”据相关数据统计，2015 年日本国内的视频碟片(蓝光、DVD)的销售额为2 181亿1 300万日元，较去年下降了 5.1%。而这其中，跟动画有关的碟片销量为 727 亿9 200万日元，相比上一年的 858 亿5 800万日元，下滑了 14.9%。② 似乎在日本社会“物欲丧失”的整体倾向中，看碟已经从主流变成了辅助，碟片市场缩小亦是不可避免的。

(4)配信市场继续高歌猛进。日本的视频配信服务是从 2000 年以后才出现的。2005—2006 年“第一次视频配信热潮”之后，视频配信市场开始缓慢扩张。直到 2010 年之后，智能手机的普及和大资本的投入，配信市场再次获得极大的增长。如图 15-9 所示，2002—2014 年配信市场一直处于增长态势，尤其是近几年增速迅猛。2014 年动画配信市场规模达 408 亿日元，是前一年度的 120%，已接近同年动画电影票房收入。随着 2015 年 9 月 2 日 Netflix 在日本上线，③ 配信市场将会继续高歌猛进，日本动画有望从电视播放时代正式过渡到网络播放时代。

① AcFun 弹幕视频网．日本动画产业报告 2015 完整版[EB/OL]．[2015-11-06]．http：//www.acfun.tv/a/ac2311234.

② 新浪动漫．日本动画碟片市场出现萎缩[EB/OL]．[2016-03-23]．http：//comic.sina.com.cn/2016-03-23/doc-ifxqnskh1155392.shtml.

③ 网易科技．9 月 2 日 Netflix 将在日本上线并与软银合作[EB/OL]．[2015-08-24]．http：//tech.163.com/15/0824/14/B1PQFNOT000915BF.html.

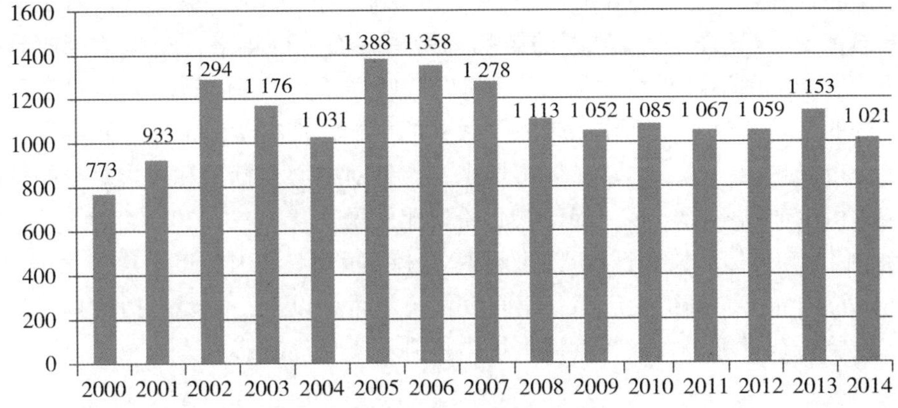

图 15-8　2000—2014 年日本动画影像制品市场(单位：亿日元)①

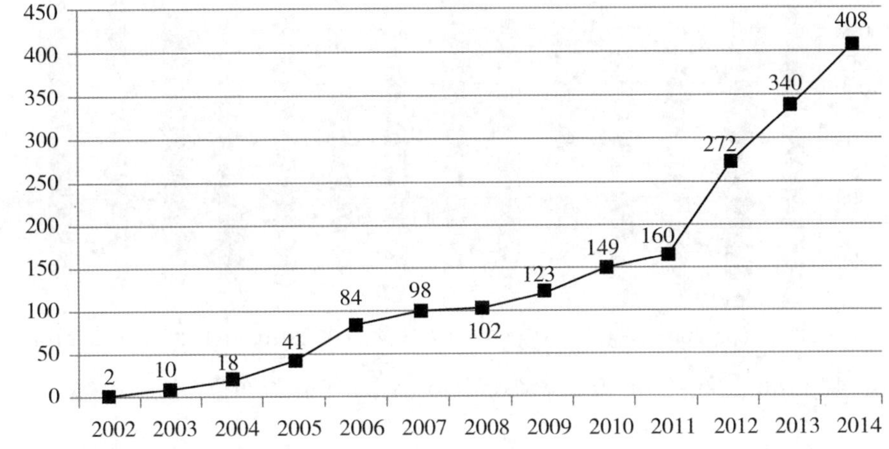

图 15-9　2002—2014 年日本动画网络配信市场(单位：亿日元)②

3. 动画衍生品市场

动画衍生品市场是动漫市场最为重要的一部分。日本动漫文化盛行，动画衍生品也有着巨大的市场空间。据相关数据统计，在日本，40%的动漫产值是由衍生品创造的。在图 15-10 中，我们可以清晰地看到，2014 年日本动画角色

① AcFun 弹幕视频网．日本动画产业报告 2015 完整版[EB/OL]．[2015-11-06]．http：//www. acfun. tv/a/ac2311234.

② AcFun 弹幕视频网．日本动画产业报告 2015 完整版[EB/OL]．[2015-11-06]．http：//www. acfun. tv/a/ac2311234.

商品市场大幅增长，达到6 552亿日元，是2013年的109.5%。这个增长速度一方面是受了《妖怪手表》风潮的影响；另一方面，近年来，动画角色商品化市场的受众范围不断扩大。第一，类似于《妖怪手表》等作品的大热对牵引儿童市场的定番角色和系列作品带来了很大的影响，使得学龄前儿童到小学低年级受众市场扩大；第二，从整体市场来看，针对核心目标层和成人对象的动画作品的衍生产品不断增多，促使核心粉丝比例增加；第三，2014年放送的"高达系列"，获得日本男性受众的超高支持；第四，2014年《美少女战士》(*Crystal*)的播出，其衍生产品一年间发售了数百种以上，主要包括玩具、化妆品、服装、杂货等，在成年女性市场中提升了支持度和影响力。

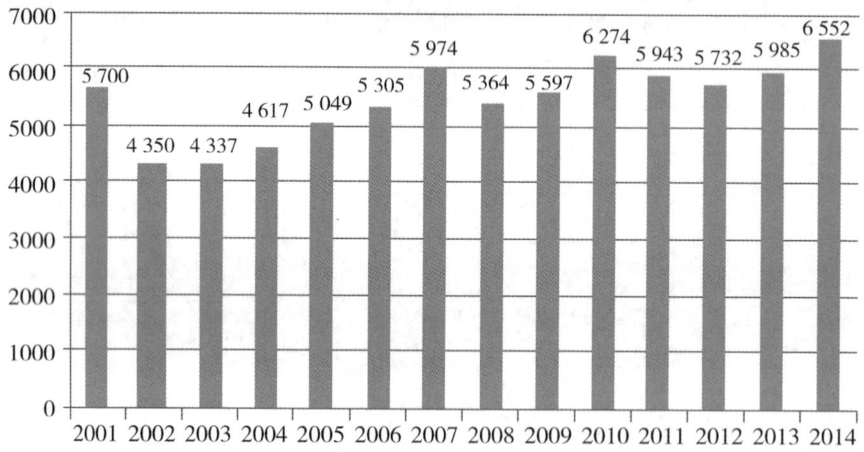

图15-10　2001—2014年日本动画角色商品化市场推移(单位：亿日元)①

在游乐市场方面，动画的牵引作用也有效促进了游乐市场规模的提升。在2009—2014年，日本游乐市场总体上并不乐观，出现连续下滑的局面。在这种严峻的市场大环境下，动画游乐市场却能保持持续增长态势，2014年更是达到了2 981亿日元，相比上一年度增长了22.8%，详见图15-11。《妖怪手表》大热，使得相继发售的《妖怪手表2元祖/本家》《妖怪手表2真打》系列销量攀升，其中玩具"妖怪medal"到2015年3月末累计出荷数2.2亿枚。相关数据显示，截至2015年3月末，《妖怪手表》关联商品的市场规模突破2000亿日元。② 无独有偶，全世界发行量最高的日本漫画《海贼王》，其相关商品在

① AcFun弹幕视频网．日本动画产业报告2015完整版[EB/OL]．[2015-11-06]．http：//www.acfun.tv/a/ac2311234.

② 中国新闻网．日本《妖怪手表》将进军全球相关商品已破2千亿日元[EB/OL]．[2015-04-08]．http：//www.chinanews.com/cj/2015/04-08/7191829.shtml.

2012 年的市场规模亦约达1 000亿日元。① 此外，由《宠物小精灵》(Pokemon)衍生出的动画电影、玩具等产品，则创下近 1 万亿日元的市场规模；2013 年，《进击的巨人》依靠动画化使得漫画原作倍增了1 000万部的销量，引起业界的广泛关注。由此可见，衍生产品能够利用原有的动漫消费者基础扩大其自身的价值。

在广告推销领域，动画角色使用的频率也越来越高。《哆啦 A 梦》热映之后，其中动画角色被丰田汽车、松下、尼康、TOTO、富士 xerox 等多家企业启用；梅赛德斯奔驰在日本启用《超级马里奥》中的角色，产生了巨大的广告效果；富士重工也采用真人版的《进击的巨人》，在网络上引发强烈反响。在广告营销活动中，通过动画角色促销，其目标层的到达率更高，信息更容易扩散，营销推广效果也更明显。

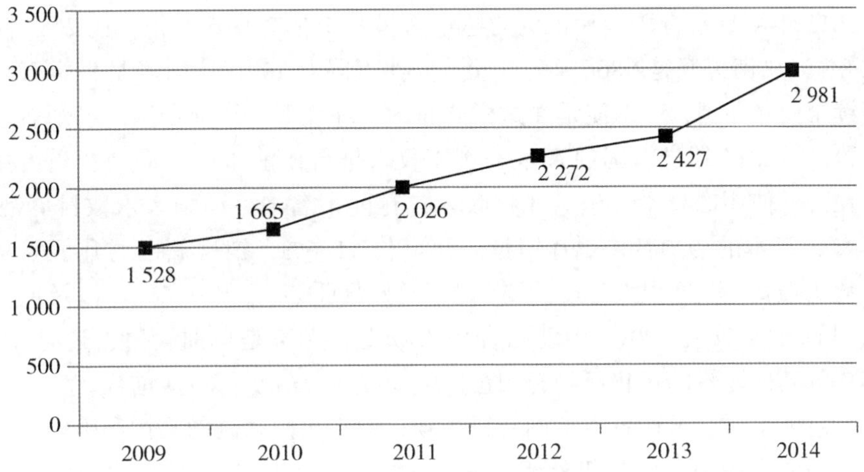

图 15-11　2009—2014 年动画游乐市场推移(单位：亿日元)②

在其他关联商品方面，更是花样迭出。2012 年，日本 Dinos 公司开始在网上销售“海贼王大米”礼品套装，套装包括包装袋上印有路飞、索隆、山治、乔巴等《海贼王》角色图案的大米、印有“海贼旗”的特制午餐袋及天然木材制成的饭勺，售价为 5250 日元；同年 8 月，日本 BANDAI 和 COZY WAVE 两家公司合作推出了“海贼王”香水，价格为 3150 日元。《海贼王》周边饰品、眼镜

① Animeanime.「ワンピース」の海外ビジネスモデル.[EB/OL].[2013-09-06]. http://animeanime.jp/article/2013/09/06/15461.html.

② AcFun 弹幕视频网．日本动画产业报告 2015 完整版[EB/OL].[2015-11-06]. http://www.acfun.tv/a/ac2311234.

等相关商品也随处可见。除此之外，2012 年 8 月，《蜡笔小新》服装在网络商店上架销售；漫画《剑风传奇》版权方还推出了一款以角色“格里菲斯”为主题的限量版银质戒指。①

4. 动画音乐市场

日本动漫中有大量优秀的动画音乐作品。一般而言，一部动画里的音乐包括片头曲（OP）、片尾曲（ED）、插曲（IN）、印象曲（IM）、主题曲（TM）和背景音乐（BGM）。② 当然，也有些专门制作的音乐可以单独销售，于是就有了专门灌制的 CD。围绕动画所发行的音乐专辑主要包括原声碟、角色 CD、剧场版 CD 和单曲几种类型。

在互联网技术迅猛发展的浪潮下，传统的纸质出版和唱片出版业多少都受到了冲击。整个日本 CD 唱片市场也是江河日下，常年不景气。据日本媒体报道，2015 年度日本音乐唱片市场的总销售量是 1 亿 210.6 万张，比 2014 年减少 2.8%，总销售额是2 866.9亿日元，同比下降 0.2%，这已经是日本音乐市场连续第三年下滑。③ 即使是在这样严酷的大环境下，动画音乐市场却表现得分外抢眼。2014 年日本国内音乐著作权收入排行榜前十中，动画音乐占据四席；在海外使用的日本音乐著作权收入排行前十名中，动画音乐数目可观。④ 2015 年，日本的动画音乐唱片销量同比增长 11.6%，销售额也上升了 8.9%，增长势头强劲。⑤ 这很大程度上要归功于《妖怪手表》、*Love Live*！以及偶像大师系列的引领。⑥ 在 2014 年动画音乐市场上，无论是单曲销量，还是动画、原声集等其他专辑的销售额，《妖怪手表》和 *Love Live*！都位居前列。

从总体来看，虽然日本动画音乐市场得益于热门动画的支撑和引领，展现出了顽强的生命力，但是仍然无法否认 CD 商品市场逐步缩小的倾向。从图 15-12 中我们可以看到，2008—2014 年，动画音乐 CD 的销售额总体趋于下滑。2009 年，动画音乐市场鼎盛一时，CD 销售额达到 306 亿6 500万日元，但之后

① 禾泽．日本动漫衍生品花样迭出[N]．中国文化报，2012-08-24.

② 博客．浅谈日本动漫音乐发展[EB/OL]．[2011-12-07]．http：//blog. sina. com. cn/s/blog_7f292bcd0100vkpq. html.

③ 网易娱乐．2015 日本音乐市场分析连续三年市场萎缩[EB/OL]．[2016-01-18]．http：//ent. 163. com/16/0118/08/BDJNC5JG00031H0O. html.

④ 日本《动画产业报告 2015》。

⑤ 腾讯动漫．动漫歌曲或将改变日本音乐界格局[EB/OL]．[2013-10-29]．http：//comic. qq. com/a/20131029/007979. htm.

⑥ ACGdoge. 日本唱片市场规模连续三年缩小，偶像大师、LoveLive！引领动画音乐市场成长[EB/OL]．[2016-01-16]．http：//www. acgdoge. net/archives/5963.

基本处于下降的态势。到 2014 年，动画音乐市场缩减至 237 亿1 000万日元，跌势明显。

5. 动画演艺市场

随着受众的消费形态不断多元化，逐渐从对“物”的直接追求延伸到对“真实的感动”的渴望，连接二次元与三次元的娱乐形式越来越多样化，市场也日益扩大。作为二次元发源地之一的日本，其动画演艺市场便是其中最为显著的一类。从表 15-3 中可以看到，2013—2014 年，日本 Live 娱乐产业中的各个项

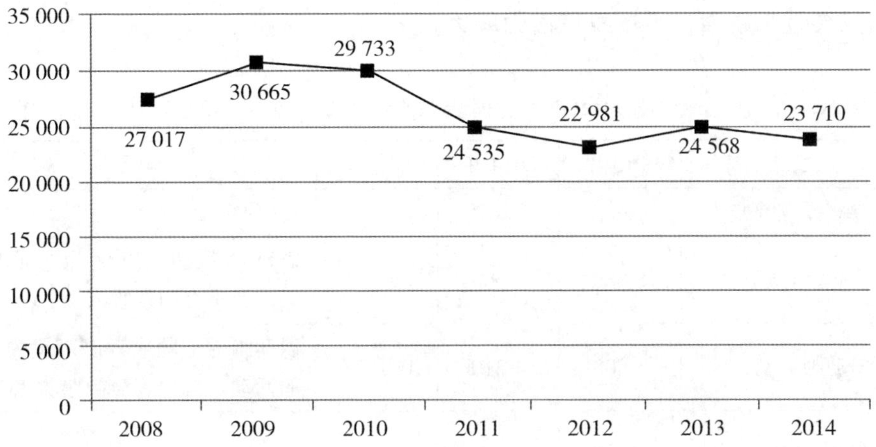

图 15-12　2008—2014 年动画音乐 CD 销售额推移(单位：百万日元)①

目的市场收入都在大幅增加，2014 年动漫现场娱乐市场规模已达 308 亿日元，而且 2015 年在此基础上仍保持 4%的增长率。②

从各个细分领域来看，动画音乐演唱会市场在不到两年的时间里急剧扩大，公演回数由 677 回增至 1423 回，市场规模由 35 亿3 600万日元到 85 亿6 500万日元，增势强劲；Live 直播市场在 2009 年 3D 热潮的影响下③，发展形势大好，2014 年有作品 21 部，上映 959 回，票房收入达 13 亿6 980万日元，是前一年的 277. 5%；动画博物馆和关联展示会市场与动画咖啡饮食市场也不

① AcFun 弹幕视频网．日本动画产业报告 2015 完整版[EB/OL]．[2015-11-06]．http：//www. acfun. tv/a/ac2311234.

② 腾讯动漫．日本动漫现场娱乐崛起迅速，场馆捉襟见肘[EB/OL]．[2016-05-07]．http：//comic. qq. com/a/20160507/034182. htm.

③ 三文娱．日本人这样打通二次元与三次元：ACGLive 的五种方式[EB/OL]．[2016-02-03]．http：//3wyu. baijia. baidu. com/article/316385.

甘落后，分别达到20.2%和100%的增长率。显而易见，日本动画演艺市场正在迅速崛起。

从市场结构上来看，2014年，在日本Live娱乐产业中，动画音乐演唱会和动画活动的份额约占整体的41.8%。如图15-13所示，舞台·活动项目成为整个动画演艺市场的中流砥柱。此外，2.5次元音乐剧的人气也很高，市场占有率达29.7%，这点从2013年“2.5次元音乐剧协会”的成立和2015年春季东京涉谷专门开设“2.5次元专用剧场”就可以看出。相对而言，Live直播版块所占市场份额则较小，但是随着索尼“Live spire”计划的推出，Live新时代正式开启，而影院的数字化进程更是加速了Live直播的普及。未来Live直播的存在感只会越来越强，市场发展潜力颇大。

表15-3 **2013—2014年日本Live娱乐产业市场规模** （单位：百万日元）①

项目	2013年	2014年	前年比	概要
舞台·活动	—	12 875	—	AB项合计
动画音乐演唱会	6 888	8 565	124.3%	以动画歌曲、声优为主演唱会、音乐会门票收入
动画活动	3 900	4 310	110.5%	以动画为主题或者以声优为主的活动及舞台表演门票收入
动画音乐剧	12 800	—	—	以动画作品为主题的音乐剧门票收入
2.5次元音乐剧	—	9 168	—	2.5次元音乐剧门票收入
Live直播	494	1 370	277.5%	动画音乐、动画活动、音乐剧等live直播的门票收入
动画博物馆·关联展示会	4 500	5 409	120.2%	AB项合计
动画博物馆	—	3 358	—	以动画为主题博物馆门票收入
动画关联展示会	—	2 051	—	以动画为主题展示会门票收入
动画咖啡饮食	1 000	2 000	200%	以动画为主题咖啡馆、餐饮业营业额
合计	29 582	30 822	104.2%	—

① AcFun弹幕视频网．日本动画产业报告2015完整版[EB/OL]．[2015-11-06]．http：//www.acfun.tv/a/ac2311234.

6. 海外市场

在全球化特征日益凸显的当今世界，不同文化的交流、碰撞和融合已成为不可逆转之势。动漫作为日本流行文化最有力的代表，也以日本为原点向外扩散、渗透，逐步进入海外市场，在全球化浪潮中大放异彩。据相关数据统计，在全世界动画片市场产值中，日本制作的动画片占据了65%的市场份额。①

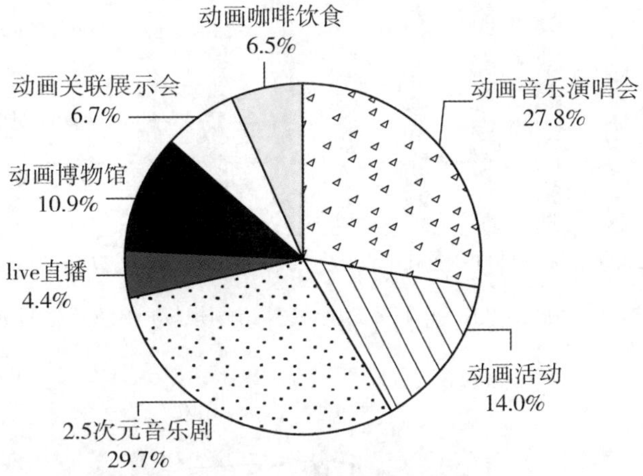

图 15-13　2014 年日本 Live 娱乐产业市场结构(单位：百万日元)②

从海外市场的总体规模上来看，由图 15-14 可知，2005—2006 年是日本动漫海外市场发展的巅峰时期，市场规模突破5 000亿日元；受 2008 年金融危机的影响，2009 年之后海外市场迅速萎缩，跌至低谷；从 2012 年开始，下滑的基调终于有所止步，出现恢复势头；到 2014 年，海外市场规模为3 265亿日元，大致回到 2002 年的水平。因此，从纵向角度来看，在世界市场内，日本动画的地位大不如前。

基于日本动画协会(The Association of Japanese Animation)2014 年调查结果统计，我们得到图 15-15。从海外市场的地域分布情况来看，在调查的 16 家公司，共计1 022份契约中，③ 亚洲地区占据 50%的份额，稳居第一，可见日本

① 大桥雅央．日本のアニメーション制作现场の情と课题[OL]．[2010-04-10]．http：//www7a. biglobe. ne. jp/~animation/pdf/sitauke. pdf.

② AcFun 弹幕视频网．日本动画产业报告 2015 完整版[EB/OL]．[2015-11-06]．http：//www. acfun. tv/a/ac2311234.

③ AcFun 弹幕视频网．日本动画产业报告 2015 完整版[EB/OL]．[2015-11-06]．http：//www. acfun. tv/a/ac2311234.

动漫在亚洲国家的普及程度已经到了惊人的地步。这可能是因为亚洲国家与日

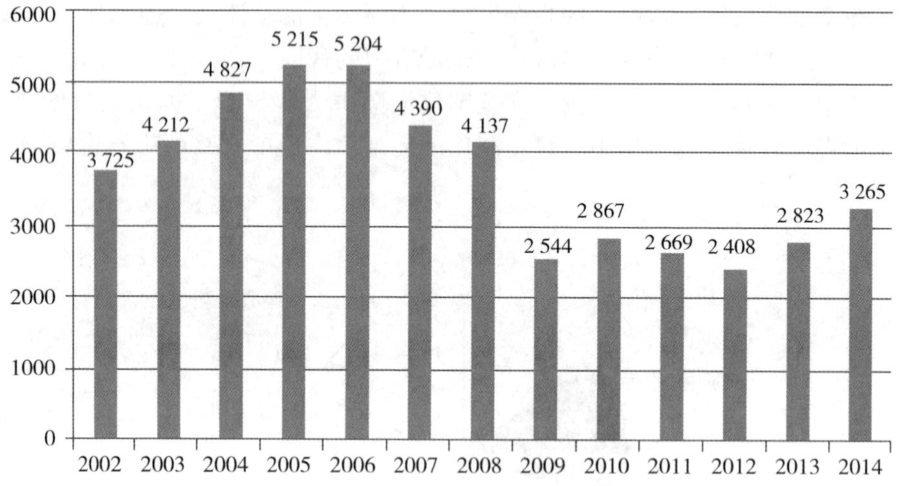

图 15-14　2002—2014 年日本动漫海外市场规模(单位：亿日元)②

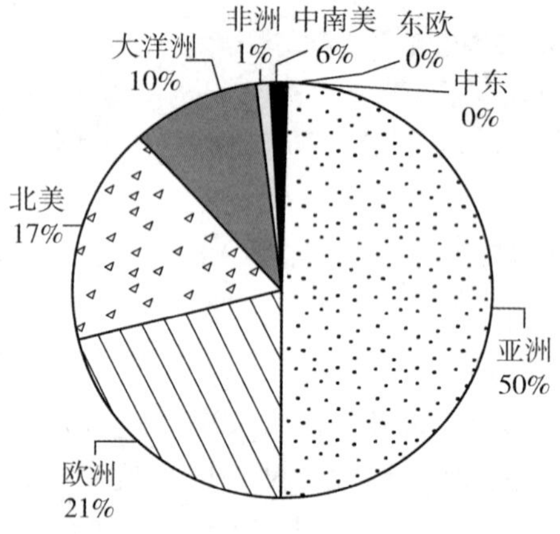

图 15-15　2014 年根据地域分类的调查回答公司契约数比率③

本同属于东方文化，文化差异小，跨地域传播较为容易。① 欧洲、北美、大洋洲则紧随其后，市场占有率分别为 21%、17%和 10%，与亚洲一起成为日本动

① 程绚．日本动漫对外传播研究[D]．济南：山东大学，2015.

② AcFun 弹幕视频网．日本动画产业报告 2015 完整版[EB/OL]．[2015-11-06]. http：//www. acfun. tv/a/ac2311234.

③ AcFun 弹幕视频网．日本动画产业报告 2015 完整版[EB/OL]．[2015-11-06]. http：//www. acfun. tv/a/ac2311234.

画在海外销售的主阵地。而非洲、中南美、中东、东欧等地区的市场却持续低迷，销量惨淡，这可能是因为这些地区发展中国家较多，经济发展较为落后，对文化的需求程度较低。

从契约类别来看，由图 15-16 可知，TV 动画和配信两大领域是日本动漫海外市场的中流砥柱，契约数分别达到 741 和 690 件。相对而言，电影市场则稍显逊色，契约数仅为 174 件。在契约的实施率方面，碟片和商品化市场优势明显，而 TV 动画和配信市场的契约实施率仅为 50%左右，还有待提高。

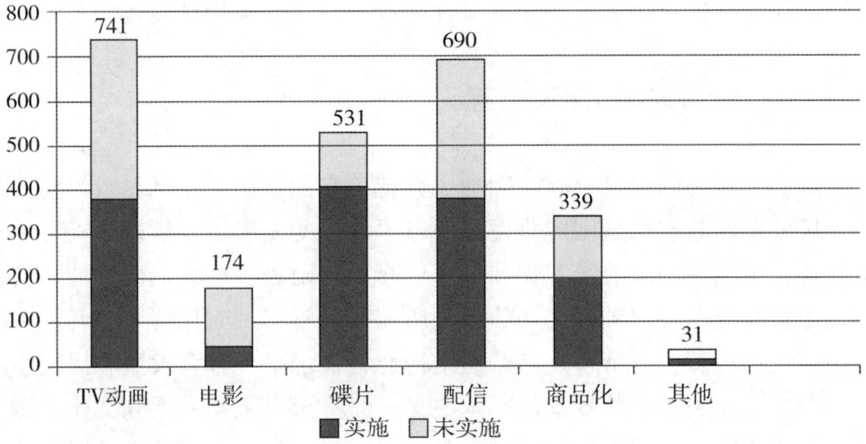

图 15-16 2014 年日本动漫海外市场契约类别及实施情况(单位：件)①

总的来说，日本动漫产业海外市场机遇和挑战并存。一方面，日本在提升自身全球文化软实力的酷日本(Cool Japan)战略②中，十分重视动漫产业在海外市场的发展；发展中国家经济的崛起及其伴随而来的中间层市场需求的持续扩大，为拓宽海外市场提供原动力；随着日本 ADK 公司推出面向海外的动漫网络配信业务③、Polygon Pictures 向 Netflix 提供作品，视频配信服务在全世界范围内受到许多视听者的关注与喜爱，市场潜力巨大。另一方面，近年来，不仅仅是发达国家，在中国、印度等亚洲发展中国家中，动画产业也受到了更高的关注，相关政策不断完善，新技术和人才不断涌入，动漫产品质量有着显著

① AcFun 弹幕视频网．日本动画产业报告 2015 完整版[EB/OL]．[2015-11-06]．http：//www. acfun. tv/a/ac2311234.

② ACGdoge. 进军海外就需要融入当地，美国专栏作家为日本动画漫画支招如何进军海外[EB/OL]．[2015-12-26]．http：//www. acgdoge. net/archives/5492.

③ 中国动漫产业网．日本 ADK 与六家动漫公司联合推海外动漫网络配信业务[EB/OL]．[2013-03-04]．http：//www. cccnews. com. cn/2013/0304/24501. shtml.

的提升，愈来愈强烈的竞争对日本动漫在海外市场的扩张提出了更高的要求。

第二节 日本动漫市场建设举措

日本动漫市场作为亚洲文化市场的典范，其建设成就有目共睹。本章第一节详细剖析了日本动漫市场的总体情况，从中可以看出，不论是从市场规模还是产业成熟度上来说，日本动漫市场建设都卓有建树。本节将从政策支持、市场机制、社会文化三个方面论述其具体建设举措，并梳理其建设历程。

一、日本动漫市场建设历程

日本动漫市场的建设具有鲜明的民族特色和创新活力，从盲目模仿到自主创新，从外来作品挤压到国际化发展，日本动漫的发展不仅体现了一种文化的继承传延，更成为国家政治意识和经济盛衰的晴雨表，彰显出国家的经济硬实力和文化软实力。日本动漫市场的建设历程具备鲜明的时代特性，其形成和发展与国家政治形态、经济环境、产业结构、科技水平、教育发展和居民生活水平等因素息息相关，也与日本从军国主义、经济至上主义发展到文化立国主义的战略演化相符合。国内外学者对日本动漫市场的发展也进行了阶段划分，日本学者北野太乙(1998)①、山口康男(2004)②和津坚信之(2010)③等人从日本动画产业的发展轨迹入手，分别提出了不同的阶段划分方法，大致可分为诞生期、战后复苏期、高速增长期、多样化和两极化时期、对外扩散期几大阶段。国内陈奇佳(2006)④、李常庆(2011)⑤、蔡亚南(2013)⑥等人以重大产业事件和重要动漫作品为依据，对日本动漫市场发展进行划分，大致可分为萌芽期、探索期、振兴期、成熟期和细化期等阶段。综合国内外学者的相关研究，结合日本动漫市场建设的时代特性，本书将日本动漫市场发展划分为萌芽期(1917—1945 年)、探索期(1945—1963 年)、振兴期(1963—1980 年)、黄

① [日]北野太乙．日本动漫史学研究序说[M]．东京：八幡书店，1998.

② [日]山口康男．日本动画全史——世界的日本动画奇跡[M]．东京：TEN-BOOKS，2004.

③ [日]津坚信之．日本动画的力量：85 年的历史纵贯线[M]．东京：NTT 出版，2010.

④ 陈奇佳．日本动漫艺术概论[M]．上海：上海交通大学出版社，2006.

⑤ 李常庆．日本动漫产业与动漫文化研究[M]．北京：北京大学出版社，2011.

⑥ 蔡亚南．日本动画产业特征研究[D]．济南：山东大学，2013.

金期（1980—1990 年）、成熟期（1990—2004 年）和创新期（2004 年至今）。

1. 战前萌芽期（1917—1945 年）

在日本动漫市场诞生之前，欧美动画在日本受到极大欢迎，国外动漫作品的流行也激发了日本本土的创作意识，也为日本动漫市场的建设奠定了受众基础和可借鉴经验。1917 年，日本漫画家下川凹天受“天然色电影公司”委托创作的首部动画《芋川椋三玄关番之卷》公开放映，该作品的诞生也被视为日本动画的起源。同期日本第一家企业化动画公司“北山电影制作所”成立，该公司培养了大批动漫专业人才，对早期日本动画发展做出了巨大贡献，也为后来东映动画的成立奠定了基础，成为日本动漫市场主体建设的一个典范。但限于技术落后、经验不足、资金短缺、辅助政策措施不到位等问题，该时期日本动漫作品的质量与欧美相比存在明显差距，作品题材也多涉及政治宣传、夸耀日本军国主义，市场机制尚未成形，还处于市场主体培育发展期。①

2. 战后探索期（1945—1963 年）②

经过近三十年的初创发展，日本动漫市场建设积累了宝贵的经验、培育了第一批专业人才，为产业化发展奠定了基础。“二战”后日本动漫作品的题材有了明显的拓宽，尤其是 20 世纪 50 年代中后期，日本经济从萧条时期进入快速增长阶段，动漫市场的建设呈现出全新样貌。一方面，经济的复苏和技术水平的提升让动画生产模式变革升级，作品质量更高、产出更大、形式更多元；另一方面，国民生活水平的提升让大众的文化需求日益提升，受众市场更加成熟，漫画阅读也成为战后出生的孩子最主要的娱乐休闲方式。此外，随着手冢治虫等新一代漫画家的崛起，日本社会和政府对于动漫产业发展的态度也从消极否定转向冷静宽容，为动漫市场建设提供了良好的社会氛围。

经济条件的崛起和市场需求的提升为日本动漫市场带来契机，传统的手工作坊式生产已不再契合时代需求，创建规模化、现代化的动画公司已成共识。1956 年东映公司通过整合日本东映画社和东宝教育电影社，成立了东映动画公司，标志着日本动漫正式进入产业化阶段。东映动画以建立东方迪斯尼为目标，在公司体制、商业模式、制作工艺等方面不断创新，为日本动漫产业发展培育了大批人才，拓展了日本动漫的受众市场，并引领大量中小型动漫企业崛起，成为该时期日本动漫市场建设的一股核心力量。战后探索期日本动漫市场建设逐渐成形，实现了公司运作、产业模式、动画类型等多方面的创新突破，

① 陈奇佳．日本动漫艺术概论［M］．上海：上海交通大学出版社，2006．

② 蔡亚南．日本动画产业特征研究［D］．济南：山东大学，2013．

开辟了日本动漫发展新格局。

3. 振兴突破期(1963—1980年)

1963年手冢治虫团队制作的动画《铁臂阿童木》公映，开创了电视动画模式，也成为日本动画走出本土、风靡国外的开端。《铁臂阿童木》开辟了日本动漫产业运作的新模式，其收益的1/3来自国内播出，1/3来自向海外出售电视转播权，另1/3来自衍生品，实现了动漫商业模式的突破。① 在此运作模式引导下，大量中小动画制作团队开始涌现，推动日本动漫进入高产期和竞争白热期。随着动漫市场的规模扩张和竞争趋烈，动漫企业的经营成本加大，多数企业开始进入赤字状态，并于20世纪70年代出现了短暂的低迷期。70年代初，东映动画创始人逝世以及虫制作所的破产将中小动漫企业的竞争推向高峰期。同期，松本零士的《宇宙战舰大和号》也拉开了第二次日本动画热潮的序幕。② 振兴突破期日本动漫市场的发展几经波折，但市场竞争主体逐渐成熟，尤其是中小型企业大量崛起，在动画风格形成、领军企业的确立、商业模式的创新和国际化发展等方面都实现了质的突破。

4. 黄金发展期(1980—1990年)

20世纪80年代受经济至上主义的影响，日本动漫本身的娱乐性、商业性进一步被放大，为迎合市场需求和商业化需要，作品风格开始向幽默、格斗甚至色情方向演化，动漫已成为大众文化的重要构成部分。在作品内容延展和质量提升的同时，动漫产业链也在进一步升级，主要体现在创作模式的创新、传播渠道的拓新和衍生品开发等方面。在创作模式上，《大和号》的推出打破了传统的现发行漫画、再发布动画的模式，通过两者同期发布缩短了创作周期、增强了动画的原创性，并形成了集体创作模式和职业制片人制度，开创了中小动画企业运作新模式。在传播渠道上，1983年OVA(Original Video Animation，原创动画录影带)开始出现，拓展了以电影和电视为主的传统传播模式，OVA主要面向特定受众，也为动漫市场的细分化发展奠定了基础。在衍生品开发上，在原有服装、食品、文具等产品的基础上，开始涉足动画人物模型、手办的开发，周边模型的热销也进一步拓展了动漫产业的商业模式、助长了作品本身的市场热度。③

---

① 殷俊，谭玲．动漫产业(第二版)[M]．成都：四川大学出版社，2009.

② 支菲娜．虚幻的影像与边缘载体的小心——日本动画的传承与开拓[J]．北京电影学院学报，2004(3)：41-50.

③ 蔡亚南．日本动画产业特征研究[D]．济南：山东大学，2013.

在黄金发展时期，日本动漫产业逐渐形成以漫画为先导、以电视动画为核心、以衍生品开发为补充的产业模式，并在各个产业链环节不断进行探索和创新，动漫市场产业主体、传播渠道、受众基础和国际影响力都在加速提升，为后期市场建设也提供了多方面的经验。

5. 市场成熟期(1990—2004年)

1993年起日本经济进入萧条时期，产业空洞化和社会老年化促使日本经济转型势在必行。1995年正式形成"文化立国"战略，为动漫产业的发展提供了新契机。同年，庵野秀明执导的电视动画《新世纪福音战士》播出，在国内外引起巨大反响，成为日本动漫史上的一座里程碑。① 该作品的热映使得日本动漫从之前的纯故事叙述向心理分析和哲理思考转型，动漫作品的内容和风格实现了质的突破。同时，随着宫崎骏、高畑勋、押井守等动画大师崛起，大量优秀动漫作品开始涌现并走向国际，日本动漫独特的民族魅力和创新风格开始引领世界动画风潮。② 随着日本动漫国际影响力的提升，动漫作品也成为日本向世界展示本国文化的重要渠道。与探索和崛起期对本土文化的表面挖掘和商业化结构不同，成熟期日本动漫更加注重本土文化深层次的表现，在体现商业价值的同时更多地区反映文化内涵，对弘扬日本民族文化与精神、树立国际形象起到了助推作用。

20世纪90年代以来，计算机网络的发展为日本动漫注入了新鲜活力，动漫产业进入数字化时代。动漫作品的制作流程更加高效、内容品质更加精致、传播渠道更为多元、呈现效果更为逼真、商业运作也更加信息化。1997年东映动画发布了日本第一部真正意义上的数字动画作品《鬼太郎》，开启了日本数字动漫产业时代。成熟期日本动漫市场的商业属性、社会属性、文化属性进一步凸显，政策指导、技术支撑、人才培育和受众基础进一步强化，日本动漫市场的发展也逐渐成为国际动漫市场建设的一个典范。

6. 细化创新期(2004年至今)

2004年6月日本政府发布《内容产业促进法》，将动漫等文化产业定位为"积极振兴的新兴产业"，强调通过内容产业的发展壮大国家软实力；2006年日本外相在《文化外交新设想》中首次提出"动漫外交"的概念，期望通过动漫作品的对外输出传播日本文化、树立国际形象；2008年日本外务省将"哆啦A

① 王瑕．新世纪福音战士——日本动画心理分析的先河之作[J]．电影评介，2008(20)：51-53.

② 海波．世界动画大师[M]．上海：复旦大学出版社，2011.

梦”确定为动漫外交的形象大使，更是引起国内外广泛关注。① 顶层设计的完善为日本动漫产业的发展提供了制度保障，也提升了动漫产业在国家经济文化发展中的地位。在政策环境和计算机技术不断优化之下，动漫产业链各个环节都开始革新升级，动漫作品在构思设计、制作手法、呈现方式、传播渠道、商业运作等多方面不断创新突破。受众市场也更加精细化，面向不同性别、年龄层级、社会身份、职业背景的中小动漫制作公司涌现，满足垂直细分领域的需求。尤其是在宅腐文化等亚群需求崛起的当下，日本动漫产业的细分化趋势进一步加剧，通过题材、风格、形式创新占领小众市场也成为动漫企业提升自身竞争力的一种重要方式。②

移动互联网和智能互联网时代的到来加速了日本动漫市场的创新举措，受众接触动漫作品和衍生品的渠道越来越多元，通过对碎片化时间的占领，日本动漫更加深入地融入大众生活。随着技术的进一步升级和需求层次的多维度提升，日本动漫市场的细分化程度也将进一步提升，并在与政策、技术、文化的碰撞中不断释放出创新活力。

通过上述对日本动漫市场建设历程的梳理，可以看到，在日本动漫市场从萌芽到成熟的过程中，政府、企业和社会分别扮演了不同角色，发挥了至关重要的作用。下面我们将从这三个方面详细阐述其建设举措。

二、政策支持构成市场建设外围动力

日本政府对动漫产业的战略扶持最早可追溯到“二战”前的萌芽期，当时动漫作品作为塑造日本民族性格、宣传日本军国主义、鼓舞民众士气的文化工具，受到政府的大力支持与推广。20 世纪 90 年代中期，随着“文化立国”战略的确定和《21 世纪文化立国方案》的推出，日本文化产业发展进入到新时代，形成以文化带动经济、以交流促进政治的新格局。动漫作为日本文化产业的核心环节，成为政府扶持建设和鼓励输出的重要对象。21 世纪以来，随着相关政策制度的健全和扶持力度的加大，日本动漫市场建设的外围政策环境逐渐优化，在法律建设、激励措施、扶持政策等多方面积累了可借鉴经验。

1. 健全的法律法规保障

在“文化立国”的指导思想下，日本针对动漫市场建设的产业战略、政策、

① 董佳佳，王树义．日本动漫产业的政策分析及借鉴[J]．经济导刊，2011(10)：88-89.

② 陈博．日本动漫产业的发展历程及其特点[J]．日本学论坛，2008(3)：79-83.

知识产权保护等出台了大量法规制度，不断强化顶层设计和法制保障。2001年日本政府颁布《文化艺术振兴基本法》，并于2002年、2007年和2011年相继颁布了三套《关于文化艺术振兴的基本方针》，以立法形式强调“国家对电影、漫画、动画及使用电脑和其他电子设备制作的作品，在其制作、上映时提供必要的支援”。2004年日本政府颁布《内容产业促进法》和《新产业创造战略》，针对动漫产业的融资、技术开发、人才培养、知识产业保护、组织再编、创业支援、海外推介等各个环节提出促进措施，强化了动漫产业在国民经济和产业结构中的重要地位。2007年制定的《日本文化产业战略》中进一步强调了“促进动画大使事业”“强化日本动漫作品的海外交流和国际共同创作”。此外，针对动漫作品的知识产权保护，日本于2002年、2003年和2005年分别颁布相关政策法规，对动漫产品创意单位、制作单位和流通单位之间版权合作制度、资金调拨制度和合同规范化问题作出规定，通过多方规制强化作品版权保护。①

健全的战略方针和配套法律文件的颁布为日本动漫市场的建设提供了强有力的制度支撑，也为动漫市场建设提供了宏观方向引导，相关政策汇总为表15-4所示。

表15-4　**日本动漫产业相关政策汇总(部分)②③**

发布时间	政策法规
1994年6月	《推进面向21世纪的文化政策》
1995年7月	《新文化立国——关于当前文化振兴的重点战略》
1996年	文化立国21计划
1998年3月	《文化振兴总规划——为实现文化立国》
2000年9月	《E-Japan重点计划》
2001年	《文化艺术振兴基本法》
2002年12月	《知识产权基本法》《关于文化艺术振兴的基本方针》
2003年	《内容产业振兴政策——软实力时代的国家战略》
2004年5月	《知识财产推荐计划2004》

① 董佳佳，王树义．日本动漫产业的政策分析及借鉴[J]．经济导刊，2011(10)：88-89.

② 蔡亚南．日本动画产业特征研究[D]．济南：山东大学，2013.

③ 张志宇，常凤霞，苏锋．论日本政府的动画产业发展战略和支持政策[J]．日本研究，2014(2)：6-11.

续表

发布时间	政策法规
2004年6月	《内容产业促进法》《新产业创造战略》
2005年6月	《知识财产推进计划2005》
2006年2月	《数字内容战略报告书》
2006年7月	《关于经济财政运营和构造改革的基本方针2006》
2006年9月	"动画外交"理念提出
2007年	《日本文化产业战略》
2007年2月	《第二次内容产业振兴方针》
2007年9月	《内容产业全球化战略报告书》
2009年5月	《2010知识财产推进计划》
2011年2月	《第三次内容产业振兴方针》

2. 面向全产业链的资金支持

日本政府针对动漫企业融资、动漫作品创作、商业推广、衍生品开发等各个产业链环节和产业主体的建设推出了相应的资金扶持措施。针对动漫出版社、发行公司融资难问题，日本政府加速推动民间金融企业向文化企业贷款和投资，通过完善《信托业法》使得文化产品专利、著作权、放映权的受托成为可能，使得动漫企业可以通过受托无形资产提前融入资金，解决实际制作过程中资金短缺问题。针对动画电影的制作和发行，日本文化厅推出了资金补偿措施，相关作品在经过相关委员会的审查和评价后，1/4到1/3的制作经费可以从国家申请补偿，该措施也极大地促进了日本动画电影的发展。日本政府还通过建立文化产业投资基金扶持动画、音乐、电影、游戏等关联产业发展，并设有专门的金融机关"文化产业信用组合"为动画企业提供信贷资金。同时，针对中小企业和风险企业的融资问题，日本各级政府都出台了相关支援政策，确保了动漫企业在初创期的运营费用。此外，为促进动漫作品的海外输出，日本政府创立了海外市场开拓基金，并利用"政府开发援助"中的"文化无偿援助"资金购买动画播放权，无偿提供给发展中国家电视台，在输出本国文化的同时挖掘海外受众，为后期海外市场的拓展奠定基础。①

① 杨渝坪．中日两国政府动漫政策比较[J]．新闻界，2011(7)：114-116.

3. 设置专职部门细化产业管理

日本政府针对动漫产业发展的多个环节分别设立了管理部门，负责实施相关产业政策和履行政府职能；同时也成立了相关产业研究机构，对国内外动漫市场进行探索和研究，为政策制定和产业发展提供决策支撑。日本动漫产业政策制定和国际文化交流主要由文化厅下属的文化审议厅直接负责，同时文化审议厅也为国内动漫企业的发展和交流提供了很多机会和平台。此外，日本经济产业省与经济产业政策局于2003年专门成立了内容产业全球委员会和东京动画中心，为国家动漫产业方针政策制度、重点项目推广、中小企业扶持提供引导和支持。① 经济产业省还设立了动画产业研究会，集合了动漫领域权威专家，重点对国内处于发展初期的动漫企业进行扶持和指导。通过专职部门的设立和细化的产业管理，能快速发现问题、及时给出对策，提升了政策的针对性和实施效率，为日本动漫市场的建设起到了引导作用。②

4. 完善的人才培育与就业保障制度

日本动漫市场的发展与宫崎骏等大师级人物的出现息息相关，人才已成为动漫产业发展的内核驱动力，动漫人才的培养也得到了日本政府的高度重视。20世纪初开始，日本开始将动漫产业人才培养作为一项国家战略。1967年日本文部省开始实施“艺术家在外研修制度”，通过公开选拔为动漫等领域的年轻艺术家提供海外实践研修机会，同时也邀请了世界各地的高级动漫人才到日本进行交流。在高等教育方面，文部省指导了各高校动漫产业人才培养的专业设置，并指导成立了部分高等教育机构。2004年，日本数字好莱坞大学成立，同期民间组织“动画产业振兴机构”成立；2005年，东京艺术大学成立映像研究专业；2006年，东放学园设立“电影专业学院”和“WAO学院(动画专业)”；日本动漫课程学校、卡通职业学校、代代木动画学院等专业学校也相继成立。高校相关专业的设置和独立教育机构的成立为动漫产业人才输出奠定了基础。在生源和师资力量上，日本高校也进行了严格控制，担任相关专业教师职位的一般都是具备丰富实践经验的业内知名人物，致力于培养动漫设计、制作、营销等各环节的人才。③ 此外，日本政府也在不断强化对动漫人才的就业保障和

① 张志宇，常凤霞，苏锋．论日本政府的动画产业发展战略和支持政策[J]．日本研究，2014(2)：6-11.

② 何建平，刘洁．日本动漫产业运作模式研究——兼论对中国动漫产业的启示[J]．当代电影，2009(7)：72-77.

③ 张志宇，常凤霞，苏锋．论日本政府的动画产业发展战略和支持政策[J]．日本研究，2014(2)：6-11.

激励措施，通过确保动漫人才的劳动环境与薪资避免其流失；对于成就突出的动漫人才给予国家级大师称谓，并设置突出文化贡献奖、提供海外展览交流机会，为高级人才培养提供了多方面的环境保障。①

三、成熟产业链驱动市场主体建设和机制创新

早期日本动漫市场建设深受欧美尤其是迪斯尼模式影响，注重集体创作和企业品牌建设，注重动画电影商业价值最大化。在后期发展过程中逐渐形成自身特色，在创作上更加凸显主创风格和民族特色，逐渐淡化了企业品牌特性，在传播媒介上形成以电视动画为中心，OVA、动画电影等形式多元发展的模式。日本动漫市场的建设模式渐趋成熟，逐渐形成漫画原创—出版社发行—动画制作—院线及电视台播放—音像发行—形象授权—衍生品开发—滚动开发的完整产业链。在产业链发展成熟的同时，各产业环节主体运作机制及其之间的合作模式也不断创新突破，共同助力于日本动漫市场的革新与升级。

1. 精细化的产业链分工合作模式

在以作品创作为基础、以版权管理为核心、以价值实现为动力的前提下，日本动漫产业链各环节之间存在着明确、精细化的分工合作模式。从漫画/动画工作室、版权代理事务所、印刷出版企业、图书发行企业、电视台、杂志社到衍生品制作企业、多层级的销售渠道，各个产业链环节的主体都具备明确的职能划分，其相互间也有完善的沟通合作与反馈机制。②

就单个产业环节而言，其完整的运作也是由多方主体共同参与完成的。动漫作品创作作为产业链中的核心环节，主要由独立工作室承担。以漫画工作室为例，其中的文字作者主要负责提供故事和脚本(剧情说明)，主画手则根据脚本来构思绘画，辅助画手帮助其完成细节作画；一部分助手负责联系杂志、出版社、动画工作室、游戏工作室等企业进行漫画开发，另一部分助手负责漫画的宣传推广和版权交易；此外，职业经理人则负责日常生产和经营的全流程管理。通过细化分工合作、高效对接产业下游、职业化流程管理，漫画工作室有效推动了日本动漫产业链运作和可持续发展。③

日本动漫制作是由多方共同投资、共享版权、共担风险的。从产业链各主

① 陈奇佳．日本动漫艺术概论[M]．上海：上海交通大学出版社，2006.

② 吕晓志，于娜．日本动漫产业的成功启示[J]．中国电视，2007(4)：76-80.

③ 何建平，刘洁．日本动漫产业运作模式研究——兼论对中国动漫产业的启示[J]．当代电影，2009(7)：72-77.

体的资金流转来看，赞助商与广告代理商签订合作计划为其提供资金，广告代理商将部分赞助金额(约4/5)提供给电视台，电视台再将其所得部分(约2/5)拨给企划公司，企划公司进一步将过半数的钱拨给制作公司(动漫工作室)。① 各产业主体之间采取产销分离的经营模式，但在制作前期通过相互协调配合，共同制定一个完整的营销计划，在一定程度上规避了市场风险。

2. 以制作委员会为主导的融资模式

20世纪90年代中期，日本动漫市场开始采用制作委员会方式，取代了原有的独立制片人制度。制作委员会由产业内多个企业以任意或匿名方式组合而成，各参与成员共同出资，并通过签署《共同事业合作书》来保障整个资金运作过程正常高效，这也成为日本动漫市场投融资最为主流的一种方式。委员会成员主要包括动漫制作单位、发行公司、电视台、广告商、衍生品开发企业等，涉及了动漫产业链上下游和关联产业链的各个主体。②

与传统融资方式相比，制作委员会模式集合了产业链各个环节主体，行业辐射和市场互动效应更明显。委员会成员按照出资比例共同享有动漫作品的著作权，并按照出资比例进行收入分配。多元化的投资主体共担风险、共享利益、优势互补，其对市场的预测和分析视角更广阔、更专业、更细致，有助于动漫产业分工的合理化和资源利用的高效化，也使得各个产业主体之间的联系更紧密，行业协同效应得以发挥。此外，制作委员会模式为日本中小动漫企业提供了更多的创作和盈利机会，资金不足的中小企业除了完成自身创作外，还可将自身劳务费作为出资参与整体规划和市场开发，从而提升了其创作积极性和绩效激励，极大地促进了日本中小动漫企业的创新发展和规模壮大。

3. 以行业协会主导的作品分级制度③

虽然日本政府并未针对动漫作品分级设置相关法律法规，但在产业长期发展过程中，日本动漫行业自发形成了严格而细致的分级制度。且不同细分行业设有不同的分级制度，主要由各行业协会主导。主要包括出版物(漫画和轻小说)、广播电视(动画电视和广播剧)、动画电影、OVA(录影带和光盘)、动漫游戏等领域，其分别遵循出版、广播、电影、影像和游戏行业的分级制度(目

① 李常庆. 日本动漫产品的传播形式与流通渠道[J]. 出版发行研究，2009(11)：73-76.

② [日]增田弘道. 日本动漫产业的商业运作模式[M]. 李希望，译. 北京：龙门书局，2012.

③ 知乎用户. 日本对动漫产业有分级制度吗？[EB/OL]. [2016-03-06]. http：//www.zhihu.com/question/29290629.

前广播电视行业不设有分级制度)。

其中，漫画和轻小说等出版物的分级由“出版伦理协会”和“出版伦理恳话会”两个行业协会主导。前者由日本书籍出版协会、杂志出版协会、出版物批发商协会、书店商业组合联合会组织而成；后者则包括编集伦理委员会和动漫问题委员会。两大伦理协会倡导行业自律，虽针对动漫出版物提出了相关标准，但并不对出版物做全面审查。另外，日本46个都道府县都各自设有《青少年保护条例》，对限制型图书做出了明确规定，而且在具体实施过程中会对出版物内容进行审查，有触犯相关条例的会要求封装、加贴标签和制定销售区域。其中成人漫画会标注有18X和20X等标志。

动画电影的分级受日本“映画伦理委员会”管辖。该行业协会不仅对电影设置了明确的分级标准，也会对电影内容实现许可性检查，任何动画电影上映前都必须通过其审查。“映画伦理委员会”将动画电影分为4级，分别是G：面向所有年龄层所有人；PG12：12岁以下需由监护人陪同观看；R15+：面向15岁以上受众；R18+：面向18岁以上受众。

动画录影带、光盘也实行行业自主审查，由于OVA片商在规模、专业性等方面都不及出版及广播电视台，通常会联合起来形成组织，组织为加盟厂商提供包括内容审查、著作权管理与保护等服务。这类联盟组织机构数量众多，其中最大最权威的一家是“映像伦理机构”，主要针对映像、软件进行审查。动画映像的分级一般分为2级，“R-15”和“成人指定”，其中后者又划分为一般成人指定和允许出租的成人指定。

动画游戏的分级管理和审查与映像业类似，其中电脑游戏的审查单位为“计算机软件伦理机构”，主机游戏的审查机构为“电脑娱乐分级机构”。动画游戏一般分为五个级别，分别为A级(全年龄段)、B级(12岁以上玩家)、C级(15岁以上玩家)、D级(17岁以上玩家)、Z级(18岁以上玩家)。

4. 合作参与式的IP授权代理制度

日本动漫产品IP一般由多个版权方共同拥有，且各版权方之间已构建成熟的合作模式。在进行版权对外授权时，第三方只需联系其中任意一家版权方即可，该版权方作为窗口公司会联系其他版权方一起成立授权委员会，进而统一进行合作会谈和实际授权操作。日本动漫版权方对IP的授权形式一般会进行比较细致的划分，比如将IP授权给游戏厂商时针对授权终端分为主机、PC端、移动设备端三类，每个终端都需获得独立授权才可发行相关游戏。

日本版权方一般会对IP进行多方授权，为保障各个IP代理方的利益，在多方授权的同时会对其产品推出时间顺序和产品类型进行一定约束。比如IP“海贼王”同时授权给了国内三家游戏公司，但这三家游戏公司推出的游戏类型完全不同，版权方对其产品发布时间也进行了顺序规定，从而避免了IP开发的重复性和低效性，在保障各方利益的同时也扩大了IP产品的受众面。①

此外，为了保证IP产品开发的高质量，维护IP的品牌价值，日本动漫版权方一般会参与到IP开发的全过程中。除了产品类型和发行计划之外，多数版权方会全程监修IP作品内容创作，甚至会对动漫角色的形象设计、性格塑造等细节问题进行指导和把控，通过对IP衍生品质量的严格把关维护其品牌形象、强化其受众黏性，从而实现品牌价值和IP综合影响力的最大化。

5. MediaMix模式下的动漫产品集群

MediaMix(媒介载体融合)源自PromotionMix(共同推广)一词，指以跨媒体、跨平台、多载体形式推出的ACG(动画、漫画、游戏)产品群。日本动漫产业运作已发展形成一套成熟的MediaMix产业模式，具体可分为两种运作方式：基于单载体的MediaMix展开，以及基于前期企划的多载体混合开发。②

基于单载体的混合开发，通常都是以某种载体形式的作品为基础，在奠定一定人气后通过跨平台的改变，衍生出多种产品类型，形成一条不断延伸的产业价值链。其中基础载体不一定是一个成形的产品或作品，既可以是漫画、动画，也可以是二次元人物(如初音未来)、模型(如高达)等其他元素。跨载体类型包括动漫、游戏、小说、广播剧、电视剧、手办、画集等。

MediaMix企划则需先架构出一个综合性、总体性的故事背景或大世界观，然后在这个背景框架下分别创作动漫、游戏、小说、剧本等多载体作品。各类作品虽然所处背景相同，但其角色设定和故事情节没有必然联系，其剧情发展和人物关系可以相同也可以有差异，跨媒介创作具有很大的自由度。

MediaMix模式有助于充分挖掘动漫IP的价值，通过多层次、多面向开发不断衍生出附加价值，并通过产品间的集群带动效应提升作品整体影响力。部分日本动漫产企业在进行MediaMix模式运作时，会将企划、脚本、关键帧原画等关键环节委托给自己的动漫工作室，而将相对低工艺的环节外包给中国、韩国、菲律宾等国家，通过国际分工体系构建降低开发成本、提升产品群的开发效率。

① Kami. 深度解密：日本动漫IP授权潜规则与成功之路[EB/OL]. [2014-11-05]. http://games.sina.com.cn/zl/duanpian/2014-11-05/1117131.shtml.

② 林品. 日本动漫都赢在了哪？[EB/OL]. [2016-03-05]. http://mediachanged.baijia.baidu.com/article/344906.

四、社会文化氛围奠定多层受众基础

日本动漫在发展过程中受到传统民族文化和社会经济政治的多重影响，在不同阶段的文化背景下呈现出不同的特性和风格，其所传达的情感意识、价值标准和审美情趣也引起了日本民众乃至大量海外受众的广泛共鸣。可以说，日本动漫市场的发展与其社会文化的演化相辅相成，包括传统和风文化、现代御宅文化、小众亚文化、外来融会文化都对日本动漫风格的形成及受众市场的细分奠定了基础，良好的社会文化氛围成为日本动漫市场建设的内核驱动力。

1. 立足民族传统文化，融会多元审美情趣

日本动漫市场的发展虽然受政策导向、经济实力、技术水平、产业规模等因素影响，但究其根源，日本动漫作品吸引人的核心要素还是体现在其内容创作和文化表现力上。根植传统文化、树立民族形象、弘扬民族精神已成为日本动漫发展的共识。从萌芽期到成熟期再到创新突破期，日本动漫作品越来越注重对本土文化和民族特征的表现，成为最具代表性的一种大众文化。与早期对本土文化的表面挖掘不同，新时代日本动漫借助历史题材、民俗文化、风俗习惯等的创新性呈现，在实现商业化、市场化运作的同时，更加注重对日本文化深层次和内涵性的挖掘和传递。在表现手法上也从直接性描述发展为嫁接他物，通过借助其他文化要素和氛围营造层层渐入反映文化气韵。① 日本动漫作品所反映出的大和精神和文化特征不仅契合了国内受众心理，也成为世界受众尤其是青少年群体了解日本文化和民族的重要途径。

在经济和文化全球化发展的背景下，日本动漫不仅成为承载本土文化的一个重要载体，同时也在吸收外来文化和融会发展中呈现出新的风格和内涵，具备鲜明的“和洋交融”特征。通过将本土文化与外来文化相结合，在动漫人物形象塑造和叙事背景上表现出世界化特征，在角色心理塑造和理念传达上呈现出本土化特征，在文化表现和作品包装上则二者兼容，在体现出日本民族特色的同时满足不同国家地区的审美情趣，在保障国内受众基础的同时不断开辟海外市场，提升日本动漫产业的国际影响力。

在深耕传统文化的同时，日本动漫作品不断在题材、风格、形式等多方面实现创新突破，通过发挥极致的想象力，融合娱乐搞笑元素，配以精美的音乐画面渲染，彰显出独特魅力。日本动漫作品开辟了一种民族文化创新呈现的模

① 马芸．日本动漫中的文化印象分析[D]．上海：同济大学，2008.

式，为其海外市场拓展和文化对外输出打下基础，在实现商业价值的同时也为社会效益发挥乃至政治功能实施提供了一种文化载体。①

2. 亚文化崛起与“御宅经济”发酵

在日本动漫市场逐渐成熟和竞争趋热的背景下，亚群和小众文化逐渐成为动漫企业拓展市场的重点方向。尤其是在网络新生代消费群体崛起的情况下，“宅腐文化”开始以强势姿态向主流大众文化发起冲击，由此衍生的“御宅经济”和“二次元经济”也成为支撑动漫发展的一股重要力量。有别于主流大众文化，亚文化被打上了宅、腐、萌、黑、吐槽、恶搞、无节操等标签，围绕亚文化的动漫产品及消费人群在日本及海外均呈现出爆发性增长态势。②

御宅族(Otaku)作为亚文化群体中最庞大的一个群体，最早可以追溯到20世纪70年代的日本。随着漫画作品的普及，御宅族在80年代逐渐成形，主要是指那些沉迷于ACG(动画、漫画、游戏)，追求二次元精神享受的族群。日本经济经历了几次萧条期，加速了御宅文化的普及和族群的扩大，日本社会对御宅族的态度也从负面否定逐渐变得包容和接受。根据2010—2015年 *Cool Japan Market/Japan's Otaku Market* 数据显示，约有21.1%的10~50岁的人自认并被别人认为是御宅一族。伴随御宅文化潮流成长的日本年轻一代已具备较高的消费水平和消费意愿，而且他们的消费行为具备可持续性和很高的黏度，有日本学者甚至认为御宅族已成为拯救日本动漫经济、促进动漫角色市场繁荣的中流砥柱。御宅族已成为日本动漫市场开发面向的主要群体，由此衍生的“御宅经济”蕴含着巨大商机，已成为日本文化消费中重要的一部分，仅2015年ACG(包括动画、漫画、手办、同人等)消费产值已占据了日本总GDP的0.33%。③

目前日本的亚文化群体不仅释放出了巨大消费潜力，而且通过自发式参与创作表达(UGC)和信息交流共享促进了日本动漫的对外输出，驱动动漫市场的多元化、垂直化发展。日本亚文化所衍生出的大量二次元产品和概念已经渗入了大众生活，成为了网络交流、日常用语、生活用品中常见的元素。亚文化逐渐从重度转向轻度、从小众走向大众、从非主流侵入主流，对动漫市场的细分化发展、商业运作创新和产业链拓展都起到了推动作用。

① 齐躍．动画文化学[M]．北京：中国传媒大学出版社，2009.

② 易前良，王凌菲．青年御宅族的媒介使用与亚文化取向研究[J]．青年探索，2011(4)：19-26.

③ 韩若冰，韩英．日本“御宅族”的行为方式及其消费特征[J]．济南：山东社会科学，2012(6)：157-159.

3. 全年龄层消费者培养与小众需求满足

日本动漫作品面向受众群体年龄层次广、地域覆盖全、身份背景多元，致力于满足不同层面的需求。据日本经济产业省统计，近九成的日本人喜欢动漫，超过八成日本人会购买动漫相关产品，社会对动漫产品消费的认可度和接受度极高。日本动漫在创作之初便设有十分明确的目标受众，无论是内容题材、传播渠道还是商业运作上都具备明显的针对性。除了老少皆宜的大众化产品开发外，日本动漫企业针对不同性别、年龄段的消费者推出了细分类别产品，同时也针对亚群和特殊需求开发了大量小众作品。面向不同受众需求的作品类型日益细化丰富，主要包括儿童、少年、青年和成人动漫四大类，涵盖了校园、科幻、侦探、规劝、探险、调侃、家庭、职场、少女、耽美等近百种细分类别，在动画放映播出上也根据不同的受众群体设置了不同的播出时间段，甚至周边产品也针对不同年龄段有着差异化设计，为全年龄层消费者的培养奠定了产品基础。①

日本社会对动漫产品的包容接受度和消费意愿明显高于其他国家，动漫已经成为各年龄段人群日常生活中很普遍的一种元素。无论是幼儿、青年还是老年群体、职场人士甚至政界要人，都不介于表达其对动漫产品的偏好，动漫的用途也涵盖了娱乐消遣、教育科普、技能培训、意识形态宣传等多方面。动漫作品已成为日本最重要的一种大众媒介和文化载体，在 90 年代鼎盛时期，漫画出版物出版量几乎占据日本图书市场一半，迄今占比仍高达 1/3，其承载的宣传教育和娱乐功能也在不断被放大。

日本在动漫消费者培养上积累了丰富经验，从战后经济恢复期就开始引导读者偏好，培养第一批消费群体。战后探索期日本动漫企业首先锁定了儿童群体，培养其阅读漫画的习惯，并随着这一群体的成长对漫画作品的风格和内容进行调整和细分，使其成为日本动漫产品的第一代忠实消费群体，并通过他们的阅读行为去影响下一代，使日本逐渐发展成为“全民漫画”的国家。② 这种“跟踪读者、服务一生”的理念也一直延续到了现在，很多日本动漫策划人员都认为“动漫产业要从娃娃抓起”，着重面向青少年群体去创作作品，强调用动漫反映和引导青少年的心理和生活，通过对新生代需求的引导和影响去把握、推进动漫产业的未来发展。③

① 曹海峰．试论市场细分趋势下的动漫产业[J]．广西社会科学，2009(2)：50-52.

② 陈博．日本动漫产业的发展历程及其特点[J]．日本学论坛，2008(3)：79-83.

③ 胡月明．跟踪读者并服务一生，日本动漫产业模式缘何完整[N]．中国文化报，2009-05-26.

第三节　日本动漫市场建设的主要经验

作为有着相同文化渊源的东亚近邻，日本自近代以来的发展模式对中国影响至深。日本动漫是公认能与欧美文化媲美的亚洲文化典范，其能发展至今成为具有世界影响力的文化品牌，自有独到之处。本章第二节详述了日本动漫市场建设的历程和诸多举措，从中可看出，日本动漫也经历了草创之初、外来冲击、绝境突围、迅猛发展、成熟稳健的漫长过程，对比中国动漫，尚处于面临严峻的外来文化产品冲击的境况。可以说，日本动漫曾经的发展轨迹，正是如今中国动漫正要或者将要走过的道路，因此本节将归纳提炼日本动漫市场建设的主要经验，以做攻玉之石。

一、国家战略层面的重视是制度保障

纵观世界发达国家，很少有哪一个国家像日本这般将动漫产业视作顶层战略加以重视，自20世纪90年代日本颁布《21世纪文化立国方案》以来，动漫产业逐渐成为日本"文化立国"战略的重要支撑点，这标志着动漫产业不仅是商业层面推进日本文化产业振兴的突破口，更是国家战略层面实现日本民族文化复兴的寄望所在。正如2003年前日本首相小泉纯一郎在施政方针演说中提到的那样，日本动画《千与千寻》在国际上频获大奖，使得日本动漫文化和艺术价值得到了世界认可，日本的民族文化也在这一海外传播过程中享誉世界。

动漫被纳入日本国家战略始于2004年日本政府在《内容商业振兴政策》报告书中提出的"酷日本"战略，该战略由日本"数字好莱坞大学"校长杉山知之提出，并成为安倍政权的成长战略支柱之一。所谓"酷日本"战略就是把出口"酷日本"文化当成国策，在世界上培养更多的"日本动漫迷"。日本希望通过发展"新文化产业"，变"产品输出"为"文化输出"，推动日本经济发展。① "酷日本"战略主要分为三个阶段，第一阶段是向海外传达日本的魅力，包括动漫、时尚、饮食文化等内容；第二阶段是让本国企业通过在海外开发动漫、时尚等关联产业的商品而获利；第三阶段则是吸引更多的海外游客来日本观光消费。2005年发表的《知识产权推进计划2005》则进一步明确了内容产业的价

① 百度百科．酷日本[EB/OL]．[2016-07-19]．http：//baike.baidu.com/link？url=sj-JrglQFNPmK6XwC7uKo7BuPQVWbfQpVyWCW7nt2jcfRJDPyPxnoNqQxNiePPQSbNI0CH97C_o24a1XYU2iaq.

值，不再仅仅将其作为产业振兴的对象，而是强调其在树立国家品牌、带动其他产业发展等方面的文化价值。以动漫为代表的大众文化，不只在文化政策、产业政策等单个领域中受到重视，而是经由一系列法律、政策和制度改革，在日本的总体国家战略中被赋予突出的地位。日本动漫也不再只是流行于年轻人中的一种亚文化，或者是进行市场运作的一种文化商品，而是成为国家追求政治和经济利益的手段，或者说，动漫被"国策化"了。①

动漫之所以被纳入日本国策，受到政府战略层面的重视，是有着深刻的社会和外交原因的。第二次世界大战之后，日本社会陷入空前的危机，经济上的衰退尚在其次，致命的是日本国民尤其是第二次世界大战后出生的青年一代普遍对国家命运和个人前途消极悲观，日本社会亟须寻求一种文化"黏合剂"，摆脱精神饥荒。与此同时，由于历史原因，日本与亚洲周边国家外交关系持续恶化，日本一贯的"军国主义"强硬作风亟须转换为一种相对柔性软化的姿态，以缓和国际关系。在此背景下，动漫应运而生，日本动漫具有鲜明的民族性和时代性，从兴起之初就饱含昂扬向上的奋斗精神(如手冢治虫的作品)，正好对当时的日本社会起到了激励作用；而日本动漫所传递的价值观念与美国好莱坞大片浓厚的国家主义不同，通常是普适的价值观念，如童真、美好、环保等(如宫崎骏的作品)，因而在对外推广过程中更容易受到别国认可，无形中就在国际上树立起了一个温和的日本形象，从而有利于改善国际关系。

围绕动漫"国策化"战略，日本政府同时在产业扶持和对外推广两个方面发力。产业扶持方面在本章第二节已有详细阐述，首先是顶层制度设计，以完善细化的产业政策引导动漫市场发展；其次是全方位的资金支持，为动漫市场融资、中小动漫企业、原创作者提供强劲动力；最后是科学的产业管理模式，如分级制度、人才培养等，为市场健康有序运行保驾护航。

对外推广方面，日本外务省成立了"文化交流部"，专门负责日本动漫文化的海外推广，自动漫成为国家战略以来，日本历任首相都非常重视动漫推广。2005 年小泉内阁时期，日本"推进文化外交恳谈会"向政府提交了报告书，其中提到日本文化外交应当遵循三个方向：一是向海外宣传日本文化的魅力，努力使世界各国的人们自觉地形成亲日意识。二是接纳来自海外各个领域的人才，将日本作为文化创造的据点。三是将日本自古就有的"尊重"及"共生"原则，作为普遍价值观向世界传播，使其成为"多样文化和价值之间的桥梁"②。

① 归泳涛．日本的动漫外交——从文化商品到战略资源[J]．外交评论，2012(6)：130.

② 李娟，李月敏．日本动漫文化输出战略[J]．河北大学学报(哲学社会科学版)，2007(7)：123.

该报告得到了小泉纯一郎的大力支持。2006年前日本首相麻生太郎在东京被誉为“动漫圣地”的好莱坞数码大学发表具有前瞻性的演说《文化外交新设想》，提出以动漫等日本流行文化来营造国家声誉，依托日本先进的动漫产业在世界范围内推广日本动漫，通过动漫作品让世界人民更加了解日本文化，培养更多知日派，改善日本的国际形象。为此，麻生太郎在访问波兰期间，特意携带了漫画并邀请波兰外长参观日本动漫工厂。此外，麻生太郎还创建了一个全天候播放日本动画及流行文化内容的专属海外电视频道，设立了“国际漫画奖”以及“动漫文化大使”①。2012年安倍晋三重新执掌内阁，更是将动漫推广视为三大成长战略支柱之一，他连续召开“酷日本推进会议”，为“酷日本”战略布局。2013年11月25日，日本政府与包括瑞穗银行、三井住友银行、电通在内的15家民间企业联手出资375亿日元，成立了“酷日本”机构，从而为推动日本动漫文化走出去建立了一个巨大的平台。②

通过上述战略推广，日本动漫在海外市场占据了相当大的市场份额，尤其在中国，占据了将近80%的市场份额。而反观我国国产动漫，占比不足10%，这不得不引起反思。同时也说明国家战略层面的重视是日本动漫市场繁荣兴旺的首要因素。

二、全民动漫的受众定位是社会基础

在中国人心中往往有种根深蒂固的观念，即认为动画、漫画是小孩子看的东西，而在号称“动漫王国”的日本，下至咿呀学语的孩童、上到儿孙绕膝的成人，无不是动漫的忠实拥趸。据调查，日本动漫的受众平均年龄为32岁，而中国动漫的受众定位为12岁以下儿童。在日本，动漫是全民性的爱好，拥有十分深厚的社会基础，日本三菱研究所的调查显示，日本有87%的人喜欢漫画，有84%的人拥有与漫画人物形象相关的物品。这与其不同风格内容的动漫作品是分不开的，根据受众年龄段不同，日本动漫一般分为儿童动漫和成人动漫，其中成人动漫还可分为少男动漫、少女动漫，此外根据知识程度不同还可进一步细分为小学生动漫、中学生动漫等。例如日本第一代动漫大师手冢治虫的代表作品《铁臂阿童木》就是一部老少咸宜的佳作，日本当代动漫大师宫崎骏的许多作品也饱含丰富深刻的韵味，是许多成年人的精神食粮。

然而反观我国国内动漫，其受众定位呈现出明显的低龄化态势，至今为

① 黄多多．日本动漫文化外交研究[D]．广州：暨南大学，2013：21-22.

② 澎湃新闻．安倍政权的文化推广战略是什么？“酷日本”计划[EB/OL]．[2016-07-20]．http：//www. thepaper. cn/newsDetail_forward_1268772.

止，尚未出现成功的成人动漫作品。狭窄的受众定位严重限制了中国动漫市场的壮大，动漫沦为名副其实的“小儿科”。而即便是针对儿童的动漫作品，也暴露出许多观念上的问题，最突出的就是中国动漫“说教”意味浓厚，许多动漫作品都是从成年人视角，以一种训诫的姿态向儿童“摆事实”“讲道理”，严重忽视了儿童的心理特征和思维模式，从而导致作品想象力不足、艺术感缺失。这是受中国长期以来“文以载道”思维惯性影响的，中国在长期的封建社会中，一直把儒家道德伦理作为国民教育的根本，中国人从儿童时代起就注重“四书五经”的教育，缺少适应青少年心理与思维特征的形象生动、富有趣味的读物和教科书。动漫作品也深受其影响，认为只有在作品中体现思想性、政治性才能提高其品位，所以刻意追求“片以载道”，导致中国动漫缺乏丰富的想象力，缺乏生动的视觉效果，缺少生动有趣的故事情节。其结果是中国多数动漫作品不被人赞赏，缺乏受众也缺乏市场。①《蓝猫淘气三千问》就是这类动漫，人物单薄、故事枯燥、画风弱智、情节生硬。受“文以载道”观念影响，国内动漫强调“寓教于乐”，但结果往往是有教无乐，得不到受众喜爱。而日本动漫的表达更接近现代人的思维方式和行动方式，更人性化、更注重艺术色彩，这其实就是日本动漫的叙事风格和画风给我们留下深刻印象的原因。②

因此，中国动漫要想获得广泛的社会基础，必须转变低幼化的观念，着力开拓成人动漫市场，关注不同年龄段受众需求，从内容风格上借鉴日本动漫的时代性和民族性。所谓关注动漫的时代性，就是要正视当代社会动漫作为文化产品的娱乐特性，当今动漫受众的需求已经从追求严肃的文化科学知识转向追求轻松的娱乐消遣上，人们之所以喜爱动漫，不是为了被灌输“道理”“说教”，而是为了轻松、趣味，受众的消费观正日益由“功能”消费转向“符号”消费。日本动漫就处处彰显着时代性。第二次世界大战后初期，日本社会普遍萎靡不振，手冢治虫于1952年创作了《铁臂阿童木》，赋予了小机器人阿童木纯真、善良、勇敢、百折不挠的精神内涵，这正好满足了当时战后日本人的精神需要，因而受到广大读者的喜爱，也成功改变了日本国民认为漫画“幼稚”的偏见；20世纪末，人类对自身的思考也逐渐深刻，因此日本的动画也开始越来越关注贴近现实与心理方面的剖析，由原本普遍爱与友情的主题转为更加人性的刻画。1995年上映的《新世纪福音战士》描写了一个与以往的热血主角们完全不同的个性自闭少年，在与看似普通的怪兽交战、保卫地球的情节中，通过

① 张雪．日本动漫的文化特征及其对中国动漫的发展启示［D］．长春：吉林大学，2008：24.

② 冯硕．日本动漫的特性及其对中国动漫发展的启示［D］．北京：对外经济贸易大学，2005：30.

描写主人公感受到一份渴望被需要、梦想被爱又害怕背叛而在自己与他人之间筑起屏障的矛盾与孤寂的心情，折射出现代人的心理。

所谓关注动漫的民族性，就是要深刻把握本民族的文化传统和精神内涵，培育自我、自觉、自主意识，在动漫作品中自然而非生搬硬套地反映民族特色。日本动漫十分注重对本民族独特文化的弘扬，宫崎骏的动漫作品就处处体现出鲜明的日本特色，他以其童年生活为根底，凭着对日本的传统文化和现代文化的感悟，使作品常带有某种预见性，体现出常人原本无法看到的人生风景，表达出人生难言的滋味，正是有这种不同寻常的文化底蕴，才使作品有震撼力，其内涵已远远超出一般意义上的动漫作品。以《千与千寻》为例，影片讲述了一个 10 岁的小女孩荻野千寻的奇幻故事，从故事取材到人物设定、场景布置无不映射出日本古代民间文化特色，如片中的河神、汤婆婆、百鬼夜行等，是日本民间传说的生动再现；片中的主要场景“澡堂”，其原型是日本长野县南方天龙川流域一带村落至今保留的传统祭典。在彰显民族性方面，国内动漫也有成功典范，最典型的就是《大闹天宫》和《哪吒闹海》，二者都取材于国人耳熟能详的神话人物，具有广泛的群众基础，因而能取得一定成功。然而我们应该看到，从整体上讲，国内动漫的民族性并未充分彰显。且不说这两部动画电影年代久远，近年来鲜有类似成功作品出现，就其作品内容本身而言，也只是对中国传统人物形象的“动漫化”，属于一种较低层次的机械复制。如果不对古典神话故事进行再创作和意蕴发掘，只是简单的移植恐怕很难再取得后续成功，这就是为什么近年来同样取材于传统人物形象的《少年黄飞鸿》《少年岳飞》等国产动漫不尽如人意的原因。对民族性的挖掘，更应当学习日本动漫“取其精髓而非皮相”的做法，不仅仅是直接套用固有人物或故事，而是提炼出能代表一国精神内涵的“元素”，将其融入新的人物设定和故事情节之中，于无形之中见真髓。尤须指出的是，强调坚持动漫的民族性，并不意味着要自我封闭，拒绝一切外来文化，事实上，日本民族正是善于吸纳和创新的民族。中国早期的动画也颇多借鉴西方先进技术，彰显动漫的民族性，关键是要在吸取外来优秀文化的基础上，将其内化为具有本民族特色的叙事体系，做到既保持独特性，又具备开放性。唯其如此，才能得到全民喜爱，才能如日本动漫一般拥有广泛坚实的社会基础。

三、不断涌现的原创人才是发展动力

动漫产业是典型的智力密集型创意产业，对原创人才极为仰赖，日本动漫的成功，很大程度上要归功于自“二战”后不断涌现出的动漫大师。从开辟日本现代新动漫的初代大师手冢治虫，到 20 世纪 70 年代创作出《机器猫》的藤

子·F. 不二雄，再到屡获国际大奖的宫崎骏，前赴后继的动漫人才为日本动漫的全民推广和海外市场扩张立下了汗马功劳。除了这些站在金字塔最顶端的动漫大师，真正为动漫产业提供源源不断动力的是更多默默无闻坚持原创的动漫作者、动漫编辑、职业经理人以及将他们汇集起来的原创动漫机构。为了保证人才供应，日本建立起了一整套完善的动漫人才培养机制。

日本动漫人才培养模式可以分为两个时期，第一个时期从“二战”后至20世纪80年代末，以“学徒制”的自发培养为主。有志从事动漫行业的学徒会选择业内富有经验的前辈为师，动画师则将学徒带到工作室进行实践工作，学徒在工作中不断磨炼技艺、增长经验，最终出师独当一面。由于学徒制属于一种较为松散的培养方式，师父对徒弟的指导十分有限，真正能脱颖而出另立门户的往往是天资聪颖之辈。日本许多早期动漫大师都是通过这种模式“自学成才”的，例如《灌篮高手》的作者井上雄彦就曾经是《猫眼三姐妹》作者北条司的助手。

第二个时期则从20世纪90年代开始，随着产业规模不断扩大，这种作坊式的培养方式显然不能顺应时代发展。日本政府开始加大资金投入和技术支持，将动漫人才培养纳入国民教育体系，进行系统化的培养，主要分为学校教育和社会教育。学校教育方面，根据培养层次不同，可分为大学教育和中职教育。大学教育方面，2000年，日本的私立大学京都精华大学首次在大学里设置漫画专业，开始招收4年制的学生。随后，不少大学效仿京都精华大学的做法，相继设立动画专业、漫画专业或相关专业。到2009年年底，已有近30所大学开设了动漫专业。这些大学动漫专业的开设还得到了不少著名动漫大师、动漫原创作者和动漫编辑的大力支持和指导。中职教育方面，由于动漫是一门实践性很强的行业，日本许多中专和职业学校也纷纷开设了动漫专业，至今已有400多所中职学校设有此类专业。由于是以实践为导向，这些学校的专业划分非常细致，有专业漫画、漫画插图、数字漫画、漫画杂志编辑、漫画原创、写作创作、动画剧本创作等各个细分方向。同时在教学中十分重视学生的实操培训，经常与动漫公司进行合作，以使学生毕业后可从事漫画作家、插图画家、美术印刷设计师、形象设计师、数字助手、DTP操作员、网页制作员、CG创作员、杂志撰稿人、新闻记者、采访记者、小说家、漫画原创人员、绘本作家、动画剧本创作人员、游戏创作人员等各类动漫相关职业。

社会教育方面，日本社会上举办的各种形式的培训学校、培训班及讲座也是日本动漫人才培养的重要力量。由于这种形式比较灵活，受到许多动漫爱好者的欢迎。除了各个私立学校举办的培训班、讲座，日本一些电影厂或出版社也经常开展此类社会教育。如日本东映电影厂成立的东映动漫研究所每年招收30名新生，学习期限为2年，分为导演、动漫制作和艺术设计3个专业方向，采用边实习边学习的方式进行动漫人才的培养。再比如日本著名的出版社小学馆，每年会举办“漫画家培训讲座”，学习期限1年，按不同专业方向招收20名学生。①

在动漫人才中，除了直接进行创作活动的漫画师、剧本作家，动漫编辑也是至关重要的角色。从某种程度上来讲，动漫编辑甚至要具备比动漫作家更全面的素质，需要同时担负起市场调研、选题策划、组织并引导动漫作者进行创造的责任。在日本，每位漫画家都有一位相对稳定的漫画编辑与其在创作过程中一同奋斗。当漫画作者遇到创作瓶颈，漫画创作进程受到阻滞时，动漫编辑还会协助他们进行编剧。② 为此，日本政府和企业十分重视对动漫编辑人才的培养，高校、行业协会以及个人动漫作家都会专门开办编辑培训的讲座、培训班等。

通过上述多工种、多层次的人才培养机制，日本动漫获得了源源不断的发展动力。然而，反观中国动漫产业的人才培养情况，则十分令人担忧。据统计，中国的动画创作人才还不到1万人，平均学历是大专。而影视动画人才总需求量在15万人，游戏动画人才总需求量大约在10万人，但全国动画专业毕业生每年只有300人。动漫产业链各环节涉及诸多专业，从漫画原创、动画制作、服装设计，到出版、摄制、音乐制作、配音，再到宣传推广、市场运营、网络技术，再到衍生品开发、产品设计、游戏开发等，这些环节所需要的专业人才在中国都十分紧缺。我国应在培养动漫人才方面加大力度，建立规范的人才培养机制，在动漫培训学校与大学中明确动漫专业分类，培养专门人才。从着重培养技术运用转变为着重培养独立创作能力和文化素养，以增强中国动漫原创性，增加作品文化内涵。借鉴日本的实习制度，将人才培养与生产市场紧密结合，提高产学研互动机制。同时加强人才交流，以政府或学校、企业为引领，聘请海内外的动漫大师及企业对我国动漫从业人员进行指导，举办动漫相关的交流活动，开设网络平台提供合作信息与学习材料。③ 只有这样，国产动漫才能获得长远发展动力，才能满足受众需要，拥有与日本、美国动漫一较高低的底气。

四、成熟健全的产业链是市场基石

产业链是产业上下游各利益主体的价值关系总和，成熟健全的产业链是任

① 李常庆．日本动漫人才培养：注重实践教育[J]．传媒，2011(4)：34-36.

② 胡献忠．日本动漫出版的成功经验及其启示[J]．出版发行研究，2010(11)：78.

③ 刘瑶．日本动漫产业的发展历程、驱动因素及现实困境[J]．现代日本经济，2016(1)：74.

何一门产业得以稳定运转的基石。日本动漫市场，之所以能在全球市场中占据重要地位，与其高度发达的产业链建设是分不开的。日本动漫产业链涉及漫画工作室、动画工作室、版权代理事务所、印刷出版企业、图书发行企业、电视台、杂志社、动漫衍生品生产和销售商等多个利益主体，有学者将日本动漫产业链的构建分为四个阶段：第一阶段，漫画原作在杂志上刊登，出版社对杂志消费者进行市场调查，统计出市场受欢迎度较高的漫画作品；第二阶段，选择优秀漫画作品将其内容整合成漫画单行本出版；第三阶段，综合前两个阶段的调查结果，统计出真正受欢迎的漫画作品，与动画制作企业联系，将该漫画改编成动画；第四阶段，若作品受欢迎，在动画制作的同时，商家会立即生产玩具等几乎覆盖生活各个领域的衍生产品。① 综合起来，我们将日本动漫产业链分为漫画创作与出版、动画制作与播出以及衍生品开发和销售三大环节来论述。

1. 漫画创作与出版

漫画是动漫产业的起点和源头，是产业链中最核心的一环。日本动漫之所以受到全世界读者的欢迎，最根本的原因就在于源头上的漫画原创环节，一个好的创意是能否形成和支撑一个产业链的关键，只有创意先诞生才能有后续动画的制作和下游的销售以及衍生品的开发，只有一个大众喜爱的好的创意才能使其版权的价值得到最大限度的体现。

日本漫画创作实行"工作室"制度，漫画工作室由多成员多工种构成，工作人员之间的分工协作极大提高了日本漫画的产量和质量。具体分工一般是：文字作者提供故事(小说、情节)或脚本(电影剧本、剧情说明)；画手(漫画家)根据故事构思绘画；一部分助手负责联系漫画在杂志刊登、出版单行本(图书)、把漫画制作成动画、由漫画开发游戏娱乐软件及符号形象商品等工作；另一部分助手负责漫画的宣传推广、版权交易；职业经理人负责日常生产和经营的全过程。漫画工作室的突出特点是充分发挥了团队作战能力，能促进创作的可持续发展。漫画工作室体制和日本漫画出版流程有效相接，推动日本漫画产业的蓬勃发展。

漫画出版方面，日本动漫建立了一套完整的出版流程，分为"编辑主导"和"漫画家主导"两种模式，前者由出版社编辑自己开发出大量选题，漫画家根据编辑选题画出样稿，交由编辑委员会讨论通过后，编辑再正式委托漫画家进行创作；后者则由漫画家自主选题，完成作品后投到出版社，待编辑部采纳后再进行编辑加工，目前日本动漫主要采用以编辑为主导的出版流程。值得一提的是，日本漫画出版的"再贩制度"颇具特色。由于书刊等漫画出版物在不

① 卢婧. 日本动漫产业发展分析[D]. 长春：吉林大学，2009：19.

同的发行环节价格不统一，市场竞争恶劣，许多书商为保险起见，在进货上只选择名气大、市场反响好的作家的作品，导致许多有潜力的漫画新人被埋没。1950年，日本开始从欧洲引入“再贩制度”，它包括两个概念——“统一价格”和“回书”。前者是指书店从拿书，统一按定价出售；后者是指如果书卖不出去，可以退给发行商，书店没有了压力，便敢于尝试新书，不至于埋没有潜力的作品，也使出版社高度重视产品质量，杜绝粗制滥造。①

而我国漫画创作与出版的情况就不容乐观，当前国内多数漫画作者是单兵作战，没有建立起类似日本的“工作室”体制，出版流程方面，也以自投稿居多，尚未形成编辑室主导的选题模式，导致我国漫画供应环节疲软乏力。在发行和销售环节里，也可以仿效日本建立漫画出租市场和再贩制度，特别是漫画出租市场。当前中国的漫画消费群体还是以青少年为主，并没有太多的金钱可以支配，出租业务则可满足读者实际情况，扩大市场规模。

2. 动画制作与播出

漫画创作的第一环节完成之后，如果市场反响良好则可进行相应的动画制作。日本动画片的制作流程实行严格的精细化分工，制作公司或工作室只控制最核心的创意和设计环节，然后把其他环节分包到各种功能清晰的工作室或企业中去，充分利用全球的国际分工，把制作成本降到最低。最普遍的做法是把流程中大量的低工艺部分外包给韩国、中国和菲律宾。

在日本，一部动画作品从制作完成到投入市场播出，是由多个相关企业共同完成的。这些企业大致可以分为两类，策划公司和制作公司。策划公司主要进行资金的筹集、动漫形象的设计和对整个运作过程的监管；而制作公司，则是主要负责动漫作品的各项制作工作。这种专业化分工既充分发挥了各公司的专长，又能分担风险，同时有效地加强了各公司之间的联系，分工明确，责任到人，有助于对运作过程的监管，从而提高动画制作的效率，降低经营成本，使企业获利。② 吉卜力工作室的代表作《千与千寻》就是非常好的一个案例。《千与千寻》是由 Tokuma Shoten 出版社、Nippon 电视网、Dentsu 公司(日本最大的广告公司)、Tohokushinsha 电影公司和其他一些机构组成的投资联盟共同投资制作的，制作费用将近25亿日元。投资方根据各自在总投资中的比例获取收益。由于风险共担、收益共享，所以强化了各投资机构的共同目标，进而促使各投资部门积极参与，又强化了市场。2001年《千与千寻》的票房达到

① 何建平，刘洁．日本动漫产业运作模式研究——兼论对中国动漫产业的启示[J]．当代电影，2009(7)：74.

② 王洋．解析日本动漫产业的发展[J]．中国商界，2009(10)：210.

304 亿日元，高业绩地回报了各投资机构。①

动画播出方面，日本动画以电视播出为主渠道，电影院、录像带、DVD 光碟、网络、手机等也是重要的播出渠道。据统计，2004 年日本国内电影院上映的动漫片为 81 部，日本的电视台每周播放动漫节目 80 多集，一年播放的动漫作品节目接近4 000集。日本动画片播出完全按照市场化运作，仿照美剧播出的模式，每周一集，按季度播出，一季 10~13 集，播出后如果观众反响好，收视率高，就跟拍第二季、第三季，如果市场表现不佳，就会立即下架，将制作资金和播出资源转移到其他动漫作品上去。而在中国，动画片的播出基本都是采取全集播出的方式，电视台一次性购进全部动画剧集，不论市场反响如何，都只能"硬着头皮"播放到底，这样就一方面造成了观众不买账，另一方也是对播出资源的浪费。

3. 衍生品开发与销售

之所以说日本动漫产业链成熟健全，是就其丰富的动漫衍生品开发而言的，如果说漫画创作是动漫产业链中最核心的一环，那么衍生品开发则是价值含量最高的环节。有数据显示，日本 40%的动漫产值是由衍生品创造的。从价值丰度的角度看，动漫靠出版和播出前两个环节获取的利润只是极其微小的一部分，更多的是为动漫的后续衍生价值打基础而已，绝大部分的利润产生在衍生品的消费上。在日本，人们已经将动画片(Animation)、电子游戏(Game)和漫画(Comic)视为一个经济整体，即所谓 ACG，通过这些产业的交融与互动创造新的价值。例如《灌篮高手》最初是以漫画的形式在《少年周刊 Jump》杂志上连载，获得好评后开始推出漫画的单行本，平均每 400 个日本人就拥有 1 册《灌篮高手》，之后的动画版更是成为动画中的经典，其中的人物和剧情一度风靡整个东南亚，以片中人物形象为主题的玩具、服装、卡片、贴纸等相关产品在市场上推出也是大受欢迎并且长盛不衰。比如《宠物小精灵》(Pokemon)则是由掌上机游戏发展而来的动画电视片，并且由此衍生出动画电影、玩具等产品，创下近 1 万亿日元的市场规模。②

衍生品销售方面，日本有许多专门经营动漫相关产品的"文化 mall"，如被誉为日本动漫圣地的东京秋叶原，商场一般会在人流量最大的一楼开辟"青少年动漫区"，包括漫画杂志、动画碟片、游戏光盘等核心产品。二楼则是"成人动漫区"，同样陈列有漫画出版物、动画、游戏光盘等。商场三楼则以衍生品为主，与动漫相关的玩具、食品、服装、文具、电子产品甚至咖啡馆

① 姚林青．繁荣与威胁：日本动漫产业的现状分析[J]．艺术·生活，2007(5)：37.

② 吕晓志，于娜．日本动漫产业的成功启示[J]．中国电视，2007(4)：77.

等。这种将各类动漫商品聚合销售的方式无疑发挥了“关联效应”，刺激了消费者的购买行为，实现了产业链的价值深挖。

中国动漫市场之所以规模偏小，最重要的就是衍生品市场极不成熟，许多动漫作品都停留在漫画出版和动画播出的阶段，甚至在动画阶段就乏善可陈，更何谈进行衍生品开发。少数能走到第三环节的动漫作品，在衍生品开发上也比较单一，销售模式上更是松散随意，忽视了消费者的购买体验。不过近年来随着国家重视和市场前景好转，也涌现出了一些衍生品开发的成功典范，如《喜羊羊与灰太狼》《熊出没》，不仅在动画播出上广受欢迎，也开发出了玩具公仔、文具用品、儿童服装等衍生产品，获得了丰厚的市场回报。但应该看到的是，其衍生品丰富程度和关联性与日本动漫相比，还是相对较弱的，而且这两部动画都是针对儿童群体的，真正能掀起全民消费的动漫作品还未出现。由此可见，中国动漫借鉴日本动漫市场的成功经验，深挖产业链，实现国产动漫飞跃，还任重道远。

第十六章　韩国游戏市场建设

随着现代社会文化消费日益多元化、娱乐化，游戏产业逐渐成为文化市场的重要组成部分。韩国游戏产业起步早、发展快，至今已成为亚洲文化市场的典型代表。本章梳理了韩国游戏市场的发展历程和概况，从政府、产业、社会三个方面论述了其建设举措，并总结了韩国游戏市场建设的成功经验，以期为国内游戏市场建设提供借鉴。

第一节　韩国游戏市场概述

自1997年韩国爆发经济危机，企业纷纷倒闭，民众失业率大幅上升。单纯依赖重工业拉动国民经济的发展模式已经无力满足韩国未来经济发展的全部需求，于是韩国政府努力寻求革新，试图找到新兴产业拉动经济增长、创造新的工作机会，摆脱片面单核拉动的局面。同时为降低能耗，新兴产业必须摆脱高污染、集中型低产出的困境，走出一条科技含量高，产能消耗低的路子。在此状况下，IT产业和娱乐产业成为韩国政府经济战略转型的重点之一，获得了政府大力支持与全面投入。作为娱乐产业的桥头堡，具有科技要求高、能源消耗低、推广难度小等特点的韩国游戏产业也随之迎来了蓬勃发展的机遇。为此韩国政府特意组建游戏支持中心，以期为游戏产业铺平资金与技术方面的道路。其举措有：政府每年向游戏产业投入数百亿韩元，为游戏企业提供长期低息贷款；为游戏产业设立信息化基金和文化产业基金；对指定风险企业实行各种税制优惠政策，减少甚至免除游戏企业的税务负担；建设游戏产业基地；免除高科技人才两年兵役等。① 在韩国政府的大力支持下，韩国游戏产业增速快、效果突出，迅速崛起，成为推动韩国经济发展的一股强大动力。

① 彭虎锋．韩国网络游戏产业发展模式［J］．合作经济与科技，2006(4)：76.

一、韩国游戏产业概况

1. 韩国游戏总产值与细分市场产值

根据振兴院最新公布的《2015 年韩国游戏产业白皮书》(以下简称“白皮书”)汇总披露,① 2014 年,韩国游戏产业产值较 2013 年增长 2.6%,总产值达到 9 兆9 706亿韩元,约合人民币 578 亿元,详见表 16-1。而同年韩国整体文化内容产业产值为 94.3 兆亿韩元,游戏产业一项就贡献了 10.6%的产值。2013 年,韩国游戏产业产值经历了自 2007 年连续增长以来的首次萎缩,降幅为 0.3%,达到 327 亿韩元。尽管遭遇到 2013 年的小幅下滑打击,韩国游戏产业取得的成果依然令人瞩目。2007 年,韩国游戏产业总产值为 5 兆1 435亿韩元,截至 2014 年年底,年总产值提高了 4 兆8 270亿韩元,约合人民币 280 亿元。

表 16-1 韩国游戏产业产值与增长率 (单位:亿韩元)

年份	2010	2011	2012	2013	2014
产值	74 312	88 047	97 525	97 197	99 706
增速	12.9%	18.5%	10.8%	-0.3%	2.6%

细分市场方面,如表 16-2 所示,2014 年韩国游戏产业中,主力军为网络游戏(55.6%,5 兆5 425亿韩元)、手机游戏(29.2%,2 兆9 136亿韩元)与 PC 网吧(12.3%,1 兆2 277亿韩元)。此三驾马车共享韩国游戏产业总产值的 97.2%,连续三年占据绝对的领先地位。而其他平台游戏,主机游戏、街机游戏、街机游戏厅与 PC 盒装游戏的产值合占剩余的 2.8%。根据 2015 年白皮书的统计,只有网络游戏、手机游戏与主机游戏的总产值份额保持增长,其他类型游戏的市场份额均不断萎缩。增速最快的主机游戏从 2013 年 972 亿韩元增长到 2014 年1 695亿韩元,增速高达 70.7%。增速最慢的网络游戏增长率仅为 1.7%,从 2013 年 5 兆4 527亿韩元增长到 2014 年 5 兆5 436亿韩元。但考虑到 2013 年,韩国网络游戏产值缩水 19.6%,从 2012 年的 6 兆7 877亿减少至 2013 年 5 兆4 527亿韩元,2014 年的涨幅势头仍属利好。

① 白鲸社区 .2015 韩国游戏产业白皮书[EB/OL].[2015-11-05].http://www.baijingapp.com/article/2087.

表 16-2　　　　　**韩国游戏产业细分市场份额**

年份	网游	手游	PC 网吧	主机	街机	街机厅	PC 盒装游戏
2012	69.6%	8.2%	18.4%	1.6%	0.7%	0.8%	0.7%
2013	56.1%	23.9%	17.1%	1.0%	0.8%	0.7%	0.4%
2014	55.6%	29.2%	12.3%	1.6%	0.4%	0.5%	0.3%

从市场份额上看，只有手机游戏与主机游戏有所上升。手机游戏产值扩张迅速，从 2012 年仅占总产值的 8.2%一跃升至 2014 年的 29.2%，占有将近三分之一的市场份额。主机游戏则是从 2013 年的 1.0%上升至 2014 年的 1.6%，同 2012 年的市场占有率持平。面对上述两项游戏平台产值的强势表现，其余韩国游戏平台在市场份额争夺中遭遇了不同程度的打击。网络游戏较 2013 年下降 0.5%至 55.6%，街机游戏下降 0.3%至 0.4%，街机游戏厅下降 0.3%至 0.5%，PC 盒装游戏下降 0.1%至 0.3%。而 PC 网吧降幅最大，从 17.1%下滑到 2014 年的 12.3%。

2. 韩国游戏产业进出口情况

表 16-3 显示，2013 年总体韩国游戏产业出口额达到 27 亿美元，较 2012 年增长 2.9%；2014 年总体韩国游戏产业出口接近 30 亿美元，较 2013 年增长 9.5%。虽然增长速度已经从 2007 年 16.2%、2008 年 40.1%等回落不少，但是总体趋势为连续 8 年出口额增长，说明韩国游戏产业出口日趋稳定，已成为韩国文化产业对外出口的稳定增长点。2015 年的白皮书预期该年出口额达到 31 亿美元，将取得进一步的成绩。

表 16-3　　　　　**出口额与预期**　　　　　（单位：亿美元）

年份	2012	2013	2014	2015(预期)
出口	26.38	27.15	29.73	31.79
增长率	11.0%	2.9%	9.5%	6.9%

从细分平台上看，网络游戏成为出口游戏中份额最高的游戏，出口额达到 18 亿美元。手机游戏以接近 11 亿元的出口额紧跟其后。2014 年，尽管网络游戏排名榜首，但其出口较前一年的出口总额 24 亿美元下降大约 5.9 亿美元，而第二名手机游戏则从前一年 2.2 亿美元出口额迅速增长了 8.7 亿美元。

反观韩国游戏产业进口额，总量上进口额远远低于出口额。2014 年进口额总值约为 1 亿6 555万美元，约为出口额的十八分之一。较 2013 年下降约

700 万美元，较 2012 年下降约1 400万元，逐年扩大的游戏产业贸易顺差说明韩国游戏产业正日益依赖于出口，进口额的逐步下降说明其游戏产业自主性与自足性日益增强，已经步入成熟产业阶段，对经济的拉动作用逐渐增强。但是从细分市场上看，主机游戏市场、PC 盒装游戏市场仍然处于游戏贸易逆差阶段，出口额仍低于进口额。主机游戏进出口额分别为8 335.3 万美元、167.2 万美元，PC 盒装游戏进出口额分别为 564.9 万美元、27.1 万美元，逆差共达到8 705.9 万美元。因此在这两类市场上，韩国游戏产业仍有提高的空间。

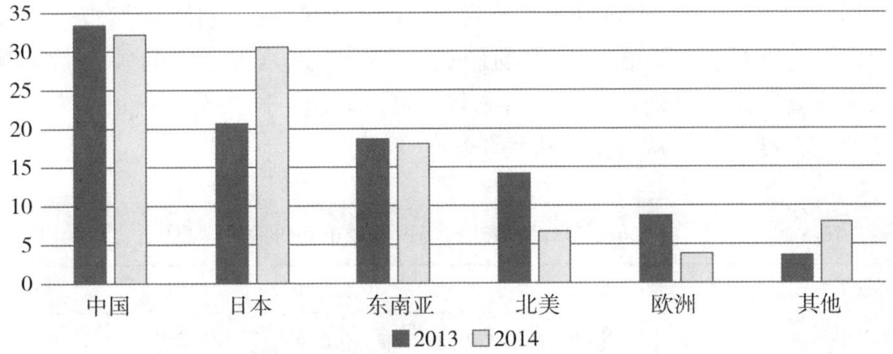

图 16-1 2013/2014 年韩国游戏市场出口地份额占比(单位:%)

图 16-1 显示出口市场上，2014 年韩国游戏的主要消费国为中国与日本，分别消费韩国游戏出口额的 32.2%与 30.6%，紧接着为东南亚地区，18.2%，北美地区 6.9%，欧洲地区 4.0%。同 2013 年相比，日本市场消费从 20.8%增长了 9.8%，而北美和欧洲分别下滑 7.4%、4.9%，直接反映出亚洲市场是韩国游戏的主要消费地区，总消费比例达到韩国游戏产业总出口额的 81%。

在出口游戏平台上，网络游戏和手机游戏两大平台贡献出口额最大，二者合计达到总出口额的 99%。2014 年中国市场接收韩国游戏出口额中，有 24.8%的网络游戏，日本市场为 19.4%，欧洲 16.3%，北美 15.7%，表明各国各地区对韩国网络游戏较为青睐，从侧面反映韩国网游制作质量高，制作团队创意好，科技开发体系较完善。而同 2013 年出口至北美与欧洲的网络游戏份额相比，2014 年分别增加了 11.8%、9.7%，说明欧美市场的玩家也日益受到韩国网络游戏的吸引，越来越多的玩家愿意投入韩国网络游戏中。而亚洲的网游“韩流”正在退烧，中国、日本及东南亚地区分别下降 18.2%、7.3%、4.1%。手机游戏游戏出口，中国市场消费 31.6%，日本 19.8%，北美 16.4%，东南亚 11.8%，欧洲 9.8%。其中，欧洲市场较 2013 年增长了 7.2%，而东南亚地区下降了 10.8%。

3. 韩国游戏市场的全球地位

根据2015白皮书统计，2014年，韩国游戏市场销售额占据6.7%的全球游戏市场份额(总达1 234.4亿美元)，约合83.1亿美元。较2013年上升0.4%，直接反映出2014年韩国游戏产业有了明显的回暖态势。

从细分游戏平台上看(见表16-5)，韩国网络游戏市场占据全球网游市场的19.1%，紧跟中国排名第二。同2013年21.3%相比下降2.2%。尽管与中国网游市场占据份额差距在缩小，但是由于中国网游体量太大，其虽从2013年占据全球市场份额的53.2%下降到49.0%，中韩两国差距仍然很大。2014年两国网游市场份额合占全球市场份额的68.1%，是市场中的领先者。但是从两大重要网游平台消费市场下滑态势上可以看出，网络游戏热正在降温，受市场欢迎程度下降，从而引起市场份额的下滑。

表16-5　**2014年韩国游戏市场占全球市场份额**　(单位：百万美元)

游戏平台	网游	手游	主机	PC盒装游戏	街机	总量
全球市场	27 587	19 343	45 177	5 438	25 899	123 445
韩国市场	5 262	2 766	152	32	89	8 301
份额占比	19.1%	14.3%	0.3%	0.6%	0.3%	6.7%

同网络游戏平台相反，韩国手机游戏市场在全球游戏市场中扩张地盘，从2013年11.6%上升至2014年14.3%，连续两年紧跟日本手游市场保持着第二名的位置。但是增长速度在2014年已经放缓，从2013年的200%增长速度下降至5.1%。

其他平台在全球市场中表现仍然没有起色，2013年、2014年市场占有量都很小。唯一值得注意的是PC盒装游戏份额在全球市场中占据0.6%，是主机游戏市场(0.3%)与街机游戏市场(0.3%)的总和。

4. 韩国游戏产业就业情况

2014年，韩国总共有834所游戏制作发行企业，较2013年增加22所，较2012年减少123所。在游戏的销售与消费渠道，总共有13 146所网吧与460所街机游戏厅，较前一年分别下降650所、10所。整个行业游戏从业总人数为87 281名，较2013年下降4 612名。

参与游戏制作发行的人数在2014年减少3.3%。手机游戏与PC盒装游戏研发制作从业人员分别增加了10.5%和62.0%，而网游、主机游戏和街机游戏从业人员分别下降7.7%、6.7%与3.8%。与游戏销售、消费渠道相关的从业人员数量较2013年下降了6.4%：PC网吧的雇员下降6.6%，街机游戏厅雇员下降6.9%。

整体游戏从业人口数减少，说明韩国游戏企业的减少直接影响到了岗位数量。虽然失业于韩国社会是负面影响，但是对于游戏产业而言，并非如此。表16-6显示，2013年游戏产值出现首次下滑，在2014年韩国游戏产业出现回暖，在此背景下，韩国游戏从业人员仍然在减少，说明韩国游戏企业的制作质量、游戏品质在提升。以发布更高质量的作品带动市场消费，创造出更多的产值，说明单位从业人员产值较以往更高。经计算，2014年人均创造游戏产值为1.14亿韩元，约合66.6万元人民币，而2013年只有1.05亿韩元，约合人民币61万元，2014年有明显提高。

表16-6 **韩国游戏产业从业人员(2012—2014年)** (单位：人)

年份	2012年	2013年	2014年	2013—2014年降幅(%)	2012—2014年平均年降幅(%)
游戏制作发行	52 466	40 541	39 221	-3.3	44.9
游戏销售消费	42 585	51 352	48 060	6.2	55.1
总数	95 051	91 893	87 281	-5.0	100.0

二、韩国游戏产业发展趋势

振兴院预期2015年度韩国游戏市场产值较2014年度增长6.1%，将达到10兆5 788亿韩元，约合人民币613亿元。网络游戏平台和手机游戏平台仍会是两大主要驱动力。预期网游平台将小幅度增长，手游平台将迎来巨幅上升。而在2016年和2017年，网游平台预计维持小幅增长，手游平台增速会放缓，整体游戏市场产值会在4.3%左右的平均增速上达到11兆亿韩元左右。

从细分平台上看，网游平台较2014年将增长2.6%，产出5兆6 847亿韩元。因此，网游会继续巩固其国内市场的霸主地位。白皮书预计在2015年下半年至2017年，尽管会有一批宏大制作的网游投入市场，其总产值增速仍会维持在年均2%左右，产值勉强到达6兆亿韩元。

手游平台将会保持强劲增速，随着一批力作持续性发布，它们还有继续发展的空间。2015年，该平台将以23.3%的增速达到3兆5 916亿韩元的产值。然而，从2016年起，手游市场将放慢增长步伐，维持在10%左右。

2015 年，由于新一代游戏机在 2014 年发布，主机游戏市场产值会稳步上涨。但于 2016 年开始再度萎缩。主机游戏在可预见的未来里不可能再创造出任何具有划时代意义的发展，原因是新游戏机也逆转不了整体萎缩的影响，它们的吸引力正逐渐褪去，总体上逐步丢失市场份额。

对于 PC 盒装游戏来说，于 2015 年 11 月发行的《星际争霸Ⅱ：虚空之遗》将会给市场带来积极的影响。这款游戏将给市场的发展带来强劲动力，而且会一直持续到 2016 年，之后则会由于新作品的匮乏与 Steam 游戏平台遭遇的瓶颈而开始丢失市场份额。

而没有任何突破的街机游戏市场将会在接下来的几年时间持续萎缩，2017 年产值预计下滑至 400 亿韩元。它正面临着国内需求低、优秀作品缺乏的困境。甚至在口碑极好的铁拳系列新作《铁拳 7》发布之后，仅仅在 2015 年上半年创造出些许利润后就悄然无声了。这也表明街机市场已经到达萧条的边缘，间歇性的力作发布也无法支持它的反弹。对于游戏传播渠道，诸如 PC 网吧、街机游戏厅将注定会继续萎缩，它们很难再崛起。

韩国游戏产业发展趋势表明，游戏产业良好的发展离不开两方因素的结合。首先，最重要的是需要优秀游戏作品问世。一部类似于《星际争霸Ⅱ：虚空之遗》优秀作品的发布，能持续数年时间影响一个游戏产业产值的增长，直接说明优秀作品是肯定会得到市场的认可，创造出巨大价值。在“内容为王”时代，用优秀的游戏体验给予玩家最好的游戏内容感受，是游戏产业发展的核心竞争力，因此对于落后的游戏平台来说，只要制作出优秀的游戏产品，平台就有可能重整旗鼓再度扬帆。其次，游戏产业的发展极度依赖游戏潮流的引领。当网络游戏盛行时，网络游戏产业产值增势迅猛。当今手机游戏产业发展如日中天，离不开市场潮流对它的青睐。即使是曾经的游戏产业霸主网络游戏产业，也不得不让出部分市场份额给手机游戏产业，足以说明掌握游戏潮流的重要性。

2014 年韩国游戏产业创造出接近 90 亿美元收入，大约占到全球游戏产业销售收入(总计1 234亿美元)的 7.27%，比 2013 年的 6.41%更进了一步。韩国游戏产业产值增长速度快，产业扩张迅速，离不开韩国政府从政治到经济上的大力支持，这两方面的助力是韩国游戏产业腾飞的主要推进剂。

1997 年 7 月，发端于泰国的亚洲金融危机将亚洲各国卷入其中。为了规避危机，当时韩国政府采取了主动降低汇率的政策，但于事无补。① 于是，政治上在 1986 年全斗焕政府提出“文化的国家发展动力”方案、1990 年卢泰愚政

① 宋平，朱美荣．两次经济危机中的韩国经济及其对策[J]．山东社会科学，2011(7)：105.

府制定《文化发展十年计划》后，从金大中到卢武铉、李明博历届政府将文化产业政策以规制为中心转变为以支援为中心。① 由文化观光部设立韩国游戏支援中心，随后成立韩国游戏产业振兴院（KOCCA）、韩国软件振兴院（KIPA）、游戏文化振兴协会等机构，提供经济、发展方向上的援助。2001 年 5 月，韩国第一批成立的六个地方文化产业中心中，位于春川、大田、青州三地的均为游戏产业中心。政策法律上，出台《文化产业振兴基本法》，两次修改著作权法，在 1996 年 6 月的《唱片和影像相关法律修订案》中明确韩国游戏产业适用于该法。② 1999 年，韩国政府将《音乐与视频法》修订为《音乐、视频与游戏法》，专门解决权责不清的问题。在对待游戏产业高科技人才时，韩国政府免除该群体两年兵役，让他们全身心投入游戏产业的研发与制作。经济上成立游戏投资联盟，承诺每年向游戏产业投资 500 亿韩元（约合人民币 3.5 亿元）③。税收上针对不同的游戏企业提供不同幅度的税收优惠，调动企业的积极性等。种种措施产生的合力，就产出了今天韩国游戏产业的骄人成绩。

但是在韩国游戏产业兴起的同时，也伴随着一些阻力，让韩国游戏产业的快速发展显露出双刃剑效应。除去国外同行竞争所必然伴随的客观压力，韩国国内由于各大游戏平台兴起而引发的社会负面现象层出不穷。其中，最受游戏产业吸引的青少年群体遭受游戏沉迷问题侵扰最为严重，此项问题成为韩国政府治理游戏产业附带负面影响时，最为关键的难点之一。据调查显示，网络游戏与青少年交友、网瘾和网上问题行为等关系密切。游戏成瘾是韩国青少年中最普遍化的网瘾类型。④ 有韩国分析人士认为，韩国青少年面临学校激烈竞争、父母的高要求而随之产生压力，更容易陷入网瘾问题中，网游成瘾应与毒品定为同级别。这项论断直接反映出网瘾的危害程度之深，引发了韩国国民对游戏产业附带影响的深度思考。2011 年韩国政府颁布《游戏关闭法》，直接规定 16 岁以下未成年人在晚上 12 点至早上 6 点期间不允许上线玩游戏。而自从防沉迷制度（shut down）实施以来，联合各项游戏限制措施，韩国游戏开发企业从 2009 年到 2014 年期间减少至 1.4 万家，缩水一半以上。从业人员从 9.25 万人减少至 8.72 万人。根据韩国经济研究院《游戏产业管制政策转换的必要

① 向勇，权基永．国政方向与政策制定：韩国文化产业政策史研究[J]．福建论坛·人文社科版，2012(8)：12.

② 周笑冰．韩国政府的游戏产业扶持政策及启示[J]．特区实践与理论，2012(6)：60.

③ 吴彰．韩国游戏业的兴起[J]．计算机，2002(Z4)：37.

④ 王冬．韩国青少年网络游戏问题研究[J]．中国青年政治学院学报，2006(5)：25.

性》显示，韩国政府对游戏产业的过度管制，已成为限制该产业发展的最大障碍。① 本被视为朝阳产业、占据文化内容产业出口规模一半以上的游戏产业，却因管制陷入危机。在韩国游戏产业发展如火如荼之时，政府的“强制防沉迷管制”无疑在很大程度上遏制了游戏产业的活力，但是面临着游戏产业快速发展而引发的社会各项问题，韩国政府正面临着“管或不管以及如何管”的问题。

第二节　韩国游戏市场建设举措

韩国游戏市场从萌芽到繁荣，前后历经将近20年的时间。韩国游戏市场建设的总体目标一直是打造新兴产业带动经济，振兴文化产业、打造文化强国，但是在每个时期的建设过程中，侧重点是不同的。本节将韩国游戏市场的成长之路分为四个建设阶段，这四个阶段与韩国四届领导政府的政策延续与创新密切相关。在此基础上，本节从政策支持、经济辅助、社会鼓励三方面论述韩国游戏市场建设的具体举措。

一、韩国游戏市场建设历程

1. 基础探索期(1998—2002年)

自20世纪60年代起，韩国重点发展劳动密集型产业，扩大出口拉动经济增长，成为“亚洲四小龙”之一。20世纪90年代，韩国经济位列世界前20强队伍。经济的稳步提高同时带动民众对精神消费的需求，面对韩国民众日益增长的精神需求，韩国政府曾制定“文化繁荣五年计划”，试图刺激韩国文化产业发展。但此时的文化产业中心并不在游戏产业、电视剧等现代热门产业，因此文化产业发展的势头比较微弱。1998年，金大中政府执掌韩国，金融危机导致重工业亏损严重，经济形势十分严峻。为找寻新的经济增长点，金大中政府明确提出以文化立国、以文化带动发展的“文化立国”战略，将文化与互联网结合，以信息产业作为新时代韩国发展的支柱产业之一。其文化产业政策包括：视文化产业为创造国富的国家新型基干产业，通过文化的力量实现第二次建国，构建文化为中心价值的知识情报社会，构建文化产业的划时代发展体系

① 中国新闻网．韩各项限制措施重创游戏业［EB/OL］．［2016-02-03］．http：//www.chinanews.com/gj/2016/02-03/7746141.shtml.

等。① 作为划时代的新兴产业，韩国游戏产业就是在此机遇下，接受引导而崛起。

在韩国游戏产业作为新兴产业的基础建设时期，每一步成长都离不开韩国政府的帮助。1998 年，在韩国文化部领导下，设立韩国游戏光盘科，以专门部门管理游戏产业；同年，韩国成立游戏产业振兴院，标志着游戏产业振兴计划正式实施；1999 年成立游戏综合支援中心，为韩国游戏产业遇到的技术瓶颈、政策阻碍以及经济困难提供有力的后援，促进游戏技术开发、创意培养以及人才储备等。2001 年为游戏产业更好的发展，韩国政府成立文化产业振兴院，专门制定文化产业政策。其中，游戏产业政策的制定就是振兴院的主责之一。在此阶段，韩国最早的游戏产业相关法律《唱片录像带暨游戏制品法》(1999)②出台，匡正民众对游戏的负面认识、鼓励正确开发与使用游戏。经济上，1999 年 9 月韩国政府拨款 500 亿韩元作为文化产业振兴基金支援游戏和文化产业投资融资。③ 根据 2001 年韩国游戏白皮书显示，2000 年韩国游戏产业产值达到 26 亿美元，出口规模为 1 亿5 000万美元，拥有1 499个游戏开发及销售的企业，从业人员达到13 500名。其中让中国网民最为熟悉的当属由盛大网络代理发行的大型网游《热血传奇》，该款游戏由韩国 Actoz 公司开发，以打怪、升级的模式创造了网游界的游戏新模式，使得后续网游作品纷纷效仿。

2. 初具规模期(2003—2005 年)

2003 年，卢武铉政府上台，韩国政府延续前任策略，继续坚持“文化立国”战略，同时提出“创意韩国”“文化强国”等理念，显示出政府对发展文化产业的决心。该政府坚持“援助但不干涉”④原则，一如既往地支持韩国游戏产业的发展，适当地进行引导，但不做强制性要求。有了前一阶段的基础建设准备，伴随着互联网的发展，网络游戏逐渐兴起，2004 年暴雪公司推出的网游《魔兽世界》在全世界引起的轰动就是有力佐证。在此契机中，韩国政府于 2003 年提出第 1 期“游戏产业中长期计划”，目的是加强游戏产业商业化特征，增强国际竞争力，将游戏产业从国内市场推向全球市场。2005 年，成立“游戏产业战略委员会”，计划在未来将韩国打造成为世界级游戏产业输出强国。

在此期间韩国游戏产业完成数次转变，其中具有重大意义的事件有：强化开拓海外市场，于 2003 年开始出口中国市场，将产品输出从而获取效益，提

① 崔炯准. 韩国游戏产业政策研究[D]. 杭州：浙江大学，2012：29.
② 崔炯准. 韩国游戏产业政策研究[D]. 杭州：浙江大学，2012：32.
③ 崔炯准. 韩国游戏产业政策研究[D]. 杭州：浙江大学，2012：33.
④ 张建民. 韩国文化产业的发展及启示[J]. 东北亚论坛，2012(3)：73.

升韩国游戏文化的认知度；将电子竞技发展列入中长期计划，正式承认电子竞技(e-sports)为一项国民性运动，培养韩国电子竞技文化与人才。根据2005年韩国游戏白皮书显示，较基础建设阶段(2000年)，韩国游戏产业各方面成绩有了显著提升。2004年韩国游戏总产值接近38亿美元，增幅为46%，出口额达到3亿8 769万美元，增幅为158%，游戏企业增加至2 461家，增幅为64%，而从业人员达到47 051名，增幅为248%。其中具有代表性的产品有《泡泡堂》《劲舞团》等，在中国游戏界均取得了不俗成绩。

3. 繁荣发展期(2006—2011年)

2006年4月，韩国政府出台《游戏产业振兴相关法律》，该法包括游戏产业的振兴、游戏文化的振兴、等级分流等三个部分，为韩国游戏产业与游戏文化的均衡发展提供了法律依据，但受制于同年8月"海洋故事"事件的影响，其施行时间被迫推迟，2007年年初又修订增加了禁止成人赌博及赠品交易等内容。随着韩国国民对游戏产业副作用的担忧加剧，政府对游戏产业实施了更加严格的管制。同时，欧美等游戏企业向韩国大量出口游戏作品，中国游戏产业也在迅速发展，使得韩国游戏出口遭遇困难。为了改变内忧外患的局面，韩国政府于2008年出台第2期"游戏产业振兴中长期计划"，即"第二次革新"。通过新的游戏创意全力打造全新的游戏市场目标。主要内容包括：设立"全球游戏综合中心"，着力于次时代游戏创意的开发；强化出口支援；"游戏素养"政策概念化，创造游戏文化价值；对制度进行改革以适应变化中的媒体环境和流通环境等。

在这一阶段，韩国政府再次确立了电子竞技的重要地位。在将"星际争霸"列为国家重点扶植的国技之后，2007年韩国空军成立了世界上第一个电子竞技空军战队(Airforce Challenges E-sports，ACE)，允许有实力且到达服役年龄的职业选手作为"电算特技兵"服役。2008年7月开始，政府正式以"电子竞技兵"来招募新兵。① 为了增强其电子竞技在国技上的影响力，2010年韩国文化体育观光部出台"电子竞技中长期发展计划(2010—2014)"，提出电子竞技基础设施的完善、韩国电子竞技全球领导地位的确立、电子竞技模式的革新等三个目标。

同样，为了改善以网络游戏为主的游戏产业结构，2009年韩国政府确立了功能性游戏开发支持方案，加大对功能性游戏的支持力度，希望通过扶持功能性游戏产品的开发，减少游戏的负面影响，开拓更多的消费市场。同时，注重健康游戏文化的建设，逐步开展绿色游戏活动，并相继出台"到此为止制

① 崔炯准. 韩国游戏产业政策研究[D]. 杭州：浙江大学，2012：49.

度”“停一停制度”等，旨在通过对未成年游戏玩家的培训教育改善国民对游戏的负面印象。①

在经受了一系列游戏负面事件之后，韩国游戏市场整体规模在2006—2007年出现了大幅下滑，由2005年的76亿3 200万美元减少为45亿2 300万美元。但经过相应的政策调整之后，从2007年开始到2012年，其市场规模逐渐恢复，并且经受住了2008年世界金融危机的影响。

4. 改革创新期(2012年至今)

在经历了6年(2006—2012年)的快速发展之后，韩国游戏市场在2013年迎来了转折，市场规模在经过连续5年的增长之后，首次出现了下滑，同比下降了0.3%。游戏出口增长率也由2012年的11%下降到2.9%。同样，在2013年，韩国游戏行业的从业人员减少了3 000人，特别是研发以及发行人才数量大幅下降。这与同期世界游戏市场规模增长4%的情况形成了鲜明对比。种种迹象表明，韩国游戏业在2013年处于非常艰难的时期。②

这一现象背后的原因是市场结构发生了巨大变化。首先是手游的兴起，2013年，韩国移动端游戏市场规模增长了190%，与之相对应的是网络游戏市场的大规模萎缩。2009年，网络游戏占据了韩国游戏市场81.1%的份额，而在2013年，这一数字缩小到了54.5%，仅在2012—2013年就下降了19.6%。韩国游戏产业是以网络游戏为主导，而随着网络游戏风头不再，移动端游戏形成浪潮之际，这种不均衡的市场结构势必会造成整个市场规模的缩小。

此外，韩国游戏产业重心往外向型迁移，以出口为主。其出口的主要市场是包括中国、日本在内的东亚市场，尤以中国市场为重中之重。而随着中国、日本等游戏市场的不断繁荣，尤其是中国政府出台了一系列诸如《文化部“十二五”时期文化产业倍增计划》《国家文化振兴计划》等政策，大力扶持本土游戏产业，使得这一时期韩国游戏业出口受到了极大的挑战。以腾讯游戏为例，利用《穿越火线》《地下城与勇士》等代理游戏在国内盈利颇丰，随后在2014年则逆流而上成为韩国老牌游戏CJ Games的第三大股东，顺利打入韩国市场，让韩国游戏业内人士担忧中国资本的入侵。

在这样的不利情况下，韩国游戏开发商们开始开拓包括南美、俄罗斯、土耳其等在内的新兴游戏市场。2013年，俄罗斯的PC网游市场规模达到了10亿美元，其规模较5年前增长了12倍，已然成为了游戏市场的“蓝海”，选择

① 刘文，张丹．中韩游戏产业发展比较研究[J]．贵州社会科学，2015(4)：112-120.

② 白鲸社区．2015韩国游戏产业白皮书[EB/OL]．[2015-11-05]．http://www.baijingapp.com/article/2087.

进军俄罗斯的韩国厂商的成绩也远远超过了期望。《上古世纪》《剑灵》等均受到热捧。同样，土耳其的游戏市场以每年40%的速度快速成长，并且韩国产游戏在土耳其的表现也十分不错，《Wolfteam》《Metin2》《Silk Road》等网络游戏曾经在土耳其长期占据前5的位置。

当然，新兴市场的开拓需要十分谨慎，虽然在这些市场上已有不少韩国厂商取得了成功，但是大规模投入仍然是十分危险的。而在这一时期，在经过了2013年的衰退之后，韩国游戏市场的发展脚步开始放缓。经过了近20年快速发展的韩国游戏业已经进入了改革转型的时期，如何在对市场结构进行调整的同时，保持游戏产品的研发及创造，是接下来韩国游戏业要面临的困难与调整。

通过上述对韩国游戏市场建设历程的梳理，可以看到，政府、产业、社会在其中扮演了至关重要的角色，以下从政策支持、经济辅助、社会鼓励三个方面详细阐述韩国游戏市场的建设。

二、政策支持

一个产业的健康发展，离不开政府一系列政策的扶植与引导，尤其对于韩国游戏这样从弱到强的产业，对政策的依赖程度更加明显。在其萌芽时期，研发技术人才不足，经费紧缺，设备落后，正是在“文化强国”的大号召下，以政策铺路，指引发展方向，才有了现今的蓬勃发展。本小节将对韩国政府的文化产业政策及相关法律进行梳理，通过对历史的回顾，可以看出韩国政府对文化产业推动所作出的努力，从而显示出政策对一个产业市场的强大驱动力。

以“文化立国”方针为指导，韩国政府延续历届执政者的培养思路，将文化产业的振兴始终放在重要地位，其中游戏市场搭着政策的“顺风车”一路发展壮大。如表16-7所示，1999年2月金大中政府先后制定《文化产业振兴法》和《文化产业5年计划》，标志着韩国文化产业和游戏产业振兴的开始。① 将游戏产业的发展列入国家宏观发展规划中，明确游戏产业的建设是文化产业建设的一部分，也是韩国经济发展国家责任之一。2002年提出的《内容产业振兴法》，被视为振兴文化产业的根本大法，规定了支持、培育文化产业所必须做的事项，目的是建立文化产业的基础，强化软竞争力。② 同年《网络电子创意产业发展法》的颁布则是为了激励韩国网络游戏的创作灵感，以高速发展的互

① 崔炯准．韩国游戏产业政策研究[D]．杭州：浙江大学，2012：29.

② 张志宇，苏峰，常凤霞．韩国文化产业的出口振兴政策和韩国文化产业的发展[J]．当代韩国，2016(1)：117.

联网为载体，让韩国网络游戏迈入发展的快车道。2007 年实行的《知识产权法》修正案将原有的《知识产权法》进行修改，更新知识产权适用的范围以及权限，尊重和保护游戏开发者的智慧产出，进一步保护游戏开发者的积极性。2010 年提出的《创意产业振兴法》《创意产业发展战略》，为了巩固 2008 年游戏产业 8.0%和 2009 年游戏产业 17.4%的二连增势头，最终实现 2010 年 12.9%的高增速。

表 16-7　　韩国游戏产业政策法规整理

发布时间	政策法规
1999 年	《唱片录像带暨游戏制品法》
1999 年	《文化产业振兴基本法》
1999 年	《文化产业 5 年计划》
2001 年	《创意韩国前景 21》
2002 年	《内容产业振兴法》
2002 年	《网络电子创意产业发展法》
2003 年	《游戏产业中长期计划》
2003 年	《进军世界 5 大文化产业强国的政策前景》
2005 年	《文化强国(C-Korea)2010》
2006 年	《电影和音像制品的振兴相关法律》
2006 年	《游戏产业振兴相关法律》
2007 年	《知识产权法》修订案
2010 年	《创意产业振兴法》
2010 年	《创意产业发展战略》

1998 年，为了给游戏产业打下基础，韩国政府将振兴游戏产业的任务交给文化观光部负责，制定统一的宏观政策。1999 年设立游戏综合支援中心(2001 年升级为韩国游戏产业开发院，2007 年二次升级为韩国游戏振兴院)，在文化观光部的指导下，由支援中心负责专业化设计，从顶层设计到中层执行，建立细分部门。为适应产业扩大和市场的需要，在文化观光部领导下，陆续建立了游戏技术中心、游戏技术支援中心、韩国文化产业振兴院等，其中韩国文化产业振兴院在 2009 年升级为韩国内容振兴院，在海外各地设有办事机

构，2011年设立北京办事处，主要职能为“优先支援创业和就业、强化创作基础、经营革新的持续、培养创意型人才和开发策略、扩大全球市场”①。韩国政府对下属部门持续的更新和升级，显示出政府部门对文化产业及旗下游戏等产业的关注与发展决心，在发现产业发展变化、市场需求变化及新增问题出现时，及时调整部门重心，做出相应的政策处理，对韩国游戏产业的健康发展起到了“护林工”的作用。

三、经济援助

政策指导是指引游戏产业发展方向的旗帜，而经济援助则是让旗帜飞扬的劲风。国家对某一产业的经济援助，实际上是为了该产业能在襁褓中健康成长，能按照既定的方针政策发展壮大。空谈政策只是喊口号式的发展，没有经济的投入始终无法将政策落入实处。韩国游戏市场的发展壮大，离不开韩国政府多年来经济上的援助。从文化产业的投入上看，韩国政府经济上支援力度越强，文化产业中的游戏产业发展得越迅速。从1999年开始，韩国政府连续三年从国库出捐500亿韩元作为文化产业振兴基金，随后数年金额不等，但都维持在百亿韩元基准上。“2002年通过国家预算拨款、投资组合、专项基金共融资文化产业事业费5 000亿韩元，为文化创作和基础设施建设、营销和出口、人才培养，各投入1 700亿、1 870亿、1 430亿韩元。”②“1994年内容产业预算占文化体育观光部的预算比率只有1.8%，2012年上升为13.0%，增长了6.2倍，预算额从1994年的5.4亿韩元增长到2012年的279.8亿韩元，总额增长幅度为约52倍。”③从2008年至2012年，韩国游戏产业的年均增速13.72%，表明预算的增加的确能拉动游戏产业的壮大，使之最终为韩国社会经济的发展作出贡献。

除去经济上显性的援助，隐性辅助也功不可没。为了使资金的投入使用更加有效，韩国政府成立游戏研发和促销协会，促进游戏产业发展。其帮助对象为“那些有能力、但是缺乏必要资本的公司”④。在协会的帮助下，游戏企业开发门槛大大降低，为弱小但是有发展潜力的企业大开绿灯，例如“协会免费为公司提供办公场所，这些公司只用支付公司的运营成本，并且可以以非常低

① 孙梨梨，刘兴全，郑基银．韩国文化内容产业的发展及其对中国的启示[J]．西南民族大学学报(人文社科版)，2016(2)：162.

② 彭虎锋．韩国网络游戏产业发展模式[J]．合作经济与科技，2006(4)：76.

③ 张志宇，苏锋，常凤霞．韩国文化产业的出口振兴政策和韩国文化产业的发展[J]．当代韩国，2016(1)：109.

④ 彭虎锋．韩国网络游戏产业发展模式[J]．合作经济与科技，2006(4)：76.

的费用使用协会所提供的设备”①。这样一来，既降低了企业资金链上的风险，降低企业财务成本，同时也为企业提供了开发所必要的技术设备，让游戏开发企业能尽快适应环境加入开发生产行列。并且，符合资格的韩国游戏研发企业能获得长期低息贷款、税收优惠政策减轻发展过程中的经济负担。截至2014年年底，韩国共有834家游戏研发公司，整个游戏产业提供就业岗位87281个。由此可见，在政策支持下，经济援助起到了为产业健康发展提供“优质肥料”，保证韩国游戏产业在发展过程中尽可能地避免成长畸形的情况发生。

四、社会鼓励

振兴韩国游戏产业无法脱离韩国社会民众的支持，只有民众愿意学习游戏开发技术、消费游戏产品、认可游戏文化，韩国游戏产业才能在政府的政策、经济支持下高速进步。在认识到社会层次的重要性后，韩国政府从公民义务、人才储备、游戏文化培养等方面着手，让韩国社会逐步认识游戏产业、接纳游戏文化。

同中国公民义务有所不同，韩国宪法规定每一位20岁至30岁的男性须履行服兵役的义务，体测不合格、对体育或学业有特殊贡献等人员可免除兵役。为了保证韩国游戏产业快速发展，韩国政府实行产业兵役特例制度，文化产业诸多细分产业都享有特例，其中就包括游戏产业。大部分游戏研发人员被允许义务参与游戏研发工作以替代兵役义务，因此许多游戏研发企业能持续夯实产品研发能力。

在人才储备上，成立韩国游戏学院(现为韩国创意学院)。“国家设立游戏学院机构是为了培养更多游戏行业的高端人才来储备国家未来游戏产业的开发力量。这些非营利性的学院提供少数精锐的10个月的全日制教育，涉及培养规划、制图、变成、设计游戏等全面教育。”②产业的从无到有，从弱小到壮大，离不开产业中每一个个体的努力，当个体研发素质、将创意变为产品的能力整体提升时，该产业才能形成一定的发展体系。只有让民众有能力、有机会学习游戏开发技能，才能尽可能地从普通民众中挖掘出游戏开发的精英。韩国政府正是认识到游戏研发人才的重要性，从21世纪初就开始注意人才积累，为游戏产业的腾飞打好基础。

在游戏文化上，韩国同样起步较早。早在2001年，韩国政府就在首都汉城

① 彭虎锋. 韩国网络游戏产业发展模式[J]. 合作经济与科技，2006(4)：76.

② 崔炯准. 韩国游戏产业政策研究[D]. 杭州：浙江大学，2012：37.

(现为首尔)举办了世界电子竞技大赛(WCG)，邀请世界各国2万余名电子竞技选手参赛，并取得了3金1银3铜的榜首成绩。从2001年至2012年，韩国一共取得7次榜首成绩，一举奠定WCG的国际游戏文化节的地位。2004年，“韩国国际游戏会议KGC(Korea Game Conference)的运营……每年11月韩国国际游戏展示会(G-Star)的召开”①，都是为了保证韩国游戏产业文化同世界接轨，吸取先进潮流游戏文化，居于游戏文化领先地位。在《E-sports Innovation 2.0电子竞技中长期发展计划(2010—2014)》②中，明确了游戏推广、游戏全民化的方向，让游戏群众基础在坚实的游戏文化中越来越广泛、牢固。

第三节　韩国游戏市场建设的主要经验

韩国游戏市场以政府为主导，以产业为依托，构建了完整的市场机制。在健全组织管理体制、完善法律法规、构建健康游戏文化、优化产业布局、加强人才培养和人才管理等方面进行了积极探索，形成了一套独特的发展路径，对我国游戏产业的发展具有极强的启示意义。同时随着世界范围内文化产业的变化，韩国游戏市场也面临着诸多挑战和不足。以下从六个方面归纳总结了韩国游戏市场建设的成功经验，并结合产业大势进行了反思。

一、韩国游戏市场建设的启示

1. 不断完善产业组织管理体制和相关法律法规，加强政府对游戏市场的正面引导

韩国游戏产业最鲜明的特点就是具有政府主导性，会根据游戏行业环境的变化不断调整完善组织管理体制。1997年，亚洲金融风暴使韩国经济陷入严重危机，当时韩国的外汇储备只有39亿美元，降至历史最低，1/3的银行关门。在这种特殊背景下，韩国政府开始重新认识文化产业。1998年，韩国正式提出“文化立国”方针，并让科技含量高且能源消耗低的游戏产业担负起了“富国兴邦”的重任。③ 作为韩国文化产业顶层组织的“龙头”，文化体育观光

① 崔炯准．韩国游戏产业政策研究[D]．杭州：浙江大学，2012：40.

② 崔炯准．韩国游戏产业政策研究[D]．杭州：浙江大学，2012：42.

③ 向勇，权基永．韩国文化产业立国战略研究[J]．华中师范大学学报(人文社会科学版)，2013，52(4)：107-112.

部①下设了一系列部门来推动游戏市场快速、健康地发展。1999 年，文化观光部携手产业资源部、信息通信部，成立了游戏技术开发中心、游戏技术开发支援中心、游戏综合支援中心，它们分别主管游戏产业技术开发、游戏产业园区建设和管理、游戏的政策与规划。2000 年，韩国政府成立了韩国文化产业振兴委员会、文化产业支援中心。2001 年，又成立了韩国文化产业振兴院。韩国文化产业振兴委员会设有游戏相关部门，制定产业政策、发展计划及振兴基金运营方案，检查政策执行情况，并开展相关调查研究等。韩国文化产业振兴院设有游戏行业主管单位，持续地促进政策开发和创造性人才培养，推动游戏市场的发展。②

随着游戏市场环境的变化，韩国政府也不断地主动应战。为了积极应对游戏市场的变化，2001 年，游戏综合支援中心更新为韩国游戏产业开发院；到了 2007 年，又将其改名为韩国游戏产业振兴院。此外，为了更加高效和充分地发挥机能，以作用于振兴游戏等文化产业，2009 年 5 月 7 日，韩国政府将原韩国文化产业振兴院与广播影像产业振兴院、游戏产业振兴院、文化产业中心、软件产业振兴院数字事业团共五家单位整合重组为目前的韩国文化产业振兴院，作为韩国政府设立的事业单位，隶属于韩国文化体育观光部，统领支持全国文化产业发展，包括游戏产业。③

另外，除了政府在游戏市场建设中起到了“推动者”和“监督者”的作用，韩国游戏行业协会也充分发挥了作用。韩国主要的官方游戏行业协会共有八家，分别由政府各部门直接管辖，包括韩国信息通信部下属的韩国尖端游戏产业协会，韩国文化观光部管辖的韩国游戏支援中心等，④ 详见图 16-2。

相较中国游戏产业的组织管理体制而言，韩国游戏产业的组织管理体制有几个方面的特点：根据游戏市场的变化，不断主动调整完善组织机构的设置；管理体制健全，组织机构职能完善；政府主导的面向产业的机构设置策略，各部门权责划分明确，专注于产业链的特定环节，共同服务于整个游戏产业；积极出台相应的法规政策，规范整个游戏市场。

韩国政府通过不断完善文化产业法律体系，尤其是针对游戏行业的相关法律法规，推动韩国游戏市场向健康稳定的方向发展。《唱片录像带暨游戏制品法》的出台，是韩国政府第一次以法律形式对游戏内容开发做出了规定，也是第一次以振兴游戏为目的。该项法律从制定后到 2004 年 1 月，前后修订了 5

① 2008 年，文化观光部更名为文化体育观光部。
② 张焱．韩国文化产业概念界定及历史渊源[J]．今传媒，2013(1)：68-69.
③ 张胜冰．世界文化产业导论[M]．北京：北京大学出版社，2014：221-222.
④ 陈文．韩国游戏扶持政策对我国的启示[J]．出版发行研究，2006(2)：15-18.

次以紧跟游戏产业的发展和变化。这项法律也对游戏制品和游戏行业进行了定义，并提出了游戏分级体系。尽管该项法律提到了游戏产业发展，但整体基调是行政限制法，和真正意义上的产业振兴还有一定的距离。

2006 年 4 月，国会通过《游戏产业振兴相关法律》，在政策方面确定了游戏的重要地位。该项法律由游戏产业的大振兴、游戏文化振兴、等级分流三部分构成，充分表现了韩国政府大力发展游戏产业的决心。①

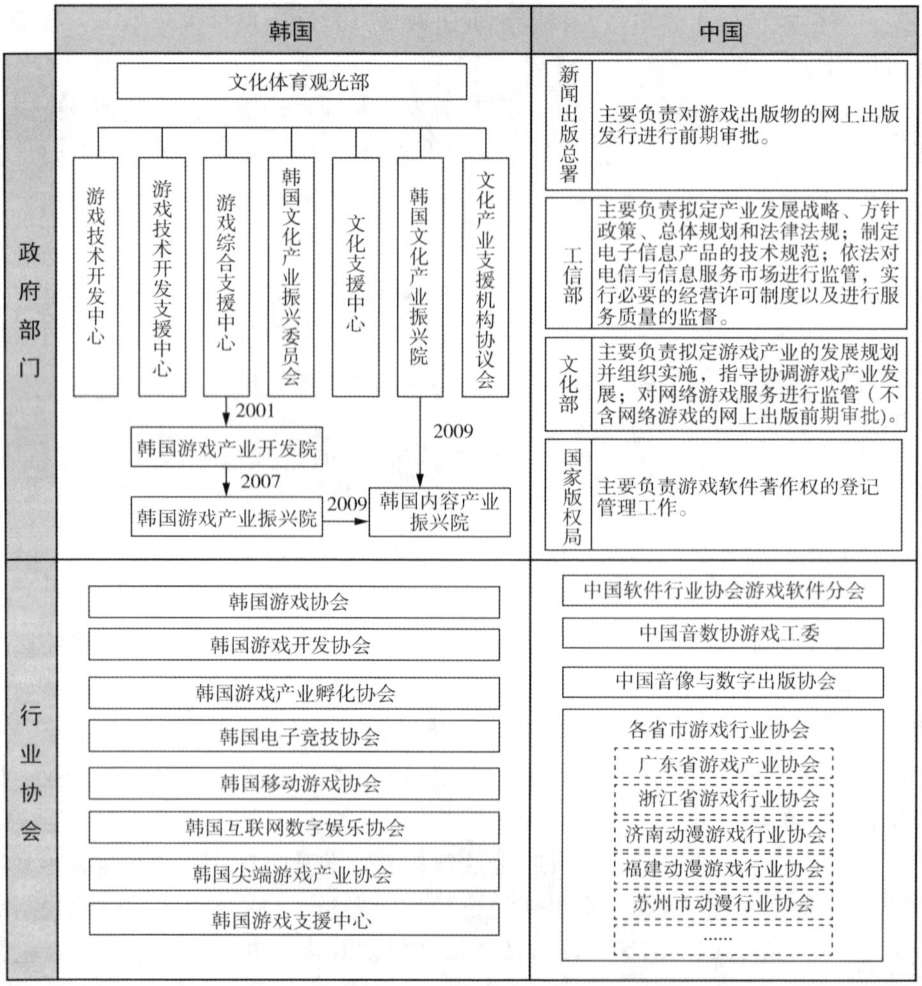

图 16-2　中韩两国游戏产业管理机构对比

除了发展游戏产业，构建健康游戏文化，消弭游戏的副作用，也是韩国政

① 崔炯准．韩国游戏产业政策研究［D］．杭州：浙江大学，2012.

府设立法律法规体系的重点。由此形成了强化构建健康游戏文化对策的四大课题，分别为："构建健康游戏使用文化基础""强化游戏文化参与活动及教育""游戏使用权益保护""强化杜绝赌博游戏的相关法制"，并构建了相应的法律及行业自律体系。

2. 多方筹措资金，力求在经费方面确保游戏市场的顺利发展

除了构建完善的组织管理体制和法律法规体系，韩国政府还多方筹措资金，力求在经费方面确保游戏市场的顺利发展，具体措施如下。

首先，国家财政加大对游戏产业的投入。自1998年以来，韩国文化事业财政预算比例大幅攀升。为了帮助网络游戏产业快速进入全球竞争的轨道，韩国政府每年为其设定至少500亿韩元(约合3.5亿元人民币)的产业预算，主要用于提高产业整体研发水平，具体集中在建立专门的高级人才培养体系、加强基础技术平台建设、加强网络游戏情报收集、强化网络游戏内容创作力量等方面。其中，划拨韩国游戏支援中心约150亿韩元，用于直接投资规模较小、实力不强但拥有新颖技术的游戏公司。同样，韩国政府还投资扶持电子竞技的发展，于2010年到2012年投资585亿韩元，建成"电子竞技综合馆"①。

除此之外，文化观光部和信息产业部分别制定了一系列的资金措施推动游戏产业的发展。文化观光部成立游戏投资联盟，每年向游戏产业投资500亿韩元。2005年信息产业部投入215亿韩元打造"2005年度娱乐信息产业培养计划"，支援在线游戏企业等数字娱乐信息产业进入海外市场。②

其次，国家设立专项基金，对游戏产业进行重点扶持。并在此基础上，实施官方和民间的"投资组合"，以政府与社会的共同融资的方式支持游戏产业。1999年9月政府拨款500亿韩元作为文化产业振兴基金来支援游戏和文化产业的投资融资。游戏产业相关部门和组织利用这些基金给创业和开发新游戏软件或项目时作必需的预算投资或者优惠贷款，帮助相关企业扩大规模。除了这些中央政府设立的基金，韩国地方政府以及企业也都有不同形式的基金来支持游戏等文化产业的发展。

此外，还有税费减免补偿、信贷优惠等经济杠杆的调节作用，对游戏产业进行间接的资金支持。这种间接的资金支持还包括对游戏业的奖励。最高奖项"国务总理奖"奖金为1 000万韩元，"文化观光部长官奖"奖金为500万韩元，"特别奖"奖金为300万韩元。这些奖励措施也可以看作国家对文化产业资金投入的另一种方式。

① 崔炯准．韩国游戏产业政策研究[D]．杭州：浙江大学，2012.

② 彭虎锋．韩国网络游戏产业发展模式[J]．合作经济与科技，2006(2X)：76-77.

3. 加强人才培养和管理，为游戏市场提供充足的人力资源

游戏产业作为新兴产业，对人才的需求十分迫切，韩国政府在大力发展游戏产业的同时，也制定了长期游戏人力资源发展计划和相应的政策，一方面构建完善人才培养体系，另一方面加强人才管理，全方位提升游戏从业者的综合能力，为游戏市场提供充足的专业人才。

在人才培养方面，韩国游戏人才的培养起始于1996年，2000年以后逐步实现正规化。经过近20年的发展，开设游戏相关课程的正规教育机构覆盖高中(游戏高中/专门学校)、大学(专门/一般/网络)和研究生院，形成了多层次的游戏人才培养体系，进而满足了游戏企业对不同层次的人才需求。据《韩国2012年游戏产业白皮书》，截至2012年，韩国游戏教育机构包括高中6个，专门大学28个，一般大学28个，网络大学4个，研究生院9个。总体而言，大学级别的教育机构居于主导地位，数量较多。大学前级别与大学后级别教育机构数量较少。①

在这一人才培养体系下，各类教育机构除了具备完善的人才培养方针外，还具有鲜明的特色。游戏高中和专门学校开设的课程较为传统，更多面向游戏制作，主要包括游戏编程、游戏特效、游戏制作等。此外，数字动画、游戏营销、游戏艺术设计、场景策划等课程也包括在内。大学进行以实务为主的教育，除了游戏编程、电脑特效、影像编辑、平面设计等面向游戏制作的课程之外，还加强了游戏策划、游戏场景设计等策划设计类课程，更偏向游戏内容设计与架构。除此之外，各大学一般会设立相关的游戏社团或组织，学生可组队开发设计游戏，模拟游戏运营等。研究生院开设的科目除了面向游戏制作、游戏开发之外，更侧重于培养娱乐商务等游戏企划者、游戏开发项目管理者等，开设了游戏经验、游戏营销、游戏项目管理等课程。②

除了人才培养体系的完善之外，韩国政府十分重视游戏专家资格的考试与认证，进一步加强游戏产业人才的专业资格培训，同时对培训的教材与方式实施严格的规范和监管，以确保人才培养的质量。韩国创意振兴院发行了游戏专家资格证，分为游戏策划专家资格证、游戏特效专家资格证和游戏编程专家资格证，是一系列国家技术资格证。通过实行系统化管理，使游戏产业人才的培养和使用得到了制度化保证。韩国政府还颁布了游戏人才免服兵役的法令，激励大批年轻人投入网络游戏产业。韩国游戏人才培养体系每年向社会输送超过

① 刘文，张丹．中韩游戏产业发展比较研究[J]．贵州社会科学，2015(4)：112-120.
② 马运朋，孙海英．中韩游戏产业发展对比研究[J]．网络财富，2009(7).

2 000名的专业人才，为产业发展储备富足的研究资源。①

最后，产学合作是韩国政府人才培养的又一重要举措，游戏人才培养机构与企业进行合作，以企业为实习基地，并邀请合作企业代表或者开发队长参与到正规教育环节中，使得人才培养更加贴合产业需求。

归纳来说，韩国游戏人才培养是多层次、全方位的，更加贴近市场及企业需求，是一种基于游戏产业的人才培养模式，涵盖了包括游戏制作、游戏开发、游戏策划、游戏运营、游戏项目管理等。各机构各司其职，充分发挥特长与优势，充分利用现有资源及政策条件，培养了一大批优秀的游戏从业者，为韩国游戏的腾飞奠定了基础。同时，社会各层面制定政策，加强管理，实现了企业、政府、高校三位一体，积极推进从业资格、人才交流等，给人才培养提供了保障和助推。

4. 积极开拓国际市场，保证游戏市场的可持续发展

受制于地理及人口因素，韩国国内游戏市场十分有限，由于国内市场的饱和，众多企业纷纷考虑向其他国家拓展，并打造了诸如《天堂》《泡泡堂》《奇迹》《传奇》《千年》《穿越火线》《劲舞团》《跑跑卡丁车》《永恒之塔》等热门游戏产品。1999 年，游戏产品对外出口额约为9 600万美元，到 2008 年，出口额已达 10. 9 亿美元。2009 年，韩国的网络游戏销售额约 32. 55 亿美元，其中出口占全部的 41. 7%，约 13. 6 亿美元。2010 年，这一数字达到了 16 亿美元，同时韩国企业在亚太地区网络游戏市场所占份额已超过 54%。2011 年，韩国游戏出口额达到了 23. 78 亿美元。2014 年，韩国游戏出口额占整个文化输出的 50%，成为国民经济支柱之一。②

为了帮助韩国游戏产业打开国际市场，韩国政府从 2004 年开始运行韩国国际游戏会议 KGC，2005 年开始每年 11 月举办韩国国际游戏展示会，在 2008 年制定的游戏产业中长期计划中，更是将加强战略性出口全球市场、强化出口全球的支援放在其战略重点第一条，并于 2009 年 6 月成立了全球游戏综合中心，进行游戏解决方案的全球支援。

在文化方面的趋同性使韩国将中国、日本等东亚国家作为拓展海外市场的重点，尤其重视对中国市场的开拓。多年来，韩国游戏业都把中国看作“第二

① 周笑冰．韩国政府的游戏产业扶持政策及启示[J]．特区实践与理论，2012(6)：60-63.

② 张胜冰．世界文化产业导论[M]．北京：北京大学出版社，2014：224.

个内需市场”，并一直采取“先占战略”，抢占中国市场。① 2002年，韩国网络游戏就占据了中国市场75%的份额。同时，韩国游戏在中国的累计会员数也突破了1亿人次。② 深受中国青少年好评的《劲舞团》《穿越火线》《跑跑卡丁车》《龙之谷》等均是韩国公司开发的游戏。除了东亚市场之外，韩国游戏业还逐步试水俄罗斯、土耳其、南美等新兴市场。

归纳来说，韩国游戏产业开拓国际市场的具体措施和策略如下：(1)根据不同国家和地区的需要，推出适销对路的产品。(2)集中力量创造国际性的知名品牌，以加强韩国游戏产业在国际市场的竞争力。(3)为了加强国际市场调研和营销，在一些文化出口的重点地区设立“前沿据点”。(4)在生产领域积极开展国际合作，以弥补自己资金和技术的不足。(5)为了招商引资，推销产品，积极举办和参加文化产业方面国际性的商贸展销和洽谈活动。(6)为了鼓励游戏产品的出口，韩国政府和有关机构在资金方面给予了大力支持。(7)为了长期稳定地占据文化产业的国际市场，韩国在逐步构建自己的国际营销网络，并为外国代理商开发直销、合作经销等多种形式的销售网络提供便利。(8)成立专门的组织机构，推进国际游戏市场交流。③

5. 整合游戏产业上下游行业，优化游戏市场的资源配置

韩国形成了“开发商—代理商—运营商—网吧”组合的游戏产业链，产业链各环节凸显专业与专注的核心优势。④ 开发商负责游戏产品的开发与制作，在韩国的网络游戏企业中，自主研发企业占了一半以上。除了一些大公司直属的团队之外，多数游戏开发小组比较精简。代理商组织专业力量鉴别各游戏产品的消费潜力，根据所选游戏制定合适的市场策略并执行实际的销售推广。运营商则为游戏产品的服务器端提供运行必备的软硬件，管理实际的运行。除此之外，韩国网络游戏产品的普及还得益于本土超过4.6万家网吧的支持。⑤ 网吧作为虚拟社区的过渡设施，很好地扮演了游戏运营商开拓市场的据点。⑥ 而

① 闵成基. 韩国网络游戏产业与其进入中国市场的分析[D]. 北京：清华大学，2004.

② 文化发展论坛. 韩国网络游戏腾飞的三大支柱[EB/OL]. http://www.ccmedu.com/bbs54_8425.html.

③ 张胜冰. 世界文化产业导论[M]. 北京：北京大学出版社，2014：224-225.

④ 高嘉阳. 中韩网络游戏产业国际竞争力比较研究[J]. 中大管理研究，2011(2)：35-54.

⑤ 高嘉阳. 基于钻石模型的中韩网络游戏产业竞争因素对比分析[J]. 现代经济信息，2015(5).

⑥ 佚名. 产业协作激活韩国游戏资金链[J]. 信息产业报道，2005(5)：20-21.

随着网络硬件设施及设备的普及，网络虚拟社区逐渐成为了游戏产品的又一个进行宣传推广的“前沿阵地”。

这种产业链模式具有以下几个方面的优势：一是让游戏开发商更专注于游戏产品的制作与开发，更加注重对游戏设计、玩法以及新技术的研发与创新。二是运营商与代理商则整合资源用于游戏产品的发行与运作上，使得营销、运营更有效率。三是网吧为了经营具有市场潜力的产品，需要向运营商要求合作授权，这也大大降低了运营商、代理商的营销成本。在此前提下，运营商具有充足的资金实力来整合上游资源，同时兼备研发功能。一体化经营使运营商等可根据市场状况，在自主经营和分包经营中灵活选择。凭借强大的技术力量和运营实力，以及对产品的深刻理解，运营商向产业下游的扩张能力较强，产业链延伸性较好。①

总的来看，韩国游戏市场产业链形成了以代理商、运营商为核心，以开发商、网吧为两翼的模式。代理商、运营商直接向用户提供游戏产品，开发商注重产品研发，网吧还有其他网络虚拟社区、个人玩家等则形成了产品的宣传阵地。这种模式在充分面向市场的前提下，最大限度地激发了对新产品研发的创造性，整合并进行资源的优化配置，逐渐成为游戏市场的主流。

6. 打造健康的游戏文化

为了使游戏产业的发展有一个良好的国内环境，韩国非常重视构建健康的游戏文化。20世纪90年代，韩国的主流舆论大多强调游戏的负面意义，并没有把游戏当作一个产业来对待。为了使公众了解和接受游戏产业，韩国政府采取了多种措施，大力宣传游戏文化，以提升游戏在人们心目中和社会舆论中的地位，其中最重要的就是举办各类电子竞技大赛。②

韩国在2000年之前为了发展电子竞技项目，于20世纪90年代末构建了覆盖全国的高速网络，并且举办了KIGL、PKO、KGL三大赛事。2001年，韩国召开了世界电子竞技大赛(World Cyber Games，简称WCG)，当年有来自70余个国家和地区的2万名选手参赛。此后，韩国把这项赛事发展成每年召开一次的国际游戏庆典。2004年，电子竞技e-sports项目推出，详细地规划了搭建电子竞技的软硬件基础设施、深入电子竞技文化、加强国家电子竞技合作和完

① 高嘉阳．基于钻石模型的中韩网络游戏产业竞争因素对比分析[J]．现代经济信息，2015(5)．

② 张焱．韩国游戏产业政策的经验及对中国的启示[J]．中国商论，2013(4Z)：159-160.

善电子竞技配套法律四个方面，旨在建立韩国电子竞技在世界上的领导地位。到2008年第二次革新的游戏产业中长期计划，韩国特别设立国际电子竞技联盟以继续加强和巩固韩国在世界电子竞技的先导地位。2010年，更加详细的《电子竞技中长期发展计划（2010—2014）》出台，更加广泛地推广电子竞技，构建电子竞技持续成长的环境，革新电子竞技的模式以巩固韩国在电子竞技领域的全球领先地位。①

除此之外，韩国的媒体和学术界也为游戏文化的形成起到了助推作用。就媒体而言，韩国电视上有专门介绍电子游戏的栏目，包括有线电视的ITV和E频道等，内容包括游戏介绍、游戏动向及游戏公司访谈等各种与游戏相关的报道。在报纸上经常能看到游戏相关的新闻和攻略等。相关的游戏杂志也有100多种，内容丰富，拥有大量读者。在学术界，韩国成立了网络游戏文化研究会，对与网络游戏有关的社会文化现象和产业本身的问题进行分析和探索。经过这些工作，游戏已成为韩国时尚文化的标记，那些网络游戏的顶级玩家如今都成了名副其实的明星。②

为了消除游戏带来的负面影响，防止青少年过度沉迷游戏，韩国政府同样通过一系列措施构建健康的游戏文化。2009年起，韩国政府开始实行游戏素养政策，逐步开展绿色游戏运动。这些活动的目标在于教育青少年正确解读游戏特性，有效区别现实生活与网络世界，充分自制地使用游戏。后续，韩国又出台了“强制防沉迷制度（shut down）”“停一停制度（cooling off）”③，并将具体政策教材化，以巩固这些活动的成果。

二、韩国游戏市场建设的反思

韩国游戏产业政策及市场建设大力带动了韩国游戏产业的发展，但与此同时，随着国际文化产业形势变化和国内社会矛盾凸显，韩国游戏市场也日渐暴露出不容忽视的问题和隐患。

① 张淼．韩国游戏产业政策探析［D］．上海：上海大学，2013.

② 张胜冰．世界文化产业导论［M］．北京：北京大学出版社，2014：230.

③ “Shut down”制度又称“灰姑娘法”，是韩国女性家庭部出台的“未满16岁青少年不得在凌晨游戏”的强制防沉迷制度，这项制度规定青少年夜间只允许玩6小时网游，韩国网游企业有义务对未满16岁的青少年在凌晨12点至早上6点之间掐断网游，违反者会被处以两年以下有期徒刑和1 000万韩元以上罚款。“Cooling off”是2012年韩国教育科学技术部出台的游戏规制政策所包含的制度之一，具体是指游戏者在一天中上线两小时后，强制断线十分钟，其后只能再登录1次。

1. 过分追求产业价值，游戏负面效应累积

韩国将游戏产业确立为支柱产业时，就是看中游戏产业的经济价值、产业价值和连带效应。但当过分强调游戏的经济效应时，游戏的负面效应就会凸显出来，负面效应的过度累积将会导致严重的社会问题。

游戏负面效应，特别是对青少年的影响而导致的社会问题一直是游戏产业饱受诟病的主要原因。而无论目前哪种盈利模式，都需要建立在大量在线玩家的基础之上。因此，游戏运营商往往会通过各种手段诱惑玩家，玩家特别是青少年玩家才会为此花费大量的时间和金钱。尽管韩国一直在努力塑造游戏文化，也出台了一些法律法规，但仍有失偏颇，且无法针对核心要害。比如，虽然韩国在游戏分级和内部评级方面形成了一些制度，会根据游戏内容中暴力、色情、性等消极元素而作出“18 禁”或“15 禁”细化分级设定，但是这并不能保证对不同年龄消费人群的实际区分与具体划定。在游戏开发方面，如果不能创造出更有意义而且极具吸引力的创意，这些负面元素将会被游戏开发者一直利用下去。真正的问题在于政府为了游戏产业的现实意义而无法触动其问题根基，进而陷入两难的境地。①

如何在发展游戏产业与消弭游戏的负面作用之间达到权衡，是全球游戏产业都面临的难题。这就需要政府、社会、企业、学校等多方合作，共同参与健康游戏文化的构建。过分追求游戏的产业价值势必会让游戏的负面效应累积，这从长远来说对游戏产业的发展十分不利。游戏产业应当更注重对游戏产品的把握，依托良好的创意、精巧的玩法设计防止游戏负面效应的扩大。

2. 游戏市场发展不均衡，产业结构调整不及时

产业化的运作模式，使得韩国游戏在很短时间内得到了飞跃式的发展，但政府过度干预的结果常常是企业创新能力的下降，这也导致了近几年韩国游戏国际影响力的减弱。特别是“海洋故事”②事件后，韩国游戏产业产品更加缺乏创意，同质化严重③。

韩国游戏产业是以网络游戏为主导的，大多数游戏公司着力于网络游戏产业的开发与运营，PC 游戏、主机游戏以及手机游戏相对较少，在国际上相对

① 张焱．韩国游戏产业政策探析[D]．上海：上海大学，2013.

② “海洋故事”是一家韩国公司制作的电脑游戏，在隐瞒了其赌博性质后，获政府审批上市，造成了极为恶劣的影响。经过这一事件之后，电子游戏在市场上的规模不可避免地逐渐缩小，包括街机游戏、网络游戏在内的所有游戏产业均受到了负面影响。

③ 张焱．韩国游戏产业政策探析[D]．上海：上海大学，2013.

落后。在网络游戏繁荣的时期，单一市场结构带来的弊端被掩盖。而随着网游热度的消退以及手游的增长，这一弊端逐渐暴露，韩国游戏产业也随之陷入低谷，其销售额在 2013 年迎来了下滑。虽然，韩国政府也在市场结构调整方面做出了努力，例如扶持功能性游戏的开发，但在移动端及手游的发展上仍然十分滞后。同样，过分依赖东亚市场，也使得韩国游戏业更易受到外部环境的冲击。

经过移动端网游的快速成长之后，全球游戏市场格局也发生了重构，在这样动荡的格局之下，更需要洞察最新的科技发展趋势，积极开拓创新，并且加快产业结构的调整，才能真正占据市场主导地位。

第十七章　我国现代文化市场体系建设的成就与不足

党的十八届三中全会指出要推进文化体制机制创新，建立健全现代文化市场体系。经过多年发展，我国现代文化市场体系建设成绩斐然：文化市场主体竞争力不断提高，文化产品市场发展活跃，文化要素市场加快发展，且文化市场监管体系不断完善。但是，现代文化市场体系建设的整体水平仍和预期目标存在差距。文化市场主体培育不够，文化产品结构性供需不平衡，文化市场流通不畅和文化市场法治建设不健全等问题在一定程度上阻碍了现代文化市场体系的进一步建设。总结我国现代文化市场体系建设的成就与不足，能为我国现代文化市场体系向纵深发展提供有效的指导。

第一节　我国现代文化市场体系建设成就

"十二五"以来，我国高度重视文化建设，现代文化市场体系建设取得了较大的成就。首先，文化市场主体竞争力提高，国有文化企业获得长足发展，非公有制文化企业不断发展壮大；其次，文化产品市场发展活跃，文化产品更加丰富，流通更加顺畅，文化消费指数持续增长；再次，文化要素市场加快发展，文化人才壮大，文化资本流动加快，版权市场活跃，文化与科技融合得到重视；最后，文化市场监管体系不断完善，政府职能转变，政策法规体系不断完善，社会监管体系作用初显。

一、文化市场主体竞争力提高

在国家政策的有力扶持下，文化市场主体竞争力获得提升，国有文化企业获得长足发展，非公有制文化企业不断壮大。《国有文化企业发展报告》

(2016)显示，截至 2015 年年末，全国国有文化企业共计13 994户(按独立法人统计)，从业人员 137.1 万人，资产总额31 746.7 亿元，全年实现营业总收入14 085.2 亿元，利润总额1 311.4 亿元，净利润1 148.7 亿元，国有文化企业经营规模不断扩大。① 2016 年 8 月，“2016 全球出版 50 强峰会”发布 2016 年全球出版企业 50 强排名，中南出版传媒集团、凤凰出版传媒集团、中国出版集团、浙江出版联合集团、中国教育出版传媒集团全部跻身全球前 20 强之内。② 我国文化市场主体竞争力不断提高，在传播中华文化、传递中国声音中发挥着重要的作用。

1. 国有文化企业获得长足发展

国有文化企业作为文化市场主体中的生力军，在我国现代文化市场体系建设中起着不可替代的作用。2012 年 10 月 24 日，文化部部长蔡武指出，“全国承担改革任务的 580 多家出版社、3 000多家新华书店、850 家电影制作发行放映单位、57 家广电系统所属电视剧制作机构、38 家党报党刊发行单位等已全部完成转企改制；全国2 103家承担改革任务的文化系统国有文艺院团，完成改革任务的院团有2 100家，占总数的 99.86%，其中转企改制占 61%；全国3 388种应转企改制的非时政类报刊已有3 271种完成改革任务，占总数的96.5%”。随着文化体制改革的不断深入，国有文化经营单位的转企改制理顺了公益性文化企业单位与经营性文化企业单位的关系，改制后的国有文化企业散发出勃勃生机，竞争力不断提升，开创了文化市场发展的新局面。2013 年，大型出版传媒集团相继建立，国有文艺院团顺利完成阶段性任务，以企业为主体、事业为补充，面向市场、面向群众的新型演艺体制格局初步形成。

当前，我国大部分国有文化企业初步成立由股东大会、董事会、监事会和经理层“三会一层”构成的法人治理结构，加快建立现代企业制度的步伐；此外，国有文化资产管理机构的建立，推动了国有文化企业管理由“主管主办制度”向“出资人制度”过渡，“文资办”作为“出资人代表”，以保证企业独立经营权为前提，对国有文化企业的文化资产管理及发展方向进行监督，给予了国有文化企业足够的空间；再者，社会资本的引入极大地激发了国有文化企业的活力。国有文化企业在已经放开的领域引入社会资本，通过引进战略投资者为企业发展注入新鲜血液，将国有资本的资源、资金优势与社会资本的创意、活

① 文化司.《国有文化企业发展报告(2016)》正式发布[EB/OL].[2016-12-23].http://whs.mof.gov.cn/pdlb/gzdt/201612/t20161223_2498760.html.

② 2016 全球出版 50 强峰会：转型与全球化——出版业未来趋势再展望[EB/OL].[2016-08-26].http://www.bookdao.com/article/258243/.

力结合，扩大了国有资本的支配范围，为国有文化企业实行混合所有制经营，拓展全产业链铺路架桥。针对国有文化企业“一股独大”的问题，股权激励与特殊管理股制度的推行有效保障了国有资本的决策权，并推动了国有文化企业资本的多元化，有利于科学的监督机制和决策机制的建立，使得国有文化企业规范化治理能力不断提高，国有文化企业经营机制不断完善。

2. 非公有制文化企业不断壮大

非公有制文化企业在活跃文化市场、促进文化创新、增加税收等方面具有重要的作用，与国有文化企业一道，作为文化市场主体的双轮，在文化市场建设中起到了不可忽视的作用。近年来，国家越来越重视非公有制企业乃至非公有制文化企业的发展。2012 年 5 月，国家广播电影电视总局出台《关于鼓励和引导民间资本投资广播影视产业的实施意见》，鼓励和引导民间资本投资广播电视节目，投资电影制片、发行、放映领域，并鼓励其投资参与有线电视分配网建设和有关业务。2012 年 6 月，文化部颁布《关于鼓励和引导民间资本进入文化领域的实施意见》，鼓励民间资本参与国有文艺院团转企改制，鼓励和引导民间资本投资演艺、娱乐、动漫、游戏、文化旅游、艺术品、工艺美术、文化会展、创意设计、网络文化、数字文化服务等行业和领域。同年，新闻出版总署颁布《关于支持民间资本参与出版经营活动的实施细则》，以充分调动民间资本参与文化建设，促进出版市场的科学发展。2013 年，《中共中央关于全面深化改革若干重大问题的决定》指出“坚持权利平等、机会平等、规则平等，废除对非公有制经济各种形式的不合理规定，消除各种隐性壁垒，制定非公有制企业进入特许经营领域具体办法”，并“允许非公有制文化企业参与对外出版、网络出版，允许以控股形式参与国有影视制作机构、文艺院团改制经营”。在政策春风的吹拂下，我国文化产业主体不断壮大，产业结构不断完善，多元化投融资体系日渐成熟，一批大型民营文化企业集团应运而生，大量创意、创业型小微文化企业也破土而出。①

以出版领域为例，自《关于支持民间资本参与出版经营活动的实施细则》(2012)发布以来，不少民营出版机构纷纷与国有出版企业合作，一方面，民营出版机构以其优秀的出版人才、丰富的出版创意为国有出版企业带来勃勃生机；另一方面，民营出版机构能够依靠国有出版企业的资源优势形成优势互

① 文化部、中央组织部、中央宣传部等关于支持转企改制国有文艺院团改革发展的指导意见[EB/OL]. [2013-06-14]. http://culture.people.com.cn/n/2013/0614/c22219-21838447.html.

补，进而推动民营资本与国有资本的共同发展。据统计，2012 年，在全国 35.7 万家新闻出版单位中，民营出版发行、印刷、复制企业超过 32.4 万家，占总数的 90.8%；民营企业所占有的资产总和、实现的增加值、营业收入和利润总额在印刷复制企业中占到 80%以上，在出版发行企业中已占到 70%以上。① 在广播电影电视领域，据《中国广播电影电视发展报告》(2015) 显示，截至 2014 年年底，民营企业占广播电视节目制作机构总量的比重达到 85%左右，成为广电产业主体生力军。② 2016 年，在第八届"文化企业 30 强"榜单中，民营文化企业入选的数量和类型均有增加，非公有制文化企业的竞争力获得极大提升。民营文化企业以其独特的创新能力，为文化市场提供了优质的内容，在文化市场中的影响力越来越大。

二、文化产品市场发展活跃

文化市场主体竞争力的提升，在一定程度上带动了文化产品的发展。在政策与技术的双重推动下，文化产品的品种越来越多元，丰富了人们的精神文化生活；文化产品流通更加顺畅，突破了时间和空间上的限制，有效提升了文化产品流通效率；文化消费指数不断提升，巨大的文化消费潜力为文化产品市场的活跃发展提供了强大的动力。2013 年，我国文化产品出口总值达 60.1 亿美元，比美国的 27.9 亿美元高出一倍多，成为文化产品的最大出口国。③

1. 文化产品更加丰富

在各项政策的支持下，文化产品更加丰富。在图书领域，据北京开卷信息技术有限公司《2015 年图书零售市场报告》，2015 年，图书零售市场同比增长 12.8%，销售额达到 624 亿元，动销品种数为 168 万种。④ 在电视剧领域，据国家新闻出版广电总局统计，2016 年全年全国生产完成并获得《国产电视剧发

① 李丽辉．国有文化企业超 1.3 万户，资产总额近 2.7 万亿元：文化产业，家底更厚了［EB/OL］.［2015-12-28］. http：//society. people. com. cn/n1/2015/1228/c1008-27982565. html.

② 胡建辉．我国新闻出版单位九成为民营企业［EB/OL］.［2012-02-15］. http：//legal. people. com. cn/GB/188502/17121790. html.

③ 纪宇，常红．中国成为文化产品最大出口国［EB/OL］.［2016-03-10］. http：//world. people. com. cn/n1/2016/0310/c1002-28189473. html.

④ 北京开卷信息技术有限公司．2015 年图书零售市场报告［EB/OL］.［2016-02-01］. http：//www. openbook. com. cn/Information/2240/3812_0. html.

行许可证》的剧目共计334部14 912集,① 剧目题材多样化，跟风现象得到改善，出现了不少口碑和收视双丰收的精品力作，例如《欢乐颂》《小别离》以其精心制作收获了不少拥趸；在网络元素的带动下，网台互动频繁，网剧纷纷崛起，形成了电视剧市场新的增长点，电视剧产品更加多样化。在电影领域，2016年2月，我国电影票房达到68.75亿，超过北美同期票房成为世界第一；依据全国电影票务综合信息管理系统的统计数据，2016年1月1日至6月30日全国电影票房245.82亿元，排场3 458万场，观影人次7.23亿人,② 电影市场取得长足的进步。此外，随着科学技术的发展，文化与科技的紧密融合增强了文化产品的表现力和感染力，3D、VR技术在文化领域的运用增加了文化产品的附加值，极大地提升了用户体验，文化产品的表现形式越来越多样化，丰富了人们的文化生活。

2. 文化产品流通更加顺畅

2015年，商务部研究制定了《“互联网+流通”行动计划》，旨在通过电子商务走进农村、中小城市和社区，开展线上线下互动，以及打造跨境电子商务的方式加快互联网与流通产业的融合，提高流通效率，释放消费潜力。在互联网时代，随着各种新媒体不断涌现，文化产品的销售方式持续变革，网站、微信、微博以及移动客户端为文化产品的广泛传播提供了新的阵地，成为文化企业推广文化产品新的着眼点。在出版领域，出版企业的官方网站、当当网、亚马逊、京东图书等网上书店拓展了图书的销售渠道，读者足不出户即可下单买书，在省会城市，甚至可以“当日下单当日送达”，对于物流设施较为完善的中小城市及乡镇，“下单后三日送达”已不成问题。新的销售方式突破了实体书店时间和空间的限制，拓宽了图书销售渠道，扩大了图书的市场覆盖率，提升了其流通效率。在电影领域，猫眼、格瓦拉、微票儿等客户端的出现，推动了电影行业在线选座的发展，据艺恩研究发布的《2016年中国电影在线票务市场研究报告》，2015年我国在线选座占比达到57.5%，超过传统销售渠道成为人们购票的主要方式。③ 在线选座操作简单，便利了消费者的购票流程，吸引着越来越多的观众观影，为我国票房市场贡献了巨大的力量。在“互联网+”时

① 国家新闻出版广电总局关于2016年第四季度暨全年全国国产电视剧发行许可情况的通告[EB/OL].[2016-03-30]. http://www.chinasarft.gov.cn/art/2017/3/30/art_38_32862.html.

② 邵希炜.2016上半年电影票房数据出炉暑期档或扛起“600亿”重任[EB/OL].[2016-07-07]. http://www.ce.cn/culture/gd/201607/07/t20160707_13605322.shtml.

③ 艺恩.2016年中国电影在线票务市场研究报告[EB/OL].[2016-03-11]. http://www.entgroup.cn/report/f/1118148.shtml.

代背景下，科学技术降低了文化产品的流通成本，使得流通更加顺畅，流通效率提高，推动了文化产品市场的活跃发展。

3. 文化消费指数持续增长

近年来，随着生活水平的提高，人们越来越重视精神文化消费，文化消费指数持续增长。在新技术的推动下，传统文化向新兴文化业态转化，文化产品的表现形态更加多元化，在一定程度上刺激了人们的消费热情。居民在图书、电影、广播电视、动漫、游戏、演出等领域的消费意愿较高。2013 年，北京市首创惠民文化季，通过给予消费者代金券补贴的方式来释放文化消费潜力，取得了较好的效果。2016 年 10 月，“中国文化消费指数(2016)”发布，我国文化消费综合指数由 2013 年的 73.7 增至 2015 年的 81.5，平均增长率为 3.4%，文化消费环境、文化消费意愿、文化消费能力指数、文化消费满意度均呈上升趋势。① 2016 年，《美人鱼》票房突破 30 亿元大关彰显了我国文化消费的巨大潜力。“互联网+流通”方式的出现以及物流配送体系的不断完善，将文化产品的销售阵地延伸到了乡镇，农村居民的文化消费环境和满意度明显上升，成为文化消费发展新的增长点。文化消费的持续发展可以倒逼文化产品的供给，推动文化产品市场的进一步发展。

三、文化要素市场加快发展

文化要素市场包括文化人才、资本、版权以及科技等多种要素。不断提高文化要素的内在质量，充分实现市场在文化要素配置中的基础性作用，是文化市场要素体系建设的根本目标。② 经过 10 多年的发展，我国文化要素市场加快发展，文化人才队伍壮大，文化资本流动加快，版权市场活跃，文化与科技的融合对文化市场的发展发挥了巨大的作用。

1. 文化人才队伍壮大

文化人才是文化市场体系建设中的排头兵，作为将文化资源转换为文化生产力的重要力量，文化人才在文化市场的发展中起着催化剂的作用。在国家政策的支持下我国文化人才发展迅速。首先，文化名家不断涌现。近年来，我国

① 李冬阳.2016 中国文化产业指数在京发布综合指数北京位列第一[EB/OL].[2016-10-31]. http://www.ce.cn/culture/gd/201610/31/t20161031_17349618.shtml.

② 张晓明，惠鸣.全面构建现代文化市场体系[M].北京：社会科学文献出版社，2016：239-240.

大力实施的“四个一批”工程和“文化名家工程”，极大地激发了文艺工作者的创作热情，一批技艺精湛的文艺大师脱颖而出，为文化市场的发展提供了智力支持，带领着文化人才梯队共同进步，给文化人才创造文化果实提供了良好的工作氛围。其次，高素质人才队伍壮大。不少高等院校相继开设与文化相关专业，有针对性地进行培养，为我国新闻出版、广播电视、电影、演出领域输送了大批文化人才。部分高校以市场需求为导向，与科研机构和文化企业通过项目合作的方式进行“产学研”的合作，让学生在工作中将理论用于实践，更深刻地了解行业发展动态，以适应行业的需求，高素质人才数量的增多，推动了文化人才市场的发展，为文化市场的进一步发展培养了“中流砥柱”。再次，文化人才的发展环境良好。《全国文化系统人才发展规划(2010—2020)》的颁布为我国培养门类齐全、结构合理、梯次分明、素质优良的文化人才队伍提供了指导，其中的9项培养工程覆盖了文化党政干部、基层文化人才、文化经营管理者、文化艺术专业技术人才，海外高层次文化艺术人才引进以及西部地区文化支持计划等多个领域，兼顾了文化人才资源在专业、产业、地域间的合理布局。

2. 文化资本流动加快

首先，文化资本市场欣欣向荣。截至2016年8月底，我国上市文化企业数量达215家，其中2016年新增15家，占比6.98%，互联网的高速发展推动了文化消费的热潮，上市文化企业动作频繁，2016年投融资规模创新高。① 上市融资成为优质文化企业募集资金的重要途径。文化企业利用资本市场向社会筹集资本，一方面吸引更多的战略投资者，为企业加入新鲜血液，激发了文化企业在文化市场竞争中的活力；另一方面，文化企业的上市融资推动其利用资本市场寻求外延式扩张，以并购的方式向产业链上下游扩张，实现跨地区跨行业跨所有制的兼并，做大产业。截至2015年12月25日，文化传媒行业共发生并购事件166起，并购规模近1500亿元，加速了文化资本的流通，有利于文化资源的优化配置。其次，随着互联网的发展，“文化+互联网+金融”的模式为文化企业融资提供了较好的硬件条件，众筹出版、众筹电影等如雨后春笋般出现在人们的视野。“众筹模式”为文化企业与消费者建立了沟通的桥梁，提升了文化资本的利用效率，加速了资本向文化企业的靠拢，为文化市场的发展提供了资金储备和支持。最后，文化市场的信贷环境越来越好。文化部先后与中国进出口银行、国家开发银行、中国银行等银行合作，加大对各类文化企

① 晓波，刘晓哲．2016年上市文化企业报告出炉[EB/OL]．[2016-11-11]．http://ex. cssn. cn/ts/ts_wxsh/201611/t20161111_3273640. shtml.

业及文化产业项目的信贷支持力度，为我国文化资本市场体系建设提供全方位的金融支持，随着新型信贷产品的不断推出，文化产业的信贷融资增速已高于全国各行业平均水平。①

3. 版权市场发展活跃

首先，版权保护环境得到优化。一方面，国家版权局积极推进《著作权法》第三次修订，并于 2015 年发布《关于规范网络转载版权秩序的通知》《关于责令网络音乐服务商停止未经授权传播音乐作品的通知》《关于规范网盘服务版权秩序的通知》，加大对互联网媒体的监管力度，严厉打击未经许可非法转载、非法传播他人作品的侵权行为，规范了我国网络版权保护环境；另一方面，国家版权局展开"剑网"行动，对利用新技术实施侵权盗版行为予以严厉打击，优化网络版权生态。2016 年 11 月 27 日，中共中央、国务院正式发布《关于完善产权保护制度依法保护产权的意见》，加大版权司法保护的力度。这些保护措施使得我国的版权保护水平不断提高，为版权所有者提供了良好的创作环境，激发了其创作热情。其次，版权交易中心相继成立，为版权交易提供全方位服务。2015 年 10 月 28 日，北京国际版权交易中心等 12 家经国家版权局批准设立的国家版权交易中心和国际版权贸易基地在京共同发起成立"国家版权交易中心联盟"②，加强了版权交易中心之间的交流与合作，推动了版权资源的整合，有利于版权产业的发展。最后，文化 IP 发展欣欣向荣。麦克卢汉曾经说过："媒介即讯息。"③同样的内容在不同的载体上展现，不同的"解码"会带来不同的体验。文化企业纷纷开始重视内容资源，打造属于自身的"明星 IP"，实行媒介融合，打通上下游产业链。2015 年被称为中国的 IP 元年，各种各样的 IP 呈爆炸式增长，IP 内容涉及小说、电视、电影、游戏等，利用粉丝效应延长了 IP 的生命周期，实现了较好的协同效应，推动了版权市场的活跃发展。

4. 文化与科技融合得到重视

近年来，国家颁布多项政策，如《国家科技与文化融合联合行动计划（2011—2015）》《文化部"十二五"文化科技发展规划》《国家文化科技创新工程

① 邵希炜 . 2015 文化产业并购报告：体育、旅游异军突起[EB/OL]. [2016-01-02]. http://www.ce.cn/culture/gd/201601/02/t20160102_8004948.shtml.

② 严佳黎，赵竹青 . 2015 年中国版权十件大事公布[EB/OL]. [2016-03-04]. http://ip.people.com.cn/n1/2016/0304/c136655-28170607.html.

③ [加]马歇尔·麦克卢汉 . 理解媒介——论人的延伸[M]. 何道宽，译 . 南京：译林出版社，2011：16.

纲要》《关于推进文化创意和设计服务与相关产业融合发展的若干意见》等为文化科技的融合提供详细的指导，并辅以“文化科技提升计划项目”“文化科技创新项目”等大型项目，为文化与科技的结合提供土壤，推动文化企业充分利用新技术提高文化产品的附加值，扩大文化产品的传播领域。2016 年 10 月，国家新闻出版广电总局发布《关于加快新闻出版业实验室建设的指导意见》，以发挥科技的引领作用，加快新闻出版业转型升级，来提高其自主创新能力。在政策的感召下，越来越多的文化企业意识到文化市场竞争的关键在于科学技术。科技在文化中的运用越来越广泛，我国文化技术市场越来越活跃。在动漫领域，“互联网+动漫+电影+金融”新兴产业模式出现。动漫电影《十万个冷笑话》《大鱼海棠》将微投资人和众筹动漫电影的概念引入动漫产业，① 加速了资本的流通，加快了文化资源向文化生产力的转换，其成功也让文化企业尝到了文化科技融合的甜头。除此之外，在游戏领域，游戏 IP 和 4G 移动网络牌照分别代表了文化创意版权和信息技术更新，版权与信息技术的结合扩展了游戏产业的领域，为游戏产业带来新的发展机遇。② 文化与科技的融合延伸了文化市场的边界，促进了文化资源的快速流通，刺激了文化市场消费。

四、文化市场监管体系不断完善

文化市场监管体系不断完善，初步建立权责明确、透明高效的文化市场监管格局，形成了政府为主，市场与社会共同参与的监管体系，文化市场监管效能不断提升。政府大力推进简政放权，放管结合，通过行政审批制度改革放开文化市场主体、产品和服务的准入门槛，激发了市场主体的竞争活力；在传统文化向新兴文化业态转型的过程中，文化市场政策法规体系不断完善；基于政府保障和政策支持，文化行业协会与公众在文化市场监管中的作用越来越显著。

1. 政府职能转变

在文化市场监管中，政府职能由“管理型”向“服务型”转变。在 2013 年颁布的《国务院机构改革和职能转变方案》中，国家新闻出版总署与广电总局合并，组建国家新闻出版广电总局，在文化领域推行大部制改革，旨在理清部门

---

① 李凤亮，胡鹏林．“互联网+”时代的文化科技融合——2014 年文化科技创新总报告[J]．福建论坛(人文社会科学版)，2015(12)：113-121.

② 李凤亮，胡鹏林．“互联网+”时代的文化科技融合——2014 年文化科技创新总报告[J]．福建论坛(人文社会科学版)，2015(12)：113-121.

之间职责，有效地解决文化行政部门"政出多门"、权责利不明的问题。同时，政府大力推行简政放权、放管结合、优化服务改革，并通过行政审批改革、减少投资障碍和缩减政府定价范围的方式还权于市场。2016 年 10 月 15 日，国务院副总理刘延东在推动文艺繁荣发展座谈会上指出"党的十八大以来，文化领域已完成各类改革任务 167 项，共取消或下放 37 项行政许可审批，推动由办文化向管文化转变，成效显著"。据国务院各部门行政许可事项服务平台所列的行政审批事项清单，文化部仅保留行政许可 4 项，新闻出版广电总局保留行政许可 48 项，通过简化手续、优化程序，为文化市场主体进入市场"减负"，为文化企业"松绑"。此外，投资项目审批范围大幅度缩减，投资管理工作重心逐步从事前审批转向过程服务和事中事后监管，企业投资自主权进一步落实，调动了社会资本积极性。① 2015 年 10 月，国家发展和改革委员会颁布《中央定价目录》，具体的政府定价事项减少了 80 多种，极大地还权于市场。在文化市场监管中，政府职能不断转变，由"办文化"向"管文化""服务文化"转变，从以刚性管制为主向监管与服务并存的刚柔相济方式转变，为文化市场主体的文化建设创造了相对宽松的环境，为文化市场主体的发展注入了动力。

2. 文化市场政策法规体系不断完善

当前，我国文化市场政策法规体系主要由法律、行政法规、部门规章及相关规范性文件构成，初步形成了以《宪法》《著作权法》和《电影产业促进法》为代表，以《出版管理条例》《广播电视管理条例》《电影管理条例》《营业性演出管理条例》《互联网上网服务营业场所管理条例》《娱乐场所管理条例》等行政法规为框架，以《出版物市场管理规定》《艺术品经营管理办法》《娱乐场所管理办法》等部门规章为辅助，以一系列指导文化市场发展方向的规范性文件为补充的文化市场政策法规体系，对我国出版、广播电视、电影、演出市场、艺术品市场等进行监督与规范。随着数字技术向纵深拓展，文化行政部门与时俱进，对《著作权法》《出版物市场管理规定》等进行修订，以摒除落后于时代发展的条款，并增添能顺应数字时代发展的新内容。2016 年，国家新闻出版广电总局对《出版物市场管理规定》进行新的调整，并先后颁布了《网络出版服务管理规定》(2016) 和《关于移动游戏出版服务管理的通知》(2016)，对通过信息网络向公众提供网络出版物的行为进行规范与管理，并对新兴的移动游戏出版服务，对以手机等移动智能终端为运行载体，通过信息网络供公众下载或者在线交互使用的游戏作品出版服务进行规定，为传统文化向新兴文化业态的转型升

① 中共中央国务院关于深化投融资体制改革的意见[EB/OL]. [2016-07-18]. http://news.xinhuanet.com/politics/2016-07/18/c_1119238057_2.htm.

级提供政策支持与保障。此外，文化部颁布的《文化市场黑名单管理办法(试行)》的通知，以完善文化市场主体、文化产品的准入和退出机制，为构建文化市场信用体系建设提供良好的环境。2016 年 11 月，《电影产业促进法》颁布，作为我国文化产业领域的首部法律，对规范电影市场秩序，促进电影产业的健康繁荣发展提供了有力的保障。《国务院 2016 年立法工作计划》将《文化产业促进法》、《著作权法》(修订)、《全民阅读促进条例》、《电影管理条例》(修订)和《未成年人网络保护条例》提上日程，并将《广播电视传输保障法》、《体育法》(修订)、《著作权法实施条例》(修订)、《互联网上网服务营业场所管理条例》(修订)以及《印刷业管理条例》(修订)、《奥林匹克标志保护条例》(修订)列为研究项目，以督促文化市场政策法规体系与时俱进，跟上文化市场的发展步伐。

3. 社会监管体系作用初显

在政府全面推进"简政放权"的大背景下，文化行政部门逐步从市场中抽离，还权于市场和社会。市场准入条件放开，文化市场监管从"事前监管"为主向"事中事后监管"为主转变，文化行业协会和公众的监管作用日益凸显。一方面，我国出版市场、广播电视市场、电影市场、演出市场以及艺术品市场相继成立专门的行业协会，为行业发展提供指导与服务，对企业的市场行为进行监督。《行业协会商会与行政机关脱钩总体方案》(2015)的发布，进一步厘清了政府、市场、社会关系，在一定程度上厘清了行政机关与行业协会商会的职能边界，激发了文化行业协会的发展动力，为文化行业协会充分发挥行业自律作用提供了政策保障。文化行业协会根据国家相关法律法规，规范协会成员的行为，引导实现社会效益与经济效益的统一。另一方面，随着智能手机的普及，微博、微信等社交媒体的盛行为企业与公众提供了相互交流的平台，公众获取消息的方式越来越便利，也使得文化企业的行为越来越透明，文化企业通过微博微信平台与消费者进行互动，时刻接受消费者监督，以规范自身行为。

第二节　我国现代文化市场体系建设不足

经过多年的建设与发展，我国现代文化市场体系建设取得了较大的成就，为我国现代文化市场的建设开创了新局面。然而，在取得成就的同时，还存在一些不足。我国现代文化市场体系建设在文化市场主体培育、文化产品供需、文化市场流通和文化市场法治建设方面仍不健全，还具有较大的发展空间。认识文化市场体系建设的不足，能够更好地为我国现代文化市场体系的建设提供引导与支持。

一、文化市场主体培育不够

建立健全我国现代文化市场体系，离不开强大的文化市场主体作保障。我国已明确提出要推动文化产业成为国民经济的支柱性产业。文化企业作为文化市场的重要主体，承担着激发文化市场活力的重任，文化市场的繁荣发展离不开政府对骨干文化企业的培育。尽管我国国有文化企业获得长足发展，非公有制文化企业不断发展壮大，但政府对文化市场主体的培育仍然不够，文化企业的培育机制不健全、文化市场主体信用程度不高、文化人才培养不完善依然制约着文化航母乃至文化舰队的形成。

1. 文化企业的培育机制不健全

当前，我国现代文化市场体系建设才刚刚起步，国家对文化企业的培育机制仍然不健全。目前，我国对文化市场主体的培育主要体现在对文化市场主体的准入把控和对文化市场主体的建设上。在文化市场主体准入方面，主要通过行政审批与行政许可的形式，从源头上保证文化企业的高质量，对从事出版、广播电视、电影等的文化市场主体进行准入前的审查。文化企业只有符合相关规定，才能依法进入文化市场。这种行政审批制度一方面严格控制了进入文化市场的市场主体，另一方面，加大了政府的权力，容易导致寻租问题的产生，增加了文化企业进入市场的制度性成本。在文化市场主体的建设方面，我国主要通过深化公益性文化事业单位内部改革和推动经营性文化单位转企改制的方式重塑文化市场主体，尽管这项举措厘清了文化事业与文化产业的区别，推动了各地出版传媒集团的建立，但这些企业多为地方出版力量的整合，区域性较强，不利于文化企业跨地区跨行业跨所有制兼并，我国仍然缺乏辐射能力强的文化航母。

2. 文化市场主体信用程度不高

诚实守信是文化市场主体参与文化市场竞争所需遵循的基本原则。信用体系建设一直是我国文化市场发展中的“短板”。目前，文化市场主体信用缺失问题仍不同程度地存在，如侵权盗版、网吧违规接纳未成年人、低俗色情演出等问题较为突出，干扰市场经营秩序，挤压了行业正常生存和发展的空间。①除此之外，随着网络技术的发展，视频、音频的复制更加简单可行，随着网络

① 单建勋．文化市场的主体信用缺失及破解之道[N]．中国文化报，2009-07-21.

云盘的盛行，不少文化市场主体钻了技术的空子，使得淫秽色情内容的传播更加便捷。网络直播平台的出现，为低俗内容的传播提供了新的阵地，文化市场主体的失信行为极大地扰乱了文化市场的秩序，不利于提升信用程度高的文化市场主体的积极性。以动漫市场为例，为了鼓励和推动我国动漫产业的发展，中央和地方政府推出按分钟补贴的政策。然而，不少文化市场主体却利用补贴政策进行投机，为了获得补贴，某些动漫企业盲目追求数量而忽视质量，对国外著名的动漫作品进行山寨与抄袭，更有甚者为了获得高额补贴，甚至拉长动画长度，创造的动画作品大多缺乏创造、没有营养。文化市场主体作为文化市场中的主要参与者，在追求经济利益的同时，还应该以发展社会主义文化、提升人们的精神文化层次为己任，坚持社会效益与经济效益的统一。文化市场主体信用程度的高低直接影响着文化市场消费者消费体验的好坏，文化市场的健康发展离不开文化市场主体信用体系建设。

3. 文化人才的培养不够完善

文化人才作为文化企业的核心，是将文化资源转化为文化生产力的重要桥梁。文化企业之间抢占市场占有率的竞争，归根结底是文化人才的竞争，文化人才的培养对我国文化市场主体的培育起着不可忽视的作用。尽管目前我国文化人才培养成效初显，但文化人才的发展仍然相对滞后。我国不少高校开设了文化专业培养了一批文化人才，但是仅仅有数量上的积累还不够，还需要质的提高。当前，文化人才供求矛盾和结构性失衡是文化强国建设中的瓶颈问题。以文化创意类人才为例，我国现在需要大约 30 万文化创意类人才，目前仅有 3 万余人从业；影视、游戏动漫人才需求量分别是 15 万人、10 万人左右，现在我国还不及这一缺口的 10%。① 我国仍然缺少高素质、复合型的文化人才，因此优化人才结构，提升人才素质和专业技能迫在眉睫。部分高校在人才培养的过程中重理论、轻实践，易导致文化人才在工作中格格不入，无法将所学知识用于实践。在文化人才的流通方面，目前我国的文化人才管理体制仍然不灵活，文化事业单位体制外的人难以进入体制内，且地区间人才流动不畅，不利于文化人才的优化配置，我国文化人才的培养仍然存在着上升的空间。

二、文化产品结构性供需不平衡

根据文化部发布的《中国文化消费指数》，我国文化消费的潜在规模为 4.7

① 郝荣峰．文化人才是文化强国建设的关键[J]．东北师大学报(哲学社会科学版)，2012(3)．

万亿元，而实际消费仅为 1 万亿元，还存在超过 3 万亿元的消费缺口，大量消费市场潜力尚未释放。① 文化产品“有数量缺质量，有高原缺高峰”已成为文化产品供给的短板。目前，“供需错配”成为文化市场发展中的突出问题，在出版、广播电视、电影领域，尽管文化产品的产量不断增加，其中不乏一些滥竽充数的低俗产品，真正能够满足消费者需求的高品质文化产品仍然缺乏。以电影为例，2014 年我国共生产国产故事片 618 部，而能够拿到电影院上映的只有 259 部，另有超过 58%的电影被尘封起来，而且这些电影中高水平制作的占比相当少，② 文化产品结构性过剩现象突出且有效供给不足。

1. 文化产品内容生产引导不足

当前，我国对文化产品内容生产的引导主要集中在对文化产品内容的把控上，严厉打击违反法律规定的文化产品内容。目前，政府出台的一系列法律法规，例如《电影产业促进法》《出版管理条例》《电视剧内容管理规定》《电视剧管理条例》《电影管理条例》，管理囿于对内容规范性的控制，却缺乏对文化产品内容生产创新的引导。这虽然在一定程度上能够净化文化产品内容，但不少文化企业为了求稳，只是安于现状生产不违背法律规定的文化产品内容，不利于其大胆地施展拳脚进行创新。在出版领域，跟风图书大行其道，内容同质化，缺乏差异性与创新性。在广播电视领域，某些电视台为提高收视率，过度依赖境外节目模式，导致引进节目扎堆和真人秀盛行。这些节目虽在一定程度上起到了娱乐大众的效果，但“过度娱乐化的倾向”缺乏价值引领，不利于引导与提高公众的文化消费层次。针对这些问题，2015 年 7 月，国家新闻出版广电总局发出《关于加强真人秀节目管理的通知》，对真人秀节目进行严格把关，引导真人秀的健康发展。2016 年 6 月《关于大力推动广播电视节目资助创新工作的通知》推动广播电视节目原创力，创造能够体现中华文化特色的精品节目，为提高国家文化软实力做贡献。2016 年 8 月，国家新闻出版广电总局印发《关于进一步加强社会类、娱乐类新闻节目管理的通知》，整治“正能量不足、价值观不正、审美情趣不高”的“三不”节目。这些政策的发布在一定程度上对文化产品生产指引了方向，但是目前还没有形成强大的推动力，对文化产品内容创新激励不足。

2. 文化产品供给不平衡

文化产品供给不平衡主要体现在文化产品结构性供给不平衡和地区供给不

① 鲁元珍．文化产业：供给侧改革将带来什么[N]．光明日报，2016-01-21.

② 朱梦秋．文化产业供给侧改革迫在眉睫应着眼于“扶强扶优”[EB/OL]．[2016-08-19]．http：//www.ce.cn/culture/gd/201608/19/t20160819_15057374.shtml.

合理。一方面，低俗供给、低端供给、过剩供给、“僵尸”供给和“呆滞”供给等挤占了文化市场，中低端的文化产品生产过剩，导致产品积压，但高质量、高科技产品需求增加却生产不足。① 不少文化市场主体受到经济利益的驱使，一味投“市场”所好，专注生产利润较大产品，导致文化市场中充斥着大量低俗、庸俗以及跟风文化产品。文化市场不仅缺乏口碑好且能广为传颂的精品力作，也缺少质优价廉的大众文化产品。随着消费者生活水平的提高，其对文化产品的要求也不断提高，很多文化产品已经无法满足消费者的需求，消费意愿很难转化为消费行为。另一方面，地区供给不合理。目前，出现了不少针对城市人口进行消费的话剧、演唱会等节目，然而，在广大的农村地区，农村人口接触文化产品的机会少之又少，尽管国家新闻出版广电总局开展了“农家书屋”项目，但这只是杯水车薪。我国文化产品供给已经达到了量的积累，却在供给结构中存在着不足，真正能够符合消费者需求的文化产品仍然较少，文化产品供给仍然存在着不平衡，文化产品的供给机制需要优化重组。

3. 文化产品原创力不足

在内容为王的时代，文化产品的原创性是文化市场发展的源动力，而我国文化产品的原创力不足已经成为一个不可忽视的问题。长期以来，我国文化市场主体为了在文化市场中扩大自身的市场占有率、分得一杯羹，盲目跟风，以抄袭为荣，缺乏原创性，导致山寨成风，文化产品有数量缺质量、有“高原”缺“高峰”，已经成为一个不争的事实。在广播电视领域，湖南卫视的《爸爸去哪儿》的成功激发了国内电视台引进国外综艺节目的热情，浙江卫视与深圳卫视紧随其后，先后引进《爸爸回来了》《奔跑吧兄弟》和《极速前进》等真人秀节目，一时间“洋节目”充斥着荧屏，像《中国诗词大会》《朗读者》这样兼具思想性和艺术性的文化类节目则十分缺乏。在电视剧领域，像《伪装者》《琅琊榜》那样口碑收视双丰收的精品力作少之甚少。“唯收视率至上”的思想使得电视剧制片人“重”明星阵容而“轻”产品质量，将过多资金用于支付明星片酬，压缩了作品的制作经费，导致影视作品的粗制滥造。近几年精品电视剧引来翻拍热潮，例如《雪豹坚强岁月》《新上错花轿嫁对郎》《新萧十一郎》，但这只是对经典作品的“回炉”，缺乏原创性与独创性，很难经受住消费者和历史的检验。在文化发展中，复制和模仿是没有地位的，而原创性文化则能占据制高点，取

① 齐骥．我国文化产业供给侧结构性改革的探索与思考[J]．福建论坛．人文社会科学版，2016(8)：141-146.

得发展主动权。① 单纯的引进以及对传统的翻拍，在短期内虽然会得到观众的认可与支持，并获得一定的收视率，但是从长远来看，不利于我国文化市场发展的大局。

三、文化市场流通不畅

文化产品价值主要通过让渡使用价值实现，而使用价值的让渡需要以交换为载体，顺畅的文化市场流通体系是文化产品畅通无阻的保障。作为连接文化生产和文化消费的重要环节，文化市场流通体系是将文化生产力转换为购买力的桥梁，建立畅通的文化市场流通体系是保证文化市场统一性的关键条件。文化产品、文化服务、文化要素在文化市场上自由流动和充分竞争是文化市场的活力源泉。当前，我国文化市场开放化程度不高、文化市场流通范围受限，文化要素流动不畅，影响了文化资源的快速流动，不利于提升文化市场的流通效率。

1. 文化市场开放化程度不高

目前，我国的文化市场开放程度不高。首先，区域壁垒现象普遍。地方政府为保护当地文化产业发展，相继出台地方保护政策，无形中给外地文化企业设置进入壁垒。以出版行业为例，受国家政策的扶持，各省纷纷对当地出版资源进行整合，组建出版传媒集团。由于计划经济遗留的体制弊病还没有完全割除、地方保护观念根深蒂固等因素的影响，出版传媒集团大多局限于某一地域发展，尽管随着改革的不断深入，出版传媒集团跨地域发展取得了一定的成就，但地方割据的整体格局没有大的改变。② 地方保护政策虽说在一定程度上减少了当地文化企业的竞争对手，为其扩大市场占有率提供了有效的途径，但从长远来看，竞争对手的缺乏抑制了文化企业的积极性与创造性，不利于当地文化企业竞争力的提高。此外，区域壁垒抑制了优秀文化产品的流通，不利于文化资源的优化配置，难以在结构上满足消费者需求。其次，不同所有制的市场主体进入市场的条件不同。由于文化产品同时具有经济属性和意识形态属性，承担着引导重要舆论的使命，在某些领域非公有制文化市场主体不具备进入的资格。然而，非公有制文化企业在提供就业，推动文化市场活力中起着不

① 汪金梅：原创性文化是文化繁荣的原动力[EB/OL]. [2012-12-03]. http://theory.people.com.cn/n/2012/1203/c40531-19776184.html.

② 出版传媒集团发展研究课题组，庞沁文，刘火雄．出版传媒集团发展十大趋势[J]．出版发行研究，2014(5)：13-17.

可忽视的作用，在关乎国家重要命脉的领域，可以限制其进入，但在已经放开的领域限制非公有制文化企业的进入会抑制文化市场活力，不利于文化市场的长远发展。

2. 文化产品流通范围受限

当前我国文化流通体系建设还相对薄弱，正处于从粗放型流通方式向现代流通方式转变的转型期，① 受到行政区划分配文化产品的市场管理模式和计划经济的影响，我国文化消费市场呈现出条块分割、地区封锁、城乡分离的格局，造成了文化市场流通的体制性障碍和壁垒，如以新华书店发行集团为形式的图书流通体制改革，就是通过行政权力对文化资源再配置的以省级集团集权的流通体系，造成的是区域范围里文化市场流通的寡头垄断，不利于无障碍流通的文化市场体系的建立②。近年来，随着互联网和新兴媒体的发展，不少文化企业开创了新的流通组织方式，通过官网、天猫旗舰店、亚马逊、当当、微信等平台销售图书，三天内即可收到下单产品。不少电影院线与猫眼、格瓦拉等应用合作，让观众足不出户即可在线选座，极大地便利了人们的生活，促进了文化资源的广泛传播与流通，取得了较好的成效。然而，囿于地区间文化市场发展的不平衡以及城乡发展的差异，西部地区以及广大农村地区的文化流通体系仍然不便利。以亚马逊的配送为例，目前其配送范围就止步于乡镇，也就是说，目前农村地区的广大消费者还没能享受到新的流通组织形式带来的果实，文化市场流通还没能在全国范围内推开。

3. 文化要素流动不畅

文化要素包括产权、人才、信息、技术等。文化要素在全国范围的合理流动，是缩小城乡、区域文化市场发展差距和调整优化文化市场结构的重要保障。然而，我国文化要素流动仍然不畅。首先，文化人才流动不畅。尽管在我国文化市场中“体制外”的人才早已实现基于用人单位和个人“双向选择”的自由流动，但受传统计划经济思维和高度集中的干部人事制度的影响，我国文化市场中文化人才在“体制内”与“体制外”的流动通道并不畅通，③ “体制外”人才进入“体制内”仍然存在诸多限制，且程序复杂，不利于优秀人才资源的合

① 祁述裕．中国文化产业发展战略研究[M]．北京：社会科学文献出版社，2008：285.

② 黄先蓉，郝婷．现代文化市场体系建设的政策需求与制度创新[J]．科技与出版，2013(12)：25-28.

③ 刘旭涛．如何畅通“体制内外”人才流动通道[EB/OL]．[2016-06-21]．http：//www.rmlt.com.cn/2016/0621/429627.shtml.

理流动。严格的户籍制度也成为文化人才流动的“绊脚石”，在某些一线城市，“一户”难求的现状使得不少文化人才望而却步，不利于文化人才资源的优化配置。其次，产权、信息、技术等要素的流通服务仍然不到位。我国文化市场中介机构的发展仍然不健全，经纪、代理、评估、鉴定、推介、咨询、拍卖等中介服务机构的发展仍不完善。以信息流动为例，我国目前仍然缺乏文化市场流通的数据库信息，难以帮助文化市场主体把握行业运行态势。文化要素流动不畅，不利于为文化产品的生产提供全方位的服务，难以激发文化市场主体的积极性。

四、文化市场法治建设不健全

近年来，文化战线适应改革发展的需要，加快立法步伐，先后出台了一批法律法规，初步形成了法律、行政法规和部门规章相互衔接、相互配套的文化法律体系框架。① 当前我国文化市场立法涵盖了新闻出版、广播电视、电影、文化娱乐等方面，为文化市场的健康发展提供了良好的环境，并为人民群众基本文化权益的实现提供了法律保障。随着文化市场向纵深发展，文化市场法治建设的不足也日益凸显，具体体现为立法不完善、依法行政能力有待提高、文化法律意识不高。

1. 文化市场立法不完善

2015 年 5 月 19 日，在文化部召开的全国法治工作会议中，时任文化部部长雒树刚指出，“我国法律法规总数约38 000件，其中文化法律法规有1 042件，占全部法律法规总量的 2.7%，其中文化法律仅占全部法律的 1.7%”。与政治、经济、社会领域立法相比，我国文化领域的立法数量总体偏少，文化立法仍是我国立法的“短板”。当前，我国文化领域法律只有《文物保护法》《著作权法》《非物质文化遗产法》《电影产业促进法》《公共文化服务保障法》和《全国人民代表大会常务委员会关于维护互联网安全的决定》《全国人民代表大会常务委员会关于网络信息保护的决定》这“五法两决定”，仍然缺乏能够统领整个文化产业发展，为文化市场描绘蓝图的文化基本法。政府主要通过《出版管理条例》《出版物市场管理规定》《广播电视管理条例》《电影管理条例》等具体的法规、规章对出版、广播电视、电影进行调节与控制，然而这些法规、规章较为分散，缺乏系统性，尽管我国已于 2016 年 11 月颁布《电影产业促进法》，但我国文化市场中仍然缺乏《新闻法》《出版法》《电视法》等专项法律为新闻出

① 王晓晖．建立健全文化法律制度[N]．光明日报，2014-11-04.

版、广播电视领域提供专门的指导。关于文化市场法律政策的基本框架性法律较“疏”，而法规和规章较“密”，由于法规规章的立法层级较低，权威性不够，在打击文化市场中的违法犯罪行为时执行难度较大，威慑力量较小。同时，当前我国文化市场立法跟不上时代的发展脚步，随着互联网、新媒体的发展，便利了文化传播的方式，也导致侵权盗版现象的横行，尽管我国针对当前的发展形势，先后颁布了《关于规范网络转载版权秩序的通知》《关于责令网络音乐服务商停止未经授权传播音乐作品的通知》《关于规范网盘服务版权秩序的通知》《网络出版服务管理规定》，但是，我国在互联网领域的立法仍然不成体系，与新兴文化业态的发展相关的法律建设相对滞后。

2. 文化市场依法行政能力有待提高

“法律的生命力在于实施，法律的权威也在于实施。”文化行政部门依法行政是保证文化市场法律制度保质保量得到实施的前提。当前，我国文化行政部门通过行政审批制度对文化市场主体、文化业务以及文化人员的准入进行管理。在文化市场立法中，大多数行政法规偏向于管理层面，例如《出版管理条例》《出版物市场管理规定》《电视剧管理规定》《电影管理条例》《娱乐场所管理条例》《互联网上网服务营业场所管理条例》，给予政府的权力范围较大，在透明度不高的领域容易出现“寻租”现象。长期以来，政府对文化市场管得过死过严，重审批，轻监管的做法在一定程度上抑制了文化市场的活力。我国目前开展的行政审批制度改革和权力清单制度，虽然在一定程度上将“权力关进笼子里”，让“权力在阳光下运行”，有效地释放了文化市场的活力，然而变相审批、设租寻租的现象仍然屡禁不止。此外，文化行政部门之间的权责不明现象时有发生，在文化市场综合执法中多层执法、各部门各自为政并不少见。文化市场依法行政的不健全需要政府从顶层设计上继续推行文化行政部门的权力清单制度，让政府权力更加公开透明化，发动社会媒体和公众的监督作用，为文化市场依法行政构建良好的环境。

3. 文化法律意识不高

文化法律意识的高低直接影响着学法用法能力的高低。当前，文化系统工作人员和公民的文化法律意识不高已经成为不可忽视的事实。首先，文化系统工作人员文化法律意识不高，真正能将中央精神与文化法律法规融会贯通的文化系统工作人员并不多。某些工作人员甚至不清楚权力的边界在哪里，更有甚者为了个人利益，在执法中提前走漏风声，这种渎职行为给违法行为提供了可乘之机，不利于文化市场综合执法活动的顺利开展，阻碍了文化市场的有序发展。其次，部分文化市场主体盲目追求经济利益，法律意识淡薄，在利益的驱使下，不惜向公众非法传播淫秽色情信息。当前，网络直播盛行，不少直播平台成为“金钱的奴隶”，将公众利益抛之脑后，成为低俗信息传播的重要载体，污染了网络环境，破坏了公共秩序。最后，公众的版权保护意识淡薄。《著作权法》在公众中的普及率仍不高，公众版权意识不强，视侵权为合法的现象时有发生，为盗版图书、光盘的销售提供了广阔的市场。受到巨大需求的鼓舞，盗版侵权行为愈演愈烈，严重扰乱了文化市场的秩序。在“互联网+”时代，新兴技术便利了文件的复制与传播，不少公民通过网络云盘非法上传未经授权的视频、音频、图书等作品，其中不乏卫视热播剧、热映电影以及畅销书，极大地损害了版权所有者的利益，打击了其积极性。文化法律意识的淡薄形成一个恶性循环，导致“劣币驱逐良币”，诱发了文化市场中的失信行为，不利于文化市场信用体系的构建。

第十八章　建立健全我国现代文化市场体系的重点

党的十六大以来，中央高度重视现代文化市场体系建设，大力推进文化资源与市场对接，文化产业多元化投资格局开始形成，现代文化产品流通组织形式初具规模，文化生产要素市场加快发展，市场在文化资源配置中的积极作用开始凸显。① 但是，我国现代文化市场体系的建设也存在一些问题，例如政企不分、价格体系不健全、市场秩序不规范，文化要素市场发育还不完善，文化市场活力没有得到充分激发。因此，建立健全我国现代文化市场体系应从深化文化体制改革、完善主要由市场决定价格的机制、建立公平开放透明的市场规则以及加快文化要素市场建设四个方面着手。只有解决好重难点问题，各个击破，才能更好地为我国现代文化市场体系建设创造良好的环境。

第一节　深化文化体制改革

党的十八大报告明确指出，到 2020 年文化建设要实现文化软实力显著增强、文化产业成为国民经济支柱性产业的战略目标。《中共中央关于全面深化改革若干重大问题的决定》(2013) 指出，“建设社会主义文化强国，增强国家文化软实力，必须坚持社会主义先进文化前进方向，坚持中国特色社会主义文化发展道路……坚持以人民为中心的工作导向，坚持把社会效益放在首位、社会效益和经济效益相统一，以激发全民族文化创造活力为中心环节，进一步深化文化体制改革”。2014 年 2 月，中央全面深化改革领导小组审议通过《深化

① 蒋建国．建立健全现代文化市场体系[J]．求是，2013(24)：24-27.

文化体制改革实施方案》，新一轮文化体制改革开始进入全面实施阶段。① 深化文化体制改革，需要厘清政府、市场、社会三者之间的关系，完善文化管理制度，重塑市场主体。

一、厘清政府、市场、社会之间的关系

文化市场活动包括政府主体、市场主体和社会主体三大主体。厘清三大主体在文化市场中的地位和功能，有利于优化政府的管理方式，充分发挥市场在资源配置中的决定性作用，提高社会监督的广泛覆盖性，为文化的发展提供良好的环境。目前，我国通过政府简政放权、推进权力清单制度、推动政企分开和充分发挥行业协会的作用等措施来理顺政府、市场和社会之间的关系。

1. 简政放权，实行行政审批制度改革

简政放权、放管结合是厘清政府和市场边界的“先手棋”。长期以来，政府对微观经济运行干预过多、管得过死，重审批、轻监管，不仅抑制经济发展活力，而且行政成本高，也容易滋生腐败。② 推进简政放权、实行行政审批改革，能够有效减少政府的过度干预，用政府部门的“减法”换取“市场活力”的乘法，使得市场机制更好地发挥作用。在文化市场管理中，政府的简政放权主要通过行政审批制度改革来实现，文化行政部门通过将前置审批改为后置审批、权力下放、权力取消和权力转移的方式，简化审批程序，以激发文化市场活力。为进一步做好文化市场主体准入工商前置，2016 年，文化部颁布《关于落实“先照后证”改进文化市场行政审批工作的通知》，对涉及演出、娱乐、网络文化等主体准入审批项目实施“先照后证”制度，改变市场主体准入的时序，简化了审批流程，降低了文化市场主体的准入门槛，有利于充分发挥市场在资源配置中的决定性作用。

2. 推进权力清单制度

推行权力清单制度是厘清政府权责边缘、实现简政放权的重要手段。文化行政部门通过推行权力清单制度，将其权力事项以清单的方式毫无保留地向公

---

① 徐京跃，隋笑飞，孙志军.《深化文化体制改革实施办法》明晰改革的路线图、时间表和任务书[EB/OL].［2015-05-15］. http：//www. bookdao. com/article/76129/.

② 李克强. 简政放权　放管结合　优化服务深化行政体制改革　切实转变政府职能——在全国推进简政放权放管结合职能转变工作电视电话会议上的讲话［EB/OL］.［2015-05-15］. http：//politics. people. com. cn/n/2015/0515/c1024-27003244. html.

众公开以接受社会监督，使权力在阳光下运行。这样一来，政府“寻租”现象得到了有效的解决，在一定程度上遏制了权力腐败的滋生。推进权力清单制度，让政府部门“法无授权不可为”，让市场主体“法无禁止即可为”。根据国务院各部门行政许可事项服务平台所列的行政审批事项清单，文化部保留了中外合资经营、中外合作经营的演出经纪机构设立审批，中外合资经营、中外合作经营的演出场所经营单位设立审批，互联网文化单位进口互联网文化产品内容审查审批，境外组织或者个人在中华人民共和国境内两个以上省、自治区、直辖市行政区域进行非物质文化遗产调查审批 4 项行政许可事项。新闻出版广电总局共有行政许可 48 项，对出版、电视剧、电影、网络游戏等领域的主体准入、业务准入等进行控制。此外，地方各级文化行政部门和新闻出版广电局也都对其权力进行了公开，将权力关进笼子里，为文化市场主体的发展清障搭台。

3. 推动政企分开

推动政企分开是解决政府与市场关系的着力点，也是国企改革最大的难点。目前，虽然多数大型国有文化企业成立了股东大会、董事会、监事会和经理层对公司进行治理，还要接受党委会的指导，可是党委会成员与董事会成员存在重合，不可避免地会存在党委会、董事会职责不明的问题。国有文化企业既要向主管部门负责，也要向“出资人负责”，得不到有效的松绑，缺乏自主权，不利于国有文化企业的自由发展。《中共中央关于全面深化改革若干重大问题的决定》(2013)明确要求“按照政企分开、政事分开原则，推动政府部门由办文化向管文化转变，推动党政部门与其所属的文化企事业单位进一步理顺关系”。政企分开能够从真正意义上放权给企业，将企业的经营权还给企业，推动所有权与经营权的分离，给予企业更多的自主权，使得市场主体的活力得到充分的发挥。推动政企分开，实现政府办文化向政府管文化，由直接管理向间接管理转变，有利于市场机制的效能得到充分发挥。

4. 充分发挥行业协会的作用

行业协会作为沟通政府和市场的桥梁与纽带，在提供政策咨询、服务行业发展、维护企业合法权益、创新社会治理等方面发挥着重要的作用。目前，在我国出版、新闻、电视、电影领域，行业协会众多，例如中国出版协会、中国书刊发行业协会、中国新闻文化促进会、中国新闻技术工作者联合会、中国电视剧制作产业协会、中国电视艺术交流协会、中国电影导演协会、中国电影发行放映协会都在各自的领域发挥着不可忽视的作用。如今，不少行业协会承接了政府的相关职能，例如出版领域的相关协会、学会负责出版物发行员职业技能鉴定，中国出版协会负责图书出版单位等级评估，中国报业协会和中国期刊协会分别承担了报纸、期刊综合质量评估工作。针对行业协会政社不分、管办一体的问题，2015 年，中共中央办公厅、国务院办公厅印发了《行业协会商会与行政机关脱钩总体方案》，要求“取消行政机关(包括下属单位)与行业协会商会的主办、主管、联系和挂靠关系……厘清行政机关与行业协会商会的职能，加快转移适合由行业协会商会承担的职能”，以厘清行政部门与行业协会的职能边界。充分发挥行业协会的作用，有利于改变单一行政化监督方式，构建文化行政部门综合监管与行业协会自治的新型监管模式。

二、完善文化管理体制

创新文化管理体制，是行政管理体制改革的重要方面，也是深化文化体制改革的重点任务。推进大部制改革、完善文化法律制度、健全国有文化资产管理体制能够有效完善文化管理体制，从而为文化市场的发展提供良好的政策环境。

1. 推进大部制改革

我国管理文化市场的部门众多，不仅包括文化行政部门、新闻出版行政部门、版权部门等从中央到地方各级文化管理机构，还包括该机构所在的当地党政部门，形成了在中央统一领导下“条块结合，以块为主，双重领导，分级管理”的特点。① 这种管理体制使得我国文化管理既存在从中央到地方纵向的条条管理，又有属地的块块管理。② 各行政部门之间各自为政，易造成权力与责任之间的错位、越位与缺位。2009 年，国家新闻出版总署与文化部就网络游戏主管权问题的分歧充分暴露了传统文化管理体制存在的缺陷。条块分割的文化管理体制，一方面，造成了文化资源配置的分割，不利于文化市场运行效率的提升；另一方面，地方保护政策形成区域壁垒，不利于统一开放的市场的形成，大部制改革呼之欲出。2013 年，《国务院机构改革和职能转变方案》颁布，国家新闻出版总署与广电总局合并，组建国家新闻出版广电总局，有利于减少职责交叉，提高管理效率，有利于统筹发展，推进媒体的融合发展，提高文化的传播能力。

---

① 蒯大申，饶先来．新中国文化管理体制研究[M]．上海：上海人民出版社，2010：263.

② 张窈，黄先蓉．我国文化管理体制改革的背景、问题及对策[J]．山东图书馆学刊，2016(4)：31-35.

2. 完善文化法律制度

文化的健康发展需要文化立法的保驾护航。近年来，文化战线加快了立法步伐，先后出台了一系列法律、行政法规、部门规章。随着文化体制改革的深入发展，文化立法的不足也日益突出。首先，立法数量少，文化立法在我国社会主义法律体系中所占比重偏小，在部分领域甚至存在立法空白；① 其次，立法层级低，国家层面法律较少，主要以部门规章的形式呈现；再次，立法没能与时俱进，互联网方面立法较少。2014 年，《中共中央关于全面推进依法治国若干重大问题的决定》强调"制定文化产业促进法，把行之有效的文化经济政策法定化，健全促进社会效益和经济效益有机统一的制度规范。加强互联网领域立法……依法规范网络行为"。2015 年，在全国文化法治工作会议上，时任文化部部长雒树刚指出"目前我国在国家层面初步建立起了覆盖文化遗产保护、公共文化服务、文化市场管理、知识产权保护等领域的法律法规体系。其中，与文化工作关系密切的文化法律有文物保护法、非物质文化遗产法、著作权法 3 部；行政法规有传统工艺美术保护条例、娱乐场所管理条例……营业性演出管理条例等 10 多部；文化部现行有效的部门规章 32 个"②。2016 年，国家新闻出版广电总局、工业和信息化部颁布《网络出版服务管理规定》，对网络出版服务进行规范与引导。同年，《电影产业促进法》《公共文化服务保障法》出台，为电影产业的发展和公共文化服务体系的建设提供了法律依据。此外，《国务院 2016 年立法工作计划》将《文化产业促进法》、《著作权法》(修订)、《全民阅读促进条例》、《电影管理条例》(修订)和《未成年人网络保护条例》的起草提上日程，以不断完善文化立法。

3. 健全国有文化资产管理体制

国有文化企业是文化市场繁荣发展的生力军和主导力量，加强国有文化资产管理，完善国有文化资产管理体制，能够有效保护国有资产保值增值。《中共中央关于全面深化改革若干重大问题的决定》(2013)指出"完善国有资产管理体制，以管资本为主加强国有资产监管"。目前，我国国有文化资产管理体制的实践探索主要归结为四种模式，即以宣传部门作为国有文化资产管理的主管部门模式(上海和深圳)；通过设立单独的文化资产管理公司来建立国有文化资产管理体制的模式(重庆)；以财政部门作为国有文化资产管理的主管部

① 王晓晖．建立健全文化法律制度[N]．光明日报，2014-11-04.

② 常宁．我国现有多少"管文化"的法律法规[EB/OL]．[2015-05-20]．http：//news. xinhuanet. com/culture/2015-05/20/c_127820014. htm.

门的模式(中央、江苏、山东)；设立单独的政府直属机构(即文资办)模式(北京)。① 建立国有文化资产管理体制，由国有文化资产管理机构实行“管人管事管资产管导向”，一方面，能够有效解决“出资人缺位”的问题，厘清权责利的关系，有利于进一步推动政企分开，增强国有文化企业的独立性；另一方面，通过国有文化资产管理机构的监督，能更好地发挥文化资产的作用，盘活存量，开发增量，达到国有资产保值增值的效果。

三、重塑市场主体

“转企改制、重塑市场主体”是我国文化体制改革在行动上的“总抓手”，作为我国文化体制改革的中心环节，撬动了文化体制其他环节的变革。② 市场主体作为文化市场，乃至文化产业的重要组成部分，在我国文化建设中发挥着不可替代的作用。重塑市场主体需要厘清文化事业与文化产业的区别，深化国有文化经营单位转企改制，提升市场主体竞争力。

1. 厘清文化事业与文化产业的区别

文化体制改革的基本思路就是一手抓公益性文化事业，一手抓经营性文化产业，厘清两者的区别是推广公共文化服务体系和建立健全现代文化市场体系的基础。2002 年党的十六大第一次将文化分成文化事业和文化产业，明确提出要“积极发展文化事业和文化产业，继续深化文化体制改革”③。文化事业是为社会提供公共文化产品的公益性文化部门；而文化产业则是生产文化产品、提供文化服务的经营性行业。④ 文化事业主要由政府主导，旨在构建现代公共文化服务体系，通过加强文化基础建设，扩大公共文化服务的覆盖面，来促进基本公共文化服务标准化、均等化；文化产业由市场主导，意在建立现代文化市场体系，培育合格市场主体、鼓励非公有制文化企业的发展，建立多层次文化产品和要素市场，以激发文化市场活力，推动文化产业的发展。文化事业与文化产业的差异要求在进行文化体制改革的过程中区别对待，有针对性地

① 李媛媛．国有文化资产管理体制改革：问题与对策[J]．中国党政干部论坛，2015(2)：55-59.

② 张晓明，惠鸣．全面构建现代文化市场体系[M]．北京：社会科学文献出版社，2014.

③ 李正元．文化事业与文化产业的区别与联系——兼论期刊事业与期刊产业[J]．出版科学，2012(6)：12-16.

④ 张秉福．论文化事业与文化产业的互动发展[J]．出版发行研究，2014(10)：12-15.

进行改革。对于博物馆、文化馆、图书馆等公益性文化单位实行文化事业单位改革，推行理事会制度，对于国有经营性文化单位实行转企改制。

2. 深化国有经营性文化单位转企改制

2003 年，文化体制改革试点启动，在深化公益性文化事业单位内部改革的同时，国有经营性文化单位转企改制的大幕徐徐拉开。国家对从事新闻出版、广播影视和文化艺术的事业单位进行改革，对出版社、非时政类报刊出版单位、新华书店、影视院等整体转制为企业；将新闻媒体中的广告、印刷、发行等部门，以及影视剧等制作与销售机构从事业体制中剥离出来转制为企业。为了保证转企改制的顺利进行，国家对转企改制的经营性文化单位实行税收扶持政策。2012 年 10 月 24 日，在第十一届全国人民代表大会常务委员会第二十九次会议上，时任文化部部长蔡武指出"全国承担改革任务的 580 多家出版社、3 000多家新华书店、850 家电影制作发行放映单位、57 家广电系统所属电视剧制作机构、38 家党报党刊发行单位等已全部完成转企改制；各省(区、市)已基本完成有线电视网络整合；全国2 103家承担改革任务的文化系统国有文艺院团按照'转制一批、整合一批、撤销一批、划转一批、保留一批'的改革路径，完成改革任务的院团有2 100家，占总数的 99. 86%，其中转企改制占 61%；全国3 388种应转企改制的非时政类报刊已有3 271种完成改革任务，占总数的 96. 5%。全国共注销经营性文化事业单位法人6 900多家、核销事业编制 29 万多个"①。作为文化体制改革的中心环节，国有经营性文化单位转企改制的成功，理顺了公益性文化事业单位与经营性文化单位的关系，为文化市场的发展重塑市场主体，更好调动文化人才的积极性发挥了巨大的作用，极大地发展了文化生产力。

3. 提升市场主体竞争力

在转企改制的基础上，重塑市场主体的重要目标是提升市场主体竞争力，提升其开放化水平。目前，我国实力较强的文化企业通过公司制、股份制改造，初步成立了由股东大会、董事会、监事会和经理层"三会一层"构成的法人治理结构。在已经放开的领域，国家鼓励国有文化企业引入战略投资者，实行混合所有制经营，通过资源共享引导文化企业发展壮大；鼓励文化企业探索特殊管理股制度，使之始终保有对国有资产的绝对控制权；鼓励有实力的文化企业以内容为依托、资本为纽带进行跨地区、跨行业、跨所有制兼并重组，优

① 张晓明，惠鸣．全面构建现代文化市场体系[M]．北京：社会科学文献出版社，2014：216.

化资源配置，做大做强，形成规模效应，打造文化航母。当然，仅仅依靠单个文化企业单枪匹马仍然不够，文化企业实力有限，除了建造文化航母，还要打造一支文化舰队。以“一带一路”文化共同体为例，通过将沿线相关资源与企业结合起来，线上线下共同发力，实现资源共享，① 不断提升我国文化市场主体的竞争力。当文化企业实力足够强大时，传播中国声音、提高国际传播能力的道路也不远了。

第二节　完善主要由市场决定价格的机制

党的十八届三中全会指出，要使市场在资源配置中起决定性作用，而市场的决定性作用离不开市场机制的调节。市场机制包括价格机制、供求机制和竞争机制，价格机制作为市场机制的基础和核心，是配置资源的基础信号，对市场主体的行为起着导向作用，文化市场的正常发展需要完善的价格体系。因此，凡是能由市场形成价格的都应该交给市场，减少甚至杜绝政府的不当干预，充分发挥价格杠杆作用，让市场决定价格，从根本上按价值规律办事，回归自然的市场选择和配置。政府应该坚持放管结合，优化价格服务，通过健全的政策法规为文化市场的发展提供良好的价格环境。完善主要由市场决定价格的机制要求深化文化市场价格改革、建立科学的价格监管制度以及完善配套机制。

一、深化文化市场价格改革

在文化市场领域，价格是市场机制中的重要信号。文化市场价格体系改革是文化体制改革成败的关键，是市场配置资源的迫切要求，有利于激发市场主体活力，促进文化市场的稳定发展。对于关乎公众需求的公共文化产品和准公共文化产品，实行政府定价或者政府指导价。对于形成有效竞争的文化产品与服务，可以放开定价，将定价权交给市场，由市场主导。目前，深化文化市场价格改革，可以从两个方面着手：首先，建立健全政府定价制度，对公共文化产品和准公共文化产品实行政府定价；其次，加快文化市场重点领域价格改革。

① 陈少峰．寻找正确按钮“互联网+文化”的 10 大趋势［N］．中国出版传媒商报，2015-07-24.

1. 建立健全政府定价制度

政府定价范围主要限定在重要公用事业、公益性服务、网络型自然垄断环节。在经济学领域，一般按照排他性和竞争性标准将产品分为纯公共产品、私人产品、准公共产品以及混合产品。① 在文化领域，像博物馆、图书馆等提供公共文化服务的领域，对公众接受文化知识起着重要的作用，需要政府进行定价，实行免费开放。2015 年 4 月 22 日，时任文化部部长雒树刚表示，全国 2 780个公共博物馆、347 个爱国主义教育示范基地及43 510个公共图书馆、美术馆、文化馆(站)已实现免费开放。② 这些公共文化服务机构的免费开放，有利于社会效益的实现，能不断满足人们日益增长的物质文化生活需要。对于教材、教辅等重要出版物，如果交由市场让经营者自主定价，易受经济利益的驱使而产生价格违法行为，这就需要政府的干预。一直以来，教育关乎祖国未来，我国中小学课本的定价一直由政府主导。政府先后出台《国务院办公厅转发体改办等部门关于降低中小学教材价格深化教材管理体制改革意见的通知》《中小学教材价格管理办法》《关于进一步加强中小学教材价格管理等有关事项的通知》《关于中小学循环使用教材价格政策问题的通知》，对中小学教材的价格问题进行管理与规范，以维护广大中小学生的利益。2015 年 6 月，国家发展改革委、教育部等发布《关于下放教材及部分服务价格定价权限有关问题的通知》，规定中小学教材教辅价格不再由国家统一定价，将定价权下放到各省。在旅游景点方面，我国所有准公共产品类景区基本上采取属地管理，由地方政府负责定价。对于属于公共品和准公共品的文化产品实行政府定价，能够有效地规避市场失灵所带来的不利影响，为扩大公共文化服务体系创造良好的环境。

2. 加快文化市场重点领域价格改革

在充分发挥市场决定价格作用的基础上，加快文化市场重点领域价格改革，促进文化商品和要素自由流动。在出版领域，图书是公众吸取知识的主要来源，图书价格秩序的好坏影响着出版市场能否健康发展。当前，线上书店突破了陈列空间与时间的限制，利用其特有的优势，不断降低价格，与实体书店之间展开价格战，极大地扰乱了出版物市场的秩序。在演出领域，各类演出票

① 吴赟．论出版经济学研究的逻辑起点——出版产品的经济特质分析[J]．出版科学，2010(1)：37-42.

② 中国 2780 个公共博物馆实现免费开放[EB/OL]．[2015-04-22]．http：//culture. people. com. cn/n/2015/0422/c172318-26888584. html.

价虚高，超过了普通观众的消费能力，“提高了”消费者观看演出的“门槛”，抑制了普通观众的文化消费，导致演出市场需求严重脱节。同样，电影市场票价也存在着不规范的问题，涉及片方、影院、第三方购票平台的利益纠葛，低廉票价随处可见。短期来看，片方和第三方购票平台为消费者的电影票“买单”，在一定程度上提高了电影的上座率，但长远来说，扰乱了电影市场秩序，不利于电影产业的长远发展。深化文化市场重点领域价格改革，需要政府规范行业发展秩序，为价格机制发挥作用提供良好的环境。

二、建立科学的价格监管制度

科学的价格监管制度是深化文化市场价格改革不可或缺的要件。由于市场具有自发性、盲目性和滞后性，文化市场经营者受到经济利益的驱使，不可避免地会存在不正当价格行为。完善主要由市场决定价格的机制需要公平、开放、透明的市场价格监管制度作保障。大力推进政府定价公开、加强市场价格监管、完善价格社会监督体系，通过价格监管来促进我国文化市场价格环境的改进和完善。

1. 推进政府定价公开

《中华人民共和国价格法》规定：“国家实行并逐步完善宏观经济调控下主要由市场形成价格的机制。价格的制定应当符合价值规律，大多数商品和服务价格实行市场调节价，极少数商品和服务价格实行政府指导价或者政府定价。”对于政府定价的项目，应推进定价项目清单化，以清单的形式向社会公开政府定价的项目，确保清单之外无定价权，以接受社会监督，提高政府定价的透明度。政府定价项目清单化有利于推动政府价格信息的公开，让公众更快更好地了解政府定价信息。2015 年 10 月，国家发展和改革委员会颁布《中央定价目录》，对天然气、水利工程供水、电力、特殊药品及血液、重要交通运输服务、重要邮政服务以及重要专业服务等 7 类 20 项服务实行中央政府定价。定价具体项目由以前的约 100 种减少为 20 种，约减少了 80%，大幅度进行了精简。① 在《中央定价目录》中，与文化市场相关的定价只有重要邮政业务中的国家规定报刊发行资费，主要由国务院价格主管部门会同国务院财政部门、国务院邮政管理部门一同定价。此外，各省物价局会制定省级定价目录，以湖北省为例，与文化相关的定价主要表现在教育和文化旅游两个类别，详见表

① 新版中央定价目录公布 政府定价项目缩减 80%[EB/OL].[2015-10-22]. http://finance.people.com.cn/n/2015/1022/c1004-27725953.html.

18-1。推进政府定价公开，能够有效约束政府的定价行为，为公益性文化发展提供良好的价格环境。

表 18-1　　《湖北省定价目录》中关于文化的定价项目①

定价项目	定价内容	定价部门	备注
教育	公办高校、中专、技校、普通高中学费标准，公办高校、中专、技校住宿费标准	省价格主管部门会同省财政、教育、人力资源和社会保障主管部门	学费标准报省人民政府批准后执行
	公办职业高中、普通中学附设职业高中班学费标准，公办普通高中、职业高中、普通中学附设职业高中班、城市义务教育住宿费标准	授权市（州）、县人民政府	
	公办学前教育机构保育费、教育费标准	授权市（州）、县人民政府	
	列入中小学教材用书目录的教科书、列入评议公告目录的教辅材料印张单价和零售价格	省价格主管部门会同省新闻出版广电部门	
文化旅游	有线电视基本收视维护、安装收费标准	省价格主管部门	“全省一网”之前，暂按现行办法管理
	利用公共资源建设的5A级景区门票及景区内交通运输价格	省价格主管部门会同省旅游主管部门	
	省定价以外的利用公共资源建设的景区门票及景区内交通运输价格	授权市（州）、县人民政府	

2. 加强市场价格监管

推进政府定价清单化，有利于政府定价公开，能够让文化企业和公众更清楚地了解政府定价信息，保护自己的合法权益。政府定价的公开为市场定价的改进与完善提供了强有力的支持，能够更好地保障经营者的自主定价权，引导

① 湖北省定价目录［EB/OL］.［2015-07-16］. http://www.hbpic.gov.cn/djml/hbsdjml/201507/t20150716_12222.html.

市场主体合理定价，规范价格行为。然而，在实际定价过程中，受到经济利益的驱使，经营者不可避免地会利用价格来开展不正当竞争。不正当定价行为包括垄断性定价、欺诈性定价、低价倾销和价格歧视。① 以出版物市场为例，不正当价格行为主要以价格战的方式呈现，同一本书，实体书店按原价销售，而网络书店一般按照7折出售，在重大节日甚至降至4折，以扩大市场占有率。网络书店通过价格战挤压了实体书店本就微薄的利润，北京第三极书局、民营学术书店风入松书店以及光合作用书房在价格战的竞争中纷纷倒闭，价格战极大地破坏了出版物市场的价格环境，不利于出版物市场的稳定发展。2015年，中共中央、国务院《关于推进价格机制改革的若干意见》要求“健全市场价格行为规则，建立健全机构权威、法律完备、机制完善、执行有力的市场监管工作体系，有效预防、及时制止和依法处理各类违法行为”。建立公平、开放、透明的文化市场价格体系需要政府不断完善价格行为规则和监管方法，通过研究议价规则、坚持日常监管和专项检查相结合，合理引导文化市场经营者价格行为，有效解决文化市场中的不正当价格行为，保护文化市场经营者和消费者的合法权益。

3. 完善价格社会监督体系

随着文化市场价格改革的不断深入，市场决定价格机制逐步成熟。然而市场具有自发性、盲目性，价格违法行为时有发生。政府推行科学的价格监管制度除了政府与市场主体的努力外，还应充分发挥社会监督的作用。社会监督由于群众参与的广泛性，如同一张“天网”，将价格违法现象“扼杀”在萌芽状态，推进价格维权前置，严厉防范各类价格违法行为的发生。② 充分发挥公众和社会舆论的监督，能够有效提高价格社会监督的效能。首先，应提高公众的价格监督意识，鼓励消费者和经营者共同参与价格监督，在遇到不正当定价行为时，充分利用全国四级联网的12358价格举报管理信息系统对价格违法行为进行举报。其次，推动价格信息公开，除了推进政府定价项目清单外，还应大力宣传我国的文化市场价格政策，并及时向社会公布对价格违法行为的处理情况，充分发挥新闻媒体的舆论监督作用，利用“两微一端”的广泛覆盖面，形成有效震撼。最后，价格社会监督体系可以学习文化市场监管中的黑名单制度，依托社会信用体系，建立经营者价格信用档案，设立价格失信者的“黑名

① 赵全新．对不正当价格行为的认识及治理路径选择[J]．价格理论与实践，2010(6)：64-66.

② 赖霖．浅议如何进一步提高价格社会监督体系效能[J]．中国价格监管与反垄断，2016(S1)：113-114.

单”，通过公众和新闻舆论的监督形成引导机制，为价格诚信者创造良好的舆论环境，让价格失信者一处失信，处处受限。

三、完善主要由市场决定价格机制的配套机制

建立合理、有效、灵敏的价格机制是完善文化市场主要由市场决定价格机制的重要举措。理顺价格关系，使价格正常地反映供求关系，能够更好地利用价格杠杆的作用以实现文化资源的优化配置，推动文化市场结构转型。除了深化文化市场价格改革、建立科学的文化市场价格监管体系外，还需要配套机制予以保护和支持。通过正确处理政府定价与市场定价的关系、健全文化市场价格法制、建立文化市场价格信用体系为完善主要由市场决定价格机制创造更好的条件。

1. 正确处理政府与市场的关系

完善主要由市场决定价格机制需要以市场在资源配置中起决定性作用为前提。市场在资源配置中起决定性作用，要求政府简政放权，放管结合，给予市场更多的空间与活力。同样，在价格机制方面，处理好政府与市场的关系是使价格机制效能得到充分发挥的基础。因此，明确政府和市场在价格制定过程中的职责与功能，明确政府定价与市场定价的边界是完善主要由市场决定价格机制的重要举措。政府应该全面放开已具备竞争条件领域的定价权，将定价权归还给市场，由经营者自主定价，提高文化市场经营者的生产积极性，将文化资源更好地转化为文化生产力。充分发挥价格工作的综合功能，为政府决策当好参谋，同时也为政府、企业、社会提供优质、高效、便民的价格服务①。同时，政府应抓紧推进“减”“放”“改”，按照中央定价目录及地方定价目录的要求，对相关项目实行政府定价，严格做到目录之外无定价，通过采取调研、价格听证等方式提高政府价格决策，让政府定价在阳光下运行。除了实行政府定价和指导价管理外，政府还应采取监管措施对文化市场中的价格违法行为予以打击，严厉查处垄断、哄抬物价、低价倾销等操纵市场的行为，探索建立符合市场导向的价格动态调整机制。理顺政府和市场在文化市场价格形成过程中所扮演的角色，有利于创造公正、合理的价格秩序，为价格机制引导文化市场结构调整，疏导价格矛盾创造条件。

---

① 山东省物价局课题组．完善主要由市场决定价格的机制研究[J]．2014(9)：28-30.

2. 健全文化市场价格法制

合理、正常的价格体系需要强有力的法律进行保障。当前，我国对价格的规范主要是通过《中华人民共和国价格法》《中华人民共和国价格管理条例》《价格违法行为行政处罚规定》等法律法规对价格体系进行法律调控。其中，《中华人民共和国价格法》对经营者的价格行为、政府的定价行为、价格总水平调控、价格监督检查及法律责任进行了明确的规定，为文化市场价格体系的健康发展创造良好的法律环境。《中华人民共和国价格管理条例》偏向于对价格的管理以及企业的价格权利和义务。《价格违法行为行政处罚规定》对违背价格秩序的行为进行处罚，并依法对违法的价格行为予以坚决的打击。我国在规范价格体系方面的立法仍然不多，且多为顶层设计方面的指导，虽然我国价格体系的宏观调控起着重要的作用，但是缺乏对文化市场分行业的价格指导。目前，关于价格的部门规章也多集中于医疗服务、药品、农产品、成品油和烟草方面，专门针对文化市场价格定价的法律规章几乎为空白。建立健全文化市场价格法制是深化文化市场价格改革的题中应有之义。

3. 建立文化市场价格信用体系

价格机制的引导作用需要价格信用体系作保障。建立文化市场价格信用体系有利于配合国家社会信用体系建设的部署和文化市场信用体系建设。2016年，国家发展改革委发布《关于在价格监管中推广随机抽查规范事中事后监管的实施意见》要求“完善经营者价格信用制度，健全价格监管经营者信用信息库，将随机抽查经营者价格合规与违法的相关信息记载入库，纳入全国信用信息共享平台，逐步建立完整的经营者价格信用档案”。当前，我国正在试行文化市场黑名单管理，将含有禁止内容且社会危害严重的文化产品以及违反文化市场有关法规规章的经营主体列入文化市场黑名单，以接受公众监督。同样的，政府在进行监管的过程中，也可以将投诉较多、价格信用差的文化市场主体列入“黑名单”，公众在购买文化产品时便可以有效地避开价格信用差的文化市场主体，维护自己的合法权益。此外，“黑名单”也能为政府的监管提供参考，将抽查比例与抽查对象的价格信用程度挂钩，一方面严厉打击价格信用差的文化市场主体，另一方面给予价格信用较高的文化市场主体一个相对宽松的发展环境。建立文化市场价格信用体系，能够有效完善和健全价格失信企业联合惩戒机制，为完善主要由市场决定价格机制提供一个良好的环境。

第三节 建立公平开放透明的市场规则

党的十八届三中全会通过的《中共中央关于全面深化若干重大问题的决定》指出："建设统一开放、竞争有序的市场体系，是使市场在资源配置中起决定性作用的基础。"健全的现代文化市场体系需要具备统一、开放、竞争、有序的特征。当前，尽管我国的文化市场体系建设取得了长足的进步，但是市场的开放性、竞争的公平性和运行的透明度都有待提高。例如为了保护本地企业利益，地方政府在政策上设置壁垒，导致市场分割和地方保护现象时有发生；在准入方面限制过多或限制不当，使相关领域缺少充分竞争；市场运行透明度不够，人为制造寻租空间。加快建立公平开放透明的市场规则，为文化市场主体提供一个良好的竞争环境，是建立健全我国现代文化市场体系的重点。建立公平开放透明的市场规则应从放宽市场准入与退出、建立统一的文化市场体系和加强社会信用体系建设三个方面着手。

一、放宽市场准入与退出

建立统一、开放、竞争、有序的文化市场体系，应该放开市场准入与退出，给予不同所有制、不同地区的市场主体以相同的机会。《国务院关于促进市场公平竞争维护市场正常秩序的若干意见》(2014)明确规定"凡是市场主体基于资源的投资经营和民商事行为，只要不属于法律法规禁止进入的领域，不损害第三方利益、社会公共利益和国家安全，政府不得限制进入"。改革市场准入制度、实行简政放权以及完善市场退出机制，有利于规范市场准入与退出秩序，为市场主体营造一个公平、开放和透明的环境。

1. 改革市场准入制度

首先，制定市场准入负面清单制度。《国务院关于实行市场准入负面清单制度的意见》(2015)指出"市场准入负面清单制度，是指国务院以清单方式明确列出在中华人民共和国境内禁止和限制投资经营的行业、领域、业务等，各级政府依法采取相应管理措施的一系列制度安排"。即除清单中已列出禁止和限制进入的行业、领域、业务外，清单之外的其他领域都可以自由进入，政府不再审批，市场主体"法无禁止即可为"。制定市场准入负面清单制度，一方面，对市场准入进行了松绑，赋予市场主体更多的主动权，有利于形成各类市场主体公开公平公正参与竞争的市场环境，为发挥市场在资源配置中的决定性作用提供更大空间；另一方面，企业只要不在清单中都可以平等进入，为不同所有制企业以及不同地区的文化企业提供了公平竞争的环境，且明确了政府发挥作用的职责边界，有利于提高政府的工作效率和效能，减少了寻租空间。其次，改革工商登记制度，大力减少前置审批，由“先证后照”改为“先照后证”。2015 年 7 月 2 日，文化部颁布《关于落实“先照后证”改进文化市场行政审批工作的通知》，要求与工商行政部门做好工作衔接。文化部将涉及演出、娱乐、网络文化等主体准入审批项目实施“先照后证”制度，简化了文化市场主体的准入流程，节省了文化市场主体进入市场的时间成本与制度性成本。

2. 实行简政放权

放宽市场准入的另一个方式就是政府的简政放权。简政放权主要通过推行权力清单制度和行政审批制度改革予以实现。首先，政府推行权力清单制度，将部门权力以清单的方式向社会公开，让公众摸清政府的“权力家底”，使得政府的权力运行流程更加透明，让其在清单之外无法“伸手”，做到“法无授权不可为”。政府推行权力清单制度能够有效杜绝政府部门因权责利不明而导致的相互推诿现象，且能有效遏止权力运行中的不作为、乱作为、暗箱操作、权力寻租等突出问题，为文化市场主体参与文化市场活动提供一个相对透明的环境。其次，行政审批改革是简政放权的另一种表现形式。政府通过权力下放、权力转移和权力取消，放权给市场、放权给行业协会，减少行政审批，简化了准入程序，有利于减轻企业负担、降低准入门槛、提高准入过程透明度。深化行政审批改革，有利于厘清政府与市场、政府与社会的关系，减少政府不必要的干预。然而，行政审批的取消和下放，虽说在一定程度上提高了市场主体进入文化市场的效率，为文化市场主体的健康发展营造了开放透明的市场环境，但也显示出事中事后监管的重要性。政府应该对下放事项进行后续监管，实行“宽进严管”，针对取消下放的审批事项，逐项研究提出相应的事中事后监管措施。

3. 完善市场退出机制

健全优胜劣汰的市场化退出机制，也是完善市场规则的重要方面。建立健全严格的市场退出机制，能够更好地推动文化市场主体在竞争中优胜劣汰，达到文化资源的优化配置。当前我国文化市场中存在着结构上的供需不平衡，虽然文化产品的产量较高，但缺乏能真正满足消费者需求的文化产品。在价值规律作用下，文化市场主体在市场竞争中优胜劣汰，然而，如果市场退出机制不健全，被市场淘汰的文化市场主体无法正常地退出，极易造成产能过剩。《中共中央关于全面深化改革若干重大问题的决定》(2013) 提出要健全优胜劣汰的市场化退出机制，完善企业破产制度。一方面，要发挥市场在优胜劣汰中的不可替代的积极作用，鼓励文化企业以资本为纽带进行跨地区、跨行业、跨所有制的兼并重组，淘汰弱者，使得强者更强；完善企业破产制度，优化破产重整、和解等流程，促进文化市场主体规范有序退出。另一方面，政府应该为企业的退出和重整创造更好的外部条件，如完善社会保障体系、开辟再就业门路、为兼并重组提供必要的金融支持等。建立公平开放透明的市场规则不仅仅体现在市场准入方面，也应该体现在市场退出方面。建立健全优胜劣汰的市场化退出机制，为市场主体提供了一个更加公平与规范的退出环境，有利于维护文化市场的稳定发展。

二、建立统一的文化市场体系

计划经济时期成形的分业管理、竖井式管理、属地化管理模式在一定程度上形成了行业壁垒、部门利益和行政管辖壁垒、区域流通壁垒等影响市场统一性的因素,① 不利于建立公平开放透明的文化市场规则。建立统一的文化市场体系是现代文化市场体系的标志，有利于清理和废除妨碍我国开放市场和公平竞争的各种规定和做法。建立统一的文化市场体系可以从实行统一的市场监管、推进流通体制改革和扩大电子商务应用三个方面着手。

1. 实行统一的市场监管

优化配置文化市场中的文化资源离不开统一的文化市场体系。近些年来，某些地方政府为了保护本地区文化企业发展，出台了不少限制公平竞争的“土政策”，剥夺了外地文化企业在当地公平竞争的权利，虽在短期内为当地文化企业发展扫清了障碍，但从长远来看，阻碍了文化资源的开放流通不利于本地文化企业在竞争中做大做强。除了区域壁垒外，还存在着各部门之间的壁垒，例如，管理文化市场的部门包括文化行政部门、新闻出版行政部门、版权部门等，各部门之间存在着职能交叉，不仅提升了政府的管理成本，还增加了文化企业参与市场竞争的制度性障碍，不利于文化产品和要素在全国范围内合理流动，阻碍了开放市场的形成。《中共中央关于全面深化改革若干重大问题的决定》(2013)明确指出要“改革市场监管体系，实行统一的市场监管，清理和废除妨碍全国统一市场和公平竞争的各种规定和做法，严禁和惩处各类违法实行优惠政策行为，反对地方保护，反对垄断和不正当竞争”。只有实行统一的市场监管，才能够更好地优化文化资源配置，形成统一开放的文化市场体系。

① 惠鸣，张晓明．创新推动现代文化市场体系建设[N]．人民日报，2013-11-26.

2. 推进流通体制改革

目前，我国按行政区划分配文化产品的管理模式导致文化资源不能在全国范围内自由流动和充分竞争，造成了文化市场流通的体制性障碍和壁垒。① 条块分割、地区封锁、城乡分离的格局不利于发展低成本、高效益的文化市场流通体系，阻碍了文化资源的合理流动和优化配置，不利于开放性文化市场的形成。要实现文化市场流通组织形式的创新，构建无障碍流通、全流域开放的文化流通市场，需要政府的大力支持。②《中共中央关于深化文化体制改革推动社会主义文化大发展大繁荣若干重大问题的决定》(2012)指出："进一步完善中国国际文化产业博览交易会等综合交易平台。发展连锁经营、物流配送、电子商务等现代流通组织和流通形式，加快建设大型文化流通企业和文化产品物流基地，构建以大城市为中心、中小城市相配套、贯通城乡的文化产品流通网络。"例如，北京国际图书博览会为世界各个地区的出版商提供了展示的平台，增进了出版商之间的交流，有利于扩大出版"朋友圈"，推动版权贸易，促进文化资源的优化配置。除了国际博览会、传统的连锁经营、物流配送以及电子商务外，文化流通体制改革还可以开发新的形式。以艺术品流通市场为例，为解决艺术品鉴证阻碍艺术品流通的问题，国家质量监督检验检疫总局与南方文交所合作建设"艺术品鉴证备案体系"，充分保障了艺术品流通中"保真"及"鉴证"两大需求，解决了艺术品电子化诚信流通安全体系和创新流通交易模式亟待破解的难题，③ 促进了艺术品的流通。

3. 扩大电子商务应用

据《第39次中国互联网络发展状况统计报告》显示，截至2016年12月，我国网民规模达7.31亿，手机网民规模达6.95亿，网民上网设备进一步向移动端集中。④ 互联网和移动应用平台成为文化产品流通的重要载体。网络游戏、网络文学、网络视频、网络音乐以及网络直播，搭着"互联网+"的东风，传播广泛。体育赛事直播与演唱会直播已经成为文化企业新的利润增长点，演

① 黄先蓉，郝婷．现代文化市场体系建设的政策需求与制度创新[J]．科技与出版，2013(12)：25-28.

② 郝婷．现代文化市场制度研究[D]．武汉：武汉大学，2015.

③ 促进文化商品流通 市场呼吁新常态[EB/OL]．[2015-07-10]．http：//collection.sina.com.cn/2015-07-10/doc-ifxewnie5407941.shtml.

④ 中国互联网络发展状况统计报告中国互联网络信息中心．第39次中国互联网络发展状况统计报告[EB/OL]．[2016-08-03]．http：//202.114.96.209：7980/cache2/doc_file/2017/03/27/ca39c3d30008ce4e0e9484acbbc5dd6c-P020170123364672657408.pdf.

唱会直播打破空间限制，让观众足不出户即可观看演出，推动了文化资源在全国的流动。互联网和移动客户端为文化生产者和消费者提供了产品交易场所，可以实现实时、远程、大规模的实体商务运营，有效突破了时间、空间的限制，缩小了文化产品生产、流通、分配、消费之间的距离。在出版领域，出版企业也陆续触网，建立线上分销渠道，通过亚马逊、当当网以及天猫旗舰店等平台与消费者建立联系，扩大图书销量。电子商务在文化市场中的应用能够极大提高文化市场中物流、资金流、信息流的传输和处理效率，提高了文化市场的开放程度。

三、加强社会信用体系建设

子曰："人而无信，不知其可也。"企业无信，则难求发展；社会无信，则人人自危；政府无信，则权威不立。① 信用体系建设一直是我国文化市场发展中的"短板"。假冒伪劣、坑蒙拐骗等失信行为，使文化市场的运行付出了高昂代价。建立公正开放透明的文化市场规则需要文化市场经营者、文化市场消费者以及文化群团组织树立信用意识。只有当文化市场的参与者具有较高的信用意识，营造市场规范运行的诚信环境，并依照法律法规公平参与竞争时，文化市场的发展才会更加公平和透明。

1. 建立健全社会征信体系

《中共中央关于全面深化改革若干重大问题的决定》(2013)明确提出"建立健全社会征信体系，褒扬诚信，惩戒失信"。通过征信体系，逐步完善个人和机构的信用记录，并利用平台进行公开。2013 年，最高人民法院开通"全国法院失信被执行人名单信息公布与查询平台"，向社会公布失信被执行人信息，让失信者"一处失信，处处受限"，使其寸步难行。2016 年，政府先后颁发《关于建立完善守信联合激励和失信联合惩戒制度　加快推进社会诚信建设的指导意见》《关于加快推进失信被执行人信用监督、警示和惩戒机制建设的意见》加强信息的共享与公开，构建授信联合激励和失信联合惩治机制以及跨部门协同监管和协同惩治机制，促进市场主体依法诚信经营，推动消费者诚信参与市场活动。在大数据时代，我们可以充分利用科学技术构建和完善信用信息数据库，推动社会信用信息的互联共通，为文化市场的规范运行营造诚信的环境。在文化市场中，消费者的失信行为主要体现在版权保护意识淡薄。随着网络技

① 华政．让失信者寸步难行［EB/OL］．［2016-08-23］．http：//news. xinhuanet. com/local/2016-08/23/c_129249786. htm.

术的发展，非法网络下载和非法视频点播愈演愈烈，网络云盘的普及，一方面便利了文化产品的传播，另一方面也为侵权行为提供了土壤，消费者未经授权下载和传播文化作品，在客观上助长了侵权盗版的行为。然而，由于受众较广，此种失信行为目前还无法建立信息数据库，只有通过教育和技术两种方式来予以改变。一方面，对公众进行普法教育，使其认真学习《著作权法》，让其了解著作权的重要性，尊重文化产品的著作权，提升诚信意识。另一方面，利用高新科技提升版权保护技术，通过技术手段将文化产品侵权的可能性降到最低。公众诚信意识的提高，可以有效打击提供盗版服务的失信经营者，为文化市场主体的发展创造一个公平的竞争环境。

2. 建立文化市场黑名单制度

在市场竞争中，受经济利益的驱动，当诚信与利益发生冲突时，文化市场的参与者往往倾向于利益而违背诚信规则。只要有一个经营者没有遵守诚实信用的原则，文化市场的秩序就会被打乱。坚守诚实信用的原则，是文化市场经营主体公平竞争的前提。政府应加大对文化市场的行政执法监管力度，严惩有违文化市场诚信原则的行为，让“失信”成本远远高于“守信”成本，以此来净化文化市场发展环境、保障文化市场诚信体系的建立与完善。① 2016 年，文化部办公厅印发《文化市场黑名单管理办法(试行)》，将严重违反文化市场有关法规规章的经营主体列入文化市场黑名单，并将含有《营业性演出管理条例》《娱乐场所管理条例》《互联网上网服务营业场所管理条例》《互联网文化管理暂行规定》《网络游戏管理暂行办法》《美术品经营管理办法》等文化市场有关法规规章禁止内容且社会危害严重的文化产品，列入文化产品黑名单。文化市场黑名单制度的实施能够完善守信激励、失信惩戒机制，利用社会监督的透明度提升文化市场主体的自觉性，为文化市场主体的公平竞争创造良好的信用环境，促进文化市场健康有序发展。

3. 为文化市场信用体系营造良好的环境

社会征信体系以及文化市场黑名单制度的建设主要是针对文化市场消费者和文化市场经营者，而文化市场信用体系的建设离不开政府主体以及社会主体的作为。建立公平开放透明的文化市场秩序需要为文化市场信用体系营造良好的环境。包括政府在内的所有行为主体都要依法依规办事，提高行政权力运作的透明度，减少随机干预，加强责任追究，明确其在文化市场信用体系建设中

---

① 黄先蓉，吴健．我国文化市场诚信体系建设的政策分析[J]．现代出版，2015(4)：14-17.

应该具有的职责和功能。① 这些措施有利于提高政府的管理效能，减少寻租行为的发生。此外，在制定我国文化市场相关政策的过程中，也应根据实际需要，制定操作性强的政策，以免被“钻空子”。例如在动漫市场领域，中央和地方一些过于宽松的财政支持政策助长了厂商对消费者需求的漠视，由于按分钟补贴的政策缺乏运作的可操作性，动漫市场涌现出一批山寨者和投机者，动漫产品生产厂商出现了诚信缺失的经营行为。② 文化行业协会作为社会主体的重要组成部分，应该协助文化行政部门对文化市场失信行为进行监督，通过全方位、多角度的监督体系为文化市场信用体系建设创造良好的环境。

第四节 加快文化要素市场建设

文化产品和要素市场是现代文化市场体系顺畅运行的基础条件，要重点发展图书、电子音像制品、演出娱乐、影视剧、动漫游戏等产品市场，加快培育产权、版权、技术、信息等要素市场，加强文化生产要素市场建设。③ 文化产品的生产和流通离不开产权、版权、技术、人才、信息等要素的保障，加快文化要素市场建设，为现代文化市场体系提供完备的文化生产要素，能够更好地将文化内容转换成高品质的文化产品。加快文化要素市场建设可以从拓展文化市场融资渠道、完善版权市场建设、培养文化人才、推动文化与科技的融合四个方面着手。

一、拓展文化市场融资渠道

文化的发展离不开资本，文化资本是文化企业开展文化生产和文化服务的前提。只有具备了良好的资金储备，文化企业才能更好地进行内部治理与外部竞争，因此，文化资本市场的建设显得尤为重要。加快文化资本市场建设，以拓展文化市场融资渠道为着力点，通过推动文化与金融融合和解决小微文化企业融资难的问题为文化企业的发展提供良好的资本环境。

1. 推动文化与金融的融合

2010 年 3 月，中国人民银行、文化部等印发了《关于金融支持文化产业振

① 刘世锦. 建立公平开放透明的市场规则[N]. 经济日报，2013-11-28.

② 黄先蓉，吴健. 我国文化市场诚信体系建设的政策分析[J]. 现代出版，2015(4)：14-17.

③ 蒋建国. 建立健全现代文化市场体系[J]. 求是，2013(24)：24-27.

兴和发展繁荣的指导意见》，明确了金融在文化产业发展中的重要地位。随着现代文化市场体系建设向纵深推进，文化部等印发了《关于深入推进文化金融合作的意见》(2014)，指出通过创新文化金融服务组织形式，建立完善文化金融中介服务体系，以探索创建文化金融合作试验区等方式来创新文化金融体制机制。2015 年，文化部与财政部合作推出“文化金融扶持计划”，对 138 个重点项目给予 11.8 亿元资金支持，同比增长 75%，截至 2015 年年末，累计带动 8330 亿元的金融资本，超 1.8 万亿元的社会资本投入文化产业。① 在国家政策的支持与推动下，文化与金融的融合加快。文化与金融融合的深入发展需要文化企业探索和建立多元化、多维度的资金融通渠道，在更大范围内整合配置资源，借力资本市场、互联网企业和各行业资源，优势互补，解决发展资金、技术和人才不足问题，推动媒体融合跨越式发展。随着“互联网+”向纵深发展，“文化+金融+互联网”成为新的潮流，众筹模式就是典型的例子，在出版和电影领域主要表现为出版众筹和电影众筹，这种模式有助于新创意与新技术的开发运用，具有获取资金成本低、对接匹配度高的特点，对于细分领域的微创业而言较为合适。②

2. 解决小微文化企业融资难的问题

2013 年年末，我国共有小微文化企业 77.3 万个，占全部文化企业的 98.5%，小微文化企业是我国文化企业的构成主体。③ 由于小微文化企业生产的产品多为创意产品，其价值多以无形资产的形式体现，不利于估算价值，缺少抵押能力，不易于获得担保，且商业银行为了降低风险，不愿意为小微文化企业提供贷款，因而小微文化企业融资渠道窄、融资难，阻碍了企业的进一步布局与运营，不利于小微文化企业大踏步地向前走。④ 因此，解决小微文化企业融资难的问题，是拓宽文化市场融资渠道的重要一步。首先，深化文化行政部门与金融机构的合作，鼓励银行机构加大对小微文化企业信贷投放力度，提升面向小微文化企业的金融服务规模与水平，鼓励文化产权交易场所为小微文化企业发展提供服务。其次，鼓励中小文化企业通过挂牌“新三板”进行融资，

① 文化部．中华人民共和国文化部 2015 年文化发展统计公报[EB/OL]．[2016-04-15]．http：//zwgk. mcprc. gov. cn/auto255/201604/W020160425378313054632. pdf.

② 金元浦，欧阳神州．互联网金融模式下文化中小企业的融资[J]．学习与探索，2014(6)：86-90.

③ 成琪．国家统计局首次发布小微文化企业发展数据[EB/OL]．[2015-04-28]．http：//culture. people. com. cn/n/2015/0428/c172318-26916669. html.

④ 程梦瑶，黄先蓉．我国文化企业经营机制现状、问题及对策[J]．山东图书馆学刊，2016(4)：37.

既能提前接受监督提升企业市值，又能宣传品牌以吸引投资者。最后，推动小微文化企业借着“互联网+”的东风开辟多元化的新型资本运作形式，例如通过第三方支付平台、网络信贷、众筹模式及基于大数据的金融服务平台等互联网融资方式筹集资金。①

二、完善版权市场建设

内容资源作为文化企业的版权资产是文化企业的核心竞争力，版权资产作为文化传播的重要载体，在文化市场中起着无可替代的作用，版权的开发与运营、保护和版权社会服务体系直接影响着版权市场的建设。

1. 鼓励版权的开发与运营

鼓励版权的开发与运营，能够为文化要素市场提供更多的版权资产，为文化产品和服务提供更多内容。当前，文化企业意识到版权资产的重要性，通过清查与整理，对企业的版权资产进行盘点与保护，以盘活存量，开发增量，挖掘优秀版权资源。② 例如，湖南卫视和浙江卫视依托其丰富的节目资源，分别打造“芒果 TV”和“中国蓝 TV”进行版权资源的二次开发，通过独有内容吸引广告投资商，取得了较好的效果。爱奇艺、乐视网、搜狐视频等视频网站开始自制综艺节目和网剧，深凿优质内容，开创自有版权资源，积极向上游发展。当然，版权资产的开发与运营不应仅仅囿于内容资源的挖掘，还可以打造明星 IP。一般而言，IP 的呈现形式有很多种，可以是小说、歌曲、动画、游戏、电影、主题公园、周边产品等。以《何以笙箫默》为例，从网络连载小说到纸质书、热播剧和热映电影，此 IP 成功地利用粉丝经济的雪球效应取得了巨大的成功。鼓励版权的开发与运营，能够更好地将内容转化为文化生产力，推动文化产品从单一走向多元。

2. 加强版权保护

只有具备了良好的版权保护环境，文化市场主体才会更有动力去开发和运营版权资产。当前，我国对版权的保护主要通过法律和技术手段实现。在法律层面，我国颁布了《著作权法》，对著作权人及其权利、著作权归属、权利的

① 金元浦，欧阳神州．互联网金融模式下文化中小企业的融资[J]．学习与探索，2014(6)：86-90.

② 程梦瑶，黄先蓉．我国文化企业经营机制现状、问题及对策[J]．山东图书馆学刊，2016(4)：39.

保护期和权利的限制进行了明确的规定，对侵权行为依法予以打击。随着网络技术的蓬勃发展，文件的复制变得简单易行，网络侵权愈演愈烈，特别是网络云盘的普及便利了出版、影视、音乐作品等未经授权而被非法上传、存储与分享。不少热播、热卖的作品都未能幸免，极大地损害了制片方的利益，不利于版权资源的开发与利用。针对此现象，国家版权局于2015年发布《关于规范网络转载版权秩序的通知》《关于责令网络音乐服务商停止未经授权传播音乐作品的通知》《关于规范网盘服务版权秩序的通知》，明确了无论技术如何发展，都必须遵守《著作权法》"先授权，再使用"这一基本原则，并对利用新技术实施的侵权盗版行为在现行著作权法律框架下予以严厉打击。在技术层面，移动互联网时代，版权的主要载体和战线平台由传统传播媒体转向以手机为中心的移动互联终端，而移动互联网对传播技术的倚重将导致版权法对技术保护措施的高度重视。① 当前，我国文化企业主要通过水印、加密等技术加强对版权资产的保护。

3. 完善版权社会服务体系

近年来虽然我国陆续成立了多个版权交易平台，但有些交易平台的实践限于某一特定的行政区域或者行业，彼此关联度不高，运行模式尚在探索之中，市场运作能力有限，对于版权交易的贡献微弱，还存在同质化竞争现象，② 版权社会服务体系仍不健全。2017年2月，国家版权局印发《版权工作"十三五"规划》，提出完善版权法律制度体系、版权行政管理体系、版权社会服务体系和版权涉外工作体系是"十三五"时期版权工作的重点任务。《版权工作"十三五"规划》③明确了构建完善版权社会服务体系的思路：首先，优化版权社会管理工作。通过搭建版权社会服务平台，推进著作权登记工作，加强对著作权集体管理组织的监管与服务和依法加强对涉外著作权认证机构、国际著作权组织在华常驻代表机构的监管等措施全面完善版权社会服务体系。其次，推动版权产业健康发展。完善推动版权产业发展的制度与政策，加强机制和平台建设，积极推进版权贸易，开展版权示范建设，深入开展版权产业相关研究，推动版权产业又好又快发展。最后，加强版权宣传培训工作。充分利用微博、微信等新型传播形式，做好版权重点宣传，建立版权舆情监测信息服务机制，强

① 王四新：用技术手段解决版权保护将会成为趋势[EB/OL]. [2015-12-03]. http://news.xinhuanet.com/politics/2015-12/03/c_128494942.htm.

② 朱静雯，雷阳．我国版权市场建设存在的问题及其成因研究[J]．中州大学学报，2014(6)：64-67.

③ 国家版权局．版权"十三五"规划[EB/OL]．[2017-02-16]．http://www.gapp.gov.cn/sapprft/contents/6588/315154.shtml.

化版权教育培训，引导舆论导向，提高全社会的版权认知水平，充分发挥公众舆论的监督作用。完善版权社会服务体系，有利于版权的创作、运用、保护、管理和服务的显著加强，推动版权市场的繁荣发展。

三、文化人才的培养

文化人才是文化资源转换为文化生产力的重要桥梁，是文化市场创意的源泉和支撑文化市场发展的原创动力，其素质的高低直接影响着文化产品附加值的高低。只有在文化人才队伍上形成优势，才能在文化生产、经营、管理和发展上具有竞争力。① 当前，我国文化人才队伍总量、结构和素质均未能满足文化市场发展的需要。② 加快文化人才市场的建设，培养文化人才，成为加快建设文化要素市场的重要着力点。

1. 培养高素质的文化人才

我国人口众多，人口基数大，是当之无愧的人力资源大国。然而，仅仅有量的保证还不够，还需要质的提高。文化市场中文化产品的竞争归根到底是产品内容与服务质量的竞争，高品质的内容需要高素质的人才队伍作保障。目前，我国不乏一些开设文化产业及相关专业的高等学府，虽然人才的培养数量已足够，但高等教育中的文化人才培养缺乏针对性，真正“适销对路”的文化人才仍然较少。在人才培养中重理论轻实践的培养模式，也导致众多文化人才在工作中的“水土不服”。培养高素质的人才，需要高等学府的配合。文化市场按照内容进行分类，包括出版市场、电视市场、电影市场、演艺市场、动漫市场等，涵盖范围广，门类多，不同的行业对文化人才的要求各有侧重。这就需要学校在培养人才时，具体问题具体分析，有针对性地设计出适合市场需要的培养体系，更好地为行业输送人才。此外，针对文化市场发展的新业态趋势，随着“互联网+”行动计划的实施，以及网络游戏、网络出版等的兴起，高技术的复合型人才也越来越受到市场的重视。培养跨学科、跨领域、跨行业的复合型人才成为如今高校面临的新难题。我国目前的文化产业人才培养缺乏科学的差异化定位，精英教育和职业教育占比较低，整个人才培养体系呈现“两头细、中间粗”的纺锤形，无法满足文化市场对于不同专业和不同层次文化产

① 徐平，包路芳．建设宏大的文化人才队伍[J]．人民论坛，2011(32)：22-25.

② 牛维麟．人才：文化产业国际竞争的制胜之基[J]．人民论坛·学术前沿，2014(12)：76-81.

业人才的多样化需求。①

2. 加强产学研结合的培养模式

当前的人才培养模式重理论、轻实践，导致“学”不能用，“研”不能“产”，成为文化人才培养中的软肋。加强产学研结合的培养模式，推进高校与企业的合作，高校可以根据企业的需要培养人才，并组织学生走进文化企业了解文化产品与服务生产、流通、交换的过程，对文化企业的经营过程有一个初步的把握，更好地将理论学习与实践结合在一起，在实践中不断提升专业技能，实现知行合一，缩短其适应文化市场的周期。对于企业而言，一方面，可以与高校共同承担科研项目，依托国家重大的文化科研项目，在科研项目研究过程中培养文化企业复合型创新人才，为文化企业的发展提供人才储备和智力支持，使人才效能得到最大限度的发挥；另一方面，文化企业可以邀请业界专家学者对企业员工进行专业培训，让其了解理论知识，获得文化市场发展的前沿信息，认准自身定位。② 加强产学研结合的培养模式，开辟多元化的培养渠道，既可以促进文化人才更好地适应文化市场的需求，又可以推动文化企业不断创新，在相互关联中，文化企业与高校可以获得双赢，共同进步。

3. 改革用人机制，盘活现有人才

光有文化人才的培养机制还不够，优秀的人才需要良好的用人机制进行激励才会更有动力为文化市场服务。由于我国文化部门长期以来实行事业单位管理体制，我们过去在用人体制上普遍存在着从业人员能进不能出、职务能上不能下、待遇能高不能低、论资排辈和平均主义等弊端，在已经实施企业化改制的一些文化企业，也不同程度地存在文化产业企业化而管理机制准企业化、员工观念非企业化现象。③ 针对这种情况，国有文化企业要转变传统观念，与非公有制文化企业一道，建立完善的内部治理机制和激励约束机制，通过组织培训、制定合理的薪酬和绩效制度来激发文化人才的工作积极性，盘活现有人才，开发更多的文化资源。此外，受到区域经济发展的差距以及体制不同的影响，文化人才的流动并不顺畅。一方面，政府应制定有利于文化人才流动的政策，完善户籍制度，积极推动积分落户政策，促进区域之间文化领域人才的引

① 胡慧源．文化产业人才培养：问题、经验与目标模式[J]．学术论坛，2014(5)：139-143.

② 程梦瑶，黄先蓉．我国文化企业经营机制现状、问题及对策[J]．山东图书馆学刊，2016(4)：39.

③ 欧阳友权．文化产业人才建设：问题与思路[J]．福建论坛(人文社会科学版)，2012(2)：114-118.

进和流动，使得文化人才的流动更加顺畅。另一方面，针对文化人才从体制外流向体制内存在诸多限制的问题，政府需建立文化体制内外人才流动机制，打通体制内外文化人才流动的通道，探索符合文化发展需要的人才流通机制。

四、推动文化与科技的融合

当资本准备就绪，版权开发完毕，文化人才在工作岗位中大放异彩时，要想进一步推动文化要素市场的发展，建设文化技术市场必不可少。文化技术市场是与文化行业紧密相关的技术产品开发与应用市场，是围绕科技创新、成果转化产业化有效配置资源的一种市场，① 其存在的意义在于通过科技提高文化产品的附加值，推动科技成果向着文化生产力转化。法国作家福楼拜曾经说过："科学和文化在山脚分手，又在山顶会合。"文化的发展离不开科技的创新，文化与科技的融合是文化技术市场发展的关键。

1. 充分发挥政府引导的作用，加大政策扶持

文化与科技的融合，首先需要政府的引导与支持。党的十七届六中全会的《中共中央关于深化文化体制改革推动社会主义文化大发展大繁荣若干重大问题的决定》明确提出，"加强核心技术、关键技术、共性技术攻关……培育一批特色鲜明、创新能力强的文化科技企业，支持产学研战略联盟和公共服务平台建设"，为我国文化科技的创新指明了方向。2012 年文化部办公厅印发《文化部"十二五"文化科技发展规划》要求加强技术研发、文化科技战略研究、人才队伍建设和基础环境建设，以推动文化与科技融合在深度和广度上取得实质性推进。同年，科技部、文化部等编制《国家文化科技创新工程纲要》，要求加强文化领域共性关键技术研究，促进传统文化产业的优化和升级，推动新型文化产业的培育和发展，提升文化事业服务能力，并通过加强文化科技创新载体建设、加强文化科技创新服务体系建设和完善文化科技工作体系和统计评价体系来加强文化科技创新发展环境建设。党的十八大报告提出，促进文化和科技融合，发展新型文化业态，提高文化产业规模化、集约化、专业化水平。除此以外，文化部启动"国家文化科技提升计划项目"重点解决文化领域关键性、前沿性、重大拱形技术问题，并推动"文化部科技创新项目"鼓励探索性、基础性科技研发和技术改造。政府通过一连串的政策为文化和科技的融合创造了良好的环境。

① 朱静雯，李靓．我国文化技术市场体系建设存在的问题、成因及对策[J]．出版科学，2014(2)：5-11.

2. 利用科技创造高附加值文化产品

首先，顺应时代发展潮流，利用互联网、数字、移动客户端的无边界优势提升文化产品的传播力。乐视网所提供的演唱会在线直播服务，网友只需支付30元，足不出户即可观看。这种模式消除了现场演唱会时间与空间的限制，扩大了观众群，为视频网站和演艺集团创造了新的商业模式与盈利模式。① 其次，利用数字、多媒体、虚拟展示等高新技术创新文化产品及服务模式，结合科学技术提高文化产品的表现力，通过技术将内容"活化"，创造具有高附加值的文化产品。5D、7D电影的出现，颠覆了传统电影的表现形式，通过特效增加互动性，让观众仿佛身临其境，从听觉、视觉、嗅觉、触觉等方面极大地提升了观影体验，深受公众的喜爱。面临新技术的挑战，具有一定先发优势和市场基础的传统文化产品或服务只要能够积极拥抱新技术，通过提升技术含量以优化性能、改善功能、提升感染力，不仅可以重新赢得消费者的青睐，而且可以创造更大的市场空间。② 利用高科技创造高附加值的文化产品，是文化与科技融合的最好证明，有利于丰富文化产品表现形式，向市场提供更加高品质、高格调的产品。

3. 推动建设文化科技创新服务体系

完善的文化科技创新服务体系的确立，能够帮助文化科技融合创造更好的环境。目前的文化技术市场中，企业主要的技术创新模式为外生型，即采取技术转移吸纳或兼并创新企业的方式，通过搜索、寻找创新资源以及合作等方式实现技术创新。③ 也就是说，文化企业将科技创意转换为文化生产力，仅仅依靠自身的努力还不够，还需要依托文化科技创新服务。文化科技创新服务体系的建设需要通过建立文化科技研究机构和培养文化科技人才来实现。目前市场上存在的文化技术中介组织更多是综合性的技术中介，其文化属性不突出，如技术投资的红杉资本、上海华盈、鼎晖创投等都是综合性的风险投资机构，再如艾瑞咨询、梅花网等更多是基于互联网环境提供信息咨询服务的机构，文化技术市场中介只是他们业务的一小部分。④ 这就需要培育若干文化科技国家工

① 程梦瑶，黄先蓉．我国文化企业经营机制现状、问题及对策[J]．山东图书馆学刊，2016(4)：40.

② 方卿．加快文化科技创新推动文化产业发展[J]．出版科学，2012(4)：9-12.

③ 朱静雯，李靓．我国文化技术市场体系建设存在的问题、成因及对策[J]．出版科学，2014(2)：5-11.

④ 朱静雯，李靓．我国文化技术市场体系建设存在的问题、成因及对策[J]．出版科学，2014(2)：5-11.

程(技术)研究中心，开展文化科技发展战略和政策研究、共性技术研究和国际交流合作，提高文化领域基础科技创新能力，为文化企业的发展提供帮助。同时，文化科技创新服务体系的建立还需要文化装备与系统平台的建设，以先进技术支撑文化装备、软件、系统研制和自主发展，提升数字文化技术装备水平。在文化人才方面，加强产学研合作，推动文化企业与高等院校和科研院所进行合作，通过构建文化技术创新战略联盟和加强文化科技专业孵化器建设，来促进文化科技成果转化和创新创业人才培养。通过完善文化科技创新服务体系为文化科技的发展创造更好的环境。

第十九章　健全我国现代文化市场体系的制度设计与政策安排

文化体制改革与文化市场体系建设进程，本质上是一个制度变迁的过程。因此，科学的文化制度设计和相关政策安排，是我国现代文化市场体系建设的根本保障，制度设计与政策安排是我国现代文化市场体系建设研究的核心内容。了解健全我国现代文化市场体系的目标，分析健全我国现代文化市场体系的主要内容，探讨建设现代文化市场体系的科学的制度设计与政策安排建议，有利于为我国现代文化市场体系的发展提供更好的制度支持与政策保障。

第一节　健全我国现代文化市场体系的目标

现代文化市场体系是推动社会主义文化大发展大繁荣、建设社会主义文化强国的重要支撑，是发挥市场配置文化资源决定性作用的重要机制，其建设与完善受到文化体制改革的强力推动。本节分析了健全我国现代文化市场体系制度设计的总体目标，从文化产品市场、文化要素市场、文化中介市场三个层面探讨了制度设计的具体目标。

一、健全我国现代文化市场体系制度设计的总体目标

科学、有效的制度设计与政策安排是我国统一、开放、竞争、有序的现代文化市场体系建设的根本保障，是促进文化产业发展的重要手段，集中体现了现代政府在文化市场制度安排上的职能定位。健全我国现代文化市场体系制度设计的总体目标包括维护国家文化安全、兼顾公平与效率以及提供明晰的产权。

1. 维护国家文化安全

从全球范围看，文化产业成为现代服务业的典型代表是在 20 世纪 90 年代，此时，我国才开始大规模工业化建设，为了应对加入 WTO 后开放服务贸易市场的挑战，紧急启动了发展文化产业的议程。① 全球化进程将我国文化发展环境整体性地“植入”世界文化市场，构建我国现代文化市场体系的制度结构必然涉及维护国家文化安全这一总体目标。

（1）维护对内主流价值观。现代文化市场体系的意识形态属性决定了其制度设计必须以确保对内核心价值体系维护为目标。现代文化市场体系所具有的价值取向属性，使得健全现代文化市场体系的制度设计具有一定的复杂性，既要适应社会主义市场经济体制不断完善和发展所带来的挑战，使得文化与市场接轨，又要坚持文化内容的意识形态把关，牢牢把握意识形态工作的领导权和话语权，不断巩固马克思主义在意识形态领域的指导地位。就制度安排而言，意识形态属于一种非正式的制度形式，它是软性的且具有较强的“渗透力”，许多人将之称为最重要的制度安排。诺思认为，无论是个人相互关系的微观层面上，还是在有组织的意识形态的意识层面上，意识形态都提供了对过去和现在的整体性解释，意识形态对人类长期经济增长和社会发展发挥着巨大作用，大多数国家努力通过多种途径对意识形态施加影响。意识形态具有公共品的特点，它的投资者有着规模经济和外部性特征，意识形态应该而且只能由政府进行投资。② 健全现代文化市场体系的制度设计离不开社会主义意识形态的制度安排。

（2）确保国家对外文化安全。随着经济文化全球化进程的加快，国内文化市场必将融入全球的文化市场格局，不同文化的交融与交锋越来越多地表现在文化市场上，世界范围内各种思想文化斗争尖锐复杂，维护国家文化安全的任务更加迫切。从图 19-1 来看，当前中国在全球文化市场占有率中仅为 4%。为了不断提高国际文化市场所占份额，有效扩大中华文化国际传播力、竞争力和影响力，近年来，我国政府不断出台政策扩大文化领域的对外开放。与此同时，开放语境下现代文化与现代科技高度融合，技术零时空跨越成为现代文化传播重要的战略资源型力量。以美国为首的强势文化借助全球化平台开始全方位向外文化渗透，尤其是在当前国内文化需求、文化消费与供给在总量和结构

① 张晓明，王家新，章建刚．中国文化产业发展报告 2014［M］．北京：社会科学文献出版社，2014：6-7.

② 胡乐明，刘刚．新制度经济学［M］．北京：中国经济出版社，2009：251.

性矛盾形成战略性短缺的现实语境下，更为国外文化消费进入提供了市场。① 国内外形势的深刻变化和现代信息技术的迅猛发展，使得我们在健全现代文化市场体系过程中需警惕一些无形的文化渗透和文化安全威胁。政府管理制度设计在过去有效，而在现在则未必有效；过去不可逾越，现在则需要突破；要充分运用新技术新应用创新媒体传播方式，占领信息传播制高点。

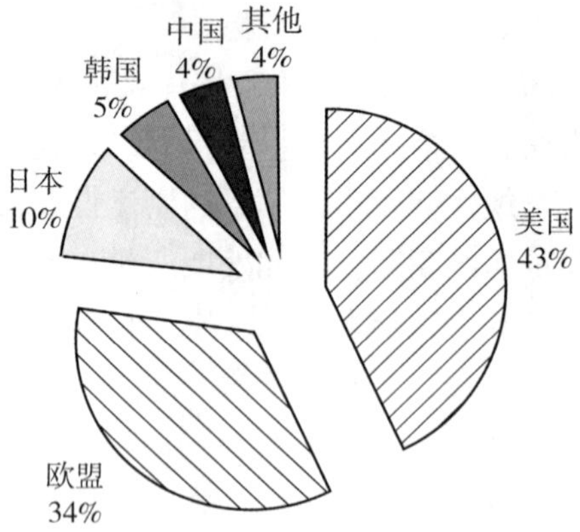

图 19-1　世界文化市场分布图

2. 兼顾公平与效率

兼顾公平与效率的总体目标主要涉及效率提高与社会公平两个层面。

(1)效率提高。健全现代文化市场体系制度设计的根本目标是要提高效率，实现政府对文化市场失灵和市场固有缺陷的弥补，解决文化市场的外部性、信息不对称、进入壁垒等问题，提高文化资源的配置效率。② 根据《新帕尔格雷夫经济学大词典》，效率是指资源配置的这样一种状态：对于某种经济的资源配置，如果不存在其他生产上可行的配置，使得该经济中的所有个人至少和他们在初始时的情况一样良好，而且至少有一个人的情况比初始时更好，那么这个资源配置就是最优的。③ 现代文化市场体系是现代市场体系的重要组成部分，制度的设计必须建立在对市场机制充分尊重的基础上，坚持市场在资源配置中的决定性作用。政府决策必然以市场效率的提高和社会成本最小化为最基本原则。这要求制度设计必须符合市场经济发展规律，一方面需要划分市

① 范玉刚．发展文化产业战略意义探析[J]．人文杂志，2005(2)：61-65.

② 郝婷，黄先蓉．文化市场体系建设应遵循的原则[J]．新闻前哨，2014(6)：24-26.

③ 谢自强．政府干预理论与政府经济职能[M]．长沙：湖南大学出版社，2004：54-55.

场机制与政策管制的范围与边界，“把市场还给市场”，减少政府对文化市场的直接干预，实行“尽可能多的竞争，最必要的计划”，实现自由市场与有限政府的相结合；另一方面在市场失灵和市场缺陷必须管制的情况下，将政策管制与其他替代性制度安排(如社会组织)进行成本—收益的分析比较，选择成本更低、效率更高的方法解决。①

(2)社会公平。首先，市场主体之间的机会均等是指能够使文化资源在各类市场主体之间自由流动、平等交换。从我国文化体制改革试点工作开始到党的十八届三中全会的召开，党和国家主要政策导向和焦点之一就是推动国有经营性文化单位转企改制、支持国有文化企业面向资本市场投资、充分发挥国有文化资本的控制力、影响力和带动力，使公有制能够占领主渠道发挥文化的引领作用。同时，在这期间我国政府也在产权制度改革等方面不断调整，以使各种所有制文化企业能够拥有公平的机会参与文化市场竞争，用制度保障公平。

其次，区域之间的机会均等主要是指制度设计应达到分区域指导的目标，在使得各区域文化市场能够获得均等文化资源的同时，各区域文化市场有均等的机会实行差异化、特色化发展。我国区域文化市场形成的因素主要有三个：一是长期计划经济体制下形成的公共文化设施和文化发展的基础条件造成的发展起始条件不同；二是改革开放以来以环渤海、长三角、珠三角三大城市群为主，以东西部差异化发展为主的经济发展战略，造成国土经济空间布局的形成；三是地方政府主导的区域化发展模式导致的同质化竞争。② 随着国家层面文化产业发展目标的日益清晰，经过了前十余年文化市场培育发展和文化产业高速发展的积累，我国条块分割、地区封锁、城乡分离的传统文化市场格局已被初步打破，但当前我国文化市场发展的区域布局还不是很合理，分区域指导目标的实现主要是为解决我国现代文化市场发展不平衡问题。

3. 提供明晰的产权

市场是制度化的交易，市场交易的对象则是产权，是关于产权的让渡，不拥有商品产权的市场主体无法参与该商品的市场交易行为，不同的产权界定会带来不同效率的资源配置，因此，明确界定产权是通过市场交易实现资源配置最优效率的基本前提和基本目标。产权制度的明晰对现代文化市场建设中市场制度的设计具有重要意义。第一，作为文化市场主体的文化企业，其制度构建的前提和核心就是建立符合市场经济发展规律的产权制度；第二，明晰文化产

① 郝婷，黄先蓉．文化市场体系建设应遵循的原则[J]．新闻前哨，2014(6)：24-26.

② 张晓明，王家新，章建刚．中国文化产业发展报告(2014)[M]．北京：社会科学文献出版社，2014：91-92.

权将有利于从多方面吸纳外部投资的进入；第三，明晰产权能够规范市场主体参与市场交易活动，明确相关主体权利和责任、健全文化企业经营者激励约束机制，从而保证市场交易活动的有序进行。现代文化市场建设中市场制度的设计与完善从制度环境上依赖并取决于明晰的文化产权制度。

具体而言，产权明晰目标的实现前提是政府负责提供有效的产权制度。我国传统体制下文化企业产权结构主要是单一国有产权制度①（如当前我国出版业的产权制度是国有独资），国家是国有资产的所有者，国家机构是行使国有产权的代理者，企业没有明确的法人财产权，政府不仅行使着所有权的职能，而且也在相当程度上行使着企业的经营权，产权关系模糊必然导致政企职责不分的不良后果。国有文化企业改革思路主要是在实现政企分开的基础上实现国有财产所有权和经营权的分离，按照归属清晰、权责明确、保护严格、流转顺畅的现代产权制度，对国有文化企业实行公司制、股份制改革，并进一步完善国有文化资产管理体制；改革方向是由单一国有产权制度向多元法人产权主体演变。

二、健全我国现代文化市场体系制度设计的具体目标

健全我国现代文化市场体系制度设计的具体目标主要包括文化产品市场制度设计目标、文化要素市场制度设计目标、文化中介市场制度设计目标三大方面。

1. 文化产品市场制度设计目标

文化产品市场是直接面对消费者的商业形式的产品市场，文化产品市场制度设计的目标是分行业指导，推动重点文化产品市场发展。现代文化市场体系是由门类众多的子市场构成的一个动态发展系统，随着文化产业发展进入新阶段，文化产业各个行业之间在生产方式、传播途径、交易环境等方面的区别越来越明显。因此，要根据“一业一策”原则，加强文化产品市场分业指导，逐步完善符合各类文化产品市场政策需求的措施，并推动重点文化产品市场发展。如我国图书市场和电子音像制品市场发展的政策导向性以及推动性比较明显，2011 年国务院修改了两部行政法规，原新闻出版总署修订了三部部门规章，都意在更大范围地开放出版物发行市场。当前，出版物市场需要重点扶持的是渠道方面，网络书店“超限战”造成的实体书店困境引起了业界的恐慌，在扶持实体书店建设和发展、争取使实体书店享受到税收相关优惠等方面存在

① 黄先蓉，郝婷．我国文化市场体系建设制度创新刍议[J]．中国出版，2014(11)：6-9.

政策需求。再如，从中央到地方，种类繁多而且过于宽松的财政支持政策降低了动漫产品生产者对高质量作品的追求动力，需要制度设计与政策安排的引导。

2. 文化要素市场制度设计的目标

文化要素市场包含各类文化要素的交易市场，文化要素市场制度设计的目标包括信息完全、契约有效以及实现非人格化交易。第一，相对完全的信息。信息成本是市场交易成本的重要组成部分，在不完全信息条件下，由于经济主体不具备获取完全信息的能力，交易双方所获取的信息是不可能对等的，因此就存在在风险条件下签订合约的成本、观察成本以及监督合约履行的成本等。第二，平等交易。在市场中交易的各市场主体必须具有平等的地位，地位平等的市场主体间的自愿交易具有高经济效益，交易的平等性排斥市场中的垄断及政府权力的介入等。① 第三，契约有效。市场交易的过程可以理解为契约准备、签订、执行与监督的过程，由于未来的不可确定性，市场中签订的关系性契约是不完全契约，因此市场制度应该保证交易双方都能严格按照签订的契约行使权利、履行义务并且承担责任。第四，实现非人格化交易方式。非人格化交易是指市场交易建立在契约关系上的交易行为，也称非人际关系化交易，这种交易方式的主要特点是交易频繁、信息量大、交易费用较低、商品流通顺畅、交易对象选择范围广泛，交易环境主要的特点是信息不对称、信息不完全、存在机会主义行为倾向和道德风险，正式规则(如法律法规等)是约束人们交易行为的主要制度形式。当前我国文化市场的交易方式正在越来越多地由人格化交易方式向非人格化交易方式转化，网络交易、电子化交易、远程交易等非人格化交易方式的创新使得市场资源配置效率不断提高并进一步促进了文化资源配置市场化机制。

3. 文化中介市场制度设计的目标

文化中介市场是作为其他产业厂商和消费者的中介，为其交易提供文化附加值的市场，文化中介市场制度设计的目标是最大限度地降低政府管理制度的交易费用。美国经济学家丹尼尔·F. 史普博在《管制与市场》一书中指出，市场失灵是政府管制介入的必要而非充分条件，可以解释为，政府管制介入是要纠正客观存在的市场失灵，但市场失灵未必需要直接的政府管制，市场解决不好的，政府未必解决得好，因为政府也是不完全政府，因此，需要充分发挥社

① 陈敬贵，贺廷富．论市场制度及其创新[J]. 四川省干部函授学院学报，2002(4)：32-34.

会力量在管理文化事务中的间接作用，充分发挥社会组织对于政府与市场替代性制度安排的功能。行业组织具有独立性、自治性、民间性与专业性，对于市场失灵和政府失灵具有补救功能，从制度经济学角度讲，其所具有的专业经济可以有效降低政府的交易费用和机会成本，协助政府提高行业管理的经济性和有效性。① 行业组织在管理文化事务中间接性功能的充分发挥有助于政府实现监管市场的社会共治理念。2013 年 7 月 11 日，国务院发布《国务院办公厅关于印发国家新闻出版广电总局主要职责内设机构和人员编制规定的通知》，明确将出版物发行员职业技能鉴定职责、图书出版单位等级评估职责、报纸综合质量评估职责、期刊综合质量评估职责等四项政府文化管理权转移到相应的社会组织，由社会组织承担政府这部分的管理职能，具体如表 19-1 所示。从我国文化行业组织当前的发展现状来看，行业组织培育发展不足且管理不够规范，职能的去行政化以及政社分开等问题还没有得到彻底解决，文化行业组织还无法充分发挥在协助政府管理文化事务方面的专业经济优势。文化中介市场的制度设计离降低政府管理交易费用的目标还有一定的差距。

表 19-1　　　　社会组织承接政府文化职能事项表

序号	职能名称	实施机关	处理决定	处理依据
1	出版物发行员职业技能鉴定职责	新闻出版广电总局	由相关协会、学会承担	《国务院办公厅关于印发国家新闻出版广电总局主要职责内设机构和人员编制规定的通知》
2	图书出版单位等级评估职责	新闻出版广电总局	由中国出版协会承担	
3	报纸综合质量评估职责	新闻出版广电总局	由中国报业协会承担	
4	期刊综合质量评估职责	新闻出版广电总局	由中国期刊协会承担	

第二节　健全我国现代文化市场体系的主要内容

文化产业是中国特色社会主义市场经济体制下的一个特殊领域，兼具意识

① 郝婷，黄先蓉．我国文化行政管理体制改革的背景、问题及对策[J]．信息资源管理学报，2014(1)：93-97.

形态属性与产业属性。改革开放特别是党的十六大以后，政府开始放松对文化建设与发展的管制。健全我国现代文化市场体系的制度设计与构建首先体现在文化权力配置上政府的放权与分权，本节在分析健全我国现代文化市场体系现行制度安排供求现状的基础上，探讨完善我国现代文化市场体系的制度设计与政策安排主要内容。

一、健全我国现代文化市场体系的制度供给需求分析

新制度经济学家林毅夫(1989)将制度的功能划分为经济功能和安全功能，并总结性地指出："制度能提供有用的服务，制度选择及制度变迁可以用'需求—供给'这一经典的理论框架来进行分析。"①为了更好地找到完善现代文化市场体系制度设计的有效路径和主要内容，有必要根据制度变迁理论对我国现代文化市场体系建设中的现行制度安排进行供求分析。

1. 我国现代文化市场体系建设的制度供给分析

当前我国现代文化市场体系建设的制度安排供给主要包括文化市场准入制度、文化产品审查制度以及行政执法制度等方面。

(1)准入制度。文化市场准入制度是我国文化市场管理的重要内容之一，国家实行审批、许可制度。

① 市场主体准入制度。市场主体准入制度是国家行政管理机关依照法律法规，对申请人是否具备市场主体资格并有能力从事经营活动进行审查核准，对符合条件的申请人及其经营事项和范围给予批准和许可的一系列具体制度。如在出版领域，新闻出版广电总局对于设立出版单位实行审批制度，只有经过国家批准并获得出版许可证的新闻出版单位才拥有合法的出版权；在演出领域，根据《营业性演出管理条例》第十一条，文化部对中外合资经营、中外合作经营的演出经纪机构和中外合资经营、中外合作经营的演出场所经营单位设立行政许可审批；在广播电视领域，根据《广播电视管理条例》第三十一条、第三十五条，新闻出版广电总局对广播电视节目制作经营单位和电视剧制作单位设立行政许可审批；在电影领域，根据《电影管理条例》第九条、第十二条，新闻出版广电总局对电影制片单位的设立、变更、终止实行审批。当前我国有关文化市场主体准入制度的相关行政审批事项如表 19-2 所示。

① 林毅夫．关于制度变迁的经济学理论：诱致性变迁与强制性变迁．见[美]科斯 R，阿尔钦 A，诺斯 D．财产权利与制度变迁[M]．上海：上海三联书店、上海人民出版社，1994：371.

表 19-2　　有关文化市场主体准入制度的行政审批事项一览表

序号	项目名称	审批类别	审批部门	子项	审批对象	设定依据
1	中外合资经营、中外合作经营的演出经纪机构设立审批	行政许可	文化部	无	企业法人或者其他组织	《营业性演出管理条例》第十一条
2	中外合资经营、中外合作经营的演出场所经营单位设立审批	行政许可	文化部	无	企业法人或者其他组织	《营业性演出管理条例》第十一条
3	设立出版单位（6个子项）	行政许可	新闻出版广电总局	设立图书出版单位、音像出版单位、电子出版物出版单位、网络出版单位、报纸出版单位、期刊出版单位审批	机关、事业单位、企业、社团组织（其中，网络出版单位审批不包含“机关”）	《出版管理条例》第十二条《音像制品管理条例》第九条《互联网信息服务管理办法》第十二条
4	出版单位变更名称、主办单位或者其主管机关、业务范围、资本结构，合并或者分立，设立分支机构审批（8个子项）	行政许可	新闻出版广电总局	图书出版单位、音像出版单位、电子出版物出版单位、网络出版单位、报纸出版单位、期刊出版单位变更（不含资本结构变更）、合并或者分立、设立分支机构审批	机关、事业单位、企业、社团组织（其中，网络出版单位变更不包含“机关”）	《出版管理条例》第十七条
				出版单位变更资本结构审批、专项出版业务范围变更审批	机关、事业单位、企业、社团组织	《出版管理条例》第十七条，第十二条

续表

序号	项目名称	审批类别	审批部门	子项	审批对象	设定依据
5	设立出版物进口经营单位审批	行政许可	新闻出版广电总局	无	企业	《出版管理条例》第四十三条
6	出版物进口经营单位变更名称、业务范围、资本结构、主办单位或者其主管机关，合并或者分立，设立分支机构审批	行政许可	新闻出版广电总局	无	企业	《出版管理条例》第四十四条
7	境外出版机构在境内设立办事机构审批	行政许可	新闻出版广电总局国务院新闻办	无	企业	《国务院对确需保留的行政审批项目设定行政许可的决定》附件第331项
8	著作权涉外机构、国(境)外著作权认证机构、外国和国际著作权组织在华设立代表机构审批	行政审批	新闻出版广电总局	无	社团组织	《国务院对确需保留的行政审批项目设定行政许可的决定》附件第317项
9	著作权管理组织及分支机构设立审批	行政许可	新闻出版广电总局	无	社团组织	《著作权集体管理条例》第九条，第十二条
10	电影制片单位设立、变更、终止审批	行政许可	新闻出版广电总局	无	境内企业事业单位社团组织	《电影管理条例》第九条，第十二条
11	跨省、自治区、直辖市的电影发行单位设立、变更业务范围或者兼并、合并、分立审批	行政许可	新闻出版广电总局	无	境内公司企业和其他经济组织	《电影管理条例》第三十七条，第三十九条

续表

序号	项目名称	审批类别	审批部门	子项	审批对象	设定依据
12	境外广播电影电视机构在华设立办事机构审批	行政许可	新闻出版广电总局	无	境外广播影视机构	《国务院对确需保留的行政审批项目设定行政许可的决定》附件第306项 《外国企业常驻代表机构登记管理条例》第二十三条
13	广播电视节目制作经营单位设立审批	行政许可	新闻出版广电总局	无	广播电视节目制作经营单位	《广播电视管理管理条例》第三十一条
14	设立电视剧制作单位审批	行政许可	新闻出版广电总局	无	持有《广播电视节目制作经营许可证》单位、地市级以上电视台、电影制片机构	《广播电视管理条例》第三十五条
15	广播电台、电视台设立、终止审批（2个子项）	行政许可	新闻出版广电总局	广播电台、电视台设立审批、终止审批	广播电台、电视台	《广播电视管理条例》第十一条，第十四条
16	境外卫星电视频道落地审批	行政许可	新闻出版广电总局	无	总局指定机构	《国务院对确需保留的行政审批项目设定行政许可的决定》（国务院令第412号） 《境外卫星电视频道落地管理办法》（广电总局令第27号）

资料来源：根据国务院审改办2015年11月在中国机构编制网公布的国务院各部门行政审批事项清单整理。

②文化业务准入制度。文化业务准入制度主要指文化行政部门许可文化经营者从事文化产品经营活动的行为。如在出版领域，新闻出版广电总局对于设立出版物进口经营单位实行行政许可审批；在广播电视领域，新闻出版广电总局对广播电视视频点播业务和跨省经营广播电视节目传送业务实行经营许可制度；在音像制品领域，新闻出版广电总局对电子出版物出版单位与境外机构合作出版电子出版物实行审批；在新闻领域，新闻出版广电总局对新闻出版中外合作项目实行审批；在电影领域，新闻出版广电总局和中国电影合作制品公司对中外合作摄制电影片实行共同审批等。当前我国有关文化业务准入制度的相关行政审批事项如表 19-3 所示。

表 19-3　　有关文化业务准入制度的行政审批事项一览表

序号	项目名称	审批类别	审批部门	子项	审批对象	设定依据
1	进口用于出版的音像制品及音像制品成品审批	行政许可	新闻出版广电总局	进口用于出版的音像制品审批	音像出版单位	《音像制品管理条例》第二十八条，第三十条
				进口音像制品成品审批	企业	
2	出版物进口单位进口电子出版物成品审批	行政许可	新闻出版广电总局	无	企业	《音像制品管理条例》第二十八条，第三十条，第四十九条
3	出版国产网络游戏作品审批	行政许可	新闻出版广电总局	无	企业	《关于贯彻落实国务院〈“三定”规定〉和中央编办有关解释，进一步加强网络游戏前置审批和进口网络游戏审批管理的通知》
4	中小学教科书出版资质审批	行政许可	新闻出版广电总局	无	机关、事业单位、企业、社团组织	《出版管理条例》(国务院令第 594 号)第三十条
5	中小学教科书发行资质审批	行政许可	新闻出版广电总局	无	企业	《出版管理条例》(国务院令第 594 号)第三十条

续表

序号	项目名称	审批类别	审批部门	子项	审批对象	设定依据
6	订户订购境外出版物审批	行政许可	新闻出版广电总局	无	企业	《出版管理条例》(国务院令第594号)第七十三条 《订户订购进口出版物管理办法》(新闻出版总署令第51号)
7	接受境外机构或个人赠送出版物审批	行政许可	新闻出版广电总局	无	受赠单位	《出版管理条例》(国务院令第594号)第七十三条 《关于接受境外机构或个人赠送境外出版物有关事项的通知》(新出联〔2010〕13号)
8	出版境外著作权人授权的电子出版物(含互联网游戏作品)审批	行政许可	新闻出版广电总局	无	电子出版单位	《音像品管理条例》(国务院令第595号)第二十八条 《国务院对确需保留的行政审批项目设定行政许可的决定》附件第328项
9	新闻出版中外合作项目审批	行政许可	新闻出版广电总局	无	开展中外期刊版权合作的期刊社的主管单位	《国务院对确需保留的行政审批项目设定行政许可的决定》附件第315项
10	举办境外出版物展览审批	行政许可	新闻出版广电总局	无	企业	《出版管理条例》第四十八条
11	中外合作摄制电影片审批	行政许可	新闻出版广电总局；中国电影合作制片公司	无	参与中外合作摄制电影片的单位	《电影管理条例》第十八条，第十九条

续表

序号	项目名称	审批类别	审批部门	子项	审批对象	设定依据
12	举办中外电影展、国际电影节审批	行政许可	新闻出版广电总局	无	举办涉外电影节展活动的单位	《电影管理条例》第三十五条
13	引进用于广播电台、电视台播放的境外电影、电视剧及其广播电视节目审批	行政许可	新闻出版广电总局	引进用于广播电台、电视台播放的境外电影、电视剧及其他广播电视节目审批	广播电视播出机构	《广播电视管理条例》第三十九条
14	广播电台、电视台以卫星等传输方式进口、转播境外广播电视节目审批	行政许可	新闻出版广电总局	无	广播电台电视台	《广播电视管理条例》第四十一条
15	影视节目制作机构与外方合作制作电视剧审批	行政许可	新闻出版广电总局	无	影视节目制作机构	《决定》附件第 307 项
16	举办国际性广播电视节目交流、交易活动审批	行政许可	新闻出版广电总局	无	活动举办单位	《广播电视管理条例》第四十五条《决定》附件一第 230 项
17	广播电视视频点播业务审批	行政许可	新闻出版广电总局	无	1. 经批准设立的地（市）级以上广播电视台；2. 经批准设立的广播影视集团（总台）；3. 数字化整体转换地区的有线电视网络公司	《国务院对确需保留的行政审批项目设定行政许可的决定》附件第 303 项
18	信息网络传播视听节目许可证核发	行政许可	新闻出版广电总局	无	国有独资或国有控股单位	《国务院对确需保留的行政审批项目设定行政许可的决定》附件第 304 项

续表

序号	项目名称	审批类别	审批部门	子项	审批对象	设定依据
19	跨省经营广播电视节目传送业务审批	行政许可	新闻出版广电总局	无	事业单位企业	《国务院对确需保留的行政审批项目设定行政许可的决定》附件第305项《国务院关于第六批取消和调整行政审批项目的决定》附件2第67项
20	广播电视专用频段频率使用许可证(甲类)核发	行政许可	新闻出版广电总局	无	机关、事业单位、企业	《广播电视管理条例》(国务院令第228号)

注：资料来源根据国务院审改办2015年11月在中国机构编制网公布的国务院各部门行政审批事项清单整理。

除了文化市场主体准入和业务准入外，国家还对从事文化经营活动从业人员实行资格准入制度，如《国务院对确需保留的行政审批项目设定行政许可的决定》(2004)附件第313项、第333项，新闻出版广电总局对广播电视播音员、主持人资格认定设立行政许可审批，实行新闻记者证核发的行政许可等。

(2)审查制度。文化产品审查制度是指文化行政部门对进入文化市场领域的文化产品进行内容审查管理的制度。文化内容审查制度是国家控制社会意识形态的具体表现，旨在维护国家宪法确定的社会基本制度和社会公共利益。根据我国现行文化市场管理法规及规章的相关规定，目前我国主要对国产和进口的影片、电视剧、文艺类音像制品内容实行前置审查制度，对图书、报纸、期刊、非文艺类音像制品以及广播电视、网络、演出等内容服务活动实行市场督察的制度。① 如在出版领域，新闻出版广电总局对图书、音像、电子出版物、期刊出版机构重大选题备案核准实行审查制度。在广播电视领域，新闻出版广电总局对国产电视剧片进行审查，重大题材报中央办公厅、中央宣传部等中央有关部门审批，特殊题材须请中央统战部、外交部、国家民委、公安部、国家安全部、国家宗教局等部门出具意见。在电影领域，新闻出版广电总局对电影剧本(不含一般题材)实行备案核准和电影片审查制度。在网络文化领域，文化部对互联网文化单位进口互联网文化产品内容实行审查制度等。

① 艾思同，李荣菊．政府文化管理教程[M]．北京：国家行政学院出版社，2013：7.

(3)行政执法。行政执法是国家机关适用有关法律行使公共权力、管理公共事务的活动，是国家行政权的重要表现形式，也是国家有关法律法规实施的重要保证。① 文化市场行政执法是指各级人民政府文化行政部门或者经法律法规授权的其他执法机构依照国家有关法律、法规、规章的规定对公民、法人或者其他组织的文化经营活动进行监督检查并对其违法行为进行处理的具体行政行为。随着我国文化管理体制改革的不断推进，我国传统文化管理体制正在从行政性行业分层管理逐渐走向面向统一市场的综合性大部制管理模式。相应地，我国文化市场行政执法体制也在进行“统一综合执法”的改革。2013 年通过《国务院机构改革和职能转变方案》，组建国家新闻出版广电总局，标志着我国统一市场执法的“大文化部制”的进一步完善。我国文化市场行政执法的范围包括：营业性演出活动、出版物、音像制品的进口批发、零售、出租和放映、娱乐场所经营活动、艺术品经营活动、电影发行、放映活动、互联网上网服务营业场所和互联网文化经营活动以及文化行政部门管理的其他文化经营活动。② 我国有关文化市场行政执法制度的主要政策如表 19-4 所示。

表 19-4　　有关文化市场行政执法制度的主要政策一览表

序号	政策名称	颁布部门	颁布时间
1	关于文化体制改革综合性试点地区建立文化市场综合执法机构的意见	中央宣传部、中央编办、财政部、文化部、国家广电总局、新闻出版总署、国务院法制办	2004 年 9 月 29 日
2	文化市场行政执法管理办法	文化部	2006 年 3 月 16 日
3	关于统一文化市场行政执法人员业务考试标准的通知	文化部	2007 年 10 月 18 日
4	文化市场重大案件管理办法	文化部	2008 年 8 月 22 日
5	关于统一文化市场综合执法文书的通知	文化部	2009 年 9 月 10 日
6	关于加强文化市场综合执法指导工作的通知	文化部	2009 年 9 月 10 日

① 顾江．文化产业研究(第 4 辑)：文化市场结构与贸易[M]．南京：东南大学出版社，2011：68.

② 艾思同，李荣菊．政府文化管理教程[M]．北京：国家行政学院出版社，2013：7.

续表

序号	政策名称	颁布部门	颁布时间
7	关于加强文化市场综合执法制度建设的通知	文化部	2009年9月10日
8	关于加强文化市场综合执法装备配备工作的指导意见	文化部	2010年12月16日
9	关于进一步规范文化市场综合执法有关标志的通知	文化部	2011年8月9日
10	文化市场综合行政执法管理办法	文化部	2011年12月19日
11	文化市场综合行政执法人员行为规范	文化部	2012年5月29日
12	文化市场综合行政执法案卷评查办法	文化部	2012年7月30日
13	关于进一步深化文化市场综合执法改革的意见	中共中央办公厅，国务院办公厅	2016年4月4日

资料来源：根据国务院、文化部、中国文化产业网、中国文化市场网、文化政策图书馆等相关网站资料统计整理。

2. 我国现代文化市场体系建设的制度需求分析

人们之所以对制度形成需求，主要是因为制度具有一定的经济价值或者能够为消费者提供某些服务，如纠正市场失灵、降低交易费用、降低不确定性、维护市场经济秩序。在微观经济学中，一种商品的需求是指消费者在一定时期在各种可能的价格水平愿意而且能够购买的该商品的数量，如消费者对一般商品的需求一样，人们对制度的需求是对效益更高的新制度的需求。① 从当前我国有关建设现代文化市场的主要宏观政策中，我们可以总结出现代文化市场建设中政府管理制度的需求主要包括以下几个方面：

(1)理顺我国文化市场管理体制。我国传统文化市场管理是基于行政性“行业分层”的管理模式，文化管理机构是按照行业分类方式设立的，条块分割的文化市场管理体制成为制约建立现代文化市场的体制性障碍。传统文化市场管理体制的局限在于：管理部门各自为政，形成行政性行业垄断，造成限制文化产品和服务自由流通的壁垒以及文化资源配置与整合的低效率；政府与市场在文化市场建设中的作用与功能定位未理顺，行政部门多头管理、职责分工不清晰，极易出现职能交叉和管理缺位等现象。如那些挂着来自文化部、新闻

① 袁庆明．新制度经济学教程[M]．北京：中国发展出版社，2011：337.

出版总署、广电总局甚至是科技部等的“集聚区”“示范区”“实验区”牌子，却缺少原创能力的文化产业园区便是多头管理很好的例子。① 事实上，我国文化市场管理体制已从2004年开始了改革，虽然以“统一综合执法”为名的部门合并的直接作用对象是文化市场执法体制，但此举对我国原有分行业的文化市场管理体制造成了冲击，将文化市场建设的基础从政府支持转向市场机制，是对文化市场管理资源进行整合迈出的重要一步。2013年《国务院机构改革和职能转变方案》发布，国家新闻出版广电总局组建，意味着我国大文化部制的进一步完善，但传统基于文化事业的“竖井式”管理模式并没有根本消除，现行文化行政管理体制在政府部门职能定位、机构设置、职责分工、运行机制等方面仍存在一些问题。如没有解决好政府与市场的关系，造成行政管理机构职能交叉、越位、缺位、多头执法、管办不分、政企不分等；没有解决好政府与社会的关系，造成行业组织职能错位，政会不分、政社不分；没有理顺政府和企事业单位的关系，导致国有文化资产管理体制不完善；组织结构条块化问题尚未彻底解决；对行政权力的制约监督机制尚不完善以及文化市场综合执法工作机制尚不健全等。②

(2)健全文化市场管理法规制度。社会主义经济本质上是法治经济。从计划经济体制转型为市场经济体制的过程中，我国文化体制改革远落后于经济体制改革，文化市场的法律环境严重滞后。主要表现有二：一是文化市场法律法规体系不完备。在法律层面上，我国当前还没有适用于整个文化市场管理的《文化市场管理法》，多是由文化行政管理机构制定的行政法规、规章和规范性文件。二是文化市场管理法制化水平不高。根据经济学的观点，在生产能力过低的阶段，供给能力决定产出，而在供给超过需求时，则是需求决定产出，前者是短缺经济，后者是过剩经济，两个阶段有不同的政策需求。我国文化市场以及文化产业都是在由计划走向市场的转型背景中建立与发展起来的，文化产品政策，版权、技术、人才等要素市场政策以及进出口、财政金融支持、税收减免等政策优惠成为主导力量。但是政策推动也有其局限性，政策效力不及法规，缺乏可量化的硬指标约束，由于没有及时将实践证明行之有效的政策法律化，文化市场建设过程中发生的很多问题及泡沫也多与政策推动有关。大量政策推动导致文化市场建设过程中法制化水平不高，与政策的易变性相比，法律法规的相对稳定更有利于保证现代文化市场的建设与文化产业的健康快速发

① 张晓明，王家新，章建刚．中国文化产业发展报告(2012—2013)[M]．北京：社会科学文献出版社，2013：9.

② 郝婷，黄先蓉．我国文化行政管理体制改革的背景、问题及对策[J]．信息资源管理学报，2014(1)：93-97.

展，为此《国家"十二五"时期文化改革发展规划纲要》(2012)明确指出要"加快文化立法，制定和完善文化市场管理等方面的法律法规，将文化建设的重大政策措施适时上升为法律法规，提高文化建设法制化水平"。

(3)进一步放松文化市场准入制度。党的十八届三中全会明确要求，"完善文化市场准入和退出机制"。随着社会主义市场经济的确立和加入 WTO，我国在文化市场准入制度方面逐步放宽。国家出台多项政策鼓励和支持非公有资本进入文化市场领域，这些表明了我国文化市场准入制度在一定程度上的松绑。但是我国在文化市场主体资格准入方面的限制仍然较为严苛，尤其是在出版市场领域，国务院出版行政主管部门不仅在全国出版单位总量、结构、布局等准入资格方面实行总体规划和调控，对出版社总量限定在 580 家左右，而且出版单位是由单一的国有资本投资设立，限制了非国有资本设立出版单位的资格。根据《中国文化产业发展报告(2014)》显示，2012 年新闻出版发行服务行业投资总规模出现轻微缩小局面，新闻出版发行行业的进入门槛虽然在逐步放宽，但是由于其承担意识形态传播的职能，除了音像制品、出版物发行、印刷复制外，社会资本的进入依然存在不小的阻力，投资增幅相对较窄。出版业严格的市场准入制度保证了我国意识形态的统一，同时却也抑制了出版业发展的竞争力与效率。

3. 我国现代文化市场体系建设的制度非均衡

制度选择既然有需求与供给，就一定存在制度的均衡与非均衡。所谓制度的非均衡主要是指现行的制度安排和制度结构不能满足人们对潜在利润的获取，这时会产生新的潜在的制度需求与制度供给以提供更有效的制度来满足人们对新的利润的获取。而无论是制度需求曲线的移动，还是制度供给曲线的移动，都会导致制度非均衡状态的出现。只有了解了制度安排的非均衡类型，才能有针对性地进行制度设计。

(1)制度供给不足。制度供给不足是指制度的供给不能满足社会对新制度的需求，从而导致制度真空的存在或低效制度的不能被替代。① 现代文化市场建设中政府管理制度供给不足主要表现为缺乏较为完善的文化市场退出制度、文化新兴业态市场管理法律制度、文化市场信用制度等。清华大学国家文化产业研究中心主任熊澄宇(2013)指出，在现代文化市场的建设与完善过程中，"以前谈文化市场准入谈得多，谈退出谈得少。包括上市公司在内，以前把上市公司当作目标，当作手段；现在退市也是目标，也是手段。怎样去理解文化

① 袁庆明．新制度经济学教程[M]．北京：中国发展出版社，2011：358.

市场的退出是新的关注点”①。现代文化市场的基本属性之一就是技术属性，党的十八大强调要促进文化和科技融合，新技术的不断发展催生出网络游戏、网络动漫、数字娱乐等新型文化业态，而我国现阶段在相关方面的法律制度较为缺乏。制度经济学认为，市场可被理解成是一个充当买者和卖者之间的关系性合约网络，但是“在缺乏诚信的情况下，安排替代性的约束条款和担保将是代价高昂的，很多互利合作的机会(交易)因之而丧失”②，因此，经济学家肯尼思·阿罗认为可信承诺是市场关系性合约的黏合剂，通过政府的制度安排可使得承诺可信。在现代文化市场建设的政府管理制度的设计过程中，需要能够为之普遍遵守的社会性规范制度安排来保障契约的履行。信用制度的建设是政府管理制度构建的必然内容，它可以使政府在规范市场秩序的同时，最大限度地减少治理成本。③

(2)制度供给过剩。制度供给过剩是指相对于社会对制度的需求而言有些制度的供给是多余的。现代文化市场建设中政府管理制度供给过剩主要表现为文化市场准入制度的供给过剩。我国文化市场准入的政府审批是一种合理而必要的制度安排，主要是事前杜绝在审查中不合格的市场主体和产品进入市场。行政审批制度产生于计划经济向市场经济转轨过程中，政府为了进行社会管理而建立的，但此时的行政审批制度包含了普遍的文化活动，过多的政府审批事项会使得政府型交易费用大大增加，且会导致政府部门产生设租与寻租活动。社会主义市场经济体制在我国不断深入，已表现出许多不适应的方面，在政府管理制度安排上又提出了新的要求，即要建立与社会主义市场经济相适应的政府管理模式，相应地也必将进行政府的行政审批制度改革，行政审批也是政府行政权力最为集中的领域，消除其中的计划经济成分，使得文化领域的行政审批制度能够符合现代政府的社会管制理念。我国的行政审批制度改革是从2001年开始的，以国务院发布的《国务院批转关于行政审批制度改革工作实施意见的通知》为标志。虽然我国文化市场准入制度在一定程度上有所松绑，但是我国在文化市场准入方面的限制仍然较为严苛。严格的文化市场准入制度保证了我国意识形态的统一，同时却也抑制了文化市场发展的竞争力与效率。

① 王家新，刘玉珠，高书生．学习十八届三中全会《决定》精神座谈会发言摘要[A]．见：张晓明，王家新，章建刚．中国文化产业发展报告[M]．北京：社会科学文献出版社，2014：38.

② [美]埃里克·弗鲁博顿，[美]鲁道夫·芮切特．新制度经济学——一个交易费用分析范式[M]．姜建强，罗长远，译．上海：上海三联书店、上海人民出版社，2006：26.

③ 黄先蓉，郝婷．我国文化市场体系建设制度创新刍议[J]．中国出版，2014(11)：6-9.

二、健全我国现代文化市场体系的制度设计主要内容

现代文化市场体系是统一开放、竞争有序、诚信守法、监管有力的现代市场体系的重要组成部分，现代文化市场建设中政府管理制度完善的目标应当是在按照推动政府部门由办文化向管文化转变原则的基础上，针对现行政府管理制度的不均衡，完善文化市场准入制度，改革文化市场监管制度，构建文化市场信用制度，以此达到我国现代文化市场体系制度供求的平衡。

1. 完善文化市场准入制度

我国文化市场准入制度的完善主要指的是改革市场准入制度，放宽市场准入，引入竞争机制，继续扩大非公有制文化市场主体准入领域，在坚持公有制主体地位、发挥国有经济主导作用的基础上，为不同所有制文化企业营造公平竞争的文化市场环境。

(1)实行负面清单的“非禁即入”的市场准入管理模式。政府部门以清单方式明确列出文化市场禁止和限制投资经营的业务，保障市场准入自由，各类市场主体皆可依法平等进入。实行负面清单管理，一有助于激发市场主体的活力，赋予它们更充分的行为自由；二有助于合理规范政府行政许可行为，促进行政行为的公开化、透明化，减少政府对文化资源的直接配置；三有助于提高政府监管市场的效率，实现文化市场的事后监管，公示公信制度有利于政府准确掌握市场主体的实际经济活动状况。① 实际上，我国政府一直在探索负面清单的文化市场管理模式。2013 年国家设立了中国上海自由贸易试验区，目的就在于探索准入前国民待遇加负面清单的市场管理模式。2013 年 12 月 21 日国务院发布了《关于在中国(上海)自由贸易试验区内暂时调整有关行政法规和国务院文件规定的行政审批或者准入特别管理措施的决定》，并指出：“为加强政府职能转变，创新对外开放模式，进一步探索深化改革开放的经验，国务院决定扩大服务业开放，暂时调整《营业性演出管理条例》《娱乐场所管理条例》规定的有关行政审批以及有关资质要求、股比限制、经营范围限制等准入特别管理措施。”2014 年 4 月，上海市人民政府办公厅发布《中国(上海)自由贸易试验区文化市场开放项目实施细则》，从允许外资企业从事游戏游艺设备生产和销售、取消外资演出经纪机构的股权比例、允许设立外商独资的娱乐场

① 中国政府门户网站．放宽市场准入，激发市场活力[EB/OL]．[2014-07-14]．http：//www.gov.cn/xinwen/2014-07/14/content_2716733.htm，2014-07-14.

所并将其纳入上海文化市场经营主体诚信管理体系等几个方面对文化市场开放项目进行了具体规定。

(2)改革工商登记制度。把注册资本实缴登记制改为认缴登记制，由先证后照改为先照后证，大力减少前置审批。2014年《国务院关于取消和调整一批行政审批事项等事项的决定》中已将有关文化市场准入的11项工商登记前置审批事项改为后置审批。以行政审批制度为主导的我国文化市场准入交易费用高昂，原有制度框架下，市场主体准入需要跨越注册资本和行政审批两大门槛，导致企业负担过重且效率低下。深化文化市场行政审批制度就要按照"宽进严管"的原则，最大限度地减少中央政府对微观事务的管理，减少投资项目审批，减少生产经营活动审批，减少资质资格许可，减少行政事业性收费，同时，兼顾行政效率和公民自由，由企业自由决定的事项、由市场自行调节的事项、由社会组织提供服务的事项、实行公开招标的事项、地方和基层管理能够决策的事项、国务院已命令取消和下放行政审批的事项、无法定依据的行政审批事项，都应该一律予以取消或者下放。

(3)建立统一的市场主体制度。在经济文化全球化的新形势下，文化市场的发展必将融入全球的文化市场总体格局中，并且随着非公有制资本不断进入文化领域，国有文化企业也必将和其他所有制文化企业在开放的市场环境中开展竞争。健全的现代文化市场必然是统一、开放、竞争、有序的，其中的"统一"从某种意义上来讲，也就是需要建立统一的、公平开放透明的市场规则，建立统一的内外资法律法规、统一的市场准入制度。因此，应打破地区封锁和行业垄断，废除妨碍全国统一市场和公平竞争的规定。我国传统的基于行政性"行业分层"的文化市场管理模式是制约市场准入的体制性障碍，管理部门各自为政，形成行政性行业垄断，造成限制文化产品和服务自由流通的壁垒以及文化资源配置与整合的低效。应进一步着力营造良好的市场法治环境，统一市场准入的标准，从法律依据、登记程序、登记公示、登记事项、法律后果等方面完善登记制度。

(4)兼顾文化所具有的意识形态属性。应根据国家《反垄断法》和《行政许可法》等法律法规的规定，通过市场主体业务与意识形态关联度高低、自然垄断业务与非自然垄断业务相区分的原则，确定文化市场需要设置准入的领域与不需要设置准入的领域。文化行业具有部分自然垄断行业的特点即公益性和垄断性，但是并非自然垄断行业的所有业务都具有自然垄断性，如电视频道、出版业务等，有些业务是可竞争的，如印刷业务、发行业务等，属于非自然垄断性业务。政府应该以是否属于自然垄断业务以及与意识形态关联度的高低共同作为市场准入的参考条件，在非自然垄断性业务中放宽市场准入，引入竞争机制。①

2. 改革文化市场监管制度

市场监管是政府的四大职能（政策调节、市场监管、社会管理、公共服务）之一，文化市场管理工作直接面向社会，从全国范围看，大市场、小队伍的状况普遍存在，文化市场监管的手段仍然主要是行政手段，文化市场监管效能较低。形成党委领导、政府管理、行业自律、社会监督的立体型文化市场监管制度是文化领域市场化改革实践的客观要求和文化市场主体的利益诉求。

（1）创新文化行政管理模式。我国传统文化市场管理是基于行政性“行业分层”的管理模式，文化管理机构是按照行政分业、行业分类方式设立的，是在中央统一领导下的“条块结合、以块为主”。我国文化领域顶层上条块分割式的组织结构和相应的管理职能设计的局限在于：第一，管理部门各自为政，使得不同文化行业之间存在“行业壁垒”；第二，文化行政部门多头管理，极易出现市场监管越位和缺位的现象；第三，政令畅通的高度行政性，忽视了市场机制，造成文化资源配置的分割和低效率。政府组织结构的条块分割（地方和行业一纵一横）成为制约文化市场监管机制创新的体制性障碍。因此，改革文化市场监管制度首先应优化政府组织结构，创新文化行政管理模式，使得传统文化管理从行政性的“行业分层管理”走向面向统一市场的综合性大部制管理模式。大部制改革是一个长期的过程，要循序渐进式的改革，不能一蹴而就，主要是因为我国的文化部门设置是计划经济体制下按专业划分出来的，具有一定的制度惯性和部门利益，需要逐步协调。

（2）完善文化市场综合执法体制。市场监管执法是政府的一项重要职能，它体现的是行政权力和市场之间的规制法关系。当前，在管理实践中，我国文化市场综合执法机构的法律地位、执法程序规范、队伍建设和人员管理等方面存在较大的缺失，2011 年《文化市场综合行政执法管理办法》的出台为行政执法的制度化建设奠定了基础，但立法层级不高，无法系统有效地对执法工作进行规范。为此，文化部文化体制改革领导小组发布《2014 年文化系统体制改革工作要点》，并指出：“建立健全现代文化市场体系，要进一步深化文化市场综合执法改革，完善省级文化市场管理领导小组办公室工作机制。研究制定《文化市场综合执法管理条例》，加强文化市场执法监督，提高文化市场综合执法效率。”因此，要建立起“权责明确、行为规范、监督有效、保障有力”的

① 黄先蓉，郝婷．我国文化市场体系建设制度创新刍议［J］．中国出版，2014(11)：6-9.

文化市场综合执法体制，首先，整合规范市场监管执法主体，解决多头执法问题；其次，明确各级政府监管职责分工，消除多层重复执法问题；最后，完善文化市场监管执法标准规范和制度建设，完善市场监管法律体系。①

(3)健全文化市场管理法规制度。文化市场管理的法制建设是保障我国现代文化市场建设与完善的制度基础。文化立法推动的制度建设代表了我国文化体制改革和现代文化市场制度建设的深刻度，是评价我国政府管理制度设计与创新的指示标。② 市场管理需要制度保障，必须完善市场监管法律体系，确保我国文化市场管理有法可依。总体而言，可以从三个方面着手：一是完善市场主体层面的法规制度，明确市场主体准入和退出机制的立法，依法保障各类市场主体平等、自主权利的实现；二是完善市场行为层面的法规制度，调整市场主体在文化市场交易活动中所发生的社会关系，强化生产经营者主体责任，严厉惩处垄断行为和不正当竞争行为，强化风险管理，依法规范市场主体的生产、经营、交易等市场行为，市场主体在市场活动中能够有法可依；三是促进制定我国整个文化市场管理的基本法——《文化市场管理法》，为文化市场管理提供一部整体性、基本性的指导规范，在理顺文化市场管理体制、明确文化市场管理监督机构、规范文化行政管理部门的职能关系和管理权限等共性问题方面作出基础的制度安排。

(4)健全文化市场技术监管服务平台。文化市场技术监督体系是构建统一高效的文化市场监管体系的重要组成部分。健全我国文化市场技术监管与服务平台以及进一步推广此平台应用还应注意以下几点：一是要加强技术监管力量和手段，按照统筹规划、分布实施、全国联网、分级监控、功能完备、标准统一的原则，建立健全全国网络文化市场监控管理系统。③ 完善网吧监管功能和技术封堵措施，防止非法文化产品的传播。采取网络爬虫、数字水印等数字识别和物联网技术手段，为违法违规的网络游戏、网络音乐、网络动漫等经营行为进行实时动态监测和主动防范。为此，应进一步健全"12318"全国文化市场举报监督体系，从举报监督基础建设、举报监督工作机制、举报办理工作等方面进行规范，严格执行《文化部关于进一步加强 12318 文化市场举报监督体系建设的通知》(2012)。二是要进一步推进全国文化市场技术监督与服务平台建设电子政务信息化标准建设，制定业务需求定义和应用系统开发的业务模型规

① 黄先蓉，郝婷．我国文化市场体系建设制度创新刍议［J］．中国出版，2014(11)：6-9.

② 黄先蓉，郝婷．我国文化市场体系建设制度创新刍议［J］．中国出版，2014(11)：6-9.

③ 文化部网站．2003—2010 年文化市场发展纲要［EB/OL］．［2003-02-28］．http：//wcm. mcprc. gov. cn/pub/whsc/zcfg/zcfgbmgz/201105/t20110520_95233. htm，2003-2-28.

范，制定提供全国文化市场监管规范管理手段和措施的管理标准等，形成完善的管理标准化体系，为全国文化市场应用衔接和信息共享提供技术和环境保障。

3. 构建文化市场信用制度

“人无信不立，国无信不强。”现代市场经济是信用经济，信用是市场经济的“基石”，建立健全市场信用制度是整顿和规范市场经济秩序、降低交易成本、防范经济风险的重要举措，是减少政府对经济行政干预的迫切要求。从制度经济学角度来看，市场存在不确定性、个人有限理性以及机会主义行为，政府制度安排使自由市场上的承诺可信。因此，构建现代文化市场规范体系不仅需要坚实的法制基础来支持交易涉及的各种权利，也需要有能够为之普遍遵守的社会性规范(行为准则)制度安排来保障契约协议的履行。信用制度的缺失将导致市场秩序混乱、侵权盗版泛滥，主要危害在于：增加了市场交易成本，失信者支付更多的“信誉成本”，守信者将支付更多的“甄别成本”；造成市场秩序混乱，增加了政策的不稳定性。因此，要使政府在规范市场秩序的同时，最大限度地减少治理成本，文化市场信用体系的制度建设就是解决之道。

文化市场信用制度的构建应从以下几个方面着手：第一，构建文化市场信用信息公开共享平台。制定统一的信用信息采集和分类标准，建立健全文化市场基础数据和信用信息，建立文化行业统一、高效运行的征信系统，打破当前文化市场信息分割局面，以便能够有效降低和削弱市场交易风险。第二，加强文化市场契约制度建设。以契约的方式来具体明确各方的权利与义务，使交易主体依法守约、互相依赖，降低交易风险。① 此外，在社会主义市场经济条件下，文化市场管理通过法律管理、自我管理、契约管理和自律管理等四个方面实现，文化中介组织是基于文化市场交换的权利与义务的管理，是实现契约管理的一种形式，因此，信用服务市场可以作为契约制度的补充，进一步发挥以契约为基础的信用保障机制。要坚持以市场需求为导向，建立以信用征集、信用咨询、信用评估、信用担保和信用保险等为主要内容的信用中介服务体系，培育和发展种类齐全、功能互补、依法经营、有市场公信力的信用服务机构。② 第三，健全失信惩戒和守信褒扬制度。文化行政管理部门应建立文化企

① 祁述裕．中国文化产业发展战略研究[M]．北京：社会科学文献出版社，2008：268.

② 中国政府门户网站．中央治理商业贿赂领导小组印发《关于在治理商业贿赂专项工作中推进市场诚信体系建设的意见》[EB/OL]．[2008-12-11]．http：//www.gov.cn/zfjs/2008-12/11/content_1175332.htm.

业信用档案，实现企业信用信息的高效查询和共享。对诚信经营，在政府采购、纳税、银行信贷、公共服务等活动中拥有良好信用层级的企业提供优惠条件和予以鼓励。加大对失信市场主体的惩罚力度，依法实行经济处罚、降低或撤销资质、吊销证照等方式，限制其市场准入。①

第三节　健全我国现代文化市场体系的路径选择

不同的制度变迁方式与路径选择将对健全我国现代文化市场体系的制度设计产生不同的影响，为保证现代文化市场体系建设中制度设计与政策安排的顺利进行，需要对健全我国现代文化市场体系的制度安排路径选择进行研究。本节在分析健全我国现代文化市场体系制度设计逻辑起点的基础上，明确我国现代文化市场体系制度规划的路径选择。

一、健全我国现代文化市场体系制度设计的逻辑起点

健全我国现代文化市场体系的制度设计，在基本制度环境范围内，在可控的正式制度层面，制度设计需要一套相对完善的基础保障，必须明确相关制度设计的逻辑起点，为制度设计与政策安排做好准备。

1. 理顺政府与市场的关系

政府和市场作为经济生活中可以相互替代的资源配置力量，是现代市场经济不可或缺的两种基本制度安排。政府通过权威性的行政协调机制(计划)对资源进行配置，市场通过灵敏多变的价格机制对资源进行配置。正确处理政府与市场的关系：首先需要明确政府管制与市场机制的作用，市场机制是通过价格机制起作用的，主要包括价格机制、竞争机制和供求机制，政府与市场之间的关系是通过管制制度建立起来的，政府通过运用一些管制手段如政策、法规、标准等对市场进行干预；其次是划定政府介入市场的范围，文化市场是现代市场的重要组成部分，因此文化市场的发展就必须符合现代市场经济的一般规律，政府对市场的替代主要基于市场型交易费用过高而引起的市场失灵，要

① 中国政府门户网站．中央治理商业贿赂领导小组印发《关于在治理商业贿赂专项工作中推进市场诚信体系建设的意见》[EB/OL]．[2008-12-11]．http：//www.gov.cn/zfjs/2008-12/11/content_1175332.htm.

把政府管理文化市场的范围划定在市场失灵的范围之内,① 同时兼顾文化的意识形态属性。

文化体制改革以来，我国政府不断推进行政体制改革，大力取消或下放文化市场的行政审批事项、进行政府文化管理职能的转移。据笔者统计，自2002年《国务院关于取消第一批行政审批项目的决定》发布至2014年，政府在文化市场管理方面放权(审批权、管理权等)总数达到142项，政府行政审批权从前置审批改为后置审批事项为11项，中央政府(文化部、原新闻出版总署、国家新闻出版广电总局)权力下放到地方政府(省、自治区、直辖市、县级文化行政主管部门)的数量为37项，政府权力取消数量为89项，政府权力转移(政府管理权由政府转移到相关行业组织或公共服务机构)数量为5项。政府权力下放类型及数量如图19-2所示。从图中可以看到，我国政府在文化市场管理方面简政放权力度较大集中在2002年、2003年、2004年、2010年、2012年、2013年以及2014年，2004年政府文化职能下放达到了26项之高，2013年政府首次将4项文化职能进行了权力转移，2014年政府将11项行政审批权由前置审批改为后置审批。可见，我国政府正在逐步按照管办分离以及由管微观向管宏观转变的原则进行文化权力下放，还权给文化市场，在现代文化市场管理中实行“尽可能多的竞争，最必要的计划”。

2. 厘清集权与分权的关系

我国传统文化市场所产生的文化行政管理模式是在计划经济体制下建立起的一种集权模式，从中央政府到各省、市、县至乡镇基层政府，都设有代表国家从事文化管理的专门机构，由当地政府归口管理。布鲁斯认为，集权模式具有能够强制地动员资源、允许迅速行动、具有高度选择能力的优点。② 但是，集权的管理方式有效性较弱，因此，推进职能下放，使得政府的工作任务转向与其能力相适应的市场监督、提供满足社会需求的基础性工作与公共产品供给上面，是政府管制有效性变革的目标所在。道格拉斯·诺斯在1990年出版的《制度、制度变迁与经济绩效》③一书中指出，制度变迁必须得到两级行动集团的推动，即初级行动集团和次级行动集团，两级行动集团是相对的，初级行

① 郝婷，黄先蓉．我国文化行政管理体制改革的背景、问题及对策[J]．信息资源管理学报，2014(1)：93-97.

② 转引自傅才武、陈庚．我国文化体制改革的过程、路径与理论模型[J]．江汉论坛，2009(6)：115.

③ North Douglass C. Institutions, Institutional Change and Economic Performance [M]. Cambridge, New York: Cambridge University Press, 1990.

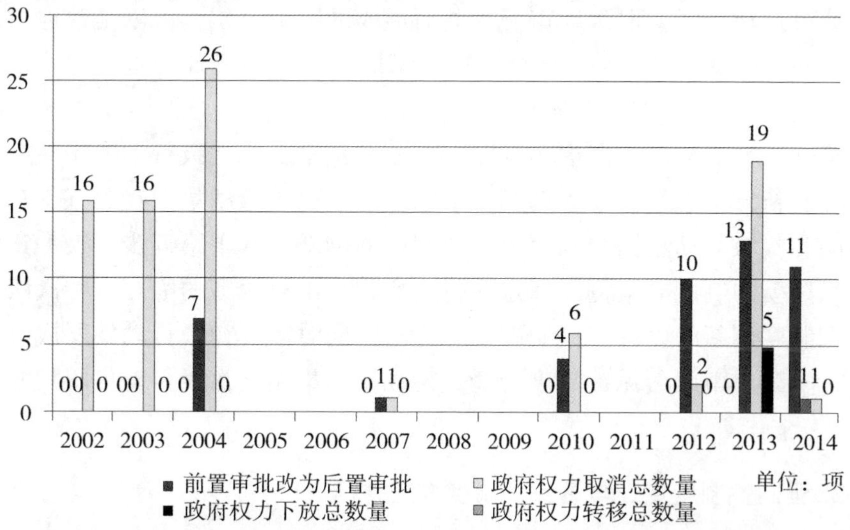

图 19-2 2002—2014 年政府在文化市场管理层面的放权类型及数量统计

动集团是制度变迁的创新者与推动者，次级行动集团是制度变迁的具体实施者；中央行政机构管得过多过细，既管不好也不利于地方因地制宜开展工作，中央政府即应适当放权给下一级政府次级行动集团与初级行动集团相配合，发挥中央和地方两个方面的积极性。

二、健全我国现代文化市场体系制度设计的路径选择

健全我国现代文化市场体系制度设计的路径选择大致包含三个方面：初级行动集团与次级行动集团相互配合、强制性变迁与诱致性变迁并行、中央制度变迁与地方制度变迁相互结合。

1. 初级行动集团与次级行动集团相互配合

戴维斯和诺思认为制度变迁的过程涉及两大行动集团，即初级行动集团和次级行动集团。初级行动集团是指预见到潜在的市场经济利益(但这些收益他们不能从现存的制度安排中获取)，并认识到只要能改变制度安排、进行制度创新就能获取潜在利益的人，他们是推动制度创新的第一行动集团。初级行动集团是一个决策单位，这一单位可能是单个人或由几个人组成的集团，他们的决策支配了安排创新的进程，任何一个初级行动集团的成员都至少是一个约瑟

夫·熊彼特意义上的制度创新企业家。① 次级行动集团是在制度创新过程中帮助初级行动集团获取预期市场利益而形成的决策单位，可以是政府，也可以是民间组织或其他团体。② 戴维斯和诺斯认为制度变迁的过程涉及这两大集团的配合，并将制度创新的过程分为五个步骤：第一，形成初级行动集团；第二，初级行动集团提出制度创新方案；第三，初级行动集团对已提出的各种创新方案进行比较和选择；第四，形成次级行动集团；第五，初级行动集团和次级行动集团共同努力实现制度的创新。其中第五步是最关键的步骤，最终新的制度方案得以通过并付诸实践离不开两者的配合。在次级行动集团把制度创新的设计变成制度变迁行动的同时需要初级行动集团成员对方案进行实践。由此可见，制度变迁是初级行动集团与次级行动集团相互配合的结果。

2. 强制性制度变迁与诱致性制度变迁并行

强制性制度变迁是由政府命令或法律强制性引入和实行的变迁，诱致性制度变迁是由个人在响应由制度不均衡引致获利机会而采取的自发行动。计划经济体制背景下，我国文化建设实行的是事业体制，文化发展并不依赖于文化市场，且受到政府非常严格的管制。社会主义市场经济体制确立之后，我国文化建设与发展走上了产业化发展道路，建设与完善现代文化市场成为党和政府发展文化产业的重心所在。总体而言，现代文化市场的制度变迁是由政府作为制度主体进行强制性制度变迁，政府在现代文化市场制度变迁的路径选择、制度变迁推进的次序与时机的权衡中起着决定性作用。虽然政府管理制度在变迁的过程中表现出了一部分诱致性特征，但诱致性制度变迁不明显，缺乏初级行动集团自觉根据市场经济获利机会所进行的自发性制度变迁。如我国大多数文化产业集团是在政策的强力推动下而不是依靠市场的内生动力建立和发展起来的。现代文化市场建设中政府管理制度的设计必须与市场制度、企业制度的设计结合起来，才能够顺利进行。因此，在制度变迁方式选择上，也需要在一定程度上引导和鼓励诱致性制度变迁。

① ［美］戴维斯 L E，诺斯 D C. 制度创新的理论：描述、类推与说明［M］//［美］科斯 R，阿尔钦 A，诺斯 D. 财产权利与制度变迁. 上海：上海三联书店，上海人民出版社，1994：266-291.

② ［美］戴维斯 L E，诺斯 D C. 制度创新的理论：描述、类推与说明［M］//［美］科斯 R，阿尔钦 A，诺斯 D. 财产权利与制度变迁. 上海：上海三联书店，上海人民出版社，1994：266-291.

3. 中央制度变迁与地方制度变迁相互结合

中央政府是制度变迁的主要承担者，体现的是集权的管制模式，而地方政府是制度变迁的推动者和实施者，体现的是分权的管制模式。中央政府作为制度变迁的主要承担者，具有提供各种制度资源(如宪法、法律、意识形态等)的功能，而地方政府具有推动本地经济发展的权力，地方制度改革的局部性与试验性特征，使得地方制度变迁相较于中央制度变迁来说，具有风险小、成本小、阻力小的优点。① 中央政府与地方政府的有机结合才能使社会整体制度变迁顺利进行。在现代文化市场建设中，中央制度变迁与地方制度变迁相结合，需要处理好中央集权与分权的纵向权力关系。布鲁斯认为，集权模式具有能够强制地动员资源、允许迅速行动、具有高度选择能力的优点，② 但集权管制方式的有效性较弱。我国文化行政管理机构是在计划经济体制下建立起的一种集权模式，从中央政府到各省(自治区)、市、县至乡镇基层政府，都设有代表国家从事文化管理的专门机构，由当地党委宣传部门归口管理③。世界银行在《1997年世界发展报告：变革世界中的政府》中对转型社会中政府的有效性进行了阐述：第一阶段，政府能力不足，同时又无所不管，有效性低；第二阶段，政府的任务向基础性工作集中，并与社会建立了一定的合作关系；第三阶段，政府已形成强有力的能力，工作和其能力相适应。④ 因此，在中央文化政府机构推进职能下放的过程中，要充分发挥中央和地方二者的积极性，合理确定中央与地方政府的职责权限、省(自治区)以下不同层级地方政府职能与权责关系，健全各级政府财权与事权相匹配、权责相统一的财税体制，实现有效分权，⑤ 实现由重参与协作的分权模式取代非层级节制的集权模式⑥。并在此过程中，注意处理好收和放的关系，正如习近平总书记所强调的："深化行政

---

① 王玉明．论政府制度创新——从新制度经济学的视角分析[J]．国家行政学院学报，2000(6)：90-94.

② 转引自傅才武、陈庚．我国文化体制改革的过程、路径与理论模型[J]．江汉论坛，2009(6)：115.

③ 袁炯．文化创新体制的内涵研究及文化制度创新的制度选择[D]．北京：中国经济研究院，2010：30.

④ 华翠岩．建设服务型政府背景下的政府管制改革研究[D]．济南：山东大学，2009：24.

⑤ 中国文化传媒网网站．寻求大部制体制改革新突破[EB/OL]．[2013-03-06]．http：//www.ccdy.cn/cehua/2013ch/dbuzhi/baodao/201303/t20130306_588178.htm.

⑥ 郝婷，黄先蓉．我国文化行政管理体制改革的背景、问题及对策[J]．信息资源管理学报，2014(1)：93-97.

体制改革，要处理好收和放的关系。转变政府职能需要放权，以发挥地方的积极性和主动性，但并不是说什么权都要下放，该下放的当然要下放，但该加强的也要加强。”①

① 习近平．充分发挥我国社会主义政治制度优越性——关于发展社会主义民主政治和依法治国[N]．人民日报，2014-07-08(9)．

参 考 文 献

● 图书

[1]陈焱．好莱坞模式：美国电影产业研究[M]．北京：北京联合出版公司．2016.
[2]郝振省．国际出版业发展报告 2008 版[M]．北京：中国书籍出版社，2008.
[3]郝振省．国际出版业发展报告 2010 版[M]．北京：中国书籍出版社，2012.
[4]范军．国际出版业发展报告 2014 版[M]．北京：中国书籍出版社，2015.
[5]国家新闻出版广电总局进口管理司．海外新闻出版实录 2013[M]．北京：中国传媒大学出版社，2014.
[6]海外新闻出版实录 2014 [M]．北京：中国传媒大学出版社，2015.
[7][法]皮埃尔・埃苏里．加斯东・伽利玛：半个世纪的法国出版史[M]．胡小跃，译．北京：人民文学出版社，2005.
[8]陈奇佳．日本动漫艺术概论[M]．上海：上海交通大学出版社，2006.
[9]李常庆．日本动漫产业与动漫文化研究[M]．北京：北京大学出版社，2011.
[10]殷俊，谭玲．动漫产业(第二版)[M]．成都：四川大学出版社，2009.
[11]海波．世界动画大师[M]．上海：复旦大学出版社，2011.
[12][日]增田弘道．日本动漫产业的商业运作模式[M]．李希望，译．北京：龙门书局，2012.
[13]齐躍．动画文化学[M]．北京：中国传媒大学出版社，2009.
[14]张胜冰．世界文化产业导论[M]．北京：北京大学出版社，2014.
[15]张晓明，惠鸣．全面构建现代文化市场体系[M]．北京：社会科学文献出

版社，2016.
[16]张晓明，王家新，章建刚．中国文化产业发展报告 2014[M]. 北京：社会科学文献出版社，2014.
[17]胡乐明，刘刚．新制度经济学[M]. 北京：中国经济出版社，2009.
[18]谢自强．政府干预理论与政府经济职能[M]. 长沙：湖南大学出版社，2004.
[19]艾思同，李荣菊．政府文化管理教程[M]. 北京：国家行政学院出版社，2013.
[20]顾江．文化产业研究(第 4 辑)：文化市场结构与贸易[M]. 南京：东南大学出版社，2011.
[21]袁庆明．新制度经济学教程[M]. 北京：中国发展出版社，2011.
[22]张晓明，王家新，章建刚．中国文化产业发展报告(2012—2013)[M]. 北京：社会科学文献出版社，2013.
[23][美]埃里克·弗鲁博顿，[美]鲁道夫·芮切特．新制度经济学——一个交易费用分析范式[M]. 姜建强，罗长远，译．上海：上海三联书店，上海人民出版社，2006.
[24]祁述裕．中国文化产业发展战略研究[M]. 社会科学文献出版社，2008.
[25][美]科斯 R，阿尔钦 A，诺斯 D. 财产权利与制度变迁[M]. 刘守英，等，译．上海：上海三联书店、上海人民出版社，1994.
[26]马克思，恩格斯．马克思恩格斯选集(第 26 卷)[M]. 北京：人民出版社，1974.
[27]毛泽东选集[M]. 北京：人民出版社，1991.
[28]余秋雨．当代都市文化略论[M]. 上海：学林出版社，1997.
[29]罗紫初．出版学基础[M]. 太原：山西人民出版社，2005.
[30]邓小平文选(第三卷)[M]. 北京：人民出版社，1993.
[31]王永贵．经济全球化与社会主义意识形态建设研究[M]. 北京：人民出版社，2005.
[32]刘吉发，陈怀平．文化产业学导论[M]. 北京：首都经济贸易大学出版社，2010.
[33]中华人民共和国统计局．中国统计年鉴[M]. 北京：中国统计出版社，2011—2015.
[34]中央美术学院艺术市场研究中心．中国艺术品市场年度报告[M]. 北京：人民美术出版社，2012—2015.
[35]沙海林．社会主义市场体系建设概论[M]. 上海：上海人民出版社，2012.

[36][美]理查德·E. 凯夫斯. 创意产业经济学：艺术的商业之道[M]. 孙绯，等，译. 北京：新华出版社，2004.
[37]中华人民共和国统计局. 中国统计年鉴[M]. 北京：中国统计出版社，2011—2015.
[38]中央美术学院艺术市场研究中心. 2014中国艺术品市场年度报告[M]. 北京：人民美术出版社，2015.
[39]中央美术学院艺术市场分析研究中心. 2013中国艺术品市场年度报告[M]. 北京：人民美术出版社，2014.
[40]张立. 2014—2015中国数字出版产业年度报告[M]. 北京：中国书籍出版社，2015.
[41]郝振省. 2012—2013中国数字出版产业年度报告[M]. 北京：中国书籍出版社，2013.
[42]张晓明，等. 中国文化产业发展报告(2015—2016)[M]. 北京：社会科学文献出版社，2016.
[43]王亚南. 中国文化消费需求景气评价报告(2014)[M]. 北京：社会科学文献出版社，2014.
[44]国家统计局社会科技和文化产业统计司，中宣部文化体制改革和发展办公室. 中国文化及相关产业统计年鉴(2013)[M]. 北京：中国统计出版社，2013.
[45]国家统计局社会科技和文化产业统计司，中宣部文化体制改革和发展办公室. 中国文化及相关产业统计年鉴(2015)[M]. 北京：中国统计出版社，2015.
[46]王亚南. 中国文化产业供需协调增长测评报告(2014)[M]. 北京：社会科学文献出版社，2014.
[47]顾钰民. 健全现代市场体系[M]. 重庆：重庆出版社，2009.
[48]向志强. 文化产业市场体系及其竞争力研究[M]. 长沙：湖南大学出版社，2014.
[49]赵玉忠. 文化市场学[M]. 北京：中国时代经济出版社，2010.
[50]胡惠林，单世联. 文化产业学概论[M]. 太原：山西人民出版社，2006.
[51]徐长玉. 中国劳动力市场培育研究[M]. 西安：西北大学，2008.
[52]王晓东. 论市场体系建设：资源配置的制度思考[M]. 北京：中国财政经济出版社，2004.
[53]方卿，姚永春. 图书营销学教程[M]. 长沙：湖南大学出版社，2008.
[54][美]哈罗德·德姆塞茨. 关于产权的理论：财产权利与制度变迁[M]. 刘守英，等，译. 上海：上海三联书店、上海人民出版社，1994.

[55]沙海林．社会主义市场体系建设概论[M]．上海：上海人民出版社，2012.
[56]国家统计局社会科技和文化产业统计司，中宣部文化体制改革和发展办公室编．中国文化及相关产业统计年鉴[M]．北京：中国统计出版社，2013，2014.
[57]马费成，等．信息经济学[M]．武汉：武汉大学出版社，1997.
[58][美]乔治·斯蒂格勒．产业组织和政府管制[M]．上海：上海三联书店，1996.
[59]王必锋．要素市场扭曲对中国经济外部失衡的影响研究[M]．北京：经济科学出版社，2015.
[60]曹和平，等．中国产权市场发展报告(2014)[M]．北京：社会科学文献出版社，2015.
[61]吴锋，孟磊．长三角文化产业发展研究[M]．上海：上海三联书店，2014.
[62]王国顺，周勇，汤捷．交易、治理与经济效率[M]．北京：中国经济出版社，2005.
[63]张展．中国市场中介组织的发展研究[M]．北京：中国经济出版社，2007.
[64][美]丹尼尔·F. 斯普尔伯．市场的微观结构——中间层组织与厂商理论[M]．张军，译．北京：中国人民大学出版社，2002.
[65]宋光华．市场中介组织研究[M]．北京：经济管理出版社，1997.
[66]许德明．经济全球化视野下的市场中介服务业[M]．上海：上海人民出版社，2008.
[67]陈汉文，等．安达信：事件与反思[M]．广州：暨南大学出版社，2003.
[68]张云德．社会中介组织的理论与运作[M]．上海：上海人民出版社，2003.
[69][美]保罗·萨缪尔森，威廉·诺德豪斯．经济学[M]．萧琛，译．北京：人民邮电出版社，2008.
[70]许德明．经济全球化视野下的市场中介服务业[M]．上海：上海人民出版社，2008.
[71]马立，马西恒．中介组织与社会运行[M]．上海：上海交通大学出版社，2012.
[72]李恒光，王雁，等．成功中介必读：制度创新与中介组织培育[M]．北京：石油工业出版社，2002.
[73]冀福俊．我国现代文化市场体系的建设[M]．北京：经济日报出版

社，2016.
[74]赵玉忠．文化市场学[M]．北京：中国时代经济出版社，2010.
[75]艾思同，李荣菊．政府文化管理教程[M]．北京：国家行政学院出版社，2013.
[76]张晓明，惠鸣．全面构建现代文化市场体系[M]．北京：社会科学文献出版社，2014.
[77]李长春．文化强国之路——文化体制改革的探索与实践(上)[M]．北京：人民出版社，2013.
[78]阎应福，郝玉柱．市场管理概论[M]．北京：中国物价出版社，2002.
[79]黄先蓉．出版物市场管理[M]．武汉：武汉大学出版社，2016.
[80]张新华．转型期中国出版业制度分析[M]．北京：中国传媒大学出版社，2010.
[81]徐善长．生产要素市场化与经济体制改革[M]．北京：人民出版社，2005.
[82]罗紫初．出版学基础[M]．太原：山西人民出版社，2005.
[83]方卿，等．出版产业链研究[M]．北京：高等教育出版社，2007.
[84]傅才武．中国文化与消费市场研究[M]．昆明：云南人民出版社，2014.
[85]蔡骐，蔡雯．媒介竞争与媒介文化[M]．上海：复旦大学出版社，2007.
[86]张志强，左键．中国出版业发展报告——新千年来的中国出版业[M]．南京：南京大学出版社，2013.
[87]张晓明，惠鸣．全面构建现代文化市场体系[M]．北京：社会科学文献出版社，2014.
[88]徐建华．版权贸易新论[M]．苏州：苏州大学出版社，2005.
[89]徐丽芳，刘锦宏，丛挺．数字出版概论[M]．北京：电子工业出版社，2014.
[90]黄先蓉．出版物市场管理概论[M]．武汉：武汉大学出版社，2005.
[91]陈昕．中国图书定价制度研究[M]．上海：生活·读书·新知三联书店，2011.
[92]傅才武，宋丹娜．文化市场演进与文化产业发展——当代中国文化产业发展的理论与实践研究[M]．武汉：湖北人民出版社，2008.
[93]刘藩．电影产业经济学[M]．北京：文化艺术出版社，2010.
[94]崔保国．中国传媒产业发展报告(2015)[M]．北京：社会科学文献出版社，2015.
[95]邓向阳．中国电影产业研究[M]．长沙：湖南师范大学出版社，2012.
[96]陈少峰，徐文明，王建平．中国电影产业报告2015[M]．北京：华文出

版社，2015.
[97]中国电影家协会，中国文联电影艺术中心产业研究部．2015 中国电影产业研究报告[M]．北京：世界图书出版公司，2015.
[98]杨大楷．投融资学[M]．上海：上海财经大学出版社，2008.
[99]黄辉著．广播电视学[M]．上海：同济大学出版社，2013.
[100]徐光春．中华人民共和国广播电视简史[M]．北京：中国广播电视出版社，2003.
[101]赵玉明．中国广播电视通史[M]．北京：北京广播学院出版社，2004.
[102]郭镇之．电视传播史[M]．北京：北京师范大学出版社，2000.
[103]刘习良．中国电视史[M]．北京：中国广播电视出版社，2007.
[104]彭晓华．电视产业经济学[M]．成都：四川大学出版社，2005.
[105]唐世鼎，黎斌，等．广播体制改革与电视发展问题研究[M]．北京：中国传媒大学出版社，2005.
[106]宫承波．广播电视概论[M]．北京：中国广播电视出版社，2014.
[107]李晓枫，柯柏龄．电视传播管理实务[M]．北京：新华出版社，2001.
[108]唐世鼎，黎斌，等．中国特色的电视产业经营研究[M]．北京：中国国际广播出版社，2009.
[109]周鸿铎．广播电视经济学[M]．北京：经济管理出版社，2003.
[110]欧阳宏生．广播电视学导论[M]．成都：四川大学出版社，2002.
[111]郑维东．秩序与语境：中国电视之收视率观察[M]．北京：中国传媒大学出版社，2012.
[112]戴建华．中国影视新媒体发展创新研究[M]．北京：中国传媒大学出版社，2014.
[113]张振华．当代中国广播电视学[M]．北京：中国国际广播出版社，2014.
[114]陆桂生，邹迎九．媒介管理通论[M]．上海：复旦大学出版社，2008.
[115]杨明品．中国广播电影电视发展报告[M]．北京：社会科学文献出版社，2014.

[116]杨伟光．中国电视论纲[M]．北京：中国广播电视出版社，1998.
[117]魏永征、李丹林．影视法导论[M]．上海：复旦大学出版社，2005.
[118]赵玉忠．文化市场概论[M]．北京：中国时代经济出版社，2004.
[119]冯守仁．文化市场行政管理概论[M]．北京：北京工业大学出版社，2001.
[120]王仲尧．文化市场与管理[M]．哈尔滨：黑龙江人民出版社，2002.
[121]谢大京，一丁．演艺业管理与运作[M]．上海：上海音乐出版社，2007.
[122]黄忆南．艺术表演团体核心竞争力研究[M]．北京：文化艺术出版

社，2013.
[123]陈庚．艺术表演团体改革与发展的路径研究[M]．武汉：湖北人民出版社，2013.
[124]宋玉珠，柳士法．文化市场学中国当代文化市场的理论与实践[M]．上海：上海文艺出版社，2002.
[125]宋玉珠，刘茜，张新建，段化等．文化市场管理指南[M]．北京：海洋出版社，1993.
[126]胡晓明，肖春晔．文化经纪理论与实务[M]．广州：中山大学出版社，2009.
[127]陈杰，闵瑞武．文化产业政策与法规[M]．北京：中国海洋大学出版社，2006.
[128]褚岩．文化经纪人概论[M]．北京：中国电影出版社，2008.
[129]杨卫武．旅游演艺的理论与实践[M]．北京：中国旅游出版社，2013.
[130]孙安民．文化产业理论与实践[M]．北京：北京出版社，2005.
[131]卢向东．中国现代剧场的演进[M]．北京：中国建筑工业出版社，2009.
[132]刘伟东．艺术管理学研究第2卷[M]．南京：东南大学出版社，2014.
[133][澳]戴维·思罗斯比．经济学与文化[M]．王志标，张峥嵘，译．北京：中国人民大学出版社，2011.
[134]胡惠林，李康化．文化经济学[M]．上海：上海出版社，2006.
[135][美]珍妮特·瓦斯科．浮华的盛宴：好莱坞电影产业解密[M]．毕香玲，译．北京：中信出版社，2006.
[136]周黎明．好莱坞启示录[M]．上海：复旦大学出版社，2014.
[137]高晓松．晓说4[M]．北京：北京联合出版公司，2014.
[138] Mouliner Pierre. Politiques Culturelles et la décentralisation [M]. Paris: L'Harmattan, 2002.
[139] Throsby Cavid D. Economics and Culture [M]. New York: Cambridge University Press, 2001.

• 期刊论文

[1]徐佳璐．电影版权证券化中的资产真实销售问题探析——以好莱坞电影版权融资模式为鉴[J]．版权经济，2013(4).
[2]范桂玉．美国电影产业发展与政府扶持[J]．传播与版权，2011(2).
[3]娄孝钦．新世纪以来美国电影产业的政府扶持[J]．中共成都市委党校学报，2011(5).

[4]张艳，荆林波，彭品志．我国文化市场建设中的行业协会治理功能[J]．中国流通经济，2014(8).
[5]黄先蓉，刘召燕．中国电影市场体系建设的政策缺失与完善路径[J]．出版科学，2014，22(4).
[6]刘玥．浅析法国文学和出版的繁荣[J]．山西青年，2015(24).
[7]王珺．法国阿歇特的“口袋书”系列[J]．出版参考，2013(21).
[8]胡小跃．伽利玛是怎样炼成的[J]．书城，2009.
[9]王海冬．法国的文化政策及对中国的历史启示[J]．上海财经大学学报，2011(5).
[10]张书卿．法国政府对出版产业及文化产业发展的作用与作为[J]．出版发行研究，2006(1).
[11]魏玉山，杨贵山．法国的出版管理体制[J]．出版发行研究，1995(4).
[12]李奇志，李倩颖．法国文学出版长期繁荣之探析[J]．新闻爱好者，2011(4).
[13]张林初．法国文学奖拉动获奖图书的销售量[J]．出版参考，2011(4).
[14]雷霏．法国对中国的图书推广策略分析[J]．出版发行研究，2015(1).
[15]张亮．日本动漫产业启示录[J]．南风窗，2003(02X).
[16]王小环．日本动漫衍生产品的开发对我国的启示[J]．编辑之友，2008(4).
[17]何建平，刘洁．日本动漫产业运作模式研究——兼论对中国动漫产业的启示[J]．当代电影，2009(7).
[18]陈磊．日本漫画业现状与前瞻[J]．出版参考，2001(2).
[19]常凤霞，张志宇．《千与千寻》对我国动画产业的启示[J]．合作科技与经济，2015(19).
[20]支菲娜．虚幻的影像与边缘载体的小心——日本动画的传承与开拓[J]．北京电影学院学报，2004(3).

[21]王瑕．新世纪福音战士——日本动画心理分析的先河之作[J]．电影评介，2008(20).
[22]董佳佳，王树义．日本动漫产业的政策分析及借鉴[J]．经济导刊，2011(10).
[23]陈博．日本动漫产业的发展历程及其特点[J]．日本学论坛，2008(3).
[24]张志宇，常凤霞，苏锋．论日本政府的动画产业发展战略和支持政策[J]．日本研究，2014(2).
[25]杨渝坪．中日两国政府动漫政策比较[J]．新闻界，2011(7).
[26]何建平，刘洁．日本动漫产业运作模式研究——兼论对中国动漫产业的

启示[J]. 当代电影，2009(7).
[27]吕晓志，于娜. 日本动漫产业的成功启示[J]. 中国电视，2007.
[28]李常庆. 日本动漫产品的传播形式与流通渠道[J]. 出版发行研究，2009.
[29]易前良，王凌菲. 青年御宅族的媒介使用与亚文化取向研究[J]. 青年探索，2011(4).
[30]韩若冰，韩英. 日本“御宅族”的行为方式及其消费特征[J]. 山东社会科学，2012(6).
[31]曹海峰. 试论市场细分趋势下的动漫产业[J]. 广西社会科学，2009(2).
[32]陈博. 日本动漫产业的发展历程及其特点[J]. 日本学论坛，2008(3).
[33]归泳涛. 日本的动漫外交——从文化商品到战略资源[J]. 外交评论，2012(6).
[34]李娟，李月敏. 日本动漫文化输出战略[J]. 河北大学学报(哲学社会科学版)，2007(7).
[35]李常庆. 日本动漫人才培养：注重实践教育[J]. 传媒，2011(4).
[36]胡献忠. 日本动漫出版的成功经验及其启示[J]. 出版发行研究，2010(11).
[37]刘瑶. 日本动漫产业的发展历程、驱动因素及现实困境[J]. 现代日本经济，2016(1).
[38]王洋. 解析日本动漫产业的发展[J]. 中国商界，2009(10).
[39]姚林青. 繁荣与威胁：日本动漫产业的现状分析[J]. 艺术·生活，2007(5).
[40]吕晓志，于娜. 日本动漫产业的成功启示[J]. 中国电视，2007(4).
[41]彭虎锋. 韩国网络游戏产业发展模式 [J]. 合作经济与科技，2006(4).
[42]宋平，朱美荣. 两次经济危机中的韩国经济及其对策[J]. 山东社会科学，2011(7).
[43]向勇，权基永. 国政方向与政策制定：韩国文化产业政策史研究[J]. 福建论坛·人文社科版，2012(8).
[44]周笑冰. 韩国政府的游戏产业扶持政策及启示[J]. 特区实践与理论，2012(6).
[45]吴彰. 韩国游戏业的兴起[J]. 计算机，2002(Z4).
[46]王冬. 韩国青少年网络游戏问题研究[J]. 中国青年政治学院学报，2006(5).
[47]刘文，张丹. 中韩游戏产业发展比较研究[J]. 贵州社会科学，2015(4).
[48]张志宇，苏峰，常凤霞. 韩国文化产业的出口振兴政策和韩国文化产业的发展[J]. 当代韩国，2016 年(1).

[49]孙梨梨，刘兴全，郑基银．韩国文化内容产业的发展及其对中国的启示[J]．西南民族大学学报(人文社科版)，2016(2)．
[50]彭虎锋．韩国网络游戏产业发展模式[J]．合作经济与科技，2006(4)．
[51]向勇，权基永．韩国文化产业立国战略研究[J]．华中师范大学学报(人文社会科学版)，2013，52(4)．
[52]张焱．韩国文化产业概念界定及历史渊源[J]．今传媒，2013(1)．
[53]陈文．韩国游戏扶持政策对我国的启示[J]．出版发行研究，2006(2)．
[54]马运朋，孙海英．中韩游戏产业发展对比研究[J]．网络财富，2009(7)．
[55]周笑冰．韩国政府的游戏产业扶持政策及启示[J]．特区实践与理论，2012(6)．
[56]高嘉阳．中韩网络游戏产业国际竞争力比较研究[J]．中大管理研究，2011(2)．
[57]佚名．产业协作激活韩国游戏资金链[J]．信息产业报道，2005(5)．
[58]朱静雯，刘颖．我国现代文化资本市场体系建设存在的问题及其成因研究[J]．中州大学学报，2015(4)．
[59]李凤亮，胡鹏林．“互联网+”时代的文化科技融合——2014 年文化科技创新总报告[J]．福建论坛(人文社会科学版)，2015(12)．
[60]郝荣峰．文化人才是文化强国建设的关键[J]．东北师大学报(哲学社会科学版)，2012(3)．
[61]齐骥．我国文化产业供给侧结构性改革的探索与思考[J]．福建论坛(人文社会科学版)，2016(8)．
[62]出版传媒集团发展研究课题组，庞沁文，刘火雄．出版传媒集团发展十大趋势[J]．出版发行研究，价格理论与实践，2014(5)．
[63]黄先蓉，郝婷．现代文化市场体系建设的政策需求与制度创新[J]．科技与出版，2013(12)．
[64]蒋建国．建立健全现代文化市场体系[J]．求是，2013(24)．
[65]李媛媛．国有文化资产管理体制改革：问题与对策[J]．中国党政干部论坛，2015(2)．
[66]李正元．文化事业与文化产业的区别与联系——兼论期刊事业与期刊产业[J]．出版科学，2012(6)．
[67]张秉福．论文化事业与文化产业的互动发展[J]．出版发行研究，2014(10)．
[68]吴赟．论出版经济学研究的逻辑起点——出版产品的经济特质分析[J]．出版科学，2010．
[69]赵全新．对不正当价格行为的认识及治理路径选择[J]．价格理论与实践，

2010(6).
[70]赖霖. 浅议如何进一步提高价格社会监督体系效能[J]. 中国价格监管与反垄断, 2016(S1).
[71]山东省物价局课题组. 完善主要由市场决定价格的机制研究[J]. 2014(9).
[72]黄先蓉, 吴健. 我国文化市场诚信体系建设的政策分析[J]. 现代出版, 2015(4).
[73]蒋建国. 建立健全现代文化市场体系[J]. 求是, 2013(24).
[74]金元浦, 欧阳神州. 互联网金融模式下文化中小企业的融资[J]. 学习与探索, 2014(6).
[75]徐平, 包路芳. 建设宏大的文化人才队伍[J]. 人民论坛, 2011(32).
[76]牛维麟. 人才: 文化产业国际竞争的致胜之基[J]. 人民论坛·学术前沿, 2014(12).
[77]胡慧源. 文化产业人才培养: 问题、经验与目标模式[J]. 学术论坛, 2014(5).
[78]阳友权. 文化产业人才建设: 问题与思路[J]. 福建论坛(人文社会科学版), 2012(2).
[79]方卿. 加快文化科技创新推动文化产业发展[J]. 出版科学, 2012(4).
[80]范玉刚. 发展文化产业战略意义探析[J]. 人文杂志, 2005(2).
[81]郝婷, 黄先蓉. 文化市场体系建设应遵循的原则[J]. 新闻前哨, 2014(6).
[82]黄先蓉, 郝婷. 我国文化市场体系建设制度创新刍议[J]. 中国出版, 2014(11).
[83]陈敬贵, 贺廷富. 论市场制度及其创新[J]. 四川省干部函授学院学报, 2002(4).
[84]郝婷, 黄先蓉. 我国文化行政管理体制改革的背景、问题及对策[J]. 信息资源管理学报, 2014(1).
[85]黄先蓉, 郝婷. 我国文化市场体系建设制度创新刍议[J]. 中国出版, 2014(11).
[86]王玉明. 论政府制度创新——从新制度经济学的视角分析[J]. 国家行政学院学报, 2000(6).
[87]傅才武, 宋丹娜. 我国文化体制的源起、演进和改革对策[J]. 江汉大学学报(社会科学版), 2004(2).
[88]王元骧. 文化与意识形态刍议[J]. 高校理论战线, 1997(7).
[89]杨文华. 意识形态的文化诠释[J]. 上海大学学报(社会科学版), 2008

(2).
[90]塞巴斯蒂安·赫尔科默，张世鹏．后意识形态时代的意识形态[J]．当代世界与社会主义，2001.
[91]王晓升．文化：意识形态抑或商品？——兼与《科学发展观与新文化观》一文商榷[J]．哲学动态，2007(11).
[92]李东华．文化产品价值分析[J]．科技广场，2006(6).
[93]王志标．影响文化产品价格的因素分析[J]．中南财经政法大学学报，2008(5).
[94]韩顺平，陈文长，项志明．文化产品市场体系改革研究[J]．文化产业研究，2008.
[95]方林，徐祯．关于重塑文化市场主体几个理论问题的思考[J]．东南传播，2008(8).
[96]陈庆德．论文化产业的生产特征与组织多样性[J]．思想战线，2006(4).
[97]李景平．我国文化市场主体培育的几个关键问题[J]．中国文化产业评论，2008(2).
[98]方林，徐祯．关于重塑文化市场主体几个理论问题的思考[J]．东南传播，2008(8).
[99]李景平．我国文化市场主体培育的几个关键问题[J]．中国文化产业评论，2008(2).
[100]方卿，徐丽芳．积极治理文化发展中的乱象[J]．中国编辑，2014(6).
[101]罗紫初，秦洁雯．论文化市场体系的内涵、结构与特征[J]．出版科学，2014(1).
[102]蔡旺春．文化消费的约束因素研究[J]．经济论坛，2013(7).
[103]曾元祥，冯明，殷梦玲．从需求价格弹性看我国图书定价的错位现象[J]．出版科学，2016(1).
[104]瞭望新闻周刊．要素市场建设：重点是资本市场和劳动力市场[J]．瞭望新闻周刊，2001-03-05(10).
[105]方卿．加快文化科技创新推动文化产业发展[J]．出版科学，2012(4).
[106]郭国庆，吴剑峰．论产权市场的功能、管理与法制化建设[J]．当代经济管理，2005，27(2).
[107]王顺育，韩冰，王旭超．文化产权市场发展问题研究[J]．产权导刊，2012(11).
[108]朱静雯，刘颖．我国现代文化资本市场体系建设存在的问题及其成因研究[J]．中州大学学报，2015，32(2).
[109]方卿，白雪，曾元祥．加强文化基金会建设，引导文化产品创作生

产[J]. 中州大学学报, 2015(4).
[110]李然忠. 资本市场的深化拓展与文化传媒企业的变革转型[J]. 山东社会科学, 2015(12).
[111]欧阳友权. 文化产业人才建设: 问题与思路[J]. 福建论坛(人文社会科学版), 2012(2).
[112]赫鹏飞, 宇小兵. 文化产业人才建设的路径思考[J]. 人民论坛, 2013.9(中).
[113]朱静雯, 李靓. 我国文化技术市场体系建设存在的问题、成因及对策[J]. 出版科学, 2014, 22(6).
[114]张胜, 郭英远. 破解国有科研事业单位科技成果转化体制机制障碍[J]. 中国科技论坛, 2014(8).
[115]国家发展改革委高技术产业司. 关于技术要素市场发展与价格问题研究[J]. 宏观经济研究, 2005(7).
[116]国家发改委价格司课题组. 技术要素价格形成机制研究[J]. 价格理论与实践, 2006(11).
[117]马颂德. 发展技术市场, 建设国家创新体系[J]. 科技成果纵横, 2006(1).
[118]查先进. 论信息市场失灵与政府干预[J]. 中国图书馆学报, 2000(4).
[119]郑传锋. 信息市场缺陷及政府规范调控[J]. 湖北社会科学, 2003(2).
[120]方林, 徐祯. 关于重塑文化市场主体几个理论问题的思考[J]. 东南传播, 2008(8).
[121]郭春丽. 加快完善要素市场, 推动经济结构战略性调整[J]. 经济与管理研究, 2015, 36(3).
[122]宋才发, 吴雅杰. 中国产权交易市场体系建设研究[J]. 湖北经济学院学报, 2007, 5(2).
[123]王顺育, 韩冰, 王旭超. 文化产权市场发展问题研究[J]. 产权导刊, 2012(11).
[124]曾小春, 田清旺, 邓晓兰. 产权交易中心的经济学分析[J]. 中国软科学, 2001(8).
[125]陈红儿, 刘斯敖. 中间性组织理论评析[J]. 经济学动态, 2003(7).
[126]齐东平. 中间性组织的必要性及其组织功能[J]. 中国工业经济, 2005(3).
[127]陈东, 聂建红. 日本的市场中介组织及其对我国的启示[J]. 财经研究, 1995(4).
[128]产权独立化——国有企业成为市场主体的基础[J]. 中国市场, 1994

(Z1).
[129]安瑞娟，屈巍．我国市场中介组织现状及发展对策研究[J]．商业研究，2004(14).
[130]朱虹．论社会中介组织的公共性[J]．齐齐哈尔大学学报(哲学社会科学版)，2010(5).
[131]梁亚民，范文正．论市场中介组织的特征，类型和职能[J]．兰州商学院学报，1998(2).
[132]刘英年．发展市场中介组织强化技术监督功能[J]．城市技术监督，1995(2).
[133]关于我国培育和发展文化中介组织的思考[J]．江汉大学学报(人文科学版)，2012(2).
[134]陈朝宗．中西社会中介组织比较研究——兼论我国社会中介组织的发展思路[J]．福建行政学院福建经济管理干部学院学报，2006(2).
[135]钟瑾．出版经纪人：从助力图书出版到推动文化走出去[J]．出版广角，2015(12).
[136]张良礼．让中介组织在社区承担应有的角色[J]．社区，2003(12).
[137]钱倩．弘扬社会主义核心价值观群众文化机构应走在前列[J]．新课程学习(中)，2013(4).
[138]唐兴霖，吴志军，聂勇浩．国家与社会之间——论社会中介组织对中国社会转型的影响[J]．天津行政学院学报，2002(2).
[139]丁玉霞．我国市场中介组织若干问题研究[J]．河北经贸大学学报，2002(3).
[140]于维同，丁雪．我国地方政府促进文化中介市场发展的法律对策[J]．全国商情(理论研究)，2014(5).
[141]郭国庆，陈凯，焦家良．社会中介组织发展中的问题与对策研究[J]．国家行政学院学报，2006(1).
[142]李恒光，张霞．政府职能转变与中介组织培育[J]．广东行政学院学报，2002(3).
[143]郭国庆，王海龙．市场中介组织的规范与发展[J]．经济理论与经济管理，2006(2).
[144]安瑞娟，屈巍．我国市场中介组织现状及发展对策研究[J]．商业研究，2004(14).
[145]王冰，陈纲．作为一种协调机制的市场中介组织[J]．学术研究，2004(10).
[146]朱静雯，侯玉芬．我国文化经纪代理市场建设存在的问题，成因及对策

研究[J]. 出版科学，2015(2).
[147]张世兰. 我国出版行业协会的建设与发展[J]. 中国出版，2010(11).
[148]王锦贵，裴永刚. 北京地区出版行业协会状况研究[J]. 大学出版，2008(5).
[149]孟凡壮. 文化市场监管的基本原则[J]. 浙江社会科学，2013(8).
[150]莫于川. 我国文化市场监管的法治化路向[J]. 浙江社会科学，2013(8).
[151]王丹. 我国文化市场监管体制的问题及对策建议[J]. 齐齐哈尔大学学报(哲学社会科学版)，2015(3).
[152]路宁，王异异. 关于中国文化市场管理的几点思考[J]. 社科纵横，2008(1).
[153]黄先蓉，郝婷. 我国文化市场体系建设的政策确实与完善路径[J]. 新闻前哨，2013(12).
[154]程雁雷，宋宏. 文化体制改革情境下的文化产业立法构想[J]. 学术界，2012(2).
[155]陈鸣. 中国当代文化市场准入制度的生成轨迹——社会场域的结构性张力和政府文化管理的制度性调整[J]. 中国文化产业评论，2006(1).
[156]丁柏铨. 新闻舆论监督与扩大人民民主[J]. 新闻记者，2008(9).
[157]陈相雨. 媒体舆论监督和公众政治参与[J]. 西南民族大学学报(人文社科版)，2009(7).
[158]姜华. 出版市场化与文化复兴[J]. 编辑学刊，2011(5).
[159]陶喜红. 新闻出版产业市场结构的总体特征、演进趋势及优化路径[J]. 中国出版，2010(20).
[160]刘强. 新华书店体制改革与分销渠道的再造[J]. 出版发行研究，2005(10).
[161]夏叶. 图书分销的现状与发展趋势[J]. 出版广角，2006(2).
[162]梁衡. 中国报业发展的现状与发展趋势[J]. 国际新闻界，2006(6).
[163]张其友. 出版企业生产要素投入效果分析[J]. 出版发行研究，2010(12).
[164]陈志祥. 推动传统产权市场向资本要素市场转型发展[J]. 产权导刊，2015(6).
[165]孙晓翠，张美娟. 我国出版资本市场的 PE 投资初探[J]. 出版科学，2015(3).
[166]闻学，邢红霞，肖海林. 境外资本进入中国出版发行和版权服务市场的模式和分布[J]. 出版发行研究，2012(11).
[167]姚德权，曹海毅. 外资进入中国传媒业态势与政府规制创新[J]. 吉林大

学社会科学学报，2007(2).
[168]马广奇．中国经济市场化进程的分析与度量[J]．求实，2000(10).
[169]王颖聪，姚林青．我国常态化版权交易平台建设研究[J]．现代出版，2012(1).
[170]陈海燕．出版转型期的人才需求[J]．编辑之友，2013(4).
[171]吴赟．垄断竞争和寡头垄断条件下的出版市场分析[J]．出版科学，2009(2).
[172]吴旭君．论出版业的市场规则和市场准入——从新修订的《出版管理条例》等法规谈起[J]．出版与印刷，2002(2).
[173]周景敏．数字出版视野下图书市场准入规制变革路径探析——以民营资本准入为中心[J]．商，2014(24).
[174]尼跃红．发展电影衍生产业是创意经济时代的现实需要[J]．北京电影学院学报，2016(1).
[175]尹鸿，梁君健．从解放生产力走向提升竞争力——产业化改革十年来的中国电影制片业[J]．当代电影，2012(7).
[176]忻喆旻，高伟，徐加军．数字影院卫星分发系统及监控平台研发与应用[J]．现代电影技术，2015(6).
[177]马占新．关于电影衍生品市场前景的调查与分析[J]．企业经济，2016(3).
[178]吴学安．中国电影衍生品产业思考[J]．中外企业文化，2010(10).
[179]王沁沁，张宏．衍生的商机——电影衍生品的市场透视[J]．当代电影，2011(10).
[180]刘汉文，张林明．2012年度中国电影产业发展分析报告[J]．当代电影，2013(3).
[181]赵莹．我国电影产业投融资现状探析[J]．现代传播，2013(1).
[182]赵鹏，隋璐，刘思琦，刘阳阳，杨园园．文化创意产业背景下的中国大陆高校电影人才培养[J]．电影画刊月刊，2013(7).
[183]张宗伟．“电影高等教育和人才培养学术论坛”综述[J]．现代传播，2013(2).
[184]李念芦．关于电影技术人才培养的一些看法[J]．现代电影技术，2011(4).
[185]张煜．中国电影人才战略之电影教育[J]．当代电影，2013(1).
[186]黎学鹏．我国当前电影票价的合理性分析(上)[J]．中国电影市场，2016(2).
[187]肖晓琳．一个飞跃性、浓缩型的历程——中国电视产业发展简述[J]．电

视研究，2002(8).
[188]苏宏元．电视节目分类刍议[J]．中国广播电视学刊，2011(3).
[189]李红玲．2014年电视剧播出与收视市场回顾[J]．收视中国，2015(3).
[190]王启祥．复合与多元：中国电视新闻节目形态演变特征分析[J]．中国广播电视学刊，2006(11).
[191]曹珩．2014年新闻节目收视回顾[J]．收视中国，2015(2).
[192]赵晖．2014年综艺节目收视分析[J]．收视中国，2015(4).
[193]周江．2015年全国电视覆盖及收视状况调研成果[J]．声屏世界·广告人，2015(12).
[194]许静．电视节目创新的微系统分析——受众、平台、编排和节奏[J]．编辑之友，2011(11).
[195]吴东．2014年电视广告投放与竞争格局[J]．收视中国，2015(4).
[196]吴凌玲．广播电视业资本运营的核心问题与优化策略[J]．新闻爱好者，2011(7).
[197]徐世丕．当代演艺业发展问题研究[J]．中国文化产业评论，2005(3).
[198]刘筠梅．我国艺术表演团体体制改革探寻[J]．内蒙古大学学报(哲学社会科学版)，2008(6).
[199]徐世丕．中国演艺业五年改革发展透视[J]．中国戏剧，2008(5).
[200]马敏，杜方．中国文化体制改革的进程评估及其发展方向——以艺术表演团体为中心的观察[J]．华中师范大学学报(人文社会科学版)，2008(7).
[201]孟晓雪．当前我国民营文艺表演团体发展研究[J]．上海文化，2013(4).
[202]小鹿林子．中国剧场的"体检报告"[J]．中国戏剧，2015(5).
[203]孙凤毅．我国文艺演出院线建设：现状、问题与对策[J]．中国文化产业评论，2013(2).
[204]刘筠梅．"互联网+"时代演艺业的创新与发展[J]．中国文化产业评论，2015(1).
[205]毛修炳．中国演出市场变化态势与演艺产业的发展对策[J]．中外企业文化，2014(2).
[206]朱元兰，余颂．扩大消费需求的重心——精神文化消费[J]．统计与决策，2000(3).
[207]易晓明，杜丽娇．当前我国国民审美素养的现状、影响因素及教育建议[J]．美育学刊，2015(4).
[208]伍寿泉．浅谈LED大屏幕在舞台上的应用[J]．戏剧之家(上半月)，2014(4).

[209]李栋．全息投影技术在演艺活动中的应用[J]．中国传媒科技，2013(6).
[210]杨玲．艺术表演团体产业化过程中财政投入政策问题研究[J]．河南社会科学，2001(6).
[211]朱敏．资本运营助力中国演艺产业的可行路径[J]．现代传播(中国传媒大学学报)，2011(9).
[212]王玉，杨杨．中国演艺产业投融资问题及对策研究[J]．艺术百家，2015(1).
[213]尹鸿，王熠婷．解析美国电影产业[J]．电影艺术，2005(4).
[214]尹鸿，王晓丰．“高概念”商业电影模式初探[J]．当代电影，2006(3).
[215]方付建，占康．好莱坞电影的全球化策略[J]．科学决策，2007(10).
[216]鲍玉珩．好莱坞市场经营术[J]．电影艺术，2002(3).
[217]尹鸿，彭侃，尹一伊．世界电影产业发展趋势研究报告[J]．现代传播：中国传媒大学学报，2014，36(8).
[218]张建凤．美国明星经纪人制度对我国的启示——以创新艺人经纪公司(CAA)为例[J]．东南传播，2010(10).
[219]周崇坡．影都好莱坞揭秘[M]．南昌：百花洲文艺出版社，2004.
[220]董小麟，吴珊．美国电影产业贸易的经验及其对中国电影贸易的启示[J]．国际商务——对外经济贸易大学学报，2011(4).
[221]于秀娟，刘汉文．美国电影产业监管模式与扶持政策分析[J]．传媒，2013(11).
[222]杨宁．基于电影产业的行业自治研究——兼及当下中国电影行业管理的转型[J]．电影艺术，2009(1).
[223]闫瑞波，李波．迷失的美国电影补贴[J]．太原学院学报(社会科学版)，2016(6).
[224]刘藩．电影版权分割融资的理论基础和实践创新[J]．当代电影，2014(7).
[225]安雪梅，李秋燕．美国电影制品动产质押模式的制度改进及其实践[J]．中国版权，2014(3).
[226]娄孝钦．新世纪以来美国电影产业的政府扶持[J]．中共成都市委党校学报，2011(5).
[227]P van Bommel，B van Gils，H A Proper，M van Vliet，Th P van der Weide. Value and the Information Market [J]. Data & Knowledge Engineering，2007(61).

• 报纸论文

[1]李焰明，沈玉龙．“法国文学回归季”告诉我们什么？[N]．中国艺术报，2016.

[2]尹丽．法国文学出版业春光格外明媚[N]．中国文化报，2016-01-04.

[3]禾泽．日本动漫衍生品花样迭出[N]．中国文化报，2012-08-24.

[4]胡月明．跟踪读者并服务一生，日本动漫产业模式缘何完整[N]．中国文化报，2009-05-20.

[5]王伟强．截止 2015 年底我国上市文化企业数达 189 家[N]．中国文化报，2016-03-20.

[6]单建勋．文化市场的主体信用缺失及破解之道[N]．中国文化报，2009-07-21.

[7]鲁元珍．文化产业：供给侧改革将带来什么[N]．光明日报，2016-01-21.

[8]王晓晖．建立健全文化法律制度[N]．光明日报，2014-11-04.

[9]陈少峰．寻找正确按钮“互联网+文化”的 10 大趋势[N]．中国出版传媒商报，2015-07-24.

[10]惠鸣，张晓明．创新推动现代文化市场体系建设[N]．人民日报，2013-11-26.

[11]习近平．充分发挥我国社会主义政治制度优越性——关于发展社会主义民族政治和依法治国[N]．人民日报，2014-07-08.

[12]方卿．通过多管齐下治理文化市场“低俗病”[N]．人民日报，2016-02-22.

[13]方卿．准确把握现代文化市场体系的基本属性[N]．中国社会科学报，2014-05-21.

[14]鲁博林，李蕾．影视编剧队伍现状堪忧[N]．光明日报，2016-09-14.

[15]韩晗．中国书评人生存状况独家调查[N]．中国图书商报，2011-04-12.

[16]崔成泉．SMG 总裁黎瑞刚：通过增量改革做强做大文化市场主体[N]．中国文化报，2007-07-06.

[17]彭翊，李丽．海外经验：推动文化消费的三个路径[N]．中国文化报，2015-03-07.

[18]梁达．文化消费稳步增长成为经济新亮点[N]．上海证券报，2015-07-03.

[19]李慧，张志国．“文化”与“资本”：深度融合难在哪[N]．光明日报，2014-03-20.

[20]苗圩．健全现代文化市场体系，扩大文化消费[N]．经济日报，2011-11-20.

[21]中国文化报．浙江省文化市场信息管理系统建设初见成效[N]．中国文化报，2004-12-09.
[22]刘培峰．文化产权市场制度建设滞后[N]．中国房地产报，2012-05-10.
[23]刘亚．书探——版权交易后的推手[N]．中国出版传媒商报，2016-07-19.
[24]周志军．网络文学：文化产业的"新金矿"[N]．中国文化报，2015-03-24.
[25]陈莹．阿里影业设立20亿文化产业基金[N]．中国出版传媒商报，2016-07-29.
[26]刘昶．中国书业"经纪人"缘何缺席？[N]．中国图书商报，2001-04-05.
[27]方卿．多管齐下治理文化市场"低俗病"[N]．人民日报，2016-02-22.
[28]席锋宇．我国文化市场监管体系初步建立[N]．法制日报，2009-09-14.
[29]韩芳．文化创意产业："眼球经济"有待司法"点睛"[N]．人民法院报，2014-11-02.
[30]王晓晖．建立健全文化法律制度[N]．光明日报，2014-11-04.
[31]方卿．准确把握现代文化市场体系的基本属性[N]．中国社会科学报，2014-05-21.
[32]韩浩月，宇文．如何看待民间资本投资电影放宽[N]．深圳商报，2011-07-27.
[33]卢扬，郑蕊．2014电影院靠什么挣钱[N]．北京商报，2014-12-05.
[34]郭人旗．Web2.0时代，网络演出能否破冰[N]．中国文化报，2010-10-31.
[35]周汉萍，程惠哲．演艺业与金融业如何打开对接之门[N]．中国文化报，2011-06-29.
[36]Staff. Memorial at First Studio Site Will Be Unveiled Today[N]. Los Angeles Times，1940-09-29.

- **学位论文**

[1]程绚．日本动漫对外传播研究[D]．济南：山东大学，2015.
[2]蔡亚南．日本动画产业特征研究[D]．济南：山东大学，2013.
[3]马芸．日本动漫中的文化印象分析[D]．上海：同济大学，2008.
[4]黄多多．日本动漫文化外交研究[D]．广州：暨南大学，2013.
[5]张雪．日本动漫的文化特征及其对中国动漫的发展启示[D]．长春：吉林大学，2008.
[6]冯硕．日本动漫的特性及其对中国动漫发展的启示[D]．北京：对外经济贸易大学，2005.
[7]卢婧．日本动漫产业发展分析[D]．长春：吉林大学，2009.

[8]崔炯准．韩国游戏产业政策研究[D]．杭州：浙江大学，2012.
[9]郝婷．现代文化市场制度研究[D]．武汉：武汉大学，2015.
[10]袁炯．文化创新体制的内涵研究及文化制度创新的制度选择[D]．北京：中国经济研究院，2010.
[11]华翠岩．建设服务型政府背景下的政府管制改革研究[D]．济南：山东大学，2009.
[12]马多．现代文化市场体系建设中若干问题的探讨[D]．长春：吉林财经大学，2014.
[13]姜毓锋．基于技术市场的知识转移研究[D]．长春：吉林大学，2010.
[14]高燕．中美文化基金会运作研究[D]．武汉：华中师范大学，2009.
[15]姜毓锋．基于技术市场的知识转移研究[D]．长春：吉林大学，2011.
[16]董亥宁．我国产权市场的发展与创新[D]．天津：天津商业大学，2008：11.
[17]胡文娅．欧美文学经纪人研究[D]．武汉：华中师范大学，2011.
[18]李昂．我国版权代理现状及发展对策研究[D]．郑州：河南大学，2013.
[19]王璐璐．出版市场中介组织研究[D]．武汉：武汉大学，2016.
[20]郝婷．现代文化市场制度研究[D]．武汉：武汉大学，2015.
[21]孟凡波．现阶段我国报刊市场准入和退出机制研究[D]．石家庄：河北大学，2006.
[22]刘红平．改革开放以来中国出版业市场化道路的探索研究[D]．合肥：安徽大学，2011.
[23]黄端．中国大众期刊发行研究[D]．武汉：武汉大学，2011.
[24]杨东星．中国出版企业现代治理结构研究[D]．大连：东北财经大学，2013.
[25]肖光华．我国报业产业组织研究[D]．长沙：中南大学，2004.
[26]陈琳琳．中国期刊市场化营运研究[D]．武汉：武汉大学，2005.
[27]张岑岑．中国图书三十年销售状况分析(1982—2011年)[D]．合肥：安徽大学，2013.
[28]王舒欣．北京出版业版权经理人队伍建设研究[D]．北京：北京印刷学院，2009.
[29]刘红平．改革开放以来中国出版业市场化道路的探索研究[D]．合肥：安徽大学，2011.
[30]姜彩霞．我国出版业“书号资源化”的困境及对策研究[D]．大连：东北财经大学，2012.
[31]张丽．市场化背景下中国电影发行企业创新发展模式研究[D]．广州：暨

南大学，2014.
[32]金蓝燕．中国电影产业投资基金运行现状研究[D]．福州：福建师范大学，2015.
[33]乔文娟．新媒体环境下中国电视剧受众的特征及对电视剧产业发展的启示[D]．南京：南京师范大学，2013.
[34]黄佩．基于 SCP 范式的中国电视市场结构分析[D]．长沙：湖南大学，2014.
[35]王莎．20 世纪 90 年代以来中国广播电视产业投融资政策发展研究[D]．长沙：湖南大学，2010.
[36]毛晶晶．中国电视业人力资源管理制度改革初探[D]．南京：南京农业大学，2007.
[37]尹斌．中国广播电视规制研究[D]．长沙：湖南大学，2007.
[38]邓文卿．中国电视内容产业政策演变研究[D]．北京：中国传媒大学，2007.
[39]易旭明．中国电视产业的制度变迁与需求均衡[D]．上海：上海大学，2011.
[40]张园园．城市电视媒体的广告经营研究[D]．北京：北京大学，2010.
[41]曹晋彰．演艺产业链的构建研究[D]．济南：山东大学，2012.
[42]苏谜．舞台演艺中数字媒体应用研究[D]．武汉：武汉理工大学，2014.
[43]史圣立．从政府、市场和社三者力量博弈的角度看 1979 年以来我国演出市场的发展[D]．济南：山东大学，2011.
[44]董亥宁．我国产权市场的发展与创新[D]．天津：天津商业大学，2008.

● 网络资源

[1]法国“口袋书”60 岁了[EB/OL]．[2013-03-28]．http：//www. shcaee. com/appReleaseInfo. action？ id=201002292.
[2]口袋书官网[EB/OL]．[2016-07-16]．http：//www. livredepoche. com. /content/historique-du-livre-de-poche.
[3]阿歇特出版集团官网[EB/OL]．[2016-07-16]．http：//www. hachette. com/en/about-us/ key-figures.
[4]陶短房．诺贝尔文学奖和法国文学图书市场现状[EB/OL]．[2015-11-01]．http：//taoduanfang. baijia. baidu. com/article/34547.
[5]法国中文网．诺贝尔文学奖和法国图书市场现状[EB/OL]．[2014-11-01]．http：//www. cnfrance. com/info/boke/20141101/11678. html.

[6]法国文化网．对中国译者的资助[EB/OL]．[2016-07-08]．http：//ancien. fulei. faguowenhua. com/spip. php？rubrique172.
[7]搜狐财经．日本动漫年营业额达230万亿日元日本动漫产业现状分析[EB/OL]．[2016-04-17]．http：//mt. sohu. com/20160417/n444555027. shtml.
[8]AcFun弹幕视频网．日本动画产业报告2015完整版[EB/OL]．[2015-11-06]．http：//www. acfun. tv/a/ac2311234.
[9]陈子萍．日本动漫产业现状分析[EB/OL]．[2016-04-18]．http：//cartoon. southcn. com/c/2016-04/18/content_146155570. htm.
[10]朱步冲．日本漫画的市场细分[EB/OL]．[2013-10-10]．http：//www. lifeweek. com. cn/2013/1010/42729. shtml.
[11]cjls1. 日本动画的制作过程[EB/OL]．[2011-12-17]．http：//blog. sina. com. cn/s/blog_9bc1b04e01012e9g. html.
[12]动漫产业信息和研究．2014年日本动画电影市场情况[EB/OL]．[2015-12-01]．http：//field. 10jqka. com. cn/20151201/c586236455. shtml.
[13]新浪动漫．日本动画碟片市场出现萎缩[EB/OL]．[2016-03-23]．http：//comic. sina. com. cn/2016-03-23/doc-ifxqnskh1155392. shtml.
[14]网易科技．9月2日Netflix将在日本上线并与软银合作[EB/OL]．[2015-08-24]．http：//tech. 163. com/15/0824/14/B1PQFNOT000915BF. html.
[15]中国新闻网．日本《妖怪手表》将进军全球相关商品已破2千亿日元[EB/OL]．[2015-04-08]．http：//www. chinanews. com/cj/2015/04-08/7191829. shtml.
[16]博客．浅谈日本动漫音乐发展[EB/OL]．[2011-12-07]．http：//blog. sina. com. cn/s/blog_7f292bcd0100vkpq. html.
[17]网易娱乐．2015日本音乐市场分析连续三年市场萎缩[EB/OL]．[2016-01-18]．http：//ent. 163. com/16/0118/08/BDJNC5JG00031H0O. html.
[18]腾讯动漫．动漫歌曲或将改变日本音乐界格局[EB/OL]．[2013-10-29]．http：//comic. qq. com/a/20131029/007979. htm.
[19]ACGdoge. 日本唱片市场规模连续三年缩小，偶像大师、LoveLive！引领动画音乐市场成长[EB/OL]．[2016-01-16]．http：//www. acgdoge. net/archives/5963.
[20]腾讯动漫．日本动漫现场娱乐崛起迅速，场馆捉襟见肘[EB/OL]．[2016-05-07]．http：//comic. qq. com/a/20160507/034182. htm.
[21]三文娱．日本人这样打通二次元与三次元：ACGLive的五种方式[EB/OL]．[2016-02-03]．http：//3wyu. baijia. baidu. com/article/316385.
[22]大桥雅央．日本のアニメーション制作现场の情と课题[EB/OL]．[2010-

04-10]. http://www7a. biglobe. ne. jp/~animation/pdf/sitauke. pdf.

[23]ACGdoge. 进军海外就需要融入当地，美国专栏作家为日本动画漫画支招如何进军海外[EB/OL]. [2015-12-26]. http://www. acgdoge. net/archives/5492.

[24]中国动漫产业网. 日本 ADK 与六家动漫公司联合推海外动漫网络配信业务[EB/OL]. [2013-03-04]. http://www. cccnews. com. cn/2013/0304/24501. shtml.

[25]知乎用户. 日本对动漫产业有分级制度吗?[EB/OL]. [2016-03-07]. http://www. zhihu. com/question/29290629.

[26]Kami. 深度解密：日本动漫 IP 授权潜规则与成功之路[EB/OL]. [2014-04-16]. http://games. sina. com. cn/zl/duanpian/2014-11-05/1117131. shtml.

[27]林品. 日本动漫都赢在了哪?[EB/OL]. [2016-03-07]. http://mediachanged. baijia. baidu. com/article/344906.

[28]百度百科. 酷日本[EB/OL]. [2016-07-19]. http://baike. baidu. com/link? url=sj-JrglQFNPmK6XwC7uKo7BuPQVWbfQpVyWCW7nt2jcfRJDPyPxnoNqQxNiePPQSbNI0CH97C_o24a1XYU2iaq.

[29]白鲸社区. 2015 韩国游戏产业白皮书[EB/OL]. [2015-11-05]. http://www. baijingapp. com/article/2087.

[30]中国新闻网. 韩各项限制措施重创游戏业[EB/OL]. [2016-02-03]. http://www. chinanews. com/gj/2016/02-03/7746141. shtml.

[31]文化发展论坛. 韩国网络游戏腾飞的三大支柱[EB/OL]. [2016-03-03]. http://www. ccmedu. com/bbs54_8425. html.

[32]文化部、中央组织部、中央宣传部等关于支持转企改制国有文艺院团改革发展的指导意见. [EB/OL]. [2013-06-14]. http://culture. people. com. cn/n/2013/0614/c22219-21838447. html.

[33]中央文化企业国有资产监督管理领导小组办公室编. 2014 年国有文化企业发展报告[EB/OL]. [2015-12-25]. http://wzb. mof. gov. cn/pdlb/gzdt/201512/P020151225353834155057. pdf.

[34]韩玉. 中国五家出版集团进入全球前二十强越来越多中国的出版集团登上世界舞台[EB/OL]. [2016-09-05]. http://www. bookdao. com/article/258582/.

[35]李丽辉. 国有文化企业超 1.3 万户，资产总额近 2.7 万亿元：文化产业，家底更厚了[EB/OL]. [2015-12-28]. http://society. people. com. cn/n1/2015/1228/c1008-27982565. html.

[36]胡建辉．我国新闻出版单位九成为民营企业[EB/OL]．[2012-02-15]．http：//legal. people. com. cn/GB/188502/17121790. html.
[37]纪宇，常红．中国成为文化产品最大出口国[EB/OL]．[2016-03-10]．http：//world. people. com. cn/n1/2016/0310/c1002-28189473. html.
[38]北京开卷信息技术有限公司．2015 年图书零售市场报告[EB/OL]．[2016-02-01]．http：//www. openbook. com. cn/Information/2240/3812_0. html.
[39]邵希炜．2016 上半年电影票房数据出炉暑期档或扛起“600 亿”重任[EB/OL]．[2016-07-07]．http：//www. ce. cn/culture/gd/201607/07/t20160707_13605322. shtml.
[40]艺恩．2016 年中国电影在线票务市场研究报告[EB/OL]．[2016-03-11]．http：//www. entgroup. cn/report/f/1118148. shtml.
[41]李冬阳．2016 中国文化产业指数在京发布综合指数北京位列第一[EB/OL]．[2016-10-31]．http：//www. ce. cn/culture/gd/201610/31/t20161031_17 349618. shtml.
[42]邵希炜．2015 文化产业并购报告：体育、旅游异军突起[EB/OL]．[2016-01-02]．http：//www. ce. cn/culture/gd/201601/02/t20160102_8004948. shtml.
[43]严佳黎，赵竹青．2015 年中国版权十件大事公布[EB/OL]．[2016-03-04]．http：//ip. people. com. cn/n1/2016/0304/c136655-28170607. html.
[44]中共中央国务院关于深化投融资体制改革的意见[EB/OL]．[2016-07-18]．http：//news. xinhuanet. com/politics/2016-07/18/c_1119238057_2. htm.
[45]朱梦秋．文化产业供给侧改革迫在眉睫应着眼于“扶强扶优”[EB/OL]．[2016-08-19]．http：//www. ce. cn/culture/gd/201608/19/t20160819_15057374. shtml.
[46]汪金梅：原创性文化是文化繁荣的原动力[EB/OL]．[2012-12-03]．http：//theory. people. com. cn/n/2012/1203/c40531-19776184. html.
[47]刘旭涛．如何畅通“体制内外”人才流动通道[EB/OL]．[2016-06-21]．http：//www. rmlt. com. cn/2016/0621/429627. shtml.
[48]李克强．简政放权放管结合优化服务深化行政体制改革切实转变政府职能——在全国推进简政放权放管结合职能转变工作电视电话会议上的讲话[EB/OL]．[2015-05-15]．http：//politics. people. com. cn/n/2015/0515/c1024-27003244. html.
[49]常宁．我国现有多少“管文化”的法律法规[EB/OL]．[2015-05-20]．http：//news. xinhuanet. com/culture/2015-05/20/c_127820014. htm.

[50]促进文化商品流通市场呼吁新常态[EB/OL].[2015-07-10]. http://collection. sina. com. cn/2015-07-10/doc-ifxewnie5407941. shtml.

[51]中国互联网络发展状况统计报告中国互联网络信息中心. 第38次中国互联网络发展状况统计报告[EB/OL].[2016-08-03]. http://www. cnnic. cn/hlwfzyj/hlwxzbg/hlwtjbg/201608/P020160803367337470363. pdf.

[52]华政. 让失信者寸步难行[EB/OL].[2016-08-23]. http://news. xinhuanet. com/local/2016-08/23/c_129249786. htm.

[53]中华人民共和国文化部2015年文化发展统计公报[EB/OL].[2016-04-15]. http://zwgk. mcprc. gov. cn/auto255/201604/W020160425378313054632. pdf.

[54]成琪. 国家统计局首次发布小微文化企业发展数据[EB/OL].[2015-04-28]. http://culture. people. com. cn/n/2015/0428/c172318-26916669. html.

[55]王四新: 用技术手段解决版权保护将会成为趋势[EB/OL].[2015-12-03]. http://news. xinhuanet. com/politics/2015-12/03/c_128494942. htm.

[56]中国政府门户网站. 放宽市场准入, 激发市场活力[EB/OL].[2014-07-14]. http://www. gov. cn/xinwen/2014-07/14/content_2716733. htm932.

[57]文化部网站. 2003—2010年文化市场发展纲要[EB/OL].[2017-03-03]. http://wcm. mcprc. gov. cn/pub/whsc/zcfg/zcfgbmgz/201105/t20110520 _ 95233. htm, 2003-02-28936.

[58]中国政府门户网站. 中央治理商业贿赂领导小组印发《关于在治理商业贿赂专项工作中推进市场诚信体系建设的意见》[EB/OL].[2017-03-03]. http://www. gov. cn/zfjs/2008-12/11/content_1175332. htm, 2008-12-11.

[59]中国文化传媒网网站. 寻求大部制体制改革新突破.[EB/OL].[2013-03-06]. http://www. ccdy. cn/cehua/2013ch/dbuzhi/baodao/201303/t20130306_588178. htm.

[60]人民网. 1979年开设首家音乐茶座文化体制改革显活力[EB/OL].(2010-03-03)[2017-03-07]. http://culture. people. com. cn/GB/87423/11060929. html.

[61]光明日报. 关于加快我国文化产业发展的思考[N/OL].(2012-08-30)[2017-03-07]. http://epaper. gmw. cn/gmrb/html/2012-08/30/nw. D110 000gmrb_20120830_1-05. htm? div=-1.

[62]光明日报. 我国文化产业10年发展对比分析报告[N/OL].(2015-02-12)[2017-03-07]. http://cpc. people. com. cn/n/2015/0212/c83083-26554435. html.

[63]红旗文稿．笔谈：谈谈“文化例外”[J/OL]．(2014-10-13)[2017-03-12]．http://theory.people.com.cn/n/2014/1013/c143844-25819533.html.

[64]中国文化报．法国誓将“文化例外”进行到底抗欧美自贸协定[N/OL]．(2013-06-20)[2017-03-12]．http://www.ce.cn/culture/gd/201306/20/t20130620_24495492.shtml.

[65]求是理论网．“自由市场”还是“文化例外”——美国与法—加文化产业政策比较及其对中国的启示[EB/OL]．(2010-08-23)[2017-03-12]．http://www.qstheory.cn/tbzt/whtzgg/llsy/201008/t20100823_44039.htm.

[66]白亚光．加强文化产业发展领导，加快培育现代市场体系[EB/OL]．[2016-07-03]．http://culture.people.com.cn/GB/22226/186341/186377/11336688.html.

[67]国家统计局．文化及相关产业分类(2012)[EB/OL]．[2016-07-03]．http://www.stats.gov.cn/tjsj/tjbz/201207/t20120731_8672.html.

[68]国家新闻出版广电总局．新闻出版产业分析报告[EB/OL]．[2016-07-30]．http://www.gapp.gov.cn/govpublic/60.shtml.

[69]国家新闻出版广电总局．2014年新闻出版产业分析报告[EB/OL]．[2016-07-30]．http://www.gapp.gov.cn/upload/files/2015/7/15164851185.pdf.

[70]人民网．2015中国电影票房收入440亿，回顾年度四大关键词[EB/OL]．[2016-07-30]．http://media.people.com.cn/n1/2016/0102/c40606-28003687.html.

[71]时光网．2015中国电影市场八大悲剧现象[EB/OL]．[2016-07-30]．http://news.mtime.com/2016/01/26/1551912.html.

[72]艺术品鉴．艺术品市场：惨淡的调整[EB/OL]．[2016-07-31]．http://art.china.cn/market/2015-11/02/content_8344246.htm.

[73]中国出版网．魏玉山：2015—2016中国数字出版产业年度报告[EB/OL]．[2016-07-31]．http://www.chuban.cc/rdjj/2016szcb/zlttp/201607/t20160719_174913.html.

[74]文化部．中华人民共和国文化部2015年文化发展统计公报[EB/OL]．[2016-07-10]．http://zwgk.mcprc.gov.cn/auto255/201604/W020160425378313054632.pdf.

[75]国家新闻出版广电总局．2014年新闻出版产业分析报告[EB/OL]．[2016-07-10]．http://www.gapp.gov.cn/upload/files/2015/7/15164851185.pdf.

[76]国家新闻出版广电总局．关于2015年度全国《电视剧制作许可证(甲种)》《广播电视节目制作经营许可证》机构情况的通告[EB/OL]．[2016-07-10]．http://jg.chinasarft.gov.cn/eap/GDZJReport.do? cmd = open&

listformid = gd _ content _ pub _ list&formid = gd _ content _ nr&ID = 5497585 013527#.

[77]国家统计局 .2015 中国统计年鉴[EB/OL].[2016-07-10].http://www.stats.gov.cn/tjsj/ndsj/2015/indexch.htm.

[78]国家统计局 .2015 中国统计年鉴[EB/OL].[2016-07-10].http://www.stats.gov.cn/tjsj/ndsj/2015/indexch.htm.

[79]百道网 .2015 全球出版 50 强排名报告分析报告[EB/OL].[2016-07-18].http://www.bookdao.com/article/94254/.

[80]刘玉珠．国家文化部市场司司长刘玉珠：积极培育现代文化市场体系[EB/OL].[2016-07-18].http://theory.people.com.cn/GB/49169/49170/4115210.html.

[81]做书．我们需要“文学代理人”吗？[EB/OL].[2016-07-18].http://cul.qq.com/a/20160918/006896.htm.

[82]国家新闻出版广电总局．新闻出版产业分析报告[EB/OL].[2016-07-30].http://www.gapp.gov.cn/govpublic/60.shtml.

[83]国家新闻出版广电总局 .2015 年统计公报(广播影视部分)[EB/OL].[2016-08-11].http://gdtj.chinasarft.gov.cn/showtiaomu.aspx? id =4dc01 83c-e3e3-4715-81ef-6851fd2e844e.

[84]人民网 .2015 中国电影票房收入 440 亿，回顾年度四大关键词[EB/OL].[2016-07-30].http://media.people.com.cn/n1/2016/0102/c40606-28003687.html.

[85]光明网．演出企业倒闭停业再暴虚假繁荣之弊[EB/OL].[2016-08-11].http://guancha.gmw.cn/2014-06/16/content_11623388.htm.

[86]光明网．节俭令引发演出市场洗牌，政策带来行业寒冬[EB/OL].[2016-08-11].http://finance.gmw.cn/2014-06/16/content_11618980.htm.

[87]刘晓丹．艺术品供给弹性有多大[EB/OL].[2016-08-11].http://news.artxun.com/zhongguohua-1705-8522353.shtml.

[88]张贺．雒树刚：实施文化精品创作工程，加快文化强国建设步伐[EB/OL].[2016-08-13].http://www.wenming.cn/whtzgg _ pd/yw _ whtzgg/201604/t20160415_3292498.shtml.

[89]赵凤兰．原创文艺作品为何缺少[EB/OL].[2016-08-13].http://www.ccdy.cn/xinwen/wenhua/xinwen/201511/t20151113_1162013.htm.

[90]新华网．为什么要发展电子商务等现代流通组织和流通形式[EB/OL].[2016-08-20].http://news.xinhuanet.com/politics/2012-01/11/c_111410421.htm.

[91]方卿．加强文化产品创作的生产引导[N/OL]．(2014-08-06)[2016-08-20]．中国社会科学报，http://www.qstheory.cn/freely/2014-08/06/c_111 1965 369.htm.

[92]蒋建国．建立健全现代文化市场体系[EB/OL]．[2016-08-25]．http://www.qstheory.cn/zxdk/2013/201324/201312/t20131212_301522.htm.

[93]中央文化体制改革和发展工作领导小组办公室．北京：推进文化要素市场建设[EB/OL]．[2016-08-27]．http://wzb.mof.gov.cn/pdlb/dfdt/201508/t20150814_1419439.html.

[94]卫绍生．文化产业供给侧结构性改革[EB/OL]．[2016-08-27]．http://theory.gmw.cn/2016-08/04/content_21301631.htm.

[95]雒树刚．人民日报：进一步深化文化体制改革[EB/OL]．[2016-08-27]．http://opinion.people.com.cn/n/2013/1203/c1003-23721676.html.

[96]新浪教育．2015年本科毕业生薪酬最高的100个专业[EB/OL]．[2016-08-27]．http://edu.sina.com.cn/gaokao/2016-02-06/doc-ifxpfhzq2517564.shtml.

[97]中国证券网．周小川解读十三五金融改革：加强多层次资本市场功能[EB/OL]．[2016-09-13]．http://www.cs.com.cn/xwzx/jr/201511/t20151110_4837021.html.

[98]国家发改委．我国已初步形成多层次资本市场体系，创业投资退出渠道不断拓宽[EB/OL]．[2016-09-23]．http://www.gov.cn/zhuanti/2016-09/21/content_5110329.htm.

[99]金融时报．借鉴国际经验破解文化产业融资难[EB/OL]．[2016-09-23]．http://culture.people.com.cn/n/2014/0103/c172318-24014241.html.

[100]何卫兵．用市场的办法挖掘文化产业发展的潜力[EB/OL]．[2016-09-25]．http://theory.people.com.cn/GB/40537/16085439.html.

[101]文化部．中华人民共和国文化部2015年文化发展统计公报[EB/OL]．[2016-07-10]．http://zwgk.mcprc.gov.cn/auto255/201604/W020160425378313054632.pdf.

[102]中国文化报．如何破解文化产业融资难？[EB/OL]．[2016-09-20]．http://news.xinhuanet.com/politics/2014-01/10/c_125984314.htm.

[103]中国证券报．发改委：支持有条件文化企业上市融资[EB/OL]．[2016-09-22]．http://news.xinhuanet.com/fortune/2016-03/10/c_128788772.htm.

[104]国家统计局科研所．2014.10：世界主要经济体文化产业发展状况及特点[EB/OL]．[2016-10-22]．http://www.stats.gov.cn/tjzs/tjsj/tjcb/

dysj/201412/t20141209_649990. html.
[105] 中国文化人才网. 中心简介[EB/OL]. [2016-10-14]. http://www. ccatmc. com. cn/whb/cms/zzjg/zxjj_20151223. html.
[106]孙志军. 加快推动文化产业成为支柱性产业[EB/OL]. [2016-10-23]. http://news. xinhuanet. com/politics/2011-10/12/c_122145711. htm.
[107]《2015 全国技术市场统计年度报告》http://wenku. baidu. com/link? url=JKIOdH8rVb2rhr6irMzsssEZMWcwJVfogOoktIhlzOHYqfwYnho1Y_d1cDC3-lU262R-iz6-WaFl6YZFtNRJlK7zCmEQYyMV-AqVd1wSHui.
[108]刘培峰. 文化产权市场制度建设滞后[N/OL]. (2012-05-10)[2016-09-12]. 中国房地产报, http://finance. ifeng. com/roll/20120510/6440996. shtml.
[109]任玉琴. 希望尽快推出《产权交易法》[EB/OL]. [2016-11-09]. http://www. jinmajia. com/article/newreport/200809/20080900000294. shtml.
[110]中商情报网. 2014-2018 年中国产权交易市场调查与发展前景分析研究报告[EB/OL]. [2016-11-12]. http://www. askci. com/reports/2014/04/098583294548. shtml.
[111]中国产权网. 2015 年度全国产权交易行业统计数据[EB/OL]. [2016-11-12]. http://www. cspea. org. cn/article/sjtjfb/201608/20160800005229. shtml.
[112]郭艺珺. 多元文化产权走进产权市场. [N/OL]. (2009-01-17)[2016-09-12]. 解放日报, http://www. exgoo. net/weekly/Page/2009-1/3396022009120113920. shtml.
[113] Suber P. Open Access in 2007 [EB/OL]. [2015-11-07]. http://www. e521. com/news/xyxw/395648. shtml.
[114]文化产业司. 英国文化管理体制解读[EB/OL]. [2016-07-07]. http://www. mcprc. gov. cn/whzx/bnsjdt/whcys/201208/t20120813_349554. html.

[115]中国演出行业协会. 2014 年中国演出市场年度报告[EB/OL]. [2016-06-16]. http://www. capa. com. cn/news/showDetail/76150.
[116]中华人民共和国国家版权局. 网络文学版权开发待补三大短板[EB/OL]. [2016-06-16]. http://www. ncac. gov. cn/chinacopyright/contents/4509/273754. html.
[117]科学中国. 版权越来越贵? IP 大户"阅文集团"有话说[EB/OL]. [2016-06-18]. http://science. china. com. cn/2015-11/03/content_8345750. htm.
[118]文化部直属单位建设项目管理办法(试行)[EB/OL]. [2016-07-08]. http://www. mcprc. gov. cn/whzx/bnsjdt/cws/201111/t20111128 _ 3905

32. html.
[119]文化部财务司关于发布审计和工程结算审核服务入围中介机构名单的通知[EB/OL].[2016-07-08]. http://www.mcprc.gov.cn/sjzz/sjzz_cws/zcfg_whbcws/jdjc/201401/t20140113_425468.htm.
[120]中华人民共和国文化部. 金融助力文化产业发展的几点建议[EB/OL].[2016-06-18]. http://www.mcprc.gov.cn/whzx/bnsjdt/whcys/201210/t20121030_348946.html.
[121]中华人民共和国文化部. 文化与金融对接出现新气象[EB/OL].[2016-06-18]. http://www.mcprc.gov.cn/whzx/bnsjdt/whcys/201406/t20140630_434126.html.
[122]中国文化报. 浙江慈溪公共文化服务体系建设实现有效对接[EB/OL].[2016-07-10]. http://www.ndcnc.gov.cn/zixun/yaowen/201305/t20130522_649892.htm.
[123]人民网. 重庆：打造农村公共文化服务体系的“升级版”[EB/OL].[2016-07-10]. http://www.ndcnc.gov.cn/zixun/yaowen/201307/t20130711_703575.htm.
[124]中国文化报. 安徽演艺集团：精打细算改革账[EB/OL].[2016-07-12]. http://ssjt.wenming.cn/whtzgg/2010-10/13/content_171434.htm.
[125]中国文化报. 山东栖霞多种举措激发非遗活力[EB/OL].[2016-07-12]. http://www.ndcnc.gov.cn/zixun/xinwen/201510/t20151009_1149706.htm.
[126]文化部产业司. 国家动漫游戏产业产权交易中心：动漫发展最强引擎[EB/OL].[2016-07-13]. http://www.mcprc.gov.cn/whzx/bnsjdt/whcys/201111/t20111128_349821.html.
[127]中都热线. 石家庄海客文化传播有限公司骗子公司诈骗纪实[EB/OL].[2016-07-15]. http://www.hebeirexian.com/html/2016/0705/24707.html.
[128]韦仁之. 中介应树立诚信意识和服务意识[EB/OL].[2016-03-27]. http://www.niubb.net/article/1728764-1/1/.
[129]张序，劳承玉. 如何维护国家文化安全——学习十七届六中全会精神系列谈[EB/OL].[2011-11-15]. http://theory.people.com.cn/GB/16246412.html.
[130]中央文化企业国有资产监督管理领导小组办公室编. 2014年国有文化企业发展报告[EB/OL].[2015-12-25]. http://wzb.mof.gov.cn/pdlb/gzdt/201512/P020151225353834155057.pdf.
[131]成琪. 国家统计局首次发布小微文化企业发展数据[EB/OL].[2015-04-

28]. http://culture. people. com. cn/n/2015/0428/c172318-26916669. html.

[132]张晶学. 中经观察：盘点 2016 上半年文化产业十大热点[EB/OL]. [2016-07-01]. http://www. ce. cn/culture/gd/201607/01/t20160701_133 50490. shtml.

[133]文化部关于贯彻落实《2016 年政务公开工作要点》的实施方案[EB/OL]. [2016-08-03]. http://www. gov. cn/zhuanti/2016-08/03/content_5097277. htm.

[134]文化部财务司. 中华人民共和国文化部 2014 年文化发展统计公报[EB/OL]. [2015-05-14]. http://zwgk. mcprc. gov. cn/auto255/201505/t20150525_30342. html. pdf.

[135]郭全中. 传统媒体数量超过市场需求退出机制如何建[EB/OL]. [2014-03-19]. http://culture. people. com. cn/n/2014/0319/c172318-24678171. html.

[136]中国政府门户网站. 放宽市场准入，激发市场活力[EB/OL]. [2014-07-14]. http://www. gov. cn/xinwen/2014-07/14/content_2716733. htm.

[137]李斌，周玮，白瀛等. 千帆竞发景色新——我国文化改革发展综述[EB/OL]. [2011-10-15]. http://news. xinhuanet. com/politics/2011-10/15/c_122162439. htm.

[138]传统出版业转型：资本化运作成趋势[EB/OL]. [2016-03-02]. http://finance. sina. com. cn/roll/2016-03-02/doc-ifxqafha0298790. shtml.

[139]2014 年度中国出版业发展报告：变革与融合成主旋律[EB/OL]. [2015-02-13]. http://book. people. com. cn/n/2015/0213/c69360-26563617. html.

[140]孙庆国，杨毅. 建立定价制度完善书业体系[EB/OL]. [2008-12-01]. http://www. ppmg. cn/htm/news4_view. asp? id=3145.

[141]艺恩网：2015 年中国互联网影视产业报告[EB/OL]. [2016-01-29]. http://www. 199it. com/archives/435737. html.

[142]刘藩. 中国电影制片企业的发展现状、问题和趋势[EB/OL]. [2012-11-09]. http://www. dmcc. gov. cn/publish/main/179/2012/20121109112234986146476/20121109112234986146476. html.

[143]中国产业调研网. 2015—2020 中国影视制作市场深度调查分析及发展趋势研究报告[EB/OL]. [2016-03-15]. http://mydown. yesky. com/wenku/160/101201160. shtml.

[144]艺恩网. 2014—2015 年中国电影产业研究报告(简版)[EB/OL]. [2015-

03-05]. http://www. entgroup. cn/Views/23741. shtml.
[145]虎嗅电影 . 数据观察 . 中国院线是如何割据的?[EB/OL].[2014-04-03]. http://www. huxiu. com/article/31120/1. html.
[146]艺恩网 . 2013—2014 年中国电影产业研究报告(简版)[EB/OL].[2014-03-03]. http://www. entgroup. cn/report/f/0318120. shtml.
[147]中国产业信息 . 2015 年的中国电影行业发展及 2016 年中国电影行业发展趋势及行业巨大增长潜力分析[EB/OL].[2016-01-19]. http://www. chyxx. com/industry/201601/381197. html.
[148]每日财经网 . RealD6FL 认证与万达院线 X-Land 影厅全面合作[EB/OL].[2014-08-29]. http://www. mrcjcn. com/n/23186. html.
[149]张奥 . 微信电影票上线 10 个月销量居前，未来会加入更多社交功能[EB/OL].[2014-10-19]. http://finance. cnr. cn/gs/201410/t20141019_516622834. shtml.
[150]艺恩咨询 . 2015 年中国互联网影视产业报告[EB/OL].[2016-01-29]. http://www. 199it. com/archives/435737. html.
[151]伟德福斯 . 2015 年度中国电影产业报告[EB/OL].[2016-06-28]. http://www. 199it. com/archives/488775. html.
[152]新华网 . 2014 成互联网全面进军电影产业"元年"[EB/OL].[2015-04-20]. http://news. xinhuanet. com/fortune/2015-04/20/c _ 1115029069. htm.
[153]薛永锋 . 互联网+电影：中国电影市场互联网化专题研究报告[EB/OL].[2015-01-08]. http://www. huxiu. com/article/105742/1. html.
[154]易观国际：2015 年中国电影产业生态图谱[EB/OL].[2015-11-16]. http://www. 199it. com/archives/406106. html.
[155]文城 . 当前电影业发展所面临的突出问题[EB/OL].[2012-12-06]. http://opinion. china. com. cn/opinion_99_60699. html.
[156]艺恩咨询 . 2014—2015 年中国电影版权研究报告[EB/OL].[2015-07-13]. http://wenku. baidu. com/link? url = 6EujCnIqTUV _ YkVYhspzJ1qJjZudy7N54yanFLahrxrA6Vjv _ Qj9I0hBMcPSXpCv4hb2GgCQ0FMqyXBDoLl0t0QokQOVlKH4rvFB2XnF_YW.
[157]易观国际：2014—2015 年中国电影观众观影行为调研报告[EB/OL].[2015-05-14]. http://www. 199it. com/archives/347362. html.
[158]2015 年全国电视覆盖及收视状况调查结果[EB/OL].[2015-11-13]. http://www. zongyijia. com/News/News_info? id=45852.
[159]中华人民共和国政府 . 广播电视管理条例[EB/OL].[2005-08-21].

http：//www. gov. cn/banshi/2005-08/21/content_25111. htm.

[160]国务院．广播电视管理条例[EB/OL]．[2005-08-21]．http：//www. gov. cn/banshi/2005-08/21/content_25111. htm.

[161]国务院．关于非公有资本进入进入文化产业的若干决定[EB/OL]．[2005-08-08]．http：//news. xinhuanet. com/newscenter/2005-08/08/content_332 5946. htm.

[162]张贺．文化体制改革走向纵深 99. 86%国有文艺院团转企改制(数说)[EB/OL]．[2012-11-05]．http：//politics. people. com. cn/n/2012/1105/c1001-19493440. html.

[163]中国演出行业协会．2015 年我国演出市场年度报告[EB/OL]．[2016-04-20]．http：//www. capa. com. cn/news/showDetail？id=81366.

[164]中国文化报．穆怀恂：从技术实用功能看深圳大剧院[EB/OL]．[2010-12-29]．http：//www. ceta. com. cn/webceta/NewsDetail. aspx？ArcileD = 8706.

[165]杭州网．中国演出票价世界最贵？两会代表委员热议演出票价过高现象[EB/OL]．[2013-03-13]．http：//biz. zjol. com. cn/05biz/system/2013/03/13/019205185. shtml.

[166]2012 年中国演[EB/OL]．[2013-03-31]．http：//www. capa. com. cn/news/newslist？type=1.

[167]解放日报．突破演艺项目融资瓶颈银行资金进入演艺市场[EB/OL]．[2006-02-24]．http：//old. jfdaily. com/gb/node2/node142/node200/userobject1ai1238607. html.

[168]王志，滕军伟．演交会交易额逾 9 亿元“后十艺节”效应令人期待[EB/OL]．[2013-10-16]．http：//www. dzwww. com/preview/yishujie/ysjhd/yycpjyh/201310/t20131017_9017559. htm.

[169]柯基塔．2014 年好莱坞票房为何惨败？美国人嫌电影票太贵[EB/OL]．[2015-01-22]．http：//ent. ifeng. com/a/20150122/42214995 _ 0. shtml.

[170]Strategy Analytics. 预计 2016 年美国用户将在视频流服务支出 66. 2 亿美元．[EB/OB]．[2016-06-01]．http：//www. 199it. com/archives/478700. html.

[171]赵丽．电影衍生品市场盗版严重好莱坞对中国授权金是美国 3 倍[EB/OL]．[2016-01-28]．http：//news. mtime. com/2016/01/28/1551989. html.

[172]王义之．五个历史细节看透好莱坞[EB/OL]．[2014-04-08]．http：//

news. mtime. com/2014/04/04/1526131-all. html.

[173]第一制片人．好莱坞六大公司捞金手段：储备丰富 IP 资源，构建全产业链模式[EB/OL]．[2014-07-20]．http：//news. mtime. com/2016/03/21/1553640. html.

[174]彭侃．美国政府的支持与好莱坞的全球扩张[EB/OL]．[2011-11-12]．http：//blog. sina. com. cn/s/blog_47384d2e0100xwds. html.

[175] The Monitor Group. US Runaway Film and Television Production Study Report. [EB/OL]．[2011-12-01]．https：//web. archive. org/20081206143555/http：//www. dga. org/thedga/leg_rp_runaway. pdf.

[176]Elaine S. Povich. Giving away Louisiana film tax incentives. [EB/OL]．[2016-07-14]．http：//www. theadvocate. com/specialreports/2014/12/02/giving-away-louisiana-film-tax-incentives/.

[177]Pew. More incentives more jobs[EB/OL]．[2016-07-14]．http：//www. latimes. com/entertainment/envelope/cotown/la-et-ct-fi-film-tax-credits-20140831-story. html.

[178]Josh Goodman. Tax Breaks for Sale：Transferable Tax Credits Explained[EB/OL]．[2014-03-14]．http：//www. pewtrusts. org/en/research-and-analysis/blogs/stateline/2012/12/14/tax-breaks-for-sale-transferable-tax-credits-explained.

[179] Robert Tannenwald. State Film Subsidies：Not Much Bang For Too Many Bucks[EB/OL]．[2013-07-16]．http：//www. cbpp. org/cms/? fa = view&id =3326.

[180] Cherry Louise Baxter. Fiscal and Economic Impacts of the Entertainment Incentives [EB/OL]．[2014-07-07]．http：//www. opportunitylouisiana. com/docs/default-source/Performance-Reporting/2011_entertainment_economic_impact_analysis. pdf? sfvrsn =.

[181]Suber P. Open Access in 2007 [EB/OL]．[2016-03-21]．http：//bylw. yjbys. com/lunwenfanwen/52699_2. htm.

[182] About the SBA [EB/OL]．[2012-07-17]．https：//www. sba. gov/about-sba/what-we-do/history.

[183] Small Business Administration （SBA） Loan Program Performance [EB/OL]．[2015-01-17]．https：//www. sba. gov/about-sba/sba-performance/performance-budget-finances/small-business-administration-sba-loan-program-performance.

[184]The Top 25 Film Schools in the United States 2015[EB/OL]．[2015-03-17]．http：//www. hollywoodreporter. com/lists/best-film-schools-2015-top-8284

83/item/university-southern-california-top-25-823580.
[185]MPAA. The Economic Contribution of the Motion Picture & Television Industry to the United States (2014). [EB/OB]. [2015-02]. http://www.mpaa.org/wp-content/uploads/2015/02/MPAA-Industry-Economic-Contribution-Fact-sheet.pdf.
[186]statista. Do you prefer to see movies in a movie theater or wait for them to come out on home release? [EB/OB]. [2016]. http://www.statista.com/statistics/264399/preferred-place-of-movie-consumption-in-the-us/.
[187]LeonardoDiCaprio[EB/OL]. [2016-07-20]. http://www.boxofficemojo.com/people/chart/? view=Actor&id=leonardodicaprio.htm.
[188]Company view yearly[EB/OL]. [2015-12-12]. http://www.boxofficemojo.com/studio/? view=company&view2=yearly&yr=2015&p=.htm.
[189]National Endowment for the Arts, 2012 Annual Report[EB/OL]. [2013-11-27]. http://arts.gov/sites/default/files/2012-NEA-Annual-Report.pdf.
[190]Animeanime.「ワンピース」の海外ビジネスモデル.[EB/OL]. [2013-09-06]. http://animeanime.jp/article/2013/09/06/15461.html.

- 科技报告

[1]拉加代尔集团2015年年度经济报告[R].法国：拉加代尔集团，2016.
[2]中国演出协会.中国演出市场年度报告[R].2011—2015.
[3]黄鑫.演艺产业年度发展报告[R].中国文化产业年度发展报告2015，2015.
[4]United Nations. International Flows of Selected Cultural Goods and Services, 1994—2003: Defining and Capturing the Flows of Global Cultural Trade[R]. UNESCO Institute for Statistics, UNESCO Sector for Culture: Montreal, 2005.
[5]Domestic Movie Theatrical Market Summary 1995 to 2016[R]. The Numbers, 2016.
[6]2015 Theatrical Market Statistics Report[R]. MPAA, 2015.
[7]Felix Richter. The State of Video Streaming in the United States[R]. Statista, 2016.
[8]Luther, William. Movie Production Incentives: Blockbuster Support for Lackluster Policy[R]. Special Report (Tax Foundation), 2010(173).